2023

MARCOS CATALAN . MARÍA NÉLIDA TUR FAÚNDEZ
MANUEL DE PERALTA CARRASCO . MARINÊZ DE OLIVEIRA XAVIER
ORGANIZADORES

DIREITO DO CONSUMIDOR NO CENÁRIO IBERO-AMERICANO

Alberto Manuel Poletti Adorno . **Alejandro** Platero Alcón . **Andrés** Mariño López . **Ángel** Acedo Penco
Angélica Carlini . **Belén** Ferrer Tapia . **Carlos Alfredo** Hernández . **Cristina Gil** Membrado . **Dennis** Verbicaro
Erika Isler Soto . **Felipe** Comarela Milanez . **Irene** de Seiça Girão . **Jesús Daniel** Ayllón García
José Ángel Torres Lana . **Manuel** de Peralta Carrasco . **Marcos** Catalan . **María Cristina** Cintora Egea
María Nélida Tur Faúndez . **Marinêz** de Oliveira Xavier . **Pedro** Ródenas Cortés . **Rute** Couto
Susana Almeida . **Teresa** López Tur . **Victoria** Suárez

Dados Internacionais de Catalogação na Publicação (CIP) de acordo com ISBD

D598

Direito do Consumidor no Cenário Ibero-Americano / Alberto Manuel Poletti Adorno ... [et al.] ; coordenado por Marcos Catalan. - Indaiatuba, SP : Editora Foco, 2023.

336 p. ; 17cm x 24cm.

Inclui bibliografia e índice.

ISBN: 978-65-5515-837-3

1. Direito. 2. Direito do Consumidor. I. Adorno, Alberto Manuel Poletti. II. Alcón, Alejandro Platero. III. López, Andrés Mariño. IV. Penco, Ángel Acedo. V. Carlini, Angélica. VI. Tapia, Belén Ferrer. VII. Hernández, Carlos Alfredo. VIII. Membrado, Cristina Gil. IX. Verbicaro, Dennis. X. Soto, Erika Isler. XI. Milanez, Felipe Comarela. XII. Girão, Irene de Seiça. XIII. García, Jesús Daniel Ayllón. XIV. Lana, José Ángel Torres. XV. Carrasco, Manuel de Peralta. XVI. Catalan, Marcos. XVII. Egea, María Cristina Cintora. XVIII. Faúndez, María Nélida Tur. XIX. Xavier, Marinêz de Oliveira. XX. Cortés, Pedro Ródenas. XXI. Couto, Rute. XXII. Almeida, Susana. XXIII. Tur, Teresa López. XXIV. Suárez, Victoria. XXV. Título.

2023-1785   CDD 342.5   CDU 347.451.031

Elaborado por Vagner Rodolfo da Silva – CRB-8/9410

Índices para Catálogo Sistemático:

1. Direito do Consumidor 342.5

2. Direito do Consumidor 347.451.031

MARCOS CATALAN . MARÍA NÉLIDA TUR FAÚNDEZ
MANUEL DE PERALTA CARRASCO . MARINÊZ DE OLIVEIRA XAVIER
ORGANIZADORES

DIREITO DO CONSUMIDOR
NO CENÁRIO IBERO-AMERICANO

Alberto Manuel Poletti Adorno . **Alejandro** Platero Alcón . **Andrés** Mariño López . **Ángel** Acedo Penco
Angélica Carlini . **Belén** Ferrer Tapia . **Carlos Alfredo** Hernández . **Cristina Gil** Membrado . **Dennis** Verbicaro
Erika Isler Soto . **Felipe** Comarela Milanez . **Irene** de Seiça Girão . **Jesús Daniel** Ayllón García
José Ángel Torres Lana . **Manuel** de Peralta Carrasco . **Marcos** Catalan . **María Cristina** Cintora Egea
María Nélida Tur Faúndez . **Marinêz** de Oliveira Xavier . **Pedro** Ródenas Cortés . **Rute** Couto
Susana Almeida . **Teresa** López Tur . **Victoria** Suárez

2023 © Editora Foco

Organizadores: Marcos Catalan, María Nélida Tur Faúndez,
Manuel de Peralta Carrasco e Marinêz de Oliveira Xavier

Autores: Alberto Manuel Poletti Adorno, Alejandro Platero Alcón, Andrés Mariño López, Ángel Acedo Penco, Angélica Carlini, Belén Ferrer Tapia, Carlos Alfredo Hernández, Cristina Gil Membrado, Dennis Verbicaro, Erika Isler Soto, Felipe Comarela Milanez, Irene de Seiça Girão, Jesús Daniel Ayllón García, José Ángel Torres Lana, Manuel de Peralta Carrasco, Marcos Catalan, María Cristina Cintora Egea, María Nélida Tur Faúndez, Marinêz de Oliveira Xavier, Pedro Ródenas Cortés, Rute Couto, Susana Almeida, Teresa López Tur e Victoria Suárez

Diretor Acadêmico: Leonardo Pereira

Editor: Roberta Densa

Assistente Editorial: Paula Morishita

Revisora Sênior: Georgia Renata Dias

Capa Criação: Leonardo Hermano

Imagem de Capa: Impressão, Nascer do Sol – Claude Monet

Diagramação: Ladislau Lima e Aparecida Lima

Impressão miolo e capa: FORMA CERTA

DIREITOS AUTORAIS: É proibida a reprodução parcial ou total desta publicação, por qualquer forma ou meio, sem a prévia autorização da Editora FOCO, com exceção do teor das questões de concursos públicos que, por serem atos oficiais, não são protegidas como Direitos Autorais, na forma do Artigo 8º, IV, da Lei 9.610/1998. Referida vedação se estende às características gráficas da obra e sua editoração. A punição para a violação dos Direitos Autorais é crime previsto no Artigo 184 do Código Penal e as sanções civis às violações dos Direitos Autorais estão previstas nos Artigos 101 a 110 da Lei 9.610/1998. Os comentários das questões são de responsabilidade dos autores.

NOTAS DA EDITORA:

Atualizações e erratas: A presente obra é vendida como está, atualizada até a data do seu fechamento, informação que consta na página II do livro. Havendo a publicação de legislação de suma relevância, a editora, de forma discricionária, se empenhará em disponibilizar atualização futura.

Erratas: A Editora se compromete a disponibilizar no site www.editorafoco.com.br, na seção Atualizações, eventuais erratas por razões de erros técnicos ou de conteúdo. Solicitamos, outrossim, que o leitor faça a gentileza de colaborar com a perfeição da obra, comunicando eventual erro encontrado por meio de mensagem para contato@editorafoco.com.br. O acesso será disponibilizado durante a vigência da edição da obra.

Impresso no Brasil (07.2023) – Data de Fechamento (07.2023)

2023
Todos os direitos reservados à
Editora Foco Jurídico Ltda.
Rua Antonio Brunetti, 593 – Jd. Morada do Sol
CEP 13348-533 – Indaiatuba – SP

E-mail: contato@editorafoco.com.br
www.editorafoco.com.br

APRESENTAÇÃO

O presente livro ganha vida na fusão de mais de 20 artigos cuidadosamente escritos visando a dar visibilidade ao labor de investigadores da Argentina, Brasil, Chile, Paraguai, Uruguai, Espanha e Portugal. Seu objetivo mais saliente é refletir sobre o estado da arte nos múltiplos aspectos relacionados ao tema. Tentou-se fazê-lo de forma ampla – cobrindo diversas dimensões de vidas vividas para o consumo – e, ao mesmo tempo, verticalizando reflexões de modo a dar visibilidade às muitas interações entre consumo e direito no contexto Ibero-Americano.

Sendo inegável que o Direito do consumo abraça muito da Contemporaneidade – situações dentre as quais merecem destaque os desafios apresentados nos cenários pós-Covid, a estabilização do mercado digital, a perda ou alteração dos direitos dos consumidores carreados pelo avanço de políticas neoliberais e a exclusão social provocada por esse processo – tem-se aí o caldo fenomênico e interdisciplinar que as pesquisas aqui tornadas públicas almejam apimentar.

A obra se realizou com o firme propósito de identificar o Direito privado como núcleo científico dos direitos dos países envolvidos e busca, ademais, dar visibilidade ao labor diário dos tribunais, os esforços científicos dos docentes e investigadores, à análise da realidade jurídico-privada dos diferentes Estados que compõem, "por si", um mosaico de interações jurídicas, sociais, políticas e econômicas.

Fruto do trabalho da Rede Iberoamericana de Investigação em Direito Privado, rede que ainda dá seus primeiros passos e, certamente, terá muito a crescer com a participação de cada leitor, de cada leitora. Nascida em 2019, ela foi gestada no contato dos corações, mentes e braços de cada um dos quatro professores que firmam esta brevíssima apresentação. Um projeto que ainda engatinha como se pode intuir, mas, que presenteia o mundo Ibero-Americano com um resultado que muito nos orgulha.

Para lograr seus objetivos, a Rede Ibero-americana de Investigação em Direito Privado articula um trabalho coletivo de natureza acadêmico-científica nos países que compõem seu espaço geopolítico de atuação, forjando cada movimento em realidades jurídicas sólidas e com íntima relação histórica, acadêmica e científica, pretende nestes momentos tão difíceis, reforçar laços, estreitar colaboração e desenvolver produções cientificas relevantes.

A rede tem como objetivos específicos a promoção de debates internacionais sobre temáticas contemporâneas, organização de grupos de estudos, intercâmbios docentes, organização de eventos acadêmicos: congressos, seminários e simpósios; assim como a colaboração e participação em eventos organizados por outras entidades acadêmicas e jurídicas. A publicação de livros, artigos, manuais conjuntos sobre temas de atualidade jurídica na nossa cambiante sociedade.

Esperamos que este livro, fruto da colaboração de um excelso grupo de investigadores, seja be recebido pela comunidade como mais um passo mais neste labor coletivo e uma oportunidade de crescimento para todas as pessoas que de alguma forma tenham contato com ele.

Coordenação da Rede Ibero-americana de Investigação em Direito Privado:

Marcos Catalan
María Nélida Tur Faúndez
Manuel de Peralta Carrasco
Marinêz de Oliveira Xavier

PRÓLOGO

El libro que el lector tiene ahora en sus manos, y que yo tengo el honor de prologar, responde en un todo a los parámetros requeridos por la moderna investigación jurídica. Es, en efecto, una obra colectiva; es una obra interdisciplinar y es una obra internacional. Basta una lectura del índice para comprobar la veracidad de estas afirmaciones. Y es todo eso porque la materia que constituye su objeto también lo es. En efecto; el llamado Derecho del consumo –denominación que ya ni se discute – participa al menos de dos de esas tres notas: es una materia interdisciplinar y es una materia internacional. Su interdisciplinariedad se ha expresado en los curiosos intentos de apropiación en exclusiva, realizados por diversas disciplinas jurídicas a efectos de su divulgación e investigación. Su internacionalidad queda fuera de dudas. Los problemas que atañen a consumidores y usuarios surgen urbi et orbe, afectando potencialmente a esos ocho mil millones de personas – dato de hace unos días – que pueblan – poblamos – el planeta. Resultan, pues, proféticas las palabras que John F. Kennedy pronunció creo recordar que en 1960, hace más de sesenta años: *"We all are consumers!"*. Palabras que tuvieron seguimiento en aquella obra en la que un abogado estadounidense, Ralph Nader, destrozó literalmente, tras un minucioso análisis, un atractivo modelo de automóvil de una más que famosa marca, demostrando que el mismo era, como el título de su libro afirmaba, Unsafe at any speed. Qué peligro.

Faro y guía del Derecho del consumo es la protección del consumidor, palabra que en su acepción vulgar incluye también al usuario. Y, claro, si todos somos consumidores las normas dedicadas a protegernos se proyectan a lo largo y a lo ancho de la totalidad del ordenamiento jurídico. Lo empapan todo, los ámbitos jurídico--públicos y los ámbitos jurídico-privados. No hace falta que cada norma, sea del rango que sea, contenga un precepto que proclame esta protección. Ha bastado con considerar que la protección del consumidor constituye un gran principio jurídico cuya eficacia se expande hasta el último rincón de la organización jurídica; es decir, un principio general del Derecho. Y con este carácter la protección del consumidor se ha instalado en multitud de textos jurídicos, internacionales, constitucionales o meramente internos. Por poner el ejemplo que me resulta más cercano, la protección de los consumidores está reconocida como uno de los derechos fundamentales de la Unión europea por la Carta de derechos de 7 de diciembre de 2000 y desarrollada por el art. 169, en relación con el 114, de su Tratado de funcionamiento.

En el nivel constitucional español, los arts. 51.1 y 53.1 configuran la protección de los consumidores como un principio general del Derecho en el sentido y con el alcance con el que se refiere a ellos el art. 1 del Código civil, números 1 y 4. Y en el nivel positivo, el Real Decreto legislativo 1/2000, de 16 de noviembre, por el que se aprueba el texto refundido de la Ley general para la defensa de los consumidores y usuarios y otras leyes complementarias, reitera en su art. 1 el carácter de principio general del Derecho del de protección a los consumidores.

La generalidad e intensidad de la penetración de este principio es de tal hondura que bien puede hablarse de un nuevo sesgo que incide poderosamente en la organización jurídica global; al menos europea. Ahora bien; si se reflexiona sin prejuicios sobre la cuestión puede llegarse no tanto a hallazgos como sí a conclusiones interesantes. Una primera parte de la noción misma de consumidor, la que suministra el art. 3 del Texto español refundido al que me he referido algo más arriba. Si por consumidor se entiende a quien actúa fuera o al margen de su ámbito profesional, esta noción se parece bastante a la del sujeto típico del Derecho civil, la persona, el particular, al margen de cualquier otra cualificación. Y, si continuamos con la reflexión, aunque sea solamente como hipótesis especulativa, comprobaremos que, antes de la proliferación de normas específicamente protectoras del consumidor, este particular no estaba tan indefenso como pueda parecer. Una revisión de las reglas generales rectoras de la contratación en el Código civil – ámbito típico en el que la protección de los consumidores se desenvuelve – autoriza a seleccionar un nutrido grupo de normas dirigidas a mantener y en su caso restablecer el equilibrio contractual entre las partes cuando éste se rompe.

Así, por ejemplo, el art. 1256 del Código civil prohíbe que la validez o el cumplimiento de un contrato queden al arbitrio de uno solo de los contratantes, precepto que con una interpretación nada forzada permite acoger y eliminar de un contrato las cláusulas abusivas para una de las partes. Así también, entre las reglas interpretativas pueden encontrarse algunas específicas de integración contractual (art. 1287, en relación con el 1258) y sobre todo la interpretación contra stipulatorem (art. 1288).

No hay que olvidar desde luego, el régimen de los vicios del consentimiento y sus consecuencias (arts. 1265 y concordantes). Los límites a la libertad de pacto (art. 1255) han dado juego en legislación y jurisprudencia, así como el régimen de la causa y la equivalencia jurídica de las prestaciones (arts. 1274 y siguientes). Y, por supuesto, una auténtica pionera, la ley de usura, nada menos que de 1908, que todavía hoy sigue aplicándose para reducir el importe y porcentaje de los intereses abusivos.

La búsqueda podría continuar, pero no es éste el momento de progresar más en la indagación. Basta con concluir que un alto porcentaje de las normas de Derecho del consumo desempeñan una función clarificadora más que innovadora respecto a una normativa preexistente. El hallazgo, si es que puede llamarse así, no supone desdeñar la importancia de la clarificación, pero sí implica reconducir esta labor a su auténtica dimensión, de utilidad innegable en el fragor del litigio. Y ello es compatible además con la bilateralidad del régimen. Es decir, la aplicación complementaria de las clásicas normas civiles, al menos como Derecho supletorio. Es por ello por lo que tales normas no pueden calificarse como "antecedentes históricos", reduccionismo inadmisible e inexacto, porque son normas vigentes que se aplican y no de forma esporádica sino continuamente (basta pensar en el juego que da el art. 1303 del Código civil).

Pero sospecho que debo abandonar el plano de reflexiones a que me ha llevado mi entusiasmo por el tema y volver a la obra que debo introducir para el lector.

Como he indicado al principio de estas líneas, el libro nos conduce de la mano de muchos autores a otros tantos sistemas jurídicos de protección a los consumidores. Esta diversidad, dentro de la unidad de la temática básica, es tremendamente enriquecedora. No hay que entenderla, a mi juicio, como una mera noticia, un "aquí lo hacemos así", sino como una utilísima herramienta para la interconexión de sistemas y, en su caso, armonización de los mismos. La globalización así lo aconseja; casi, casi lo exige. De ahí la importancia del Derecho comparado, apuntada hace ya bastante tiempo por Puig Brutau. La lectura del índice pone de relieve una estimulante variedad de perspectivas metodológicas para abordar la materia. Sólo este dato justifica su lectura reposada desde la certeza de que la diversidad se verá reconducida a la unidad por la línea temática básica.

Finalmente, unas palabras de felicitación para los directores de la obra, que modestamente se autocalifican como organizadores. Felicitación doble: por el resultado del esfuerzo y por su valor al introducirse en el proceloso mundo editorial, en crisis dentro de la crisis global que nos tiene rodeados. El éxito académico e intelectual lo tienen asegurado; el otro se lo deseo de todo corazón.

José Ángel Torres Lana

Catedrático de Derecho Civil.

SUMÁRIO

APRESENTAÇÃO

María Nélida Tur Faúndez, Marcos Catalan, Manuel de Peralta Carrasco e Marinêz de Oliveira Xavier V

PRÓLOGO

José Ángel Torres Lana VII

PARTE I
TUTELA CONTRATUAL

DERECHO DE LOS CONTRATOS Y DERECHO DEL CONSUMIDOR: EXPRESIONES DE UN DIÁLOGO VIRTUOSO

Carlos Alfredo Hernández 3

ABUSIVIDAD Y TRANSPARENCIA EN LA CONTRATACIÓN CON CONSUMIDORES: EL ESTADO DE LA CUESTIÓN EN EL ORDENAMIENTO JURÍDICO ESPAÑOL

María Nélida Tur Faúndez.. 21

ALGUNAS CONSIDERACIONES SOBRE LOS MECANISMOS ESENCIALES JURÍDICO-PRIVADOS PARA LA PROTECCIÓN DE LOS CONSUMIDORES Y USUARIOS EN LOS CONTRATOS CELEBRADOS CON PROFESIONALES Y EMPRESARIOS CONTEMPLADOS EN EL ORDENAMIENTO ESPAÑOL

Ángel Acedo Penco 39

LA DESPROTECCIÓN DE LOS CONSUMIDORES ANTE EL MERCADO FINANCIERO: LAS OPS – ANTE LA DIRECTIVA 2014/59/UE

Manuel de Peralta Carrasco 57

PARTE II
VULNERABILIDADE

NOVÍSSIMAS NOTAS SOBRE A PROPEDÊUTICA DAS VULNERABILIDADES NO DIREITO DO CONSUMIDOR BRASILEIRO

Marcos Catalan 79

ASSIMETRIA, VULNERABILIDADE E CONCEITO DE CONSUMIDOR

Irene de Seiça Girão 85

VULNERABILIDADE COMPORTAMENTAL: DESAFIOS PARA A GARANTIA DOS INTERESSES ECONÔMICOS DOS CONSUMIDORES

Felipe Comarela Milanez 123

EL CONSUMIDOR VULNERABLE: ESPECIAL REFERENCIA A LOS MENORES DE EDAD Y A LAS PERSONAS CON DISCAPACIDAD

Jesús Daniel Ayllón García 141

PARTE III
PROTEÇÃO DE DADOS PESSOAIS E CONSUMO DIGITAL

LOS DATOS PERSONALES EN LA RELACIÓN DE CONSUMO

Victoria Suárez 161

UN MERCADO ÚNICO DE SERVICIOS DIGITALES. DESDE LA DIRECTIVA 2000/31 UE HASTA LA ACTUAL PROPUESTA DE REGLAMENTO EUROPEO

Belén Ferrer Tapia 173

A TUTELA JURÍDICA DOS CONSUMIDORES PORTUGUESES NA COMPRA E VENDA DE BENS, CONTEÚDOS E SERVIÇOS DIGITAIS. ÂMBITO DE APLICAÇÃO DO DECRETO-LEI N. 84/2021, DE 18 DE OUTUBRO COM VIGÊNCIA A PARTIR DE 1º DE JANEIRO DE 2022

Marinêz de Oliveira Xavier 209

RELACIONES DE CONSUMO DIGITALES, FINANCIAMIENTO AL CONSUMO, USURA Y SOBREENDEUDAMIENTO

Andrés Mariño López 221

O FIM DA SUSPENSÃO DOS CONTRATOS DE COMUNICAÇÕES ELETRÓNICAS DOS CONSUMIDORES HIPERVULNERÁVEIS: UMA EXIGÊNCIA DA QUALIFICAÇÃO DO DIREITO DE ACESSO À INTERNET COMO DIREITO HUMANO NA ERA DIGITAL

Susana Almeida 239

ASPECTOS CIVILES DE LA SITUACIÓN DE LOS DATOS PERSONALES DEL CONSUMIDOR DIGITAL TRAS SU FALLECIMIENTO

Alejandro Platero Alcón 255

SUMÁRIO **XIII**

PARTE IV
PUBLICIDADE EM DIVERSOS CONTEXTOS

LA PUBLICIDAD ENGAÑOSA EN LOS CONTRATOS CELEBRADOS CON CONSUMIDORES

María Cristina Cintora Egea 273

UTILIZAÇÃO DE ALEGAÇÕES NUTRICIONAIS E DE SAÚDE NA PUBLICIDADE

Rute Couto 285

ACERCA DE LA PUBLICIDAD FALSA O ENGAÑOSA DE PRODUCTOS COSMÉTICOS: COMENTARIOS DESDE LA AUTORREGULACIÓN, CON UNA ESPECIAL REFERENCIA A LA EXPERIENCIA CHILENA

Erika Isler Soto 299

PLAZO ADICIONAL Y PUESTA EN CONFORMIDAD ¿VENTAJA PARA EL CONSUMIDOR U OPORTUNIDAD PARA EL EMPRESARIO?

Teresa López Tur 311

PARTE V
CONSUMIDORES NA CONTEMPORANEIDADE
IBERO-AMERICANA E NO TURISMO

DIREITOS DO CONSUMIDOR NA CONTEMPORANEIDADE IBERO-AMERICANA: CONSUMIDORES DE SEGURO SAÚDE NA SOCIEDADE TECNOLÓGICA E DE INFORMAÇÃO

Angélica Carlini 329

EL DERECHO DE LOS CONSUMIDORES EN EL PARAGUAY Y LA EXPERIENCIA LOCAL EN EL ÁMBITO DE VIAJES DE TURISMO

Alberto Manuel Poletti Adorno 343

PARTE VI
INTELIGÊNCIA ARTIFICIAL E DIREITO DE DANOS

UN RÉGIMEN EUROPEO DE RESPONSABILIDAD CIVIL PARA EL USUARIO DE INTELIGENCIA ARTIFICIAL

Cristina Gil Membrado 353

EL ABSOLUTO RECHAZO DE LA SALA PRIMERA, DE LO CIVIL, DEL TRIBUNAL SUPREMO, A LAS INDEMNIZACIONES SIMBÓLICAS CIVILES POR INCLUSIÓN INDEBIDA EN FICHEROS DE SOLVENCIA PATRIMONIAL

Pedro Ródenas Cortés... 373

EPÍLOGO

Dennis Verbicaro 387

PARTE I – TUTELA CONTRATUAL

DERECHO DE LOS CONTRATOS Y DERECHO DEL CONSUMIDOR: EXPRESIONES DE UN DIÁLOGO VIRTUOSO

Carlos Alfredo Hernández

Doctor en Derecho – título obtenido con la máxima calificación y recomendación de publicación de la tesis. Titular Ordinario de las cátedras de Derecho de los Contratos, y de Derecho del Consumidor, ambas de la Facultad de Derecho de la Universidad Nacional de Rosario. Titular de las cátedras de Contratos Civiles y Comerciales, y Derecho del Consumidor de la Facultad de Derecho y Ciencias Sociales del Rosario (UCA). Docente de Doctorados, Maestrías y Especializaciones. Director de Proyectos de Investigación acreditados. Autor de libros, capítulos de libros y artículos publicados en su país y en el extranjero. Evaluador de proyectos de investigaciones y jurado de concursos académicos y de tesis. Integrante de diferentes Comisiones de Reformas Legislativas nacionales y locales. Presidente del Instituto Argentino de Derecho del Consumidor. Miembro Correspondiente de la Academia de Derecho y Ciencias Sociales de Córdoba, Argentina.

LAS TRANSFORMACIONES SOCIALES Y ECONÓMICAS Y SU IMPACTO SOBRE EL DERECHO PRIVADO

Hace más de cuatro décadas se publicó en España un valioso ensayo de Luis Díez-Picazo titulado "Derecho y masificación social. Tecnología y Derecho Privado". Su epílogo señalaba que "algo nos dice que la vida es más fuerte que las construcciones mentales y que la vida se llevó por delante al Derecho tradicional"[1]. La afirmación, que importaba una cruda descripción de la realidad circundante a ese tiempo histórico, lejos de desmentirse se ha profundizado, asistiéndose en la actualidad a transformaciones aún más profundas, que han exigido una revisión conceptual y metodológica en la manera de concebir y aplicar el Derecho Privado.

Así, el ciclo de descodificación que se había producido a instancia de esos cambios sociales, económicos y culturales se ha detenido[2], y en contraste ha emergido un proceso de recodificación[3], que busca dotar al Derecho Privado de la flexibilidad necesaria para lograr una mayor eficacia[4]. Los Códigos decimonónicos son paulatinamente sustituidos o reformados por otros que se valen de reglas generales y principios, más dúctiles para

---

1. DÍEZ-PICAZO, Luis. *Derecho y masificación social*. Tecnología y derecho privado. 2. ed. Madrid: Civitas, 1987.
2. Sobre la descodificación, puede verse la obra clásica de: IRTI, Natalino. *La edad de la descodificación*. Trad. Luis Rojo Ajuria. Barcelona: Bosch, 1992.
3. NICOLAU, Noemí. La tensión entre el sistema y el microsistema en el Derecho Privado. *Trabajos del Centro*, Rosario, n. 2, p. 79-83, 1997; SOZZO, Gonzalo. ¿Es tan importante recodificar? *Revista de la Facultad de Ciencias Jurídicas y Sociales*, Santa Fe, n. 1, p. 83-112, 2001.
4. La conexión entre flexibilidad y Derecho puede reconocerse en: CARBONNIER, Jean. *Derecho flexible*. Para una sociología no rigurosa del derecho. Trad. Luis Diez-Picazo. Madrid: Tecnos, 1974.

captar las complejidades propias de la sociedad contemporánea[5]. La reciente reforma del Código de Napoleón[6], o el nuevo Código Civil de la República Popular China[7], dan cuenta de ello. En el ámbito Latinoamericano, el Código Civil brasileño[8], y el Código Civil y Comercial argentino[9], son ejemplos paradigmáticos de lo que aquí se describe.

En el rediseño normativo del Derecho Privado, se atiende al multiculturalismo, a la tutela de las vulnerabilidades, y se reconducen las viejas disciplinas, a través de una articulación de la autonomía de la voluntad y del orden público, al influjo de las agendas imperantes[10]. En algunas áreas – en especial en el Derecho contractual –, el soft law impulsa la modernización[11].

Para la resignificación del Derecho Privado han aportado las nuevas ramas del mundo jurídico[12], como el Derecho del Consumidor y el Derecho Ambiental, cuyas autonomías reposan en la transversalidad que presentan para la Ciencia Jurídica, actuando como áreas de convergencia entre el Derecho Público y el Derecho Privado. En estas disciplinas, también se verifican cambios tan intensos que han llevado a predicar la obsolescencia de algunas de sus instituciones y la configuración de nuevas bases de sustentación epistemológica[13].

Este es el contexto del presente estudio, que propone enunciar y analizar someramente los principales puntos de contacto entre el Derecho de los Contratos y el Derecho del Consumidor, como expresión virtuosa del diálogo profundo que se verifica entre ambos[14].

---

5. LAPENTA, Eduardo; RONCHETTI, Alfredo (Coord.). *Derecho y complejidad en Homenaje al Prof. Dr. Miguel Ángel Ciuro Caldani*. Tandil: Universidad Nacional del Centro de la Provincia de Buenos Aires, 2011.

6. DISSAUX, Nicolas; JAMIN, Cristophe. *Réforme du droit des contrats, du régime général et de la preuve des obligation (Órdonnance n. 2016 – 131 du 10 février 2016)*. Commentaire des articles 1100 à 1386-1 du code civil. Italie: Dalloz. Reimpresión Marzo de 2017. p. IX. Debe precisarse que la Ley n. 2018-287 de 20 de abril de 2018, ratificó la Ordenanza antes indicada, oportunidad en la cual se hicieron importantes cambios.

7. ESBORRAZ, David. Los nuevos códigos civiles de la República Argentina y de la República Popular China confrontados: dos ordenamientos y un único sistema. *Roma e América: Diritto Romano Comune*, Roma, n. 40. p. 336-389, 2019.

8. Para apreciar en términos de derecho comparado el impacto de ese valioso código, puede verse a la obra colectiva coordinada por LANNI, Sabrina. *Dez anos*. Contributi per il primo decenio del nuovo códice civil brasiliano. Nápoles: Edizioni Scientifique Italiane, 2014.

9. LORENZETTI, Ricardo Luis. *Fundamentos de derecho privado. Código Civil y Comercial de la Nación Argentina*. Buenos Aires: Thomson Reuters / La Ley, 2016.

10. ARGENTINA. *Proyecto de Código Civil y Comercial de la Nación*. Buenos Aires: Infojus, 2012. En los fundamentos que lo acompañaron hay múltiples pasajes en donde se explicita el diálogo entre la autonomía de la voluntad y el orden público.

11. OLIVA BLÁZQUEZ, Francisco. Nuevos marcos normativos para los contratos nacionales e internacionales. En HORNERO MÉNDEZ, César; ESPEJO LERDO DE TEJADA, Manuel; OLIVA BLÁZQUEZ, Francisco (Dir.). *Derecho de contratos*: nuevos escenarios y propuestas. Navarra: Thomson Reuters / Aranzadi, 2016. p. 55 y ss.

12. CIURO CALDANI, Miguel Ángel. Perspectivas jurídicas estratégicas nuevas en una nueva era (la construcción jurídica de un mundo nuevo). *Revista Internacional Consinter de Direito*, Curitiba, a. 5, n. 8, p. 125-147, 1º sem. 2019.

13. STIGLITZ, Gabriel; SAHIÁN, José. *El nuevo derecho del consumidor*. Buenos Aires: Thomson Reuters / La Ley, 2020. BAROCELLI, Sergio Sebastián. *Teoría general de las relaciones de consumo*. Buenos Aires: IJ, 2021.

14. La Teoría General del Derecho actúa como necesario marco de referencia. *V.* CIURO CALDANI, Miguel. Lecciones de teoría general del derecho. *Investigación y docencia*. Rosario, n. 32. p. 33-76, 1999.

EL ESTADO ACTUAL DEL DERECHO DEL CONSUMIDOR Y SU CONVERGENCIA CON EL DERECHO DE LOS CONTRATOS

Introducción

Los orígenes del Derecho del Consumidor han estado fuertemente influenciados por la labor de la doctrina jusprivatista. En los estudios publicados en la década del 80' del siglo pasado, era frecuente que los tópicos principales estuviesen dedicados al Derecho de los Contratos o a la Responsabilidad Civil, aunque sin desconocer el anclaje constitucional de la protección y el rol de los poderes públicos[15]. Era el Derecho Privado el que ofrecía sus instituciones para modelarlas a las necesidades que requería el principio de protección del consumidor, lo que en gran medida explicaba las características que presentaban las leyes especiales de la época.

El Derecho del Consumidor del Siglo XXI ha profundizado la tutela de las vulnerabilidades atendiendo a las circunstancias particulares de afectación, privilegiando el resguardo de la persona del consumidor, tanto en su esfera extrapatrimonial como patrimonial, a partir del proceso de constitucionalización y humanización que lo determina[16].

La madurez de la disciplina expresada en verdaderos sistemas normativos, ha dado lugar a una nueva dogmática, y a una metodología que recurre al diálogo de las fuentes, que permite construir una relación más fecunda entre el Derecho Privado – en sus principales ramas – con el Derecho del Consumidor, más aún a partir del ya mencionado proceso de recodificación, que guarda una fuerte confluencia de valores con los regímenes de consumo. Lima Marques lo ha explicado con toda claridad respecto del ordenamiento jurídico brasileño, al sostener que "me parece que el CDC tiende a ganar con la entrada en vigencia del Código Civil 2002, pues sus principios básicos son casi los mismos"[17]. La realidad es equiparable a muchos otros países, como la Argentina.

Unidad y pluralidad en la teoría del contrato. La categoría del contrato de consumo

El tráfico de masas puso en discusión la aptitud del contrato para constituirse, al menos en algunos casos, como fuente de relaciones obligatorias. Karl Larenz, sostuvo que, en el ámbito del transporte o de los servicios públicos, era predicable la existencia de una "conducta social típica de relaciones jurídicas que intrínsecamente han de

---

15. BERCOVITZ, Alberto; BERCOVITZ, Rodrigo. *Estudios jurídicos sobre la protección de los consumidores*. Madrid: Tecnos, 1987. STIGLITZ, Gabriel. *Protección jurídica del consumidor*. Buenos Aires: Depalma, 1986.

16. SOZZO, Gonzalo. Consumo digno y verde: humanización y ambientalización del Derecho del Consumidor (sobre los principios de dignidad del consumidor y de consumo sustentable). *Revista de Derecho Privado y Comunitario*, Santa Fe, n. 3. p. 139-166, 2012.

17. MARQUES, Claudia Lima. La defensa del consumidor en Brasil. Diálogo de fuentes. En STIGLITZ, Gabriel; HERNÁNDEZ, Carlos. *Tratado de derecho del consumidor*. Buenos Aires: Thomson Reuters / La Ley, 2015, t. I. p. 143 y ss.

considerarse según el Derecho de las obligaciones, a pesar de que su nacimiento no exige la existencia de un contrato"[18].

Más recientemente ha sido la tecnología la que puso en entredicho la subsistencia del contrato como figura que explica el vínculo celebrado por quienes se relacionan patrimonialmente sin dialogar, lo que está presente en la contratación por medios informáticos[19], y con mayor vigor a partir de la irrupción de los *smart contracts*[20] o contratos inteligentes –denominación atribuida al criptógrafo y jurista húngaro NICK SZABO–, que dan cuenta de un acuerdo de voluntades entre dos o más partes, el que se expresa en un programa informático y cuyo contenido se ejecuta de modo autónomo y automático[21].

Desde nuestra óptica, la disputa gira en torno a la posibilidad de admitir diferentes especies de relaciones contractuales, o lo que es lo mismo, reconocer la flexibilidad del modelo ideal y tradicional de contrato[22].

Se trata de un tema que impacta en ambas disciplinas. En el Derecho del Consumidor, en orden al reconocimiento y contornos de la categoría del contrato de consumo como fuente principal de las relaciones de consumo, en tanto que desde el Derecho de los Contratos interesa saber si es posible situar al contrato de consumo en la teoría general del contrato, y en su caso, de qué modo.

Sobre el particular, suele aludirse a la fragmentación del tipo general de contrato, admitiendo al contrato de consumo como una categoría que contrasta con el paradigma del contrato discrecional[23].

Desde un enfoque teórico, hay quienes niegan que pueda predicarse el fraccionamiento entre el contrato paritario y el contrato de consumo. Apelan a un encuadre técnico,

---

18. LARENZ, Karl. *Derecho de obligaciones*. Trad. Jaime Santos Briz. Madrid: Revista de Derecho Privado, 1958, t. I. p. 60.
19. Al respecto puede verse la amistosa disputa que comenzó con un aporte de IRTI, Natalino. Scambi senza accordo. *Rivista Trimestrale di Diritto Civile*, Milano, v. 52, n. 2, p. 347-364, jun. 1998 el que fue replicado por OPPO, Giorgio. ¿Disumanizzazione del contrato?. *Rivista di Diritto Civile*, Padova, a. 44, n. 5, p. 525-533, 1998 y contestado por IRTI, Natalino. È vero, ma.... (Replica a Giorgio Oppo). *Rivista di Diritto Civile*, Padova, a. 45, n. 2, p. 273-278, 1999. Una perspectiva global del fenómeno puede encontrarse en LORENZETTI, Ricardo Luis. *Comercio electrónico*. Buenos Aires: Abeledo-Perrot, 2001. p. 169.
20. ÁLVAREZ MORENO, María Teresa. Concepto de contrato. En DÍAZ ALABART, Silvia; GABRIELLI, Enrico; LEIVA FERNÁNDEZ, Luis (Org.). *Elementos de los contratos*. Un enfoque comparado. Buenos Aires: Thomson Reuters / La Ley, 2020. p. 28.
21. PISANO DÍAZ. José. Aproximación a la contratación inteligente: usos, retos y algunos aspectos legales. En GÓNZALEZ PULIDO, Irene (Coord.). *Fodertics*. Estudios sobre Derecho Digital. Granada: Comares, 2019. p. 491. Se puede presentar bajo dos modalidades, una denominada interna, en cuanto las previsiones contractuales aparecen incluidas en el propio código de fuentes del '*software*'; y otra externa, en donde éste se separa del texto del contrato que aparece redactado en lenguaje natural. Las variantes responden a matices que conciernen a modelos de mayor o menor pureza desde la perspectiva digital. No debe olvidarse que estos contratos buscan satisfacer los requerimientos del mercado para operar sobre activos digitales pagados mediante criptomonedas, aunque también pueden actuar con otras tecnologías y con cierta mixtura de lenguajes – digital y natural.
22. HERNÁNDEZ, Carlos. Contrato de consumo. En CIURO CALDANI, Miguel Ángel; NICOLAU, Noemí (Org.). *Derecho privado del siglo XXI*. Contratos (Colección François Gény). Buenos Aires: Astrea, t. 4. En prensa.
23. LORENZETTI, Ricardo Luis. *Tratado de los contratos*. Parte general. 3. ed. Buenos Aires: Thomson Reuters / La Ley, 2018. p. 807.

sosteniendo que el contrato "como característico de un género, continúa siendo uno solo [...] modelo básico centrado en el acuerdo de voluntades. El contrato por adhesión y el de consumo no son otros tipos, sino especies del género contrato"[24]. En esa misma orientación se sostiene que "No parece, pues, que la Teoría General del Contrato se haya partido en dos, sino únicamente que ostenta una mayor complejidad"[25].

En nuestro entendimiento, el fraccionamiento que produce el contrato de consumo es tal, desde que se rige por principios y reglas específicas, aunque ello no supone excluirlo de la teoría del contrato, lo que posibilita recurrir a sus reglas y principios en la medida que los mismos no violenten su especialidad[26].

El reconocimiento de la tipicidad general del contrato de consumo conduce a diferentes problemas. Así, se ha preguntado "si algunas de las normas nacidas dentro de ese círculo de los contratos de consumo deben mantenerse dentro de él o si pueden o deben generalizarse y ser consideradas como normas o principios de contratos"[27]. La cuestión cobra importancia por la fuerza expansiva que presentan las disposiciones de consumo, especialmente en el ámbito contractual, en donde con frecuencia "están en tránsito hacia los Códigos de fondo"[28].

Para responder dicho interrogante se tiene en cuenta que muchas de ellas nacieron para aplicarse más allá de las fronteras de los contratos de consumo, aunque el banco de ensayos más extendido ha sido éste, lo que exige que una eventual recepción general se haga con algún grado de adecuación o diferenciación. Serían ejemplos válidos de lo dicho, el régimen de cláusulas abusivas, el de los contratos vinculados o conexos y el de la publicidad[29]. En otros casos, la generalización no parece ser el camino más certero, habida cuenta que hay reglas que hacen a la naturaleza del contrato de consumo. Allí, se sitúan las relativas a las prácticas abusivas, y a los contratos celebrados fuera de los establecimientos comerciales o a distancia.

Los ordenamientos asumen diferentes estrategias, aunque en cualquier caso, el contrato de consumo va moldeándose con una conformación y efectos propios[30]. Algunos

---

24. NICOLAU, Noemí. El contrato en el contexto de la teoría general del derecho. En NICOLAU, Noemí; HERNÁNDEZ, Carlos (Dir.). *Contratos en el Código Civil y Comercial de la Nación*. Buenos Aires: Thomson Reuters / La Ley, 2016. p. 29.

25. DE CORES HELGUERA, Carlos. *El origen histórico de la teoría general del contrato*. La teoría general del contrato en la tradición jesuítica. La obra 'De contractibus', de Pedro de Oñate S. J., como precursora de conceptos fundamentales del derecho contractual actual. Tesis (Doctorado) – Universidad Pontificia Comillas, 2014. Director: Iñigo Alfonso Navarro Mendizábal. 588 fl. p. 533.

26. HERNÁNDEZ, Carlos. El 'contrato de consumo' en el contexto de la 'teoría general del contrato'. A propósito del Código Civil y Comercial (expresión de una nueva estructura tipológica). *Jurisprudencia Argentina*, Cidade, Buenos Aires, n. 2016-I, 2016. p. 1285.

27. DÍEZ-PICAZO, Luis. Contratos de consumo y derecho de contratos. *Anuario de Derecho Civil*, Madrid, v. 59, n. 1, p. 11-28, 2006. 24 y ss.

28. ALTERINI, Atilio Anibal. Bases para armar la teoría general del contrato en el derecho moderno. *La Ley*, Buenos Aires, n. 1998B, p. i-f, 1998. p. 1174.

29. DÍEZ-PICAZO, Luis. Contratos de consumo y derecho de contratos. *Anuario de Derecho Civil*, Madrid, v. 59, n. 1, p. 11-28, 2006. p. 27 y ss.

30. Al respecto puede verse HERNÁNDEZ, Carlos et al. Hacia el código de defensa del consumidor. *La Ley*, 15 mar. 2021. Cita Online: AR/DOC/592/2021. En Argentina, aunque se mantiene vigente la Ley de Defensa del

lo hacen a partir del recurso a leyes especiales[31]. Otros lo efectúan complementando los Códigos de Derecho Privado con Códigos de Protección de los Consumidores, con algunos puntos de integración. Excepcionalmente, se recurre a una metodología diferente, que incluye en los Códigos de Derecho Común a las reglas de consumo, aunque en este supuesto los modelos difieren sobre el alcance de la recodificación[32].

El planteo metodológico deja traslucir la sinergia que se da entre el Derecho contractual general y el de consumo, que sin negar sus especificidades – y evitando una indebida simplificación –, reconoce la complejidad con la que opera el contrato en el mercado del siglo XXI[33], y admite vías de cooperación entre ambos segmentos negociales. Este parece haber sido el criterio seguido por el Código Civil y Comercial argentino. Algunas decisiones que adopta son muy claras en esa dirección:

El Capítulo III del Libro III, titulado "Contratos de consumo", aparece inmediatamente después de la regulación de los "Contratos en General". En los Fundamentos que acompañaron al Anteproyecto, se explicitaron las alternativas disponibles en el Derecho Comparado, junto al criterio del reformador, quien buscó fortalecer al contrato de consumo, en ejes nodales atravesados por las exigencias constitucionales. Por ello, se abordan las "prácticas abusivas" (art. 1.096 y ss.), la "información y publicidad dirigida a los consumidores" (art. 1.100 y ss.), las "modalidades especiales" (art. 1.104 y ss.), y las "cláusulas abusivas" (art. 1.117 y ss.). Estas reglas se incorporan en el marco más amplio de la recepción de la relación de consumo (art. 1.092).

Se trazan lazos entre los contratos por adhesión a cláusulas generales predispuestas y los contratos de consumo, a través de normas que se articulan debidamente. El artículo 1.117 dice que "se aplican en este Capítulo lo dispuesto por las leyes especiales y los artículos 985, 986, 987 y 988, existan o no cláusulas generales predispuestas por una de las partes". Se trata de un área en donde desde hace largos años se vienen construyendo fuertes puntos de integración[34], sin desconocer que en el ámbito de los contratos de consumo la tutela es más intensa, desde que no requiere la prerredacción de condiciones generales.

Consumidor, se han incorporado al Código Civil y Comercial principios y reglas generales sobre cuestiones esenciales del contrato de consumo. Por esa razón, y en miras de una mayor sistematización, se ha propuesto recientemente el dictado de un Código de Defensa del Consumidor, con mayor ajuste al sistema general de Derecho Privado.

31. V. CARRASCO PERERA, Ángel. *Derecho de contratos*. Navarra: Thomson Reuters / Aranzadi, 2017. p. 754. La especialidad no impide generalizar algunas reglas. Así, en el Derecho español se ha dicho que la jurisprudencia viene aplicando en materia de cláusulas abusivas, las reglas de consumo a la contratación empresaria.

32. GRAMUNT FOMBUENA, Mariló, La protección del contratante en contextos asimétricos. En GRAMUNT FOMBUENA, Mariló; FLORENSA; TOMÁS, Carlos (Org.). *Codificación e reequilibrio de la asimetría negocial*. Madrid: Dykinson, 2017.

33. SANTARELLI, Fulvio. *Contrato y mercado*. Buenos Aires: Thomson Reuters / La Ley, 2018.

34. HERNÁNDEZ, Carlos. Hacia la generalización de algunas soluciones del régimen de defensa del consumidor?. HERNÁNDEZ, Carlos. Hacia la generalización de algunas soluciones del régimen de defensa del consumidor?. KEMELMAJER DE CARLUCCI, Aída; TRIGO REPRESAS, Félix Alberto; MÉNDEZ COSTA, María Josefa (Org.). Libro Homenaje al Prof. Dr. Jorge Mosset Iturraspe. Santa Fe: Edicionesunl, 2005. *Libro Homenaje al Prof. Dr. Jorge Mosset Iturraspe*. Santa Fe: Edicionesunl, 2005. p. 197 y ss.

Algo similar sucede con las reglas de la "conexidad contractual" (art. 1.073 y ss.). Aunque allí no hay remisiones expresas, es evidente que algunos instrumentos tienen una clara filiación en antecedentes comparados con prosapia en normas de consumo. Un supuesto relevante lo aporta el artículo 1.075, párrafo primero, al disponer que "según las circunstancias, probada la conexidad, un contratante puede oponer las excepciones de incumplimiento total, parcial o defectuoso, aún frente a la inejecución de obligaciones ajenas a su contrato". La regla proviene de la experiencia alemana sobre crédito para el consumo, donde se habilita al consumidor a hacer valer el incumplimiento del proveedor como defensa frente al otorgante del crédito. De todos modos, las normas vigentes son más ambiciosas e ingresan sobre otros tópicos que resultan muy valiosos para administrar conflictos de consumo. La propia definición que se da para describir a la vinculación contractual, y las fuentes que se reconocen para considerarla configurada –de modo especial la conexidad fáctica – (art. 1.073, segunda parte), resultan de gran valía para captar el modo en el cual muchas operaciones jurídicas y económicas se despliegan en el mercado en miras de captar consumidores[35].

Para cerrar este tópico es necesario recordar que la idea de la fragmentación entre el contrato discrecional y el de consumo, ha favorecido a otros debates que enriquecen el Derecho de los Contratos, como ocurre con el contrato por adhesión, a quienes hoy algunos aceptan como una tercera categoría, que conjuga una modalidad del consentimiento con una expresión de debilidad negocial de uno de los contratantes[36], que se constituye en uno de los más interesantes debates de la actualidad.

La función social y ambiental en el contrato de consumo

Las funciones que pueden predicarse acerca del contrato expresan otro punto de encuentro entre el Derecho de los Contratos y el Derecho del Consumidor. Las mismas han sido relacionadas con el orden público de coordinación, en tanto buscan articular la esfera privada con las que provienen de otros ámbitos de interés, reconociéndose entre otras, a la función "procompetitiva", "ambiental", "no discriminatoria", "pública" y "social"[37].

---

35. ARGENTINA. TSJ de Córdoba, Sala Civil. Mercado Libre S.R.L. c/ Dirección de Defensa del Consumidor y Lealtad Comercial – Recurso Apelación c/ Decisiones de Persona Jur. Pub. no Estatal – Recurso Directo. 19 de mayo de 2020. Cita Online: elDial.com – AABC5B. Disponible en: https://www.eldial.com/nuevo/resultados-detalle. asp?id=52189&base=14&referencia=1&Total_registros2_1=1&resaltar=aabc5b. Acceso en: 28 sep. 2022. Así se ha dicho que "la conexidad contractual es una figura jurídica que tiende a superar la mirada clásica del contrato como un compartimento estanco, determinado por el sinalagma entre prestaciones a cargo de dos polos definidos. Precisamente, la figura tiende a flexibilizar el funcionamiento de tal postulado, posibilitando que los efectos del contrato se extiendan más allá de sus límites, y que se proyecten y sean oponibles a terceros" (considerando X.3).
36. PARDOLESI, Roberto. Prefazione. En COLANGELO, Giuseppe. *L'abuso di dependenza economica tra disciplina della concorrenza e diritto dei contratti*. Torino: G. Giappichelli, 2004. p. XIII. ROPPO, Vincenzo. Regolazione del mercato e interessi di referimento: dalla protezione del consumatore alla protezione del cliente?. *Rivista di Diritto Privato*, Bari, n. 3, p. 19-35, 2010. LABELLA, Enrico. Tutela della microimpresa e 'terzo contratto'. *Europa e Diritto Privato*, Milano, n. 4, p. 857-897, 2015.
37. LORENZETTI, Ricardo Luis. *Tratado de los contratos*. Parte general. 3. ed. Buenos Aires: Thomson Reuters / La Ley, 2018. p. 128.

Sobre esta última se ha dicho que supone la afirmación de la justicia contractual[38], cuyo ámbito excede el campo de actuación de los contratos de consumo[39], aunque es en él donde se recurre con frecuencia a normas imperativas que buscan un equilibrio global del negocio, y que refieren a la oferta, interpretación, cláusulas abusivas etc.[40]. El contrato de consumo contiene un reclamo de equilibrio que resulta constitutivo, y que fija su alcance y esencia. Así se sostiene que "las normas que regulan los contratos de consumo están encaminadas a proteger a una de las partes contractuales de los eventuales abusos que el empresario pueda cometer. Pero no sólo eso, sino que pretenden garantizar un correcto desarrollo del iter contractual, desde la formación de la voluntad hasta el completo cumplimiento de las obligaciones de las partes. Por este motivo, dicha normativa únicamente pone el acento en las obligaciones y cargas que ha de asumir y soportar el empresario y, en cambio, rara vez establece obligaciones específicas a cargo del consumidor. Esas quedan para las normas que, con carácter general, regulan los contratos en la legislación civil"[41]. Por tal motivo, es visto como un "contrato asimétrico", debido a la mayor información y organización del proveedor, y a las escasas alternativas reales de opción con las que cuenta el consumidor en el mercado[42].

Algunos Códigos de Derecho Privado la han tipificado de modo expreso, tal el caso del Código Civil brasileño, cuyo artículo 421 afirmaba que "a liberdade de contratar será exercida em razão e nos limites da função social do contrato", al cual se lo hacía dialogar virtuosamente con el Código de Defensa del Consumidor[43]. Aunque el texto ha sido modificado recientemente[44], la doctrina sigue acudiendo a la tradición jurídica para llegar a similares efectos, en particular, en los contratos de consumo[45].

---

38. MARQUES, Claudia Lima. Introdução. En MARQUES, Claudia Lima; BENJAMIN, Antonio Herman; MIRAGEM, Bruno. *Comentários ao código de Defesa do Consumidor.* 2. ed. São Paulo: Ed. RT, 2006. p. 45.
39. MOSSET ITURRASPE, Jorge. *Justicia contractual.* Buenos Aires: Ediar, 1977.
40. DÍEZ-PICAZO, Luis. Contratos de consumo y derecho de contratos. *Anuario de Derecho Civil*, Madrid, v. 59, n. 1, p. 11-28, 2006. p. 20. Sobre el particular, Luis Díez-Picazo ha dicho que "protección del consumo y de los consumidores sólo es comprensible y hacedera en mercados masivos que funcionan en régimen de libertad. Muy escaso sentido tiene, o decididamente no tiene ninguno, hablar de protección de consumidores en países o en zonas que viven en regímenes con economías intervenidas".
41. GRAMUNT FOMBUENA, Mariló, La protección del contratante en contextos asimétricos. En GRAMUNT FOMBUENA, Mariló; FLORENSA; TOMÁS, Carlos (Org.). *Codificación e reequilibrio de la asimetría negocial.* Madrid: Dykinson, 2017. p. 97.
42. RICCI, Francesco. I contratti del consumatore in generale. En ROSSI CARLEO, Liliana (Org.). *Diritto dei consumi.* Torino: G. Giappichelli, 2012. p. 38 y 39.
43. MARQUES, Claudia Lima. Introdução. En MARQUES, Claudia Lima; BENJAMIN, Antonio Herman; MIRAGEM, Bruno. *Comentários ao código de defesa do consumidor.* 2. ed. São Paulo: Ed. RT, 2006.
44. BRASIL. *Lei n. 13.874*, de 20 de setembro de 2019. Institui a Declaração de Direitos de Liberdade Econômica [...]. Modificó el texto e incluyó un párrafo único. El artículo 421 vigente dice: "A liberdade contratual será exercida nos limites da função social do contrato". Parágrafo único. "Nas relações contratuais privadas, prevalecerão o princípio da intervenção mínima e a excepcionalidade da revisão contratual". Luego siguiendo la técnica de la novelación, incluyó al artículo 421A dedicado a "os contratos civis e empresariais". Sobre el particular puede verse a: THAMAY, Rennan et al. *A função social do contrato*: atualizado de acordo com a Lei da Liberdade Econômica (Lei 13.874/2019) e o Regime Jurídico Emergencial de Direito Privado (Lei 14.010/2020), São Paulo: Almedina, 2021.
45. BERGSTEIN, Laís. A influência do tempo e da essencialidade da prestação na (re)intepretação dos contratos de consumo. In: CATALAN, Marcos; BAROCELLI, Sergio Sebastián (Org.). *Derecho privado y solidaridad en Sudamérica*: VIII Agendas de Derecho Civil Constitucional. Buenos Aires: Fondo Editorial, 2020. Sobre

En otras legislaciones, la falta de una mención expresa no ha impedido construir similares interpretaciones a la luz de los estándares de la buena fe y del abuso del derecho. Ese fue el criterio que siguió la Comisión Reformadora del Código Civil y Comercial argentino para la cual "hay que considerar que la función no es solo social. Existe otro aspecto más nuevo que es la función "ambiental", que ya no responde a la división entre contratos de consumo y discrecionales, ni tiene relación alguna con el principio protectorio. La función ambiental es transversal a todos los contratos: se aplica tanto a las empresas como a los consumidores. Esta función permite al juez moderar la colisión entre el ejercicio de los derechos individuales y el de los colectivos, como el ambiente"[46].

El impacto de la era digital

Durante el Siglo XX la sociedad de masas puso en crisis al Derecho y exigió una nueva agenda[47]. Algo similar ocurre en la actualidad, aunque "la nueva masa es el enjambre digital. Éste muestra propiedades que lo distinguen radicalmente de las formaciones clásicas de los muchos, a saber, de la masa"[48]. La sociedad digital interpela a las personas y a los Estados, poniendo en crisis las estructuras políticas, comunicacionales, económicas, y consecuentemente, a las jurídicas[49]. Frente a esta realidad es imperioso dar respuestas que atiendan cabalmente a la complejidad que presentan[50].

El Derecho de los Contratos y el Derecho del Consumidor se enfrentan al desafío de las transformaciones tecnológicas –vg. las que derivan de *blockchain*–, que resultan disruptivas de los horizontes tradicionales bajo los cuales se concretaban en nuestras sociedades las operaciones económico-jurídicas. Lo dicho exige administrar las tensiones que los cambios producen por vía del recurso a los principios, más aún ante los avances cotidianos de la ciencia y de la técnica[51].

Por ello, tanto en los contratos paritarios como en los de consumo, los modelos universales, regionales y nacionales se valen de estándares generales para resolver los conflictos derivados de la contratación electrónica y digital, antes que de reglas rígidas o cerradas.

---

dicha reforma y los contratos de larga duración, se ha dicho que "A percepção de que a temporalidade móvel e evolutiva do contrato pressupõe que em face de novas circunstâncias é possível que algumas de suas cláusulas precisem ser renegociadas é um reflexo da notória frase de Tomasi di Lampedusa: "[s]e quisermos que tudo continue como está, é preciso que tudo mude".

46. ARGENTINA. *Proyecto de Código Civil y Comercial de la Nación*. Buenos Aires: Infojus, 2012. p. 630.

47. DÍEZ-PICAZO, Luis. *Derecho y masificación social. Tecnología y derecho privado*. Madrid: Civitas, 1979.

48. HAN BYUNG-CHUL. *En el enjambre*. Trad. Raúl Gabás. Lanús: Herder, 2020. p. 26.

49. SASSEN, Saskia. *Una sociología de la globalización*. Trad. María Victoria Rodil. Buenos Aires: Katz, 2007. HARARI, Yuval Noah. *21 lecciones para el siglo XXI*. Trad. Joandomènec Ros. Colonia del Sacramento: Penguin Random House, 2020.

50. LAPENTA, Eduardo; RONCHETTI, Alfredo (Coord.). *Derecho y complejidad en Homenaje al Prof. Dr. Miguel Ángel Ciuro Caldani*. Tandil: Universidad Nacional del Centro de la Provincia de Buenos Aires, 2011.

51. RAYNAUD, Dominique. Qué es la tecnología. Pamplona: Laetoli, 2018. p. 57. Debe hacerse bajo la premisa de que "valorar o renegar de la tecnología en su conjunto conduce al mismo resultado: la incapacidad radical de diferenciar entre la benevolencia y la malevolencia, entre los que es beneficioso y lo que es perjudicial para los seres humanos".

Para los contrat de gré à gré, la "Ley Modelo de la Comisión de Naciones Unidas para el Derecho Mercantil sobre Comercio Electrónico – Guía para su incorporación al derecho interno de 1996" y la "Convención de las Naciones Unidas sobre la Utilización de las Comunicaciones Electrónicas en los Contratos Internacionales" de 2007, dan cuenta de los principios de inalterabilidad del derecho preexistente de obligaciones y contratos, de la libertad de contratación y potenciación de la buena fe, de la equivalencia funcional de los actos electrónicos respecto de los autógrafos o manuales, y de la neutralidad tecnológica, entre otros[52].

En los contratos de consumo las "Directrices para la Protección del Consumidor" de Naciones Unidas[53], constituyen un marco de referencia inevitable. De ese, y otros textos internacionales –vg. "Protección al Consumidor en el Comercio Electrónico" –, Recomendación de la OCDE 2016 –, pueden inferirse los principios de resguardo especial de la hipervulnerabilidad o vulnerabilidad agravada; de tutela no inferior a la brindada al consumidor en otras formas de comercio; de protección acentuada de la información y de la seguridad; de tutela de la confianza, y del uso indebido de los datos de los consumidores.

Ello derrama hacia los ordenamientos regionales y nacionales, lo que se observa con fuerte intensidad tanto en Europa[54], como en Latinoamérica[55], a través de pluralidad de instrumentos que desbordan el alcance de este trabajo.

Por la significación que el tema presenta en la actualidad, se realizará una mención especial a la cuestión de la protección de los datos de los consumidores. Sobre el particular, Yuval Noah Harari ha dicho que "lo mejor que podemos hacer es recurrir a nuestros

---

52. ILLESCAS ORTIZ, Rafael. *Derecho de la contratación electrónica*. Navarra: Civitas / Thomson Reuters, 2019. p. 41.

53. NACIONES UNIDAS. *Directrices para la protección del consumidor*. Nueva York y Ginebra, 2016.

54. UNIÓN EUROPEA. *Directiva 2000/31/CE*, del 8 de junio de 2000, relativa a determinados aspectos jurídicos de los servicios de la sociedad de la información, en particular el comercio electrónico. UNIÓN EUROPEA. *Directiva 2011/83*, del 25 de octubre de 2011 sobre los derechos de los consumidores, por la que se modifican la Directiva 93/13/CEE del Consejo. UNIÓN EUROPEA. *Directiva 1999/44/CE*, del 25 de mayo de 1999 del Parlamento Europeo y del Consejo y se derogan la Directiva 85/577/CEE del Consejo y la Directiva 97/7/CE del Parlamento Europeo y del Consejo. UNIÓN EUROPEA. *Directiva 2019/770*, del 20 de mayo de 2019 relativa a determinados aspectos de los contratos de suministro de contenidos y servicios digitales. UNIÓN EUROPEA. *Resolución del Parlamento Europeo* del 20 de octubre de 2020, con recomendaciones destinadas a la Comisión sobre una Ley de Servicios Digitales. COMISIÓN EUROPEA. *Libro Blanco sobre inteligencia artificial*: un enfoque europeo de la excelencia y la confianza. Explicita un enfoque europeo sobre la materia, orientado a la excelencia y la confianza. Se relaciona a la reciente Resolución del Parlamento Europeo, del 3 de mayo de 2022, sobre la inteligencia artificial en la era digital. Disponible em: https://ec.europa.eu/info/sites/default/files/commission-white-paper-artificial-intelligence-feb2020_es.pdf. Acceso en: 23 mayo 2022.

55. MERCOSUR. *Resolución GMC 36/2019*. **(NE)** Dispõe sobre a Defesa do Consumidor e seus principios fundamentais. Reglamenta la protección del consumidor en la contratación electrónica. Consagra reglas de protección de los consumidores en materia de comercio electrónico, enfatizando en la información; inclusión de cláusulas; formalización del contrato; derecho de arrepentimiento; atención al cliente; y acceso a mecanismos de resolución de controversias, entre otros aspectos relevantes. MERCOSUR. Resolución GMC 37/2019. Explicita los principios de progresividad y no regresión; de orden público de protección; de acceso al consumo; de transparencia de los mercados; de consumo sustentable; de protección especial para consumidores en situación vulnerable y de desventaja; de respeto de la dignidad de la persona humana; de prevención de riesgos; antidiscriminatorio; de buena fe; de Información; de armonización; de reparación integral; y de equiparación de derechos.

abogados, políticos, filósofos e incluso poetas para que se centren en este misterio ¿cómo regulamos la propiedad de los datos? Podría muy bien ser que esta fuera la pregunta más importante de nuestra era"[56].

Sobre esta problemática van corporizándose respuestas. Por ejemplo, la Asamblea General de la Organización de Estados Americanos aprobó mediante la Resolución AG/RES 2974 de fecha 11 de noviembre de 2021, los "Principios Actualizados sobre la Privacidad y la Protección de Datos Personales adoptados por el Comité Jurídico Interamericano (CJI)[57].

Sobre los mismos se ha dicho que "reflejan las distintas aproximaciones que prevalecen en los Estados miembros sobre los temas centrales de la protección de los datos personales, entre ellos el consentimiento, las finalidades y medios para la captación y tratamiento de estos datos, el flujo transfronterizo y la seguridad de los datos personales, la protección especial a los datos sensibles, y el ejercicio de los derechos de acceso, rectificación, cancelación, oposición y portabilidad"[58].

Paralelamente, el Comité Técnico n. 7 de Defensa del Consumidor del MERCOSUR se encuentra abocado a discutir un "Manual de proteção de dados", a partir de una propuesta de la prestigiosa profesora brasileña Claudia Lima Marques.

Los contratos de duración en las relaciones de consumo

De modo metafórico puede afirmarse que los contratos de larga duración se estructuran a partir del siguiente trípode: planificación, flexibilidad, y solidaridad[59].

En este contexto cobra sentido la regla general en el artículo 1.011 del Código Civil y Comercial argentino en cuanto dispone que "En los contratos de larga duración el tiempo es esencial para el cumplimiento del objeto, de modo que se produzcan los efectos queridos por las partes o se satisfaga la necesidad que las indujo a contratar. Las partes deben ejercitar sus derechos conforme con un deber de colaboración, respetando la reciprocidad de las obligaciones del contrato, considerada en relación a la duración total. La parte que decide la rescisión debe dar a la otra la oportunidad razonable de renegociar de buena fe, sin incurrir en ejercicio abusivo de los derechos". La norma es

---

56. HARARI, Yuval Noah. *21 lecciones para el siglo XXI*. Trad. Joandomènec Ros. Colonia del Sacramento: Penguin Random House, 2020. p. 103 y ss.
57. ORGANIZACIÓN DE LAS NACIONES UNIDAS. *Resolución 2974 aprobada por la Asamblea General de fecha 11 de noviembre de 2021*. Dispone sobre principios actualizados sobre la privacidad y la protección de datos personales adoptados por el Comité Jurídico Interamericano (CJI). Expresa trece (13) principios que reflejan las distintas aproximaciones que prevalecen en los Estados miembros sobre los temas centrales de la protección de los datos personales, entre ellos el consentimiento; las finalidades y medios para la captación y tratamiento de estos datos; el flujo transfronterizo y la seguridad de los datos personales; la protección especial a los datos sensibles; y el ejercicio de los derechos de acceso, rectificación, cancelación, oposición y portabilidad.
58. ORGANIZACIÓN DE LOS ESTADOS AMERICANOS. *Principios actualizados sobre la privacidad y la protección de datos personales*. Washington: OEA, 2022.
59. MACARIO, Francesco. *Adeguamento e rinegoziazione nei contratti a lungo termine*. Napoli: Jovene, 1996. cap. I.

concordante con soluciones similares que se trazan en el Derecho Comparado[60], las que enuncian que:

– el tiempo constituye un elemento estructural de estos contratos;

– los deberes de colaboración enmarcan el ejercicio de los derechos de las partes;

– el respeto a la reciprocidad prestacional debe darse con ajuste a la buena fe y a la cooperación, puesto que la dinámica que los gobierna hace que "se reformulen en su contenido en la medida del cambio de tecnologías, precios, servicios, y sería insensato obligar a las partes a cumplir puntualmente con lo pactado en el sinalagma original"[61].

En este ámbito, la rescisión y la renegociación actúan como fenómenos connaturales, que visibilizan la flexibilidad del contrato de larga duración – siendo una clara manifestación del aggiornamento de la teoría del contrato –, que resulta coherente con las nuevas modalidades y figuras contractuales, que son pensadas para operar en el mercado sobre realidades complejas, y que se exteriorizan no sólo en el plan prestacional que diseñan, sino también en las temporalidades que proyectan, sometidas a pluralidad de contingencias.

Aunque esta nueva matriz conceptual ha ingresado fuertemente en los negocios de consumo, su desenvolvimiento opera con variantes, en virtud del principio protectorio.

Así, la duración potencia el rol de los deberes de información y de seguridad. La pandemia del Covid-19 ha dado ejemplos elocuentes en tal sentido. Al respecto se ha dicho en la jurisprudencia argentina que "las operaciones a través de la banca electrónica son riesgosas, con lo cual pesa en cabeza del proveedor del servicio un deber de seguridad e información calificado"[62].

Del mismo modo, la rescisión se reconoce ampliamente a favor del consumidor, quien puede extinguir el contrato de larga duración en cualquier instancia de su ejecución, y sin costo alguno[63], a diferencia del proveedor, que en ocasiones tiene restringido el ejercicio de dicha facultad, e incluso, en otros supuestos, carece de ella, situación que se asocia con los denominados contratos "cautivos"[64], relacionados a los

---

60. Sobre la coincidencia de esta regla con otros de la reciente reforma al Código Civil francés, puede verse a KEMELMAJER DE CARLUCCI, Aída. Las disposiciones generales: coincidencias y diferencias. *Responsabilidad Civil y Seguros*, Buenos Aires, a. 21, n. 3 (extra), p. 23-38, 2019.

61. LORENZETTI, Ricardo Luis. *Tratado de los contratos*. Parte general. 3. ed. Buenos Aires: Thomson Reuters / La Ley, 2018. p. 98.

62. ARGENTINA. STJ de Entre Ríos. Badaracco Elena Susana c/ Nuevo Banco de Entre Ríos S.A. s/ sumarísimo. 28 de Septiembre de 2021 – considerando VI voto de Juan R. Smaldone –, inédito.

63. ARGENTINA. *Ley de Defensa del Consumidor n. 24.240 del 15 de Octubre de 1993*. Ley especial integrada con el Código Civil y Comercial de la Nación y otras leyes referidas a relaciones de consumo particulares. El artículo 10 *quáter*, incorporado por la reforma de la Ley n. 27.265 del 17 de Agosto de 2016. dispone que "prohíbase el cobro de preaviso, mes adelantado y/o cualquier otro concepto, por parte de los prestadores de servicios, incluidos los servicios públicos domiciliarios, en los casos de solicitud de baja del mismo realizado por el consumidor ya sea en forma personal, telefónica, electrónica o similar".

64. BERGSTEIN, Laís. A influência do tempo e da essencialidade da prestação na (re)intepretação dos contratos de consumo. In: CATALAN, Marcos; BAROCELLI, Sergio Sebastián (Org.). *Derecho privado y solidaridad en Sudamérica*: VIII Agendas de Derecho Civil Constitucional. Buenos Aires: Fondo Editorial, 2020. Sobre los mismos Laís Bergstein ha dicho que "em 1995, na segunda edição da obra Contratos no Código de Defesa do

servicios públicos. En Argentina, el contrato de medicina prepaga también es situado en este campo[65], puesto que se juzga que de admitirse la denuncia del contrato sin causa alguna por parte del proveedor, se desbaratarían los aportes y confianza depositada por el usuario durante los años de relación, alterando el equilibrio prestacional al no contar con la cobertura esperada cuando podría necesitar del servicio.

La renegociación también exhibe asimetrías. En criterio que se comparte se postula que "en el sector de los contratos en los que existen intereses individuales homogéneos, sea que se trata de contratos celebrados por adhesión o de consumo la renegociación debería ser colectiva, lo que la diferencia radicalmente de la renegociación de los contratos individuales"[66].

La necesidad de captar al contrato de consumo en clave de dimensión colectiva

El contrato de consumo no puede ser aprehendido en toda su profundidad sin reconocer el juego armónico entre los derechos individuales y los derechos supraindividuales homogéneos, en paralelo a lo que sucede con la función ambiental del contrato[67].

De tal modo, la dimensión colectiva se constituye en un cauce de mayor efectividad para el orden público de protección, que se expresa en acciones colectivas que resguardan los intereses del contratante consumidor. En la Argentina, la ausencia de reglas especiales que las regulen, ha hecho que la Corte Suprema de Justicia de la Nación haya aportado "acordadas" y registre una jurisprudencia consolidada sobre la materia[68].

Consumidor, Claudia Lima Marques analisa a crise da teoria contratual resultante dos novos movimentos sociais, filosóficos, culturais e econômicos que caracterizam a pós-modernidade e denomina de contratos cativos de longa duração as contemporâneas relações contratuais que aliam 'métodos conhecidos de contratação de massa a relações complexas de longa duração'". Também na doutrina brasileira pode verse a KARAM-SILVEIRA, Marco Antonio. Contratos cativos de longa duração: tempo e equilíbrio nas relações contratuais. En MARQUES, Claudia Lima (Coord.). *A nova crise do contrato*. Brasil: Ed. RT, 2007. p. 482-503.

65. SOZZO, Gonzalo. *Las relaciones contractuales en tiempos de emergencia*: contratos resilientes. Santa Fe: Rubinzal-Culzoni, 2020.

66. SOZZO, Gonzalo. *Las relaciones contractuales en tiempos de emergencia*: contratos resilientes. Santa Fe: Rubinzal-Culzoni, 2020.

67. LORENZETTI, Ricardo Luis. *Tratado de los contratos*. Parte general. 3. ed. Buenos Aires: Thomson Reuters / La Ley, 2018. p. 883 y 890.

68. ARGENTINA. CSJN. Acordada 12/2016. Reglamento de actuación en procesos colectivos. 5 de abril de 2016. Disponible en: https://www.csjn.gov.ar/decisiones/acordadas. Acceso en: 28 sep. 2022. ARGENTINA. CSJN. Acordada 32/2014. Creación de Registro Público de Procesos Colectivos radicados ante los Tribunales del Poder Judicial de la Nación. 1 de octubre de 2014. Disponible en: https://www.csjn.gov.ar/decisiones/acordadas. Acceso en: 28 sep. 2022. El máximo tribunal ha dictado en las referidas las pautas de actuación procesal de los Tribunales Federales en todos aquellos casos en que se encuentren planteadas pretensiones en las que se requiera la tutela de bienes colectivos o intereses individuales homogéneos. Asimismo, mantiene un claro activismo a partir de la causa. V. ARGENTINA. CSJN. *Halabi, Ernesto c/ P.E.N. – ley 25.873 – dto. 1563/04 s/ amparo ley 16.986*, 24 de febrero de 2009, Fallos 332:111. Disponible en: https://sjconsulta.csjn.gov.ar/sjconsulta/documentos/verDocumentoByIdLinksJSP.html?idDocumento=6625571&cache=1664377813365. Acceso en: 28 sep. 2022. V. HERNÁNDEZ, Carlos et al. Hacia el código de defensa del consumidor. *La Ley*, 15 mar. 2021. Cita Online: AR/DOC/592/2021. Todo ello ha sido recogido en el Proyecto de Código de Defensa del Consumidor argentino. Al respecto se ha dicho que allí se instituye "una dimensión colectiva, para resolver problemas de consumidores que conforman una clase – lo que incluye no solo las acciones colectivas en sede judicial–, que frente a las situaciones de afectación homogénea como las producidas por la pandemia, constituyen una respuesta muy adecuada".

Por lo demás, el Derecho del Consumidor del Siglo XXI también contribuye para una nueva dogmática sobre los contratos colectivos y difusos. Sobre los mismos se sostiene que "El modelo que soporta a la teoría del contrato ha sido construido sobre la base de la acción racional individual, y es inadecuado para explicar casos en los que hay acción grupal, como los contratos conexos y los colectivos"[69].

Allí se ubican nuevos temas y figuras como la "convención colectiva de consumo", prevista en valioso "Código de Proteção e Defesa do Consumidor" de Brasil, cuyo artículo 107 dispone que "as entidades civis de consumidores e as associações de fornecedores ou sindicatos de categoria econômica podem regular, por convenção escrita, relações de consumo que tenham por objeto estabelecer condições relativas ao preço, à qualidade, à quantidade, à garantia e características de produtos e serviços, bem como à reclamação e composição do conflito de consumo. § 1º A convenção tornar-se-á obrigatória a partir do registro do instrumento no cartório de títulos e documentos. § 2º A convenção somente obrigará os filiados às entidades signatárias. § 3º Não se exime de cumprir a convenção o fornecedor que se desligar da entidade em data posterior ao registro do instrumento". Sobre el particular se ha dicho que resulta obligatoria conforme a las reglas del Derecho Común[70], siendo una herramienta para los contratos sobre intereses individuales homogéneos.

A MODO DE CONCLUSIÓN

El Derecho de los Contratos y el Derecho del Consumidor se enriquecen mediante una consideración de los problemas comunes que hoy se les presentan, sin que ello suponga desconocer la especialidad del régimen protectorio.

Se aprecia que existe un diálogo virtuoso entre ambos, que permite comprender cabalmente los nuevos horizontes y desafíos del Siglo XXI, en miras del progreso de cada una de las disciplinas, y del respeto irrestricto de la persona del contratante y del consumidor.

REFERENCIAS

ALTERINI, Atilio Anibal. Bases para armar la teoría general del contrato en el derecho moderno. *La Ley*, Buenos Aires, n. 1998B, p. i-f, 1998.

ÁLVAREZ MORENO, María Teresa. Concepto de contrato. En DÍAZ ALABART, Silvia; GABRIELLI, Enrico; LEIVA FERNÁNDEZ, Luis (Org.). *Elementos de los contratos*. Un enfoque comparado. Buenos Aires: Thomson Reuters / La Ley, 2020.

ARGENTINA. CSJN. Acordada 12/2016. Reglamento de actuación en procesos colectivos. 5 de abril de 2016. Disponible en: https://www.csjn.gov.ar/decisiones/acordadas. Acceso en: 28 sep. 2022.

---

69. LORENZETTI, Ricardo Luis. *Tratado de los contratos*. Parte general. 3. ed. Buenos Aires: Thomson Reuters / La Ley, 2018. p. 881.
70. MIRAGEM, Bruno. Da convenção coletiva de consumo. En MARQUES, Claudia Lima; BENJAMIN, Antonio Herman; MIRAGEM, Bruno. *Comentários ao código de defesa do consumidor*. 2. ed. São Paulo: RT, 2006. p. 1188.

ARGENTINA. CSJN. Acordada 32/2014. Creación de Registro Público de Procesos Colectivos radicados ante los Tribunales del Poder Judicial de la Nación. 1 de octubre de 2014. Disponible en: https://www. csjn.gov.ar/decisiones/acordadas. Acceso en: 28 sep. 2022.

ARGENTINA. CSJN. *Halabi, Ernesto c/ P.E.N. – ley 25.873 – dto. 1563/04 s/ amparo ley 16.986*, 24 de febrero de 2009, Fallos 332:111. Disponible en: https://sjconsulta.csjn.gov.ar/sjconsulta/documentos/verDocumentoByIdLinksJSP.html?idDocumento=6625571&cache=1664377813365. Acceso en: 28 sep. 2022.

ARGENTINA. *Ley de Defensa del Consumidor n. 24.240 del 15 de Octubre de 1993*. Ley especial integrada con el Código Civil y Comercial de la Nación y otras leyes referidas a relaciones de consumo particulares.

ARGENTINA. *Ley de Medicina Prepaga n. 26.682 del 17 de Mayo de 2011*. Marco regulatorio de Medicina Prepaga integrado al Sistema Nacional de Seguros de Salud.

ARGENTINA. *Proyecto de Código Civil y Comercial de la Nación*. Buenos Aires: Infojus, 2012.

ARGENTINA. STJ de Entre Ríos. Badaracco Elena Susana c/ Nuevo Banco de Entre Ríos S.A. s/ sumarísimo. 28 de Septiembre de 2021 – considerando VI voto de Juan R. Smaldone –, inédito.

ARGENTINA. TSJ de Córdoba, Sala Civil. Mercado Libre S.R.L. c/ Dirección de Defensa del Consumidor y Lealtad Comercial – Recurso Apelación c/ Decisiones de Persona Jur. Pub. no Estatal – Recurso Directo. 19 de mayo de 2020. Cita Online: elDial.com – AABC5B. Disponible en: https://www.eldial.com/nuevo/resultados-detalle.asp?id=52189&base=14&referencia=1&Total_registros2_1=1&resaltar=aabc5b. Acceso en: 28 sep. 2022.

BAROCELLI, Sergio Sebastián. *Teoría general de las relaciones de consumo*. Buenos Aires: IJ, 2021.

BERCOVITZ, Alberto; BERCOVITZ, Rodrigo. *Estudios jurídicos sobre la protección de los consumidores*. Madrid: Tecnos, 1987.

BERGSTEIN, Laís. A influência do tempo e da essencialidade da prestação na (re)intepretação dos contratos de consumo. In: CATALAN, Marcos; BAROCELLI, Sergio Sebastián (Org.). *Derecho privado y solidaridad en Sudamérica*: VIII Agendas de Derecho Civil Constitucional. Buenos Aires: Fondo Editorial, 2020.

BRASIL, *Lei n. 13.874*, de 20 de setembro de 2019. Institui a Declaração de Direitos de Liberdade Econômica [...].

CARBONNIER, Jean. *Derecho flexible*. Para una sociología no rigurosa del derecho. Trad. Luis Diez-Picazo. Madrid: Tecnos, 1974.

CARRASCO PERERA, Ángel. *Derecho de contratos*. Navarra: Thomson Reuters / Aranzadi, 2017.

CIURO CALDANI, Miguel Ángel. Perspectivas jurídicas estratégicas nuevas en una nueva era (la construcción jurídica de un mundo nuevo). *Revista Internacional Consinter de Direito*, Curitiba, a. 5, n. 8, p. 125-147, 1º sem. 2019.

CIURO CALDANI, Miguel. Lecciones de teoría general del derecho. *Investigación y docencia*. Rosario, n. 32. p. 33-76, 1999.

DE CORES HELGUERA, Carlos. *El origen histórico de la teoría general del contrato*. La teoría general del contrato en la tradición jesuítica. La obra 'De contractibus', de Pedro de Oñate S. J., como precursora de conceptos fundamentales del derecho contractual actual. Tesis (Doctorado) – Universidad Pontificia Comillas, 2014. Director: Iñigo Alfonso Navarro Mendizábal. 588 fl.

DÍEZ-PICAZO, Luis. Contratos de consumo y derecho de contratos. *Anuario de Derecho Civil*, Madrid, v. 59, n. 1, p. 11-28, 2006.

DÍEZ-PICAZO, Luis. *Derecho y masificación social*. Tecnología y derecho privado. 2. ed. Madrid: Civitas, 1987.

DÍEZ-PICAZO, Luis. *Derecho y masificación social*. Tecnología y derecho privado. Madrid: Civitas, 1979.

DISSAUX, Nicolas; JAMIN, Cristophe. *Réforme du droit des contrats, du régime général et de la preuve des obligation (Órdonnance n. 2016 – 131 du 10 février 2016)*. Commentaire des articles 1100 à 1386-1 du code civil. Italie: Dalloz. Reimpresión Marzo de 2017.

ESBORRAZ, David. Los nuevos códigos civiles de la República Argentina y de la República Popular China confrontados: dos ordenamientos y un único sistema. *Roma e América: Diritto Romano Comune*, Roma, n. 40. p. 336-389, 2019.

UNIÓN EUROPEA. *Directiva 1999/44/CE*, del 25 de mayo de 1999. Sobre determinados aspectos de la venta y las garantías de los bienes de consumo y se derogan la Directiva 85/577/CEE del Consejo y la Directiva 97/7/CE del Parlamento Europeo y del Consejo.

UNIÓN EUROPEA. *Directiva 2000/31/CE*, del 8 de junio de 2000. Tiene como propósito aproximar determinadas disposiciones nacionales aplicables a los servicios de la sociedad de la información relativas al mercado interior; el establecimiento de los prestadores de servicios; las comunicaciones comerciales; los contratos por vía electrónica; la responsabilidad de los intermediarios; los códigos de conducta; los acuerdos extrajudiciales para la solución de litigios, los recursos judiciales y la cooperación entre Estados miembros.

UNIÓN EUROPEA. *Directiva 2011/83*, del 25 de octubre de 2011. Modifica la Directiva 93/13/CEE.

UNIÓN EUROPEA. *Directiva 2019/770,* del 20 de mayo de 2019. Su finalidad radica en contribuir al correcto funcionamiento del mercado interior, proporcionando a la vez un alto nivel de protección de los consumidores, a través del establecimiento de normas comunes sobre determinados requisitos relativos a los contratos celebrados entre empresarios y consumidores para el suministro de contenidos o servicios digitales; en particular normas sobre la conformidad de los contenidos o servicios digitales con el contrato; las medidas correctoras en caso de falta de conformidad o incumplimiento del suministro y las modalidades para exigirlas; y la modificación de los contenidos o servicios digitales.

COMISIÓN EUROPEA. *Libro Blanco sobre inteligencia artificial*: un enfoque europeo de la excelencia y la confianza. Explicita un enfoque europeo sobre la materia, orientado a la excelencia y la confianza. Se relaciona a la reciente Resolución del Parlamento Europeo, del 3 de mayo de 2022, sobre la inteligencia artificial en la era digital. Disponible en: https://ec.europa.eu/info/sites/default/files/commission-white-paper-artificial-intelligence-feb2020_es.pdf. Acceso en: 23 mayo 2022.

UNIÓN EUROPEA. *Resolución del Parlamento Europeo* del 20 de octubre de 2020. Contiene recomendaciones destinadas a la Comisión sobre la Ley de servicios digitales: una mejora del funcionamiento del mercado único.

GRAMUNT FOMBUENA, Mariló, La protección del contratante en contextos asimétricos. En GRAMUNT FOMBUENA, Mariló; FLORENSA; TOMÁS, Carlos (Org.). *Codificación e reequilibrio de la asimetría negocial*. Madrid: Dykinson, 2017.

HALABI, Ernesto c/ P.E.N. – ley 25.873 – dto. 1563/04 s/ amparo ley 16.986, 24 de febrero de 2009, Fallos 332:111.

HAN BYUNG-CHUL. *En el enjambre*. Trad. Raúl Gabás. Lanús: Herder, 2020.

HARARI, Yuval Noah. *21 lecciones para el siglo XXI*. Trad. Joandomènec Ros. Colonia del Sacramento: Penguin Random House, 2020.

HERNÁNDEZ, Carlos et al. Hacia el código de defensa del consumidor. *La Ley*, 15 mar. 2021. Cita Online: AR/DOC/592/2021.

HERNÁNDEZ, Carlos. Contrato de consumo. En CIURO CALDANI, Miguel Ángel; NICOLAU, Noemí (Org.). *Derecho privado del siglo XXI*. Contratos (Colección François Gény). Buenos Aires: Astrea, t. 4.

HERNÁNDEZ, Carlos. El 'contrato de consumo' en el contexto de la 'teoría general del contrato'. A propósito del Código Civil y Comercial (expresión de una nueva estructura tipológica). *Jurisprudencia Argentina*, Cidade, Buenos Aires, n. 2016-I, 2016.

HERNÁNDEZ, Carlos. Hacia la generalización de algunas soluciones del régimen de defensa del consumidor?. KEMELMAJER DE CARLUCCI, Aída; TRIGO REPRESAS, Félix Alberto; MÉNDEZ COSTA, María Josefa (Org.). *Libro Homenaje al Prof. Dr. Jorge Mosset Iturraspe*. Santa Fe: Edicionesunl, 2005.

ILLESCAS ORTIZ, Rafael. *Derecho de la contratación electrónica*. Navarra: Civitas / Thomson Reuters, 2019.

IRTI, Natalino. È vero, ma.... (Replica a Giorgio Oppo). *Rivista di Diritto Civile*, Padova, a. 45, n. 2, p. 273-278, 1999.

IRTI, Natalino. *La edad de la descodificación*. Trad. Luis Rojo Ajuria. Barcelona: Bosch, 1992.

IRTI, Natalino. Scambi senza accordo. *Rivista Trimestrale di Diritto Civile*, Milano, v. 52, n. 2, p. 347-364, jun. 1998.

KARAM-SILVEIRA, Marco Antonio. Contratos cativos de longa duração: tempo e equilíbrio nas relações contratuais. En MARQUES, Claudia Lima (Coord.). *A nova crise do contrato*. Brasil: São Paulo: Ed. RT, 2007.

KEMELMAJER DE CARLUCCI, Aída. Las disposiciones generales: coincidencias y diferencias. *Responsabilidad Civil y Seguros*, Buenos Aires, a. 21, n. 3 (extra), p. 23-38, 2019.

LABELLA, Enrico. Tutela della microimpresa e 'terzo contratto'. *Europa e Diritto Privato*, Milano, n. 4, p. 857-897, 2015.

LANNI, Sabrina. *Dez anos*. Contributi per il primo decenio del nuovo códice civil brasiliano. Nápoles: Edizioni Scientifique Italiane, 2014.

LAPENTA, Eduardo; RONCHETTI, Alfredo (Coord.). *Derecho y complejidad en Homenaje al Prof. Dr. Miguel Ángel Ciuro Caldani*. Tandil: Universidad Nacional del Centro de la Provincia de Buenos Aires, 2011.

LARENZ, Karl. *Derecho de obligaciones*. Trad. Jaime Santos Briz. Madrid: Revista de Derecho Privado, 1958, t. I.

LORENZETTI, Ricardo Luis. *Comercio electrónico*. Buenos Aires: Abeledo-Perrot, 2001.

LORENZETTI, Ricardo Luis. *Tratado de los contratos*. Parte general. 3. ed. Buenos Aires: Thomson Reuters / La Ley, 2018.

LORENZETTI, Ricardo. *Fundamentos de derecho privado. Código Civil y Comercial de la Nación Argentina*. Buenos Aires: Thomson Reuters / La Ley, 2016.

MACARIO, Francesco. *Adeguamento e rinegoziazione nei contratti a lungo termine*. Napoli: Jovene, 1996.

MARQUES, Claudia Lima. Introdução. En: MARQUES, Claudia Lima; BENJAMIN, Antonio Herman; MIRAGEM, Bruno. *Comentários ao código de defesa do consumidor*. 2. ed. São Paulo: Ed. RT, 2006.

MARQUES, Claudia Lima. La defensa del consumidor en Brasil. Diálogo de fuentes. En STIGLITZ, Gabriel; HERNÁNDEZ, Carlos. *Tratado de derecho del consumidor*. Buenos Aires: Thomson Reuters / La Ley, 2015, t. I.

MERCOSUR. Resolución GMC 36/2019. Explicita los principios de progresividad y no regresión; de orden público de protección; de acceso al consumo; de transparencia de los mercados; de consumo sustentable; de protección especial para consumidores en situación vulnerable y de desventaja; de respeto de la dignidad de la persona humana; de prevención de riesgos; antidiscriminatorio; de buena fe; de Información; de armonización; de reparación integral; y de equiparación de derechos.

MERCOSUR. Resolución GMC 37/2019. Consagra reglas de protección de los consumidores en materia de comercio electrónico, enfatizando en la información; inclusión de cláusulas; formalización del contrato; derecho de arrepentimiento; atención al cliente; y acceso a mecanismos de resolución de controversias, entre otros aspectos relevantes.

MIRAGEM, Bruno. Da convenção coletiva de consumo. En MARQUES, Claudia Lima; BENJAMIN, Antonio Herman; MIRAGEM, Bruno. *Comentários ao código de defesa do consumidor*. 2. ed. São Paulo: Ed. RT, 2006.

MOSSET ITURRASPE, Jorge. *Justicia contractual*. Buenos Aires: Ediar, 1977.

NACIONES UNIDAS. *Directrices para la protección del consumidor*. Nueva York y Ginebra, 2016.

NICOLAU, Noemí. El contrato en el contexto de la teoría general del derecho. En NICOLAU, Noemí; HERNÁNDEZ, Carlos (Dir.). *Contratos en el Código Civil y Comercial de la Nación*. Buenos Aires: Thomson Reuters / La Ley, 2016.

NICOLAU, Noemí. La tensión entre el sistema y el microsistema en el Derecho Privado. *Trabajos del Centro*, Rosario, n. 2, p. 79-83, 1997.

OLIVA BLÁZQUEZ, Francisco. Nuevos marcos normativos para los contratos nacionales e internacionales. En HORNERO MÉNDEZ, César; ESPEJO LERDO DE TEJADA, Manuel; OLIVA BLÁZQUEZ, Francisco (Dir.). *Derecho de contratos*: nuevos escenarios y propuestas. Navarra: Thomson Reuters / Aranzadi, 2016.

OPPO, Giorgio. ¿Disumanizzazione del contrato?. *Rivista di Diritto Civile*, Padova, a. 44, n. 5, p. 525-533, 1998.

ORGANIZACIÓN DE LAS NACIONES UNIDAS. Resolución 2974 aprobada por la Asamblea General de fecha 11 de noviembre de 2021, sobre principios actualizados sobre la privacidad y la protección de datos personales adoptados por el Comité Jurídico Interamericano (CJI). Expresa trece (13) principios que reflejan las distintas aproximaciones que prevalecen en los Estados miembros sobre los temas centrales de la protección de los datos personales, entre ellos el consentimiento; las finalidades y medios para la captación y tratamiento de estos datos; el flujo transfronterizo y la seguridad de los datos personales; la protección especial a los datos sensibles; y el ejercicio de los derechos de acceso, rectificación, cancelación, oposición y portabilidad.

ORGANIZACIÓN DE LOS ESTADOS AMERICANOS. *Principios actualizados sobre la privacidad y la protección de datos personales*. Washington: OEA, 2022.

PARDOLESI, Roberto. Prefazione. En COLANGELO, Giuseppe. *L'abuso di dependenza economica tra disciplina della concorrenza e diritto dei contratti*. Torino: G. Giappichelli, 2004.

PISANO DÍAZ. José. Aproximación a la contratación inteligente: usos, retos y algunos aspectos legales. En GÓNZALEZ PULIDO, Irene (Coord.). *Fodertics. Estudios sobre Derecho Digital*. Granada: Comares, 2019.

RAYNAUD, Dominique. Qué es la tecnología. Pamplona: Laetoli, 2018.

RICCI, Francesco. I contratti del consumatore in generale. En ROSSI CARLEO, Liliana (Org.). *Diritto dei consumi*. Torino: G. Giappichelli, 2012.

ROPPO, Vincenzo. Regolazione del mercato e interessi di referimento: dalla protezione del consumatore alla protezione del cliente? *Rivista di Diritto Privato*, Bari, n. 3, p. 19-35, 2010.

SANTARELLI, Fulvio. *Contrato y mercado*. Buenos Aires: Thomson Reuters / La Ley, 2018.

SASSEN, Saskia. *Una sociología de la globalización*. Trad. María Victoria Rodil. Buenos Aires: Katz, 2007.

SOZZO, Gonzalo. Consumo digno y verde: humanización y ambientalización del Derecho del Consumidor (sobre los principios de dignidad del consumidor y de consumo sustentable). *Revista de Derecho Privado y Comunitario*, Santa Fe, n. 3. p. 139-166, 2012.

SOZZO, Gonzalo. ¿Es tan importante recodificar?. *Revista de la Facultad de Ciencias Jurídicas y Sociales*, Santa Fe, n.1, p. 83-112, 2001.

SOZZO, Gonzalo. *Las relaciones contractuales en tiempos de emergencia*: contratos resilientes. Santa Fe: Rubinzal-Culzoni, 2020.

STIGLITZ, Gabriel. *Protección jurídica del consumidor*. Buenos Aires: Depalma, 1986.

STIGLITZ, Gabriel; SAHIÁN, José. *El nuevo derecho del consumidor*. Buenos Aires: Thomson Reuters / La Ley, 2020.

THAMAY, Rennan et al. *A função social do contrato*: atualizado de acordo com a Lei da Liberdade Econômica (Lei 13.874/2019) e o Regime Jurídico Emergencial de Direito Privado (Lei 14.010/2020), São Paulo: Almedina, 2021.

ABUSIVIDAD Y TRANSPARENCIA EN LA CONTRATACIÓN CON CONSUMIDORES: EL ESTADO DE LA CUESTIÓN EN EL ORDENAMIENTO JURÍDICO ESPAÑOL

María Nélida Tur Faúndez

Catedrática de Derecho Civil, Universidad de las Islas Baleares.

INTRODUCCIÓN

La Directiva 93/13 sobre cláusulas abusivas en los contratos celebrados con consumidores, en su art. 3.2 dispone que se considera que "una cláusula no se ha negociado individualmente cuando haya sido redactada previamente y el consumidor no haya podido influir sobre su contenido, en particular en el caso de los contratos de adhesión". A estas cláusulas no negociadas individualmente se refiere el art. 80 del Texto Refundido de la Ley General para la Defensa de los Consumidores y Usuarios, Real Decreto Legislativo 1/2007 (en adelante TRLGDCU)[1], que ha sido recientemente reformado por la Ley 4/2022, de 25 de febrero, de protección de los consumidores y usuarios frente a situaciones de vulnerabilidad social y económica.

En las relaciones entre empresarios y consumidores, es poco frecuente la efectiva negociación de las cláusulas, además lo más común es que las cláusulas no negociadas en contratos con consumidores sean al tiempo condiciones generales de la contratación, pues resultan predispuestas para incluirse en una pluralidad de contratos. De hecho, la inmensa mayoría de los supuestos que se nos ofrecen en la práctica son de condiciones generales, y es casi excepcional un contrato configurado unilateralmente *ad hoc* por el empresario.

---

1. ESPAÑA. Real Decreto Legislativo 1/2007.

"Artículo 80. Requisitos de las cláusulas no negociadas individualmente.

1. En los contratos con consumidores y usuarios que utilicen cláusulas no negociadas individualmente, incluidos los que promuevan las Administraciones públicas y las entidades y empresas de ellas dependientes, aquéllas deberán cumplir los siguientes requisitos:

a) Concreción, claridad y sencillez en la redacción, con posibilidad de comprensión directa, sin reenvíos a textos o documentos que no se faciliten previa o simultáneamente a la conclusión del contrato, y a los que, en todo caso, deberá hacerse referencia expresa en el documento contractual.

b) Accesibilidad y legibilidad, de forma que permita al consumidor y usuario el conocimiento previo a la celebración del contrato sobre su existencia y contenido. En ningún caso se entenderá cumplido este requisito si el tamaño de la letra del contrato fuese inferior a los 2.5 milímetros, el espacio entre líneas fuese inferior a los 1.15 milímetros o el insuficiente contraste con el fondo hiciese dificultosa la lectura.

c) Buena fe y justo equilibrio entre los derechos y obligaciones de las partes, lo que en todo caso excluye la utilización de cláusulas abusivas".

En Derecho español se aceptan como perfectamente válidos los contratos con condiciones generales, pero, para lograr una máxima transparencia y evitar abusos, se les somete a dos exigencias: una formal y otra de fondo o contenido:

(a) El control de forma (o control de incorporación) y transparencia. Está regulado en la Ley de Condiciones Generales de la Contratación (en adelante LCGC) y, por ello, se aplica tanto a contratos con consumidores como a contratos con empresarios. Se pretende comprobar que las condiciones generales han sido consentidas por las partes. Podrán considerarse inexistentes por no incorporación, las condiciones que el adherente no ha podido conocer o entender. El art. 5 de la LCGC, viene a establecer de qué forma tienen que presentarse las condiciones generales para que se entiendan incorporadas al contrato: (1) En contratos que se celebren por escrito no es necesario que las condiciones formen parte del contrato firmado o sean firmadas de forma independiente, pero sí, al menos, que el contrato contenga una referencia a las condiciones, que se informe al adherente de su existencia y que se le "faciliten". (2) En contratos que no se celebren por escrito "bastará con que el predisponente anuncie las condiciones generales en un lugar visible dentro del lugar en el que se celebra el negocio, que las inserte en la documentación del contrato que acompaña su celebración; o que, de cualquier otra forma, garantice al adherente una posibilidad efectiva de conocer su existencia y contenido en el momento de la celebración". (3) Por Ley 5/2019, de 15 de marzo reguladora de los contratos de crédito inmobiliario, se añade un nuevo apartado 5 al precepto que establece que la redacción de las cláusulas deberá ajustarse a los criterios de transparencia, claridad, concreción y sencillez. Las condiciones incorporadas de modo no transparente en los contratos en perjuicio de los consumidores serán nulas de pleno derecho. Se trata de una transparencia documental y gramatical.

(b) La exigencia de fondo (control de contenido). Cláusulas abusivas y falta de transparencia. Con carácter general y para todo tipo de contratos, este control consiste en prohibir la inclusión en condiciones generales de cláusulas contrarias a una ley imperativa (art. 8° LCGC). Si se trata de contratos celebrados con consumidores, además, las cláusulas no pueden ser abusivas. Son cláusulas abusivas aquellas que, en contra de la buena fe, establezcan un desequilibrio injustificado entre los derechos y deberes de las partes en perjuicio de la parte adherente. La lista de tales cláusulas prohibidas está en los arts. 85 a 90 TRLGDCU, por lo que solamente es aplicable a los contratos con consumidores.

Según el art. 4.2 de la Directiva 1993/13 CEE, de 5 de abril, sobre cláusulas abusivas en contratos celebrados con consumidores, las condiciones generales que se refieran a elementos esenciales del contrato no podrán ser declaradas abusivas, pero tendrán que superar un control de transparencia. Así pues, además de superar el control de incorporación establecido en la LCGC, hay que comprobar la comprensibilidad real de su importancia en el desarrollo del contrato por parte del consumidor. Sin embargo, el precepto no fue objeto de transposición inmediata en el Ordenamiento Jurídico español. La jurisprudencia, desde la STS de Pleno 241/2013, de 9 de mayo (a la que más adelante me referiré), exigió ese control de transparencia para los contratos celebrados con consumidores, pero no se incluyó en la legislación española hasta que se promulgó la Ley 5/2019, de 15 de marzo, reguladora de los contratos de crédito inmobiliario, que ha modificado el último párrafo del artículo 83 de la LGDCU y distingue junto a la cláusulas abusivas, aquellas condiciones que han sido incorporadas de un modo no transparente en el contrato en perjuicio de los consumidores, que también serán nulas de pleno derecho. Se trata de una transparencia material, en el sentido de que el consumidor pueda hacerse una idea cabal de las consecuencias económicas y jurídicas que puede provocar esa cláusula.

Esto supone que podemos hablar de dos tipos de transparencia (se habla de *doble control de transparencia*): (1) en el control de incorporación: la transparencia documental y gramatical para todo tipo de cláusulas, y (2) en el control de contenido, y concretamente el de la validez/abusividad de las cláusulas: la transparencia material cuando se trate de cláusulas definitorias del objeto principal del contrato en la contratación de consumidores. En consecuencia, cuando se trate de contratación entre empresarios, el adherente no tendrá ningún mecanismo específico para *excluir* del contrato la condición materialmente no transparente.

¿Pero cuándo una cláusula es abusiva y cuándo no es transparente? Veámoslo.

CLÁUSULAS ABUSIVAS

Concepto

Las cláusulas abusivas se definen legalmente como todas aquellas cláusulas o estipulaciones no negociadas individualmente, y todas aquellas prácticas no consentidas expresamente que, en contra de las exigencias de la buena fe, causen, en perjuicio del consumidor y usuario, un desequilibrio importante en los derechos y obligaciones de las partes que se deriven del contrato (art. 82 TRLGDCU).

La Sentencia del Tribunal de Justicia de la Unión Europea (en adelante STJUE) de 27 de junio de 2000 (Asunto C-240/98), al interpretar la Directiva 93/13/CEE del Consejo, de 5 de abril de 1993, sobre las cláusulas abusivas en los contratos celebrados con consumidores, sostiene que son un instrumento para controlar la legalidad de los contratos celebrados con los consumidores, y que el control se ha de realizar por los órganos judiciales nacionales aun cuando el consumidor no haya planteado su carácter abusivo.

El carácter abusivo de una cláusula se vincula:

(1) A la idea de desequilibrio importante entre los derechos y obligaciones que se deriven del contrato. Y para averiguar si existe o no ese desequilibrio importante el TJUE en sus Sentencias de 14 de marzo de 2013 (Asunto C-415/11) y de 26 de enero de 2017 (Asunto C-421/14), afirma que hay que tener en cuenta las normas aplicables del Derecho nacional cuando no exista un acuerdo de las partes en ese sentido. Así pues, el juez nacional podrá valorar si el contrato deja al consumidor en una situación menos favorable que la prevista por el derecho nacional vigente. En definitiva, se produce un desequilibrio importante cuando la cláusula se aparta del Derecho que de otro modo se habría aplicado (Derecho dispositivo, normas aplicables por analogía, reglas generales del Derecho de obligaciones y contratos ...)

(2) A que ese desequilibrio se cause contrariamente a las exigencias de la buena fe: Lo que significa que el juez nacional debe comprobar si el profesional podía estimar razonablemente que, tratando de manera leal y equitativa con el consumidor, éste aceptaría una cláusula de este tipo en el marco de una negociación individual (STJUE de 14 de marzo de 2013 y de 26 de enero de 2017, anteriormente citadas). Aunque la doctrina española[2] ha considerado que tal planteamiento, que gira sobre una doble

---

2. MARÍN LÓPEZ, Manuel Jesús. La "voluntad virtual" del consumidor, ¿un nuevo test para determinar la abusividad de una cláusula no negociada en contratos con consumidores? *Revista CESCO de Derecho de Consumo*, Ciudad Real, n. 5, p. 35-43, 2013. En el mismo sentido: ASUA GONZÁLEZ, Clara. La falta de transparencia

subjetividad, debe sustituirse por uno mucho más claro derivado del inciso final del considerando 16 de la Directiva 93/13 que afirma "que los profesionales pueden cumplir la exigencia de buena fe tratando de manera leal y equitativa con la otra parte, cuyos intereses legítimos debe tener en cuenta". Lo que permitiría afirmar que una cláusula sería abusiva, si se aparta del régimen que sería aplicable (en los términos señalados) y ello no se considera leal y equitativo.

Pero ¿Qué tipos de cláusulas abusivas hay? El artículo 82 TRLGDCU, en su apartado cuarto considera en todo caso abusivas las cláusulas que, conforme a lo dispuesto en los artículos 85 a 90 TRLGDCU, ambos inclusive: (a) vinculen el contrato a la voluntad del empresario, (b) limiten los derechos del consumidor y usuario, (c) determinen la falta de reciprocidad en el contrato, (d) impongan al consumidor y usuario garantías desproporcionadas o le impongan indebidamente la carga de la prueba, (e) resulten desproporcionadas en relación con el perfeccionamiento y ejecución del contrato, o (f) contravengan las reglas sobre competencia y derecho aplicable. El los arts. 85 y ss. TRLGDCU se realiza una enumeración detallada de cada uno de estos tipos de cláusulas abusivas.

¿Qué hacer ante una cláusula abusiva?

El artículo 83 TRLGDCU establece que las cláusulas abusivas son nulas de pleno derecho y se tienen por no puestas. El consumidor podrá dirigirse ante los Tribunales y la sentencia en la que se reconozca la abusividad de la cláusula, la declarará nula y determinará el alcance de esa nulidad, es decir, si la nulidad se extiende o no a todo el contrato, pues le corresponde al Juez valorar si el contrato puede subsistir sin esa cláusula. Y es que la nulidad parcial no tendrá lugar cuando, como consecuencia de ella, el contrato carezca de alguno de los elementos esenciales para su validez. Sin embargo, hay que tener en cuenta que el hecho de que la cláusula sea declara nula de pleno derecho no significa que el consumidor no pueda recurrir a otros remedios para desvincularse del contrato, en el caso de que su pretensión se encuentre fundamentada conforme al régimen general de anulabilidad por vicios o de resolución por incumplimiento[3].

El consumidor también puede dirigirse a la Administración de Consumo, que tiene competencia para tramitar expedientes sancionadores a aquellas empresas que incorporan cláusulas abusivas en sus contratos. No obstante, la Administración no puede declararlas inaplicables ya que esa potestad corresponde exclusivamente a los tribunales de lo civil.

Además de la posibilidad que tiene el consumidor de reclamar de forma individual, a LCGC permite que algunas entidades con representatividad en la protección de los consumidores, puedan plantear a los tribunales la llamada acción de cesación. Con

---

de las cláusulas no negociadas individualmente en la contratación con consumidores en el Derecho español. *Anuario de Derecho Privado*, Santiago, n. 1, p. 33-71, 2019. p. 49.

3. GONZALEZ PACANOWSKA, Isabel. Comentario al art. 83 TRLGDCU. En BERCOVITZ, Rpodrigo (Coord). *Comentario del texto refundido de la ley general para la defensa de los consumidores y usuarios y otras leyes complementarias.* Cizur Menor: Thomson Aranzadi, 2009. p. 988.

ella se persigue obtener una sentencia de los tribunales que condene al demandado a eliminar de sus condiciones generales de contratación las que se declaren nulas. Las entidades legitimadas para interponer la acción de cesación ante los tribunales son las asociaciones empresariales y profesionales, las asociaciones de consumidores y usuarios, las autoridades de consumo estatales, autonómicas y locales, el Ministerio Fiscal y las entidades de otros estados de la Comunidad Europea que tengan por objeto la protección de los consumidores.

LA FALTA DE TRANSPARENCIA

La incorporación del control de transparencia al Ordenamiento Jurídico Español

Nos vamos a referir aquí a la falta de transparencia material de las cláusulas en contratos celebrados con consumidores, dejando al lado la transparencia como requisito formal que se exige cuando se realiza el control de incorporación en dichos contratos.

La Directiva 93/13 señala en su considerando 19 que "a los efectos de la presente Directiva, la apreciación del carácter abusivo no debe referirse ni a cláusulas que describan el objeto principal ni a la relación calidad/precio de la mercancía o de la prestación". Y en el art. 4,2 dice que "a apreciación del carácter abusivo de las cláusulas no se referirá a la definición del objeto principal del contrato ni a la adecuación entre precio y retribución, por una parte, ni a los servicios o bienes que hayan de proporcionarse como contrapartida, por otra, siempre que dichas cláusulas se redacten de manera clara y comprensible".

En el Ordenamiento Jurídico español no se había traspuesto el artículo 4.2 de la Directiva, por lo que no existía norma que estableciera de forma expresa la exclusión del control de fondo o de contenido de las cláusulas transparentes cuando afectan al objeto principal del contrato y tampoco existía una norma que permitiera considerar que la falta de transparencia material es determinante por sí misma del carácter abusivo de una cláusula. Por ello, hubo que buscar el apoyo de esta teoría en la Directiva 93/13 y en la jurisprudencia. Aunque esto cambia con la Ley 5/2019, de 15 de marzo, reguladora de los contratos de crédito inmobiliario que modifica el art. 83 TRLGDCU añadiendo el último párrafo que dice que "Las condiciones incorporadas de modo no transparente en los contratos en perjuicio de los consumidores serán nulas de pleno derecho" (más adelante nos detendremos en ello).

Con anterioridad a la Ley 5/2019 los tribunales españoles a partir de la anteriormente citada STS de Pleno de 9 de mayo de 2013 empiezan a realizar el control de transparencia de las cláusulas que afectan al objeto principal del contrato. La referida sentencia versa sobre una acción colectiva de cesación de condiciones generales que contenían cláusulas suelo de interés remuneratorio en un préstamo con garantía hipotecaria, y en ella se sostiene que en los contratos de préstamo las cláusulas suelo del interés remuneratorio variable por relación un índice de referencia (que, por tanto limitan la virtualidad a la baja del índice) afectan a la definición del objeto principal del contrato (al precio de un préstamo oneroso) y por tanto se ven afectadas por el art. 4.2 de la Directiva. Se configuró el control de transparencia como un control abstracto de validez de la cláusula concluyendo que "además del filtro de incorporación, conforme a la Directiva 93/13 CEE y a lo declarado por esta sala en la Sentencia de 18 de junio de 2012, el control de transparencia como parámetro abstracto de la cláusula predispuesta, esto es, fuera del ámbito de interpretación general del Código Civil del "error propio" o "error vicio", cuando se proyecta sobre los elementos esenciales del contrato tiene por objeto que el adherente conozca o pueda conocer con sencillez tanto la "carga económica" que realmente supone para él el contrato celebrado (...) como la carga jurídica del mismo".

Así pues, la STS de 9 de mayo de 2013 declaró la falta de transparencia de las cláusulas suelo, pero limitando los efectos retroactivos de dicha declaración, de modo que se liberaba a las entidades bancarias de restituir las prestaciones recibidas de los consumidores como consecuencia de las cláusulas anuladas. Las Sentencias posteriores a esa fecha[4] declaraban la nulidad de las cláusulas por falta de transparencia pero únicamente condenaban a la entidad financiera a devolver a la demandante los intereses cobrados en exceso desde la fecha de la STS de 9 de mayo de 2013, momento a partir del cual se consideraba que no era posible ya alegar buena fe por los interesados, pues en dicha sentencia se establecía la doctrina de que las cláusulas insertas en contratos con tipos de interés variable en principio eran lícitas, pero si carecían de transparencia por insuficiencia de información, serían declaradas nulas. En mi opinión, es más acertado el criterio del Voto Particular a la STS de 29 de abril de 2015, formulado por el Magistrado Francisco Javier Orduña que mantenía que había que condenar al demandado al pago de los intereses cobrados indebidamente desde la perfección del contrato. Pues el principio de la buena fe que fundamenta la protección de la consumidora (que celebró el contrato en 2006) no podía quedar enervado hasta la fecha de publicación de la STS 9 de mayo de 2013.

Posteriormente la Sentencia del TJUE de 21 de diciembre de 2016 (Asunto C-380/15) se pronunció en contra de lo que había venido diciendo nuestro Tribunal Supremo, y concedió la retroactividad de los efectos restitutorios de la declaración de nulidad de las cláusulas suelo. El Tribunal Supremos español adaptó su jurisprudencia al TJUE aunque en virtud de Auto de 4 de abril de 2017 se acordó no revisar las sentencias firmes sobre nulidad de cláusulas suelo anteriores a la repetida Sentencia del TJUE. La STS 579/2022, de 26 de julio, tras declarar nula una cláusula suelo por falta de transparencia, condena al demandado al pago de los intereses que ha cobrado indebidamente desde el momento de la perfección del contrato.

Por la Ley 5/2019, de 15 de marzo, reguladora de los contratos de crédito inmobiliario, que introduce en el último párrafo del artículo 83 de la TRLGDCU lo siguiente: "Las condiciones incorporadas de modo no transparente en los contratos en perjuicio de los consumidores serán nulas de pleno derecho". De este modo, se reconoce legalmente el

---

4. V. por todas: ESPAÑA. TS. *STS 222/2015*, de 29 de abril.

control de transparencia material en cualquier cláusula no negociada individualmente que figure en un contrato de consumo.

La redacción de éste último párrafo es parca y no sólo no resuelve algunos de los interrogantes que se planteaban antes de la regulación, sino que plantea algunos nuevos. En este sentido, no se aclara qué ha de entenderse por transparencia material, tampoco resuelve las dudas existentes sobre qué debe entenderse por objeto principal del contrato (lo que resulta especialmente relevante dado que, según la jurisprudencia anterior, únicamente debía realizarse ese control de transparencia material respecto de aquellas cláusulas que versaran sobre el mismo), es más, el segundo párrafo del art. 83 TRLGDCU ya no habla de condiciones relativas al objeto del contrato. Por último, el nuevo párrafo del art. 83 TRLGDCU sostiene que las condiciones incorporadas de un modo no transparente son nulas de pleno derecho. Hay que tener en cuenta, que la jurisprudencia anterior a la referida reforma debatía sobre si la cláusula no transparente era nula en sí misma y se tenía por no puesta o, una vez comprobada su falta de transparencia, debía ser realizado el control de abusividad. La nueva redacción del precepto parece clara, pero ¿se zanja realmente la cuestión? A continuación, profundizaremos en todo ello.

¿Qué es la transparencia? ¿Cuándo una cláusula no es transparente?

Según la ya repetidamente citada STS de 9 de mayo de 2013, la exigencia de transparencia es más intensa respecto de las cláusulas definitorias del objeto principal del contrato, el fundamento normativo de esta afirmación se encuentra en el art. 4.2 de la Directiva 93/13.

Partiendo de esta mayor intensidad de transparencia el Tribunal Supremo se refiere al ya aludido doble control de transparencia para las cláusulas definitorias del objeto principal del contrato, que supone que respecto de tales cláusulas hay un deber de transparencia reforzado: no solo se requiere que las cláusulas sean accesibles y gramaticalmente comprensibles, (transparencia documental y gramatical), sino que la información conste de forma que el consumidor pueda hacerse cargo del significado jurídico y económico de la cláusula.

La citada sentencia acuña una doctrina jurisprudencial sobre el segundo control de transparencia (o trasparencia cualificada) que se enmarca en el ámbito de las cláusulas abusivas[5]. Se trata de una figura diferenciada del primer control de transparencia previsto en la LCGC, que consiste en un previo o mero control de inclusión formal, que se lleva a cabo a fin de comprobar que se cumplen con los requisitos legalmente exigidos para entender que la cláusula correspondiente ha quedado incorporada al contrato desde un punto de vista documental y gramatical.

---

5. DE VERDA y BEAMONTE, José Ramón. El control de transparencia de las condiciones generales de la contratación: estado actual de la cuestión. Instituto de Derecho Iberoamericano, 2019. Disponible en: https://idibe.org/tribuna/control-transparencia-las-condiciones-generales-la-contratacion-estado-actual-la-cuestion/. Acceso en: 22 set. 2022. El autor cuestiona la corrección técnica de esta doctrina, que califica como nulas unas cláusulas que, debieran, más bien, considerarse como no incorporadas.

Por el contrario, según dice la sentencia, el segundo control de trasparencia supone "que no pueden utilizarse cláusulas que, pese a que gramaticalmente sean comprensibles y estén redactadas en caracteres legibles, impliquen inopinadamente una alteración del objeto del contrato o del equilibrio económico sobre el precio y la prestación, que pueda pasar inadvertida al adherente medio". Se trata, así, de garantizar la efectiva transparencia de la cláusula incorporada, de modo que el adherente tenga pleno conocimiento de aquello sobre lo que contrata y pueda tomar su decisión de contratar libremente, comparando otras alternativas; caso de que esto no tenga lugar, según afirma la sentencia, la cláusula será abusiva por falta de trasparencia: el caso paradigmático ha sido el de las cláusulas suelo.

En la referida Sentencia el TS deduce la falta de transparencia de las condiciones generales impugnadas de las siguientes circunstancias:

(a) Falta información suficientemente clara de que se trata de un elemento definitorio del objeto principal del contrato.

(b) Se insertan de forma conjunta con las cláusulas techo y como aparente contraprestación de las mismas.

(c) No existen simulaciones de escenarios diversos relacionados con el comportamiento razonablemente previsible del tipo de interés en el momento de contratar.

(d) No hay información previa clara y comprensible sobre el coste comparativo con otras modalidades de préstamo de la propia entidad –caso de existir– o advertencia de que al concreto perfil de cliente no se le ofertan las mismas.

(e) En el caso de las utilizadas por el BBVA, se ubican entre una abrumadora cantidad de datos entre los que quedan enmascaradas y que diluyen la atención del consumidor"[6].

Posteriormente, la STS 171/2017, de 9 de marzo, declaró la validez de una cláusula suelo, porque fue negociada individualmente por las partes, pactándose un suelo inferior al que venía aplicando la entidad de crédito, siendo, además, advertida por el Notario que autorizó la escritura del préstamo.

En una acción individual, por lo tanto, el control de transparencia no se realiza solamente sobre la información precontractual y contractual transmitida al consumidor, sino que hay que atender a otros hechos y circunstancias relevantes que permitan acreditar que el consumidor conocía la cláusula. Se aborda el control de transparencia desde un punto de vista subjetivo, es decir, la transparencia no es un parámetro abstracto de validez sino un parámetro subjetivo de la misma que permite considerar transparente una cláusula si el consumidor puedo haber conocido su existencia y alcance[7].

El criterio que se sigue en esta Sentencia ha sido asumido por otras posteriores como la STS 25/2018, de 17 de enero, al afirmar que " la obligación que legalmente se impone a los predisponentes de este tipo de contratos de informar de un modo comprensible sobre los elementos esenciales del contrato deriva de que la regla general es justamente la

---

6. ESPAÑA. TS. *STS de 9 de mayo de 2013*.
7. AGÜERO ORTIZ, Alicia, Análisis jurisprudencial de la evolución del control de transparencia de las cláusulas suelo. *Revista CESCO de Derecho de Consumo*, Ciudad Real, n. 36, p. 90-103, 2020. P. 93.

contraria, esto es, la falta de conocimiento y comprensión del consumidor sobre aquellas condiciones generales sobre las que no ha recibido una información comprensible con anterioridad a la firma del contrato". En la STS 9/2019, de 11 de enero, se habla de un plus de información previa al consumidor que le permita adoptar su decisión con pleno conocimiento de la carga económica y jurídica que lleva aparejada la aplicación de la cláusula.

Este criterio del plus informativo se ha mantenido por el Tribunal Supremo, incluso cuando constaba la información precontractual, por considerar que la información proporcionada recibía un tratamiento secundario en la información facilitada y quedaba difuminada entre un extenso cúmulo de datos relativos al préstamo, lo que dificultaba la comprensión efectiva de lo efectivamente contratado, así ocurre en la STS 128/2019, de 4 de marzo y de forma semejante se pronuncia la STS 516/2020, de 8 de octubre.

Así pues, la transparencia de una cláusula está ligada a la información precontractual que recibe el consumidor, que debe ser suficiente para que éste conozca realmente el verdadero alcance jurídico y económico de la misma, en caso contrario, es necesario comprobar que el consumidor ha conocido el verdadero alcance de la cláusula atendiendo a otros hechos o circunstancias relevantes.

El objeto principal del contrato

Según el art. 4, apartado 2 de la Directiva 93/13/CEE, al que ya anteriormente me he referido, no había sido objeto de transposición al Ordenamiento Jurídico español, sin embargo, entre la doctrina española, es pacífico que es Derecho aplicable.

El precepto afirma que salvo que no sean transparentes, no procede apreciar el carácter abusivo de las cláusulas relativas al objeto principal del contrato, a la adecuación entre precio y retribución, por una parte, y a los servicios y bienes que sean su contrapartida, por otra. Aunque es cierto que este último tipo de cláusulas pueden incluirse en las primeras en muchos casos.

Según la jurisprudencia comunitaria, dado que se trata de una limitación de las posibilidades del control de fondo de las cláusulas abusivas, el concepto de objeto principal del contrato debe interpretarse de una forma estricta. En esta línea la STJUE de 30 de abril de 2014 (asunto C- 26/13) ha establecido que en lo que respecta a la categoría de cláusulas contractuales incluidas en el concepto de objeto principal del contrato a efectos del art. 4,2 de la Directiva estas cláusulas deben entenderse como las que regulan las prestaciones esenciales del contrato y que, como tales, lo caracterizan.

Según la Comunicación sobre las Directrices de interpretación y aplicación de la Directiva 93/13/CEE[8], "las cláusulas contractuales que definen el *objeto principal del contrato*, en el sentido del artículo 4, apartado 2 de la Directiva 93/13/CEE, deben

---

8. UNIÓN EUROPEA. *Comunicación de la Comisión*: Directrices sobre la interpretación y la aplicación de la Directiva 93/13/CEE el Consejo sobre las cláusulas abusivas en los contratos celebrados con los consumidores, en DOUE, 27 de septiembre de 2019. C 323/4, apdo. 3.2.1.

entenderse como aquellas que establecen las obligaciones esenciales del contrato y, como tales, lo caracterizan. Por el contrario, las cláusulas que son simplemente accesorias no forman parte del concepto de *objeto principal del contrato*. Para determinar si una cláusula se inscribe en el concepto de "objeto principal del contrato deben considerarse la naturaleza, la estructura general y las disposiciones del contrato y su contexto jurídico y fáctico".

En este sentido, por ejemplo, el TJUE en su Sentencia de 20 de septiembre de 2017 (Asunto C-186/16) ha considerado como cláusula no transparente relativa al objeto del contrato, una cláusula de un contrato de préstamo denominado en divisa extranjera, o en su STJUE de 3 de junio de 2010 (Asunto C-484/08) la cláusula de redondeo, o en la STJUE de 26 de enero de 2017 (Asunto C-421/14) la cláusula relativa al cálculo de intereses remuneratorios que prevé que el año tiene 360 días y no 365. El TS español, también a modo de ejemplo, ha venido entendiendo desde la STS de Pleno de 9 de mayo de 2013 que en los contratos de préstamo las cláusulas suelo del interés remuneratorio variable por relación un índice de referencia (que, por tanto, limitan la virtualidad a la baja del índice) afectan a la definición del objeto principal del contrato (al precio de un préstamo oneroso) y por tanto se ven afectadas por el art. 4.2 de la Directiva.

La justificación de la diferencia en el tratamiento de las cláusulas que afectan al objeto principal del contrato frente a las cláusulas accesorias se encuentra[9] en que cuando el consumidor celebra un contrato a través de condiciones generales y/o cláusulas predispuestas, centra su atención en las estipulaciones que son objeto principal del mismo, respecto de las que la competencia funciona, al menos en un principio, de manera razonablemente eficiente. Es decir, si las estipulaciones que afectan al objeto principal no son lo suficientemente interesantes para el consumidor, buscará otras empresas del sector que le puedan ofrecer condiciones más ventajosas.

Por este motivo, estas cláusulas no se someten a control de contenido o abusividad, pues se trata de estipulaciones conocidas y consentidas por el adherente en el momento de emitir su consentimiento de forma semejante a las cláusulas que se incorporan a un contrato como consecuencia de la negociación individual. Sin embargo, las cláusulas sobre cuestiones accesorias y no principales no son tenidas en cuenta por el consumidor a la hora de contratar, en la mayoría de ocasiones no se leen por éste, ni se conocen y comprenden con anterioridad a la celebración del contrato.

En este sentido la STS 222/2015, de 29 de abril que dice que "El art. 4.2 de la Directiva 1993/13/CEE conecta esta transparencia con el juicio de abusividad (...) porque la falta de transparencia trae consigo un desequilibrio sustancial en perjuicio del consumidor, consistente en la privación de la posibilidad de comparar entre las diferentes ofertas existentes en el mercado y de hacerse una representación fiel del impacto económico que le supondrá obtener la prestación objeto del contrato según

---

9. MIRANDA SERRANO, Luis María. ¿Hacia un [errático] control de abusividad en las cláusulas predispuestas relativas a los elementos esenciales de los contratos de consumo?. *La Ley Mercantil*, Madrid, n. 87, [s.p.], 2022. P. 12 y ss.

contrate con una u otra entidad financiera, o una u otra modalidad de préstamo, de entre los varios ofertados".

En definitiva, el consumidor consiente sobre el objeto principal del contrato, el resto del clausulado se asume como algo inevitable, de este modo se legitima la validez de las cláusulas no consentidas que no afectan al objeto principal, aunque únicamente si no son abusivas[10].

La falta de transparencia y sus consecuencias

Con anterioridad a la reforma de los arts. 5.5 LCGC y 83 TRLGDCU, el Ordenamiento Jurídico español adoptó el criterio fijado por el TJUE, según el cual, cuando una cláusula relativa a al objeto del contrato no supera el control de transparencia, ha de ser sometida a un juicio de abusividad. La citada STJUE de 26 de enero de 2017 sostiene que, si se concluye que la cláusula no fue transparente, la Directiva, como norma de mínimos, solo la expulsa si además de no ser transparente es abusiva (art. 4.2 Directiva).

En este sentido hay que citar la Sentencia 334/2017 del Tribunal Supremo de 25 de mayo de 2017, que se refiere a los parámetros para valorar la abusividad de una cláusula que no haya superado el doble control de transparencia, de la que se pueden sacar las siguientes conclusiones:

(a) Hay que valorar si el defecto de transparencia provoca subrepticiamente una alteración, no del equilibrio objetivo entre precio y prestación, que con carácter general no es controlable por el juez, sino del equilibrio subjetivo de precio y prestación, es decir, tal y como se lo pudo representar el consumidor en atención a las circunstancias concurrentes en la contratación.

(b) Corresponde al órgano jurisdiccional nacional comprobar que el profesional se cercioró efectivamente de que los consumidores en cuestión habían comprendido el contenido de las cláusulas del contrato de préstamo y de que, de este modo, habían estado plenamente en condiciones de evaluar las consecuencias económicas del mismo.

El Tribunal Supremo sostiene, en el caso concreto de la citada sentencia, que no se trata de valorar el "desequilibrio objetivo" que este tipo de cláusula comporta, sino el "desequilibrio subjetivo" que para un concreto consumidor supone el haberla asumido sin una previa y suficiente información de su alcance por parte del Banco. Pero, en definitiva, estamos ante un control material en concreto, que viene reforzado por la existencia de unos deberes de información a cargo de las entidades de crédito y por la regla de la presunción (aplicable en el sector bancario) de que dichos deberes no se cumplieron correctamente cuando se está ante una cláusula que objetivamente comporta un desequilibrio grave entre las prestaciones aunque, eso sí, siempre cabe prueba en contrario por parte del Banco, demostrando que la cláusula fue libremente aceptada por los clientes con pleno conocimiento de su alcance y significado, al haber sido plenamente informados de la misma

---

10. MARTÍNEZ ESCRIBANO, Celia. *Control de transparencia, cláusulas abusivas y consentimiento contractual. Reflexiones a partir de la última jurisprudencia del TS sobre novación y transacción de cláusulas suelo. Revista de Derecho Civil*, Madrid, v. 6, n. 1, p. 361-397, ene./mar. 2019. P. 372.

Pero no hay que olvidar que podemos estar ante un consentimiento viciado del consumidor, el legislador quiere que el consumidor lea y comprenda bien el significado de dichas cláusulas, realmente la falta de transparencia material puede tratarse de un supuesto de dolo del empresario[11] que podría tener como consecuencia la anulabilidad del contrato, que en el ordenamiento jurídico español no puede apreciarse de oficio.

Algunos autores han sostenido[12] que la jurisprudencia del TJUE ha excedido su ámbito de competencia al aplicarle a las cláusulas no transparentes que describen el objeto principal del contrato, las mismas consecuencias jurídicas que a las cláusulas accesorias, pues la Directiva sólo obliga a los Derechos nacionales a que garanticen que, cuando el objeto principal del contrato se describe en una cláusula predispuesta, se aseguren de que han sido consentidas por el consumidor y proporcionen a los consumidores remedios eficaces cuando no sea el caso.

La reconducción al plano de la abusividad de la falta de transparencia material de las cláusulas relativas al objeto principal del contrato ha permitido recurrir a un régimen de nulidad parcial del contrato (nulidad de la cláusula con mantenimiento de contrato); régimen que, en consonancia con lo establecido en la Directiva 93/13, es el previsto en el TRLGDCU. Se evita así un inconveniente conectado al examen de la cuestión desde la perspectiva de la anulación (anulabilidad o nulidad relativa) por vicios de consentimiento pues nuestro Tribunal Supremo viene entendiendo que el régimen de la anulabilidad se ha de proyectar sobre todo el contrato. A pesar de que la falta de transparencia material se analice en sede de desequilibrio/abusividad, no puede obviarse que la exigencia de transparencia protege la formación de la voluntad y persigue, por tanto, que el adherente no se vincule a cláusulas cuyo real significado no resulte comprensible o no haya comprendido por otros medios[13].

La interpretación que la Comisión Europea ha realizado de la Directiva 93/13/CE sobre cláusulas abusivas en el apartado 3.4.6[14] afirma que la falta de transparencia no supone automáticamente que una cláusula contractual sea considerada abusiva en virtud del artículo 3, apartado 1, de la Directiva 93/13/CEE (aunque en línea con el principio de armonización mínima el Derecho nacional puede establecer que la falta de transparencia tenga esta consecuencia inmediata). Esto significa que, si una de las cláusulas a que se

---

11. PANTALEÓN PRIETO, Fernando. 10 tesis sobre la falta de transparencia de las cláusulas referidas a los elementos esenciales del contrato. Almacén de Derecho, 2017. Disponible en: http://almacendederecho.org/10-tesis-la-falta-transparencia-las-clausulas-referidas-los-elementos-esenciales-del-contrato/. Acceso en: 22 set. 2022. El autor sostiene que la solución adecuada para estos casos, es la nulidad del contrato permitiéndose a quien sufre el engaño optar, si lo prefiere por mantener la vigencia del contrato.

12. En este sentido ALFARO ÁGUILA REAL, Jesús. *Cláusulas predispuestas que describen el objeto principal del contrato*. Almacén de Derecho. Almacén de Derecho, 2017. Disponible en: http://almacendederecho.org/clausulas-predispuestas-describen-objeto-principal-del-contrato/. Acceso en: 22 set. 2022.

13. ASUA GONZÁLEZ, Clara. La falta de transparencia de las cláusulas no negociadas individualmente en la contratación con consumidores en el Derecho español. *Anuario de Derecho Privado*, Santiago, n. 1, p. 33-71, 2019. p. 69.

14. UNIÓN EUROPEA. *Comunicación de la Comisión*: Directrices sobre la interpretación y la aplicación de la Directiva 93/13/CEE el Consejo sobre las cláusulas abusivas en los contratos celebrados con los consumidores, en DOUE, 27 de septiembre de 2019. C 323/4, apdo. 3.4.6.

refiere el artículo 4, apartado 2 de la Directiva, «no es clara ni comprensible», su carácter abusivo debe todavía evaluarse con arreglo a los criterios establecidos en el artículo 3, apartado 1 de la Directiva. Por el contrario, la falta de transparencia no es un elemento indispensable en la evaluación del carácter abusivo en virtud del artículo 3, apartado 1, por lo que también las cláusulas contractuales que son perfectamente transparentes pueden ser abusivas en virtud del artículo 3, apartado 1, a la luz del desequilibrio inherente a su contenido.

El Tribunal Supremo antes de la reforma del art. 83 TRLGDCU, sostuvo que para declarar la nulidad de una estipulación contractual no era suficiente con que la condición no fuese transparente, sino que además había que realizar un control de abusividad de la cláusula, valorando si vulneraba algún precepto concreto de la TRLGDCU, o si, como dice expresamente el artículo 82 del texto legal en cuestión, genera "un desequilibrio importante de los derechos y obligaciones de las partes que se deriven del contrato", porque como dice la Sentencia del Tribunal Supremo 483/2018, de 11 de septiembre "es posible que una condición general inserta en un contrato celebrado con un consumidor, pese a no ser transparente, no sea abusiva, pues la falta de transparencia no supone necesariamente que las condiciones generales sean desequilibradas".

Así pues, lo primero a valorar por parte de un juez en un proceso judicial en el que se discuta la legalidad de una estipulación contractual de este tipo, es si la cláusula reúne o no los requisitos de inclusión previstos en los artículos 5 y 7 de la Ley de Condiciones Generales de la Contratación, luego, si supera este primer control, será sometida a un segundo control, el de transparencia, entendiendo por tal un control subjetivo del grado de comprensión del consumidor de las cláusulas que le llevaron a decidir adherirse a un contrato, y por último, como antes decíamos, un control de abusividad, en donde se valora si esa ausencia de transparencia de la cláusula debe ser causante de nulidad.

La situación tras la reforma del art. 83 TRLGDU

La reforma del art. 83 TRLGDCU operada por la Ley 5/2019, de 15 de marzo, reguladora de los contratos de crédito inmobiliario, introduce dos novedades sobre la cuestión:

(a) Por cuanto se refiere al caso paradigmático que estuvo en la base de la doctrina jurisprudencial, el art. 21.3 de la Ley 5/2019, ha excluido la posibilidad de pactar cláusulas suelo en los préstamos hipotecarios a ella sujetos, cuando dice: "En las operaciones con tipo de interés variable no se podrá fijar un límite a la baja del tipo de interés".

(b) Recoge la doctrina jurisprudencial que hemos expuesto, añadiendo al art. 83 TRLGDCU, un segundo párrafo, conforme al cual "Las condiciones incorporadas de modo no transparente en los contratos en perjuicio de los consumidores serán nulas de pleno derecho".

Aunque parezca extraño, esta modificación legislativa supone la inclusión por primera vez de una referencia expresa a la transparencia de una condición contractual en el TRLGDCU, pues como decimos, hasta ahora la única referencia se encontraba en la Directiva 93/13, y en el artículo 5.5 de la Ley de Condiciones Generales de la

Contratación, pero este último se refiere a los requisitos de inclusión, es decir, al primer de los controles a realizar a una cláusula.

En el nuevo art. 83 TRLGDCU se ha acabado plasmando lo que ya venía reconociéndose por los Tribunales, esto es, la conexión de la falta de transparencia con la abusividad, al incluirla dentro del capítulo relativo a las cláusulas abusivas y atribuirle de forma expresa los efectos propios de aquellas: la nulidad de pleno derecho de las condiciones no transparentes. Sin embargo, ¿la falta de transparencia es suficiente para declarar la abusividad de la cláusula y su consiguiente nulidad? A primera vista, así se deduce del precepto.

La nueva redacción del artículo 83 TRLGDCU puede tener un enorme efecto favorable para los consumidores, en cuanto a la posibilidad de que multitud de cláusulas incluidas en cualquier tipo de contrato de adhesión concertado con consumidores y usuarios, puedan declararse nulas al constatarse la falta de transparencia en los términos que ha desarrollado la jurisprudencia del Tribunal Supremo.

Lo cierto es que el legislador al incluir este nuevo apartado genera cierta confusión sobre los distintos controles a los que debe ser sometida una condición general de contratación en un contrato con un consumidor o usuario. Pues podría entenderse que constatada la falta de transparencia de una cláusula o condición contractual concreta, debe declararse su abusividad y, por lo tanto, la nulidad de la condición, sin entrar a valorar si genera un desequilibrio importante de los derechos y obligaciones de las partes que se deriven del contrato, o si vulnera cualquier otro precepto de la Ley. Para poder aclarar el sentido del art. 83 TRLGDCU, se hace necesario recurrir a la interpretación de la jurisprudencia sobre el precepto.

La STS 121/2020, de 24 de febrero relativa a un contrato de prestación de servicios jurídicos, sostiene que el nuevo párrafo segundo del art. 83 TRLGDCU parece equiparar transparencia con abusividad, haciendo innecesario un posterior control de contenido de las cláusulas no transparentes. "a falta, pues de pacto expreso y conforme a la normativa legal expuesta, cabe concluir que la relación contractual entre las partes, en lo que se refiere a la cuantificación de los honorarios profesionales, no fue transparente, porque no hubo información al respecto.

Ahora bien, teniendo en cuenta que cuando se celebró el contrato no estaba en vigor la actual redacción del párrafo segundo del art. 83 TRLGDCU, que parece equiparar la falta de transparencia a la abusividad, resulta aplicable la jurisprudencia del TJUE que establece que, respecto de los elementos esenciales del contrato (precio y prestación) una vez apreciada la falta de transparencia es cuando debe hacerse el juicio de abusividad (por todas, SSTJUE de 30 de abril de 2014 (Asunto C 26/13) y de 26 de febrero de 2015 (Asunto C 143/13))".

Unos meses más tarde, la STS 596/2020, de 12 de noviembre se aleja de la postura anteriormente expuesta y sostiene que es necesario el control de abusividad posterior en las cláusulas que no hayan superado el control de transparencia: "conviene puntualizar que en la nueva redacción del precepto (se refería al art. 83 TRLGDCU) el perjuicio de los consumidores aparece expresamente contemplado al tratar de la nulidad de las cláusulas no transparentes".

Más recientemente, el Tribunal Supremo ha retomado la posición anterior y en la STS 63/2021 de 9 de febrero de 2021, apoyándose en la STJUE de 9 de julio de 2020 (Asunto C81/19), afirma que " "La consecuencia derivada de la falta de transparencia de la cláusula de renuncia al ejercicio de acciones, al no haber podido conocer el consumidor sus consecuencias jurídicas y económicas, consecuencias que no se advierten beneficiosas para el consumidor, es su consideración como abusiva, lo que lleva, por tanto, a que declaremos su nulidad de pleno derecho (arts 83 TRLGDCU, 8.2 LCGC y 6.1 de la Directiva 93/13)". En esta sentencia se ha entendido que el párrafo segundo del art. 83 TRLGDCU ha ido más allá de los mínimos que exige la Directiva 93/13 permitiendo declarar la nulidad de la cláusula no transparente sin necesidad de entrar a valorar su posible carácter abusivo.

Sin embargo, la jurisprudencia más reciente ha vuelto a cambiar el criterio, Así, la Sentencia 67/2022, de 1 de febrero en la que se fija la doctrina de la sala tras dos autos del TJUE de 17 de noviembre de 2021, respecto de la cláusula que referencia el interés variable al índice IRPH, que sostienen que una hipotética falta de transparencia no conlleva por sí misma su nulidad, sino que únicamente permite realizar el control de abusividad. En el mismo sentido, la STS 1560/2022, de 19 de marzo en una cláusula de un préstamo con referencia al IRPH se dice que la falta de información sobre cuál había sido la evolución del índice elegido durante los dos últimos años "no puede determinar por sí misma la nulidad de la condición general litigiosa porque, conforme a la jurisprudencia del TJUE sobre el IRPH, la falta de transparencia no determina per se la nulidad de la cláusula, sino que únicamente permite realizar un control de contenido sobre dicha cláusula"[15].

A modo de conclusión diremos que el ordenamiento jurídico español, prevé la posibilidad declarar nulas y tener por no puestas las cláusulas abusivas en los contratos celebrados con consumidores salvo que se refieran al objeto del contrato o a la adecuación entre, por una parte, precio y retribución y, por otra, los servicios o bienes que hayan de proporcionarse como contrapartida, en cuyo caso, es necesario realizar un control de transparencia. Atendiendo a la Jurisprudencia mayoritaria y más reciente, si estas cláusulas no son transparentes hay que realizar un control de abusividad que, si no se supera, permitirá declararlas nulas y tenerlas por no puestas, aunque, como hemos visto, la jurisprudencia no es pacífica pues, en ocasiones, la simple falta de transparencia de una cláusula ha sido considerada suficiente para declarar su nulidad, habrá que ver la evolución de las resoluciones de nuestros tribunales.

Existe en la actualidad un Anteproyecto de Ley de modificación del TRLGDCU que modifica el apartado 1 del art. 82 en el siguiente sentido

---

15. También siguen este criterio, las SsTS 1050/2022, de 16 de marzo; 125/20222, de 16 de febrero y 110/2022, de 14 de febrero, entre otras.

1. Se considerarán cláusulas abusivas todas aquellas estipulaciones no negociadas individualmente y todas aquellas prácticas no consentidas expresamente, independientemente del elemento de la relación contractual que se regule en las mismas, que, en contra de las exigencias de la buena fe, causen, perjuicio del consumidor y usuario, un desequilibrio importante de los derechos y obligaciones de las partes que se deriven del contrato". La expresión "independientemente del elemento de la relación contractual que se regule en las mismas" permite realizar el control de abusividad a todo tipo de cláusulas sin necesidad de realizar el previo control de transparencia. De este modo, podría declararse una cláusula abusiva relativa al objeto principal del contrato tanto si es transparente como si no lo es. En la Memoria explicativa anexa al Anteproyecto se dice que el objetivo de tal modificación es "dar seguridad jurídica a la transposición de la Directiva 93/13/CEE del Consejo, de 5 de abril de 1993, sobre las cláusulas abusivas en los contratos celebrados con consumidores, en la normativa nacional, regulando expresamente que el control del carácter abusivo de una cláusula puede abarcar cualquier elemento de la relación contractual[16].

La propuesta que se hace en el Anteproyecto ya ha sido objeto de críticas por la doctrina[17] pues, la inseguridad jurídica en la transposición de la Directiva 93/13 CEE no existe en nuestro ordenamiento jurídico, donde se aplica directamente su artículo 4.2, y, además, una reforma en ese sentido, supone limitar libertades esenciales de nuestro sistema económico, como la libertad de empresa y la libertad de contratación, contradiciendo principios básicos del derecho patrimonial privado y algunas normas que integran la teoría general del contrato. Se verá en un futuro si la reforma va adelante.

REFERENCIAS

AGÜERO ORTIZ, Alicia, *Análisis jurisprudencial de la evolución del control de transparencia de las cláusulas suelo. Revista CESCO de Derecho de Consumo*, Ciudad Real, n. 36, p. 90-103, 2020.

ALFARO ÁGUILA REAL, Jesús. *Cláusulas predispuestas que describen el objeto principal del contrato*. Almacén de Derecho. Almacén de Derecho, 2017. Disponible en: http://almacendederecho.org/clausulas-predispuestas-describen-objeto-principal-del-contrato/. Acceso en: 22 set. 2022.

ASUA GONZÁLEZ, Clara. La falta de transparencia de las cláusulas no negociadas individualmente en la contratación con consumidores en el Derecho español. *Anuario de Derecho Privado*, Santiago, n. 1, p. 33-71, 2019.

DE VERDA y BEAMONTE, José Ramón. El control de transparencia de las condiciones generales de la contratación: estado actual de la cuestión. Instituto de Derecho Iberoamericano, 2019. Disponible en: https://idibe.org/tribuna/control-trasparencia-las-condiciones-generales-la-contratacion-estado-actual-la-cuestion/. Acceso en: 22 set. 2022.

GONZALEZ PACANOWSKA, Isabel. Comentario al art. 83 TRLGDCU. En BERCOVITZ, Rpodrigo (Coord). *Comentario del texto refundido de la ley general para la defensa de los consumidores y usuarios y otras leyes complementarias*. Cizur Menor: Thomson Aranzadi, 2009.

---

16. MINISTERIO DE CONSUMO, Anteproyecto de ley por el que se modifica el texto refundido de la ley general para la defensa de los consumidores y usuarios y otras leyes complementarias, aprobado por Real decreto legislativo 1/2007, de 16 de noviembre, para la concreción del alcance del control del carácter abusivo de las cláusulas, disponible en https://www. consumo.gob.es.

17. MIRANDA SERRANO, Luis María. ¿Hacia un [errático] control de abusividad en las cláusulas predispuestas relativas a los elementos esenciales de los contratos de consumo? *La Ley Mercantil*, Madrid, n. 87, [s.p.], 2022. p. 20.

MARÍN LÓPEZ, Manuel Jesús. La "voluntad virtual" del consumidor, ¿un nuevo test para determinar la abusividad de una cláusula no negociada en contratos con consumidores? *Revista CESCO de Derecho de Consumo*, Ciudad Real, n. 5, p. 35-43, 2013.

MARTINEZ ESCRIBANO, Celia. Control de transparencia, cláusulas abusivas y consentimiento contractual. Reflexiones a partir de la última jurisprudencia del TS sobre novación y transacción de cláusulas suelo. *Revista de Derecho Civil*, Madrid, v. 6, n. 1, p. 361-397, ene./mar. 2019.

MIRANDA SERRANO, Luis María. ¿Hacia un [errático] control de abusividad en las cláusulas predispuestas relativas a los elementos esenciales de los contratos de consumo?. *La Ley Mercantil*, Madrid, n. 87, [s.p.], 2022.

PANTALEÓN PRIETO, Fernando. 10 tesis sobre la falta de transparencia de las cláusulas referidas a los elementos esenciales del contrato. Almacén de Derecho, 2017. Disponible en: http://almacendederecho. org/10-tesis-la-falta-transparencia-las-clausulas-referidas-los-elementos-esenciales-del-contrato/. Acceso en: 22 set. 2022.

ALGUNAS CONSIDERACIONES SOBRE LOS MECANISMOS ESENCIALES JURÍDICO-PRIVADOS PARA LA PROTECCIÓN DE LOS CONSUMIDORES Y USUARIOS EN LOS CONTRATOS CELEBRADOS CON PROFESIONALES Y EMPRESARIOS CONTEMPLADOS EN EL ORDENAMIENTO ESPAÑOL

Ángel Acedo Penco

Profesor titular de Derecho Civil. Universidad de Extremadura, Cáceres, España.

BREVES ANTECEDENTES SOCIOECONÓMICOS Y JURÍDICOS

Los postulados legales básicos de la contratación privada datan del sistema jurídico surgido tras la Revolución francesa, cuya ley pionera, reguladora de las relaciones privadas, fue el *Code Civile* de Francia de 1804, promulgado por el emperador Napoleón Bonaparte. El *Code*, inspirado en el Liberalismo tras la Revolución Francesa, establecía como postulados esenciales el respeto absoluto a la propiedad privada y la protección del contrato, máxima expresión de la autonomía de la voluntad[1].

Los avances económicos y sociales pusieron de manifiesto que este sistema permitía, inevitablemente, la protección legal de quien establecía condiciones generales de carácter abusivo en sus contratos y luego exigía su cumplimiento, pues las mismas se habían fraguado al amparo del principio de libertad, sin dar cobijo alguno al constante desequilibrio de las prestaciones entre las partes, protegiéndose únicamente aquella libertad, meramente formal, para contratar, sin atender a los motivos que obligaban al demandante, muchas veces, a aceptar las condiciones impuestas bajo pena de verse fuera del contrato y quedarse sin el bien o servicio demandado que podía ser de primera necesidad.

Así, el marco jurídico establecido en los Códigos civiles para una situación económica muy diferente, no podía dar respuesta a la nueva realidad del mercado de bienes y servicios que había sufrido una radical transformación propiciada por la vertiginosa ampliación de la oferta, los nuevos métodos de fabricación, la aparición de materias primas inéditas, la constante creación de nuevas necesidades, el decisivo desarrollo de los medios de comunicación, las agresivas formas de publicidad y marketing, los ágiles

---

1. Bercovitz, Alberto. Marco histórico de la protección al consumidor: de los orígenes al siglo XXI. *Estudios sobre Consumo*, Madrid, n. 65, p. 112-125, 2003.

canales de distribución a través de los nuevos establecimientos comerciales ubicados en grandes superficies etc., fenómenos económicos, todos ellos, que dieron lugar al denominado consumo de masas y que, paradójicamente, situaron al aislado demandante de bienes y servicios, en poco tiempo, en una clara posición de inferioridad y con escasos mecanismos legales efectivos de protección a los que pudiera asirse[2].

IMPERIOSA NECESIDAD DE ATENCIÓN JURÍDICA

Esta realidad, cada vez más alarmante, de un escenario tan perjudicial para la inmensa mayoría de los ciudadanos, cuando contrataban de manera individualizada, es decir, permanentemente, reclamaba el urgente amparo del Estado para aminorar o eliminar tan injusto panorama, y la necesidad, por tanto, de articular unos mecanismos eficaces de protección legal a la parte débil del contrato, fue lo que propició que se configurase una rama concreta o parcela del Derecho, a la que llamamos Derecho de consumo[3], cuya principal finalidad será evitar aquellos desequilibrios normativos y procedimentales existentes que perjudican a quien se denomina consumidor, para protegerlo, corrigiendo la aplicación de algunos de los más importantes principios tradicionales que el Derecho privado ha venido utilizando.

Al respecto, se ha puesto de manifiesto con precisión que

el llamado Derecho del consumidor y también de la protección o defensa del consumidor, son términos referidos a algo muy nuevo en el campo del Derecho. Su moderna acogida general y entusiasta ha hecho dudar sobre su fundamento y arraigo y decir que se trata de una "nueva moda jurídica". Más parece debido advertir aquí y desde un principio, que no se está ante unas tendencias pasajeras, sin raíces, como son las de las modas. Antes bien, ha de admitirse que en Derecho Privado ha sido un movimiento renovador del Derecho, o mejor dicho de un retorno al atender la naturaleza propia, tradicional, del contrato, desconocida por la concepción liberal, prevalente hasta ahora[4].

LA APARICIÓN DE LOS DERECHOS DEL CONSUMIDOR

Obviando otros antecedentes históricos más remotos, sin duda la declaración de los derechos del consumidor más impactante fue la que realizó el presidente John Fitzgerdald Kennedy el día 15 de marzo de 1962 –quien sería asesinado un año y medio después– en su famoso mensaje al Congreso de los Estados Unidos afirmó que *consumidores somos todos* y que el Gobierno federal tenía que asumir su responsabilidad con los consumidores en el ejercicio de sus derechos.

Bajo la anterior influencia norteamericana, se aprobó en 1973 la Carta Europea para la Protección de los Consumidores. Más tarde, la Asamblea General de las Naciones

---

2. Font Galán, Juan Ignacio. La protección de los consumidores en el derecho privado: del viejo derecho de los comerciantes al nuevo derecho de los consumidores. En FONT GALÁN, Juan Ignacio; MENUDO, Francisco López. *Curso sobre el nuevo derecho del consumidor*. Madrid: Instituto Nacional del Consumo, 1990.

3. Reyes, María José. *Curso de derecho privado de consumo*. Madrid: La Ley. 2009. p. 27.

4. De Castro, Federico. Notas sobre las limitaciones intrínsecas de la autonomía de la voluntad (La defensa de la competencia. El orden público. La protección del consumidor). *Anuario de Derecho Civil*, Madrid, n. 4, p. 1067-1068, 1982.

Unidas, aprobaron en Nueva York la Directrices para la protección del consumidor, que, en su versión ampliada de 1999, fijó en sus Principios Generales las necesidades legítimas del consumidor.

En América Latina, además de los tratados y convenios regionales que abordan conjuntamente la protección de los consumidores en los grupos de naciones que los han suscrito, el desarrollo de las políticas y normas jurídicas de defensa de consumidor internas de cada país es imparable siendo numerosos los organismos nacionales creados para tal fin (Mercosur).

RECONOCIMIENTO CONSTITUCIONAL

En España, el art. 51 de la Constitución de 27 de diciembre de 1978, ubicado entre los Principios rectores de la política social y económica se desarrolla en el capítulo Tercero, está estratégicamente enclavado en el Título I, relativo a los derechos y deberes fundamentales, determina en el párrafo primero de su citado artículo 51, que: "Los poderes públicos garantizarán la defensa de los consumidores y usuarios, protegiendo mediante procedimientos eficaces la seguridad, la salud y los legítimos intereses económico de los mismos".

Además, tomando en consideración la decisiva influencia de las asociaciones y federaciones europeas de protección de los consumidores, así como las Directivas comunitarias que impulsan su desarrollo, el artículo 51.2 de la Constitución Española de 1978 expresa que: "Los poderes públicos promoverán la información y la educación de los consumidores y usuarios, fomentarán sus organizaciones y oirán a éstas en las cuestiones que puedan afectar a aquéllos, en los términos que la ley establezca". Finalmente, el tercer párrafo cierra el precepto indicando que: "En el marco de lo dispuesto por los apartados anteriores, la ley regulará el comercio interior y el régimen de autorización de productos comerciales".

A la vista de este precepto constitucional, y teniendo en cuenta la categoría de los sujetos destinatarios del mismo, se ha defendido el carácter contractual de las relaciones de consumo a las que se aplica el art. 51 de la Constitución Española de 1978, bajo el argumento de que la caracterización de las personas como consumidores o usuarios se encuentra determinada por la adquisición, utilización o disfrute de bienes y servicios, y en el sistema de libre empresa y libre mercado que se define en el art. 38 de la Constitución Española de 1978, "ello sólo puede llevarse a cabo a través de instrumentos contractuales o paracontractuales", por lo que, "resulta clara la aparición al lado del tradicional Derecho de contratos, de carácter común, de un nuevo Derecho de la contratación, caracterizado por la consideración de una de las partes contratantes como destinatario final del bien o servicio, que determina una protección más enérgica de los intereses de tal parte contratante", referida ésta a aquellos sujetos que tienen la condición jurídica de consumidores y usuarios[5].

---

5. Díez-Picazo, Luis. *Fundamentos del derecho civil patrimonial*. Introducción. Teoría del contrato. 6. ed. Madrid: Civitas, 2007, v. I. p. 164.

Como se anticipó más arriba, nuestro sistema, fruto del reconocimiento constitucional, ha adoptado, como principio interpretativo, en materia de contratos y responsabilidad civil, el denominado principio *pro consumatore* o de preferencia de la interpretación más beneficiosa para el consumidor.

RECONOCIMIENTO DE LA PROTECCIÓN LEGAL

El art. 51 de la Constitución Española de 1978 fue desarrollado, en el ámbito estatal, mediante la Ley 26/1984, de 19 de julio General para la Defensa de los Consumidores y Usuarios, sustituida por la vigente Ley General para defensa de los consumidores y usuarios, texto refundido aprobado por el Real Decreto Legislativo 1/2007, de 16 de noviembre (Ley General para defensa de los consumidores y usuarios), complementado por otras muchas normas.

La inmensa mayoría de las normas sobre protección al consumidor que se aprueban y aplican en España son mera transposición de otras de la Unión Europea (en especial, Directivas) que, cada vez más, tiende a homogeneizar la legislación de protección de los consumidores en los 27 países que al día de hoy la integran de pleno derecho.

Téngase en cuenta que en España, la defensa del consumidor, sobre todo en lo referente a sus aspectos públicos y administrativos, de organización, control, inspección, infracciones y sanciones, ha sido transferida a las Comunidades Autónomas (cada una de las cuales ha dictado su propia ley autonómica del consumidor), conservando el Estado, no obstante, la competencia exclusiva en lo que respecta a regulación legal de las obligaciones contractuales y la responsabilidad civil, materias que aglutinan la inmensa mayoría del denominado Derecho privado de consumo (art. 149.1.6ª y 8ª de la Constitución Española de 1978) y sobre la unidad del mercado.

Hemos de destacar que, de los diversos derechos básicos que se reconocen al consumidor, el Derecho privado se centra de manera preferente, en el desarrollo efectivo, del que se deriva una serie de derechos subjetivos, del llamado derecho a la protección de los intereses económicos del consumidor, siendo solo estos los que se contemplan el las siguientes líneas.

LA PUBLICIDAD DIRIGIDA A LOS CONSUMIDORES

Antes de la fase contractual propiamente dicha en las relaciones jurídicas de consumo, quizá pudiera tener la consideración de "tratos previos" toda la publicidad comercial que ofrece productos, bienes y servicios, a los consumidores –sin descartar otros grupos–, mediante anuncios utilizando los soportes más variados, entre los que destacan, sin ánimo de exhaustividad, los siguientes medios: televisión, radio, vallas publicitarias, cartelería, folletos impresos, octavillas, ofertas por teléfono, o anuncios por SMS[6], obsequios publicitarios, periódicos en papel o digitales, así como internet en

---

6. Siglas en inglés de *Short Message Service* (servicio de mensajes cortos).

todas sus formas posibles tales como el correo electrónico, sitios web, las redes sociales, aplicaciones para teléfonos móviles o mensajería instantánea gratuita, entre otras muchas modalidades.

El artículo 2 de la vigente Ley 34/1988, de 11 de noviembre, General de Publicidad, aporta el siguiente concepto legal de publicidad: "toda forma de comunicación realizada por una persona física o jurídica, pública o privada, en el ejercicio de una actividad comercial, industrial, artesanal o profesional, con el fin de promover de forma directa o indirecta la contratación de bienes muebles o inmuebles, servicios, derechos y obligaciones".

Al margen del medio utilizado, en la actualidad, y tras un progresivo reconocimiento, primero jurisprudencial[7], y luego legal, ratificado por el Derecho comunitario[8], toda publicidad que se dirija a los consumidores (en principio, no aquella dirigida a otros empresarios, ni profesionales), tiene carácter vinculante si se llega a celebrar el contrato, y el contenido de los anuncios previos se incorporan, como una cláusula más, al contenido del contrato, siendo exigible por el consumidor al empresario en todos los casos.

Así lo dispone, de manera rotunda, el vigente art. 61.2 de la Ley General para defensa de los consumidores y usuarios: "el contenido de la oferta, promoción o publicidad, las prestaciones propias de cada bien o servicio, las condiciones jurídicas o económicas y garantías ofrecidas serán exigibles por los consumidores y usuarios, aun cuando no figuren expresamente en el contrato celebrado o en el documento o comprobante recibido y deberán tenerse en cuenta en la determinación del principio de conformidad con el contrato".

El Tribunal Supremo se viene pronunciando en este sentido indicando que: "la moderna dogmática contractual exige la incorporación de las declaraciones efectuadas durante los tratos preliminares como promesas contractuales, lo que ya se establece de modo expreso para la protección de los consumidores en la legislación protectora"[9] citando expresamente aplicable la citada Ley General para defensa de los consumidores y usuarios de 2007.

No obstante, lo anterior, cuando la contratación se realice a través de medios electrónicos, se establecen dos reglas diferentes en el artículo 29 de la Ley 34/2002, de 11 de julio, de servicios de la sociedad de la información y de comercio electrónico: (1) siendo un consumidor el aceptante, se presume celebrado el contrato en el lugar de la

---

7. La Sentencia del Tribunal Supremo del Reino de España, Sala Primera de lo Civil (en adelante STS) de 14 de junio de 1976 determina que: «La propaganda fotográfica y gráfica unida a los autos cumple la función de oferta, que *vincula* al vendedor». Posteriormente, se ratifica dicha postura en la STS de 27 de enero de 1977 donde se declara que: «siendo muy parco el contrato privado suscrito por las partes en elementos descriptivos, es lógico, que el adquirente de piso se atenga a *lo prometido en los folletos de propaganda*, de acuerdo con el principio de buena fe proclamado en el artículo 1258 del Código civil, al creerlos, con todo fundamento, *vinculantes* para la empresa».

8. UNIÓN EUROPEA. *Directiva 2006/114/CE del Parlamento Europeo y del Consejo*, de 12 de diciembre de 2006, sobre publicidad engañosa y publicidad comparativa.

9. ESPAÑA. TS. *STS de 24 de abril de 2009*.

residencia habitual del consumidor, (2) siendo entre empresarios y profesionales, se presume celebrado en el lugar en que esté establecido el prestador de servicios.

LOS CONTRATOS CELEBRADOS CON CONSUMIDORES

Planteamiento

Fruto, en buena medida, de la adaptación de la legislación española a la ingente producción normativa de la Unión Europea sobre protección jurídica de los consumidores, y desarrollando el artículo 51 de la Constitución española, superando la legislación anterior, se aprobó la Ley General para defensa de los consumidores y usuarios que establece ciertas normas imperativas en esta clase de contratación.

Ámbito de aplicación

Se llaman contratos con consumidores y usuarios "los realizados entre un consumidor o un usuario y un empresario".

(a) Normativa. Los contratos con consumidores y usuarios se regirán, en todo lo que no esté expresamente establecido en la Ley General para defensa de los consumidores y usuarios o en leyes especiales, por el Derecho común, esto es, el Código civil, Código de comercio y leyes forales.

(b) Protección mínima. La regulación sectorial de los contratos con los consumidores y usuarios deberá respetar el nivel de protección dispensado en esta ley, sin perjuicio de que prevalezcan y sean de aplicación preferente las disposiciones sectoriales respecto de aquellos aspectos expresamente previstos en las disposiciones del derecho de la Unión Europea de las que traigan causa.

(c) Condiciones generales de la contratación. Los contratos que las incorporen están sometidos, además de la Ley General para defensa de los consumidores y usuarios, a la Ley 7/1998, de 13 de abril, sobre condiciones generales de la contratación.

Información previa al contrato

Dispone el artículo 60 de la Ley General para defensa de los consumidores y usuarios que, antes de que el consumidor y usuario quede vinculado por un contrato u oferta correspondiente, el empresario deberá facilitarle, al menos en castellano, y gratuita, de forma clara y comprensible, salvo que resulte manifiesta por el contexto, la información relevante, veraz y suficiente sobre las características principales del contrato, en particular sobre sus condiciones jurídicas y económicas (artículo 60).

Serán relevantes las obligaciones de información sobre los bienes o servicios establecidas en la Ley General para defensa de los consumidores y usuarios, en otras que resulten de aplicación y, además:

(a) Las características principales de los bienes o servicios, en la medida adecuada al soporte utilizado y a los bienes o servicios.

(b) La identidad del empresario, incluidos los datos correspondientes a la razón social, el nombre comercial, su dirección completa y su número de teléfono y, en su caso, del empresario por cuya cuenta actúe.

(c) El precio total, incluidos todos los impuestos y tasas. En toda información al consumidor y usuario sobre el precio de los bienes o servicios, incluida la publicidad, se informará del precio total, desglosando, en su caso, el importe de los incrementos o descuentos que sean de aplicación, de los gastos que se repercutan al consumidor y usuario y de los gastos adicionales por servicios accesorios, financiación, uso de distintos medios de pago y otras condiciones.

(d) Los procedimientos de pago, entrega y ejecución, la fecha en que el empresario se obliga a entregar los bienes o a ejecutar la prestación del servicio.

(e) El recordatorio de la garantía legal de conformidad para los bienes, la existencia y las condiciones de servicios posventa y las garantías comerciales.

(f) La duración del contrato, o, si el contrato es de duración indeterminada o se prolonga de forma automática, las condiciones de resolución. Además, de manera expresa, deberá indicarse la existencia de compromisos de permanencia o vinculación de uso exclusivo de los servicios de un determinado prestador, así como las penalizaciones en caso de baja en la prestación del servicio.

(g) La lengua o lenguas en las que podrá formalizarse el contrato, cuando no sea aquella en la que se le ha ofrecido la información previa a la contratación.

(h) La existencia del derecho de desistimiento que pueda corresponder al consumidor y usuario, el plazo y la forma de ejercitarlo.

(i) La funcionalidad de los contenidos digitales, incluidas las medidas técnicas de protección aplicables, como son, entre otras, la protección a través de la gestión de los derechos digitales o la codificación regional.

(j) Toda interoperabilidad relevante del contenido digital con los aparatos y programas conocidos por el empresario o que quepa esperar razonablemente que conozca, como son, entre otros, el sistema operativo, la versión necesaria o determinados elementos de los soportes físicos.

(k) El procedimiento para atender las reclamaciones de los consumidores y usuarios, así como, en su caso, la información sobre el sistema extrajudicial de resolución de conflictos, es decir, el Sistema Arbitral de Consumo[10].

Principio de integración publicitaria

Este axioma significa la inclusión de la oferta, promoción y publicidad como contenido del propio contrato, aunque no figure expresamente en el mismo, y es una revolución en el Derecho privado, cuyos efectos pueden ser formidables para el consumidor que tan solo habrá de conservar los soportes en los que se difundía para poder exigir, con éxito, su cumplimiento íntegro. Se desarrolla bajo estos postulados legales, en los artículos 61 y 65.

La oferta, promoción y publicidad de los bienes o servicios se ajustarán a su naturaleza, características, utilidad o finalidad y a las condiciones jurídicas o económicas de la contratación. El contenido de la oferta, promoción o publicidad, las prestaciones propias de cada bien o servicio, las condiciones jurídicas o económicas y garantías ofrecidas serán exigibles por los consumidores y usuarios, aún cuando no figuren expresamente en el contrato o en el documento o comprobante recibido y deberán tenerse en cuenta en la determinación del principio de conformidad con el

---

10. Acedo, Ángel. *Derecho de contratos, cuasicontratos y responsabilidad extracontractual*. 3. ed. Madrid: Dykinson, 2019. p. 48 a 54.

contrato. Pero, si el contrato celebrado contuviese cláusulas más beneficiosas, estas prevalecerán sobre el contenido de la oferta, promoción o publicidad. Además de lo anterior, estos contratos "se integrarán, en beneficio del consumidor, conforme al principio de buena fe objetiva, también en los supuestos de omisión de información precontractual relevante".

Requisitos del contrato

En todo contrato que se celebre con consumidores: 1. Deberá constar, por el medio oportuno, pero de manera inequívoca, la voluntad del consumidor de contratar o, en su caso, de poner fin al contrato. 2. Se prohíben las cláusulas que impongan obstáculos onerosos o desproporcionados para el ejercicio de sus derechos del consumidor (art. 62 de la Ley General para defensa de los consumidores y usuarios).

Solo respecto de aquellos contratos de prestación de servicios o suministro de productos de tracto sucesivo o continuado con consumidores y usuarios: Se prohíben las cláusulas que establezcan plazos de duración excesiva o limitaciones que excluyan u obstaculicen el derecho a poner fin al contrato. El consumidor y usuario podrá ejercer su derecho a poner fin al contrato en la misma forma en que lo celebró, sin ningún tipo de sanción o de cargas onerosas o desproporcionadas, prohibiéndose expresamente prácticas y cláusulas como: (a) la pérdida de las cantidades abonadas por adelantado; (b) el abono de cantidades por servicios no prestados efectivamente, (c) la ejecución unilateral de las cláusulas penales fijados en el contrato; (d) la fijación de indemnizaciones que no se correspondan con los daños efectivamente causados. Deberán contemplar expresamente el procedimiento a través del cual el consumidor y usuario puede ejercer su derecho a poner fin al contrato.

Documentación del contrato

Bajo el epígrafe "confirmación documental de la contratación realizada", el art. 63 de la Ley General para defensa de los consumidores y usuarios, obliga al empresario a lo siguiente:

(a) Entregará al consumidor un recibo justificante, copia o documento acreditativo con las condiciones esenciales de la operación, incluidas las condiciones generales de la contratación, aceptadas y firmadas por el consumidor y usuario, cuando éstas sean utilizadas en la contratación.

(b) Salvo que la ley exija escritura pública, la formalización del contrato será gratuita para el consumidor, cuando legal o reglamentariamente deba documentarse éste por escrito o en cualquier otro soporte de naturaleza duradera.

(c) Los consumidores tendrán derecho a recibir la factura en papel. En su caso, la expedición de la factura electrónica estará condicionada a que el empresario haya obtenido previamente el consentimiento expreso del consumidor. La solicitud del consentimiento deberá precisar la forma en la que se procederá a recibir la factura electrónica, así como la posibilidad de que el destinatario que haya dado su consentimiento pueda revocarlo y la forma en la que podrá realizarse dicha revocación. El derecho del consumidor y usuario a recibir la factura en papel no podrá quedar condicionado al pago de cantidad económica alguna.

Cláusulas no negociadas individualmente

Al margen de lo dispuesto en la Ley 7/1998, de 13 de abril, sobre condiciones generales de la contratación, la propia Ley General para defensa de los consumidores y usuarios establece una regulación específica de las condiciones generales de la contratación que en su art 80 llama "cláusulas no negociadas individualmente" exigiendo en los contratos con consumidores que las utilicen, incluyendo a las Administraciones públicas y sus empresas, estos requisitos:

(a) Concreción, claridad y sencillez en la redacción, con posibilidad de comprensión directa, sin reenvíos a textos o documentos que no se faciliten previa o simultáneamente a la conclusión del contrato, y a los que, en todo caso, deberá hacerse referencia expresa en el documento contractual.

(b) Accesibilidad y legibilidad, de forma que permita al consumidor y usuario el conocimiento previo a la celebración del contrato sobre su existencia y contenido. En ningún caso se entenderá cumplido este requisito si el tamaño de la letra del contrato fuese inferior al milímetro y medio o el insuficiente contraste con el fondo hiciese dificultosa la lectura (art. 80.1.b).

(c) Buena fe y justo equilibrio entre los derechos y obligaciones de las partes, lo que en todo caso excluye la utilización de cláusulas abusivas[11].

(d) El plazo para ejercer el derecho de desistimiento el consumidor en la contratación telefónica o electrónica con condiciones generales será de catorce días naturales desde su recepción, o desde el contrato de servicio, sin coste alguno.

(e) En la contratación telefónica o electrónica con condiciones generales será necesario que conste la aceptación de todas y cada una de las cláusulas del contrato, por cualquier medio técnico válido, sin necesidad de firma convencional.

(f) Ejercitándose acciones individuales, en caso de duda sobre el sentido de una cláusula prevalecerá la interpretación más favorable al consumidor.

(g) Las cláusulas, condiciones o estipulaciones que utilicen las empresas públicas o concesionarias de servicios públicos, estarán sometidas a la aprobación y control de las Administraciones públicas competentes (art. 81.3).

(h) Los Notarios y los Registradores de la Propiedad y Mercantiles, en el ejercicio profesional de sus funciones, informarán a los consumidores y usuarios de sus derechos en los asuntos en los que intervengan.

Cláusulas abusivas

La Ley General para defensa de los consumidores y usuarios contiene el régimen de cláusulas abusivas en los contratos con consumidores que podría resumirse en lo siguiente.

En la contratación de un empresario o profesional con consumidores o usuarios se considerarán cláusulas abusivas «todas aquellas estipulaciones no negociadas individualmente y todas aquellas prácticas no consentidas expresamente que, en contra de las exigencias de la buena fe causen, en perjuicio del consumidor y usuario, un desequilibrio importante de los derechos y obligaciones de las partes que se deriven del contrato» (art. 82.1).

---

11. ESPAÑA. TS. *STS de 12 septiembre 2014.*

Además, "el hecho de que ciertos elementos de una cláusula o que una cláusula aislada se haya negociado individualmente no excluirá la aplicación de las normas sobre cláusulas abusivas al resto del contrato" (art. 82.2).

El empresario que afirme que una determinada cláusula ha sido negociada individualmente, asumirá la carga de la prueba.

Para determinar si es abusiva una cláusula se tendrán en cuenta los siguientes factores: (a) la naturaleza de los bienes o servicios objeto del contrato; (b) todas las circunstancias concurrentes en el momento de su celebración; (c) las demás cláusulas del contrato, o de otro del que éste dependa. Además, se consideran abusivas en todo caso, las cláusulas contenidas en el listado específico de cláusulas que se enumeran como tales en los artículos 85 a 90 de la Ley General para defensa de los consumidores y usuarios, aglutinadas en estos seis grupos:

(a) que vinculen el contrato a la voluntad del empresario;

(b) que limiten los derechos del consumidor y usuario;

(c) que determinen la falta de reciprocidad en el contrato;

(d) que impongan al consumidor y usuario garantías (de solvencia) desproporcionadas o le impongan indebidamente la carga de la prueba;

(e) que resulten desproporcionadas en relación con el perfeccionamiento y ejecución del contrato celebrado con el consumidor;

(f) que contravengan las reglas procesales establecidas sobre la competencia judicial y el derecho territorial aplicable.

Las cláusulas abusivas "serán nulas de pleno derecho y se tendrán por no puestas". A estos efectos, "el Juez, previa audiencia de las partes, declarará la nulidad de las cláusulas abusivas incluidas en el contrato, el cual, no obstante, seguirá siendo obligatorio para las partes en los mismos términos, siempre que pueda subsistir sin dichas cláusulas".

Cabe, por tanto:

La ineficacia parcial del contrato. En este supuesto, la parte del contrato afectada por esta nulidad se integrará con arreglo al principio de integración del contrato y al principio de buena fe objetiva (art. 1258 del Código civil). El Juez que declare la nulidad de dichas cláusulas integrará el contrato y dispondrá de facultades moderadoras respecto de: (a) los derechos y obligaciones de las partes, cuando subsista el contrato y (b) las consecuencias de su ineficacia, en caso de que se produzca un perjuicio apreciable para el consumidor y usuario.

La ineficacia total del contrato. Sólo podrá el Juez declarar la ineficacia total del contrato cuando las cláusulas subsistentes determinen una situación no equitativa en la posición de las partes que no pueda ser subsanada.

EL PRINCIPIO DE INTERPRETACIÓN *PRO CONSUMATORE*

Toda relación obligacional de consumo está presidida por el principio de defensa y protección jurídica de los consumidores, de rango constitucional, más recientemente instaurado, llamado pro consumatore, siendo uno de los principios generales del Derecho relacionado con el de integración del contrato, reforzándolo.

El reconocimiento, dentro del texto constitucional, de "la defensa de los consumidores y usuarios", ubicando a su vez este art. 51 de la Constitución Española de 1978[12] dentro del catálogo de los derechos fundamentales, tiene decisivos efectos, además de constituir una obligación constitucionalmente impuesta a los poderes públicos y se consagra, porque así lo dispone la Carta Magna, como uno de los principios que han de regir la política social y económica de la Nación española.

Además, siguiendo el artículo 53.3 de la Constitución Española de 1978 este principio pro consumatore deberá tenerse siempre presente: (a) en la elaboración de la legislación positiva; (b) en la práctica judicial y (c) en la actuación de todos los poderes públicos.

Habrá de ser, sin duda, en "la práctica judicial" la que, tal vez, tenga más ocasiones tener en cuenta y aplicar de manera efectiva este principio *informativo* del reconocimiento de la defensa de los consumidores y usuarios, así como los derechos básicos de éstos, siempre que conozca de asuntos, y especialmente contratos, en los que el consumidor sea parte. La aplicación por el juez de este principio de defensa de los consumidores y usuarios es posible basándose en la propia Constitución y en virtud del principio *iura novit curia*.

No obstante, lo anterior, su alegación específica ante los tribunales está condicionada a lo que el Tribunal Constitucional denomina "modulación por el legislador ordinario", su articulación mediante un conjunto de facultades que pueden accionarse ante los tribunales, para lo cual el art. 53.3 de la Constitución Española de 1978 prevé una reserva de ley ordinaria[13] como garantía adicional[14], que se plasma en la Ley General para defensa de los consumidores y usuarios de 2007 (antes en la de 1984) y en las leyes autonómicas de consumidores.

LA INTEGRACIÓN PUBLICITARIA DEL CONTRATO

Como ya se ha expuesto más arriba, a la publicidad comercial que tiene como destinatarios a los consumidores y usuarios se la ha dotado de carácter vinculante adquiriendo el contenido de los anuncios publicitarios previos la categoría de una estipulación más del contenido del contrato, integrándose en el mismo, y, por tanto, siendo plenamente exigible por el consumidor al empresario, en todos los casos[15].

---

12. Bercovitz, Alberto. La protección de los consumidores en el derecho español. *Estudios sobre Consumo*, Madrid, n. 1, p. 54-72, 1984. p. 66.

13. Quintela, María Teresa. El principio de defensa de los consumidores y usuarios en el ordenamiento jurídico español. *Estudios sobre Consumo*, Madrid, n. 8, p. 1-?, 1986. p. 11 y 17.

14. García-Cruces José Antonio. La protección de los legítimos intereses económicos de los consumidores como principio general del ordenamiento español. *Estudios sobre Consumo*, Madrid, n. 48, p. 131-145, 1999.

15. Acedo, Ángel. *Derecho de consumo, análisis jurídico-privado de la Ley General para la Defensa de los Consumidores de 2007*. Madrid: Dykinson, 2012 y ACEDO, Ángel. *Nociones de derecho de consumo*. Aproximación a la

Se conoce a este decisivo efecto jurídico, principio de integración publicitaria del contrato, inicialmente previsto solo para los supuestos en que se haya celebrado entre un empresario y un consumidor.

El artículo 61.2 de la Ley General para defensa de los consumidores y usuarios es claro y no ofrece dudas: "el contenido de la oferta, promoción o publicidad, las prestaciones propias de cada bien o servicio, las condiciones jurídicas o económicas y garantías ofrecidas serán exigibles por los consumidores y usuarios, aun cuando no figuren expresamente en el contrato celebrado o en el documento o comprobante recibido y deberán tenerse en cuenta en la determinación del principio de conformidad con el contrato".

EL DESISTIMIENTO UNILATERAL

El desistimiento unilateral, o la denuncia unilateral del contrato "es una declaración de voluntad recepticia mediante la cual una de las partes da por extinguida la relación obligatoria de la que formaba parte"[16].

Es una de las causas de extinción de las obligaciones contractuales que tampoco aparece en la relación del artículo 1156 CC, precepto «incompleto» según ha destacado la doctrina que expresa que «la enumeración de causas de extinción de las obligaciones contenida en dicho artículo no es exhaustiva» y la jurisprudencia que viene reconociendo otras causas diferentes de extinción[17].

Las clases de desistimiento unilateral son dos: legal y voluntario. En el desistimiento legal se distingue entre: (a) el que se regula en varios preceptos del Código civil; y (b) el que se reconoce en otras leyes, en especial, en las de protección a los consumidores y usuarios como es el caso de la Ley General para defensa de los consumidores y usuarios. El desistimiento voluntario, puede ser convencional, cuando ambas partes, no de la ley, pactan que uno o ambos contratantes, puedan desvincularse libremente del mismo, sin justa causa, restituyéndose mutuamente las prestaciones recibidas hasta entonces; más frecuente es la facultad de desistimiento unilateral que una parte reconoce solo a la otra, para que pueda ejercitarla, sin reciprocidad alguna, como cuando se ofrece en la publicidad – cuyo efecto es vinculante para quien la divulga – de las grandes superficies y cadenas comerciales[18].

---

protección jurídica de los consumidores en Extremadura. Cáceres: Servicio de Publicaciones de la Universidad de Extremadura, 2003.

16. ABRIL, Juan Manuel; Amat, Eulalia. *Manual de derecho civil*. Derecho de Obligaciones. Responsabilidad Civil. Teoría General del Contrato. Madrid: Marcial Pons, 2000, v. II. p. 405.

17. ESPAÑA. TS. *STS de 15 de diciembre de 1987*. ESPAÑA. TS. *STS de 3 de mayo 1988*. ESPAÑA. TS. *STS de 13 febrero de 1965*.

18. En España, la cadena de grandes almacenes *El Corte Inglés* fue, tal vez, la primera empresa que popularizó en España la frase publicitaria: «si no queda satisfecho, le devolvemos su dinero». Su fundador importó la idea de las actividades comerciales que ejerció en la isla de la Cuba en las décadas previas a la Revolución de 1959 Actualmente, reconocen esta facultad de desistimiento la mayoría de las grandes empresas de distribución del comercio minorista.

Sin embargo, cuando no se oferta tal derecho, como sucede en la mayoría del comercio tradicional, ni se reconoce legalmente, el comprador no puede exigir la devolución – sin justa causa – de lo adquirido puesto que es inviable ejercitar un derecho que no tiene reconocido (el de desistimiento unilateral).

En el Código civil

Pese a carecer de un tratamiento específico, la denuncia unilateral se reconoce en el Código civil en sede de regulación de diversos contratos, como en el contrato de arrendamiento de servicios y de obra, en el contrato de sociedad[19], en el contrato de comodato[20] y en el contrato de depósito[21].

La denuncia unilateral aparece bajo varias clases y condiciones: (a) libremente, en el artículo 1733 del Código civil español y el art. 279 del Código de comercio[22]; (b) sujeta unas condiciones concretas, en el art. 1749 del Código civil[23]; (c) sin exigir una causa especial, en el artículo 1736 del mismo Código[24]; (d) o derivada de las facultades legales de desistimiento del contrato.

Se reconoce el desistimiento unilateral en los contratos por tiempo indefinido, en los basados en relaciones de confianza y en los que, sobre todo, se protege, por los motivos que sean, el interés de una de las partes, en los artículos 1705 y 1732 del Código civil y en los artículos 9 y 11 de la Ley de Arrendamiento Urbanos[25].

EN LAS NORMAS DE PROTECCIÓN A LOS CONSUMIDORES

El nuevo régimen de protección al consumidor ha mejorado sensiblemente la regulación del que denomina "derecho de desistimiento en los contratos", al que dedica todo un capítulo bajo tal denominación y sus artículos 68 al 79.

El artículo 68 de la Ley General para defensa de los consumidores y usuarios se refiere al contenido y régimen de este derecho de desistimiento cuando se contrata con un consumidor en sentido jurídico.

El "derecho de desistimiento de un contrato es la facultad del consumidor y usuario de dejar sin efecto el contrato celebrado, notificándoselo así a la otra parte contratante en el plazo establecido para el ejercicio de ese derecho, sin necesidad de justificar su decisión y sin penalización de ninguna clase". Además, «serán nulas de pleno de derecho las cláusulas que impongan al consumidor y usuario una penalización por el ejercicio de su derecho de desistimiento».

---

19. ESPAÑA. TS. *STS de 4 de junio de 2001*. ESPAÑA. TS. *STS de 7 de marzo de 1964*.
20. ESPAÑA. TS. *STS de 31 enero de 1995*. ESPAÑA. TS. *STS 31 de diciembre de marzo de 1992*.
21. ESPAÑA. TS. *STS 3 de julio 1986*. ESPAÑA. TS. *STS de 11 de febrero 1984*; ESPAÑA. TS. *STS de 17 de diciembre 1973*.
22. ESPAÑA. TS. *STS de 26 de junio de 2006*. ESPAÑA. TS. *STS de 20 de julio de 1995*.
23. ESPAÑA. ESPAÑA. TS. *STS de 16 de marzo de 2004*. ESPAÑA. TS. *STS de 13 de diciembre de 1992*.
24. ESPAÑA. TS. *STS de 2 de julio de 2003*. ESPAÑA. TS. *STS de 5 de abril de 1989*.
25. ESPAÑA. TS. *STS de 30 de enero de 2008*. ESPAÑA. TS. *STS de 21 marzo de 2007*.

No se trata de un derecho de carácter general aplicable a todos los contratos que se celebren con consumidores, sino que, del artículo 68.2 de la Ley General para defensa de los consumidores y usuarios se deduce que el consumidor sólo podrá desistir del contrato cuando se reconozca en: (a) las leyes y reglamentos; (b) la oferta del empresario o profesional; (c) la promoción o publicidad del producto; y (d) en el contrato suscrito con el consumidor.

El consumidor tendrá un plazo mínimo de catorce días naturales (no hábiles) para ejercer el derecho de desistimiento; que se comenzarán a contar "desde la recepción del bien objeto del contrato o desde la celebración de éste si el objeto del contrato fuera la prestación de servicios", según el nuevo art. 71 de la Ley General para defensa de los consumidores y usuarios. Además, dispone el artículo 73 de la Ley General para defensa de los consumidores y usuarios que "el ejercicio del derecho de desistimiento no implicará gasto alguno para el consumidor y usuario".

Los efectos del ejercicio del derecho de desistimiento están en el art. 74 de la de la Ley General para defensa de los consumidores y usuarios:

(a) "Las partes deberán restituirse recíprocamente las prestaciones" que ya han sido realizadas por cada uno de los contratantes (Restitución que habrá de hacerse según lo dispuesto en los artículos 1303 y 1308 del Código civil).

(b) El consumidor "no tendrá que rembolsar cantidad alguna" por disminución del valor del bien usado según lo pactado o su naturaleza, ni por el servicio recibido hasta el momento del ejercicio del desistimiento.

(c) El consumidor tendrá "derecho al reembolso de los gastos necesarios y útiles que hubiera realizado en el bien", aunque no a los de transporte o envío del bien al empresario, cuando los hubiere, que pagará el consumidor.

(d) En caso de que el usuario incumpla el compromiso de permanencia adquirido con la empresa (de servicios de telefonía e internet, por ejemplo), la penalización por baja, o cese prematuro de la relación contractual, será proporcional al número de días no efectivos del compromiso de permanencia acordado.

No obstante, lo anterior ha de advertirse que el derecho de desistimiento unilateral no puede ser exigido por el consumidor en estos dos casos: (a) cuando no se reconoce legalmente y (b) cuando no es ofrecido por el empresario al consumidor, ya sea en el contrato o en la publicidad de sus productos y servicios.

En la propia Ley General para la defensa de los consumidores y usuarios se contiene, además del régimen general del derecho de desistimiento, el específico para los contratos de viajes combinados, para las ventas realizadas fuera de los establecimiento comerciales, y las especialidades de la contratación a distancia. Fuera de esa norma, también se contiene un régimen especial de desistimiento en la Ley 4/2012, de 6 de julio, de contratos de aprovechamiento por turno de bienes de uso turístico, de adquisición de productos vacacionales de larga duración, de reventa y de intercambio y normas tributarias.

CONCLUSIONES SUCINTAS

La principal consecuencia jurídica práctica de la aparición del Derecho de consumo, y asunción de sus postulados en la legislación propia de cada uno de los países de la Unión

Europea, y en otras muchas naciones que no se incluyen en estas líneas, es la aplicación exclusiva, a quienes ostentan la condición legal de consumidores y usuarios, de una serie de normas ad hoc con las que se busca equilibrar las posiciones de las partes en la balanza de la relación contractual –y extracontractual– de consumo.

Es en el ámbito de la contratación, y también, de manera decisiva, en las relaciones precontractuales, donde se proyectan aquellos mecanismos protectores. Así, al margen del reconocimiento de los derechos propios del consumidor, que exceden, en cierto modo, de su carácter meramente programático, en las páginas anteriores se han indicado los más señalados y efectivos.

El principio pro consumatore derivado directamente del artículo 51 de la Constitución, que debe informar la legislación positiva, su aplicación por las Administraciones públicas, y guiar la interpretación por los tribunales de justicia en su labor diaria, dota al Derecho de consumo español de una potente herramienta que puede ser muy efectiva –y de hecho así viene ocurriendo– en la práctica diaria.

Será, tal vez, en el ámbito de las relaciones precontractuales, en sede de tratos preliminares tal vez, y actualmente enfocada en la denominada publicidad comercial, donde el principio de integración publicitaria adquiera mayor eficacia, al implicar que todo aquello que se ofrezca por el profesional o empresario al consumidor mediante aquella publicidad, tendrá carácter vinculante, como parte exigible del propio contrato. Este postulado, sin la menor duda, implica una auténtica revolución en el Derecho privado, y excede, con mucho, de la vinculación contractual y la eficacia de los contratos que se contiene, protege y exige, en los Códigos civiles de todo el mundo.

La información que el profesional o empresario ha de ofrecer al consumidor, tanto con carácter previo, como, sobre todo, en el propio contrato, debe ser exhaustiva hasta el punto de haberse confeccionado un listado concreto de exigencias que ha de contener en todo caso, lo que garantiza en buena medida, que el contratante débil, es decir, el consumidor y usuario, esté en mejores condiciones de llevar a efecto, sin sorpresas, las relaciones de consumo.

Otro de los pilares básicos de los instrumentos de protección al consumidor en la contratación con un profesional o empresario, es el régimen establecido en las condiciones generales de la contratación, con la necesidad de su claridad, concreción, evitar reenvíos a normas o documentos ajenos al contrato y, también, de manera expresa, la prohibición de la existencia de cláusulas abusivas, no solo las que se deriven del incumplimiento de las normas imperativas del consumo, sino la enumeración de un listado concreto de cláusulas abusivas por ley que tendrán tal consideración en todo caso. En tal sentido, son diversas las formas de actuar contra las cláusulas abusivas y las condiciones generales de la contratación cuando infrinjan lo dispuesto en la ley, teniéndolas por no puestas, de modo que se pretenda no frustrar el contrato, sino tan solo aquella parte del mismo que no respeta, o vulnera, los principios básicos y postulados esenciales, expresamente legislados, del Derecho de consumo.

Claro que, en esta línea de sobreprotección de la parte débil del contrato, más allá de lo dispuesto en los Códigos civiles, no puede dejar de señalarse la necesidad, establecida legalmente, de que exista un equilibrio entre las prestaciones, algo que no es necesario estrictamente en el Derecho privado común. Sin embargo, en la contratación con consumidores, aquello que el profesional o empresario ofrece, y supone el objeto del contrato, debe tener un valor equivalente a la prestación del consumidor, generalmente evaluable en dinero, que suele ser el objeto para este.

Se ha visto que otro de los dispositivos, de suma eficacia, que se arbitran para dotar de mayor fuerza y protección a los consumidores y usuarios, es el reconocimiento legal del derecho de desistimiento en aquellos casos en los que la posición del consumidor resulta más comprometida. Bien es cierto que muchas veces se ofrece directamente por el empresario este derecho, como en las compras en grandes almacenes, supermercados o cadenas franquiciadas, pero en otros muchos no es así, dado que no existe una obligación legal general, reconocida en las leyes, para que cualquier contratante pueda desistir sin penalización alguna del contrato, lo que no existe en los Códigos civiles, salvo en supuestos señalados y muy excepcionales. En todo caso, se ha previsto un régimen general del derecho de desistimiento aplicable a todos los casos incluidos aquellos en los que, sin exigencia legal, lo ofrece el empresario.

Sin embargo, se impone por ley el desistimiento unilateral del consumidor en las ventas a distancia, que cada vez va tomando mayor volumen por el auge de la contratación por internet y el desarrollo de algunos gigantes internacionales del comercio minorista a distancia (como Amazon y Aliexpress, entre otros).

Además, se extiende dicho mecanismo a otros sectores de la contratación en los que puede haberse realizado una contratación por impulso, sin mucha reflexión, o abordado el consumidor o usuario en un entorno donde se encuentre más indefenso. No solo en las ventas, sino en toda la contratación a distancia (ya la inmensa mediante internet, siendo residual por teléfono, menos aún por fax y por correspondencia tradicional), lo que incluyen los servicios de toda índole, siendo inmenso el abanico, desde las plataformas digitales de televisión hasta la petición de comida mediante una aplicación del teléfono móvil.

El derecho de desistimiento se extiende igualmente a los contratos celebrados fuera del establecimiento, en materia de viajes combinados y a los contratos de aprovechamiento por turno de bienes inmuebles de uso turístico, regidos estos últimos por su legislación específica. También se incluyen, en todos los casos, los contratos complementarios o accesorios, como el caso del crédito al consumo y los contratos de financiación concedidos para adquirir la prestación principal que ha sido objeto de desistimiento.

Para terminar, tal como se ha expuesto en estas breves notas, la instauración de tan eficaces y destacados mecanismos jurídicos de protección al consumidor en materia de contratación, superando los mínimos establecidos en los Código civiles, están teniendo como resultado enormes avances legislativos, que se traducen en la práctica en la mejora de los derechos e intereses económicos del consumidor, y que, progresivamente, se van extendiendo por el resto de los ordenamientos de todo Iberoamérica.

REFERENCIAS

ABRIL, Juan Manuel; Amat, Eulalia. *Manual de derecho civil.* Derecho de Obligaciones. Responsabilidad Civil. Teoría General del Contrato. Madrid: Marcial Pons, 2000, v. II.

ACEDO, Ángel. *Derecho de consumo, análisis jurídico-privado de la Ley General para la Defensa de los Consumidores de 2007.* Madrid: Dykinson, 2012.

ACEDO, Ángel. *Derecho de contratos, cuasicontratos y responsabilidad extracontractual.* 3. ed. Madrid: Dykinson, 2019.

ACEDO, Ángel. *Nociones de derecho de consumo.* Aproximación a la protección jurídica de los consumidores en Extremadura. Cáceres: Servicio de Publicaciones de la Universidad de Extremadura, 2003.

BERCOVITZ, Alberto. La protección de los consumidores en el derecho español. *Estudios sobre Consumo,* Madrid, n. 1, p. 54-72, 1984.

BERCOVITZ, Alberto. Marco histórico de la protección al consumidor: de los orígenes al siglo XXI. *Estudios sobre Consumo,* Madrid, n. 65, p. 112-125, 2003.

DE CASTRO, Federico. Notas sobre las limitaciones intrínsecas de la autonomía de la voluntad (La defensa de la competencia. El orden público. La protección del consumidor). *Anuario de Derecho Civil,* Madrid, n. 4, p. 1067-1068, 1982.

DÍEZ-PICAZO, Luis. *Fundamentos del derecho civil patrimonial.* Introducción. Teoría del contrato. 6. ed. Madrid: Civitas, 2007, v. I.

FONT GALÁN, Juan Ignacio. La protección de los consumidores en el derecho privado: del viejo derecho de los comerciantes al nuevo derecho de los consumidores. En FONT GALÁN, Juan Ignacio; MENUDO, Francisco López. *Curso sobre el nuevo derecho del consumidor.* Madrid: Instituto Nacional del Consumo, 1990.

GARCÍA-CRUCES, José Antonio. La protección de los legítimos intereses económicos de los consumidores como principio general del ordenamiento español. *Estudios sobre Consumo,* Madrid, n. 48, p. 131-145, 1999.

QUINTELA, María Teresa. El principio de defensa de los consumidores y usuarios en el ordenamiento jurídico español. *Estudios sobre Consumo,* Madrid, n. 8, p. 1-?, 1986.

REYES, María José. *Curso de derecho privado de consumo.* Madrid: La Ley. 2009.

UNIÓN EUROPEA. *Directiva 2006/114/CE del Parlamento Europeo y del Consejo,* de 12 de diciembre de 2006, sobre publicidad engañosa y publicidad comparativa.

LA DESPROTECCIÓN DE LOS CONSUMIDORES ANTE EL MERCADO FINANCIERO: LAS OPS – ANTE LA DIRECTIVA 2014/59/UE

Manuel de Peralta Carrasco

Profesor Titular de Derecho Civil de la Universidad de Extremadura, Cáceres, España.

CUESTIONES PREVIAS

Según la definición contenida en el artículo 30 bis 1 de la Ley del Mercado de Valores una oferta pública de venta o suscripción (OPS) es toda comunicación a personas en cualquier forma o por cualquier medio que presente información suficiente sobre los términos de la oferta y de los valores que se ofrecen de modo que permita a un inversor decidir sobre la adquisición o suscripción de estos valores.

Dicha oferta puede tener como destinatarios tanto a los consumidores considerados inversores minoristas, o "no cualificados"; así como para inversores cualificados. Será respecto de los primeros sobre los que nos ocupemos en el presente trabajo; por cuanto que cada vez es mayor la intervención –inversión– de consumidores en el mercado financiero; viéndose inmersos y afectados por la crisis financiera, con procedimientos complejos y que han generado una extensa polémica por sus resoluciones, en ocasiones, nada pacificas para con los intereses de los consumidores y usuarios, como es la dictada por el TJUE de 5 de mayo de 2022 (asunto C-410/20) en respuesta a una cuestión de prejudicialidad planteada, con arreglo al artículo 267 TFUE, por la Audiencia Provincial de Coruña, frente al Banco Santander, S.A.; a instancia de dos inversores minoristas que adquirieron acciones del Banco Popular en el marco de la OPS realizada por este último Banco en junio de 2016.

La resolución de la sentencia plantea la inviabilidad de las acciones de responsabilidad y de nulidad de los accionistas del antiguo Banco Popular contra Banco Santander; mientras que la Sentencia del propio TJUE, en relación al caso Bankia, en su Sentencia de 3 de junio de 2021, estimó que el folleto ha de proteger a la totalidad de inversores, ya sean estos pequeños inversores, institucionales o cualificados.

EL SECTOR FINANCIERO FRENTE A LOS CONSUMIDORES

Estamos pues ante un mercado, el financiero, que se ha visto alterado y modificado como consecuencia de la crisis financiera acaecida en 2008, En principio tras la crisis financiera de 2008, ante las reiteradas y reprochables actitudes del sistema bancario, las instituciones europeas defendieron inicialmente a los consumidores afectados por las prácticas bancarias y financieras reprochables.

Sin embargo, la propia UE ha desandado parte de ese camino de protección, quizás como consecuencia e iniciativa de la labor en defensa de las entidades bancarias, acometida por sectores interesados; a raíz de la cual los consumidores adolecen de una cierta seguridad.

Sin lugar a dudas, con esta reciente sentencia puede entenderse que las entidades financieras quedan exoneradas de la obligación de ofrecer una imagen fiel al mercado, al entender que el TJUE se ampara, para resolver en el sentido sucintamente expresado, en la salvaguarda del interés general de estabilidad financiera que, entiende, debe prevalecer respecto al interés general de protección de los inversores y de transparencia del mercado de valores.

Dada la compleja situación vamos a intentar analizar la situación y derechos de los consumidores frente a las Ofertas públicas de suscripción, como producto financiero.

CRITERIOS INTERPRETATIVOS Y PROTECTORES DE LOS DERECHOS DEL CONSUMIDOR

Cuando se trata de la contratación de servicios de suministro (gas, agua o energía eléctrica), o de servicios financieros (como compra de acciones en OPS) o contratación de telecomunicaciones, la autonomía individual se encuentra restringida y el contrato no es ya obra común de las partes, sino de una sola de ellas, limitándose la otra a aceptar o rechazar en bloque las cláusulas impuestas unilateralmente por el predisponente. Lo que da lugar a contratos de adhesión, carentes de las formas tradicionales de expresión de la voluntad contractual[1].

Ante tal carencia el principio *pro consumatore* se consagra como el principio protector de los intereses y derechos de los consumidores mediante un conjunto de instrumentos de protección que, en el ámbito de las obligaciones, y como una modulación del dogma de la autonomía privada y del principio *pacta sunt servanda*, singulariza al derecho contractual del consumo como un derecho especial y tuitivo de los consumidores[2]. Constituyéndose como una limitación material frente al abuso de la libertad contractual del predisponente y del ejercicio desproporcionado o injustificado de su facultad de configurar unilateralmente el contenido del contrato[3].

---

1. DÍEZ-PICAZO, Luis. *Fundamentos del derecho civil patrimonial.* Madrid: Civitas, 1996. p. 162-165.
2. Al respecto, GARCÍA VICENTE, José Ramón. Contratación con consumidores. En RODRÍGUEZ-CANO, Bercovitz. *Tratado de contratos.* València: Tirant lo Blanch, t. II, 2013. p. 1147. El ascenso de la legislación protectora de los consumidores como uno de los fenómenos más visibles de los últimos años, cuya explicación se encuentra en la necesidad de proteger a los adquirentes en el mercado de bienes y servicios, ante la ineficacia de los mecanismos tradicionales de protección previstos al efecto tanto en el derecho civil como en el mercantil, poco pensados para el tráfico en masa y la sociedad de consumo, y la seducción y aun acoso de los consumidores mediante la publicidad en los medios masivos de *comunicación social*
3. Id. p. 1147.

Los mecanismos que conforman el principio *pro consumatore*[4], se refieren específicamente a las condiciones generales de contratación, a la fase formativa del contrato, publicidad, derecho a la información, garantía por vicios y defectos de los bienes y productos, responsabilidad del productor, a las vías alternativas de arbitraje o la concesión a los consumidores de medios de acceso expeditos a los tribunales, las acciones de grupo, la legitimación de las asociaciones de consumidores, entre otros[5]. Y en algunos países, como España y Portugal, el principio *pro consumatore* tiene rango constitucional[6].

Nuestra Constitución, en su artículo 51 establece que "Los poderes públicos garantizarán la defensa de los consumidores y usuarios, protegiendo, mediante procedimientos eficaces, la seguridad, la salud y los legítimos intereses económicos de los mismos.

Los poderes públicos promoverán la información y la educación de los consumidores y usuarios, fomentarán sus organizaciones y oirán a éstas en las cuestiones que puedan afectar a aquéllos, en los términos que la ley establezca. En el marco de lo dispuesto por los apartados anteriores, la ley regulará el comercio interior y el régimen de autorización de productos comerciales, consagrando de esa manera el Principio *pro consumatore,* que fue desarrollado en España por la LGDCU.

Así mismo, el Tratado Fundacional de la Unión Europea (TFUE) en su artículo 169 (antiguo artículo 153 del TCE) especifica el deber de las instituciones de promover los intereses de los consumidores y garantizarles un alto nivel de protección. Es decir, la propia Carta Europea, ampara los derechos de los consumidores como principio vertebrador.

Así pues, según o en virtud del citado principio, consagrado en el art. 153 del Tratado Constitutivo de la Unión Europea; así como en los arts. 51 de la CE en la protección de los intereses económicos de los usuarios, según reconocen los arts. 8[7], 19, 128 y 132 del Real Decreto legislativo 1/2007, de 16 de noviembre, por el que se aprueba el Texto Refundido de la Ley General para la Defensa de los Consumidores y Usuarios y otras leyes complementarias, el derecho y normativa de consumo será siempre interpretado de la forma más favorable para el consumidor debiendo ser objeto de interpretación estricta las excepciones a dichas normas.

---

4. DE LOS MOZOS, José Luis. El contrato y sus transformaciones. En *Estudios de derecho civil, obligaciones y contratos*. Libro homenaje a Fernando Hinestrosa. Bogotá: Universidad Externado de Colombia, 2003, t. I. p. 376-377. *Según el autor,* "no siendo el principio pro consumatore un principio constitucional como el de autonomía privada, juega, sin embargo, como éste, un papel fundamental a la hora de valorar el equilibrio del contrato".
5. DÍEZ-PICAZO, Luis. *Fundamentos del derecho civil patrimonial*. Madrid: Civitas, 1996. p. 162-165.
6. Id.
7. ESPAÑA. *Real Decreto Legislativo 1/2007*, de 16 de noviembre. Aprueba el Texto Refundido de la Ley General para la Defensa de los Consumidores y Usuarios y otras leyes complementarias: La información correcta sobre los diferentes bienes o servicios en formatos que garanticen su accesibilidad y la educación y divulgación para facilitar el conocimiento sobre su adecuado uso, consumo o disfrute, así como la toma de decisiones óptimas para sus intereses.

Así mismo, nos encontramos con las Directrices de la ONU para la protección de los consumidores en el ámbito internacional[8].

Las Directrices de la ONU, acordadas por primera vez en 1985, con una actualización hecha en 1999 (Sobre Consumo y Producción Sustentables, preocupaciones surgidas a principios de los 90), actúan como un referente internacional del movimiento de consumidores. Las Directrices se traducen, entre otros, en los siguientes derechos de los consumidores: Derecho a la seguridad, Derecho a ser informado/a, y Derecho a la reparación

Frente a dicho principio de protección de los consumidores, el reciente pronunciamiento del TJUE, proclama, la protección de la estabilidad financiera. Sin embargo, opinamos que dicha aseveración es una manifestación lícita de intenciones u objetivo perseguible; pero no un verdadero principio de orden público económico como es la protección del consumidor.

LA CONTROVERSIA

Según la reciente sentencia del TJUE, debe primar la aplicación de la Directiva 2014/59/UE por la que se establece un marco para la recuperación y la resolución de entidades de crédito y empresas de servicios de inversión sobre las directivas y normativas que estructuran la protección de los inversores y de los consumidores que operan dentro de ese sistema financiero al que se pretende dar estabilidad.

Sin embargo, ello se hace frente a la Directiva 2003/71/CE del Parlamento Europeo y del Consejo, 4 de noviembre de 2003; que establece la acción de la responsabilidad civil por folleto[9], que será informativo y vinculante, respecto de la OPS realizada por la entidad financiera; en la que el Consumidor queda protegido.

Acertadamente el TSJUE en su Sentencia de 3 de junio de 2021 (Caso Bankia), expuso que la Directiva 2003/71 no identifica a los inversores que puedan exigir responsabilidad, sino que se limita a identificar en su artículo 6, apartado 1, a las personas a las que se puede exigir responsabilidad por el contenido inexacto o incompleto del folleto; afirmando que es legítimo que los inversores que hubieran participado en una oferta de valores, fueren quienes fuesen, en la que se ha publicado un folleto, invoquen la información contenida en dicho folleto. Teniendo consiguientemente derecho a ejercitar una acción de responsabilidad por esa información, hubieran sido o no destinatarios de dicho folleto. Concluyendo el TSJUE que ha de interpretarse (punto 38 de las conclusiones) que "cuando exista un folleto, debe poder iniciarse una acción de responsabilidad civil por la información de ese folleto, cualquiera que sea la condición del inversor que se considere perjudicado". Se reconoce, la legitimación activa del consumidor para instar la acción de

---

8. UNCTAD. *Directrices para la protección del consumidor*, 2016. Disponible en: https://www.google.com/search?client=firefox-bd&q=Directrices+de+la+ONU+para+la+protecci%C3%B3n+de+los+consumidores+en+el+%C3%A1mbito+internacional. Acceso en: 27 set. 2022.

9. SÁNCHEZ FERNÁNDEZ, Sara. *El folleto en las ofertas públicas de venta de valores negociables (OPV) y responsabilidad civil*: ley aplicable. 5. ed. Madrid: La Ley, 2015.

responsabilidad por la información del folleto. Afirmando el TS[10] (FD 4.6), que el art. 6 debe ser interpretado subjetivamente, de forma que si existe el folleto, como es el caso, debe poder instarse una acción de responsabilidad por la información que contiene u omite, cualquiera que sea la condición del inversor que se considere perjudicado.

Nos encontramos pues ante un conflicto normativo, que en este caso, se da entre dos Directivas que regulan aspectos bien distintos, pero que son, entre si, excluyentes, respecto de los consumidores afectados, por su aplicación; por lo que habría que acudir, a la hora de determinar la aplicabilidad de una u otra, a la preponderancia de una u otra al derecho, en el contexto del Derecho Constitucional europeo que se enmarca en el TFUE.

Siendo aquí protagonista, necesariamente, el artículo 169 donde se establece, como ya hemos mencionado, como principio, la protección de los consumidores: "1. Para promover los intereses de los consumidores y garantizarles un alto nivel de protección, la Unión contribuirá a proteger la salud, la seguridad y los intereses económicos de los consumidores, así como a promover su derecho a la información, a la educación y a organizarse para salvaguardar sus intereses. "2. La Unión contribuirá a que se alcancen los objetivos a que se refiere el apartado 1 mediante: (a) medidas que adopte en virtud del artículo 114 en el marco de la realización del mercado interior; (b) medidas que apoyen, complementen y supervisen la política llevada a cabo por los Estados miembros".

Sin embargo, sorprendentemente el TJUE, parece evitar este mandato de su propio texto fundacional, y se abraza a una presunta y necesaria estabilidad del mercado financiero; llegando a manifestar en el considerando n. 47 de la Sentencia, que "es preciso recordar que ni el derecho de propiedad recogido en el artículo 17 de la Carta de los Derechos Fundamentales, ni el derecho a la tutela judicial efectiva garantizado en el artículo 47 de dicha Carta son derechos absolutos"; argumento levemente justificativo, que chirria a todas luces, pues contraria Principios básicos de Carácter Constitucional como el Derecho a la Propiedad Privada, de la que uno puede ser privado, pero solo mediante su justiprecio compensatorio.

Para entender la controversia procede analizar, aunque sea someramente el contexto de ambas Directivas, en relación con el conflicto de fondo planteado, conviene (aún someramente) explicar los hechos acaecidos.

En 2016, se realizó una ampliación de capital del Banco Popular, mediante una Oferta Pública de Suscripción a la que acudieron numerosos consumidores – inversores minoristas –, entre los que se encontraban lo que posteriormente plantearían, en 2018 demanda de nulidad del contrato de suscripción de acciones por error invalidante de su consentimiento, dado que el folleto emitido, con anterioridad a la emisión, por incompleto o inexacto, o por dolo falsario y ocultación intencional de la situación patrimonial de la sociedad.

Lo cierto es que en abril de 2017 Banco Popular notificó a la CNMV ciertas irregularidades en sus las anuales correspondientes al ejercicio en el que se había realizado

---

10. ESPAÑA. TS. *STS 890/2021*.

la OPS (2016). Dichas irregularidades a pesar de ser consideradas por la propia entidad como de bajo impacto en las cuentas anuales constituyeron un resultado muy diferente del planteado, con unas pérdidas de 3.485 millones de euros.

Ello provocó que, en junio de 2017, la JUR[11], acordase la resolución de Banco Popular mediante su recapitalización interna y consiguiente amortización, sin contraprestación, de todas sus acciones en circulación en esa fecha y resultantes de la conversión de los instrumentos de capital adicional de nivel 1, conforme a la Directiva 2014/59/UE del Parlamento Europeo y del Consejo[12].

Adquiriendo en junio de 2017, el Banco Santander a la totalidad de las nuevas acciones tras la conversión de los instrumentos de capital de nivel 2 de Banco Popular. Y realizando, en 2018, la fusión por absorción, por el Banco de Santander, del Banco Popular cuya personalidad jurídica se extinguiría, pasando todos sus derechos y obligaciones por sucesión universal al Banco de Santander.

Como consecuencia de todo ello, en 2018, dos consumidores, como ya hemos indicado instaron la nulidad del contrato de suscripción de acciones por dos razones; ya fuese por error, al haberse firmado la suscripción de acciones del Banco Popular, en virtud de una información contable y patrimonial irreal e imprecisa en el folleto que debía obligatoriamente de ser publicado, para protección de los consumidores, en virtud de la Directiva 2003/71; o bien por la existencia de un dolo, resultante del falseamiento consciente de la información contable y patrimonial.

Como consecuencia de dicha demanda el Juzgado de Primera Instancia n. 2 de Coruña vino a estimar, en Sentencia de 3 de junio de 2019, la pretensión de nulidad por error; y dicto, que procedía la restitución del precio de compra de las acciones, incluidos los intereses legales que se hubieran devengado. Sentencia que fue recurrida en apelación por el Banco Santander ante la Audiencia Provincial de Coruña.

Dicha Audiencia planteó, mediante Auto de 28 de julio de 2020, ante el TJUE, cuestión prejudicial a fin de determinar "si las normas del Derecho de la Unión en materia de responsabilidad civil derivada de la información facilitada en el folleto, tal como las interpretó el Tribunal de Justicia en la sentencia de 19 de diciembre de 2013, Hirmann (C-174/12, EU:C:2013:856), pueden prevalecer sobre los principios que rigen la resolución de las entidades de crédito y las empresas de servicios de inversión, establecidos en la Directiva 2014/59, en particular el principio según el cual los accionistas de una entidad o de una empresa objeto de resolución deben soportar en primer lugar las pérdidas sufridas".

---

11. La Junta Única de Resolución (JUR) es la nueva autoridad de resolución de la Unión Bancaria Europea. Es un elemento clave de la Unión Bancaria y de su Mecanismo Único de Resolución. Su misión consiste en garantizar la resolución ordenada de bancos en crisis con el menor impacto posible sobre la economía real y las finanzas públicas de los países de la UE participantes y terceros.

12. UNIÓN EUROPEA. *Directiva 2014/59/UE del Parlamento Europeo y del Consejo* de 15 de mayo de 2014. V. Art. 60 y concordantes.

Conviene destacar que La Audiencia Provincial de la Coruña lo que viene a plantear al TJUE es una aclaración sobre la si es compatible la nulidad anulatoria prevista en nuestro ordenamiento jurídico, en relación con el art. 1300 del CC[13], al decir que "Los contratos en que concurran los requisitos que expresa el artículo 1.261 pueden ser anulados, aunque no haya lesión para los contratantes, siempre que adolezcan de alguno de los vicios que los invalidan con arreglo a la ley", como vía para restituir el dinero perdido – en la adquisición de las acciones sometidas a una oferta pública de suscripción, conforme a la Directiva 2003/71/CE del Parlamento Europeo y del Consejo; con los principios de resolución de una entidad financiera; por la que se establece que los accionistas, de cualquier condición, deben asumir, tras una recapitalización interna, las pérdidas existentes; conforme la Directiva 2014/59/UE del Parlamento Europeo y del Consejo, de 15 de mayo de 2014.

EL CRITERIO RESTRICTIVO DEL DERECHO DE LOS CONSUMIDORES DEL TJUE Y DEL ABOGADO GENERAL

Como venimos exponiendo el TJUE en la Sentencia de 5 de mayo de 2022 (asunto C-410/20), viene a plantear que el Banco Santander, en cuanto – *sucesor universal del Banco Popular, con el que se fusiono por absorción* – no ha de responder frente a las acciones de reclamación indemnizatorias y/o resarcitorias instadas por los que fueran accionistas, incluidos los pequeños inversores – consumidores – del Banco Popular, por las acciones que adquirieron en la ampliación de capital que se lanzo por dicho Banco Popular en el año 2016; obviando que la información publicada en el Folleto Informativo de la OPS fuese o no veraz o fraudulento.

Debemos de tener presente que el TJUE, no viene a resolver el caso, pues esto es competencia del Tribunal español, que habrá de dictar sentencia. Aunque obviamente, éste, habrá de atender a la interpretación realizada en la consulta prejudicial, a la luz de las normas del derecho europeo. Ahora bien, ¿Por qué se pronuncia el TJUE en los términos en los que lo hace?

Para entender, aunque no compartir, la interpretación realizada por el TJUE hemos de entender el contexto fruto de la crisis financiera de 2008, que puso relieve, la ausencia de instrumentos para hacer frente a los problemas de solvencia y viabilidad de las entidades de crédito.

En ése contexto se dictaron la Directiva 2014/49/UE del Parlamento Europeo y del Consejo, de 16 de abril de 2014 (relativa a los sistemas de garantía de depósitos). Y la Directiva 2014/59/UE[14] de recuperación y resolución de entidades de crédito y de inversión, que es objeto de interpretación por el TJUE, en el caso que nos ocupa.

---

13. ESPAÑA. *Real Decreto de 24 de julio de 1889*, por el que se publica el Código Civil. *V.* 1301 y ss CC.
14. UNIÓN EUROPEA. *Directiva 2014/59/UE del Parlamento Europeo y del Consejo*, de 15 de mayo de 2014, por la que se establece un marco para la recuperación y la resolución de entidades de crédito y empresas de servicios de inversión, y por la que se modifican la Directiva 82/891/CEE del Consejo, y las Directivas 2001/24/CE, 2002/47/

Esta última Directiva fue traspuesta en España por la Ley 11/2015[15], de 18 de junio, de recuperación y resolución de entidades de crédito y empresas de servicios de inversión[16] con el objeto prever y regular la actuación temprana y los procesos de resolución de entidades de crédito y empresas de servicios de inversión. Y establecer el régimen jurídico del «FROB» para proteger la estabilidad del sistema financiero minimizando el uso de recursos públicos y el coste para el contribuyente.

Así mismo, en el ámbito Europeo, entre otros, se dictó el Reglamento (UE) n. 806/2014 del Parlamento Europeo y del Consejo, de 15 de julio de 2014[17], concretando normas y procesos uniformes aplicables en la resolución de conflictos de entidades de crédito y empresas de servicios de inversión; es decir se conforma un mecanismo[18] único de resolución y un fondo único de resolución.

Así pues, las Directivas 2014/49/UE y 2014/59/UE forman parte del repertorio normativo dirigido, a raíz de la crisis financiera, a procurar la estabilidad financiera, mediante la sujeción de todo el sector financiero europeo a unas reglas comunes y la coordinación de la supervisión que conllevó al acuerdo sobre la creación de una Unión Bancaria en la UE, que se asienta sobre tres pilares fundamentales:

(a) Mecanismo Único de Supervisión (MUS)[19]. A través del MUS el Banco Central Europeo asume la responsabilidad última en materia de supervisión de todos los bancos de la zona euro.

CE, 2004/25/CE, 2005/56/CE, 2007/36/CE, 2011/35/UE, 2012/30/UE y 2013/36/UE, y los Reglamentos (UE) n. 1093/2010 y (UE) n. 648/2012 del Parlamento Europeo y del Consejo.

15. *V.* ESPAÑA. IPN/CNMC/0017/15. Proyecto de Real Decreto por el que se desarrolla la Ley 11/2015, de 18 de junio, de recuperación y resolución de entidades de crédito y empresas de servicios de inversión. Disponible en: https://www.google.es/search?q=finalidad+y+motivos+de+La+Directiva+2014%2F59%2FUE++de+recuperaci%C3%B3n+y+resoluci%C3%B3n+de+entidades+de+cr%C3%A9dito+y+de+inversi%C3%B3n+&source=hp&ei=Y2CvYvD4KIuNlwTH9pXQDQ&iflsig=AJiK0e8AAAAAYq9uc-Yz4MXgkx-TMFo3SVHdLCdMYWhEz&ved=0ahUKEwiwtqPEiLr4AhWLxoUKHUd7BdoQ4dUDCAg&uact=5&oq=finalidad+y+motivos+de+La+Directiva+2014%2F59%2FUE++de+recuperaci%C3%B3n+y+resoluci%C3%B3n+de+entidades+de+cr%C3%A9dito+y+de+inversi%C3%B3n+&gs_lcp=Cgdnd3Mtd2l6EANQp1Yh5YBYMShAWgBcAB4AIABigGIAdAKkgEEMS4xMJgBAKABAqABAbABAA&sclient=gws-wiz. Acceso en: 25 jul. 2022.

16. La norma sustituye la Ley 9/2012, de 14 de noviembre, de reestructuración y resolución de entidades de crédito.

17. UNIÓN EUROPEA. *Reglamento n. 806/2014 del Parlamento Europeo y del Consejo, de 15 de julio de 2014.* Modifica el Reglamento n. 1093/2010.

18. Dicho mecanismo tiene como consecuencia entre otras las resoluciones como las dictadas el reciente 1 de junio de 2022 asuntos T-481/17 (Fundación Tatiana Pérez de Guzmán el Bueno y SFL / JUR), T-510/17 (Del Valle Ruiz y otros / Comisión y JUR), T-523/17 (Eleveté Invest Group y otros / Comisión y JUR) T-570/17 (Algebris (UK) y Anchorage Capital Group / Comisión) y T-628/17 (Aeris Invest / Comisión y JUR) por las el Tribunal General de la UE desestimando los *recursos de anulación del Dispositivo de resolución de Banco Popular y de la Decisión de la Comisión. La importancia* de estas Sentencias es evidente no sólo para el mercado bancario español – por razones obvias de implicación directa de los Bancos y sus accionistas – sino también para todo el *mercado bancario europeo* por su carácter *pionero y paradigmático* ya que – mediante estas cinco Sentencias dictadas en la Sala Tercera ampliada – el Tribunal General desestima los recursos de las partes demandantes en su totalidad en unos casos en los que *el Tribunal General se pronuncia, por primera vez, sobre la legalidad de una decisión relativa a un dispositivo de resolución adoptada* por la JUR.

19. El MUS fue establecido por el Reglamento (UE) n. 1024/2013 del Consejo, de 15 de octubre de 2013, que encomienda al Banco Central Europeo tareas específicas de supervisión prudencial de las entidades de crédito, y desarrollado por el Reglamento (UE) n. 48/2014 del Banco Central Europeo de, 16 de abril de 2014, en el que

(b) Mecanismo Único de Garantía de Depósitos. Un primer paso para su consecución fue la Directiva 2014/49/UE.

(c) Mecanismo Único de Resolución[20].

La absorción y resolución del Banco Popular se adoptó en el marco de los instrumentos normativos europeo y nacionales existentes, aunque con ciertas dudas sobre la corrección del proceso[21], destinados a afrontar las situaciones de dificultad de entidades financieras. En concreto, del mencionado Reglamento (UE) n. 806/2014, y de la Directiva 2014/59/UE, del Parlamento Europeo y del Consejo.

En éste contexto, conviene destacar las Conclusiones emitidas por el Abogado General de la UE, el 2 de diciembre de 2021, que consideró al analizar la Directiva 2014/59/UE, en el contexto de la consulta realizada por la AP de la Coruña, que "deben interpretarse en el sentido de que se oponen, por un lado, a que quienes adquirieron sus acciones unos meses antes del inicio del procedimiento de resolución, con ocasión de una ampliación de capital con oferta pública de suscripción, puedan promover, con posterioridad a la decisión de resolución, demandas de resarcimiento o demandas de efecto equivalente basadas en una defectuosa información del folleto de la emisión contra la entidad emisora o contra la entidad resultante de una fusión por absorción posterior y, por otro lado, a que se impongan judicialmente a la entidad emisora, o a la entidad que la suceda universalmente, obligaciones de restitución del contravalor de las acciones suscritas, así como de abono de intereses, como consecuencia de la declaración de nulidad, con efectos retroactivos, del contrato de suscripción de las acciones, en virtud de demandas promovidas con posterioridad a la resolución de la entidad".

De forma que en aplicación del artículo 60, apartado 2, letra b)[22] de la Directiva 2014/59, por el que se establece la regla general de ausencia de responsabilidad; procedería desestimar las demandas instadas por las accionistas del Banco Popular que invirtieron

---

se establece el marco de cooperación en el Mecanismo Único de Supervisión entre el Banco Central Europeo y las autoridades nacionales competentes y las autoridades nacionales designadas.

20. El objetivo del MUR es que se aplique un conjunto único de normas a todos los bancos que entren en fase de resolución en cualquiera de los Estados miembros participantes, así como ofrecer procedimientos eficaces para hacer frente a las dificultades que atraviesen los bancos inviables, minimizando el coste para los contribuyentes y la economía. Es el llamado bail-in o recapitalización interna, frente al bail-out o rescate público.

21. CANO, Esteban. *Banco Popular*: el acta de la inviabilidad infringió el Código del Registro Mercantil, pero la Audiencia Nacional no lo investigará, Diário 16, 2022. Disponíble en: https://diario16.com/banco-popular-el-acta-de-la-inviabilidad-infringio-el-codigo-del-registro-mercantil-pero-la-audiencia-nacional-no-lo-investigara/. Acceso en: 26 jun. 2022. El Reglamento del Registro Mercantil, en su artículo 97, es muy claro a la hora de determinar los contenidos que cualquier empresa debe incluir en el acta que da fe de los acuerdos alcanzados por un Consejo de Administración; sin embargo, según informan los medios públicos, al hacerse eco de la denuncia según se denuncia presentada en el acta notarial del exconsejero Jaime Ruiz Sacristán, el Acta del Consejo, levantada el día 6 de junio de 2017 sobre la reunión en la que se declaró la inviabilidad del Banco Popular no cumple con lo indicado en la ley. En concreto, entres otras cuestiones, se manifiesta qye *no se hace referencia ni a las intervenciones de los consejeros* ni al resultado de los acuerdos alcanzados.

22. Por lo que se refiere al titular del instrumento de capital pertinente, no subsistirá responsabilidad alguna en relación con el importe del instrumento que haya sido amortizado, excepto cuando se trate de pasivos ya devengados o de pasivos resultantes de daños y perjuicios surgidos con motivo del recurso presentado contra la legalidad del ejercicio de la competencia de amortización.

antes de fusión-compra por el Banco Santander, que ejercieran acciones de nulidad o de reclamación; dado que los accionistas, llamados titulares de instrumentos de capital, ya sean meros consumidores o inversores profesionales no podrán ejercitar acciones judiciales por el menoscabo que hayan podido sufrir[23].

Tal criterio se sustenta en la limitación de la responsabilidad del tercero de buena fé, al entender que en un sistema de recapitalización interna (*bail-in*), el adquirente de la entidad (Banco Popular) que ha sido resuelta, asumiría injustamente y contra la normativa, unas pérdidas que no le deben ser imputadas.

EL CRITERIO PROTECTOR DE LOS DERECHOS DE LOS CONSUMIDORES. EL BUEN CAMINO...!!!

Nuestro Tribunal Supremo viene entendiendo la acción de anulabilidad como una opción a la solución específica de responsabilidad por folleto[24] prevista en el Reglamento (UE) 2017/1129, en atención a la apreciación de la existencia del error vicio en el consentimiento.

Habríamos de plantearnos si no estaríamos ante un supuesto de inexactitudes en la información financiera, que permitiría al inversor ejercitar, una acción de nulidad por vicios del consentimiento ex artículo 1300 CC; puesto que la información ofrecida a los consumidores (inversores) constituye un elemento esencial y determinante para la aceptación de la OPS que le fue realizada.

Lo que nos llevaría a apreciar la existencia de nulidad por un error vicio en el consentimiento, error esencial[25], que se sustenta en un error precontractual sobre las condiciones mismas de la OPS que motivaron su contratación.

Nuestro artículo 1.265 del Código Civil declara nulo el consentimiento prestado por error o dolo[26], estableciendo el párrafo primero del art. 1266 CC "para que el error invalide el consentimiento, deberá recaer sobre la sustancia de la cosa que fuere objeto del contrato, o sobre aquellas condiciones de la misma que principalmente hubiesen dado motivo a celebrarlo". En este sentido el TS, en su sentencia de 4 de enero de 1982[27] sobre la notas propias del error que vicia el consentimiento; nos dice que: "con la más autorizada doctrina que el error sobre la sustancia equivale a intención o equivocado conocimiento de las cualidades que han determinado la declaración de voluntad como causa concreta". De forma que de no haber existido dicho error, no se habría llegado a la efectiva celebración del contrato[28].

---

23. Esta misma limitación se establece en los artículos 37.2 y 39.2 de la Ley 11/2015: "en relación con el titular del pasivo afectado, no subsistirá obligación alguna respecto al importe del instrumento que haya sido amortizado" y "no se pagará indemnización alguna al titular de los pasivos afectados".
24. *V*. ESPAÑA. TS. *STS 890/2021*. Relativa al denominado caso UMAS versus Bankia.
25. *V*. ESPAÑA. Juzgado de Primera Instancia n. 44 de Madrid. *Sentencia 120/2006*. Caso Bankia.
26. ACEDO PENCO, Angel. *Derecho de contratos – cuasicontratos y responsabilidad extracontractual*. 2. ed. Madrid: Dykinson, 2017. p. 31.
27. ESPAÑA. TS. *EDJ 1982/93*.
28. LASARTE ÁLVAREZ, Carlos. *Principios de derecho civil*. 13. ed. Madrid: Marcial Pons, 2012, t. 3. p. 24.

Nuestro Tribunal Supremo, en la sentencia de 21/11/2012, en aplicación del artículo 1265 y 1266 del Código Civil, reguladores del error como vicio del consentimiento contractual, abordando cuestión sobre productos de inversión, afirmó que: "Hay error vicio cuando la voluntad del contratante se forma a partir de una creencia inexacta, sentencias 114/1985, de 18 de febrero, 295/1994, de 29 de marzo, 756/1996 de 28 de septiembre, 434/1997, de 21 de mayo, 695/2010, de 12 de noviembre, entre muchas. Es decir, cuando la representación mental que sirve de presupuesto para la realización del contrato es equivocada o errónea".

Sería necesaria pues la existencia de un nexo causal[29] entre el error sufrido y la celebración del contrato, es decir, se requiere para que dicho nexo causal surta sus efectos: (a) que se contrate a causa del error padecido, es decir que su carácter sea esencial y (b) que se hayan tomado las suficientes diligencias para averiguar la verdad o la existencia de error. Es decir, se hace necesario estar ante un error excusable; por cuanto es aquel que se sufre a pesar de comportarse con toda la diligencia que es exigible[30].

Es éste segundo requisito, para el caso de los consumidores o inversores minoritarios, no puede ser exigido, más allá de la diligencia propia de un buen gestor, en su propio contexto y capacidad, cual es atender e informarse razonablemente atendiendo al propio folleto informativo; pues tal y como establece el artículo 27 de LMV "1. El folleto contendrá la información relativa al emisor y a los valores que vayan a ser admitidos a negociación en un mercado secundario oficial. El folleto contendrá toda la información que, según la naturaleza específica del emisor y de los valores, sea necesaria para que los inversores puedan hacer una evaluación, con la suficiente información, de los activos y pasivos, la situación financiera, beneficios y pérdidas, así como de las perspectivas del emisor, y eventualmente del garante, y de los derechos inherentes a tales valores. Esta información se presentará de forma fácilmente analizable y comprensible"; que es además coincidente con el artículo 5 de la Directiva 2003/71/CE. Así pues cabría estimar la existencia de nulidad por error vicio, por cuanto que bastaría que dada su posición – consumidor/inversionista minoritario – no le fuera posible conocerlo[31]. ¿Qué responsabilidad puede exigirse a los consumidores y usuarios, clientes minoristas?

El TS en la Sentenciad del caso Bankia, en su FD 4º. 5 concluye que "La publicación del folleto contribuye a las salvaguardias de protección de los intereses de los inversores reales o potenciales"[32].

Además, el artículo 1104 CC, nos recuerda que "La culpa o negligencia del deudor consiste en la omisión de aquella diligencia que exija la naturaleza de la obligación y corresponda a las circunstancias de las personas, del tiempo y del lugar". Por lo que se requiere la coexistencia de la excusabilidad, de forma que el error no pueda ser evitado pese al empleo de una

---

29. ESPAÑA. TS. *STS 756/1996.*
30. CARRASCO PERERA, Ángel. *Derecho de obligaciones y contratos en general.* 5. ed. Madrid: Tecnos, 2019. p. 55.
31. En sentido: NAVARRO MENDIZÁBAL, Iñigo Alfonso. *Derecho de obligaciones y contratos.* 2. ed. Madrid: Civitas, 2013. p. 324.
32. ESPAÑA. TS. *STS 890/2021 de 21 diciembre.*

diligencia media o regular. Aunque nuestro Código Civil no establece expresamente este requisito, la jurisprudencia lo ha exigido reiteradamente, relacionándolo con los principios de autorresponsabilidad y buena fe[33]; requisitos que en el caso de consumidores no puede ser sino confiar en la información dada –ex profeso y exigida expresamente– ante la concurrencia de los mismos; pues conviene recordar que el artículo 30 bis 1. a) de la LMV, dispone que, en una oferta pública de venta o suscripción de valores, si la oferta se dirige exclusivamente a inversores cualificados, no es obligatorio publicar folleto. Así pues es el legislador quien impone, el deber específico y especial de información, mediante la publicación de un "folleto informativo", confeccionado por el emisor, que debe ser visado y aprobado por la autoridad pública, cual es la Comisión Nacional del Mercado de Valores, para que pueda ser registrado y presentado como garante de la oferta pública de suscripción (artículo 30-2). Pretendiéndose pues con la publicación del folleto la información y protección de los mencionados inversores minoristas, que con el mismo obtendrán los elementos de juicio, necesarios, para decidir sobre la suscripción de tales acciones.

La STS 24/2016, de 3 de febrero, sostiene "la posibilidad de la nulidad[34] contractual por error vicio del consentimiento (arts. 1300 y 1303 del CC) cuando, como en el caso de los pequeños inversores que han interpuesto la demanda, dicho error es sustancial y excusable, y ha determinado la prestación del consentimiento. En tal caso, no se trata de una acción de resarcimiento, pero los efectos prácticos (la restitución de lo pagado por las acciones, con restitución de estas a la sociedad para que pueda amortizarlas) son equiparables a los de una acción de resarcimiento como la contemplada en esta sentencia del TJUE[35] (reembolso del importe de la adquisición de las acciones y entrega de estas a la sociedad emisora)".

Posibilidad que contemplaba el propio auto de la AP de La Coruña al reconocer que "la jurisprudencia española viene admitiendo la posibilidad de promover la nulidad (...) con efectos retroactivos (ex tunc) del contrato de suscripción de las acciones adquiridas con ocasión de una oferta pública de suscripción, con base en el dolo o en el error excusable invalidantes del consentimiento del inversor provocado por una información inexacta, incompleta o falta del folleto de la emisión de las acciones".

Además cabría preguntarnos si no es posible, y estimamos que sí, la resolución contractual y consiguiente responsabilidad derivada de los 1089, 1091, 1101, 1124, 1290 y 1902 del Código Civil, que reconocen las rescindibilidad de los contratos válidamente celebrados, de forma que el perjudicado pueda resolver dicha relación, en el caso de que el obligado no cumpliere lo que le incumbe, con el resarcimiento de daños y el abono de intereses

---

33. LACRUZ BERDEJO, José Luis. *Elementos de derecho civil*. Madrid: Dykinson, 1999, v. II. p. 371.

34. AÑÓN CALVETE, Juan. Acción de nulidad y oferta pública de suscripción de acciones. *Diario La Ley*, 2015. Disponible en: https://diariolaley.laleynext.es/. Acceso en: 05 oct. 2022. HERNÁNDEZ ARRANZ, Mariano. El caso Bankia en la jurisdicción civil: apuntes de jurisprudencia. *Diario La Ley*, 2016. Disponible en: https://diariolaley.laleynext.es/. Acceso en 05 oct. 2022.

35. UNION EUROPEA. TJUE. *STJUE de 19 de diciembre de 2013*. Asunto C-174/12, caso Alfred Hirmann contra Immofinanz AG. EL TJUE a través de una cuestión prejudicial por un juez austriaco, confirmó la responsabilidad de la empresa derivada de los datos ofrecidos en el folleto de emisión hasta que fue descubierta la falta de veracidad del mismo.

EL FOLLETO – GARANTE DE LOS CONSUMIDORES

Expuesto lo anterior, lo cierto es que los consumidores privados de su derecho a reparación, carecen de otra información que la ofrecida en el folleto; por lo que de no poder apreciarse error en el consentimiento, si se debería, al menos, atender a la responsabilidad por falta de veracidad en el folleto, en el contexto del art. 28 de la LMV.

Además de acuerdo con lo dispuesto en el art. 27 del RD 1310/2005 responde por daños y perjuicios generados a los inversores, la entidad emisora del folleto informativo, responsabilidad que no solo se circunscribe a las acciones adquiridas en el momento inicial de la OPS sino durante toda la validez del folleto, cuyo período es de doce meses desde la emisión

Debemos recordar que toda entidad cotizada ha de ofrecer, obligatoriamente, una imagen fiel de su situación económico-financiero-patrimonial mediante sus Cuentas Anuales, Informes y Folletos Informativos; tal y como establecen los arts. 37, 118 y 119 del Texto Refundido de la Ley del Mercado de Valores[36], de forma que en caso de no cumplir con lo anterior, surgiría el régimen de responsabilidad establecido en los arts. 38 y 124 del mismo texto legal.

Dicha responsabilidad, es negada por la interpretación realizada por el TJUE –al venir a admitir– que las entidades financieras puedan carezcan de responsabilidad si sus cuentas, informes y folletos no son veraces, dejando en total desamparo a pequeños inversores/consumidores.

Algunos autores como Tapia Hermida han manifestado de forma precisa que el folleto informativo "es el documento fundamental en los aumentos de capital y en las salidas a bolsa de las sociedades anónimas cotizadas [...], el folleto informativo ha sido un documento esencial, cuya exactitud es presupuesto de su desarrollo adecuado y cuyas inexactitudes pueden conducir a responsabilidades penales, civiles y administrativas de las sociedades y de sus gestores"[37].

---

36. ESPAÑA. SAP de León, Sección 2ª, de 25 de febrero de 2016: "El Real Decreto 1310/2005, de 4 de noviembre, por el que se desarrolla parcialmente la Ley 24/1988, de 28 de julio, del Mercado de Valores, en materia de admisión a negociación de valores en mercados secundarios oficiales, de ofertas públicas de venta o suscripción y del folleto exigible a tales efectos, vigente en la fecha de esta operación, dedica el Titulo II al Folleto Informativo, y el capítulo IV a la Responsabilidad del Folleto, en sus artículos 32 y siguientes. Y en particular, su artículo 33.3 dispone que "El emisor u oferente no podrá oponer frente al inversor de buena fe hechos que no consten expresamente en el folleto informativo. A estos efectos, se considerará que los documentos incorporados al folleto por referencia constan en él", añadiendo en su artículo 36 que "las personas responsables por el folleto informativo, de acuerdo con lo dispuesto en los artículos anteriores, estarán obligadas a indemnizar a las personas que hayan adquirido de buena fe los valores a los que se refiere el folleto durante su período de vigencia por los daños y perjuicios que hubiesen ocasionado como consecuencia de cualquier información incluida en el folleto que sea falsa, o por la omisión en el folleto de cualquier dato relevante requerido de conformidad con este real decreto, siempre y cuando la información falsa o la omisión de datos relevantes no se haya corregido mediante un suplemento al folleto informativo o se haya difundido al mercado antes de que dichas personas hubiesen adquirido los valores". El art. 37 libera de responsabilidad a quien pruebe que en el momento en que el folleto fue publicado actuó con la debida diligencia para asegurarse de que la información contenida en el folleto era verdadera o que los datos relevantes cuya omisión causó la pérdida eran correctamente omitidos".

37. TAPIA HERMIDA, Alberto. La transparencia en el mercado primario de valores: el Reglamento (UE) 2017/1129 sobre el folleto de emisión y admisión de valores. In: MENÉNDEZ ARIAS, Maria José (Dir.). *Liber Amicorum Gonzalo Jiménez-Blanco*. Cizur Menor :Thomson Aranzadi, 2018. p. 435-449.

La acción de la responsabilidad civil por folleto cuenta con un régimen especial que fue introducido por la Ley 24/1988, de 28 de julio, del Mercado de Valores, en aplicación de la Directiva 2003/71/CE del Parlamento Europeo y del Consejo, 4 de noviembre de 2003, denominada como Directiva de folletos[38].

La mención que hace la Directiva de folletos a las normas de Derecho Civil permitía a los estados elegir entre aplicar las normas civiles de carácter especial, o las normas generales de Derecho Civil, cuando no se contase con un régimen especial. La directiva no exigía por lo tanto que se aplicas un régimen especial de responsabilidad derivada del folleto en los estados miembros; pero muchos de ellos aprovecharon la trasposición de la Directiva para introducirlo, como ocurrió en España mediante el Real Decreto 1310/2005, de 4 de noviembre, por el que se desarrolla la Ley 24/1988, de 28 de julio, del Mercado de Valores, en materia de admisión a negociación de valores en mercados secundarios oficiales, de ofertas públicas de venta o suscripción y del folleto exigible a tales efectos.

La trasposición de la Directiva al derecho español ha introducido, mediante el art. 28 de la LMV un régimen especial de responsabilidad civil derivada del folleto que ha desplazado en su ámbito al régimen general. Nos encontramos pues ante una materia regulada por la Ley 24/1988, de 28 de julio – LMV – (actualmente derogada por el Real Decreto Legislativo 4/2015, de 23 de octubre, por el que se aprueba el texto refundido de la Ley del Mercado de Valores), lo que supone que la aplicabilidad de la responsabilidad proclamada por el art. 28.3 de LMV (actual art. 38.3 LMV), que excluye la responsabilidad contractual; siendo el objetivo final de dicha disposición la protección del inversor, y la confianza[39] en el mercado de valores.

Acertadamente el TSJUE, en el caso Bankia, expuso que la Directiva 2003/71 no identifica a los inversores que puedan exigir responsabilidad, sino que se limita a identificar en su artículo 6, apartado 1, a las personas a las que se puede exigir responsabilidad por el contenido inexacto o incompleto del folleto; afirmando que es legítimo que los inversores que hubieran participado en una oferta de valores, fueren quienes fuesen, en la que se ha publicado un folleto, invoquen la información contenida en dicho folleto. Teniendo consiguientemente derecho a ejercitar una acción de responsabilidad por esa información, hubieran sido o no destinatarios de dicho folleto. Concluyendo el TSJUE que ha de interpretarse (punto 38 de las conclusiones) que "cuando exista un folleto, debe poder iniciarse una acción de responsabilidad civil por la información de ese folleto, cualquiera que sea la condición del inversor que se considere perjudicado". De forma que se reconoce, como entendemos que no podía ser de otra manera, la legitimación

---

38. SÁNCHEZ FERNÁNDEZ, Sara. *El folleto en las ofertas públicas de venta de valores negociables (OPV) y responsabilidad civil*: ley aplicable. 5. ed. Madrid: La Ley, 2015.

39. MORALES MORENO, Antonio Manuel. Concreción jurisprudencial de la regla general de integración del contrato mediante la publicidad fundada en el principio de la buena fe. *Anuário de Derecho Civil*, Madrid, v. 74, n. 3, p. 983-1068, 2020. p. 1002: "Pero la confianza se concreta en cada sujeto que actúa bajo la influencia de la publicidad. Es contrario a la buena fe no mantener esa coherencia; provocar confianza (mediante la publicidad) y pretender no asumir sus consecuencias…"

activa de cualquier inversor (Cualificado o minorista – consumidor) para instar la acción de responsabilidad por la información del folleto. Afirmando el TS que el art. 6 debe ser interpretado subjetivamente, de forma que si existe el folleto, como es el caso, debe poder instarse una acción de responsabilidad por la información que contiene u omite, cualquiera que sea la condición del inversor que se considere perjudicado.

Paniza Fullana precisa que: "la información facilitada en el folleto es la única disponible por los inversores a través de este folleto y por lo tanto único elemento para la formación de la voluntad concurrente necesaria para la contratación de los nuevos valores que se emiten, por lo que dicha información debe ser completa, exacta y rigurosa"[40]. De forma que el folleto se conforma como un "elemento básico en la fase precontractual". Si la utilidad del folleto es la informativa, en la extensión y detalle indicados en el artículo 27 de LMV "1. El folleto contendrá la información relativa al emisor y a los valores que vayan a ser admitidos a negociación en un mercado secundario oficial. El folleto contendrá toda la información que, según la naturaleza específica del emisor y de los valores, sea necesaria para que los inversores puedan hacer una evaluación, con la suficiente información, de los activos y pasivos, la situación financiera, beneficios y pérdidas, así como de las perspectivas del emisor, y eventualmente del garante, y de los derechos inherentes a tales valores. Esta información se presentará de forma fácilmente analizable y comprensible"; lo que es, además, coincidente con el artículo 5 de la Directiva 2003/71/CE.

Debemos colegir como hizo el TS[41] que "La publicación del folleto contribuye a las salvaguardias de protección de los intereses de los inversores reales o potenciales"; por lo que no es fácilmente comprensible que en aplicación de otra Directiva de igual rango, dichos derechos se vean radicalmente cercenados en pos de una viabilidad financiera que omite el daño causado a los inversores de buena fe.

Como nos recuerda Tapia Sánchez, "no hay que olvidar que el folleto no sólo constituye el documento de información al público, sino que también es el documento que delimita el alcance de la responsabilidad del oferente"[42].

La responsabilidad nacerá del incumplimiento de las obligaciones de información recogidas en el régimen del folleto, fundamentalmente las relativas a la situación económica y financiera del oferente, que tienen como objetivo inmediato que el inversor pueda formarse un juicio cierto sobre la inversión; dado que el objetivo final que trata de alcanzar la normativa del mercado de valores, es la protección del inversor.

Conocida la existencia de falsedades, de forma pública, la carga de la prueba del daño corresponde al inversor[43] con la concurrencia de los tres los elementos necesarios

---

40. PANIZA FULLANA, Antonia. Oferta pública de suscripción de acciones y error en el consentimiento: causas y consecuencias. (A propósito de la Sentencia del Tribunal Supremo de 3 de febrero de 2016). *Revista Doctrinal de Aranzadi Civil-Mercantil*, Cizur Menor, n. 6, p. 111-122, 2016.
41. ESPAÑA. TS. *STS 890/2021*.
42. TAPIA SÁNCHEZ, María Rosa. *Oferta pública de suscripción*: un enfoque contractual. València: Tirant lo Blanch, 2004.
43. SÁNCHEZ-CALERO GUILARTE, Juan, Las ofertas públicas de venta (opvs) de acciones. En: AAVV. *Derecho de Sociedades Anónimas*. Madrid: Civitas, 1994. p. 1322-23.

para que surja la responsabilidad del folleto: un folleto engañoso[44], un daño patrimonial y una relación de causalidad entre el folleto engañoso y el daño; circunstancias todas ellas que se concurren el caso del Banco Popular[45].

Conviene además recordar que el artículo 36 del Real Decreto 1310/2005 precisa que las personas responsables de la emisión el folleto informativo, habrán de indemnizar a los adquirentes de buena fe[46] por los daños y perjuicios que hubiesen ocasionado como consecuencia de cualquier información incluida en el folleto que sea falsa, o por la omisión en el folleto de cualquier dato relevante[47]; excepto que la información falsa o la omisión de datos relevantes no se haya corregido mediante un suplemento al folleto informativo o se haya difundido al mercado antes de que dichas personas hubiesen adquirido los valores.

No resultaría lógico, como nos dice a lo largo de su trabajo Carlos Soler Samper; defender la importancia del contenido y el concepto del folleto, sin reconocer el derecho de la totalidad de inversores a formular una acción de responsabilidad por el contenido de un documento de tal relevancia[48].

CONCLUSIONES Y PROPUESTAS

Frente a los argumentos a favor y en contra que hemos pretendido exponer en defensa del sistema Financiero y de los consumidores lo cierto es que la situación actual es la de que la adquirente por resolución de una sociedad financiera preexistente, no ha

---

44. ESPAÑA. 1ª Instancia de Fuenlabrada. *Sentencia de 7 de abril de 2015*. La teoría del fraude al mercado (fraud-on-the-market theory) parte dos premisas: (1ª) en un mercado de valores eficiente el precio incorpora toda la información pública disponible y (2ª) el inversor confía en la integridad de los precios del mercado. Siendo así que el precio también incorpora la información incorrecta, estará distorsionado. ..., si el demandante demuestra que la información incorrecta era pública y relevante y que el valor se negociaba en un mercado en general eficiente, estará legitimado para presumir que la información incorrecta afectó a la cotización... si el demandante demuestra también que compró el valor al precio de mercado durante el período relevante, tendrá derecho a la presunción adicional de que compró el valor confiando en la información incorrecta.

45. La responsabilidad por culpa, podría ser exonerada si el responsable acreditase haber actuado con diligencia,; tal y como consta en el art. 37 del Real Decreto 1310/2005, al decir que: Una persona no será responsable de los daños y perjuicios causados por la falsedad en cualquier información contenida en el folleto, o por una omisión de cualquier dato relevante requerido de conformidad con lo dispuesto en este real decreto, si prueba que en el momento en el que el folleto fue publicado actuó con la debida diligencia para asegurarse que: (a) La información contenida en el folleto era verdadera. (b) Los datos relevantes cuya omisión causó la pérdida fueron correctamente omitidos. Precisando, no obstante, dicho artículo en su último inciso "No obstante lo anterior, dicha exención no se aplicará cuando dicha persona, con posterioridad a la aprobación del folleto, tuvo conocimiento de la falsedad de la información o de la omisión y no puso los medios necesarios para informar diligentemente a las personas afectadas durante el plazo de vigencia del folleto".

46. *V.* MORALES MORENO, Antonio Manuel. Concreción jurisprudencial de la regla general de integración del contrato mediante la publicidad fundada en el principio de la buena fe. *Anuário de Drerecho Civil*, Madrid, v. 74, n. 3, p. 983-1068, 2020. p. 1001: "La STS 27.01.1977 destaca, por primera vez, la importancia de la confianza del comprador (su representación mental) para justificar la vinculación de la vendedora (anunciante)".

47. *V.* SÁNCHEZ FERNÁNDEZ, SARA. *Ley aplicable a la responsabilidad derivada del folleto*. Tesis (Doctoral). Universidad Autónoma de Madrid, Madrid, 20214. Dir. Franciso Garcimartín Alférez.

48. SAMPER, Carlos Soler. La acción de responsabilidad efectuada por los inversores cualificados con motivo del folleto emitido en las ofertas públicas de suscripción de acciones de naturaleza mixta. *Revista Lex Mercatoria*, Alicante, v. 18, n. 3, p. 79-91, 2021.

de responder frente a las reclamaciones ejercitadas por los suscriptores de acciones en un OPS anterior a la resolución, en base a la información contenida en folleto[49].

Nos encontramos con la imposición o prevalencia, difícilmente justificable, de la Directiva 2014/49, frente a la Directiva 2003/71, en base al argumento de que los socios/accionistas son los primeros que deben soportar prioritariamente las pérdidas sufridas como consecuencia de la aplicación del procedimiento de resolución por insolvencia. Lo cual parece lógico, si entendiésemos que los accionistas aceptaron el riesgo, en base a una legítima y correcta información sobre el mismo.

Así mismo se invoca la regla del *bail-in*, que consiste en la resolución mediante recapitalización, de forma que si fuese necesaria la reducción de capital o la cancelación estas serán vinculantes de forma inmediata para los accionistas y acreedores afectados. De forma que cualesquiera obligaciones o reclamaciones derivadas del mismo que no hayan vencido en el momento de la resolución no podrán oponerse a la entidad preexistente o a otra sociedad que la suceda, en una eventual liquidación posterior. Pues bien ello, al igual que en el caso anterior, parecería lógico si la entidad financiera oferente de la OPS hubiera venido ofreciendo una información veraz y luego acabe teniendo que ser intervenida. Pero cuestión que habría que ser considerada es que dicha entidad con varias ampliaciones de capital en los últimos años, y con supuestos beneficios, tenga que ser intervenida en el transcurso de escasos meses. Y ello porque si bien el bail-in pretende proteger a los inversores de la entidad adquirente, ello no puede constituir un valuarte que ampare la negligencia y falsedad de la entidad objeto de resolución y enriquezca injustamente a los accionistas de la adquirente, frente a los accionistas – consumidores engañados, incluso con el iluso aval de la CNMV, garante del folleto.

Conviene recordar que la propia Sala del TSJUE establece en los apartados 38 y ss. de su Sentencia, dos reglas en defensa de los Consumidores:

La primera es que nos recuerda que el considerando 120 de la Directiva 2014/59 se puntualiza que las excepciones incluidas en esta Directiva a las normas obligatorias para la protección de los accionistas y acreedores ..., que pueden suponer un obstáculo para la actuación eficaz y la utilización de competencias e instrumentos de resolución por parte de las autoridades competentes, no solo deben ser adecuadas, sino también estar definidas de manera clara y precisa, a fin de garantizar la máxima seguridad jurídica para los interesados. Frente a lo que estimamos que dicha claridad y seguridad jurídica de los interesados ha estado completamente ausentes; sorprendiendo que una Directiva, en sus considerandos venga a establecer excepciones a la aplicabilidad de otra Directiva como la 2003/71; pues dicha jerarquización se nos atoja arbitraria y subjetiva a la hora

---

49. UNIÓN EUROPEA. *Directiva 2003/71/CE del Parlamento Europeo y del Consejo, de 4 de noviembre de 2003. V. el artículo 6 de la sobre el folleto que debe publicarse en caso de oferta pública o admisión a cotización de valores y por la que se modifica la Directiva 2001/34/CE, en su versión modificada por la Directiva 2008/11/CE del Parlamento Europeo y del Consejo, de 11 de marzo de 2008, regula la acción de nulidad del contrato de suscripción de esas acciones, que, habida cuenta de sus efectos retroactivos, da lugar a la restitución del contravalor de tales acciones, más los intereses devengados desde la fecha de celebración de dicho contrato.*

de establecer el derecho de la unión, pues no es asumible que una directiva "desactive" a otra de igual rango y obligatoriedad.

La segunda regla es la eliminación de los elemento de protección de los derechos de los consumidores/accionistas/inversores en aquellos casos en los que concurra la resolución mediante recapitalización interna. Sin embargo, frente a dicho argumento, hemos de recordar que los accionistas de Banco Popular que reclamaron la indemnización o nulidad de la suscripción de acciones de la entidad no vienen ha interponer una demanda como consecuencia de la intervención y resolución de dicho Banco, sino que lo hacen ante el incumplimiento derivado de las obligaciones previas de haber ofrecido una imagen fiel al mercado. Al respecto, recordar que el art. 37. 2 b)[50] nos dice que "En relación con el titular del pasivo afectado, no subsistirá obligación alguna respecto al importe del instrumento que haya sido amortizado, excepto cuando se trate de una obligación ya devengada de una obligación resultante de los daños y perjuicios surgidos como consecuencia de la sentencia que resuelva el recurso contra el ejercicio de la competencia de amortización y conversión de los instrumentos de capital o de la recapitalización interna ...". Debiendo recordar que lo que el Banco Santander hace en 2018, no es sino la sucesión universal de los derechos, pero también de las obligaciones preexistentes del Banco Popular. La propia Comisión Europea afirmó[51] que "no se ha establecido ningún mecanismo de protección de activos en el acto de la venta del Popular al Santander, por lo que éste sería responsable de cualquier otro potencial litigio presentado por los accionistas y acreedores del Banco Popular"; reconociendo la responsabilidad de la entidad adquirente frente a las posibles demandas interpuestas por los accionistas-consumidores como potenciales actores y su legitimación para ello.

Con todo, se proclama la prioridad de un supuesto interés público, relacionado con el *bail-in*, relativo a una recapitalización privada; que limita el interés público de los consumidores/accionistas, en cuanto sujetos de protección constitucional en la privación de las acciones de responsabilidad por inveracidad del folleto y nulidad del contrato de suscripción de acciones por vicio – error – en el consentimiento; al entender que dichos consumidores/accionistas carecen de legitimación activa y que la entidad sometida a un procedimiento de resolución mediante recapitalización interna o la entidad que las suceda carecen de legitimación pasiva por la información contenida en el folleto y de nulidad del contrato de suscripción de acciones.

Esta situación, entendemos que ha de ser reconducida por el TS, pues el TJUE solo dicta los criterios de interpretación de las normas comunitarias, La Sentencia, del TJUE ha de contextualizarse en la resolución de cuestiones de prejudicialidad; no

---

50. ESPAÑA. *Ley 11/2015, de 18 de junio*. Recuperación y resolución de entidades de crédito y empresas de servicios de inversión.

51. *V.* el *Informe de Supervisión de la Situación Financiera de España* correspondiente a la primavera de 2018, *en el punto 38* relativo al marco de la intervención del Banco Popular. Disponible en: https://www.bde.es/f/webbde/INF/MenuHorizontal/Publicaciones/Boletines%20y%20revistas/InformedeEstabilidadFinanciera/IEF_Noviembre2018.pdf. Acceso em: 09 nov. 2022.

como resolutoria de un asunto, que compete al TS que tendrá que dictar la Sentencia que aplique entre otras cuestiones esa interpretación, pero aplicable al caso concreto.

Estimamos que de mantenerse el criterio del TJUE ello implicaría las deslegitimación e inseguridad jurídica de los consumidores ante las OPS y el reforzamiento de las entidades financieras como entidades privilegiadas de forma que la pericia[52] y seriedad bancaria *bonus argentarius*[53,] dejaría de ser exigible. Cuando lo cierto es que las entidades financieras, al realizar una actividad de especial importancia económica, han de acreditar una cualificación superior al de otras actividades y les ha de ser exigible una responsabilidad de especial relevancia para con sus clientes[54].

REFERENCIAS

ACEDO PENCO, Angel. *Derecho de contratos* – cuasicontratos y responsabilidad extracontractual. 2. ed. Madrid: Dykinson, 2017.

AÑÓN CALVETE, Juan. Acción de nulidad y oferta pública de suscripción de acciones. *Diario La Ley*, 2015. Disponible en: https://diariolaley.laleynext.es/. Acceso en: 05 oct. 2022.

CANO, Esteban. *Banco Popular*: el acta de la inviabilidad infringió el Código del Registro Mercantil, pero la Audiencia Nacional no lo investigará, Diário 16, 2022. Disponíble en: https://diario16.com/banco-popular-el-acta-de-la-inviabilidad-infringio-el-codigo-del-registro-mercantil-pero-la-audiencia-nacional-no-lo-investigara/. Acceso en: 26 jun. 2022.

CARRASCO PERERA, Ángel. *Derecho de obligaciones y contratos en general*. 5. ed. Madrid: Tecnos, 2019.

DE LOS MOZOS, José Luis. El contrato y sus transformaciones. En *Estudios de derecho civil, obligaciones y contratos*. Libro homenaje a Fernando Hinestrosa. Bogotá: Universidad Externado de Colombia, 2003, t. I.

DÍEZ-PICAZO, Luis. *Fundamentos del derecho civil patrimonial*. Madrid: Civitas, 1996.

ESPANHA. *Ley 11/2015, de 18 de junio*. Recuperación y resolución de entidades de crédito y empresas de servicios de inversión.

ESPANHA. *Real Decreto de 24 de julio de 1889*, por el que se publica el Código Civil. V. 1301 y ss CC.

ESPANHA. *Real Decreto Legislativo 1/2007*, de 16 de noviembre. Aprueba el Texto Refundido de la Ley General para la Defensa de los Consumidores y Usuarios y otras leyes complementarias: La información correcta sobre los diferentes bienes o servicios en formatos que garanticen su accesibilidad y la educación y divulgación para facilitar el conocimiento sobre su adecuado uso, consumo o disfrute, así como la toma de decisiones óptimas para sus intereses.

GARCÍA VICENTE, José Ramón. Contratación con consumidores. En RODRÍGUEZ-CANO, Bercovitz. *Tratado de contratos*. Valência: Tirant lo Blanch, t. II, 2013.

HERAS HERNÁNDEZ, María del Mar. El modelo de responsabilidad civil de las entidades financieras en función de su profesionalidad. *Cuadernos de Derecho y Comercio*, Madrid, n. 27, 1998.

---

52. Pericia conocida con el anglicismo *skill* exigible a las entidades de crédito que es mucho mayor que la exigible a cualquier otra entidad.
53. ESPAÑA. TS. *STS de 15 de julio de 1988*. Declara que la diligencia exigible, no es la del bonus parter familae, sino la que le corresponde, como banco, comerciante y experto, es decir, aquélla que es propia de un bonus argentarius, dotada de una específica competencia técnica.
54. HERAS HERNÁNDEZ, María del Mar. El modelo de responsabilidad civil de las entidades financieras en función de su profesionalidad. *Cuadernos de Derecho y Comercio*, Madrid, n. 27, 1998. p. 215. SALANITRO, Niccolò. *Le banche e i contratti bancari*. Milán: UTET, 1978. p. 254 y ss.

HERNÁNDEZ ARRANZ, Mariano. El caso Bankia ante la jurisdicción civil: apuntes de jurisprudencia. *Diario La Ley*, 2016. Disponible en: https://diariolaley.laleynext.es/. Acceso en: 05 oct. 2022.

LACRUZ BERDEJO, José Luis. *Elementos de derecho civil*. Madrid: Dykinson, 1999, v. II.

LASARTE ÁLVAREZ, Carlos. *Principios de derecho civil*. 13. ed. Madrid: Marcial Pons, 2012, t. 3.

MORALES MORENO, Antonio Manuel. Concreción jurisprudencial de la regla general de integración del contrato mediante la publicidad fundada en el principio de la buena fe. *Anuário de Derecho Civil*, Madrid, v. 74, n. 3, p. 983-1068, 2020.

NAVARRO MENDIZÁBAL, Iñigo Alfonso. *Derecho de obligaciones y contratos*. 2. ed. Madrid: Civitas, 2013.

PANIZA FULLANA, Antonia. Oferta pública de suscripción de acciones y error en el consentimiento: causas y consecuencias. (A propósito de la Sentencia del Tribunal Supremo de 3 de febrero de 2016). *Revista Doctrinal de Aranzadi Civil-Mercantil*, Cizur Menor, n. 6, p. 111-122, 2016.

SALANITRO, Niccolò. *Le banche e i contratti bancari*. Milán: UTET, 1978.

SAMPER, Carlos Soler. La acción de responsabilidad efectuada por los inversores cualificados con motivo del folleto emitido en las ofertas públicas de suscripción de acciones de naturaleza mixta. *Revista Lex Mercatoria*, Alicante, v. 18, n. 3, p. 79-91, 2021.

SÁNCHEZ FERNÁNDEZ, Sara. *El folleto en las ofertas públicas de venta de valores negociables (OPV) y responsabilidad civil*: ley aplicable. 5. ed. Madrid: La Ley, 2015.

SÁNCHEZ FERNÁNDEZ, SARA. *Ley aplicable a la responsabilidad derivada del folleto*. Tesis (Doctoral). Universidad Autónoma de Madrid, Madrid, 20214. Dir. Franciso Garcimartín Alférez.

SÁNCHEZ-CALERO GUILARTE, Juan, Las ofertas públicas de venta (opvs) de acciones. En: AAVV. *Derecho de Sociedades Anónimas*. Madrid: Civitas, 1994.

TAPIA HERMIDA, Alberto. La transparencia en el mercado primario de valores: el Reglamento (UE) 2017/1129 sobre el folleto de emisión y admisión de valores. In: MENÉNDEZ ARIAS, Maria José (Dir.). *Liber Amicorum Gonzalo Jiménez-Blanco*. Cizur Menor: Thomson Aranzadi, 2018.

TAPIA SÁNCHEZ, María Rosa. *Oferta pública de suscripción*: un enfoque contractual. Valência: Tirant lo Blanch, 2004.

UNCTAD. *Directrices para la protección del consumidor*, 2016. Disponible en: https://www.google.com/search?client=firefox-bd&q=Directrices+de+la+ONU+para+la+protecci%C3%B3n+de+los+consumidores+en+el+%C3%A1mbito+internacional. Acceso en: 27 set. 2022.

UNIÓN EUROPEA. *Directiva 2003/71/CE del Parlamento Europeo y del Consejo de 4 de noviembre de 2003*.

UNIÓN EUROPEA. *Directiva 2014/59/UE del Parlamento Europeo y del Consejo de 15 de mayo de 2014*.

UNIÓN EUROPEA. *Reglamento n. 806/2014 del Parlamento Europeo y del Consejo de 15 de julio de 2014*. Modifica el Reglamento n. 1093/2010.

PARTE II
VULNERABILIDADE

NOVÍSSIMAS NOTAS SOBRE A PROPEDÊUTICA DAS VULNERABILIDADES NO DIREITO DO CONSUMIDOR BRASILEIRO[1]

Marcos Catalan

Doutor *summa cum laude* pela Faculdade do Largo do São Francisco, Universidade de São Paulo. Mestre em Direito pela Universidade Estadual de Londrina. Estágio pós-doutoral no *Mediterranea International Center for Human Rights Research* (2020-2021). *Visiting Scholar* no *Istituto Universitario di Architettura di Venezia* (2015-2016). Estágio pós-doutoral na *Facultat de Dret da Universitat de Barcelona* (2015-2016). Professor visitante no Mestrado em Direito de Danos da *Facultad de Derecho de la Universidad de la Republica*, Uruguai. Professor visitante no Mestrado em Direito dos Negócios da *Universidad de Granada*, Espanha. Professor visitante no Mestrado em Direito Privado da *Universidad de Córdoba*, Argentina. Editor da Revista Eletrônica Direito e Sociedade. Líder do Grupo de Pesquisas Teorias Sociais do Direito e Cofundador da Rede de Pesquisas Agendas de Direito Civil Constitucional. Diretor do Brasilcon (2020-2021). Advogado.

Estas brevíssimas reflexões foram alinhavadas na tentativa de identificar, propedeuticamente, os contornos que colorem o signo vulnerabilidade, palavra significada ao longo deste texto como axioma fundante do direito do consumidor e, também por isso, baliza normativa garantidora de "espaços argumentativos que permitem controlar os sentidos articulados" pelos intérpretes[2] quando chamados a tanto.

Referida assertiva encontra guarida tanto na expressa determinação legal abstratamente prevista no Código de Defesa do Consumidor[3] como na inegável fundamentalidade atribuída a referido direito no Brasil, da qual deriva, inexoravelmente, o papel de instituidor e modulador do mundo prático[4].

Não se olvide que o pragmatismo operacional que informa os princípios jurídicos na contemporaneidade – os quais não podem ser confundidos com os vetustos princípios gerais do direito –, longe de promover a sua abertura, quando operados hermeneuticamente, induzem o fechamento sistêmico[5] eis que o Direito exige coerência.

---

1. Esse texto emerge entremeio as sístoles e diástoles que impulsionam o projeto de investigação científica intitulado Proteção do consumidor à deriva: uma tentativa de aferição do estado da arte, na tutela jusconsumerista, no âmbito do Superior Tribunal de Justiça financiado pelo CNPq (407142/2018-5) e pela Universidade LaSalle.
2. STRECK, Lenio. *Dicionário de hermenêutica jurídica*. Belo Horizonte: Casa do Direito, 2020. p. 242.
3. BRASIL. *Lei 8.078, de 11 de setembro de 1990*. Dispõe sobre a proteção do consumidor e dá outras providências. "Art. 4º A Política Nacional das Relações de Consumo tem por objetivo o atendimento das necessidades dos consumidores, o respeito à sua dignidade, saúde e segurança, a proteção de seus interesses econômicos, a melhoria da sua qualidade de vida, bem como a transparência e harmonia das relações de consumo, atendidos os seguintes princípios:
   I – reconhecimento da vulnerabilidade do consumidor no mercado de consumo [...]".
4. STRECK, Lenio. *Dicionário de hermenêutica jurídica*. Belo Horizonte: Casa do Direito, 2020. p. 240.
5. Id.

Agora é possível retomar o tema recortado para estas breves digressões para destacar que, como igualmente prenunciado, a vulnerabilidade, ao menos em nossa leitura, não pode ser pensada enquanto presunção absoluta tal qual, usualmente, identificado em centenas de páginas dedicadas ao tema pela literatura jurídica brasileira. A *etimologia* afeta ao termo *presunção* não admite referida qualificação, pois, de qualquer *presunção* deriva, necessariamente, uma conclusão que nasce na observação de um fato e é passível de refutação. Aclare-se, ademais, que referido prisma de análise, sustentado há algum tempo[6], resta reforçado quando se identifica que

> informações visando a estimular os sentidos, orientar, esclarecer, explicar, elucidar, ilustrar, aclarar, explanar, iluminar, advertir, recomendar e (ou) aconselhar os consumidores acerca do uso, riscos e outras tantas as peculiaridades fundidas àquilo que lhes é oferecido – a fim de que exerçam suas escolhas de modo racional e consciente, ponderando, meditando, refletindo detidamente sobre cada vantagem e (ou) desvantagem atada ao produto ou serviço que lhes é ofertado ou, a menos, tem a sua existência noticiada –, não é, definitivamente, o que põe em curso a Sociedade de Consumo; longe disso, é razoável supor, tais deveres parecem emergir como desagradável inconveniente, inoportuno obstáculo porventura apto, ante à crueza das informações apresentadas, a seccionar, do bem de consumo, a aura de encantamento, a ludicidade e a sedução trabalhadas por meio das técnicas publicitárias, um empecilho, portanto, às ambições do Mercado, pois, ao oportunizar aos consumidores a realização de escolhas minimamente esclarecidas, em alguma medida, acabam por refrear impulsos consumistas[7].

Ocorre que referida incerteza parece estar longe de ser a única questão a ser resolvida por aqueles que se propõem a pensar Direito, mormente, quando se revela inegável o fato de que múltiplas vulnerabilidades caoticamente transitam pelas mentes inquietas dos juristas contemporâneos. Existe, assim, um oceano de questões a atravessar cenários nos quais, cotidianamente, se fomenta e nega, sem que haja aí qualquer paradoxo, a experimentação de prazeres no universo moldado sob a égide da Sociedade de Consumo.

Decodificá-las por completo, entretanto, como sói perceber o atento leitor, é tarefa digna de esforços similares aos de *Sísifo*, pretensão absolutamente inexistente neste texto ligeiro que se propõe, tão somente, a revolver o processo de significação e ressignificação da semântica das vulnerabilidades.

Isso exige explicitar que tendo sido historicamente fundidos nos fornos discursivos da Bioética, os contornos semânticos da vulnerabilidade envolvem, indelevelmente, aspectos atados à condição inerente ao ser humano que necessita ajuda, logo, que dizem respeito à fragilidade de um ser ou, ainda, a sua exposição ao perigo e, nesse contexto, se referem àquele que está "exposto a potenciais danos em razão [da] fragilidade atrelada à [própria] existência individual"[8].

---

6. CATALAN, Marcos. Um sucinto inventário de vinte e cinco anos de vigência do código de defesa do consumidor no Brasil. *Revista de Direito do Consumidor*, São Paulo, v. 23, n. 113, p. 23-53, jan./fev. 2016.
7. CATALAN, Marcos; PITOL, Yasmine Uequed. Sobre informação, letras miúdas e um infeliz julgado recortado dos alfarrábios do Superior Tribunal de Justiça. Inédito.
8. DO CARMO, Michelly Eustáquia; GUIZARDI, Francini Lube. O conceito de vulnerabilidade e seus sentidos para as políticas públicas de saúde e assistência social, *Cadernos de Saúde Pública*, Rio de Janeiro, v. 34, n. 3, p. 01-14, 2018. p. 05.

Corroborando tal perspectiva, a etimologia permite perceber a *vulnerabilidade* a partir da fusão das palavras *vulnerare* e *bílis*. A primeira sugere ações com as de *ferir, lesar* ou *prejudicar*, a segunda, aponta para o estado de alguém que é *suscetível à*. Mais recentemente o termo vulnerável passou a ser utilizado na tentativa de enviar o intérprete a significações dentre as quais não podem deixar de ser listados: frágil, exposto, desprotegido, desamparado, suscetível, desabrigado, debilitado ou indefeso.

Tal discurso, todavia, ao aproximar-se perigosamente da moral e de vieses paternalistas pode induzir o intérprete a uma atitude solipsista de negação do ecossistema normativo jusconsumerista existente no Brasil, um sistema cuja fundamentalidade fora enaltecida nos primeiros parágrafos deste texto ligeiro e que cuja compreensão mais escorreita permite afirmar que "a expressão consumidor vulnerável é pleonástica", pois, todo consumidor é vulnerável[9].

De outra banda, nunca é demais relembrar que tendo sido incorporada enquanto baliza normativa pelo Direito brasileiro quando da edição da Lei 8078/90 e recebida pela literatura jurídica brasileira como um princípio jurídico mais pela porosidade que parece envolver as suas muitas possibilidades de densificação semântica do que por conta de sua topologia na referida Lei e normatividade constitucional, a vulnerabilidade tem sido comumente colorida com tons que remetem:

(a) à frágil posição ocupada pelo consumidor frente à melhor condição socioeconômica do fornecedor ou dos fornecedores envolvidos na cadeia de consumo,

(b) à percepção parcial ou distorcida, incompreensão ou desconhecimento de aspectos fundidos aos processos produtivos, aos efeitos positivos e (ou) deletérios potencialmente esperados ou, ainda, aos perigos e riscos imantados ao consumo instantâneo ou prolongado de um produto ou serviço qualquer,

(c) à miríade de consequências negativas identificáveis no contexto da dicotomia litigantes habituais *versus* ligantes eventuais, um tema que começou a ser desnudado por Cappelletti e Garth[10] em meados do século passado e, desde então, segue a alimentar a expertise jurídica dos *players* mais fortes em um sistema de mercados, e ainda,

(d) ao delicado equilíbrio necessário à densificação do direito à informação, intersecção que exige, de um lado, que a deficiência informativa não se manifeste em concreto e, por outro, que a sua hiperbolização não transforme compreensão em angústia, confusão ou dúvida[11].

As mais de três décadas de existência do direito do consumidor no Brasil gestaram, ainda, alusões a pelo menos outras cinco dimensões da vulnerabilidade[12]: (e) a legislativa ou política, (f) a biopsicológica, (g) a ambiental[13], a (h) algorítmica e a (i) cognitivo-com-

---

9. TARTUCE, Flávio; NEVES, Daniel Amorim Assumpção. *Manual de direito do consumidor*: direito material e processual. 8. ed. São Paulo: Método, 2019.

10. CAPPELLETTI, Mauro; GARTH, Bryan. *Acesso à justiça*. Trad. Ellen Gracie Northfleet. Porto Alegre: Fabris, 1988.

11. MARQUES, Claudia Lima. *Contratos no código de defesa do consumidor*: o novo regime das relações contratuais. 6. ed. São Paulo: Ed. RT, 2011. p. 321-342.

12. A análise crítica de cada uma destas dimensões da vulnerabilidade ultrapassa os limites metodológicos delineados por ocasião do planejamento desta investigação científica.

13. MORAES, Paulo Valério Dal Pai. *Código de defesa do consumidor*: o princípio da vulnerabilidade no contrato, na publicidade e nas demais práticas comerciais. Porto Alegre: Síntese, 1999.

portamental. A primeira, intimamente atada à colonização do Direito pelo Mercado, tem sido identificada como uma importante ferramenta do neoliberalismo[14]. A segunda busca demonstrar a superação da ideia de *homo economicus* e tem sido bastante trabalhada pela literatura contemporânea[15]. A terceira envolve importantes aspectos ligados à exposição do consumidor – pessoa humana – aos perigos e riscos ambientais[16]. A quarta foca a necessária tutela daqueles que usam a *Internet*, em especial, por conta da hiperbólica capacidade de acesso e processamento de dados, do "monitoramento e delegação da função decisória às máquinas que automatizam respostas em função dos algoritmos"[17] e, ainda, do crescente poder preditivo alimentado por operações matemáticas cada vez mais sofisticadas[18], tecnologias que impactam, profundamente, tanto a "liberdade de escolha dos consumidores" como direitos afetos a sua privacidade[19] e autodeterminação

---

14. DARDOT, Pierre; LAVAL, Christian. *A nova razão do mundo*: ensaio sobre a sociedade neoliberal. Trad. Mariana Echalar. São Paulo: Boitempo, 2016.

15. A exemplo do que se vê, por exemplo, em: THALER, Richard; SUNSTEIN, Cass. *Un pequeño empujón*: el impulse necesario para tomar mejores decisiones sobre salud, dinero y felicidad. Buenos Aires: Taurus, 2018.

16. MORAES, Paulo Valério Dal Pai. *Código de defesa do consumidor*: o princípio da vulnerabilidade no contrato, na publicidade e nas demais práticas comerciais. Porto Alegre: Síntese, 1999.

17. VERBICARO, Dennis; MARANHÃO, Ney; CALANDRINI, Jorge. O impacto do capitalismo de plataforma no agravamento da vulnerabilidade algorítmica do consumidor e do trabalhador. *Revista de Direito do Trabalho*, São Paulo, v. 223, p. 277-305, maio/jun. 2022. Salientam os autores que "o capitalismo da vigilância é um alicerce imprescindível para o uso da inteligência artificial, possibilitando a utilização da técnica do *machine learning* através dos dados coletados. Entretanto, o *machine learning* apresenta-se como um grande desafio para as empresas, pois nota-se que essa técnica pode gerar perniciosas injustiças promovidas pelos seus códigos que gozam de uma suposta neutralidade".

18. BASAN, Arthur Pinheiro; FALEIROS JÚNIOR, José Luiz de Moura. Desafios da predição algorítmica na tutela jurídica dos contratos eletrônicos de consumo. *Revista Brasileira de Direito Civil*, Belo Horizonte, v. 30, p. 237-254, out./dez. 2021. p. 253. Consoante os autores, "quando se perquire os meandros e limites da concretização de deveres de prevenção para a tutela das relações jurídicas de consumo na *Internet*, imperiosa será a incidência de deveres de governança como resposta à dificuldade de tutela dessa nova realidade, que ultrapassa a ideia de segurança da informação como mera utilização de bloqueios que evitem a invasão e o vazamento de dados, pois o que se almeja é chegar a um contexto de completa e verdadeira delimitação de métodos preventivos capazes de propagar uma cultura de integridade (*compliance*), transparência (*disclosure*) e responsabilidade (*accountability*)".

19. AMARAL, Ricardo Garcia. *Vulnerabilidade social na sociedade da informação*: a algoritmização da vida cotidiana e a violação de direitos dos consumidores inseridos *no filter bubble*. Dissertação (Mestrado) - Universidade Federal de Pelotas, 2020. Orientação: Prof. Dr. Fernando Costa de Azevedo, 112 fl. p. 99-100. Disserta o autor que "diante da grande quantidade de tecnologias disponíveis para os consumidores, nas mais variadas ferramentas e plataformas, cada vez mais tem sido comum a utilização dos equipamentos eletrônicos com o objetivo de facilitar as mais diversas atividades cotidianas. Como todos estes equipamentos estão interconectados entre si, quer pela Internet das coisas, quer pela rede mundial de computadores, acaba se formando uma grande rede pela qual circulam todo o tipo de informações, dentre as quais estão os dados pessoais que os consumidores disponibilizam nas plataformas. Todas estas informações ficam disponíveis para consulta, o que permite que as empresas interessadas consigam traçar o perfil de qualquer pessoa. Portanto, na atual sociedade da informação, todos estes dados pessoais são comercializados pelos novos *players* que lucram com as informações colidas e tratadas. A utilização das novas tecnologias está tão difundida entre as pessoas em todos os cantos do mundo, não havendo mais diferença de idade – porque tanto as crianças quanto os idosos utilizam aparelhos eletrônicos ligados à internet - o que tem facilitado a divulgação de informações particulares e alimentado o mercado de dados pessoais. Diante desta infinita quantidade de dados pessoais, *likes*, fotos, comentários e outras informações que estão disponíveis na rede mundial de computadores, tem sido cada vez mais fácil a atuação dos algoritmos e da inteligência artificial, pois eles possuem 100 capacidade de aprendizado o que permite se adequarem a cada usuário, quer ao apresentar uma foto no feed de notícias, quer ao consultar um produto para compra ou ao sugerir uma comida ou restaurante, o que demonstra que estamos ficando dependentes dos algoritmos,

informativa. A quinta, enfim, que parece ter pontos de ancoragem comuns com a referida vulnerabilidade biopsicológica, explora aspectos cognitivos-comportamentais e está diretamente relacionada às noções de heurística, vieses e ruídos[20], temas desenvolvidos com inegável profundidade ao largo das últimas décadas tanto pela psicologia como pela economia comportamentais[21], a despeito de seguirem ofuscados pela sombra da racionalidade que fundamenta a teoria contratual clássica e a outrora lembrada efígie do *homo economicus*.

Antes que as cortinas sejam descerradas, permitam o registro de que referidas dimensões da vulnerabilidade humana precisam seguir sendo exploradas pela dogmática jurídica, não como forma de aprisioná-las enquanto conceitos a serem usados em respostas para perguntas que sequer são conhecidas, mas, como antedito, ao colorirem

---

pois eles estão interferindo em várias das nossas atividades cotidianas. A algoritmização da vida cotidiana tem influenciado no mercado de consumo, interferindo, diretamente, em muitas decisões do consumo, induzindo os consumidores a adquirirem certos serviços e produtos, o que fazem por meio da atuação dos *bubble filters*, que selecionam todos os produtos apresentados dentro da bolha algorítmica, o que afeta, diretamente, uma das fases do processo de compra que é a avaliação das alternativas disponíveis. Desse modo, fica cristalino que os algoritmos e a inteligência artificial têm criado padrões de consumo ao direcionar quais os produtos que serão apresentados aos consumidores inseridos nas bolhas, reduzindo a possibilidade de escolher produtos de outras marcas, o que restringe a liberdade necessária quando da escolha de um produto Esta atuação da AI e dos algoritmos, pela *machine learning* têm conseguido desenvolver um aprendizado pelo qual as maquinas se adaptam aos seus usuários e conhecem todos os seus desejos e necessidades, o que permite que as publicidades dirigidas apresentem, direta e certeiramente, aquilo que o consumidor deseja e precisa. Todas estas técnicas de *marketing* utilizadas dentro das bolhas algorítmicas acabam por extirpar qualquer possibilidade de escolha livre do consumidor, visto que as informações que lhe são apresentadas se restringem àquelas pré-selecionadas pelos filtros. Desse modo fica claro que a grande capacidade de aprendizado demonstrado pela inteligência artificial tem possibilitado que os algoritmos consigam criar e, principalmente, direcionar padrões de consumo na sociedade da informação, o fazendo, principalmente, com a atuação dos filtros bolhas que condicionam a vida dos consumidores nelas inseridos".

20. MILANEZ, Felipe Comarela. *Vulnerabilidade comportamental*: desafios para a garantia dos interesses econômicos dos consumidores. Inédito. "A título de exemplo, já que a tipologia dos vieses é extremamente abrangente, e em razão da abordagem sobre a vulnerabilidade comportamental objetiva por este trabalho, cabe destacar alguns vieses cognitivos muito presentes no processo de tomada de decisão dos consumidores. É o que ocorre, por exemplo, em relação ao erro de julgamento motivado pela utilização das palavras desconto, promoção e liquidação no momento da oferta de produtos e serviços, [nas quais] o consumidor é levado a identificar uma oportunidade que não pode ser perdida, representada pela expectativa de ganho com o acesso a um bem com menor dispêndio de recurso financeiro, sem contudo ter compreensão se, de fato, o produto anunciado com desconto possui alguma diferença significativa de preço em relação ao que outrora fora praticado pelo agente econômico que adota a estratégia de persuasão. Outro exemplo refere-se aos impactos do viés de praticidade ou efeito de habitação, que está muito presente em um comportamento que merece o desenvolvimento mais aprofundado de discussões envolvendo a inserção de filtros críticos: o aceite ou confirmação dos termos de uso e política de privacidade de dados nos aplicativos de *smartphones* e em redes sociais. [...] Um terceiro viés é representado pela associação direta que se faz entre utilidade ou benefício ou qualidade e os termos cada vez mais inseridos para atribuir adjetivos de sofisticação a produtos que, em nada, se diferenciam as outras opões presentes no mercado. Como exemplo, tem-se a utilização dos termos *gourmet*, *premium*, *deluxe* [que levam] muitas vezes o consumidor a pressupor que um determinado produto possui características que justificam o valor mais elevado".

21. V. sobre o tema: KAHNEMAN, Daniel. *Rápido e devagar*: duas formas de pensar. Trad. Cássio de Arantes Leite. Rio de Janeiro: Objetiva, 2012. TETAZ, Martín. *Pychonomics*: como o funcionamento da mente ajuda a definir nosso comportamento consumidor. Trad. Carolina Caires Coelho e Olga Cafalcchio. São Paulo: Planeta Estratégia, 2018. THALER, Richard; SUNSTEIN, Cass. *Un pequeño empujón*: el impulse necesario para tomar mejores decisiones sobre salud, dinero y felicidad. Buenos Aires: Taurus, 2018. THALER, Richard. *Misbehaving*: a construção da economia comportamental. Trad. George Schlesinger. Rio de Janeiro: Intrínseca, 2019.

semanticamente o princípio jurídico em pauta, alimentarem o processo argumentativo de construção da solução mais adequada à Constituição em cada situação concreta que o exija, controlando excessos e desvios solipsistas.

REFERÊNCIAS

AMARAL, Ricardo Garcia. *Vulnerabilidade social na sociedade da informação*: a algoritmização da vida cotidiana e a violação de direitos dos consumidores inseridos no filter bubble. Dissertação (Mestrado) - Universidade Federal de Pelotas, 2020. Orientação: Prof. Dr. Fernando Costa de Azevedo, 112 fl.

BASAN, Arthur Pinheiro; FALEIROS JÚNIOR, José Luiz de Moura. Desafios da predição algorítmica na tutela jurídica dos contratos eletrônicos de consumo. *Revista Brasileira de Direito Civil*, Belo Horizonte, v. 30, p. 237-254, out./dez. 2021.

CAPPELLETTI, Mauro; GARTH, Bryan. *Acesso à justiça*. Trad. Ellen Gracie Northfleet. Porto Alegre: Fabris, 1988.

CATALAN, Marcos. Um sucinto inventário de vinte e cinco anos de vigência do código de defesa do consumidor no Brasil. *Revista de Direito do Consumidor*, São Paulo, v. 23, n. 113, p. 23-53, jan./fev. 2016.

CATALAN, Marcos; PITOL, Yasmine Uequed. Sobre informação, letras miúdas e um infeliz julgado recortado dos alfarrábios do Superior Tribunal de Justiça. *Inédito*.

DARDOT, Pierre; LAVAL, Christian. *A nova razão do mundo*: ensaio sobre a sociedade neoliberal. Trad. Mariana Echalar. São Paulo: Boitempo, 2016.

DO CARMO, Michelly Eustáquia; GUIZARDI, Francini Lube. O conceito de vulnerabilidade e seus sentidos para as políticas públicas de saúde e assistência social, *Cadernos de Saúde Pública*, Rio de Janeiro, v. 34, n. 3, p. 01-14, 2018.

KAHNEMAN, Daniel. *Rápido e devagar*: duas formas de pensar. Trad. Cássio de Arantes Leite. Rio de Janeiro: Objetiva, 2012.

MARQUES, Claudia Lima. *Contratos no código de defesa do consumidor*: o novo regime das relações contratuais. 6. ed. São Paulo: RT, 2011.

MILANEZ, Felipe Comarela. *Vulnerabilidade comportamental*: desafios para a garantia dos interesses econômicos dos consumidores. Inédito.

MORAES, Paulo Valério Dal Pai. *Código de defesa do consumidor*: o princípio da vulnerabilidade no contrato, na publicidade e nas demais práticas comerciais. Porto Alegre: Síntese, 1999.

STRECK, Lenio. *Dicionário de hermenêutica jurídica*. Belo Horizonte: Casa do Direito, 2020.

TARTUCE, Flávio; NEVES, Daniel Amorim Assumpção. *Manual de direito do consumidor*: direito material e processual. 8. Ed. São Paulo: Método, 2019.

TETAZ, Martín. *Pychonomics*: como o funcionamento da mente ajuda a definir nosso comportamento consumidor. Trad. Carolina Caires Coelho e Olga Cafalcchio. São Paulo: Planeta Estratégia, 2018.

THALER, Richard. *Misbehaving*: a construção da economia comportamental. Trad. George Schlesinger. Rio de Janeiro: Intrínseca, 2019.

THALER, Richard; SUNSTEIN, Cass. *Un pequeño empujón*: el impulse necesario para tomar mejores decisiones sobre salud, dinero y felicidad. Trad. Ângelo Lessa. Buenos Aires: Taurus, 2018.

VERBICARO, Dennis; MARANHÃO, Ney; CALANDRINI, Jorge. O impacto do capitalismo de plataforma no agravamento da vulnerabilidade algorítmica do consumidor e do trabalhador. *Revista de Direito do Trabalho*, São Paulo, v. 223, p. 277-305, maio/jun. 2022.

ASSIMETRIA, VULNERABILIDADE E CONCEITO DE CONSUMIDOR

Irene de Seiça Girão

Professora da Faculdade de Direito da Universidade de Coimbra.

O PROBLEMA

Consabidamente e ao contrário do que sucede em vários outros ordenamentos jurídicos que dedicaram à regulamentação jurídica das relações de consumo uma feição autonómica e agregadora da respetiva tutela[1], no Direito Português tal regulamentação, embora abundante[2], continua, deliberadamente ou não, marcada por uma ampla dispersão e falta de unidade[3], que se reflete obviamente no próprio âmbito subjetivo de aplicação dos diversos instrumentos de tutela e, por consequência, na construção dogmática de um conceito jurídico operativo de consumidor. E quando falamos de um conceito operativo, queremos com isso reportarmo-nos a um conceito com a virtualidade de poder ser convocado para delimitar o âmbito de aplicação de determinadas medidas protetivas que o legislador estabelece, expressa ou implicitamente, por referência à figura do consumidor, sem, no entanto, estabelecer quem em concreto entende como tal.

O problema colocou-se recentemente a propósito de determinada corrente doutrinária e jurisprudencial que, inclusivamente, ficou estabelecida em segmento uni-

---

1. O caso do Direito Brasileiro, que por força da Lei 8.078/1990, instituiu o vulgarmente designado Código de Defesa do Consumidor (CDC). Na Europa, pode apelar-se aos exemplos francês, que dispõe, desde 1993, do Code de la Consommation, embora materialmente não passe de uma compilação de leis relativas à defesa do consumidor, e italiano, que aprovou em 2005 o Codice del Consumo e que, não obstante algum tratamento sistemático, se traduz igualmente numa mera compilação de diplomas legais incidentes sobre este domínio. Foi essa, igualmente a opção da Catalunha, em 2010, do Luxemburgo, em 2011 e da República Checa em 2012. Na Alemanha optou-se pela sua não autonomização em face do Direito Civil, decidindo-se, com a reforma do BGB de 2000, a respetiva integração no Código Civil.
2. Resultante, na sua maior parte da transposição de Diretivas Comunitárias e da intencionada harmonização legislativa nos países da União Europeia, com vista a uma idêntica proteção do consumidor em toda a união, mas, sobretudo, para evitar distorções na concorrência desencadeadas pela possibilidade de existência de regimes mais protetivos em determinados Estados.
3. Toda esta profusão de instrumentos legislativos, nos mais diversos setores, traduziu-se na ordem jurídica nacional, como na da maioria dos Estados Membros da União, numa abundância de leis avulsas, dispersas e completamente fragmentárias, o que justificou a iniciativa do Governo português relativa à preparação de um Código do Consumidor, que deu lugar à elaboração de um projeto pela "Comissão para Reforma do Direito do Consumo e do Código do Consumidor", colocado a consulta pública em março de 2006, mas até ao momento ainda não submetido a aprovação. É claro que toda esta problemática tem subjacente uma outra: o problema da autonomização do direito do consumo (ou do consumidor). Sobre a questão e em defesa da inclusão do direito do consumidor num Código do Consumidor, com normas de índole multidisciplinar, sistematizadas de forma ordenada e com determinada lógica interna, o que além de evitar repetições, facilitaria em benefício de todos e, por isso também do consumidor e das empresas, a respetiva consulta, *v.* MONTEIRO, António Pinto. A proteção do consumidor em Portugal e na Europa. (Breve apontamento). *Revista da Academia Brasileira de Letras Jurídicas*, Rio de Janeiro, v. 37, n. 38/39, p. 183-194, 2012.

formizador[4], nos termos da qual, no âmbito da graduação de créditos em insolvência a atribuição do direito de retenção previsto na al. f) do Art. 755 do Código Civil ao promitente comprador, em contrato com eficácia meramente obrigacional com *traditio* rei devidamente sinalizado, deverá limitar-se às hipóteses em que este tenha, para o efeito, a qualidade de consumidor. Logo se abriu a discussão sobre qual dos conceitos se deveria convocar, se um conceito restrito de consumidor, retirado do Art. 2º da Lei de Defesa do Consumidor (Lei n. 24/96, de 31 de Julho) ou se um conceito mais amplo e mais fundado na *ratio* do regime do contrato promessa, que não se subsume numa típica relação de consumo de massas, orientada sobretudo no sentido de abranger um maior número de situações de assimetria e vulnerabilidade que atingem alguns sujeitos não incluídos naquela noção mais restrita, mas que com idêntica razão de ser reclamam semelhante tutela.

Sem nos comprometermos, à partida, com tal posição, não só quanto à atribuição num processo de liquidação universal, como a insolvência, do mencionado direito de retenção ao promitente comprador cujo contrato promessa, tratando-se de um contrato em curso, é alvo da decisão legítima do respetivo administrador da insolvência de não celebração do negócio definitivo, como também quanto à limitação do seu âmbito de aplicação, nesse ou em qualquer outro caso, às hipóteses em que o promitente comparador possa ser qualificado como consumidor, pretende-se apenas fornecer o nosso contributo, embora também por referência a essa discussão, quanto à possibilidade de construção dogmática de um conceito jurídico de consumidor com suficiente abrangência para permitir a sua convocação na generalidade das relações de consumo, sobretudo quando típicas, o que faremos tendo primeiramente em conta a razão de ser da necessidade da sua específica tutela.

ASSIMETRIA E VULNERABILIDADE

A vulnerabilidade do consumidor, enquanto sujeito débil da relação de consumo, tem sido erigida em fundamento axiológico da respetiva proteção. O conceito de vulnerabilidade não é, todavia, exclusivo deste setor, traduzindo-se em fundamento transversal a todo o direito dos contratos, aplicável nas hipóteses de disparidade posicional dos respetivos sujeitos, a justificar medidas de reposição do equilíbrio negocial, pressuposto como necessário para garantir o mais justo possível acerto de interesses. De facto, contra a necessidade de uma certa igualdade formal como salvaguarda do mecanismo de regulação de interesses em que se traduz o contrato, constata-se, sobretudo nos setores mais sensíveis, um conjunto assinalável de assimetrias entre os sujeitos da relação, que resultam do diferente nível de conhecimentos e de acesso à informação

---

4. *V.* PORTUGAL. Supremo Tribunal de Justiça. *Acórdão n. 4/2014 de 25 de julho.* Disponível em https://data.dre.pt/eli/acstj/4/2019/07/25/p/dre/pt/html. Acesso em 15 dez. 2022. "No âmbito da graduação de créditos em insolvência o consumidor promitente-comprador em contrato, ainda que com eficácia meramente obrigacional com *traditio*, devidamente sinalizado, que não obteve o cumprimento do negócio por parte do administrador da insolvência, goza do direito de retenção nos termos do estatuído no artigo 755, n. 1, alínea f) do Código Civil".

juridicamente relevante, do diverso e desequilibrado poder económico, da diferente e assimétrica capacidade de avaliar os riscos e conformar a vontade com essa avaliação, da diversa aptidão e habilidade negocial de forma a salvaguardar os respetivos interesses, da diferente capacidade ou condição de recurso aos meios institucionais de resolução de conflitos etc. É esta assimetria ou conjunto de assimetrias, geradoras da vulnerabilidade ou debilidade de um dos sujeitos relativamente ao outro – em ambos os casos estamos perante conceitos relacionais – que tem justificado, nesses setores, como por ex. na regulação das relações laborais, no âmbito do arrendamento, no setor da contratação através de condições negociais gerais e também no direito do consumo, a intervenção do legislador ao nível da criação de um conjunto de regras, na sua maioria imperativas, integradas no que podemos designar por ordem pública de proteção e que visam, em qualquer das hipóteses, repor o equilíbrio ou minimizar o desequilíbrio de que se parte. Trata-se, em regra, de domínios estruturalmente assimétricos, onde é elevado o grau de risco de uma das partes, pela sua atuação, causar prejuízos à outra, nomeadamente por ser mais forte a probabilidade de se gerarem situações de aproveitamento ou de oportunismo capazes de desvirtuarem a própria justiça material[5].

Dir-se-á, por isso, que a vulnerabilidade, enquanto fundamento axiológico ou *ratio* deste conjunto de normas, reflete a situação de quem, por fatores exógenos ou endógenos, se encontra numa posição de fragilidade ou inferioridade relativamente a outrem e é, por essa razão, digno de maior proteção. Trata-se, assim, de uma condição subjetiva, que pode ser estrutural ou meramente conjuntural, permanente ou transitória, sempre de natureza relacional, que quando é suficientemente atendível do ponto de vista jurídico, tem um potencial gerador de regras protetivas que dela retiram a sua razão ou fundamento[6].

---

5. É de salientar, todavia, que tal só sucede em situações excecionais, dado que em geral as particulares condições dos contraentes não são tomadas em conta, devendo ser, pelo contrário tratados como iguais e no pleno gozo da sua inteira liberdade de atuação e de conformação dos respetivos interesses. De todo o modo, a constatação de certos desequilíbrios negociais revela limites de facto à liberdade contratual que comprometem a capacidade de um dos contraentes de assegurar a satisfação dos seus interesses e aumentam o risco de aproveitamento e de ocupação unilateral dessa liberdade de conformação por parte do outro. Nestes casos, a liberdade contratual, baseada no pressuposto errático da igualdade das partes, não poderá assegurar a consecução de resultados materialmente justos, sendo, por isso, necessária a intervenção legislativa, se não para repor aquela igualdade, como forma de minimizar as consequências do desequilíbrio negocial. Trata-se, do que já se designou por "socialização do contrato", ou como nos parece preferível, da moralização das relações negociais, por oposição ao ideário liberal e à sua exclusiva preocupação, no plano contratual, com os valores da liberdade, da segurança e da celeridade.

   Porém, muitas vezes este intervencionismo no contrato vem conotado com um certo grau de paternalismo, no seu sentido pejorativo, pois não só desvirtuaria a autonomia dos sujeitos, como desvaloriza e desresponsabiliza o mais vulnerável, não incentivando a própria autossuperação. Cremos, porém, e apesar de dever ser tidos em conta os limites da intervenção legislativa, que tal imputação é errónea, pois o intuito não é o de favorecer um dos sujeitos numa relação entre iguais, nem o de substituir as partes ou negar a qualquer delas a sua autonomia e autodeterminação, mas o de corrigir as desigualdades e os desníveis que ela suporta, até, sem fugir completamente à ótica liberal, para permitir o correto funcionamento do mercado.

   No sentido de que a "iniquidade contratual, enquanto produto de um abuso da liberdade contratual, é proscrita pela proibição de violação da ordem pública e dos bons costumes", *v.* ALVES, Hugo Ramos. Vulnerabilidade e assimetria contratual. *Revista da Faculdade de Direito da Universidade de Lisboa*, Lisboa, a. LXII, n. 1, p. 305-339, 2021.

6. Vulnerabilidade é uma palavra de origem latina, deriva de vulnus(eris), que significa ferida, podendo, assim, ser definida como suscetibilidade de se ser ferido.

A relevância jurídica da vulnerabilidade, ou melhor do reconhecimento de certas assimetrias, pode passar em determinados setores, sobretudo no domínio das relações duradouras, de natureza colaborativa e onde se destaca a importância da confiança, pela valorização da boa-fé como fonte de determinados deveres de conduta, como deveres de informação, de cooperação e até de proteção, mesmo sem nos encontrarmos perante relações à partida estruturalmente desigualitárias. É o que sucede, nomeadamente, no domínio dos contratos ou relações de colaboração entre contraentes com posições contratuais perfeitamente simétricas, relativamente a determinados desníveis de informação. Neste e noutros casos a constatação da assimetria pode convocar a boa-fé e o seu papel corretivo do próprio conteúdo do contrato, nomeadamente quando o seu aproveitamento conduz à imposição de condições particularmente onerosas para um dos contraentes[7].

E repare-se, tal como afirmámos, pode a vulnerabilidade relevar mesmo para lá do âmbito mais estrito das relações negociais estruturalmente assimétricas, em que a posição do mais frágil pode ser meramente circunstancial e não posicional. Fala-se também, a propósito, da figura do *terzo contratto*, figura que se aliás se situa no domínio da contratação empresarial e onde se destaca a figura do empresário débil, na maioria dos casos devido a assimetria informativa, designadamente em matéria de celebração de contratos bancários complexos ou no acesso ao mercado digital. Trata-se, no fundo, da figura do profissional profano, que não correspondendo à figura de consumidor, revela necessidades semelhantes de tutela, pois intervém numa contratação desequilibrada. Por isso mesmo, atribuir relevância nestas hipóteses à vulnerabilidade pode passar por admitir, sobretudo onde não funcionem as normas civis que em geral a visam, ou o próprio direito da concorrência, o recurso à analogia de modo a filtrar e aplicar soluções destinadas a tutelar a assimetria contratual, mesmo que digam respeito a núcleos de proteção específicos. Admitido tal recurso, ainda assim seria necessária a prova em concreto da assimetria e da vulnerabilidade a que ela conduz, por não se tratar de debilidade estrutural e posicional, que enquanto tal seria presumida.

Sobre a etimologia do termo vulnerabilidade e a assunção de relevância no âmbito jurídico, *v.* MARTINS-COSTA, Judith. *A boa-fé no direito privado*: critérios para a sua aplicação. 2. ed. São Paulo: Saraiva, 2018. p. 321 ss.

Diga-se, aliás, que mesmo nos ordenamentos de Common Law e não obstante a defesa da *sanctity of contract*, a relevância jurídica da assimetria é um tema clássico, desde logo, em Inglaterra através do recurso à doutrina do *inequality of bargaining power*, ou nos Estados Unidos da América, pela via da *unconscionability*. A propósito, *v.* FURMSTON, Cheshire. *Fifoot and furmston's on the law of contract*. 16. ed. Oxford: Oxford University, 2012. p. 394 e ZHOU, Qi; DIMATTEO, Larry. Three sales law and the law of contracts. In: DIMATTEO, Larry; HOGG, Martin (Ed.). *Comparative contract law – British and american perspectives*. Oxford: Oxford University, 2016. p. 362-364.

7.   Como sucede nas hipóteses de redutibilidade da cláusula penal manifestamente excessiva, ou nas hipóteses de redução da fiança que exceda o montante da obrigação principal ou seja contraída em condições mais onerosas, ou outros casos de sobregarantia. Quanto a este último caso específico, *v.* GOMES, Januário da Costa. Segurança, subgarantia e sobregarantia entre os três "S" do direito das garantias. *Revista Jurídica AAFDL*. Lisboa, n. 30, p. 71-95, 2016.

Não deve também ser ignorada, no domínio do direito civil geral, a virtualidade corretiva da previsão do art. 282º do Código Civil, que sanciona com a anulabilidade todo o negócio jurídico em que uma das partes explora a "situação de necessidade, inexperiência, ligeireza, dependência, estado mental ou fraqueza de carácter de outrem".

No fundo questiona-se se a relevância jurídica da vulnerabilidade de uma das partes numa relação assimétrica pressupõe, no nosso sistema jurídico, o seu reconhecimento pelo legislador através da criação de normas protetoras, que a têm como fundamento, ou se deverá aceitar-se a possibilidade de identificação de um princípio capaz de fundar na vulnerabilidade, sem necessidade de norma jurídica particular, ou seja, fora dos casos previstos em intervenção legislativa, a decisão do caso concreto[8]. A nós não nos parece, à partida, de rejeitar a orientação que admite a aplicação analógica de determinados complexos normativos, como o que visa a tutela específica do consumidor, mesmo quando em contexto de contratação empresarial (entre sujeitos iguais em termos posicionais), sejam identificadas situações de assimetria e de vulnerabilidade análogas às que tipicamente ocorrem nas relações de consumo.

A VULNERABILIDADE (POSICIONAL) DO CONSUMIDOR NO ÂMBITO DA RELAÇÃO DE CONSUMO

A relação de Consumo é um dos núcleos onde em termos regulativos se presume a existência à partida de desigualdade e assimetria estruturais, ocupando o consumidor, reconhecidamente, uma posição de vulnerabilidade relativamente ao seu parceiro contratual, sujeito a potencial submissão a um desequilíbrio desvantajoso e a um considerável risco de aproveitamento que, como já salientámos, justifica e fundamenta todo um conjunto de medidas político-legislativas protetoras.

Trata-se de uma de fraqueza ou debilidade posicional, resultante da sua mera posição no mercado relativamente uma contraparte economicamente mais poderosa, mais informada, mais qualificada e, neste sentido, todos os consumidores, enquanto tal, são vulneráveis[9], estabelecendo-se uma presunção absoluta de debilidade enquanto interveniente no mercado que impõe, na disciplina da relação de consumo, um conjunto específico de regras destinadas a assegurar a respetiva proteção.

Vulnerabilidade económica, financeira, técnica, jurídica e até psicológica, decorrente da circunstância de se posicionar no mercado de massas, colocado diariamente perante uma oferta agressiva de bens e serviços que prometem a plena satisfação de necessidades, muitas vezes artificialmente criadas, por profissionais, comerciantes ou fornecedores suportados, na maioria dos casos, por complexas estruturas empresariais, algumas vezes poderosas do ponto de vista económico e de organização, o que, por si

---

8. Sobre a questão e respondendo-lhe negativamente: SILVA, Jorge Cesa Ferreira da. A vulnerabilidade no direito contratual. Revista da Faculdade de Direito da Universidade de Lisboa, Lisboa, a. LXII, n. 1, p. 517-552, 2021. Em sentido diverso, admitindo pelo menos a aplicação analógica de instrumentos normativos gizados para a tutela do consumidor a hipóteses de debilidade manifesta de contraentes empresariais: ALVES, Hugo Ramos. Vulnerabilidade e assimetria contratual. *Revista da Faculdade de Direito da Universidade de Lisboa*, Lisboa, a. LXII, n. 1, p. 305-339, 2021.

9. Veja-se a própria Resolução da ONU n. 39/248 de 16 de abril de 1985 que reconhece este desequilíbrio económico, financeiro e educacional e se exorta os Estados a tomarem medidas tendentes à sua correção. A necessidade de proteção do consumidor é também reconhecida, em termos gerais, no art. 169 do Tratado sobre o Funcionamento da União Europeia (TFUE), bem como no art. 60 da Constituição da República Portuguesa (CRP).

só, revela menor poder negocial. Menor poder negocial e maior exposição a riscos de natureza contratual também pelo desnível de informação e o desconhecimento, quer quanto ao próprio produto ou serviço que lhe é oferecido (vulnerabilidade técnica), com o qual não tem em grande parte das situações, nomeadamente no âmbito do comércio à distância, contacto antes da conclusão do contrato de forma a poder avaliar de forma esclarecida as suas características e qualidades, quer quanto aos próprios direitos, ao seu alcance e à forma de os efetivar (vulnerabilidade jurídica). A própria publicidade e a sua natural intenção de condicionamento da decisão do consumidor num mercado cada vez mais concorrencial e agressivo potenciam o risco de uma informação pouco útil e fidedigna e de uma escolha pouco ou nada esclarecida. Tudo isto, ligado ao desnível da própria formação e conhecimento (vulnerabilidade científica), sobretudo em áreas de maior complexidade técnica, como no domínio da compra e venda de produtos e serviços cuja valoração das qualidades e da respetiva conformidade pressupõe conhecimentos específicos, onde se incluem, por exemplo, os contratos bancários marcados pela iliteracia financeira do consumidor médio, em confronto com a contraparte que conta na sua organização com profissionais qualificados. Se a isso acrescentarmos a circunstância de participar, em regra, num modelo de contratação já de si desigualitário, dado o recurso a cláusulas pré-elaboradas, cujo conteúdo não tem sequer possibilidade de conformar[10], facilmente se perceciona uma fragilidade típica, incapaz de ser ultrapassada senão por recurso a medidas político legislativas.

Fragilidade, vulnerabilidade e condicionamento que ainda se acentuam no chamado mercado digital, onde os fornecedores têm acesso, nomeadamente através dos cookies, ao perfil dos consumidores, podendo, de forma subtil, enviar mensagens apelativas com ofertas que antecipam as suas próprias necessidades e transformam a decisão de consumo numa decisão impulsiva ou pouco refletida. Perfila-se, aqui, uma enorme capacidade dos fornecedores, mais favorecidos pela digitalização do mercado, de afetarem as decisões e os próprios desejos de uma forma que os consumidores não estão em posição de impedir, ao que acresce, dada a mundialização do comércio eletrónico, a insegurança relativamente à própria identidade e localização daquele com quem se celebra o contrato, muitas vezes através de plataformas digitais de e-commerce, bem como aos meios de pagamento. Adensa-se, igualmente, o nível de desigualdade quanto ao acesso à informação, dada a opacidade dos sistemas, produtos e serviços inteligentes

---

10. A própria contratação assente em cláusulas contratuais gerais e contratos de adesão traduz numa limitação de facto à liberdade de estipulação do conteúdo dos contratos e coloca a contraparte do utilizador, qualquer que seja o seu estatuto, numa posição de desvantagem formal, pois não pode contribuir para a conformação das cláusulas negociais, correndo até o risco de concluir o contrato sem o efetivo conhecimento de algumas delas, o que comporta riscos típicos também do ponto de vista material, uma vez que pode, por isso mesmo, ver postos em causa os seus interesses. O legislador português, por impulso do legislador comunitário, pretendeu, através da chamada lei das cláusulas contratuais gerais (DL n. 446/85 de 25 de outubro), limitar este poder unilateral do utilizador deste tipo de cláusulas, através do estabelecimento de um controlo a vários níveis: ao nível da inclusão, da interpretação e também do conteúdo.

Sobre o tema, veja-se, entre outros: CALVÃO DA SILVA, João. *Banca, bolsa e seguros*. 4. ed. Coimbra: Almedina, 2013, t. I, parte geral. p. 173 e ss.; SÁ, Almeno de. *Cláusulas contratuais gerais e diretiva sobre cláusulas abusivas*. 2. ed. Coimbra: Almedina, 2001.

e quanto ao conhecimento técnico (iliteracia digital) e à capacidade de lidar com os meios, os recursos digitais e os desafios específicos que o mercado digital lhe coloca, ao operar em rede, num espaço não físico, dominado por fluxos de informação (data drive) e onde qualquer interação é controlada de acordo com os interesses dos utilizadores dessa tecnologia na condução dos seus negócios[11].

O reconhecimento desta(s) vulnerabilidade(s) estrutural e posicional do consumidor, quer no mercado tradicional, quer no digital, fundamenta um conjunto de medidas protetoras que assentam nalguns pilares fundamentais:

O acesso à informação é um domínio onde a sobejamente reconhecida assimetria tem desencadeado medidas legislativas, quase sempre impulsionadas por instrumentos europeus de harmonização, no sentido de impor à contraparte do consumidor um dever qualificado[12], destinado a assegurar-lhe um verdadeiro e efetivo direito a ser informado e esclarecido. Surge, desta forma, como princípio informador deste núcleo normativo agregado em torno do conceito de consumidor, um direito à informação adequada, suficiente e verdadeira, consagrado quer a nível dos diversos instrumentos regulativos da União Europeia, quer em cada um dos Estados Membros, na regulamentação geral da relação de consumo e na disciplina de aspetos sectoriais[13]. Desta forma, assegurando

---

11. Sobre a acrescida vulnerabilidade do consumidor no mercado digital, *v.* OLIVEIRA, Elsa Dias. Algumas considerações sobre a proteção do consumidor no mercado digital no âmbito do Direito da União Europeia. *Revista da Faculdade de Direito da Universidade de Lisboa*, Lisboa, a. LXII, n. 1, p. 209-230, 2021. Embora se tenha vindo a salientar que o consumidor que atua no mercado digital se afasta do arquétipo tradicional, assumindo um perfil de consumidor mais esclarecido, atento e ciente e reivindicativo dos respetivos direitos e da sua defesa. Veja-se, a propósito, o acórdão do TJUE de 25 de janeiro de 2018, numa decisão sobre determinação do tribunal competente e onde se opunham as pretensões de um utilizador (M. Schrems) e do Facebook, onde se traça um perfil de consumidor atento, informado e esclarecido, mas que não deixa por isso de ser considerado pelo tribunal enquanto tal e de beneficiar das medidas protetivas correspondentes. Proc. C-498/16, disponível em https://curia.europa.eu.

    Apesar de mais atento e melhor informado do que o consumidor médio que intervém nos modelos tradicionais de comércio, o mercado de consumo digital conta com um conjunto de novas tecnologias, novos meios de oferta e de contratação, novas abordagens e práticas publicitárias que determinam o surgimento de novas assimetrias entre consumidores e fornecedores e, em consequência, o risco de aproveitamento da sua impotência perante a dimensão do mercado e a sua sujeição aos fornecedores, o que confirma a sua vulnerabilidade digital, também ela estrutural. *Veja-se*, a propósito, MIRAGEM, Bruno. Princípio da vulnerabilidade: perspectiva atual e funções no direito do consumidor contemporâneo. In: MIRAGEM, Bruno; MARQUES, Claudia Lima; MAGALHÃES, Lúcia Ancona (Org.). *Direito do Consumidor*: 30 anos do CDC – da consolidação como direito fundamental aos atuais desafios da sociedade. Rio de Janeiro: Forense, 2020. p. 249.

12. Falamos de um dever e correspondente direito à informação qualificados, no sentido de que, até pela própria maior assimetria nas relações de consumo, é mais intenso e mais abrangente do que o dever de informar decorrente em geral do princípio da boa-fé na fase pré contratual. De facto, em qualquer negociação, sempre que o imponham os deveres de correção e cooperação decorrentes da boa-fé objetiva, pode surgir um dever de informação e de esclarecimento, sobre aspetos de que depende a decisão de contratar e sempre que uma das partes não os conheça ou não deva conhecer. Não existe, neste âmbito, um dever geral de informação sobre todo e qualquer aspeto implicado no contrato, decorrendo este da identificação de um desnível informacional e variando de amplitude e de intensidade de acordo com as circunstâncias e a natureza dos próprios sujeitos da relação. De todo o modo, pode dizer-se que o dever de informar da contraparte do consumidor, ainda que mais completo e intenso, corresponde a uma concretização daquele dever pré contratual, decorrente da boa-fé, e que mereceu consagração geral, desde logo, no art. 227 do Código Civil.

13. A imposição de um dever de informação pré contratual, que abranja a informação sobre as principais características dos produtos ou serviços, a identidade do comerciante, o preço total das mercadorias etc., tem sido

o acesso à informação relevante, assegura-se de algum modo uma decisão de contratar esclarecida e consciente.

Também no sentido de preservar a autonomia e a decisão livre e esclarecida do consumidor, proíbem-se em toda a União Europeia as práticas comerciais desleais, sejam elas ações ou omissões enganosas, sejam práticas comerciais agressivas[14], além de se estabelecer, não só a não inclusão em contratos singulares de cláusulas não comunicadas de forma adequada, que contenham aspetos não suficientemente aclarados, ou constituam cláusulas surpresa, como também a nulidade das cláusulas contratuais gerais abusivas[15].

Outro dos pilares em que assenta a proteção do consumidor e que uma vez mais se baseia na tentativa de afastar o perigo de decisões precipitadas e irrefletidas, conferindo-lhes nos contratos à distância ou fora do estabelecimento comercial uma espécie de um direito ao arrependimento, é a atribuição de um direito de livre resolução do contrato, uma espécie de poder de distrate de cuja existência deve, inclusivamente, ser informado pelo vendedor[16]. Permite-se, também dessa forma, que o consumidor, que

---

preocupação recorrente do legislador comunitário. A definição de uma série de requisitos relativamente a este dever de informação fez-se na Diretiva 2011/83/EU do Parlamento Europeu e do Conselho, de 25 de outubro de 2011, transposta para o ordenamento jurídico português pelo DL n. 24/2014, de 14 de fevereiro, relativo à regulamentação dos contratos celebrados à distância e fora do estabelecimento comercial. Constata-se, em ambos os normativos, a atribuição aos consumidores de um direito à informação sobre os bens e serviços adquiridos, fixando-se, nomeadamente um extenso elenco de informações que devem ser prestadas, e à confirmação destas por escrito, ou através de outro suporte duradouro, após a celebração do contrato ou aquando da sua conclusão.

Mais recentemente a chamada Diretiva Omnibus (Diretiva (EU) 2019/2161 do Parlamento Europeu e do Conselho de 27 de novembro de 2019), visando uma melhor aplicação e modernização das regras de defesa do consumidor da União, introduziu obrigações de informação adicionais que abrangem as plataformas digitais, como por exemplo a obrigação de informar de uma maneira clara e abrangente sobre qualquer personalização de preços ou a obrigação de disponibilizar informação sobre os parâmetros relativos à classificação dos resultados apresentados aos consumidores e à partilha de responsabilidade com o vendedor.

14. Uma prática comercial é desleal quando é contrária aos requisitos de diligência profissional e distorce ou é suscetível de distorcer substancialmente o comportamento económico de um consumidor razoavelmente bem-informado, atento e avisado em relação a um produto ou serviço. Sobre este domínio versa a Diretiva 2005/29/CE, do Parlamento Europeu e do Conselho, transposta para o direito português pelo DL n. 57/2008, de 26 de março. A Diretiva em causa ("DPCD") é uma diretiva de harmonização máxima (com a única exceção das aplicáveis a serviços financeiros e bens imobiliários, para as quais os Estados-Membros podem impor requisitos mais rigorosos) e, por isso, cada Estado-Membro tem os mesmos padrões de defesa do consumidor contra práticas comerciais desleais. Foi, recentemente, alterada pela Diretiva (eu) 2019/2161 de 27 de novembro de 2019, a chamada "Diretiva Omnibus", que faz parte do "New Deal for Consumers". Esta última, foi parcialmente transposta pelo DL n. 109-G/2021, procedendo este à alteração de alguns diplomas nacionais, nomeadamente de alguns aspetos regulatórios do mencionado DL n. 57/2008, de 26 de março, relativo às práticas comerciais desleais, sobretudo no sentido de integrar nestas proibições as práticas relativas ao fornecimento de conteúdos e serviços digitais e as especificidades do mercado em linha.

15. Em Portugal foi aprovado e entrou em vigor em 2021 a Lei n. 32/2021, de 27 de maio, que estabelece limitações à redação de cláusulas contratuais, impondo inclusivamente o tamanho mínimo da respetiva letra, e prevê a criação de um sistema de controlo e de prevenção de cláusulas abusivas.

16. Sob pena de o prazo de 14 dias, em regra fixados como limite para o exercício do direito em causa, poder estender-se até 12 meses. Cfr. o art. 10 do DL n. 24/2014, de 14 de fevereiro. Este direito de revogação unilateral, *ad nutum*, encontra-se igualmente previsto no art. 17 do DL n. 133/2009, de 2 de junho, relativo ao crédito ao consumo. Outra das regras que neste âmbito e no mesmo sentido visam proteger o consumidor, resulta do art. 13º do DL n. 74-A/2017, quanto ao crédito hipotecário, que estabelece a vinculação do mutuante à proposta contratual, durante um prazo mínimo de 30 dias, para permitir ao consumidor comparar propostas e avaliar as suas implicações e tomar uma decisão informada e consciente, evitando os riscos de uma eventual precipitação.

não teve contacto com o produto ou serviço antes da celebração do contrato, teste e inspecione o objeto da sua aquisição e comprove se corresponde aos seus efetivos desejos e necessidades, podendo, caso tal se não verifique, pôr fim ao contrato de forma incondicionada e sem necessidade de motivação[17].

Por outro lado, igualmente importante na defesa do consumidor e da sua debilidade, nomeadamente contra o risco da falta de qualidade e de conformidade dos bens e serviços que adquire, é a atribuição de garantia legal de conformidade, nos termos da qual e durante um determinado prazo se constitui o direito à respetiva reparação, substituição, ou resolução do contrato, em caso de verificação de defeito[18]. Tal como nos restantes pilares, a atribuição de tais direitos tem natureza imperativa, impedindo qualquer cláusula em contrário ou a renúncia pelo consumidor, sob pena de nulidade.

Finalmente, atende-se à vulnerabilidade jurídica do consumidor, traduzida não só na imperceção dos respetivos direitos como na típica inibição perante a ação judicial como meio de resolução de conflitos de consumo, determinada sobretudo pelas despesas que dela previsivelmente decorrem e pela sua morosidade, em confronto com um profissional, com acesso pleno e facilitado ao direito e à justiça e que conta muitas vezes com profissionais do direito na sua organização. Tal assimetria, exige, por isso, como um dos grandes pilares que estruturam a defesa do consumidor, a criação de estruturas especializadas para a resolução dos litígios de consumo, o estabelecimento de processos simplificados, a disciplina do ónus da prova em termos mais favoráveis ao consumidor, além da atribuição de competência territorial dos tribunais em função

---

Além disso, estabelece-se um período mínimo de reflexão de 7 dias, no decurso do qual o consumidor não pode aceitar a propostas negocial de concessão de crédito.

17. Cfr. MOTA PINTO, Paulo. Princípios relativos aos deveres de informação no comércio a distância notas sobre o direito comunitário em vigor. In: PINTO MONTEIRO, António (Org.). *Estudos de direito do consumidor.* Coimbra: Centro de Direito do Consumo Faculdade de Direito da Universidade de Coimbra, 2003. p. 187 e ss.

18. A este propósito, transpondo a Diretiva (UE) 2019/770, sobre certos aspetos relativos aos contratos de fornecimento de conteúdos e serviços digitais, e a Diretiva (UE) 2019/771 do Parlamento Europeu e do Conselho, de 20 de maio de 2019, relativa a certos aspetos dos contratos de compra e venda de bens, o Decreto-Lei n. 84/2021, de 18 de outubro, consagrou o regime de falta de conformidade dos bens móveis, agregou o regime da falta de conformidade dos bens imóveis e estabeleceu ainda as regras relativas à falta de conformidade no fornecimento de conteúdos digitais, até então sem qualquer disciplina específica. Quanto aos bens móveis, nos termos de regulamentação em causa, tendo sido celebrado o contrato e entregue o bem ao comprador, nos casos em que se verifique uma falta de conformidade no prazo de 30 dias após a entrega do bem, o consumidor pode solicitar a sua imediata substituição ou a resolução do contrato, consagrando-se, assim, um autodenominado "direito de rejeição".

Nos casos em que o contrato segue o seu rumo normal, como determina o artigo 12º, que estabelece o prazo de garantia legal, o profissional é responsável por qualquer falta de conformidade que se manifeste no prazo de três anos a contar da entrega do bem móvel corpóreo. Nos contratos de compra e venda de bens móveis usados a garantia também existe, mas, por acordo entre as partes, o prazo de garantia pode ser reduzido a 18 meses.

Na hipótese de bens com elementos digitais, o profissional é responsável por qualquer falta de conformidade, respeitante ao conteúdo ou serviço digital, que ocorra ou se manifeste: (i) no prazo de três anos, a contar da data em que os bens com elementos digitais foram entregues, quando o contrato estipule um único ato de fornecimento do conteúdo ou serviço digital; (ii) no prazo de três anos, quando o contrato estipule o fornecimento contínuo do conteúdo ou serviço digital durante um período até três anos; (iii) durante o período do contrato, quando este estipule o fornecimento contínuo do conteúdo ou serviço digital durante um período superior a três anos. A propósito, pode ver-se, entre outros. PASSINHAS, Sandra. O novo regime da compra e venda de bens de consumo – exegese do novo regime legal. *Revista de Direito Comercial*, Lisboa, p. 1463-1528, 2021.

do domicílio deste, ou, quando se trata de conflitos plurilocalizados, a definição da competência internacional dos tribunais e a determinação da lei aplicável atendendo à sua debilidade.

Neste enquadramento, nasceu o mecanismo da Resolução Alternativa de Litígios (RAL)[19], que permite de forma simplificada, menos morosa e com menores custos, a resolução de litígios de consumo, através de entidades de RAL, criadas em todos os Estados da UE, dependendo o recurso a ele de uma decisão do consumidor, que mantém a liberdade de acesso aos tribunais comuns. Foi, além disso, criada uma plataforma europeia RLL (resolução de litígios em linha) no site oficial da UE gerido pela Comissão Europeia, visando sobretudo o mercado digital, com o objetivo de ajudar os consumidores a, junto com os comerciantes, resolverem extrajudicialmente os respetivos litígios de forma independente, imparcial, transparente, eficaz, célere e justa, facilitando-se através dela, a comunicação entre consumidores, comerciantes e entidades de RAL[20].

Em termos processuais, assume ainda relevância o ESCP (processo europeu para ações de pequeno montante) que permite ao consumidor, se o comerciante se encontrar no estrangeiro, recorrer a um processo judicial simplificado, baseado num formulário normalizado e disponível nas 28 línguas da União e criado com o propósito de agilizar os créditos transfronteiriços até ao montante de 5000€[21]. Por seu turno, no direito português a Lei n. 63/2019, de 16 de agosto, consagrou a obrigatoriedade de arbitragem nos conflitos de consumo de reduzido valor económico (até ao limite de 5000€).

Saliente-se, ainda, no âmbito da proteção do consumidor, fundada na descrita vulnerabilidade posicional, a importância das associações de consumidores na defesa destes, dos seus direitos e interesses, nomeadamente dos seus associados em caso de litígio com um profissional, mas também enquanto representantes dos consumidores no processo de consulta e auditoria públicas, além da sua intervenção como parceiros sociais em matéria de consumo.

Todas estas regras, de natureza imperativa, recolhem o seu fundamento axiológico na posição de vulnerabilidade do consumidor na relação de consumo e enquanto interveniente no mercado, tendo, nessa medida, o propósito de, por via político-legislativa, proceder a uma redistribuição do risco contratual.

---

19. Diretiva 2013/11/EU do Parlamento Europeu e do Conselho de 21 de maio de 2013, transposta para o direito português pela Lei n. 144/2015, de 8 de setembro, onde é regulada a RAL e estabelecido o enquadramento dos mecanismos de resolução extrajudicial de litígios de consumo.
20. Regulamento (EU) do Parlamento Europeu e do Conselho, de 21 de maio de 2013, relativo à resolução em linha dos litígios de consumo. Em Portugal o ponto de contacto RLO (resolução de litígios online) é o Centro Europeu do Consumidor.
21. Cfr. o Regulamento (CE) n. 861/2007 do Parlamento Europeu e do Conselho, de 11 de julho de 2007, que estabeleceu o processo europeu para ações de pequeno montante e o Regulamento (EU) n. 1215/2012 do Parlamento Europeu e do Conselho, de 12 de dezembro de 2012, relativo à competência, ao reconhecimento e à execução de decisões em matéria civil e comercial e que é conhecido por "Bruxelas I".

VULNERABILIDADE(S) AGRAVADA(S)

Para lá da vulnerabilidade de todo o consumidor enquanto tal, pressuposta tendo em conta a sua posição e intervenção no mercado e que, como se descreveu, é alvo de várias medidas de proteção vocacionadas para promover o equilíbrio e a evitar o aproveitamento de uma típica posição de fragilidade, há que atender a outras situações de vulnerabilidade, agravada ou de híper vulnerabilidade que, em certas relações de consumo, atingem apenas determinados consumidores, em razão de fatores endógenos como a idade ou a saúde, a capacidade ou o desenvolvimento cognitivo, ou de fatores ou circunstâncias externas como a condição social e económica. Ao contrário do primeiro tipo de fragilidade, concebida como geral e estrutural por referência ao padrão de consumidor médio, normalmente informado, atento, cuidadoso, advertido e racional[22], a vulnerabilidade agravada é um conceito multidimensional, correspondente a um estado de fraqueza ou de debilidade de diversa origem e natureza, dependente do contexto em que se afirma, e por isso circunstancial, podendo ser persistente ou meramente transitória, a reclamar do direito em geral mas também do próprio núcleo regulativo que tem como objeto as relações de consumo, uma tutela reforçada de cariz suplementar[23].

É o que sucede, em função da idade, com os idosos e as crianças, podendo aqui falar-se, em certa medida e em ambos os casos, de uma vulnerabilidade de grupo[24].

Os primeiros, tendo em conta não só a sua condição física e a debilidade psicológica, que os tornam presas mais fáceis quanto às mensagens publicitárias de determinados

---

22. Trata-se de uma remissão para um padrão normativo de natureza abstrata, embora sempre temperado com considerações de natureza social, cultural e linguística (e, assim, pode dizer-se existirem vários e diferentes padrões normativos de consumidor), mas também com as circunstâncias concretas, havendo de colocar-se a figura correspondente ao modelo perante tais circunstâncias, para avaliar o comportamento, a atenção, a advertência ou o nível de informação esperados. Neste sentido, o próprio padrão de consumidor médio é suscetível de variar em função da categoria de produtos em causa, ou seja, o grau ou nível de atenção e informação que deve ser pressuposto como correspondendo ao padrão de consumidor médio pode variar em função da categoria dos produtos ou serviços propostos. Assim, PASSINHAS, Sandra. O lugar da vulnerabilidade no direito do consumidor português. In: PINTO MONTEIRO, António (Org.). *Estudos de direito do consumidor*. Coimbra: Centro de Direito do Consumo Faculdade de Direito da Universidade de Coimbra, 2019. p. 187 e ss.

23. Segundo a Resolução do Parlamento Europeu de maio de 2012, relativa à definição de uma estratégia de reforço dos consumidores vulneráveis, na definição deste conceito deve atender-se à "noção de vulnerabilidade como endógena e visa um grupo heterogéneo composto poe pessoas consideradas permanentemente como tal devido à sua deficiência mental, física ou psicológica, pela sua idade credulidade ou género", devendo o conceito de consumidor vulnerável incluir também "consumidores numa situação de vulnerabilidade, ou seja, consumidores que estejam numa situação de impotência temporária resultante de um fosso entre o seu estado e características individuais, por um lado, e o seu ambiente externo, por outro, tendo em consideração critérios como educação, situação social e financeira, acesso à internet etc."

24. Apesar de tratada enquanto tal, ou seja, enquanto vulnerabilidade de grupo, possa esbarrar com algumas limitações, na medida em que no próprio grupo podem subsistir desigualdades atendíveis para a avaliação da necessidade de uma específica tutela, decorrentes, nomeadamente, de condições socioeconómicas distintas, de diferentes graus de literacia, do diverso nível de acesso à informação, e até da própria diferença de idade. Tal significa que, tratar a vulnerabilidade agravada como uma vulnerabilidade de um grupo pode esbarrar com a circunstância de se tratar de uma fragilidade contextualizada e dependente da concreta situação do consumidor individual. Ainda assim, o agrupamento dos vulneráveis, quando possível, permite orientar as respostas político-legislativas tendo em conta, na medida do possível, as fragilidades típicas, ainda que tendencialmente, do respetivo grupo.

produtos e serviços e a determinadas práticas comerciais enganosas, mas sobretudo atendendo à sua dificuldade de adaptação aos novos desafios do mercado e às suas constantes mudanças resultante da respetiva iliteracia digital e que podem traduzir-se numa forte limitação, ou mesmo exclusão, quanto ao acesso a determinados bens[25].

Quanto aos segundos, tendo em conta a sua crescente e mais ativa intervenção no mercado que lhes entra em casa pelos meios digitais, relativamente ao funcionamento do qual parecem ter a ilusão de apetrechamento técnico suficiente, mas onde é de supor que a falta de maturidade, conhecimento e experiência suficientes possam produzir a tomada de decisões irrefletidas e pouco racionais, suscetíveis de afetar a sua vida e a da sua família se tivermos em conta o anonimato e a dissimulação que estes meios permitem[26].

Devido a fatores externos também uma parte dos consumidores pode ver afetada na sua condição económica pelas crises financeiras, ficando a sua posição mais enfraquecida e vulnerável no mercado, onde deixam de ter acesso por insuficiência de meios a uma boa parte dos bens, correndo mesmo o risco de exclusão social.

Todos estes tipos de vulnerabilidade agravada são particularmente suscetíveis de exploração no mercado digitalizado, se tivermos em conta a sua forma de funcionamento com base em recolha de dados sobre características, preferências e perfil psicológico do consumidor, aproveitando para tal qualquer interação ou input.

A preocupação crescente com esta figura do consumidor vulnerável, tem-se manifestado tanto a nível a nível Europeu tendo recentemente, na Nova Agenda do Consumidor para 2020-2025, a Comissão Europeia alertado para a necessidade de "dar resposta às necessidades específicas dos consumidores", considerando que "certos grupos de consumidores podem, em determinadas situações, ser particularmente vulneráveis e necessitar de salvaguardas específicas"[27]. Aliás, as necessi-

---

25. Relativamente à proteção do consumidor idoso, veja-se PAZ, Margarida. A proteção das pessoas vulneráveis, em especial as pessoas idosas, nas relações de consumo. *Revista da Faculdade de Direito da Universidade de Lisboa*, Lisboa, a. LXII, n. 1, p. 655-679, 2021.

26. Recorde-se o escândalo ocorrido em 2017 na Austrália, relatado pelo The Guardian, em que o Facebook, com o propósito de informar os anunciantes sobre as vantagens de anunciarem através da rede social em causa, explicou que seguia em tempo real as comunicações de adolescentes e jovens e identificava as inseguranças, ansiedades e receios que estavam a sentir. Como salienta Paula Ribeiro Alves, "naturalmente que, pelo simples facto de se incluírem naquela faixa etária, a propensão para se sentirem, por exemplo, gordos, magros, feios, com borbulhas, louros em vez de morenos, morenos em vez de louros, é enorme, como todos os que por essa idade já passámos tão bem sabemos. Não é por acaso, é pela sua especial vulnerabilidade, que a legislação protege diferenciadamente crianças e jovens". ALVES, Paula Ribeiro. *O psicólogo Facebook e os jovens*. Disponível em: https://novaconsumerlab.novalaw.unl.pt. Acesso em: 08 dez. 2022.

27. Define-se, assim, um quadro de consumidores considerados vulneráveis e merecedores de uma tutela específica, como os idosos, as crianças e os doentes e onde cabem também os consumidores afetados temporariamente por uma fragilidade relevante. Concebe-se o conceito de vulnerabilidade como um conceito dinâmico e multidimensional, podendo assumir contornos diversos e manifestar-se em planos distintos e, por isso, pode o consumidor ser considerado especialmente vulnerável apenas em determinado âmbito e certos momentos da sua vida. Aliás, tem-se posto em evidência que, dada a sua dinâmica, o conceito de vulnerabilidade agravada não deve ser normativamente densificado em instrumentos legislativos, senão por recurso a conceitos indeterminados, cujo preenchimento caberá ao intérprete e ao aplicador do direito. Nesse sentido, GARCIA, Sara Fernandes. *Em busca de um conceito de consumidor vulnerável*. Disponível em: https://novaconsumerlab.novalaw.unl.pt. Acesso em: 08 dez. 2022.

dades específicas de determinados grupos de consumidores constituem na referida Agenda um dos cinco domínios prioritários, considerando-se que esta especial vulnerabilidade "pode ser determinada em função de circunstâncias sociais ou de características específicas dos consumidores individuais, tais como a idade, o género, a saúde a literacia digital, numerária ou a situação financeira", exemplificando, por referência a uma fragilidade física, que a falta de acessibilidade pode colocar os idosos e as pessoas com deficiência em situações de exclusão ou limitar as suas interações, e sublinhando, nesse e noutros contextos, a importância de assegurar a prestação de informações claras, simples e acessíveis em linha e fora de linha, em matéria de acessibilidade a produtos e serviços.

Igualmente demonstrativa do crescente empenho europeu na defesa dos consumidores vulneráveis é a recente adoção da Diretiva (UE) 2019/882, do Parlamento europeu e do Conselho, de 17-4-2019, a qual deverá ser transposta pelos Estados Membros até 28-6-2022 (artigo 31º). Tal instrumento normativo, relativo aos requisitos de acessibilidade dos produtos e serviços, assume como prioridade a defesa de pessoas mais vulneráveis, sejam as pessoas com deficiência, sejam as pessoas com "limitações funcionais", nas quais se incluem as pessoas idosas[28]. De acordo com o Considerando (4), o conceito de "pessoas com limitações funcionais" inclui as pessoas com incapacidades físicas, mentais, intelectuais ou sensoriais, incapacidades relacionadas com a idade ou com qualquer outra limitação das funções do corpo humano, permanentes ou temporárias que, em interação com diversas barreiras, limitam o seu acesso a esses produtos e serviços e implicam a adaptação desses produtos e serviços às suas necessidades específicas.

Também no plano nacional essa preocupação está patente se atendermos a que o programa do atual Governo (Programa do XXIII Governo Constitucional) prevê a definição do Estatuto do Consumidor Vulnerável, naquilo que se intui pretender ser um instrumento regulativo de caráter abrangente e transversal.

---

28. De acordo com o Considerando (4), o conceito de «pessoas com limitações funcionais» inclui as pessoas com incapacidades físicas, mentais, intelectuais ou sensoriais, incapacidades relacionadas com a idade ou com qualquer outra limitação das funções do corpo humano, permanentes ou temporárias que, em interação com diversas barreiras, limitam o seu acesso a esses produtos e serviços e implicam a adaptação desses produtos e serviços às suas necessidades específicas.

Esta preocupação com os consumidores vulneráveis, foi igualmente manifestada pelo TJUE, em acórdão proferido a 16-5-1989, antecipando-se até ao legislador europeu, pois no caso Buet v. Ministério Público (p. c-382/87), entendeu que "o risco de compra irrefletida é particularmente pronunciado quando a promoção de vendas tem como finalidade a subscrição de um contrato de ensino ou a venda de material pedagógico. Com efeito, o potencial utilizador pertence, muitas vezes, a uma categoria de pessoas que, por qualquer razão, têm atrasos na sua formação que pretendem colmatar. Isso torna-os especialmente vulneráveis perante vendedores de material pedagógico que tentam persuadi-los de que a sua utilização lhes garantirá um futuro profissional. Por outro lado, como resulta dos autos, foi na sequência de numerosas queixas suscitadas por abusos, como a venda de cursos desatualizados, que o legislador estabeleceu a proibição de promoção de vendas porta a porta em causa". Nessa medida o TJUE considerou que, mesmo tendo em conta que se trata de um obstáculo à livre circulação de mercadorias a disposição de lei francesa que proibia a promoção de vendas porta a porta de material pedagógico não era incompatível com o artigo 30º do então tratado CEE.

Da mesma forma, atendendo a esta dita vulnerabilidade agravada, diversas medidas legislativas já antes concretizaram, ainda que de forma limitada e sectorial, uma ampliação da proteção específica por elas concedida ao consumidor, como o DL n. 57/2008, relativo às práticas comerciais desleais, que prevê uma tutela reforçada fundada na especial fragilidade dos consumidores decorrente de doença mental ou física, idade ou credulidade (à semelhança da Diretiva que transpôs: Diretiva 2005/29/CE do Parlamento e do Conselho, de 11 de maio de 2005) ou o Código da Publicidade, que no seu Art. 14 disciplina a publicidade dirigida a menores e onde se estabelecem proibições relativamente a práticas publicitárias que visem explorar a vulnerabilidade psicológica deste grupo de consumidores, devendo a propaganda abster-se de explorar a inexperiência e a falta de maturidade que tipicamente se lhes reconhece, tal como abster-se de explorar a confiança que as crianças e jovens depositem nos seus pais ou tutores. Neste mesmo sentido, o Art. 12, e) do já referido Decreto-Lei n. 57/2008, considera como prática comercial agressiva em qualquer circunstância "incluir em anúncio publicitário uma exortação direta às crianças no sentido de comprarem ou convencerem os pais ou outros adultos a comprar-lhes os bens ou serviços anunciados.

O próprio Código Penal Português considera, no seu Art. 218, n. 2. c), como circunstância agravante do crime de burla qualificada o aproveitamento pelo agente de "situação especial de vulnerabilidade da vítima, em razão da idade, deficiência ou doença", não tendo a específica tutela do consumidor vulnerável de ser exclusivamente efetuada no espaço regulativo do direito do consumidor[29].

Também no que respeita à vulnerabilidade decorrente de fragilidade económica, podemos constatar, no plano nacional, um conjunto de medidas com o propósito de a minorar, como o Art. 5º do Decreto-Lei n. 138-A/2010, que fixa a tarifa social de fornecimento de energia elétrica e o Art. 2º do Decreto-Lei n. 101/2011, que cria a tarifa

---

29. Veja-se, a propósito, Contributo da Direção Geral do Consumidor para a audição conjunta realizada em 30 de março de 2016 pela 1.ª Comissão de Assuntos Constitucionais, Direitos Liberdades e Garantias da Assembleia da República sobre os Projetos de Lei ns. 61, 62 e 63/XIII/1.ª, em https://app.parlamento.pt.

Relativamente aos espaços ou âmbitos regulativos em que se promove a proteção da vulnerabilidade agravada, PASSINHAS, Sandra. O lugar da vulnerabilidade no direito do consumidor português. In: PINTO MONTEIRO, António (Org.). *Estudos de direito do consumidor*. Coimbra: Centro de Direito do Consumo Faculdade de Direito da Universidade de Coimbra, 2019. p. 308, no sentido de que "uma tutela eficaz do consumidor não pode prescindir de carrear outros instrumentos disponibilizados pela ordem jurídica portuguesa, nomeadamente, na legislação antidiscriminação, no Código Civil e até no Código Comercial". Quanto à legislação antidiscriminação, salienta o disposto na Lei n. 93/2017 de 28 de agosto, quanto ao combate à discriminação em razão da origem racial e étnica, cor, nacionalidade, ascendência e território de origem, a Lei n. 14/2018, onde se proíbe e sanciona a discriminação em função do sexo no acesso a bens e serviços e a Lei n. 46/2006, de 26 de agosto, relativa à proibição de discriminação em razão de deficiência e da existência de risco agravado de saúde. No Código Civil, por seu turno, considera que se devem ter em conta as normas de proteção dos incapazes, o regime da falta e dos vícios da vontade e da usura. Quanto à legislação Comercial, invoca a tutela da aparência, e a vinculação, perante o consumidor, do profissional pelos atos dos seus colaboradores e agentes. Pensa-se, porém, que o que está aqui em causa quando se fala de vulnerabilidade agravada no âmbito das relações de consumo e sem esquecer que a sua especial fragilidade é, e deve ser, objeto de outras abordagens, de que é exemplo a centrada no Direito da Família, ou no Direito da Segurança Social etc., é que tal vulnerabilidade deva ser também acolhida no círculo de proteção do direito do consumo com uma tutela reforçada.

social de fornecimento de gás natural. Neste último, o legislador refere-se a "clientes finais economicamente vulneráveis" e no Art. 2º Decreto-Lei n. 147/2017, que consagra o regime da tarifa social relativa à prestação dos serviços de águas, ao conceito de "pessoas singulares que se encontrem em situação de carência económica", tal como no Art. 4º do Decreto-Lei n. 66/2021, relativo à tarifa social de internet a "consumidores com baixos rendimentos ou com necessidades sociais especiais"[30].

O(S) CONCEITO(S) DE CONSUMIDOR DO DIREITO PORTUGUÊS E DA UNIÃO EUROPEIA

No Direito Português, até por força do que sucede no âmbito da União, não existe um único conceito de consumidor, encontrando-se a regulamentação deste núcleo normativo dispersa por vários diplomas legais, decorrentes em regra da transposição de instrumentos regulativos europeus e cada um, ao disciplinar aspetos sectoriais, define o seu âmbito subjetivo de aplicação, fornecendo uma noção de consumidor que, em princípio, se circunscreve ao seu âmbito de aplicação objetivo, ou seja, ao tipo de contratos ou de relações que visam regular.

Assim é também quanto ao Direito da União Europeia, onde se pode constatar a existência de vários diplomas de onde constam noções de consumidor, nem sempre completamente coincidentes, mas que apresentam em comum a restrição da qualidade de consumidor às pessoas físicas ou singulares e o chamado elemento teleológico, exigindo que a pessoa intervenha na relação ou no negócio em causa com objetivos alheios às suas atividades comerciais, empresariais ou profissionais[31]. Noutros diplo-

---

30. No Direito Espanhol, por força da Ley 4/2022, de 25 de febrero, estabeleceu-se um regime especial relativo a consumidores e utilizadores em condições de vulnerabilidade social e económica e introduziu-se o conceito de consumidor vulnerável, considerando como tal "aquellas personas físicas que, de forma individual o colectiva, por sus características, necesidades o circunstancias personales, económicas, educativas o sociales, se encuentran, aunque sea territorial, sectorial o temporalmente, en una especial situación de subordinación, indefesión o desprotección que les impede el ejercicio de sus derechos como a personas consumidoras en condiciones de igualdad".

No direito brasileiro, o Código de Defesa do Consumidor também conhece a figura da vulnerabilidade agravada, aí designada por híper vulnerabilidade (já que o conceito de simples vulnerabilidade é válido para todos os consumidores), proibindo, desde logo, o fornecedor de se aproveitar ou prevalecer da fraqueza ou ignorância do consumidor, "tendo em vista a sua idade, saúde, conhecimento ou condição social, para impingir-lhes seus produtos ou serviços". Com vista à alteração, ou aprofundamento neste âmbito do CDC, existe um projeto de Lei (Projeto de Lei n. 895/2021) que visa estabelecer medidas de proteção do consumidor em situação de vulnerabilidade e que estabelece a seguinte definição: "entende-se por vulnerabilidade do consumidor no mercado de consumo a situação em que pessoas físicas, de forma individual ou coletiva, por suas características, necessidades ou circunstâncias pessoais, econômicas, educativas ou sociais, se encontrem, ainda que territorial, setorial ou temporalmente, em uma situação especial de subordinação, impotência ou desproteção que impeça o exercício de seus direitos como pessoas consumidoras em condições de igualdade" e afirma que deverá será prestada atenção especial a setores que "(...) contem com maior proporção de consumidores vulneráveis entre seus clientes ou usuários (...)".

31. Assim, art. 2º, al. e), da Diretiva 2000/31/CE ("qualquer pessoa singular que actue para fins alheio à sua actividade comercial, empresarial ou profissional"); art. 2º, al. a), da Diretiva 2005/29/CE ("qualquer pessoa singular que, nas práticas comerciais abrangidas pela presente directiva, actue com fins que não se incluam no âmbito da sua actividade comercial, industrial, artesanal ou profissional"); art. 2º, n. 1, da Diretiva 2011/83/UE ("qualquer pessoa singular que, nos contratos abrangidos pela presente directiva, actue com fins que não

mas não se estabelece um qualquer conceito de consumidor, apesar de estabelecerem algumas normas de tutela que lhe são especificamente dirigidas[32], pelo que, num e noutro caso tem sido muitas vezes relegada a tarefa de densificação desse conceito, até para determinar a aplicabilidade, ou não, de determinadas soluções normativas a cada caso concreto que lhe vem sendo submetido, ao Tribunal de Justiça da União Europeia (TJUE).

Este tribunal, atuando nesta matéria, normalmente, em sede de reenvio prejudicial e, sobretudo, a propósito da definição do tribunal internacionalmente competente para julgar determinada causa, tem optado sistematicamente por uma conceção restrita de consumidor, no sentido de que tem essa qualidade e, nessa medida, estará abrangido pela tutela que as respetivas normas lhe dirigem, apenas quem intervém contrato no fora do âmbito da sua atividade profissional e com finalidades alheias a essa mesma atividade. Ou seja, tendo em conta a *ratio* da tutela (a proteção da parte mais fraca) para avaliar em geral do respetivo merecimento, tem a jurisprudência do TJUE salientado que só deverão ficar abrangidos pela proteção prevista as pessoas singulares (excluindo-se as pessoas coletivas) quando atuem com vista à satisfação de necessidades de consumo privado, ou seja, quando atuem com fins privados e/ou familiares. Mesmo verificando-se uma dupla finalidade de atuação, só se admitirá que beneficiem da respetiva tutela nas hipóteses em que a finalidade profissional prosseguida tem "um papel despiciendo no contexto da operação a propósito do qual o contrato foi celebrado, considerada globalmente"[33].

Neste contexto, salienta-se, ainda, que deve atender-se à posição do sujeito em causa num contrato determinado, tendo em conta a natureza e a finalidade deste e nunca a respetiva situação subjetiva. Nessa medida, a qualidade de consumidor não depende dos conhecimentos, do nível de informação ou da experiência do concreto sujeito da relação de consumo tenha no âmbito em que se inclui a operação, não sendo igualmente

---

se incluam no âmbito da sua actividade comercial, industrial, artesanal ou profissional"); art. 4º, n. 1, al. a), da Diretiva 2013/11/UE (uma pessoa singular quando atue com fins que não se incluam no âmbito da sua atividade comercial, industrial, artesanal ou profissional); art. 4º, n. 20, da Diretiva (UE) 2015/2366 ("uma pessoa singular que atua, nos contratos de serviços de pagamento abrangidos pela presente diretiva, com objetivos alheios às suas atividades comerciais, empresariais ou profissionais"); art. 2º, n. 6, da Diretiva (UE) 2019/770 ("uma pessoa singular que, no que respeita aos contratos abrangidos pela presente diretiva, atue com fins que não se incluam no âmbito da atividade comercial, empresarial, artesanal ou profissional"); art. 2º, n. 2, da Diretiva (UE) 2019/771 ("uma pessoa singular que, no que respeita aos contratos abrangidos pela presente diretiva, atue com fins que não se incluam no âmbito da sua atividade comercial, industrial, artesanal ou profissional").

32. É o caso do Regulamento 1215/2012, apesar de regular expressamente a competência internacional em matéria de contratos celebrados com os consumidores (nos artigos 17º a 19º. Ao contrário do que sucede com o art. 6º do Regulamento Roma I, onde podemos constatar uma noção de consumidor (pessoa singular, que celebra contratos "(...) para uma finalidade que possa considerar-se estranha à sua actividade comercial ou profissional, com outra pessoa que aja no quadro das suas actividades comerciais ou profissionais (...)".

33. UNIÃO EUROPEIA. Tribunal de Justiça da União Europeia. *Acórdão Schrems*. Proc. C-498/16. Disponível em: https://curia.europa.eu. Acesso em: 08 dez. 2022.

relevante o tempo despendido na atividade em causa e a sua maior ou menor regularidade[34], nem, tão pouco, os valores com ela obtidos[35].

34. O TJUE veio assim decidir que "1) o artigo 15º do Regulamento (CE) n. 44/2001 do Conselho, de 22 de dezembro de 2000, relativo à competência judiciária, ao reconhecimento e à execução de decisões em matéria civil e comercial, deve ser interpretado no sentido de que um utilizador de uma conta privada Facebook não perde a qualidade de «consumidor», na aceção deste artigo, quando publica livros, faz conferências, gere sítios web, recolhe donativos e obtém a cedência dos direitos de vários consumidores para os exercer em justiça".
A decisão reporta-se ao caso de um cidadão com residência na Áustria, M. Schrems, utilizador de uma página do Facebook, onde tinha uma conta em constavam as suas atividades privadas e também uma página "(...) para informar os internautas sobre as suas ações contra a Facebook Ireland, as suas conferências, a sua participação em debates e as suas aparições nos media e ainda para lançar campanhas de angariação de fundos e fazer publicidade aos seus livros". Uma das questões suscitadas foi a de saber se M. Schrems, atendendo às atividades desenvolvidas, poderia ser considerado consumidor, para efeitos de aplicação do art. 15º do Regulamento 44/2001, "(...) quando, após uma utilização prolongada de uma conta privada no Facebook e, no contexto da defesa da aplicação dos seus direitos, publica livros e também faz conferências por vezes remuneradas, gere sítios web, recolhe donativos para a defesa da aplicação dos direitos e obtém a cedência dos direitos de vários consumidores mediante a garantia de que estes receberão os eventuais benefícios resultantes dos processos ganhos após a dedução das despesas processuais?". Ao que o tribunal, respondeu afirmativamente. UNIÃO EUROPEIA. Tribunal de Justiça da União Europeia. *Acórdão Schrems*. Proc. C-498/16. Disponível em: https://curia.europa.eu. Acesso em: 08 dez. 2022.
35. *V.* UNIÃO EUROPEIA. Tribunal de Justiça da União Europeia. *Proc. C-774/19*. Disponível em: https://curia.europa.eu. Acesso em: 08 dez. 2022. Neste Processo o TJUE foi chamado a pronunciar-se sobre a qualificação como consumidor de um jogador de poker online, com residência na Eslovénia, para o efeito de determinar qual o tribunal internacionalmente competente, já que a sociedade comercial, contraparte na ação, tinha sede em Malta. Está, por isso, também em causa a aplicabilidade do artigo 15º do Regulamento (CE) n. 44/2001 do Conselho, de 22 de dezembro de 2000, relativo à competência judiciária, ao reconhecimento e à execução de decisões em matéria civil e comercial, convocado por o litígio se reportar a factos anteriores a 10 de janeiro de 2015. Nesta decisão, o TJUE, considerando que o jogador em causa teve de aceitar as condições gerais apresentadas pela PEI por ser economicamente mais fraco e juridicamente menos experiente, não declarou oficialmente a atividade de jogador de póquer profissional, não prestou a sua atividade a terceiros mediante remuneração, nem teve patrocinadores, deveria ser considerado consumidor, não obstante viver dos rendimentos dos jogos de póquer, jogar em média 9 horas por dia útil e ter ganho com a atividade cerca de 227.000€ em 13 meses. Nesta medida, não se entendeu relevante a circunstância de o montante ganho ser elevado, por no entender do TJUE e por razões de previsibilidade e segurança jurídica, não estando fixado pelo regulamento em causa qualquer limiar quantitativo, não se poder estabelecer o âmbito de aplicação subjetivo da norma em causa por referência aos montantes ganhos com a atividade, ainda mais tratando-se a atividade em causa de um jogo de fortuna e de azar e, por isso, com ganhos e perdas imprevisíveis. Considerou igualmente irrelevante para o efeito, os alegados conhecimentos do jogador, pois a qualificação enquanto consumidor apenas deve, no entendimento do TJUE, ter em conta a posição contratual na relação em causa e não a maior ou menor informação ou conhecimentos que o sujeito possua relativamente ao objeto do contrato, assim como irrelevante foi entendido o facto de o jogador se dedicar àquela atividade com muita regularidade.
Com base em tais considerações decidiu o TJUE que [o] artigo 15º, n. 1, do Regulamento (CE) n. 44/2001 do conselho, de 22 de dezembro de 2000, relativo à competência judiciária, ao reconhecimento e à execução de decisões em matéria civil e comercial, deve ser interpretado no sentido de que uma pessoa singular domiciliada num Estado- Membro que, por um lado, celebrou com uma sociedade estabelecida noutro Estado- Membro um contrato para jogar póquer na internet, que contém condições gerais determinadas por esta última, e, por outro, não declarou oficialmente essa atividade nem ofereceu essa atividade a terceiros enquanto serviço remunerado não perde a qualidade de «consumidor» na aceção desta disposição, mesmo que essa pessoa jogue esse jogo durante um grande número de horas por dia, possua conhecimentos alargados e obtenha ganhos significativos provenientes desse jogo.
Também no Processo C-500/18 (Acórdão de 2 de abril de 2020), estando em causa o conceito de consumidor para efeitos da aplicação do Regulamento (UE) n. 1215/2012, relativo à competência judiciária, o TJUE determinou que uma pessoa que, ao abrigo de um contrato financeiro por diferenças celebrado com uma sociedade financeira, efetua operações financeiras por intermédio dessa sociedade, pode ser qualificado como «consumidor», na aceção dessa disposição, se a celebração desse contrato não se inserir na âmbito da atividade profissional

Quanto ao Direito Português, existem vários diplomas que, com o propósito de transposição das soluções regulativas contidas nos instrumentos normativos da UE, transpõem igualmente o conceito de consumidor por eles estabelecido[36], que é válido, também, apenas no domínio regulado[37]. De tais conceitos, de natureza e alcance restritivo, destacam-se, tal como acontece com as respetivas diretivas que transpõem, dois elementos: por um lado a necessária condição de pessoa física ou singular do beneficiário da específica proteção consagrada, excluindo-se, assim, as pessoas coletivas, e, por outro a exigência de uma atuação com fins alheios à sua atividade profissional, o que significa que tais dispositivos apenas incluem no conceito de consumidor a pessoa singular que intervém na respetiva relação jurídica para realizar finalidades privadas ou familiares, estranhas, por isso, à sua atividade profissional.

Outros diplomas, não limitando o seu âmbito subjetivo de aplicação à proteção do consumidor, dedicam-lhe uma tutela reforçada em alguns aspetos, sem, no entanto, definirem o conceito ou remeterem para uma qualquer noção específica formulada a priori[38]. É, sobretudo nestas hipóteses que o intérprete / aplicador do direito se terá de

---

dessa pessoa, o que incumbe ao órgão jurisdicional de reenvio verificar. Além disso, uma vez mais, vincou a sua posição no sentido de que não são decisivos para essa qualificação o facto de essa pessoa ter efetuado um elevado número de transações num período relativamente curto ou ter investido elevadas quantias nessas transações, embora não seja, igualmente e por si só, decisivo para comprovar essa qualidade a circunstância de, nos termos da Diretiva 2004/39/CE, relativa aos mercados de instrumentos financeiros, a pessoa em causa ser um «cliente não profissional», pois este conceito não é necessariamente coincidente com o de consumidor. UNIÃO EUROPEIA. Tribunal de Justiça da União Europeia. *Proc. C-500/18*. Disponível em: https://curia. europa.eu. Acesso em: 08 dez. 2022.

36. Apesar de as Diretivas em causa não impedirem os Estados-Membros de adotar um conceito diverso, mesmo nas hipóteses de harmonização máxima, desde que mais amplo ou abrangente.

37. Os casos do Decreto-Lei n. 57/2008, de 26 de março, que proíbe as práticas comerciais desleais (art. 3º a)- «Consumidor» qualquer pessoa singular que, nas práticas comerciais abrangidas pelo presente decreto-lei, actue com fins que não se incluam no âmbito da sua actividade comercial, industrial, artesanal ou profissional"); Decreto-Lei n. 133/2009 de 2 de junho, relativo ao crédito ao consumo (art. 1 4-1 a) «Consumidor» a pessoa singular que, nos negócios jurídicos abrangidos pelo presente decreto-lei, atua com objetivos alheios à sua atividade comercial ou profissional"); do Decreto-Lei n. 24/2014, sobre contratos celebrados à distância e fora do estabelecimento comercial (art. 3º c) - "(…) a pessoa singular que atue com fins que não se integrem no âmbito da sua atividade comercial, industrial, artesanal ou profissional"; Decreto-Lei n. 84/2021, de 18 de outubro, relativo aos direitos do consumidor na compra e venda de bens, conteúdos e serviços digitais,(art. 2º, g)- «Consumidor», uma pessoa singular que, no que respeita aos contratos abrangidos pelo presente decreto-lei, atue com fins que não se incluam no âmbito da sua atividade comercial, industrial, artesanal ou profissional".

38. É o caso do Decreto-Lei 446/85 de 25 de outubro relativo à contratação através de cláusulas contratuais gerais, com as alterações do Decreto-Lei n. 220/95, 249/99 e, mais recentemente, do Decreto-Lei n. 32/2021 de 27 de maio. De facto, o modelo de controlo que aí se institui relativamente à contratação com base em condições negociais gerais, ou à celebração de contratos de adesão, não vê a sua aplicação limitada aos casos em que a contraparte do utilizador é um consumidor, antes institui uma proteção de natureza transversal que beneficia todos quantos podem ser atingidos pelos riscos que essa modalidade de contratação só por si acarreta, ainda que se trate de um profissional. Porém, relativamente ao controlo do conteúdo, o legislador estabelece um conjunto de cláusulas absoluta (art. 21º) e relativamente proibidas (art. 22º), apenas aplicáveis às relações com consumidores, tendo, por isso, o sentido de uma proteção suplementar, com certeza fundada na sua particular vulnerabilidade enquanto interveniente no mercado. Não se refere, no entanto, ao que deva entender-se por consumidor enquanto sujeito dessa específica tutela.

Pode parecer, à partida, ser também o caso da chamada lei da responsabilidade do produtor (Decreto-Lei n. 383/89, de 6 de novembro), pensamos, no entanto, que, ao contrário do que sucede com a lei das cláusulas

questionar, em cada caso, qual o conceito que poderá convocar e se existe um conceito operativo com vocação expansiva e que, supletivamente, possa operar para lá do âmbito particular em que se encontra fixado.

Esse papel tem sido de algum modo atribuído ao conceito de consumidor estabelecido na Lei de Defesa do Consumidor (LCD), Lei n. 24/96, de 31 de julho[39], que no seu

---

contratuais gerais, dela se retiram elementos para delimitar o conceito de consumidor que em certas disposições o legislador entendeu proteger. É certo que este diploma não institui um regime de proteção que vise exclusivamente o consumidor, na medida em que consagra um sistema de responsabilidade objetiva de que são beneficiários todos os terceiros lesados em virtude de defeito dos produtos colocados em circulação. Todavia, tal só é verdade quanto aos danos resultantes de morte ou lesão corporal, pois quanto aos danos em coisas, nos termos do art. 8º, está excluída a indemnizabilidade não só dos danos causados ao próprio produto defeituoso, como às coisas que não sejam destinadas normalmente ao uso ou consumo privado ou, sendo-o, o lesado não lhe tenha dado principalmente esse destino ou essa utilização. Significa que, quanto aos danos em coisas, se protege apenas o lesado consumidor, retirando-se da disposição em causa um conceito que o individualiza como aquele que destina essas coisas a um uso privado (por oposição a uso profissional), ou seja, como aquele que, quanto ao objeto da proteção, atua com uma finalidade alheia à sua atividade profissional. Em face disso, não será necessário buscar o conceito de consumidor que aqui se entende visado noutro qualquer diploma legal.

Outro dos regimes jurídicos que não restringe o seu âmbito de aplicação às relações com consumidores, apesar de em parte o seu conteúdo regulativo se destinar a disciplinar uma relação considerada assimétrica, encontrando nessa assimetria e na vulnerabilidade de um dos contraentes a que ela conduz o respetivo fundamento, é o regime instituído pelo Decreto-Lei n. 17/2018, de 8 de março, que transpõe a Diretiva (EU) 2015/2302, do Parlamento e do Conselho, de 25 de novembro de 2015, relativa às viagens organizadas e aos serviços de viagens conexos. Assim, a disciplina em causa e a proteção que ela concede , nos termos da alínea q) do n. 1 do art. 2º, é extensiva a qualquer viajante, ou seja, "qualquer pessoa que procure celebrar um contrato ou esteja a habilitada a viajar com base num contrato de viagem, nomeadamente os consumidores, as pessoas singulares que viajem em negócios, bem como os profissionais liberais, os trabalhadores independentes ou outras pessoas singulares, desde que não estejam abrangidos por um acordo geral para a organização de viagens de negócios". O que significa que relativamente às viagens organizadas se entendeu encontrarem-se em situação de fragilidade perante a agência de viagens e os restantes operadores turísticos, não apenas o consumidor, mas qualquer viajante, com a exceção dos que se encontrem abrangidos por um acordo geral para a organização de viagens de negócios.

Por vezes, mesmo considerando que determinada zona de proteção deve ser alargada a sujeitos não enquadrados na noção de consumidor, pelo menos quando entendida no seu sentido restrito, o legislador opta por fixar o conceito de consumidor, a quem dirige o núcleo principal da respetiva tutela, estendendo depois algumas regras aos profissionais, pelo menos quando entende encontrarem-se, para determinados aspetos, numa posição de alguma assimetria ou vulnerabilidade em confronto com a contraparte. É, nomeadamente, o que sucede com o DL n. 57/2008, que depois da alteração introduzida pelo Decreto-Lei n. 205/2015, de 23 de setembro e no que respeita às práticas comerciais que se traduzam em ações enganosas (art. 7º) passou a aplicar-se também às relações entre empresas. Ou seja, uma parte relevante do regime das práticas comerciais desleais passou a valer não apenas na relação de consumidores com comerciantes, mas, por força do n. 3 da referida disposição, também nas relações entre empresas, quer dizer, relações com não-consumidores, tendo em conta o conceito acolhido nesta lei. Por isso, aqui a técnica é distinta, pois, por um lado, o legislador não ampliou o conceito de consumidor usado neste diploma, antes estendeu parcialmente o seu âmbito subjetivo de aplicação e, por outro lado, acolheu também uma técnica igualmente distinta da adotada pela lei das cláusulas contratuais gerais e pela lei da responsabilidade do produtor que, partindo ambas de uma base de aplicação subjetiva mais ampla, diferenciaram as relações com consumidores pela via da consagração de uma tutela suplementar.

A propósito, *cfr.* MAIA, Pedro. Contratação à distância e práticas comerciais desleais. In: PINTO MONTEIRO, António (Org.). *Estudos de direito do consumidor*. Coimbra: Centro de Direito do Consumo Faculdade de Direito da Universidade de Coimbra, 2015.

39. Tem sido interpretado no sentido de o legislador de 96 ter manifestado o propósito de estabelecer uma noção com vocação universal ou no mínimo com vocação expansiva para domínios regulatórios diversos, ainda que

Art. 2º define como tal "todo aquele a quem sejam fornecidos bens, prestados serviços ou transmitidos quaisquer direitos, destinados a uso não profissional, por pessoa que exerça com caráter profissional uma actividade económica que vise a obtenção de benefícios", conceito que é corrente desmembrar em quatro elementos essenciais e cumulativos, os elementos subjetivo, objetivo, relacional e teleológico, sendo que é sobre este último que versará sobretudo o nosso olhar.

Quanto ao primeiro e, por isso, a respeito da identificação de quem pode ocupar a posição subjetiva de consumidor, levanta-se o problema de saber que tipo de sujeitos de direito cabem na expressão "todo aquele", se todo e qualquer sujeito de direito, incluindo os entes coletivos, ou apenas as pessoas físicas. O elemento literal, tendo em consideração a largueza e a abertura da expressão utilizada, parece indicar a intenção de nela abranger também as pessoas jurídicas e considerá-las, em determinados contextos, como consumidores, depondo também nesse sentido a circunstância de se manifestar nessa expressão um corte com noções vertidas em diplomas anteriores, nomeadamente com o Decreto-Lei n. 359/91 de 21 de setembro, que ao tempo disciplinava o crédito ao consumo e que, no Art. 2º b), limitava expressamente o âmbito subjetivo deste conceito às pessoas físicas. É claro que, mesmo aceitando em via de regra tal abrangência, a consideração das pessoas coletivas enquanto consumidoras ver-se-á muito limitada , reduzida às hipóteses em que a pessoa jurídica não tem como fim o desempenho de uma atividade económica, pois, por força da limitação da capacidade de gozo dos entes coletivos, obrigados a uma dedicação exclusiva ao fim estatutário, sendo esse fim uma qualquer atividade económica, a entidade que o prossegue nunca poderá qualificar-se enquanto tal[40].

---

pertencentes ao espaço normativo do direito do consumidor, da circunstância de ter eliminado a expressão "para os efeitos da presente lei (...)", usada na lei de proteção do consumidor que revogou (Lei 29/81). Porém, também é certo, que tal interpretação não deixa de colidir com a falta de uniformidade que neste âmbito decorre da existência em muitos domínios sectoriais de regulamentação de conceitos diversos de consumidor, embora com validade circunscrita a cada um dos domínios respetivos. Deste modo, mesmo que se entenda ter aquele conceito essa virtualidade expansiva, nos setores onde se prevê um conceito de consumidor específico é esse que vale e não o que resultaria da LCD.

40. Pode, por isso, conceber-se a atribuição da qualidade de consumidor, por força daquele conceito, a uma associação ou a uma fundação quando adquire determinados bens contrata a prestação de certos serviços, mas já não a uma qualquer sociedade comercial que, por força do princípio da especialidade do fim, vê a sua capacidade limitada em exclusivo ao exercício de uma atividade económica, tendo em conta que ficam de fora do conceito em causa todos aqueles a quem são fornecidos bens ou prestados serviços destinados a uso profissional. Neste sentido, DUARTE, Paulo. O conceito jurídico de consumidor, segundo o art. 2º/1 da Lei da Defesa do Consumidor. *Boletim da Faculdade de Direito da Universidade de Coimbra*, Coimbra, v. LXXV, p. 649-703, 1999; MOTA PINTO, Paulo. Conformidade e garantias na venda de bens de consumo. A Directiva 1999/44/CE e o direito português. In: PINTO MONTEIRO, António (Org.). *Estudos de direito do consumidor*. Coimbra: Centro de Direito do Consumo Faculdade de Direito da Universidade de Coimbra, 2000. p. 214; CARVALHO, Jorge Morais. O conceito de consumidor no direito português. In: PINTO MONTEIRO, António (Org.). *Estudos de direito do consumidor*. Coimbra: Centro de Direito do Consumo Faculdade de Direito da Universidade de Coimbra, 2018. p. 19. Sustentando que a Lei de Defesa do Consumidor deve ser interpretada no sentido de excluir as pessoas coletivas da noção de consumidor, *v.* CALVÃO DA SILVA, João. *Responsabilidade civil do produtor*. Coimbra: Almedina, 1999. p. 58 e ss; CALVÃO DA SILVA, João. *Venda de bens de consumo*. Decreto-Lei n. 67/2003, de 8 de abril. Directiva 1999/44/CE. Comentário. Coimbra: Almedina, 2004. p. 44; FALCÃO, David. Conceito de consumidor, *Gestin*, Castelo Branco, a. 8, n. 8, p. 151-152,

Quanto ao segundo elemento do conceito de consumidor, vulgarmente designado de elemento objetivo, resulta da exigência formulada na norma em análise de que só poderá designar-se como tal aquele a «quem sejam fornecidos bens, prestados serviços ou transmitidos direitos», corporizando assim a ideia de que consumidor só pode ser quem assume a posição de adquirente dos bens, serviços ou direitos, embora de quaisquer bens ou serviços[41], numa relação de consumo que parece abranger qualquer relação contratual[42].

---

maio 2010. p. 152. Manifestando dúvidas: MONTEIRO, António Pinto. A resposta do ordenamento jurídico português à contratação bancária pelo consumidor. *Boletim de Ciências Económicas*, Coimbra, a. 57, n. 2, p. 2315-2348, 2014.

O Anteprojeto de Código do Consumidor, por sua vez, continha no seu artigo 10º uma noção de consumidor que incluía no seu âmbito subjetivo apenas as pessoas físicas, porém, no art. 11º, n. 1, estendia a sua aplicação às pessoas coletivas que provassem que não dispõem nem deveriam "dispor de competência específica para a transação em causa e desde que a solução em causa se mostre de acordo com a equidade".

Questão igualmente controversa é a de poder qualificar ou não como consumidor o condomínio, tendo vingado maioritariamente na doutrina e na jurisprudência pátrias a posição de que deve interpretar-se a expressão "todo aquele" em termos de abranger associações e comissões sem personalidade jurídica, devendo o condomínio considerar-se consumidor, ainda que gerido por um profissional, sempre que, pelo menos um dos proprietários de fração autónoma a tenha adquirido para fins não profissionais e possa, por isso, ser considerado como tal. Tal orientação justifica-se pela circunstância de dever atribuir-se ao próprio condomínio a possibilidade de defender os interesses dos condóminos consumidores também relativamente às partes comuns do edifício, das quais são comproprietários nos termos do art. 1420º do C.C.

Diga-se, porém, não ser essa a orientação seguida pelo TJUE. Com efeito, no Processo C-329/2019 (Acórdão de 2 de abril de 2020), chamado a pronunciar-se sobre a qualificação do condomínio como consumidor para efeitos da aplicação da Diretiva 93/13/CEE, relativas às cláusulas abusivas, entendeu não poder atribuir-se-lhe tal qualificação, reconhecendo, porém, poderem os Estados-Membros alargar o âmbito de aplicação subjetivo das diretivas e, nesse sentido, enquadrar o condomínio ou quaisquer outras pessoas como consumidores.

Nesse sentido decidiu o STJ, no Acórdão 10-12-2019, em que interveio como relator Nuno Pinto Oliveira, entendendo poder o condomínio ser considerado consumidor para efeitos da aplicação do Decreto-Lei n. 67/2003 (venda de bens de consumo e garantias), desde que uma das frações seja destinada a uso privado. Defende, desta forma, o STJ que, para o condomínio beneficiar da proteção acrescida conferida por lei ao consumidor basta que um dos condóminos tenha adquirido a respetiva fração para a destinar a uso privado, ou seja, a habitação própria. Por isso, só não será assim se a aquisição de todas as frações autónomas se efetuar com finalidades de ordem profissional. Além disso, tem a jurisprudência do STJ entendido que deve ficcionar-se uma relação de consumo entre o empreiteiro e o adquirente da fração autónoma, embora não exista qualquer relação contratual entre eles, quando aquele conheça ou deva conhecer que a finalidade do dono da obra é a de constitui o edifício em propriedade horizontal e alienar as respetivas frações autónomas, ou pelo menos algumas delas, a consumidores, entendimento que se fundamenta na posição de vulnerabilidade deste tipo de adquirentes perante o construtor, com presumida maior competência técnica e negocial. A propósito, veja-se, entre outros, MARIANO, João Cura. *Responsabilidade contratual do empreiteiro pelos defeitos da obra*. 5. ed. Coimbra: Almedina, 2015.

41. Quanto aos bens e serviços, pode ser objeto de um contrato de consumo o fornecimento de quaisquer bens ou a prestação de qualquer serviço, desde que suscetíveis de serem utilizados para a satisfação de necessidades pessoais ou privadas. Relativamente à alusão que se faz à transmissão de direitos, tem-se entendido que ela é supérflua, não implicando qualquer ampliação do objeto da relação de consumo, uma vez que a transmissão de direitos se traduz num possível mero efeito jurídico do negócio celebrado. Assim, se por um lado, não é tecnicamente correto autonomizar a transmissão de direitos do fornecimento de bens, já que este leva implícita a transmissão do direito que sobre tais bens incide, por outro lado, fora das hipóteses em que o objeto da relação obrigacional implica o fornecimento de um qualquer bem, ou seja, em caso de operações que envolvam meras transmissões de direitos (cessão de créditos, cessão da posição contratual), não se concebe com facilidade a possibilidade de tais direitos poderem ser objeto de uso não profissional, tanto mais que em rigor não se poderá falar de uso de um direito, pelo menos naquela aceção, que parece estar aqui em causa, de atividade material de

Em terceiro lugar, o conceito de consumidor tem natureza relacional, na medida em que se configura tal sujeito como sujeito de uma relação de consumo em que a outra parte é um profissional que exerce uma atividade económica com vista à obtenção de benefícios. Neste sentido, só se é consumidor em certo contexto, nomeadamente quando negocialmente se estabelecem relações com outrem, cuja posição contratual é de presumir juridicamente mais forte, dando, como vimos, lugar à tentativa de ultrapassar ou minorar tal assimetria. Não se é, por isso, consumidor numa relação entre iguais.

Desde logo, a contraparte do consumidor há de ser alguém que exerça uma atividade económica, qualquer que seja o seu objeto, de natureza comercial ou não, de natureza pública ou privada, desde que o faça a título oneroso, exigindo como contrapartida uma retribuição[43]. Saliente-se que o que está em causa não é a verificação em cada relação concreta da efetiva obtenção de lucros por parte do profissional, exigindo-se apenas que

---

aproveitamento de coisas ou serviços, pois os direitos não se usam, antes se exercem, usando os bens que são o seu objeto. Assim, DUARTE, Paulo. O conceito jurídico de consumidor, segundo o art. 2º/1 da Lei da Defesa do Consumidor. *Boletim da Faculdade de Direito da Universidade de Coimbra*, Coimbra, v. LXXV, p. 649-703, 1999 e ABELEIRA, Teresa Estévez. Análisis de la noción de consumidor en el derecho português desde la perspectiva del derecho español. In: PINTO MONTEIRO, António (Org.). *Estudos de direito do consumidor*. Coimbra: Centro de Direito do Consumo Faculdade de Direito da Universidade de Coimbra, 2016.

No texto do Anteprojeto de Código do Consumidor não se faz qualquer referência a este elemento objetivo.

42. No sentido de que a razão de ser do diploma se estende, também, a relações não contratuais, dando como exemplos o do art. 8º-1-i) da LDC quando impõe ao profissional a prestação de informações relativamente à garantia voluntária ou comercial oferecida e que pode decorrer de negócio jurídico unilateral e o do art. 12º, n. 2, que alude à responsabilidade civil extracontratual do produtor, CARVALHO, Jorge Morais. O conceito de consumidor no direito português. In: PINTO MONTEIRO, António (Org.). *Estudos de direito do consumidor*. Coimbra: Centro de Direito do Consumo Faculdade de Direito da Universidade de Coimbra, 2018. p. 194.

Contra, porém, DUARTE, Paulo. O conceito jurídico de consumidor, segundo o art. 2º/1 da Lei da Defesa do Consumidor. *Boletim da Faculdade de Direito: Universidade de Coimbra*, Coimbra, v. 75, p. 649-703. 1999, p. 658 e ss., para quem o contrato representa o único espaço de operatividade da noção de consumidor, perdendo tal conceito toda e qualquer relevância jurídica fora desse perímetro de ação, pois deixará de constituir qualquer ponto de referência de qualquer especificidade normativa, podendo, no entanto, estar em causa diversos tipos contratuais, entre os quais se contam a compra e venda, a empreitada, a locação, a prestação de serviços etc.

43. Nos termos do art. 2º, 2, da LDC, não releva para a qualificação como consumidor a natureza pública ou privada da atividade exercida, no entanto, no que respeita a entidades públicas, necessário que se trate de uma atividade económica desenvolvida pela administração, pela qual seja cobrado um preço (ou, tratando-se de uma liberalidade, esta se insira na estratégia comercial da entidade em causa), não sendo relações de consumo as relativas a serviços que constituem missão do Estado, como os que dizem respeito à justiça, à polícia, ao serviço nacional de saúde ou à educação.

Quanto a poder traduzir-se no exercício de uma profissão liberal a doutrina divide-se, havendo quem entenda encontrar-se excluída a atividade dos profissionais liberais por força do art. 23º da LCD, embora, segundo uma outra orientação, a referida exclusão tenha relevo apenas no que respeita à responsabilidade disciplinar, não excluindo para os restantes efeitos estes profissionais do seu âmbito de aplicação, de acordo aliás com a posição sustentada pelo TJUE. Assim, no acórdão Siba (ac. de 15/01/2015) decidiu o TJUE que A Diretiva 93/13/CEE do Conselho, de 5 de abril de 1993, relativa às cláusulas abusivas nos contratos celebrados com os consumidores, deve ser interpretada no sentido de que se aplica aos contratos standard de prestação de serviços jurídicos, como os que estão em causa no processo principal celebrados por um advogado com uma pessoa singular que não atue para fins que pertençam ao âmbito da sua atividade profissional.

Neste sentido, pode ver-se, também, CARVALHO, Jorge Morais. O conceito de consumidor no direito português. In: PINTO MONTEIRO, António (Org.). *Estudos de direito do consumidor*. Coimbra: Centro de Direito do Consumo Faculdade de Direito da Universidade de Coimbra, 2018. p. 209. Contra, porém, DUARTE, Paulo. O conceito jurídico de consumidor, segundo o art. 2º/1 da Lei da Defesa do Consumidor. *Boletim da Faculdade de Direito: Universidade de Coimbra*, Coimbra, v. 75, p. 649-703, 1999. p. 667.

a atuação deste se insira numa atividade económica que vise a obtenção de benefícios, podendo não implicar um lucro imediato[44].

A contraparte consumidor não tem necessariamente de ser comerciante ou exercer a atividade económica em causa através de uma qualquer organização de meios de natureza empresarial, terá, porém, de a realizar a título profissional, devendo esta alusão ao exercício profissional da atividade económica de ser entendida como uma exigência de que o seja de forma habitual, estável e duradoura. Não tem de tratar-se, é certo, da atividade principal de quem a exerce, podendo ser uma simples atuação secundária, o que não pode é ter natureza esporádica e isolada ou meramente ocasional, por nesse caso ser de supor a falta da experiência, dos conhecimentos técnicos e da habilidade negocial que permitiriam sustentar a vulnerabilidade posicional do outro sujeito que, por isso mesmo, não pode ser considerado consumidor[45].

Por fim, o elemento teleológico e aquela que mais nos interessa na abordagem que aqui encetámos, a exigir que seja considerado consumidor apenas aquele a quem sejam fornecidos bens, prestados serviços, destinados a uso não profissional[46], e que expulsa

---

44. Pode tratar-se, por exemplo, na relação concreta com o consumidor, de um ato promocional, com a entrega de certos bens a título de oferta, mas com o intuito da obtenção de benefícios a médio ou a longo prazo e, portanto, inserido numa atividade económica do tipo considerado. Além disso, porque implica o pagamento de uma contraprestação, também a atividade de quem fornece bens a preço de custo, não obtendo qualquer lucro, não deixa de ser uma atividade económica enquadrável na disposição normativa em causa.

45. A fronteira entre o que pode e não pode considerar-se, segundo este critério, o exercício profissional de uma atividade económica pode não ser fácil de estabelecer, por nem sempre ser fácil avaliar em concreto o caráter mais ocasional ou mais reiterado de certas atuações. A utilização de plataformas digitais veio, neste domínio, permitir que se celebrem de forma mais facilitada para os compradores, mas também para os fornecedores, vários contratos, não sendo em muitos casos fácil avaliar se estaremos perante uma relação de consumo, Ainda assim, mesmo que seja de excluir que a atividade do fornecedor é exercida a título profissional, na relação com a própria plataforma deve entender-se existir uma relação de consumo, sendo possível, estando preenchidos os restantes requisitos, considerar aquele que adquire bens ou, por essa via, contrata determinados serviços, como consumidor.

46. A lei anterior, Lei n. 29/81, de 22 de agosto, limitava, quanto ao aspeto em análise, o âmbito do conceito de forma positiva, através do recurso à expressão "destinados a uso privado", havendo nesta sede uma modificação do discurso legislativo que agora define consumidor, por via negativa, como aquele que destina os bens ou serviços a um uso não profissional, o que, pelo menos segundo um certo entendimento, não é inconsequente e traduz uma dilação do âmbito ou perímetro do conceito em análise. Só não seria assim se pudéssemos afirmar que todo o uso não profissional se traduz em uso privado, ou seja a utilização direta do bem ou serviço pelo próprio consumidor ou por qualquer elemento do seu agregado familiar. Todavia, podem claramente constatar-se determinadas hipóteses em que os bens não sendo destinados a uso privado, possam ou devam ser considerados canalizados para uma atuação não profissional, o que implica que o respetivo adquirente seja considerado consumidor, quando pela outra fórmula não o seria. Veja-se, neste sentido, DUARTE, Paulo. O conceito jurídico de consumidor, segundo o art. 2º/1 da Lei da Defesa do Consumidor. *Boletim da Faculdade de Direito: Universidade de Coimbra*, Coimbra, v. 75, p. 649-703, 1999. p. 675, com referência ao exemplo do adquirente de um automóvel que seguidamente o revende, sem nunca o destinar a uso próprio ou de algum dos membros do seu agregado, e onde se não pode estabelecer qualquer conexão com uma atividade económica exercida a título profissional. Também, no mesmo sentido, PEREIRA, Alexandre Dias. A protecção do consumidor no quadro da diretiva sobre o comércio electrónico. In: PINTO MONTEIRO, António (Org.). *Estudos de direito do consumidor*. Coimbra: Centro de Direito do Consumo Faculdade de Direito da Universidade de Coimbra, 2000. p. 61; FALCÃO, David. Conceito de consumidor, *Gestin*, Castelo Branco, a. 8, n. 8, p. 151-152, maio 2010. p. 152; MARIANO, João Cura. *Responsabilidade contratual do empreiteiro pelos defeitos da obra*. 5. ed. Coimbra: Almedina, 2015. p. 238. Contra, ou seja, expressando o entendimento de que a mudança do discurso legislativo não reflete qualquer mudança de regime, CARVALHO, Jorge Morais. O conceito de consumidor no direito

do âmbito de aplicação do conceito todos quantos atuem tendo, de alguma maneira, em vista finalidades que se enquadrem predominantemente na respetiva atividade profissional ou que não sejam estranhas a tal atividade.

Sendo a natureza do uso para que são destinados os bens e serviços um elemento fundamental do conceito de consumidor, a sua determinação, não devendo ater-se a eventuais motivações dos contraentes, só poderá obter-se através da interpretação das respetivas declarações negociais, tendo em conta as próprias circunstâncias que rodearam a formação do negócio, bem como a funcionalidade objetiva normal dos bens e serviços que constituem o seu objeto, pelo que o momento determinante para apurar tal destinação é o da celebração do contrato e não o momento posterior da efetiva utilização[47].

Quanto, porventura, o bem ou serviço se destine a fins mistos, no sentido de ser adquirido tendo em vista em simultâneo ambos os usos, profissional e não profissional, tem-se entendido dever solucionar-se o problema convocando o critério do destino ou uso predominante, também adotado pelas instâncias europeias[48], nos termos do qual se deverá entender estarmos perante um consumidor se e quando a destinação ao uso não profissional for predominante e suplantar aquele que se relaciona com a atividade do adquirente enquanto profissional.

---

português. In: PINTO MONTEIRO, António (Org.). *Estudos de direito do consumidor*. Coimbra: Centro de Direito do Consumo Faculdade de Direito da Universidade de Coimbra, 2018. p. 196.

É certo, também, que tendo em conta o critério da destinação do bem ou serviço a um uso não profissional, nem sempre é fácil estabelecer a qualificação como consumidor, sendo por vezes discutível essa qualificação. É o que sucede no caso do investidor não profissional, que beneficia das medidas de proteção estabelecidas no regime jurídico dos contratos celebrados à distância relativos a serviços financeiros (DL. N. 95/2006), desde que o investimento não se integre no âmbito da sua atividade profissional. Tal qualificação não será, apesar de tudo, de extrema importância já que tais investidores não qualificados, mesmo não sendo considerados consumidores por determinados instrumentos normativos, são a eles equiparados para determinados efeitos, como acontece no art. 321°, n. 3, do Código dos Valores Mobiliários.

47. Quanto ao ónus da prova do destino que haja sido atribuído aos bens ou serviços, a respetiva distribuição dependerá, de acordo com os critérios vigentes e de onde sobressai a regra geral do art. 342° do C.C., de se considerar que o destino conferido contratualmente aos bens objeto do contrato é um facto constitutivo dos direitos do consumidor, pertencendo-lhe nesse caso o ónus de provar tal destinação, ou se, pelo contrário, se traduz num facto impeditivo, impondo-se, nessa hipótese, ao fornecedor, o ónus de afastar a qualidade de consumidor da sua contraparte, provando que o destino contratual dos bens e serviços em causa se enquadra no exercício de uma atividade profissional. Tal como, DUARTE, Paulo. O conceito jurídico de consumidor, segundo o art. 2°/1 da Lei da Defesa do Consumidor. *Boletim da Faculdade de Direito: Universidade de Coimbra*, Coimbra, v. 75, p. 649-703. 1999, p. 678, tendo em conta a especial intencionalidade do Direito do consumo de proteção da parte que posicionalmente se presume mais débil, inclinamo-nos para este segundo entendimento, até porque, de outra forma, poder-se-ia implementar um obstáculo, por vezes difícil de ultrapassar, ao gozo do estatuto jurídico que a lei, naquela suposição, concede ao consumidor.

48. Veja-se, por exemplo, o considerando (17) da Diretiva 2011/83/EU, onde se estabelece que "no caso dos contratos com dupla finalidade, se o contrato for celebrado para fins relacionados em parte com a atividade comercial e em parte à margem dessa atividade e se o objetivo da atividade for tão limitado que não seja predominante no contexto global do contrato, essa pessoa deverá ser igualmente considerada consumidor".

Porém, o TJUE tem-se orientado de acordo com um critério mais restritivo no domínio da competência judiciária, considerando não ser aplicável a regra que permite ao consumidor demandar e ser demandado no tribunal do lugar do seu domicílio em caso de uso misto, "salvo se a utilização profissional for marginal, a ponto de apenas ter um papel despiciendo no contexto global da operação em causa, sendo irrelevante, a este respeito, o facto de o aspeto extraprofissional ser dominante", tal como resulta, entre outros, do Acórdão de 20/01/2005 (Gruber) e do Acórdão de 25/01/2018, ambos daquele tribunal.

Deve ainda salientar-se que o perímetro do conceito de uso não profissional não é inteira e necessariamente coincidente com o da noção de destinatário final, utilizada como um dos elementos de delimitação do conceito de consumidor por determinados sistemas jurídicos, como é o caso do Código de Defesa do Consumidor Brasileiro, e que tem dado aso a interpretações bastante mais amplas, no sentido de conferir uma maior extensão àquele conceito e um maior âmbito de aplicação às regras de proteção que o tomam como referência, como sucede a este propósito com a chamada teoria maximalista.

Efetivamente, a expressão "destinatário final" pode ser interpretada, segundo o entendimento da teoria finalista, mais restritivo, de forma a exigir que o consumidor só possa ser considerado nessa qualidade se puder ser qualificado não apenas como destinatário final fáctico, mas também económico. Assim, para ser identificado como consumidor, o sujeito deverá dar aos produtos ou serviços uma destinação final, mas não basta assumir a qualidade de destinatário final fáctico, retirando o bem da cadeia de produção, sendo também necessário ser destinatário final económico, não o adquirindo para revenda, nem para qualquer para uso profissional, pois ao incorporar o bem na sua atividade económica como fator de produção, não arcaria efetivamente com o custo da sua aquisição, transferindo-o para terceiros[49]. Ou seja, a sua utilização, direta ou indireta, na atividade económica exercida descaracteriza a destinação ou fruição final do bem, transformando-o em instrumento do ciclo produtivo de outros bens ou serviços, pelo que, segundo este entendimento o perímetro de incidência de ambos os conceitos, destinatário final e uso não profissional, acaba por coincidir.

Pelo contrário, segundo o entendimento da doutrina maximalista, também designada de Escola Objetiva, é a aquisição ou uso do bem ou serviço como destinatário final fáctico que caracteriza a relação de consumo, não relevando na definição de consumidor o uso privado ou económico-profissional do bem, porquanto quem o adquire ou utiliza no exercício da sua atividade económica, sem que o produto ou serviço integre diretamente o processo de produção, transformação, montagem, beneficiação ou revenda, o faz na condição de destinatário final, ainda que meramente fático. Neste sentido, a finalidade a ser satisfeita pelo ato de consumo não interfere na definição de

---

49. Neste sentido, MARQUES, Cláudia Lima. *Contratos no Código de Defesa do Consumidor*. 2. ed. São Paulo: RT, 1995. p. 100. para quem "Destinatário final é aquele destinatário fático e econômico do bem ou serviço, seja ele pessoa jurídica ou física. Logo, segundo esta interpretação teleológica não basta ser destinatário fático do produto, retirá-lo da cadeia de produção, ..., é necessário ser destinatário final econômico do bem, não adquiri-lo para a revenda, não adquiri-lo para o uso profissional, pois o bem seria novamente instrumento de produção cujo preço será incluído no preço final do profissional que o adquiriu. Neste caso não haveria a exigida 'destinação final' do produto ou do serviço", ou como salienta FILOMENO, José Geraldo Brito. *Código Brasileiro de Defesa do Consumidor*. 7. ed. Rio de Janeiro: Forense Universitária, 2001. p. 26-7, "o conceito de consumidor adotado pelo Código foi exclusivamente de caráter econômico, ou seja, levando-se em consideração tão-somente o personagem que no mercado de consumo adquire bens ou então contrata a prestação de serviços, como destinatário final, pressupondo-se que assim age com vistas ao atendimento de uma necessidade própria e não para o desenvolvimento de uma outra atividade negocial".
A partir desse ponto de vista inicial, de forte tendência restritiva, os finalistas, também intitulados teleológicos, evoluíram para uma posição mais mitigada, que aceita a possibilidade de interpretar o art. 2 de forma a reconhecer a vulnerabilidade, em certos casos, dos próprios profissionais. Trata-se do chamado finalismo aprofundado que admite a figura do consumidor por equiparação nos casos de reconhecida vulnerabilidade.

relação de consumo, não se equiparando as noções de uso final e de uso privado[50]. O uso profissional do bem ou serviço adquirido ou utilizado pela pessoa que exerce a respetiva atividade económica apenas afastará a existência de relação de consumo se tal bem ou serviço integrar diretamente (revenda) ou por transformação o produto ou serviço a ser fornecido a terceiros, na medida em que, em tais hipóteses, o seu destinatário não será um destinatário final, antes um intermediário[51].

Daqui resulta um conceito substancialmente mais amplo de consumidor, que podendo adaptar-se à noção do Art. 2º do Código de Defesa do Consumidor Brasileiro, não pode ser de modo algum enquadrada em qualquer das noções sectoriais de consumidor do direito do consumo português a que nos referimos, assim como não o poderá ser na noção estabelecida na LCD. Nessa medida, parece-nos repousar num equívoco, a frequente contraposição, em termos muito semelhantes à que aqui analisámos, entre um conceito amplo e um conceito restrito de consumidor, pretensamente vigentes no direito português, já que tal conceito amplo, com os contornos supra definidos, não resulta de qualquer instrumento normativo vigente entre nós.

VIRTUALIDADE EXPANSIVA DA TUTELA DO CONSUMIDOR

Questão diversa da que tratamos anteriormente, referente à admissibilidade de um conceito amplo de consumidor que abranja também os profissionais, sobretudo quando atuem fora da sua área de especialidade, é a de averiguar se o regime protetivo que a lei concede em determinados aspetos ao consumidor, tal como o identificámos e tendo em conta o seu fundamento axiológico, pode estender-se a sujeitos que embora não enquadráveis na respetiva noção se encontrem numa situação de vulnerabilidade semelhante, ao ponto de merecerem uma idêntica tutela.

Efetivamente, como decorre da análise efetuada, damos como certo que o conceito vertido no Art. 2º da LDC, podendo ser convocado para domínios regulativos independentemente de qualquer remissão expressa, não admite enquadrar no seu âmbito todo aquele grupo de casos em que o adquirente incorpore ou destine os bens ou serviços a uma atividade económica, apenas considerando como relação de consumo a que se

---

50. Pode, assim, destacar-se inúmeras situações em que os sujeitos adquirem ou utilizam produtos somente como destinatários finais fácticos e recebem plenamente a proteção das regras destinadas à tutela do consumidor. Por exemplo, a empresa que adquire um veículo para transporte de sua matéria-prima ou de seus funcionários, certamente o faz na qualidade de adquirente e usuário final daquele produto, que não será objeto de transformação, atingindo aí o seu ciclo final, e, por isso, encontra no adquirente o seu destinatário final.

51. É o caso do construtor de automóveis que adquire produtos para montagem e revenda (autopeças). Porém, ao mesmo tempo adquire produtos ou serviços para consumo final (material de escritório, alimentação), sendo, neste último caso, consumidor. O destino final é, pois, segundo esta orientação a nota caraterizadora do conceito de consumidor.

Deste modo, pode concluir-se que a teoria subjetiva parte de um conceito económico de consumidor, enquanto a teoria objetiva pressupõe um conceito jurídico de consumidor, resultante, segundo a orientação maioritária do STJ, de uma exegese mais próxima do comando legal positivado no art. 2º do CDC, que considera consumidor o destinatário final de produto ou serviço adquirido ou utilizado.

Assim, ANDRIGHY, Fátima Nancy. O conceito de consumidor direto e a jurisprudência do Superior Tribunal de Justiça, *Revista de Direito Renovar*, Rio de Janeiro, n. 29, p. 1-11, maio/ago. 2004.

estabelece entre um sujeito que atue no exercício de uma atividade económica, o fornecedor ou prestador do serviço, e um outro, o consumidor que ,para o ser, terá de agir com finalidades alheias à sua atividade profissional. O fundamento, como vimos, repousa na pressuposta vulnerabilidade de quem assume tal posição numa relação que se presume, à partida, assimétrica. Repare-se, no entanto, que, tal como também constatámos, pode a vulnerabilidade ocorrer mesmo para lá do âmbito mais estrito das relações negociais estruturalmente assimétricas, em que a posição do mais frágil pode ser meramente circunstancial e não posicional. Fala-se, a propósito, da figura do profissional profano, que não correspondendo à figura de consumidor, revela necessidades semelhantes de tutela, pois intervém numa contratação desequilibrada, adquirindo bens e serviços que embora se destinem à respetiva atividade económica, atua fora do domínio da sua especialidade, tendo como contraparte um outro sujeito mais forte do ponto de vista técnico, económico e, por isso também, do ponto de vista negocial. Será então legítimo questionar se, podendo o exercente de uma atividade económica encontrar-se numa situação de debilidade contratual, resultante de um desequilíbrio próximo daquele que caracteriza as relações de consumo e que se traduz no fundamento legitimados daquela específica tutela, não deverá ser igualmente destinatário da correspondente proteção[52].

Por isso mesmo, atribuir relevância nestas hipóteses à vulnerabilidade pode passar por admitir, sobretudo onde não funcionem as normas civis ou comerciais que em geral a visam, o recurso à analogia de modo a filtrar e aplicar soluções destinadas a tutelar a assimetria contratual, mesmo que digam respeito a núcleos de proteção específicos. A nós não nos parece, nessa medida, de rejeitar a orientação que admite a aplicação analógica de determinados complexos normativos, como o que visa a tutela específica do consumidor, mesmo quando em contexto de contratação empresarial ou profissional (entre sujeitos iguais em termos posicionais), sejam identificadas situações de assimetria e de vulnerabilidade análogas às que tipicamente ocorrem nas relações de consumo. O que se perde em matéria de segurança jurídica, adquire-se ao nível da realização da jus-

---

52. No fundo questiona-se se a relevância jurídica da vulnerabilidade de uma das partes numa relação assimétrica pressupõe, no nosso sistema jurídico, o seu reconhecimento pelo legislador através da criação de normas protetoras, que têm como fundamento, ou se deverá aceitar-se a possibilidade de identificação de um princípio capaz de fundar na vulnerabilidade, sem necessidade de norma jurídica particular, ou seja, fora dos casos previstos em intervenção legislativa, a decisão do caso concreto.

Sobre a questão e admitindo pelo menos a aplicação analógica de instrumentos normativos gizados para a tutela do consumidor a hipóteses de debilidade manifesta de contraentes empresariais: ALVES, Hugo Ramos. Vulnerabilidade e assimetria contratual. *Revista da Faculdade de Direito da Universidade de Lisboa*, Lisboa, a. 62, n. 1, p. 305-339, 2021. Da mesma forma, embora com referência à extensão teleológica do próprio conceito de consumidor: DUARTE, Paulo. O conceito jurídico de consumidor, segundo o art. 2º/1 da Lei da Defesa do Consumidor, *Boletim da Faculdade de Direito: Universidade de Coimbra*, Coimbra, v. 75, p. 649-703, 1999. p. 681 e ss.; OLIVEIRA, Fernando Baptista. *O conceito de consumidor - perspectivas nacional e comunitária*. Coimbra: Almedina, 2009. p. 63 a 72; MAIA, Pedro. Contratação à distância e práticas comerciais desleais. In: PINTO MONTEIRO, António (Org.). *Estudos de direito do consumidor*. Coimbra: Centro de Direito do Consumo Faculdade de Direito da Universidade de Coimbra, 2015. p. 151. Contra, porém, CARVALHO, Jorge Morais. O conceito de consumidor no direito português. In: PINTO MONTEIRO, António (Org.). *Estudos de direito do consumidor*. Coimbra: Centro de Direito do Consumo Faculdade de Direito da Universidade de Coimbra, 2018. p. 199.

tiça material, tanto mais que, admitido tal recurso, ainda assim seria necessária a prova em concreto da assimetria e da vulnerabilidade a que ela conduz, por não se tratar de debilidade estrutural e posicional, que enquanto tal seria presumida.

Repare-se que o que defendemos não é a extensão do próprio conceito de modo a considerar tais sujeitos como consumidores, mas antes, tendo em conta a similitude da respetiva situação em matéria de distribuição do risco determinada pelo desequilíbrio negocial, a aplicação analógica de determinadas normas de proteção do consumidor que visam, precisamente, reagir contra tal assimetria. Tais sujeitos não passam a ser considerados consumidores, ainda que por equiparação, mantendo-se inalterado o respetivo conceito, apenas e aquando de reconhecida vulnerabilidade, passam a beneficiar da tutela específica prevista para as relações de consumo[53]. Só assim ficam salvaguardados princípios jurídicos fundamentais, como aquele que impõe a aplicação a realidades objetivamente idênticas de soluções semelhantes do ponto de vista material[54].

---

53. A técnica da aplicação a profissionais da tutela pensada para o consumidor, mantendo inalterado o respetivo conceito, é até, por vezes, utilizada pelo próprio legislador, que opta por fixar o conceito de consumidor, a quem dirige o núcleo principal da respetiva tutela, estendendo depois algumas regras aos profissionais, pelo menos quando entende encontrarem-se, para determinados aspetos, numa posição de alguma assimetria ou vulnerabilidade em confronto com a contraparte. É, nomeadamente, o que sucede com o DL n. 57/2008, que depois da alteração introduzida pelo Decreto-Lei n. 205/2015, de 23 de setembro e no que respeita às práticas comerciais que se traduzam em ações enganosas (art. 7º) passou a aplicar-se também às relações entre empresas. Ou seja, uma parte relevante do regime das práticas comerciais desleais passou a valer não apenas na relação de consumidores com comerciantes, mas, por força do n. 3 da referida disposição, também nas relações entre empresas, quer dizer, relações com não-consumidores, tendo em conta o conceito acolhido nesta lei. A propósito, *cfr.* MAIA, Pedro. Contratação à distância e práticas comerciais desleais. In: PINTO MONTEIRO, António (Org.). *Estudos de direito do consumidor.* Coimbra: Centro de Direito do Consumo Faculdade de Direito da Universidade de Coimbra, 2015. pp. 152 e ss., que entende dever o legislador proceder de forma idêntica quanto ao regime da contratação à distância, na medida em que "em sede de contratação a distância, não se vislumbra por que motivo a protecção do "cliente" – usamos um conceito de feição mais económica e neutra, para evitar a restrição jurídica que a noção legal de consumidor acarreta – se há-de diferenciar (tanto) tendo em conta a natureza de pessoa singular ou de pessoa colectiva, e mesmo tendo em conta o facto de se tratar de um profissional ou não. A razão da tutela advém da circunstância objectiva de o cliente não ter acesso presencial ao bem e ao fornecedor – estando, por isso, impossibilitado de "contactar com a coisa e de a examinar, ou de conhecer detalhada e pessoalmente as características da prestação de serviços"1 –, para o que parece relevar pouco (ou mesmo muito pouco) o facto de o cliente ser uma pessoa colectiva ou não, ser um profissional ou não". Ou seja, existindo "um conjunto de riscos associados à contratação a distância que são objectivos e decorrem directa e necessariamente deste meio de contratação, seja qual for a natureza do sujeito: é o como se contrata e não o com quem se contrata que deve determinar o regime. Em tais aspectos, deverá, pois, a legislação aplicar-se também aos clientes-pessoas colectivas e profissionais.

54. Poderá igualmente questionar-se se este entendimento não pressupará o utilizar o mesmo critério nas situações inversas, o que levaria a uma redução teleológica, não integrando no âmbito de proteção de tais normas as situações em que o consumidor, atuando embora com finalidades alheias à sua atividade profissional, não se encontre em efetiva situação de fragilidade e diminuído em face do seu parceiro contratual. Esse é, aliás, o entendimento manifestado por CALVÃO DA SILVA, João. *Responsabilidade do produtor.* Coimbra: Almedina, 1990. p. 63. Não cremos, porém, que deva ser necessariamente assim, já que, quando integrado o conceito de consumidor, a vulnerabilidade em causa é de natureza posicional e, por isso, pressuposta ou presumida, ao contrário da eventual e meramente circunstancial fragilidade em que pode encontrar-se o profissional. Por isso, expulsar do âmbito da respetiva tutela o consumidor apetrechado não permitiria ganhar, ao nível da maior justeza material e de coerência lógica, o equivalente ao que se perderia em matéria de segurança, podendo correr-se o risco de uma avaliação errada acerca competência técnico-profissional do consumidor levar a desprotegê-lo, contra o espírito do próprio complexo normativo em causa.

O Anteprojeto de Código do Consumidor de 2006 previa semelhante extensão da proteção conferida ao consumidor aos profissionais em situação de vulnerabilidade, embora os não enquadrasse no conceito de consumidor. Efetivamente, se no Art. 10º se considera, também restritivamente, como "consumidor a pessoa singular que actue para a prossecução de fins alheios ao âmbito da sua actividade profissional, através do estabelecimento de relações jurídicas com quem, pessoa singular ou colectiva, se apresenta como profissional", na disposição seguinte (Art. 11º) promove-se uma extensão do regime e da proteção que ele consagra, não apenas relativamente às pessoas coletivas, como também às pessoas singulares que "actuem para a prossecução de fins que pertençam ao âmbito da sua actividade profissional", desde que, num caso e noutro, façam prova "de que não dispõem nem devem dispor de competência específica para a transacção em causa e desde que a solução se mostre de acordo com a equidade".

Como se vê, uma solução semelhante à que atrás defendemos, apenas com a diferença de que, resultando diretamente da lei, evitaria o recurso à aplicação analógica.

OS ACÓRDÃOS UNIFORMIZADORES DE JURISPRUDÊNCIA N. 4 DE 2014 E N. 4 DE 2019: O CONCEITO DE PROMITENTE COMPRADOR CONSUMIDOR

O Acórdão do STJ n. 4/2014[55], de 19 de maio, uniformizou jurisprudência nos seguintes termos: "No âmbito da graduação de créditos em insolvência o consumidor promitente-comprador em contrato, ainda que com eficácia meramente obrigacional com *traditio*, devidamente sinalizado, que não obteve o cumprimento do negócio por parte do administrador da insolvência, goza do direito de retenção nos termos do estatuído no artigo 755º, n. 1, alínea f) do Código Civil".

Perante tal entendimento, com efeito uniformizador, colocam-se algumas questões, cuja solução tem dividido a doutrina e a própria jurisprudência:

Em primeiro lugar a de saber se no âmbito da insolvência do promitente vendedor, qual a pretensão indemnizatória que cabe ao promissário perante a recusa de celebração do negócio definitivo por parte do administrador da insolvência, quando, num contrato promessa com eficácia meramente obrigacional, haja obtido a tradição da coisa objeto do contrato. Em concreto, importa identificar se é titular do direito ao dobro do sinal, ou à indemnização pelo aumento do valor, nos termos do Art. 442 CC, tal como decidiu o STJ de modo a legitimar a atribuição nessa sede do direito de retenção, ou, se pelo contrário, a uma indemnização calculada nos termos do n. 2 do Art. 106 CIRE.

No sentido de também se poder enfrentar a eventual injustiça decorrente da circunstância de o consumidor poder em concreto encontrar-se numa situação de predomínio em face da contraparte, e ainda assim recorrer às normas que enquanto consumidor lhe conferem proteção, através do recurso à figura do abuso de direito, prevista no art. 334º do C.C., DUARTE, Paulo. O conceito jurídico de consumidor, segundo o art. 2º/1 da Lei da Defesa do Consumidor. *Boletim da Faculdade de Direito: Universidade de Coimbra*, Coimbra, v. 75, p. 649-703, 1999. p. 685.

55. PORTUGAL. Supremo Tribunal de Justiça. *Acórdão n. 4/2014 de 25 de julho*. Disponível em: https://data.dre.pt/eli/acstj/4/2019/07/25/p/dre/pt/html. Acesso em 15 dez. 2022.

Em segundo lugar, importa saber se, quando o beneficiário de promessa de alienação que tenha obtido a *traditio rei* seja titular de um crédito indemnizatório pelo incumprimento do contrato promessa, a atribuição do direito de retenção previsto no Art. 755, n. 1, f) está circunscrita às hipóteses em que possa ser considerado consumidor.

Em terceiro lugar, para tal efeito, qual o conceito de consumidor.

Apenas nos ocuparemos das últimas questões, sobretudo da última, uma vez que a primeira extravasa o objeto da presente análise[56].

---

56. Ainda assim lhe faremos, nesta sede, uma breve referência.

O Supremo Tribunal de Justiça decidiu que, quando haja ocorrido tradição da coisa a favor do promitente-comprador em contrato-promessa com eficácia meramente obrigacional, não é aplicável o regime próprio do CIRE quanto às consequências do incumprimento da promessa por decisão do administrador de insolvência. Assim, a tutela do beneficiário da promessa de alienação é remetida para a lei civil (o sinal em dobro prescrito no art. 442º CC) o que, correspondentemente, lhe confere garantia especial desse crédito, incidente sobre a coisa que é objeto do contrato, nos termos da al. f) do n. 1 do art. 755º CC, por entender o inadimplemento do contrato-promessa imputável ao insolvente, ainda que reflexamente. Tal solução decorreria da circunstância de o art. 106º do Código da Insolvência e Recuperação de Empresas (CIRE) não se referir, de modo expresso, à hipótese de o administrador da insolvência não cumprir o contrato-promessa, dotado de sinal, mas sem eficácia real, no qual exista *traditio* do objeto prometido vender e, por isso, admitiu o presente acórdão existir uma lacuna regulativa a preencher com a aplicação de regras do regime civilístico previsto para o incumprimento imputável ao promitente vendedor. Deste modo, estendeu-se a aplicação das soluções indemnizatórias previstas no art. 442º, n. 2, do CC ao incumprimento do contrato promessa resultante de decisão do administrador da insolvência, bem como a aplicação do direito de retenção da coisa objeto do contrato-prometido, previsto no art. 755º, n. 1, alínea f), do CC, com a consequente hierarquização de créditos resultante do art. 759º, n. 2, do CC, que estabelece a prevalência deste direito sobre a hipoteca, ainda que primeiramente constituída.

Um outro entendimento, que fosse no sentido de a pretensão ressarcitória não pode ser gerada pelo art. 442/2 CC, antes dever resultar da aplicação do regime insolvencial (al. c) do n. 2 do art. 102 CIRE, aplicável por uma dupla remissão, dos artigos 106/2 e 104/5 do mesmo diploma]), esbarraria com o facto de não havendo norma especial que conceda, nesse caso, a garantia da retenção (na medida em que o direito de retenção do beneficiário de uma promessa de alienação é outorgado em norma especial ,não cabendo na cláusula geral do direito do art. 754 CC e apenas para os créditos decorrentes do regime do art. 442 CC por violação do contrato-promessa imputável à outra parte (art. 755/1/f) CC). Nessa medida, ao não haver título legal para a garantia do crédito com direito de retenção, a indemnização do promitente-comprador constituiria um crédito comum sobre a massa insolvente.

Sem podermos entrar na análise da questão, deixamos aqui apenas a indicação de que nos posicionamos em sentido diverso do que decorre deste segmento uniformizador, pois entendemos em sede de insolvência a consequência decorrente da decisão de não celebrar o negócio definitivo por parte do administrador da insolvência é a que decorre do próprio regime insolvencial, e não a estabelecida no art. 442 do CC, não só porque não é de aceitar qualquer lacuna de regulamentação quanto aos contratos promessa dotado de sinal, mas sem eficácia real, em que exista *traditio* do objeto prometido vender (perfeitamente enquadráveis na previsão do art. 106 do CIRE) como, ainda que ela existisse, nunca seria admissível convocar o regime civil do art. 442, por falharem os pressupostos da ilicitude e da culpa, pressupostos naquela disposição, muito menos com apelo a uma pretensa imputabilidade reflexa, destituída de qualquer sentido e acerto técnico-jurídicos, além de desprovida de qualquer razoabilidade.

A propósito, veja-se, ANDRADE, Margarida Costa; PATRÃO, Afonso. A posição jurídica do beneficiário de promessa de alienação no caso de insolvência do promitente vendedor, *JULGAR online,* set. 2016. Disponível em: http://julgar.pt/a-posicao-juridica-do-beneficiario-de-promessa-de-alienacao-no-caso-de-insolvencia-do-promitente-vendedor/. Acesso em: 26 jan. 2023; MORAIS, Fernando de Gravato. Da tutela do retentor-consumidor em face da insolvência do promitente vendedor. Comentário ao Acórdão de Uniformização de Jurisprudência n. 4/2014, de 20.03.2014, Proc. 92/05. *Cadernos de Direito Privado,* Minho, n. 46, p. 32-56, abr. / jun. 2014; OLIVEIRA, Nuno Pinto. Com mais irreflexão do que culpa»? O debate sobre o regime da recusa de cumprimento do contrato-promessa. *Cadernos de Direito Privado,* Minho, n. 36, p. 3-21 out. / dez. 2011.

Quanto ao segundo problema, efetivamente o STJ uniformizou jurisprudência no sentido de limitar a atribuição do direito de retenção ao consumidor promitente comprador. Deste modo, se por um lado, estendeu a aplicação das soluções indemnizatórias previstas no art. 442º, n. 2, do CC ao incumprimento do contrato promessa resultante de decisão do administrador da insolvência, no sentido de aí legitimar a concessão do direito de retenção da coisa objeto do contrato-prometido, previsto no art. 755, n. 1, alínea f), do CC, com a consequente hierarquização de créditos resultante do art. 759, n. 2, do CC, que estabelece a prevalência deste direito sobre a hipoteca, por outro lado e porque a confessa razão de tal entendimento residiria na necessidade reforçada de proteção das expectativas do promitente comprador na estabilidade da sua posição jurídica, alicerçadas na detenção do imóvel prometido comprar, sobretudo num momento em que em processo de liquidação do património do seu devedor, enfrenta a concorrência dos restantes credores, nomeadamente de eventuais credores hipotecários, colocados numa posição que se presume, pelo menos do ponto de vista económico, muito mais consistente (em regra, uma instituição bancária), limitou essa tutela às hipóteses onde seria de presumir a maior vulnerabilidade do promitente comprador, ou seja, às hipóteses em que pudesse ser qualificado como consumidor. Justificou a restrição apelando a uma ideia de proporcionalidade, juízo no qual deveriam ser também ponderados os interesses e as expectativas do credor hipotecário e as do próprio comércio jurídico, tanto mais que o direito de retenção prevalece sobre a hipoteca que antecede a sua constituição, mas, sobretudo no preâmbulo do Decreto Lei n. 379/86, de 11 de novembro, que alterou o regime do contrato promessa no sentido de reforçar a posição do promitente adquirente e de onde se infere que tal reforço se enquadra numa "lógica de proteção do consumidor".

Porém, tal entendimento está longe de obter um consenso relevante, na medida em que, qualquer que seja o recurso interpretativo, tal restrição esbarrará necessariamente nos pressupostos constitutivos do direito de retenção atribuído ao promitente adquirente pela norma em questão, seja ele atribuído no âmbito de um processo de liquidação universal ou tido como de um singular incumprimento do contrato promessa imputável ao promitente vendedor e efetivado numa ação comum. É que, sendo certo que em geral a revisão legislativa de 86 pode ser avaliada no sentido de visar estabelecer um incremento da tutela do promitente comprador, considerado parte mais fraca

---

Neste domínio, interveio com maior acerto o Acórdão de Uniformização de Jurisprudência n. 3 de 2021, de 16 de agosto, ao decidir que: "Quando o administrador da insolvência do promitente vendedor optar pela recusa do cumprimento de contrato-promessa de compra e venda, o promitente comprador tem direito a ser ressarcido pelo valor correspondente à prestação efetuada, nos termos dos artigos 106º, n. 2, 104º, n. 5, e 102º, n. 3, do Código da Insolvência e da Recuperação de Empresas, aprovado pelo Decreto-Lei 53/2004, de 18 de março". Apenas não lhe poderemos reconhecer idêntico acerto no que respeita ao não admitir que tal decisão não é conciliável com a conclusão que a respeito se chegou no AUJ n. 4/2014, pois o entendimento segundo a qual o crédito do promitente-comprador deverá corresponder ao sinal em dobro, conforme dispõe o artigo 442º, n. 2, do CC, e não em singelo, nem tão pouco ao valor que decorre da conjugação das normas do CIRE constantes nos seus artigos 102º, n. 3, al. c), 106º, n. 2, e 104º, n. 5 é uma tomada de posição "que, muito embora não integre o segmento de uniformização, encerra o valor de premissa lógica necessária que o antecede e, nessa medida, deverá assumir o mesmo carácter vinculativo". Neste sentido, entre outros, o voto vencido dos Senhores Conselheiros Ana Paula Boularot, Fernando Pinto de Almeida e Rijo Ferreira.

na relação contratual em causa, perante uma contraparte mais forte do ponto de vista negocial, em regra uma sociedade imobiliária ou o próprio construtor, justificando-se, assim, a introdução de um conjunto de regras imperativas, enquadráveis naquilo que podemos designar por ordem social de proteção, destinadas a reforçar essa mesma defesa, intenção aliás proclamada no próprio preâmbulo daquele diploma e confessadamente fundada numa lógica de proteção do consumidor, é igualmente incontestável que tal intencionalidade não obteve concretização em qualquer dos pressupostos constitutivos do direito de retenção, não se arvorando, em momento algum, a proteção do consumidor em requisito formal da constituição desta garantia. De todo o modo, um pouco na linha metodológica desta decisão do STJ[57], sempre se poderia considerar que, não se traduzindo embora num pressuposto formal e, por isso, não decorrendo da letra do preceito em análise, poderia entender-se decorrer da sua *ratio* e com base nela legitimar a atribuição da garantia apenas ao consumidor. Porém, nem essa via pode aqui ser considerada como opção, bem pelo contrário, uma vez que, mesmo ciente das fortes críticas relativas quer à consagração deste direito a favor do promitente comprador e à respetiva amplitude, quer à sua prevalência sobre a hipoteca e à preterição dos interesses do credor hipotecário, ambas decorrentes do regime jurídico instituído em 1980[58], o legislador de 86 não só reafirmou a vontade de manter aquela garantia, como manteve a respetiva prevalência sobre a hipoteca, mesmo para lá das hipóteses consagradas no Art. 410, n. 3 (cujo objeto se reduz à alienação de edifícios e frações autónomas)[59]. Ou seja, expressou a intenção de beneficiar qualquer promitente comprador que obtivesse a tradição da coisa com aquele direito de retenção. Fê-lo, aliás, de forma inequívoca no próprio preâmbulo do Decreto-Lei n. 379/86, ao declarar: "Pensou-se directamente no contrato-promessa de compra e venda de edifícios ou de fracções autónomas deles. Nenhum motivo justifica, todavia, que o instituto se confine a tão estreitos limites",

---

57. Seguindo de muito perto a orientação sufragada por VASCONCELOS, Luís Miguel Pestana. Direito de retenção, contrato-promessa e insolvência. *Cadernos de Direito Privado*, Braga, n. 33, p. 3-29, 2011. O autor expressamente invoca a circunstância de o legislador ter manifestado a intenção de proteger o promitente-comprador enquanto consumidor para interpretar a alínea f) do n. 1 do art. 755º CC. Entende, por isso, esta disposição como uma norma de tutela específica do consumidor e, portanto, apenas admite a sua aplicação quando aquele assuma tal estatuto. De outra forma, considera não haver necessidade de tal proteção e, por isso, não se atingiria "de forma tão drástica" o credor hipotecário. Também no mesmo sentido, ou seja, revendo-se no arresto em análise: CALVÃO DA SILVA, João. *Sinal e contrato promessa*. 15. ed. Coimbra: Almedina, 2020. p. 165 e ss.

58. O Decreto-Lei n. 236/80, no que se refere ao direito de retenção, foi, desde o primeiro momento, mal recebido pela doutrina, quer quanto à sua inclusão no n. 3 da nova redação dada ao art. 442º do CC (norma sobre o sinal e da qual não deveria constar esta solução sobre o direito de retenção do promitente-comprador) quer também à sua amplitude, sendo era tão ampla que passou a reconhecer-se um direito de retenção, não apenas ao promitente comprador nos contratos-promessa de compra e venda de prédio urbano ou de sua fração autónoma que se destinassem a habitação própria (i. e., aos sujeitos que – pelo menos aparentemente – se pretendia proteger), mas todo o promitente-comprador, independentemente do destino que se quisesse atribuir ao imóvel.

59. O próprio art. 410º, n. 3, considabidamente uma regra de proteção do promitente comprador tendo em conta a sua maior debilidade negocial e que, por isso, estabelece em matéria de forma um regime imperativo especial, limita o seu âmbito de aplicação aos contratos promessa de transmissão ou constituição de direito real sobre edifício ou fração autónoma, mas não o restringe às hipóteses em que o promitente adquirente é um consumidor, visando adquirir o imóvel para habitação. Nessa medida, não relevando a finalidade da aquisição do bem ou o estatuto do promitente comprador, abrange no seu âmbito de proteção, qualquer promitente, ainda que pretenda adquirir o edifício para nele exercer uma determinada atividade económica ou a sua profissão.

destacando como principal razão da atribuição da garantia em causa a entrega da coisa, na medida em que é suscetível de criar "legitimamente, ao beneficiário da promessa, uma confiança mais forte na estabilidade ou concretização do negócio. A boa-fé sugere, portanto, que lhe corresponda um acréscimo de segurança".

Deste modo, pode concluir-se o claro propósito do legislador, criticável ou não, plasmado na al. f), do n. 1, do Art. 755 do C.C., de não querer limitar a proteção decorrente da atribuição do direito de retenção apenas a consumidores ou adquirentes de habitação. Embora reveja, sobretudo nesses, a razão e a necessidade do reforço da tutela, manteve como seus destinatários todo e qualquer promitente comprador.

Não nos parece, por isso, admissível a atribuição do direito de retenção apenas ao consumidor promitente comprador, como decorre do segmento uniformizador em análise, quando a lei o concede a todo e qualquer beneficiário de promessa de alienação para garantia do crédito indemnizatório resultante da aplicação do Art. 442[60].

Ainda assim e partindo embora deste entendimento, não podemos deixar de fazer referência ao conceito de consumidor que nesta sede poderia estar em causa, caso se admitisse a mencionada restrição, tanto mais que a questão, causando divergências na própria jurisprudência dos tribunais superiores, foi objeto de ulterior uniformização. De facto, no Acórdão n. 4 de 2019[61] pode ler-se que: "No âmbito da graduação de créditos em insolvência o consumidor promitente-comprador em contrato, ainda que com eficácia meramente obrigacional com *traditio*, devidamente sinalizado, que não obteve o cumprimento do negócio por parte do administrador da insolvência, goza do direito de retenção nos termos do estatuído no artigo 755, n. 1, alínea f) do Código Civil. Face à exposta oposição de decisões, uniformiza-se, agora, jurisprudência no seguinte sentido: Na graduação de créditos em insolvência, apenas tem a qualidade de consumidor, para os efeitos do disposto no Acórdão n. 4 de 2014 do Supremo Tribunal de Justiça, o promitente-comprador que destina o imóvel, objeto de *traditio*, a uso particular, ou seja, não o compra para revenda nem o afeta a uma atividade profissional ou lucrativa".

Como pode constatar-se, até pela fundamentação do respetivo segmento uniformizador constante do acórdão em análise, convoca-se para o efeito o conceito de consumidor decorrente do artigo 2º da LCD, atribuindo-lhe a tal vocação de regra supletiva no domínio do direito do consumo, e que corresponde ao que no próprio texto do acórdão se designa por "conceito restrito de consumidor".

---

60. À semelhança do entendimento manifestado pelos Conselheiros Abrantes Geraldes, Sebastião Póvoas, Salreta Pereira, João L. M. Bernardo, João Moreira Camilo, Paulo Armínio Oliveira e Sá, Maria dos Prazeres Pizarro Beleza e Lopes do Rego nos respetivos votos de vencido. Nesse sentido, veja-se, ANDRADE, Margarida Costa; PATRÃO, Afonso. A posição jurídica do beneficiário de promessa de alienação no caso de insolvência do promitente vendedor, *JULGAR online*, set. 2016. Disponível em: http://julgar.pt/a-posicao-juridica-do-beneficiario-de-promessa-de-alienacao-no-caso-de-insolvencia-do-promitente-vendedor/. Acesso em: 26 jan. 2023. p. 20 e ss., invocando, relativamente ao segmento uniformizador em causa, a violação do princípio da separação de poderes, na medida em que desvirtua uma clara ponderação de interesses efetuada pelo legislador, a quem essa tarefa compete. *Ubi lex non distinguit nec nos distinguere debemus.*

61. PORTUGAL. Supremo Tribunal de Justiça. *Acórdão n. 4/2014 de 25 de julho.* Disponível em: https://data.dre.pt/eli/acstj/4/2019/07/25/p/dre/pt/html. Acesso em: 15 dez. 2022.

De facto, na origem da decisão em causa encontram-se decisões discrepantes e contraditórias no que respeita a que categoria de promitentes compradores deve ser atribuído o estatuto ou a qualidade de consumidor. São sobretudo duas as conceções em confronto:

Uma primeira, que adota um entendimento restrito e considerara enquanto tal o promitente-comprador que destina o bem a uso particular (não profissional), e que corresponde predominantemente ao sujeito que pretende adquirir para habitação, ficando excluídos todos os demais, ou seja, os promitentes-compradores de bens destinados a revenda, a uso comercial ou a qualquer outra finalidade lucrativa ou profissional.

Uma outra que adere a um "conceito amplo de consumidor" e que ao lado dos promitentes-compradores que destinem o bem a um fim particular (maxime habitação), considera igualmente como consumidores os que o destinem a um fim profissional, apenas excetuando quem tenha como finalidade adquirir o bem para revenda ou para o destinar a locação.

O Acórdão recorrido, proferido em 24.10.2017, adotou uma conceção ampla de consumidor, considerando como tal aquele que promete adquirir bens como utilizador final dos mesmos e que utiliza os prédios ou frações para seu uso próprio e não com escopo de revenda. Caberia neste conceito, por conseguinte, quem promete adquirir uma fração autónoma para nela instalar um estabelecimento, encontrando-se, por isso, em oposição com o Acórdão fundamento, proferido em 14.02.2017, que adota uma conceção mais restrita, pois considera que não reveste tal qualidade "aquele que celebra como promitente-comprador um contrato-promessa de aquisição de loja que destina a nela instalar uma loja comercial que efetivamente instala, constituindo para o efeito uma sociedade comercial"[62].

A uniformização em análise optou então pelo conceito decorrente da LCD, fundamentando a respetiva decisão no que entende ser a função primordial destes instrumentos uniformizadores, "a de conferir segurança à jurisprudência, dando expressão à previsibilidade decisória enquanto valor relevante do sistema judicial", considerando que "a opção que melhor serve este desiderato é a que defende um conceito restrito de "consumidor" que incorpore as notas tipológicas consagradas no art. 2º, n. 1, da Lei de

---

62. Confrontando os dois Acórdãos constata-se que, perante a mesma factualidade, se tomaram decisões diferentes, quanto ao reconhecimento do direito de retenção e à graduação dos créditos dos promitentes-compradores, por se terem adotado diferentes entendimentos quanto ao âmbito do conceito de consumidor subjacente ao Acórdão n. 4/2014. Este não definiu, de modo explícito, o conceito de consumidor pressuposto pela sua formulação, e também não remeteu diretamente para uma noção de consumidor legalmente formulada. Tem, no entanto, sido conferido alguma atenção à nota de rodapé n. 10, porém sem relevo conclusivo, pois tem sido invocada como aderente um conceito amplo de consumidor, parecendo subscrever o entendimento doutrinal que considera "consumidor" aquele "que utiliza os andares para seu uso próprio e não com escopo de revenda". Todavia, tal nota não é suficiente para sustentar, em termos definitivos, nenhum dos conceitos de consumidor em equação, pois na parte em que se refere ao promitente-comprador que utiliza os andares "para seu uso próprio", poderia destacar-se uma provável indicação de que se pensava num conceito restrito de consumidor, considerando-se "uso próprio" enquanto sinónimo de uso não profissional. Pelo contrário, quando se refere àquele que utiliza os bens "não com escopo de revenda", estaria, muito provavelmente, a aderir uma noção ampla de consumidor.

Nessa medida, constatam-se no texto referido duas expressões diversas que, se isoladamente remetem para conceções diversas e que, por isso, quando interpretados de modo conjugado, não fornecem uma indicação definitiva em favor de qualquer dos sentidos interpretativos.

Defesa do Consumidor (Lei n. 24/96, de 31-07). Assim é, porque a convocação das notas típicas que decorrem dos próprios instrumentos normativos próprios do direito do consumo têm como virtualidade privilegiar a segurança e a certeza na aplicação do direito.

Não se deixa, porém, de alertar que um conceito mais amplo nesta sede pode ser sustentado na circunstância de não se enquadrar o contato promessa numa típica relação de consumo como as que são pressupostas pela maioria daqueles instrumentos normativos, quer os nacionais, quer os europeus, pelo que não haveria qualquer obstáculo relativamente à construção de um conceito que se afaste das noções legais de consumidor estabelecidas nas respetivas normas. Tal conceito potenciaria o alargamento da tutela respetiva a um maior número de promitentes compradores, nomeadamente aos pequenos comerciantes ou profissionais liberais sem grandes recursos económicos, em princípio também carentes daquela proteção e, dessa forma, propiciaria uma maior flexibilidade na realização da justiça material.

Ora o que está em causa nesta dicotomia não é mais do que a constatação que fizemos atrás, ao nível de todo o direito do consumo, da necessidade de alargamento da tutela conferida e pensada para o consumidor, tendo em conta a sua estrutural vulnerabilidade, aos que, não correspondendo à figura de consumidor, revelam necessidades semelhantes de proteção, pois intervêm numa contratação desequilibrada. Encontram-se em tal situação todos os sujeitos que, embora adquirindo bens e serviços destinados à respetiva atividade económica, atuam fora do domínio da sua especialidade, tendo como contraparte um outro sujeito mais forte do ponto de vista técnico, económico e, por isso também, do ponto de vista negocial. Será então legítimo, considerando poder o exercente de uma atividade económica (aqui o promitente comprador que destina o objeto do contrato à sua atividade profissional) encontrar-se numa situação de debilidade contratual, resultante de um desequilíbrio próximo daquele que caracteriza as relações de consumo (tal qual aquele que pretende adquirir o imóvel para habitação), estender-lhe a mencionada tutela, considerando-o igualmente destinatário da correspondente proteção. Para isso não é necessária a construção de um qualquer outro conceito de consumidor, que não encontrando respaldo em qualquer instrumento normativo (porque convoca critérios sem assento legal, como o conceito de destinatário final), não passaria de um mero conceito empírico sem qualquer operatividade.

Assim, a solução deve passar por, convocando embora um conceito legal de consumidor, neste caso o que decorre do Art. 2º da LCD, reconhecer a vocação expansiva da proteção de que se trate (no caso a atribuição de um direito de retenção) e estendê-la aos sujeitos que, não podendo ser considerados enquanto tal porque não destinam o objeto do contrato a fins não profissionais, ou seja à habitação, demonstrem o caráter desigual ou assimétrico da relação em que participam e, nessa medida, a sua fragilidade. Remete-se, também aqui, para a solução proposta no Anteprojeto de Código do Consumidor de 2006 que previa semelhante extensão da proteção conferida ao consumidor aos profissionais em situação de vulnerabilidade, embora os não enquadrasse no conceito de consumidor[63].

---

63. No sentido de que deve nesta sede ser utilizado como referência o conceito de consumidor do Anteprojeto do Código do Consumidor: VASCONCELOS, Luís Miguel Pestana. Direito de retenção, contrato-promessa e insolvência. *Cadernos de Direito Privado*, Braga, n. 33, p. 3-29, 2011.

Desta forma, ultrapassar-se-iam igualmente as dificuldades reconhecidas na aplicação do chamado conceito amplo de consumidor, nomeadamente quanto à discriminação de certo tipo de atividade em face de outras atividades económicas. De facto, tem-se salientado que, de um ponto de vista da identidade valorativa das soluções jurídicas, não se compreende muito bem a razão pela qual o promitente comprador que pretenda destinar o imóvel prometido comprar ao mercado do arrendamento ou de alojamento local, fazendo disso a sua atividade económica, não possa beneficiar do direito de retenção, mas qualquer outro que destine o imóvel a uma diferente atividade profissional já beneficie desse direito. Por outro lado, evita-se, igualmente, a proteção de quem, atuando embora fora da sua área de especialização não se encontre em situação de fragilidade negocial, como num exemplo muito repetido, da instituição bancária que promete comprar um imóvel para nele instalar uma agência, e que seria abrangida pelo conceito amplo de consumidor, por não destinar tal objeto a revenda ou ao mercado de arrendamento.

Por isso, e em conclusão, não se trata de qualquer dicotomia entre conceitos de consumidor diversos, nem da necessidade de entre eles fazer qualquer opção, mas antes, convocando aquele que no âmbito da regulamentação das relações de consumo parece ter essa vocação supletiva, admitir, tendo em conta o respetivo fundamento normativo, o alargamento da tutela conferida ao consumidor, a quem, não o sendo, se encontrar numa situação de vulnerabilidade semelhante.

REFERENCIAS

ABELEIRA, Teresa Estévez. Análisis de la noción de consumidor en el derecho português desde la perspectiva del derecho español. In: PINTO MONTEIRO, António (Org.). *Estudos de direito do consumidor*. Coimbra: Centro de Direito do Consumo Faculdade de Direito da Universidade de Coimbra, 2016.

ALVES, Hugo Ramos. Vulnerabilidade e assimetria contratual. *Revista da Faculdade de Direito da Universidade de Lisboa*, Lisboa, a. LXII, n. 1, p. 305-339, 2021.

ALVES, Paula Ribeiro. *O psicólogo Facebook e os jovens*. Disponível em: https://novaconsumerlab.novalaw.unl.pt. Acesso em: 08 dez. 2022.

ANDRADE, Margarida Costa; PATRÃO, Afonso. A posição jurídica do beneficiário de promessa de alienação no caso de insolvência do promitente vendedor, *JULGAR online*, set. 2016. Disponível em: http://julgar.pt/a-posicao-juridica-do-beneficiario-de-promessa-de-alienacao-no-caso-de-insolvencia-do-promitente-vendedor/. Acesso em: 26 jan. 2023.

ANDRIGHY, Fátima Nancy. O conceito de consumidor direto e a jurisprudência do Superior Tribunal de Justiça, *Revista de Direito Renovar*, Rio de Janeiro, n. 29, p. 1- 11, maio/ago. 2004.

CALVÃO DA SILVA, João. *Banca, bolsa e seguros*. 4. ed. Coimbra: Almedina, 2013, t. I, parte geral.

CALVÃO DA SILVA, João. *Responsabilidade do produtor*. Coimbra: Almedina, 1990.

CALVÃO DA SILVA, João. *Sinal e contrato promessa*. 15. ed. Coimbra: Almedina, 2020.

CALVÃO DA SILVA, João. *Venda de bens de consumo*. Decreto-Lei n. 67/2003, de 8 de abril. Directiva 1999/44/CE. Comentário. Coimbra: Almedina, 2004.

CARVALHO, Jorge Morais. O conceito de consumidor no direito português. In: PINTO MONTEIRO, António (Org.). *Estudos de direito do consumidor*. Coimbra: Centro de Direito do Consumo Faculdade de Direito da Universidade de Coimbra, 2018.

DUARTE, Paulo. O conceito jurídico de consumidor, segundo o art. 2º/1 da Lei da Defesa do Consumidor. *Boletim da Faculdade de Direito: Universidade de Coimbra*, Coimbra, v. 75, p. 649-703, 1999.

FALCÃO, David. Conceito de consumidor, *Gestin*, Castelo Branco, a. 8, n. 8, p. 151-152, maio 2010.

FILOMENO, José Geraldo Brito. *Código Brasileiro de Defesa do Consumidor*. 7. ed. Rio de Janeiro: Forense Universitária, 2001.

FURMSTON, Cheshire. *Fifoot and furmston's on the law of contract*. 16. ed. Oxford: Oxford University, 2012.

GARCIA, Sara Fernandes. *Em busca de um conceito de consumidor vulnerável*. Disponível em: https://nova-consumerlab.novalaw.unl.pt. Acesso em: 08 dez. 2022.

GOMES, Januário da Costa. Segurança, subgarantia e sobregarantia entre os três "S" do direito das garantias. *Revista Jurídica AAFDL*. Lisboa, n. 30, p. 71-95, 2016.

MAIA, Pedro. Contratação à distância e práticas comerciais desleais. In: PINTO MONTEIRO, António (Org.). *Estudos de direito do consumidor*. Coimbra: Centro de Direito do Consumo Faculdade de Direito da Universidade de Coimbra, 2015.

MARIANO, João Cura. *Responsabilidade contratual do empreiteiro pelos defeitos da obra*. 5. ed. Coimbra: Almedina, 2015.

MARQUES, Claudia Lima. *Contratos no Código de Defesa do Consumidor*. 2. ed. São Paulo: Ed. RT, 1995.

MARTINS-COSTA, Judith. *A boa-fé no direito privado*: critérios para a sua aplicação. 2. ed. São Paulo: Saraiva, 2018.

MIRAGEM, Bruno. Princípio da vulnerabilidade: perspectiva atual e funções no direito do consumidor contemporâneo. In: MIRAGEM, Bruno; MARQUES, Claudia Lima; MAGALHÃES, Lúcia Ancona (Org.). *Direito do Consumidor*: 30 anos do CDC – da consolidação como direito fundamental aos atuais desafios da sociedade. Rio de Janeiro: Forense, 2020.

MONTEIRO, António Pinto. A proteção do consumidor em Portugal e na Europa. (Breve apontamento). *Revista da Academia Brasileira de Letras Jurídicas*, Rio de Janeiro, v. 37, n. 38/39, p. 183-194, 2012.

MONTEIRO, António Pinto. A resposta do ordenamento jurídico português à contratação bancária pelo consumidor. *Boletim de Ciências Económicas*, Coimbra, a. 57, n. 2, p. 2315-2348, 2014.

MORAIS, Fernando de Gravato. Da tutela do retentor-consumidor em face da insolvência do promitente vendedor. Comentário ao Acórdão de Uniformização de Jurisprudência n. 4/2014, de 20.03.2014, Proc. 92/05. *Cadernos de Direito Privado*, Minho, n. 46, p. 32-56, abr. / jun. 2014.

MOTA PINTO, Paulo. Conformidade e garantias na venda de bens de consumo. A Directiva 1999/44/CE e o direito português. In: PINTO MONTEIRO, António (Org.). *Estudos de direito do consumidor*. Coimbra: Centro de Direito do Consumo Faculdade de Direito da Universidade de Coimbra, 2000.

MOTA PINTO, Paulo. Princípios relativos aos deveres de informação no comércio a distância notas sobre o direito comunitário em vigor. In: PINTO MONTEIRO, António (Org.). *Estudos de direito do consumidor*. Coimbra: Centro de Direito do Consumo Faculdade de Direito da Universidade de Coimbra, 2003.

OLIVEIRA, Elsa Dias. Algumas considerações sobre a proteção do consumidor no mercado digital no âmbito do Direito da União Europeia. *Revista da Faculdade de Direito da Universidade de Lisboa*, Lisboa, a. LXII, n. 1, p. 209-230, 2021.

OLIVEIRA, Fernando Baptista. *O conceito de consumidor – perspectivas nacional e comunitária*. Coimbra: Almedina, 2009.

OLIVEIRA, Nuno Pinto. Com mais irreflexão do que culpa»? O debate sobre o regime da recusa de cumprimento do contrato-promessa. *Cadernos de Direito Privado*, Minho, n. 36, p. 3-21 out. / dez. 2011.

PASSINHAS, Sandra. O lugar da vulnerabilidade no direito do consumidor português. In: PINTO MONTEIRO, António (Org.). *Estudos de direito do consumidor*. Coimbra: Centro de Direito do Consumo Faculdade de Direito da Universidade de Coimbra, 2019.

PASSINHAS, Sandra. O novo regime da compra e venda de bens de consumo – exegese do novo regime legal. *Revista de Direito Comercial*, Lisboa, p. 1463-1528, 2021.

PAZ, Margarida. A proteção das pessoas vulneráveis, em especial as pessoas idosas, nas relações de consumo. *Revista da Faculdade de Direito da Universidade de Lisboa*, Lisboa, a. LXII, n. 1, p. 655-679, 2021.

PEREIRA, Alexandre Dias. A protecção do consumidor no quadro da diretiva sobre o comércio electrónico. In: PINTO MONTEIRO, António (Org.). *Estudos de direito do consumidor*. Coimbra: Centro de Direito do Consumo Faculdade de Direito da Universidade de Coimbra, 2000.

PORTUGAL. Supremo Tribunal de Justiça. *Acórdão n. 4/2014 de 25 de julho*. Disponível em: https://data.dre.pt/eli/acstj/4/2019/07/25/p/dre/pt/html. Acesso em: 15 dez. 2022.

SÁ, Almeno de. *Cláusulas contratuais gerais e diretiva sobre cláusulas abusivas*. 2. ed. Coimbra: Almedina, 2001.

SILVA, Jorge Cesa Ferreira da. A vulnerabilidade no direito contratual. *Revista da Faculdade de Direito da Universidade de Lisboa*, Lisboa, a. LXII, n. 1, p. 517-552, 2021.

UNIÃO EUROPEIA. Tribunal de Justiça da União Europeia. *Acórdão Schrems*. Proc. C-498/16. Disponível em: https://curia.europa.eu. Acesso em: 08 dez. 2022.

UNIÃO EUROPEIA. Tribunal de Justiça da União Europeia. *Proc. C-500/18*. Disponível em: https://curia.europa.eu. Acesso em: 08 dez. 2022.

UNIÃO EUROPEIA. Tribunal de Justiça da União Europeia. *Proc. C-774/19*. Disponível em: https://curia.europa.eu. Acesso em: 08 dez. 2022.

VASCONCELOS, Luís Miguel Pestana. Direito de retenção, contrato-promessa e insolvência. *Cadernos de Direito Privado*, Braga, n. 33, p. 3-29, 2011.

ZHOU, Qi; DIMATTEO, Larry. Three sales law and the law of contracts. In: DIMATTEO, Larry; HOGG, Martin (Ed.). *Comparative contract law* – British and american perspectives. Oxford: Oxford University, 2016.

VULNERABILIDADE COMPORTAMENTAL: DESAFIOS PARA A GARANTIA DOS INTERESSES ECONÔMICOS DOS CONSUMIDORES

Felipe Comarela Milanez

Doutor em Direito Civil pela Faculdade de Direito da Universidade de Coimbra.
Mestre em Direito Privado pela Pontifícia Universidade Católica de Minas Gerais.
Professor adjunto do Departamento de Direito e Coordenador do Núcleo de Direito
do Consumidor da Universidade Federal de Ouro Preto.

INTRODUÇÃO

O consumo e o Direito, enquanto realidades humanas, possuem uma origem comum: a vida em sociedade e a consequente interação entre os seus membros. Cada um, a seu modo, acompanha e até mesmo desencadeia as transformações sociais. Como o consumo é um fenômeno econômico, social e comportamental, com relevante impacto sobre a vida em social, ele acaba por merecer, por parte do Direito, especial atenção. Esse tratamento, exatamente por reconhecer a relevância do consumo para a vida em sociedade, demanda a existência de uma arquitetura jurídica focada no impacto econômico-social do consumo, bem como na proteção – inclusive comportamental – do sujeito consumidor.

A referência ao consumo e o respectivo tratamento jurídico no contexto da organização social, econômica e, em alguns casos, como garantia fundamental, está presente em boa parte das Constituições dos países Ibérico-Americanos, destacando-se o tratamento conferido pelo Art. 52 da Constituição do Equador, o Art. 51 da Constituição Espanhola, o Art. 42 da Constituição Argentina, o Art. 75 da Constituição da Bolívia, o Art. 65 da Constituição do Peru, o Art. 60 da Constituição Portuguesa, o Art. 27 da Constituição do Paraguai e os arts. 5º, XXXII e 170 da Constituição Brasileira.

A relevância e dimensão do consumo, por sua vez, demanda um tratamento mais analítico e pontual quando, sem deixar de lado a sua repercussão sobre a Ordem Econômica e Social, se reconhece a necessidade de uma especial e qualificada proteção daquele que é a centelha que garante a combustão do motor da economia capitalista, a pessoa que representa o último elo da cadeia econômica e que, em boa parte, é aquele a quem os detentores dos meios de produção desejam alcançar para dar vazão ao seus produtos e serviços.

A proteção do consumidor decorre de múltiplos aspectos que foram reconhecidos ao longo dos últimos 70 anos na tentativa de promover a superação do desequilíbrio presente nas relações privadas que possuem como objeto um ato de consumo, bem como, de regrar as demais interações realizadas entre produtores, fornecedores, prestadores de serviço e consumidores dentro do mercado de consumo.

A busca pela representação e aglutinação desses fatores de desequilíbrio acaba por resultar na utilização do termo vulnerabilidade, que, apesar de não ser utilizado de forma unânime pelos ordenamentos jurídicos de alguns dos países Ibero-Americanos acima citados, como é o caso do português, acabou por se incorporar na doutrina, na jurisprudência e nos textos legislativos como fundamento da demanda pela qualificada e especial proteção do consumidor[1].

De todo modo, independentemente do termo utilizado, o ponto central da qualificada proteção é o reconhecimento de especiais situações, condições, necessidades e características comportamentais dos consumidores que resultam na presença de um inafastável desequilíbrio relacional com os demais agentes econômicos que atuam no mercado de consumo e que, por isso, se encontram em posição de poder dominante. O termo vulnerabilidade, porém, goza de grande aceitação, em especial, no ordenamento jurídico brasileiro, motivo pelo qual será adotado ao longo deste texto.

A necessidade de se compreender o fato gerador dessa fragilidade que resulta no desequilíbrio relacional – que é um fato, é não uma presunção – resulta na adoção de adjetivações ao termo vulnerabilidade, de onde se destacam, dentre outras, a vulnerabilidade informacional, a vulnerabilidade técnica, a vulnerabilidade econômica, vulnerabilidade fática, dentre tantas outras[2].

Um aspecto de suma importância para a superação do impacto advindo desses fatos geradores de vulnerabilidade é o reconhecimento de um conjunto de direitos que representam as bases sobre as quais o tratamento jurídico da proteção do consumidor encontra-se relacionado, direta ou indiretamente.

Esses direitos, todavia, não se destinam à plena e efetiva superação do desequilíbrio relacional existente, na medida em que essa situação nunca será extirpada nas relações de consumo, mas na mitigação dos impactos causados pela vulnerabilidade.

Dentre eles se destaca, para fins de elaboração do presente estudo, a proteção dos interesses econômicos dos consumidores, que em alguns ordenamentos Ibero-Americanos encontra expressa indicação nos textos constitucionais, como ocorre nas Constituições espanhola, argentina e portuguesa, e que no caso do ordenamento jurídico brasileiro foi elevado a objetivo da Política Nacional das Relações de Consumo.

Esse mesmo direito, no caso do ordenamento jurídico português, mereceu um significativo tratamento pela Lei 24/96, de 31 de julho, que institui o Regime Legal de Defesa do Consumidor (RLDC) e, pelo Decreto Lei 57/2008, que transpôs para a or-

---

1. MORAES, Paulo Valério Dal Pai. *Código de defesa do consumidor*: o princípio da vulnerabilidade no contrato, na publicidade e nas demais práticas comerciais – interpretação sistêmica do Direito. 3. ed. Porto Alegre: LAEL, 2009. p. 125. Para o autor, a "vulnerabilidade é um conceito que expressa relação, somente podendo existir tal qualidade se ocorrer a atuação de alguma coisa sobre algo ou alguém. (...) Vulnerabilidade sobre o enfoque jurídico é, então, o princípio pelo qual o sistema jurídico positivado brasileiro reconhece a qualidade ou condição daquele(s) sujeito(s) mais fraco(s) na relação de consumo".

2. Id. O autor aponta outras qualificações da vulnerabilidade, *v.g*, a neuropsicológica, a ambiental, a política e a tributária.

dem jurídica nacional a Diretiva 2005/29/CE, de 11.05.2005, instituindo o Regime das Práticas Comerciais Desleais (RPCD).

Independentemente da indicação expressa nos textos normativos, os interesses econômicos dos consumidores representam um inequívoco objeto de proteção das normas que integram toda e qualquer arquitetura jurídica destinada à qualificada proteção do consumidor, dada a sua especial caracterização a partir de aspectos comportamentais.

A adequada proteção dos interesses econômicos dos consumidores implica, por sua vez, no reconhecimento do seu âmbito de abrangência em relação aos comportamentos adotados no mercado de consumo, de modo a possibilitar a identificação dos eventuais fatos geradores de vulnerabilidade, bem como, das potenciais dificuldades para a eficácia desse direito.

Sem desconhecer os impactos sociais sobre o modelo de proteção do consumidor, este estudo destina especial atenção aos aspectos comportamentais relacionados com a prática do ato de consumo, de modo a caracterizá-los como fatos geradores de vulnerabilidade à qual os interesses econômicos dos consumidores estão intimamente relacionados.

O COMPORTAMENTO DO CONSUMIDOR NA TOMADA DE DECISÃO COMO FATO GERADOR DE VULNERABILIDADE

A abordagem sobre o comportamento do consumidor pode ser realizada de diversas maneiras, a partir de múltiplas áreas do conhecimento: a análise jurídica, a análise psicológica, a análise econômica etc. Cada uma acaba por orientar suas atenções, dentre outros, a aspectos pontuais do comportamento do consumidor. Porém, há um significativo ponto em comum entre todas elas: a análise do ato decisório e as situações, influências, circunstâncias e etapas da sua realização.

Do ponto de vista da economia comportamental, área da economia que recebe forte influência e contribuições da psicologia e de outros ciências[3], como a neurociência, é concedida especial atenção ao processo de tomada de decisão integrado ao comportamento econômico, aqui compreendido, no contexto do comportamento do consumidor, como "o conjunto de etapas que integram o processo de decisão econômica"[4] e que é composto de cinco fases: o reconhecimento de uma necessidade, a procura por informações, a avaliação de alternativas, a decisão de compra e o comportamento pós-compra[5].

---

3. THALER. Richard. *Misbehaving*: a construção da economia comportamental. Trad. George Schlesinger. Rio de Janeiro: Intrínseca, 2019. p. 23.

4. MILANEZ, Felipe Comarela. *Interesses econômicos e as práticas comerciais desleais*: uma abordagem a partir do direito português e do direito europeu. Belo Horizonte: Malheiros, 2021. p. 199. No mesmo sentido, KHAN, Martin. *Consumer behavior and advertising management*. New Delhi: New Age international, 2006. p. 4.

5. SANTOS, Tatiani. O processo decisório de compra: um panorama das publicações brasileiras em administração. *REA*, Franca, v. 109, n. 2, p. 1-14, jul./dez. 2010. p. 3. KOTLER, Philip et al. *Principles of marketing*. 2. ed. Milão: Prentice Hall Europe, 1999. p. 253-259. SAMARA, Beatriz Santos Samara; MORSCH, Marco Aurélio. *Comportamento do consumidor*: conceitos e casos. São Paulo: Pearson Prentice Hall, 2005. p. 22.

A primeira etapa é aquela que estabelece a origem da relação de causa e efeito para com – e entre – as demais etapas do comportamento econômico, e que se inicia a partir da percepção, mediante estímulo internos e externos, de uma demanda por um bem ou serviço de consumo por ele identificado – como no caso de aspectos pessoais internos – ou a ele apresentado – *v.g.* por meio da publicidade – como potencial solução do fato gerador da sua necessidade.

Por estímulos internos pode-se compreender todos aqueles decorrentes de aspectos pessoais ou endógenos como a idade, o estilo de vida, a autoimagem, condição econômica; dos aspectos psicológicos, como os medos, as preferências, as manias, a tolerância ao risco, a ansiedade; e dos aspectos fisiológicos, que podem ser exemplificados como a fome, o frio, o calor, as doenças[6].

Os estímulos externos ou exógenos, por sua vez, são transmitidos ao consumidor, em especial, pelos demais agente econômicos que com ele se relacionam no mercado de consumo, que assim o fazem, mediante a adoção de diversas estratégias envolvendo a publicidade e tantas outras técnicas de *marketing*. A origem dos estímulos externos a partir da relação com grupos de consumidores (redes sociais) ou com os influenciadores de consumo também não deve ser desconsiderada, inclusive, pelo impacto, no primeiro caso, do comportamento de manada no processo de tomada de decisão[7] ou, na segunda situação, pelo impacto do viés da falácia *ad hominem*[8].

Uma vez ausente a percepção de uma necessidade, o consumidor não possui qualquer estímulo ou motivo para se lançar em busca do que é oferecido dentro do mercado de consumo.

A geração de estímulos nessa etapa do comportamento econômico é crucial, portanto, para efetivar o principal interesse dos demais agentes econômicos que atuam no mercado de consumo: a decisão pela realização de um ato de consumo. Logo, trata-se de um momento dentro do processo de tomada de decisão para o qual, cada vez mais, estão voltadas as atenções das estratégias de *marketing* e dos demais vetores de estímulos ao ato de consumo, que em muitos casos, cabe destacar, buscam explorar a vulnerabilidade comportamental do consumidor.

Tão logo o consumidor tenha a percepção da existência de uma necessidade, a etapa seguinte refere-se à tentativa da superar o impacto que resulta da imperfeição dos

---

6. MILANEZ, Felipe Comarela. *Interesses econômicos e as práticas comerciais desleais*: uma abordagem a partir do direito português e do direito europeu. Belo Horizonte: Malheiros, 2021. p. 200.
7. THALER, Richard; SUNSTEIN, Cass. *Nudge*: como tomar melhores decisões sobre saúde, dinheiro e felicidade. Trad. Ângelo Lessa. Rio de Janeiro: Objetiva, 2019. p. 67. Ao tratarem sobre efeito manada, os autores discorrem que as "influências sociais se agrupam em dias categorias básicas. A primeira envolve informações. se muitas pessoas fazem ou pensam algo, suas ações e pensamentos transmitem informações sobre o que seria mais conveniente fazer ou pensar. A segunda evolve pressão social. Se você se importa com o que outros pensam a seu respeito, talvez acabe seguindo a multidão para evitar sua ira ou cair nas graças dela".
8. TETAZ, Martín. *Pychonomics*: como o funcionamento da mente ajuda a definir nosso comportamento consumidor. Trad. Carolina Caires Coelho e Olga Cafalcchio. São Paulo: Planeta Estratégia, 2018. p. 69. Trata-se do erro de julgamento desencadeado pela relevância que se concede a determinadas informações ou opiniões, mas não em função da sua vinculação com a realidade ou probabilidade de retidão para a tomada de decisão e sim pela legitimidade – ou preferência – que se atribui ao mensageiro.

mercados e que gera um significativo impacto sobre os consumidores quando se analisa o conjunto de dados utilizados para orientar uma escolha de consumo: a assimetria informacional[9].

A procura por informações aptas a orientar a tomada de decisão em vista da necessidade percebida, ainda que de importância elementar, acaba por demandar um significativo esforço do consumidor que, por vezes, não se basta em razão do seu banco de dados pessoal, formado pelas informações por ele anteriores acumuladas em razão de suas experiências de consumo. É essa a situação que gera a necessidade a obtenção de informações por vias externas.

Neste ponto, a publicidade e outras estratégias de persuasão representam as práticas comerciais especialmente destinadas à geração de impactos comportamentais, caracterizando-se a primeira como típico vetor de transferência de informações utilizado pelos fornecedores[10].

Como consequência dessa coleta de informações é esperado que o consumidor, motivado pela percepção da sua necessidade e da existência de dados por ele compreendidos como capazes de lhe esclarecer acerca das alternativas existentes no mercado, proceda a ponderação ou a análise refletida das opções de produtos e serviços disponíveis. É nesse momento, por exemplo, que diversas práticas comerciais tendentes a limitar a liberdade de escolha do consumidor acabam por representar grande fonte de vulnerabilidade no processo de tomada de decisão, a exemplo do que ocorre em relação à prática comercial identificada como venda casada[11].

---

9. BELO, Neuza Maria; BRASIL, Haroldo Guimarães. Assimetria informacional e eficiência semiforte no mercado. *ERA*, n. 46, p. 48-57, dez. 2006. p. 50. "Assimetria informacional é a descrição de um fenômeno segundo o qual alguns agentes econômicos têm mais informações do que outros".

10. É preciso destacar uma importante diferença em relação ao que se caracteriza como conteúdo informativo da publicidade. Enquanto a informação tem por finalidade esclarecer e solucionar dúvidas do consumidor, o conteúdo persuasivo que caracteriza a publicidade tem por objetivo estimular a prática de consumo. A informação, para alcançar a sua finalidade de solucionar dúvidas, deve ser a mais neutra possível, enquanto o conteúdo informativo da publicidade, em essência, tem por finalidade orientar para um comportamento específico: a realização de um ato de escolha que resulte em um ato de consumo. Com efeito, jamais deveria ser compreendida como vetor de transferência de informação, à medida em que esta, para que alcance a função de esclarecimento, deve ser neutra no sentido de não objetivar exercer uma persuasão para a adoção de qualquer comportamento.

11. MILANEZ, Felipe Comarela. *Interesses econômicos e as práticas comerciais desleais*: uma abordagem a partir do direito português e do direito europeu. Belo Horizonte: Malheiros, 2021. p. 131-132. Conforme abordado em outro momento, quando da análise do sistema jurídico português, a denominada venda casada, enquanto gênero, possui duas espécies, "a primeira, denominada *tying agreement* ou venda por subordinação e, a segunda, denominada *bundling* ou venda por agregação. Ocorre, porém, que ainda que abstratamente identificada como espécie de "venda casada", uma eventual caracterização do *bundling* como uma prática contrária ao art. 8º (6) do RLDC merece grande cautela. Em razão da padronização das embalagens, da economia de escala, dos custos envolvidos, das estratégias de venda, da configuração e até mesmo da informação transmitida ao consumidor, não é coerente estabelecer, com base na prevenção à "venda casada", a proibição da estratégia comercial em que, apesar de dois ou mais produtos existirem de maneira autónoma e independente – inclusive quanto à funcionalmente – sejam apresentados no mercado de consumo como um produto especialmente caracterizado a partir da agregação (junção) de dois ou mais produtos distintos, de modo a resultar na inexistência de preço em separado para cada um dos bens que o compõe. O bem de consumo que é oferecido a partir de agregação de dois ou mais produtos, via utilização da estratégia de *bundling*, deve ser compreendido na sua totalidade global e como um único produto indivisível. Hipótese em que o consumidor não estará diante da oferta de dois ou

Seguindo a ordem lógica do processo de tomada de decisão e após superar as três etapas preliminares, sobre as quais incidem as mais diversas normas de proteção do consumidor, chega-se à fase que representa o ponto alto no processo de tomada de decisão: o ato de escolha.

O ato de escolha, todavia, não pode ser compreendido apenas como a expressão da decisão por parte do consumir, pelo simples fato de que a opção por não consumir também ser alternativa possível. Aliás, interferir, de modo a afastar ou dificultar a opção de não consumir é, em alguns casos, resultado imediato de algumas técnicas que exploram a vulnerabilidade comportamental do consumidor. Tanto é assim que não são raras as abordagens persuasivas que utilizam da estratégia do assédio de consumo para, exercendo pressão muitas vezes psicológicas ou neurocomportamentais (ainda que sutis), buscam persuadir o consumidor a praticar um ato de consumo.

Deve-se destacar, todavia, que não há uma necessária proximidade temporal entre o ato de escolha e as demais etapas que o antecedem, posto que o consumidor poderá interromper, a qualquer tempo, o fluxo lógico do processo de tomada de decisão econômica, seja pela constatação de que a necessidade não existe mais – ou nunca existiu – ou por simplesmente optar por refletir um pouco mais sobre a decisão de consumir, ou, ainda, por não encontrar alternativas disponíveis que satisfaçam a sua necessidade percebida.

Na sequência, a última etapa do comportamento econômico do consumidor possui, de certa forma, uma significativa vinculação temporal com a escolha que resulta em um ato de consumo. O comportamento pós-compra representa, nesse contexto, a etapa que sucede a transação econômica destinada a alcançar a expectativa de superação do problema que, a princípio, desencadeou a percepção da necessidade na primeira etapa do comportamento econômico. É nesta fase que se mostra presente a exploração da vulnerabilidade do consumidor a partir do menosprezo planejado, da não conformidade do objeto contratual, da negativa de assistência técnica, dentre outros.

---

mais produtos, mas de apenas um que, assim, é especificamente oferecido no mercado de consumo. Não haverá, portanto, qualquer limitação ou condicionamento da liberdade de escolha do consumidor no caso da prática do *bundling*, pois desde sempre o agente que insere o produto no mercado [e esse poder de escolha é um dos fatos geradoras da vulnerabilidade econômica] o faz de forma a que somente seja possível a sua caracterização pela união indissolúvel de todos aqueles bens que, unidos, concedem a identidade de um produto autônomo. É o que ocorre, *v.g*, no caso de venda de um computador com alguns softwares já previamente instalados, não sendo verificada a apresentação dos mesmos senão como componentes que, ainda diante da possibilidade de suas comercializações de forma autónoma e independente são, no caso do bundling, caracterizados como indissociáveis em razão de existência de uma determinada configuração pré-determinada. A licitude presente no *bundling* não está presente, todavia, no *tying agreement*, situação que, em linhas gerais, representa a essência da proibição prevista no art. 9º (6) do RLDC, onde dois ou mais bens de consumo, que não estão unificados para fins de formação de um produto diverso daqueles que individualmente o compõe, tem na aquisição de um deles a condição *sine qua non* para que o consumidor, via contrato de consumo, adquira o outro bem que, de facto, é aquele que lhe interessa e que motiva seu comportamento económico, *v.g*, quando, diante da decisão de aquisição de um computador oferecido com preço certo e unitário, assim como com configuração previamente estabelecida, o consumidor seja obrigado a adquirir um seguro contra vícios de qualidade como pressuposto para a aquisição do bem que lhe interessa.

Não se pode deixar de reconhecer, porém, que em algumas situações decorrerá um longo período até que os reflexos da escolha pelo ato de consumo possam ser percebidos pelo consumidor, muitos dos quais sequer foram considerados ou eram de conhecimento – *v.g.* o risco envolvido – no momento da decisão de consumo.

É o que ocorre, por exemplo, nos investimentos voltados aos planos de previdência privada, em que somente após algumas décadas o consumidor perceberá os impactos negativos de escolhas que em boa parte foram influenciadas pelas orientações dos "especialistas" em investimentos.

Fato é que cada uma destas etapas possui especificidades que conferem significativa importância para a análise de diversos fatores que, corriqueiramente, são explorados pelos demais agentes econômicos, em especial, por meio de estratégias de persuasão, que em alguns contextos podem ser qualificadas como práticas comerciais desleais.

É exatamente para se contrapor ao que pode ser compreendido como permanente exploração de vulnerabilidade do consumidor ao longo do processo de tomada de decisão que um conjunto de direitos ganha significativa relevância, notadamente, ao incorporar os aspectos comportamentais do processo de decisão econômica como objetos de proteção.

OS INTERESSES ECONÔMICOS DOS CONSUMIDORES

A utilização da expressão interesses econômicos dos consumidores resulta em uma significativa dificuldade no processo de identificação do objeto da tutela, data a sua manifesta indeterminação. Como consequência, a percepção de quando e de que forma um interesse econômico do consumidor está sendo objeto de lesão ou tentativa de violação nem sempre se mostra evidente. Todavia, se a elaboração de lista taxativa de interesses alcançados pela expressão não representa alternativa viável, dado ao risco decorrente da falta de flexibilidade e de espaços de interpretação, há que se destacar que o termo econômico não se pode ser entendido como representação de interesse financeiro ou monetário do consumidor[12]. Referido afastamento fica ainda mais evidente quando se observa o tratamento concedido ao tema pelo ordenamento jurídico português, a partir do que estabelecem o RLDC e o RPCD.

Ainda que limitada ao âmbito de incidência do ordenamento jurídico português[13], a arquitetura utilizada para se construir as bases normativas da proteção dos interesses econômicos dos consumidores merece destaque. O tratamento adotado permite, por sua vez, ampliar a percepção do que vem a integrar esse centro de interesse nos mais diversos ordenamentos jurídicos ibero-americanos, os quais, a despeito da proteção,

---

12. Id. p. 113 e 114.
13. Não se desconsidera, todavia, a influência do Direito Europeu em relação à ampliação da proteção dos interesses econômicos a partir da *Directiva 2005/29/CE* sobre práticas comerciais desleais. Essa diretiva, todavia, passa a incorporar o ordenamento jurídico português em razão da transposição realizada por meio do Decreto Lei 57/2008.

podem encontrar, tal como ocorre no Brasil, maior dificuldade doutrinária e pretoriana na identificação concreta do âmbito de proteção.

No caso do ordenamento jurídico brasileiro, a despeito da existência de um Código de Defesa do Consumidor (CDC), não se verifica o mesmo tratamento analítico conferido pelo ordenamento jurídico português ao tema. Pelo contrário, os interesses econômicos dos consumidores são citados em um único momento, qual seja, no contexto da tipificação dos objetivos da Política Nacional das Relações de Consumo – Art. 4º, *caput*[14] – enquanto finalidade da proteção do consumidor no Brasil.

Com efeito, em razão da abordagem conferida pelo ordenamento jurídico português, é possível compreender não apenas a função dos interesses econômicos como também identificar alguns dos principais aspectos comportamentais que são alcançados por meio dessa proteção. Conforme dispõe o Art. 9º do RLDC, em seu item (1), o reconhecimento da necessidade de proteção dos interesses econômicos dos consumidores impõe a presença da igualdade material, da lealdade e da boa-fé ao longo de cada uma das etapas da relação negocial: nas preliminares, na formação e na vigência do contrato. Em outras palavras, ao largo de cada etapa que compõe o comportamento econômico do consumidor.

Em relação à proteção de interesses afetos à etapa pós escolha (cumprimento do contrato), tem-se o tratamento expresso do Art. 9º acerca do direito do consumidor à assistência pós-venda, com o fornecimento de peças e acessórios, pelo fornecedor, pelo período de duração média normal dos produtos, bem como, à garantia do prazo de 14 dias para o exercício do direito de arrependimento quando o contrato de consumo é realizado fora do ambiente comercial. Na fase de realização do ato de escolha, a exigência é de que as cláusulas contratuais possuam redação clara, precisa e legível. Por sua vez, na fase de avaliação das alternativas, a lei dispõe ser vedado ao fornecedor "fazer depender o fornecimento de um bem ou serviço à aquisição de um outro", consoante o Art. 9º do RLDC, itens (2) a (7).

Mas é em razão do tratamento conferido pelo Regime das Práticas Comerciais Desleais, instituído no ordenamento português a partir do advento do Decreto-Lei 57/2008, que transpôs para o ordenamento jurídico o conteúdo da Diretiva 2005/29/CE do Parlamento Europeu e do Conselho, de 11 de maio de 2005, que a proteção dos interesses econômicos dos consumidores ganha contornos mais objetivos. E assim o faz, tanto em função da utilização de uma cláusula geral de deslealdade quanto da tipificação de uma especial forma de deslealdade: a agressividade.

A cláusula geral de deslealdade representa, nesse contexto, um instrumento de prevenção contra comportamentos que não são alcançados pelo tratamento analítico realizado pelo Regime Legal de Proteção do Consumidor, permitindo-se assim, a partir da aplicação conjunta de seus dois componentes de conformação da deslealdade, ga-

---

14. Art. 4º A Política Nacional das Relações de Consumo tem por objetivo o atendimento das necessidades dos consumidores, o respeito à sua dignidade, saúde e segurança, a proteção de seus interesses econômicos, a melhoria da sua qualidade de vida, bem como a transparência e harmonia das relações de consumo, atendidos os seguintes princípios:

rantir – ao menos no aspecto normativo abstrato – a adequada proteção de interesses econômicos dos consumidores – Art. 5º (1).

O primeiro deles é a desconformidade com a diligência profissional, que possui relação com o nível de diligência minimamente esperado de quem utilizada das práticas comerciais para influir sobre o comportamento do consumidor, que deve ser sempre balizado pela necessária manutenção da boa-fé objetiva[15]. O segundo componente da equação de deslealdade advinda da cláusula geral é a capacidade, potencial ou concreta, da prática comercial analisada resultar na distorção substancial do comportamento econômico do consumo.

Mas o que se deve compreender como distorção substancial do comportamento econômico do consumidor[16] no contexto da caracterização da deslealdade? Para fins de aplicação do RPCD, deve-se compreender como distorção substancial do comportamento econômico do consumidor a capacidade da prática comercial prejudicar sensivelmente a aptidão do consumidor tomar uma decisão esclarecida, levando-o a tomar uma decisão de transação que, concreta ou potencialmente, teria tomado de outro modo – Art. 3º, e. Como decorrência lógica, considerando as etapas que integram o comportamento econômico, todas as demais fases que antecedem a da tomada de decisão também são alcançadas pela proteção contra o impacto persuasivo desleal ocasionado por uma prática comercial.

A decisão de transação, portanto, representada pela tomada de decisão na qual o consumidor pondera se, como e de que forma irá realizar um ato de consumo, somente é alcançada após o impulso originário advindo da percepção de uma necessidade.

Com efeito, é do interesse econômico do consumidor a garantia de condições que afastem o impacto persuasivo desleal de uma prática comercial sobre o processo de percepção de uma necessidade. Essa proteção prima, assim, pela manutenção das condições de garantia da autonomia do consumidor na identificação do seu querer, bem como da formação livre da sua vontade de consumir. Essa liberdade, por sua vez, deve ser compreendida, conforme destaca Menezes Direito, como a "capacidade de discernimento, ou seja, a capacidade de dominar a sua vontade, apesar do meio"[17]. Em outras palavras, a capacidade de resistir às influências do meio.

Evitar a exploração da vulnerabilidade do consumidor como fator de alavancagem do impacto persuasivo é, assim, um dos mais elementares interesses econômicos destinatários de proteção jurídica.

Para a compreensão desse componente da proteção dos interesses econômicos deve-se recorrer ao tratamento analítico do RPCD, mais especificamente, o tratamento da

---

15. MILANEZ, Felipe Comarela. *Interesses econômicos e as práticas comerciais desleais*: uma abordagem a partir do direito português e do direito europeu. Belo Horizonte: Malheiros, 2021. p. 196.
16. Lembrando que toda a proteção instituída pelo Decreto Lei 57-2008 e pela Diretiva 2005-29 que aquele transpôs para a ordem jurídica portuguesa, giram entorno da proteção dos interesses econômico dos consumidores.
17. MENEZES DIREITO, Carlos Alberto. A proteção do consumidor na sociedade da informação. *Informativo Jurídico da Biblioteca Ministro Oscar Saraiva*, Brasília, v. 12, n. 1, p. 63-75, jan./jun. 2000. p. 65.

agressividade enquanto um fato gerador de deslealdade. A agressividade desleal, por sua vez, resulta de três comportamentos comerciais bastante diversos: o assédio, a coação e a influência indevida. Enquanto a compreensão do que caracteriza o assédio de consumo e a coação está relacionada com o conteúdo de comportamentos comerciais cuja execução é aparente e percebida em razão da forma e momento com que são praticados – *v.g.*, no caso do assédio, a insistência, intromissão e desconsideração da vontade do consumidor e no caso da coação, com o uso da pressão psicológica – a influência indevida utiliza estratégias mais sutis, muitas das quais, apenas analisando o comportamento do agente econômico, nem sempre serão facilmente percebidas.

É que a influência indevida se caracteriza pela utilização da posição de poder do agente que executa a prática comercial para pressionar o consumidor de forma a limitar, significativamente, a sua capacidade de decisão esclarecida. A pressão, aqui, não se confunde com a coação psicológica, pois não haveria razão para uma terceira espécie de agressividade se ela não fosse, de fato, diferente das demais.

O termo pressão, utilizado na construção do conceito de influência indevida destina-se a conferir manifesta relevância negativa do uso da persuasão para o consumo. A mesma persuasão que, a partir da exploração da externalidade negativa para o consumidor, advinda da assimetria de poder, impacta sobre seus interesses econômicos na medida em que limita ou, ao menos, potencialmente limita a sua capacidade de escolha, sua capacidade de resistir às influências do meio.

Logo, como a vulnerabilidade possui seu fato gerador fundamental no desequilíbrio entre as partes da relação jurídica de consumo, originado, de um lado, a partir da existência de características, condições e qualidades inerentes ao consumidor e, de outro, pela posição de força do agente econômico com quem ele se relaciona[18], a exploração da vulnerabilidade, como elemento capaz de amplificar o potencial persuasivo de uma prática comercial, representa lesão ao interesse econômico do consumidor de que lhe sejam garantidas as condições para a realização de cada uma das etapas do comportamento econômicos sem a presença de influências indevidas. E é exatamente em razão de uma condição humana que advém a uma significativa fragilidade originada em função de aspectos comportamentais afetos às decisões econômicas.

A VULNERABILIDADE COMPORTAMENTAL E OS DESAFIOS PARA A EFETIVA PROTEÇÃO DOS INTERESSES ECONÔMICOS DOS CONSUMIDORES

Diversos estudos voltados à compreensão do processo de tomada de decisão demonstram que a capacidade de discernimento e de domínio sobre os impulsos não é uma realidade quando se trata de ser humano.

No caso da neuroeconomia, por exemplo, área do conhecimento que investiga as variáveis fisiológicas presentes no processo de tomada de decisão, utiliza-se a premissa de que o ser humano realiza suas decisões econômicas tendo por base processos

---

18. MIRAGEM, Bruno. *Curso de direito do consumidor*. 6. ed. São Paulo: Ed. RT, 2016. p. 128.

mentais automáticos, orientados por vieses cognitivos, resultando em limitada capacidade para tomadas de decisões racionais[19]. Essa constatação decorre, por exemplo, da compreensão do funcionamento do que Daniel Kahneman denominou Sistema 1 e Sistema 2 e de como eles exercem influência sobre os processos mentais envolvidos na tomada de decisão[20].

O primeiro, atua de modo a gerar decisões automáticas, intuitivas, associativas, rápidas e que, por essência, ocorrem sem a presença de controle voluntário do sujeito. Exatamente, por isso, conforme destacam Richard Thaler e Cass Sunstein, "não envolvem o que costumamos associar à palavra pensamento"[21]. O Sistema 2, destina-se à execução de processos mentais mais trabalhosos, detalhados e complexos, que demandam por maior autocontrole, reflexão e concentração[22] e, por conseguinte, são vinculados aos comportamentos "premeditados e autoconscientes"[23]. É aqui que se sobressai o comportamento econômico comumente tipificado como racional.

Por sua vez, o elemento central que desencadeia a ativação de cada um desses sistemas vinculados aos processos de tomada de decisão é a atenção[24]. Quanto mais atenção é demandada, quanto mais análises devem ser feitas, quanto maior a necessidade de autocontrole e maior a necessidade de reflexão, maiores serão os estímulos para que o Sistema 2 seja ativado. Por outro lado, quanto menos atenção for necessária, quando mais associativo for o comportamento a ser adotado, quando mais automática e trivial for a decisão, a orientação do comportamento decisório será gerida pelo Sistema 1.

Como a demanda por energia e esforço para manter o foco e a atenção são elevadas, a evolução humana resultou na utilização do Sistema 1 para a gestão dos mais usuais,

---

19. CHAVAGLLIA NETO, José; FILIPE, José António; FERREIRA, Manuel Alberto. *Neuroeconomia*: uma nova perspectiva sobre o processo de tomada de decisões econômicas. Rio de Janeiro: Alta Books, 2017. p. 41.

20. KAHNEMAN, Daniel. *Rápido e devagar*: duas formas de pensar. Trad. Cássio de Arantes Leite. Rio de Janeiro: Objetiva, 2012. p. 29. Ao utilizar essa terminologia, o autor reconhece que não se trata de uma inovação, fazendo indicação expressa que a utilização das expressões Sistema 1 e Sistema 2 foi originalmente adotada por Keith Stanovich e Richard West. Os mesmos sistemas, com as mesmas características, são denominados por Richard Thaler e Cass Sunstein como Sistema automático e Sistema reflexivo, respectivamente. V. THALER, Richard; SUNSTEIN, Cass. *Nudge*: como tomar melhores decisões sobre saúde, dinheiro e felicidade. Trad. Ângelo Lessa. Rio de Janeiro: Objetiva, 2019. p. 29.

21. Id. p. 30. Conforme José Chavaglia Neto, José António Filipe e Manuel Alberto M. Ferreira "o homem acreditou que realmente era um ser "racional", principalmente quando o assunto era economia. Mas com os novos estudos em Neuroeconomia, vários mitos sobre a racionalidade das pessoas vieram abaixo. Tais estudos têm mostrado dois pontos em comum, "somos todos irracionais" e "perdemos" muito dinheiro com isso. Tal situação deriva do fato de que as pessoas atuam a maior parte do tempo com base na mente inconsciente". V. NETO, José Chavagllia; FILIPE, José António; FERREIRA, Manuel Alberto. *Neuroeconomia*: uma nova perspectiva sobre o processo de tomada de decisões econômicas. Rio de Janeiro: Alta Books, 2017. p. 81.

22. KAHNEMAN, Daniel. *Rápido e devagar*: duas formas de pensar. Trad. Cássio de Arantes Leite. Rio de Janeiro: Objetiva, 2012. p. 29.

23. THALER, Richard; SUNSTEIN, Cass. *Nudge*: como tomar melhores decisões sobre saúde, dinheiro e felicidade. Trad. Ângelo Lessa. Rio de Janeiro: Objetiva, 2019. p. 30.

24. KAHNEMAN, Daniel. *Rápido e devagar*: duas formas de pensar. Trad. Cássio de Arantes Leite. Rio de Janeiro: Objetiva, 2012. p. 47. Para o autor, a "sofisticada alocação de atenção tem sito aperfeiçoada por uma longa história evolucionária. Orientação e reação rápidas ante as ameaças mais sérias ou as oportunidades mais promissoras melhoram a chance de sobrevivência".

corriqueiros e elementares comportamentos humanos, de modo a gerar uma necessidade de energia menor para a sua manutenção[25].

Já o Sistema 2 coexiste, atuando em segundo plano com o Sistema 1, a partir de um padrão de funcionamento que exige pouco esforço e menos energia. Apenas algumas de suas funções estão ativas. Ele representa, assim, um modelo de tomada de decisão que será utilizado, em regra, quando o Sistema 1 não for incapaz de – ou for ineficiente para – apresentar uma resposta[26]. Por sua vez, colocar integralmente o Sistema 2 em funcionamento resulta em uma significativa e, por vezes, inviável demanda de energia e, principalmente, atenção. Assim, quanto menor o custo energético e de atenção envolvidos no processo de tomada de decisão, a prevalência do Sistema 1 sobre o Sistema 2 estará presente.

Como o ser humano executa as mais variadas decisões ao longo do dia, exigir que cada uma delas passem pelo longo caminho da abordagem reflexiva do Sistema 2 demandaria muito tempo para executar todas as operações preliminares antes de uma decisão. E o tempo, em muitos casos não é uma variável inserida na equação comportamental do ser humano, ou ao menos não o é em relação à manutenção da sua zona de conforto. Como destaca Daniel Kahneman, "atividades que impõem altas exigências ao Sistema 2 requerem autocontrole, e a aplicação do autocontrole é exaustiva e desagradável"[27].

Os impactos dessa interação entre o Sistema 1 e o Sistema 2, e a prevalência do Sistema 1 sobre a maior parte das decisões tomadas, estão presentes também no comportamento do dia a dia dos consumidores, que a todo momento são estimulados, demandados ou abordados em vista da necessidade de tomada de uma decisão.

Ocorre que enquanto a facilidade e agilidade decisória alcançada pela manutenção do Sistema 1 resulta em significativas facilidades e externalidades positivas, como a maior agilidade e praticidade na adoção de comportamentos, ele possui dois importantes e significativos componentes que tornam a vulnerabilidade comportamental do consumidor um fato: a utilização das heurísticas e os impactos dos vieses cognitivos.

As heurísticas, ou atalhos cognitivos, são associações realizadas durante o processo mental que visa a garantir maior agilidade – e, portanto, simplificar – a tomada de decisão[28]. Da sua utilização decorrem, porém, os mais diversos vieses.

---

25. CHAVAGLLIA NETO, José; FILIPE, José António; FERREIRA, Manuel Alberto. *Neuroeconomia*: uma nova perspectiva sobre o processo de tomada de decisões econômicas. Rio de Janeiro: Alta Books, 2017. Ao analisarem os efeitos da interação entre o cérebro e a economia, os autores destacam que "o cérebro, assim como um jogador de futebol experiente, poupa energia durante o jogo todo. (...) Por economizar energia diante dos muitos estímulos que recebe durante um evento, o cérebro acaba por encurtar o caminho para se chegar a uma percepção".

26. KAHNEMAN, Daniel. *Rápido e devagar*: duas formas de pensar. Trad. Cássio de Arantes Leite. Rio de Janeiro: Objetiva, 2012. p. 33-34.

27. Id. p. 56. V. BRIDGER, Darren. *Neuromarketing*: como a neurociência aliada ao design pode aumentar o engajamento e influência sobre os consumidores. Trad. Afonso Celso da Cunha Serra. São Paulo: Autêntica Business, 2019. p. 181. Para o autor, "as pessoas geralmente se esquivam de tarefas que parecem exigir muito esforço mental, não importa que sejam difíceis ou simplesmente envolvam várias fases".

28. TONETTO, Leandro Miletto et al. O papel das heurísticas no julgamento e na tomada de decisão sob incerteza. *Estudos de Psicologia*, Campinas, v. 23, n. 2, p. 181-189, abr./jun. 2006. p. 183.

Os vieses cognitivos podem ser sintetizados como erros sistêmicos e não aleatórios do raciocínio humano indicadores de padrões de desvio que incidem sobre uma tomada de decisão[29]. São os comportamentos desencadeados pelos vieses cognitivos que "sistematicamente nos afastam do que faria o *Homo Economicus*", modelo comportamental estruturado a partir da presunção – essa sim uma presunção – de que o ser humano "sempre pensa e toma decisões de forma correta"[30].

É a influência desses vieses comportamentais que desencadeia uma situação de permanente vulnerabilidade do consumidor, que se expressa a partir da fragilidade do seu processo de tomada de decisão econômica, pois como ressalta Olivier Sibony, o viés "é um fenômeno de que não temos consciência" e como "não podemos corrigi-lo por conta própria, estamos condenados a reproduzir de maneira interminável os erros oriundos de nossos vieses"[31]; logo, manifesta e concreta vulnerabilidade comportamental.

A título de exemplo – eis que a tipologia dos vieses é extremamente abrangente – e em razão da abordagem sobre a vulnerabilidade comportamental objetivada por este trabalho, cabe destacar alguns vieses cognitivos muito presentes no processo de tomada de decisão dos consumidores.

É o que ocorre, por exemplo, em relação ao erro de julgamento desencadeado pelo viés da conclusão precipitada e pelo viés da aversão à perda, que são motivados pela utilização das palavras desconto, promoção e liquidação no momento da oferta de produtos e serviços. Nestas situações, o consumidor é levado a identificar uma oportunidade que não pode ser perdida, representada pela expectativa de ganho com o acesso a um bem com menor dispêndio de recurso financeiro, sem, contudo ter compreensão se, de fato, o produto anunciado com desconto possui alguma diferença significativa de preço em relação ao que outrora fora praticado pelo agente econômico que adota a estratégia de persuasão.

Outro exemplo refere-se aos impactos do viés de praticidade ou efeito de habitação, que está muito presente em um comportamento que merece o desenvolvimento mais aprofundado de discussões envolvendo a inserção de filtros críticos capazes de estimular a alteração de postura do consumidor: o aceite ou confirmação dos termos de uso e política de privacidade de dados nos aplicativos de *smartphones* e em redes sociais.

É que diante de uma situação em que não se exige maiores esforços para a tomada de decisão, como o simples clique sobre a palavra "confirmar" para se optar pela aceitação dos termos de uso ou da política de privacidade, menor será a percepção de risco por parte do consumidor em relação aos impactos ocasionadas sobre os seus interesses privados. Com efeito, menos risco resulta em menos incerteza, afastando a necessida-

---

29. SIBONY, Olivier. *Você está prestes a cometer um erro terrível*: como lutar contra as armadilhas do pensamento e tomar decisões melhores. Trad. Gustavo de Azambuja Feix. Rio de Janeiro: Objetiva, 2019. p. 11.
30. THALER, Richard; SUNSTEIN, Cass. *Nudge*: como tomar melhores decisões sobre saúde, dinheiro e felicidade. Trad. Ângelo Lessa. Rio de Janeiro: Objetiva, 2019. p. 15.
31. SIBONY, Olivier. *Você está prestes a cometer um erro terrível*: como lutar contra as armadilhas do pensamento e tomar decisões melhores. Trad. Gustavo de Azambuja Feix. Rio de Janeiro: Objetiva, 2019. p. 13.

de de realização de uma abordagem refletiva e ponderada, passando-se à utilização de heurística para gerar a resposta comportamental.

Um terceiro viés é representado pela associação direta que se faz entre utilidade ou benefício ou, ainda, entre qualidade e os adjetivos usados para a sofisticação de produtos que, em nada, se diferenciam as outras opões presentes no mercado. Como exemplo, tem-se a utilização dos termos *gourmet, premuim, deluxe*, entre outros que, explorando a associação que se faz entre sofisticação e preço, leva muitas vezes o consumidor a pressupor que um determinado produto possui características que justificam o valor mais elevado pelo simples fato de ser apresentado com esses obscuros adjetivos.

O viés de ancoragem, por sua vez, é explorado quando, nas palavras de Olivier Sibony, "precisamos estimar ou definir um valor numérico [ocasião em que] tendemos a usar um número disponível como âncora, aplicando a ele um ajuste insuficiente", de modo que, "o simples fato de um número ser mencionado, mesmo quando não tem nenhuma relação com a pergunta feita, influencia nosso julgamento"[32].

Um exemplo da exploração desse viés é a crescente utilização da expressão "rende até xx kg" nas embalagens de alguns produtos (como o sabão em pó). Uma vez utilizado, *v.g.*, no topo superior direito da embalagem, a indicação de que o seu conteúdo rende até 2.7 kg, o viés de ancoragem leva o consumidor a se prender a este número, ainda que, na parte inferior da embalagem e, geralmente, em fonte de tamanho menor, esteja indicado que o peso do produto é de 2.2kg. A informação está presente, mas o destaque dado ao 2.7kg ancora o consumidor que passa a ser influenciado por este dado e pelo viés nele desencadeado. A exploração, assim, decorre do uso o efeito gerado pelo viés e não do potencial impacto de uma informação enganosa[33].

O reconhecimento do impacto desses e de tantos outros vieses não resulta, todavia, na adequada atenção que deveria ser conferida à vulnerabilidade de origem comportamental dos consumidores. Em especial, pelo fato de que essas especificidades não são consideradas para fins de elaboração das normas de proteção do consumidor quando da construção de um modelo de proteção da tomada de decisão.

Com efeito, o consumidor muitas vezes é tratado – até mesmo pelos órgãos estatais – tal como um agente econômico que atua racionalmente, que faz escolhas ponderadas (ainda que equivocadas) e que, antes da sua decisão, realiza as devidas ponderações sobre os riscos envolvidos sempre em vista da maximização da utilidade advinda do seu comportamento de escolha. Em muitos casos, alegada racionalidade é utilizada como

---

32. Id. p. 68-69.
33. Não se desconhece, todavia, a possibilidade de caracterização dessa prática como publicidade enganosa, na medida em que o conteúdo informativo ora analisado mostra-se capaz de induzir o consumidor a erro acerca da quantidade (peso) do produto (Art. 36, § 1º do Código de Defesa do Consumidor). A abordagem ora apresentada sobre a exploração da vulnerabilidade comportamental não pressupõe a ocorrência de erro, enquanto falsa percepção da realidade, mas da utilização de estímulos aos efeitos dos vieses sobre o comportamental humano.

justificativa para a mitigação do nível de proteção que se espera garantir aos consumidores a partir da manutenção dos seus interesses econômicos.

A vulnerabilidade comportamental do consumidor é significativamente explorada, por sua vez, pelos demais agentes que atuam no mercado de consumo, a partir da utilização de ferramentas de persuasão destinadas à utilização e potencialização do impacto gerado pelos vieses comportamentais sobre o processo de tomada de decisão econômica, levando, em muitos casos, a uma tomada de decisão pouco refletida, pouco ponderada e, por isso mesmo, pouco esclarecida.

A dificuldade de se mitigar os impactos da vulnerabilidade comportamental está, assim, em essência, na incapacidade de geração de estímulos capazes de resultar não apenas na mitigação da influência do Sistema 1, mas que sejam, em especial, eficientes em trazer o Sistema 2, por ele ser capaz de gerar dúvidas sobre os efeitos esperados[34], para o protagonismo dos processos de tomada de decisão.

A construção de um ambiente decisório ou de uma arquitetura de escolha pressupõe, por sua vez, a identificação de quais seriam os filtros críticos mais adequados[35] em cada uma das situações, por exemplo, a assimilação de informações em contraposição à comunicação persuasiva, a assunção de dívida, escolha de aplicação financeira, endividamento ou pactuação de contratos duradouros, entre outros, em vista da mitigação dos impactos comportamentais por eles causados.

Para a construção dessas ferramentas, contudo, a arquitetura jurídica de proteção do consumidor precisa, sob risco de se mostrar desconectada da realidade, incorporar os conhecimentos advindos da economia comportamental para, ao reconhecer problemas, identificar fatos e superar presunções, de modo a garantir as condições adequadas para o exercício da liberdade de escolha do consumidor[36].

CONCLUSÃO

A compreensão do impacto da proteção dos interesses econômicos dos consumidores, no contexto das etapas que integram o processo de tomada de decisão econômica, permite identificar a necessidade de se conceder a devida atenção à proteção das condições adequadas (arquitetura de escolhas) para uma tomada de decisão de consumo

---

34. KAHNEMAN, Daniel. *Rápido e devagar*: duas formas de pensar. Trad. Cássio de Arantes Leite. Rio de Janeiro: Objetiva, 2012. p. 146.

35. Um significativo exemplo de filtro crítico pode ser identificado com a garantia do direito de arrependimento, exatamente por conceder mais tempo para a reflexão do comportamento adotado pelo consumidor em relação ao ato de consumo praticado, permitindo, assim, um estímulo para a utilização do sistema 2 no processamento do impacto, necessidade e interesse na manutenção dos efeitos do ato de consumo praticado.

36. MENEZES DIREITO, Carlos Alberto. A proteção do consumidor na sociedade da informação. *Informativo Jurídico da Biblioteca Ministro Oscar Saraiva*, Brasília, v. 12, n. 1, p. 63-75, jan./jun. 2000. p. 65. Conforme delimitado pelo autor e utilizando dos pressupostos apresentados neste estudo, tem-se que: "o que interfere com vigor na liberdade de escolher é a capacidade de discernimento [*Sistema 2*] ou seja, a capacidade de dominar a sua vontade [*uso de um sistema de decisão autoconsciente e dedutivo*], apesar de seu meio [*arquitetura de escolhas e estímulos recebidos no ambiente de consumo*]. O homem capaz de exercer a sua vontade é capaz de livrar-se da influência de seu meio [*comportamento controlado*] e, portanto, de gerenciar o seu próprio destino [*autonomia decisória*]".

(ou de não consumo) devidamente esclarecida. O uso do adjetivo esclarecida, a partir do que foi abordado neste trabalho, acaba por se aproximar mais, no que se refere aos processos mentais envolvidos na tomada de decisão, do Sistema 2. Este, se não garante, necessariamente, uma escolha adequada em vista da satisfação das necessidades do consumidor, permite a construção de diversos parâmetros de ponderação crítica sobre os impactos e resultados esperados quando da motivação que orienta a realização de um ato de consumo[37].

Proteger a adequada reflexão no momento de identificação de uma necessidade de consumo pode ser, assim, um fator importante para a mitigação dos efeitos ocasionados por escolhas que, pouco refletidas, poderão levar o consumidor a assumir riscos desnecessários ou a ter que arcar com as consequências negativas de uma decisão que, desencadeada por vieses comportamentais, derive de sua exposição aos estímulos comportamentais estrategicamente utilizados pelos demais agentes econômicos.

Com efeito, a exploração da vulnerabilidade comportamental do consumidor representa um significativo risco para a efetiva proteção de seus interesses econômicos, merecendo do Direito a incorporação de conhecimentos advindos de outras ciências como forma de repensar a arquitetura jurídica de proteção do consumidor e a aplicação das normas já existentes em vista da prevenção e solução dos conflitos de consumo.

REFERÊNCIAS

BELO, Neuza Maria; BRASIL, Haroldo Guimarães. Assimetria informacional e eficiência semiforte no mercado. *ERA*, n. 46, p. 48-57, dez. 2006.

BRIDGER, Darren. *Neuromarketing*: como a neurociência aliada ao design pode aumentar o engajamento e influência sobre os consumidores. Trad. Afonso Celso da Cunha Serra. São Paulo: Autêntica Business, 2019.

CHAVAGLLIA NETO, José; FILIPE, José António; FERREIRA, Manuel Alberto. *Neuroeconomia*: uma nova perspectiva sobre o processo de tomada de decisões econômicas. Rio de Janeiro: Alta Books, 2017.

KAHNEMAN, Daniel. *Rápido e devagar*: duas formas de pensar. Trad. Cássio de Arantes Leite. Rio de Janeiro: Objetiva, 2012.

KHAN, Martin. *Consumer behavior and advertising management*. New Delhi: New Age international, 2006.

KOTLER, Philip *et al*. *Principles of marketing*. 2. ed. Milão: Prentice Hall Europe, 1999.

MENEZES DIREITO, Carlos Alberto. A proteção do consumidor na sociedade da informação. *Informativo Jurídico da Biblioteca Ministro Oscar Saraiva*, Brasília, v. 12, n. 1, p. 63-75, jan./jun. 2000.

MILANEZ, Felipe Comarela. *Interesses econômicos e as práticas comerciais desleais*: uma abordagem a partir do direito português e do direito europeu. Belo Horizonte: Malheiros, 2021.

MIRAGEM, Bruno. *Curso de direito do consumidor*. 6. ed. São Paulo: Ed. RT, 2016.

MORAES, Paulo Valério Dal Pai. *Código de defesa do consumidor*: o princípio da vulnerabilidade no contrato, na publicidade e nas demais práticas comerciais – interpretação sistêmica do Direito. 3. ed. Porto Alegre: LAEL, 2009.

---

37. KAHNEMAN, Daniel. *Rápido e devagar*: duas formas de pensar. Trad. Cássio de Arantes Leite. Rio de Janeiro: Objetiva, 2012.

SAMARA, Beatriz Santos Samara; MORSCH, Marco Aurélio. *Comportamento do consumidor*: conceitos e casos. São Paulo: Pearson Prentice Hall, 2005.

SANTOS, Tatiani. O processo decisório de compra: um panorama das publicações brasileiras em administração. *REA*, Franca, v. 109, n. 2, p. 1-14, jul./dez. 2010.

SIBONY, Olivier. *Você está prestes a cometer um erro terrível*: como lutar contra as armadilhas do pensamento e tomar decisões melhores. Trad. Gustavo de Azambuja Feix. Rio de Janeiro: Objetiva, 2019.

TETAZ, Martín. *Pychonomics*: como o funcionamento da mente ajuda a definir nosso comportamento consumidor. Trad. Carolina Caires Coelho e Olga Cafalcchio. São Paulo: Planeta Estratégia, 2018.

THALER, Richard; SUNSTEIN, Cass. *Nudge*: como tomar melhores decisões sobre saúde, dinheiro e felicidade. Trad. Ângelo Lessa. Rio de Janeiro: Objetiva, 2019.

THALER. Richard. *Misbehaving*: a construção da economia comportamental. Trad. George Schlesinger. Rio de Janeiro: Intrínseca, 2019.

TONETTO, Leandro Miletto et al. O papel das heurísticas no julgamento e na tomada de decisão sob incerteza. *Estudos de Psicologia*, Campinas, v. 23, n. 2, p. 181-189, abr./jun. 2006.

EL CONSUMIDOR VULNERABLE: ESPECIAL REFERENCIA A LOS MENORES DE EDAD Y A LAS PERSONAS CON DISCAPACIDAD

Jesús Daniel Ayllón García

Doctor en Derecho. Contratado de Investigación Postdoctoral en el marco NextGenerationEU. Convocatoria de ayudas para la Recualificación del Sistema Universitario Español, modalidad Margarita Salas, 2022. Universidad de Cantabria.

INTRODUCCIÓN

La normativa de protección de los consumidores y usuarios vigente en España se ve reflejada en el TRLGDCU; norma que data del año 2007 y que ha sufrido una ingente cantidad de modificaciones para adaptarla al presente. Una de esas modificaciones sobre las que va a versar el presente trabajo, es la operada por el Real Decreto-Ley 1/2021, de 19 de febrero, derogado por la Ley 4/2022, de 25 de febrero, de protección de los consumidores y usuarios frente a situaciones de vulnerabilidad social y económica.

Tal y como apuntaremos a continuación, estas disposiciones normativas han modificado el sistema de protección de los consumidores y usuarios ofreciendo una mayor protección a aquellos colectivos que se encuentran en una situación de vulnerabilidad que no les permite ejercitar sus derechos como consumidores en igualdad de condiciones con otras personas.

Pese a que pueden ser muchos los colectivos que puedan llegar a ser considerados vulnerables, nosotros nos vamos a centrar en el análisis de esa vulnerabilidad en relación con los menores de edad y las personas con discapacidad dentro de sus relaciones de consumo, por ser unos sectores de la población que merecen una especial mención y una especial protección.

Para ello, primero analizaremos el concepto de persona consumidora vulnerable tal y como lo recoge el TRLGDCU y la problemática que del mismo se puede derivar. A continuación, apuntaremos algunas cuestiones en materia de protección de los consumidores menores de edad en relación con las redes sociales por ser una generación que ha nacido dentro de la era tecnológica y, finalmente, haremos alusión al rol de las personas con discapacidad dentro de sus relaciones de consumo.

El objetivo que se persigue con este análisis es clarificar la figura de lo que comúnmente se denomina consumidor vulnerable (comúnmente digo, porque la ley se refiere a este fenómeno como persona consumidora vulnerable) y, además, advertir que existen dos colectivos especialmente vulnerables en esta materia, si bien no son los únicos grupos que pueden considerarse vulnerables pues, como se apuntará, son otras muchas circunstancias, tanto personales, como sociales e, incluso, económicas, las que hay que tener en cuenta a la hora de calificar a un consumidor como persona consumidora vulnerable.

CONCEPTO DE CONSUMIDOR VULNERABLE

El Real Decreto-Ley 1/2021, de 19 de enero, de protección de los consumidores y usuarios frente a situaciones de vulnerabilidad social y económica[1] introduce, tal y como se ha tenido ocasión de señalar, numerosos cambios en el TRLGDCU. El más importante de esos cambios, no cabe duda, es la modificación del artículo 3, que regulaba el concepto de consumidor y que ahora define también, en su párrafo segundo, lo que se conoce como *consumidor vulnerable*. No obstante, hay que señalar que el citado Real Decreto-Ley ha sido derogado por la Ley 4/2022, de 25 de febrero, de protección de los consumidores y usuarios frente a situaciones de vulnerabilidad social y económica[2], introduciendo algunas modificaciones, pero que no afectan a la materia a la que nos estamos refiriendo, es decir, no afectan al concepto de consumidor vulnerable que introdujo el Real Decreto-Ley 1/2021 en el Art. 3.2 TRLGDCU.

En ambas normativas modificadoras del TRLGDCU, el Art. 3.1 de la norma mantiene intacto el concepto clásico de consumidor, siendo el apartado segundo, esto es, el Art. 3.2, el que introduce el concepto de *consumidor vulnerable* en los siguientes términos:

> Asimismo, a los efectos de esta ley y sin perjuicio de la normativa sectorial que en cada caso resulte de aplicación, tienen la consideración de personas consumidoras vulnerables respecto de relaciones concretas de consumo, aquellas personas físicas que, de forma individual o colectiva, por sus características, necesidades o circunstancias personales, económicas, educativas o sociales, se encuentran, aunque sea territorial, sectorial o temporalmente, en una especial situación de subordinación, indefensión o desprotección que les impide el ejercicio de sus derechos como personas consumidoras en condiciones de igualdad.

Este precepto establece, por tanto, lo que podemos denominar el *concepto general* de consumidor vulnerable pues, expresamente, admite que pueden existir otras definiciones de consumidor vulnerable en la *normativa sectorial*.

Y, precisamente, y antes de analizar el concepto de consumidor vulnerable recogido en el precepto que se viene señalando, nos gustaría hacer una breve referencia a algunas normas sectoriales en las que se prevén otros conceptos de consumidor vulnerable distintos, de modo ejemplificativo. De este modo, encontramos otros conceptos de consumidor vulnerable, por ejemplo, en el Art. 9 del Real Decreto-Ley 8/2020 y en el Art. 11 del Real Decreto-Ley 11/2020 donde se define cuándo una persona está en situación de vulnerabilidad económica a los efectos de concederle el derecho a la moratoria hipotecaria[3]. Del mismo modo, algunas pistas de lo que se entiende por consumidor

---

1. ESPAÑA. BOE, *n. 17, de 20 de enero de 2021.*
2. ESPAÑA. BOE, *n. 51, de 1 de marzo de 2022.*
3. Hasta la fecha, la normativa sectorial de consumo no concede al contratante que sea consumidor vulnerable más derechos por esa mera circunstancia. El art. 3.2 TRLGDCU ahora autoriza al legislador a hacerlo, pero el

vulnerable en el sector eléctrico nos daba ya la Sentencia del Tribunal Constitucional, de 24 de mayo de 2018[4], que aun siendo anterior a la Ley 4/2022, nos da luz sobre este concepto, pues delimita el núcleo de consumidores en situación de *vulnerabilidad económica* o en situación de *pobreza energética*, a los supuestos en los que los sujetos en cuestión sean preceptores del bono social. Puesto que el objeto principal de la presente obra es el análisis del concepto de consumidor vulnerable recogido en el TRLGDCU, basta con esta breve referencia a la normativa sectorial para, *grosso modo*, entender a qué se refiere el precepto al que venimos haciendo alusión.

Apuntadas de manera sucinta algunas de las referencias a la vulnerabilidad de los consumidores en las normativas sectoriales, es ahora el momento de analizar el concepto de consumidor vulnerable contenido en el Art. 3.2 TRLGDCU.

En primer lugar, reseñar que el texto hace referencia a este colectivo con la expresión *personas consumidoras vulnerables* en contraste con el aparado primero del precepto donde se hace referencia a *consumidor*, simplemente, sin el calificativo de *persona*. No parece que ello traiga ninguna consecuencia jurídica, sino meramente formalista, en la que se puede decir que la técnica legislativa no ha seguido una redacción homogénea pero que no conlleva ninguna consecuencia jurídica aparejada.

En segundo lugar, al contrario de lo que sucede con el concepto de consumidor del apartado 3.1 TRLGDCU donde las personas jurídicas y los entes sin personalidad sí pueden ser considerados consumidores, dicha posibilidad les es vetada en el apartado segundo, por lo que únicamente podrán ser consideradas personas consumidoras vulnerables las personas físicas. Quizás sea este el motivo por el que la Ley hace alusión a persona consumidora vulnerable y no a consumidor vulnerable simplemente, pero si únicamente se refiere a personas físicas, lo más correcto hubiera sido acuñar el término *persona física consumidora vulnerable*.

En tercer lugar, si atendemos al tenor literal del precepto, lo que caracteriza al consumidor vulnerable es que se tiene que tratar de una persona que esté en *una especial situación de subordinación, indefensión o desprotección que les impide el ejercicio de sus derechos como personas consumidoras en condiciones de igualdad*. Precisamente, por la situación concreta en que se encuentra esa persona, es por lo que no puede ejercitar sus derechos en condiciones de igualdad. Esto es, no es necesario, por tanto, que esté impedida de ejercitar sus derechos (no es necesario, por ejemplo, que se trate de una persona sujeta a una curatela representativa), sino que quizás sí pueda ejercitarlos, pero no en condiciones de igualdad o en las mismas condiciones que los podría ejercitar si no estuviera en esa concreta situación de subordinación, indefensión o desprotección[5].

---

legislador podría haberlo hecho incluso antes de la reforma de este precepto y así lo hizo, realmente, a través de la normativa COVID sectorial que acabamos de apuntar (desde el RD-Ley 8/2020), que permite a sujetos especialmente vulnerables (que, sin embargo, no se califican como consumidores) suspender el pago del arrendamiento o de los préstamos hipotecarios o al consumo.

4. ESPAÑA. STC. Pleno. *SSTC núm. 54/2018, de 22 de junio*.
5. MARÍN LÓPEZ, Manuel Jesús. El nuevo concepto de consumidor y empresario tras la Ley 3/2014, de reforma del TRLGDCU, *Revista CESCO de Derecho de Consumo*, Ciudad Real, n. 9, p. 9-16, 2014. p. 9-10.

De ello se deprende que el consumidor vulnerable del Art. 3.2 TRLGDCU se define por comparación con el consumidor clásico (Art. 3.1 TRLGDCU) que es el que no está en esa situación especial de vulnerabilidad[6]. A diferencia de este, aquel está en una situación de desigualdad en el ejercicio de los derechos, lo que significa que para él es más costoso, difícil o complicado ese ejercicio o que, incluso, ese ejercicio puede resultar imposible en determinadas situaciones.

Hasta ahora nos hemos centrado en el concepto de consumidor vulnerable, pero consideramos necesario hace una reseña a lo que hemos denominado *consumidor clásico* o, lo que es lo mismo, al concepto de *consumidor medio*, puesto que ya hemos señalado que se toma como referencia para definir al vulnerable. De este modo, podemos entender como consumidor medio a aquel perfil de persona consumidora que muestra un comportamiento razonablemente atento y eficaz en sus relaciones de consumo[7] o, en otras palabras, a la persona que interactúa en sus relaciones de consumo con un grado de discernimiento medio.

En relación con la situación de desigualdad, o lo que la ley denomina *especial situación de subordinación, indefensión o desprotección* en que se encuentra el consumidor vulnerable puede obedecer a múltiples causas. ¿Qué causas son esas? ¿están previstas en la Ley? ¿Se trata de un elenco cerrado o es una mera relación ejemplificativa de supuestos posibles? Para dar solución a estas cuestiones debemos acudir tanto al propio Art. 3.2 TRLGDCU como a la exposición de motivos de la Ley 4/2022 a la que ya hemos tenido ocasión de hacer referencia.

En el Art. 3.2 TRLGDCU se emplean unos términos que abarcan una realidad amplísima sobre qué hemos de entender por *especial situación de subordinación, indefensión o desprotección*. Así, se establece que la persona está en esa situación *por sus características, necesidades o circunstancias personales, económicas, educativas o sociales.* De este modo, casi cualquier circunstancia imaginable tiene cabida en este elenco. Esas circunstancias personales pueden abarcar desde la edad, el sexo, los lugares de procedencia, ser víctima de violencia de género, tener reconocida alguna discapacidad...; en cuanto a las económicas, principalmente sería estar en una situación de recursos económicos escasos, pobreza energética...; en relación con las educativas, no saber un determinado idioma, no estar en posesión de un título habilitante para el trabajo...; y en cuanto a las circunstancias sociales, pueden referirse a una amplia gama de situaciones como pertenecer a un colectivo concreto o a una minoría ética discriminada.

Además, también en relación con esta especial situación de subordinación, indefensión o desprotección, hay que decir que puede darse de manera *territorial, sectorial o temporal*, lo que viene a extender o a hacer más amplia aún la definición de

---

6. MARÍN LÓPEZ, Manuel Jesús. El concepto de consumidor vulnerable en el Texto Refundido de la Ley General para la Defensa de los Consumidores y Usuarios, *Revista CESCO de Derecho de Consumo*, Ciudad Real, n. 37, p. 111-120, 2021. p. 111-120.

7. SÁNCHEZ MORAGAS, Francesc Xavier. La apreciación de la vulnerabilidad, en los contratos con personas consumidoras con discapacidad intelectual, *Revista Diario La Ley*, Madrid, n. 10005, p. 1-12, 2022. p. 5.

consumidor vulnerable. Esto quiere decir que un sujeto puede ser vulnerable únicamente cuando vive en un determinado territorio y no cuando vive en otro; cuando contrata en un determinado sector, pero no en otro; o solamente en un determinado momento y no de forma permanente.

Estas características que hacen que una persona esté en situación de desprotección pueden concurrir, además, de forma *individual o colectiva*. Esto quiere decir que existen determinados colectivos que, por su propia naturaleza, convierten a sus miembros en consumidores vulnerables. Así lo establece la Exposición de Motivos la Ley 4/2022 en su considerando primero, donde enumera, de manera ejemplificativa, algunos de estos colectivos. Hace referencia a personas de determinada edad, tanto a personas mayores, como a niños y adolescentes; también hace referencia al sexo y a cuestiones de género; al origen nacional o étnico; al lugar de procedencia; incluso, hace alusión a las personas alérgicas o con algún tipo de intolerancia alimenticia; a las familias monoparentales; a las personas desempleadas; a las personas con algún tipo de discapacidad; a las personas enfermas; a las minorías étnicas o lingüísticas; a las personas desplazadas temporalmente de su residencia habitual; a la población migrante o a los solicitantes de protección internacional, entre otros muchos posibles. Pero estos sujetos que se enumeran de forma ejemplificativa no son consumidores vulnerables siempre y en todo caso, sino únicamente cuando en una concreta relación de consumo no puedan ejercitar sus derechos en condiciones de igualdad en comparación con otro sujeto que no pertenezca a ese colectivo[8]. Piénsese, por ejemplo, en una persona de avanzada edad, con 70 años que esté acostumbrada a tratar con redes sociales, con los distribuidores de energía y se encargue de la llevanza de la economía doméstica que, entiendo, no tendría ningún tipo de problema para descargar en su *smartphone* la App del banco y hacer las transacciones oportunas, frente a otro anciano de la misma edad que no tenga conocimiento tecnológico alguno. En este caso, podemos comprobar como el hecho de tener 70 años no es una causa de vulnerabilidad en sí, sino que hay que atender al caso concreto y a otros factores, porque el primero de los sujetos puede ser muy hábil tecnológicamente y no sería vulnerable a la hora de contratar servicios a través de internet y sí serlo desde el punto de vista económico si carece de recursos; mientras que el segundo puede ser un sujeto vulnerable en relación con las nuevas tecnologías, pero tener un poder adquisitivo elevado que le permita realizar transacciones que el primero no podría debido a su escasez económica. Un reflejo de esta variedad de situaciones la encontramos también en la Exposición de Motivos de la Ley donde se dispone que *una persona puede ser considerada vulnerable en un determinado ámbito de consumo, pero no en otros. Además, esa condición de vulnerabilidad podrá variar a lo largo del tiempo según puedan hacerlo las condiciones que la determinan, tanto las de tipo personal como las sociales o de contexto.* Por eso, cualquier persona puede ser vulnerable en algún

---

8. HERNÁNDEZ DÍAZ-AMBRONA, María Dolores. La persona consumidora vulnerable en las relaciones de consumo. *Confilegal*. 2022. Disponible en: https://confilegal.com/20220313-la-persona-consumidora-vulnerable-en-las-relaciones-de-consumo/. Aceso en: 11 mayo 2022.

momento de su vida para un determinado sector, pero no para otro y, en un determinado momento, pero no en otro.

En consecuencia, podemos afirmar, una vez más, que el término de persona consumidora vulnerable es un concepto que, además de ser extenso, es dinámico porque puede variar atendiendo a los factores personales, sociales y económicos de cada persona en concreto.

Por lo tanto, y de modo conclusivo, se puede decir que la clave para poder hablar de persona consumidora vulnerable se centra, aparte de en las propias circunstancias endógenas de salud, edad, cultura... y exógenas como situación económica, social... en esa transitoriedad o permanencia según los casos en situaciones de subordinación, indefensión o desprotección[9].

Como hemos apuntado, el TRLGDCU no define de manera taxativa esas circunstancias, pero sí incide en esa situación de subordinación de posiciones contractuales, de inferioridad o de indefensión a la hora de contratar, de conocer el contenido obligaciones, incluso de las calidades de un producto, precio, ventajas, comparaciones competitivas... En suma, ha de tratarse de una relación jurídica que denota una clara desprotección y un barbecho jurídico sin selección de alternativas diferentes con otros productos, servicios, empresas, de cara a poder comprobar elementos clave de la relación de consumo. Y, precisamente, sobre las relaciones de consumo es sobre lo que nos vamos a detener a continuación.

Como se adelantaba, otro rasgo que caracteriza a la definición de consumidor vulnerable recogida en el Art. 3.2 TRLGDCU es que una persona física puede calificarse como tal *respecto de relaciones concretas de consumo*. Esto se puede traducir en dos premisas: (a) en primer lugar, como acabamos de apuntar en el párrafo anterior, que en una determinada relación de consumo un sujeto puede ser un consumidor vulnerable, pero no en otra relación de consumo, en la que no actúa en esa situación de desprotección o indefensión; (b) en segundo lugar, que el Art. 3.2 TRLGDCU define al consumidor vulnerable dentro de las *relaciones de consumo*. De este modo, la relación de consumo se define por su origen contractual, donde hay un sujeto que adquiere bienes o servicios de un empresario. Por lo tanto, cuando ese sujeto que adquiere bienes o servicios está en una especial situación de subordinación, indefensión o desprotección en los términos que ya han sido apuntados, se reputará consumidor vulnerable en los términos del Art. 3.2 TRLGDCU.

En cuanto al concepto de *relación de consumo*, nos resulta interesante resaltar el elaborado por la Sala Civil de la Corte Suprema de Justicia de Colombia que, aunque se trate de un ordenamiento jurídico diferente, podemos tomarlo prestado para este caso concreto, y más cuando al mismo tiempo que hace referencia a la relación de consumo, engarza dicho concepto con la materia que venimos analizando sobre consumidores

---

9. VEIGA COPO, Abel. Más allá de un concepto de consumidor vulnerable: a propósito de RD-L de 19 de enero de 2021. *Revista Aranzadi*, Cizur Menor, n. 1/2021, p. 1-5, 2021. p. 3.

vulnerables. Así, la Corte Suprema de Colombia, a través de la sentencia de 30 de abril de 2009 se manifestó en los siguientes términos.

> La relación de consumo constituye una particular categoría que surge entre quienes se dedican profesionalmente a elaborar o proveer bienes o prestar servicios con quien los adquiere con el fin de consumirlos; y es precisamente el consumidor, quien, por encontrarse en condiciones de vulnerabilidad económica y desequilibrio, es destinatario de una especial protección normativa; por supuesto que la profesionalidad del productor que lo hace experto en las materias técnicas científicas en torno de las cuales realiza su labor, su sólida capacidad económica, su vocación para contratar masivamente, las modalidades de contratación a las que acude, entre muchas otras particularidades, lo sitúan en un plano de innegable ventaja negocial que reclama la intervención de legisladores y jueces con miras a reestablecer el Equilibrio perdido[10].

Estas serían las principales notas características que definen al consumidor vulnerable en relación con el Art. 3.2 TRLGCU. Sin embargo, a lo largo de este cuerpo normativo se hace referencia al consumidor vulnerable también en otros sentidos (por ejemplo, en el Art. 8 TRLGDCU), hasta el punto en el que podríamos llegar a afirmar que existen varios conceptos de consumidor vulnerable. Algo que no resulta tan extraño, pues ya antes tuvimos la ocasión de apuntar que la persona consumidora vulnerable se definía en comparación o de manera paralela con el concepto de consumidor clásico y, si éste tiene una doble definición en la ley (consumidor como sujeto que contrata con un empresario con un propósito ajeno a una actividad empresarial o profesional - consumidor en sentido estricto, Art. 3.1 TRLGDCU; y consumidor como sujeto que tiene derecho a la educación, a la información y a ser indemnizado por los daños causados - consumidor en sentido amplio, que disfruta de los *derechos básicos* que le concede el Art. 8 TRLGDCU), también del consumidor vulnerable se puede predicar esta doble concepción.

De este modo, por un lado, nos encontramos con un concepto estricto de consumidor vulnerable (Art. 3.2 TRGLDCU): es el consumidor que contrata al margen de su actividad empresarial o profesional y además lo hace en una situación de inferioridad o desprotección que le impide el ejercicio de los derechos como consumidor en condiciones de igualdad con el resto de los consumidores.

Por otro lado, existe también un concepto amplio de consumidor vulnerable, al que se alude en la nueva redacción del Art. 8 TRLGDCU dada por el RD-ley 1/2021 y modificada por la Ley 4/2022, que enumera los derechos básicos de los consumidores y de los consumidores vulnerables. En este caso, son consumidores vulnerables las personas en quienes concurre alguna de las circunstancias enunciadas en el Art. 3.2 TRLGDCU, aun cuando no hayan celebrado un contrato con un empresario. Si el consumidor goza de los derechos reconocidos en este Art. 8 TRLGDCU, también los disfruta el consumidor vulnerable, con el añadido de que estos derechos del consumidor vulnerable *gozarán*, por imperativo del segundo apartado de este precepto, *de mayor atención*, lo que significa que serán especialmente recogidos en la normativa reglamentaria y sectorial, y que

---

10. COLOMBIA. Sala de Casación Civil de la Corte Suprema de Justicia. *Sentencia del 30 de abril de 2009.*

los poderes públicos *promocionarán políticas y actuaciones tendentes a garantizar sus derechos en condiciones de igualdad [...] tratando de evitar, en cualquier caso, trámites que puedan dificultar el ejercicio de los mismos.*

De este modo, podemos concluir que el concepto de consumidor vulnerable ha de ser interpretado de forma amplia, incluyendo no solo a los consumidores que son vulnerables por razón de la edad o discapacidad o tener afectadas sus capacidades psíquicas (que es lo que se recoge en el Art. 3.2 TRLGDCU), sino también a los consumidores que, por circunstancias sociales, como la crisis provocada por el Covid-19, vean mermada su capacidad económica y se enfrenten al corte del suministro de la luz o agua en la vivienda[11] (como se puede apreciar en las normas sectoriales a las que hemos venido haciendo alusión en la páginas precedentes).

Como consecuencia de todo lo expuesto, nos surgen una serie de interrogantes: ¿significa, según lo apuntado, que el consumidor es vulnerable y así ha de catalogarse y reconocerse jurídicamente o que son las circunstancias humanas, sociales y económicas en la que vive y trata de desarrollarse las que marcan una circunstancia y contexto de vulnerabilidad y propensión a la indefensión, la subordinación o la desprotección?[12]. O lo que es lo mismo ¿existe por sí mismo y jurídicamente la figura del consumidor vulnerable o son las especiales circunstancias sociopersonales y psicosociales del consumidor las que le abocan a esa vulnerabilidad?

A nuestro entender, la vulnerabilidad del consumidor es consecuencia directa de las circunstancias sociales, personales y psicosociales que experimenta cada usuario de manera individual. De este modo, podemos hablar de consumidores vulnerables cuando nos referimos a un menor de edad o a una persona con discapacidad prevista de apoyos en aquellas circunstancias en las que no se encuentra en igualdad de condiciones con un consumidor medio (o consumidor en el sentido del Art. 3.1 TRLDCU), precisamente por esa circunstancia concreta, es decir, o bien por ser menor de edad y no tener la madurez suficiente para comprender una relación contractual concreta, o bien que esa incomprensión sea consecuencia directa de la discapacidad.

En suma, como corolario a lo que se acaba de apuntar, cabe aproximarse al consumidor vulnerable desde una doble perspectiva: como contratante y como sujeto destinatario de prácticas comerciales, publicidad e información precontractual y, precisamente, sobre esta última cuestión, nos gustaría hacer una última reflexión antes de abandonar el análisis del concepto de persona consumidora vulnerable.

En relación con el control de transparencia de las cláusulas predispuestas que versan sobre el objeto principal del contrato, entendemos que existe una antinomia de posiciones entre la doctrina del TS y el tenor literal del TRLGDCU.

---

11. DEL ÁGUILA MARTÍNEZ, Jesús. *Solución extrajudicial de conflictos en materia de consumo.* Tesis (Doctorado) – Universidad de Almería, 2022. Directora: Raquel Dominica Bonachera Villegas. p. 68.
12. VEIGA COPO, Abel. *Consumidor vulnerable.* Cizur Menor: Civitas Thomson Reuters, 2021. p. 36.

Conforme a una consolidada doctrina, para que las cláusulas o la información que emite el empresario hacia los consumidores sean transparentes el consumidor debe conocer las consecuencias económicas y jurídicas de la relación contractual en cuestión. Tradicionalmente el TJUE[13] y el TS han entendido que el empresario debía facilitar esa información de manera muy detalla, pero la jurisprudencia más reciente del TS admite que el consumidor puede conocer esos datos por otras vías.

La interrogante que podemos plantearnos es la siguiente: ¿Actualmente, tiene el empresario que ajustar la información que facilita a las características de cada consumidor, atendiendo si se encuentra ante una persona de avanzada edad, ante un menor de edad o, por ejemplo, ante una persona analfabeta?

La doctrina clásica del TS defendía que el consumidor debe conocer cierta información, lo que le exigía al empresario adaptar la información suministrada a cada concreto consumidor[14]. Pero la doctrina más reciente del TS (por ejemplo, sobre la cláusula IRPH y los acuerdos novatorios sobre cláusula suelo[15]) sostiene que basta con que el empresario informe de cierta información (estandarizada) para que el consumidor medio pueda entenderla.

Ahora bien, tras la reforma del Art. 20 TRLGDCU, cabe preguntarse lo siguiente: ¿debe el empresario facilitar la información precontractual adaptada a las circunstancias particulares del destinatario (consumidor vulnerable) de forma que se asegure su adecuada comprensión tal y como preveía la tradicional doctrina del TJUE y el TS o, por el contrario, no sería necesaria esa adaptación al caso particular y regiría la doctrina del TS más reciente sobre la información estandariza? La respuesta que nosotros defendemos se ajusta a la primera de la opciones, pues el Art. 20 TRLGDCU, relativo a la información necesaria en la oferta comercial de bienes y servicios, fue modificado al objeto de precisar que, sin perjuicio de la normativa sectorial que en su caso resulte de aplicación, la información necesaria a incluir en la oferta comercial deberá facilitarse a los consumidores o usuarios, *principalmente cuando se trate de personas consumidoras vulnerables*, en términos claros, comprensibles, veraces y en un formato fácilmente accesible, de forma que aseguren su adecuada comprensión y permitan la toma de decisiones óptimas para sus intereses.

De este modo, entendemos que el empresario deberá de ajustar la información a la que nos estamos refiriendo a cada consumidor, más aún si ese consumidor puede catalogarse como vulnerable y, todo ello, por imperativo legal del Art. 20 TRLGDCU.

Una vez analizado el concepto de persona consumidora vulnerable y después de haber planteado algunas cuestiones en torno a la problemática que se suscita en relación con el mismo, vamos a hacer una especial referencia a dos colectivos que merecen

---

13. EUROPA. TRIBUNAL EUROPEO DE DERECHO HUMANOS. *STJUE, de 5 de julio de 2012.* Asunto C-49/11. Caso Content Services.
14. ESPAÑA. TS. *STS n. 669/2017, de 14 de diciembre de 2017.*
15. ESPAÑA. TS. *STS n. 687/2021, de 8 de octubre de 2021.*

una específica protección en materia de consumo como son los menores de edad y las personas con discapacidad.

LOS MENORES DE EDAD COMO PERSONAS CONSUMIDORAS VULNERABLES

Ya hemos tenido ocasión de apuntar, sucintamente, que los menores de edad pueden llegar a ser considerados un colectivo vulnerable en determinadas situaciones y, por tanto, han de ser tratados como personas consumidoras vulnerables cuando se encuentren en esa especial situación de subordinación, indefensión o desprotección a la que hace alusión el Art. 3.2 TRLGDCU en relación con otros consumidores.

Ahora bien, como el ámbito de consumo es tan amplio, puesto que hemos visto que tiene que ver con cualquier tipo de relación de consumo, en este caso concreto de los menores de edad, hemos decidido analizar su situación de vulnerabilidad en relación con las redes sociales, pues no se puede negar que los menores de edad, en la actualidad, forman parte de lo que se conoce como la generación tecnológica o digital[16] y, como apuntaremos, son unos potenciales consumidores vulnerables de estas plataformas digitales.

Lo primero que debemos apuntar es que es de aplicación la normativa de consumo a las relaciones contractuales que se llevan a cabo con las redes sociales. El mero registro en una red social ya es considerado como una relación de consumo. Por tanto, los usuarios de redes sociales, ya sean mayores o menores de edad, son considerados como consumidores y usuarios de estas plataformas digitales por nuestra legislación[17].

En la mayor parte de las ocasiones, los menores de edad, debido a su falta de experiencia (e incluso los adultos, debido a su falta de conocimientos en materia contractual y de consumo), formalizan contratos no negociados individualmente, celebrados a través de plataformas digitales o Marketplaces; contratos como, por ejemplo, el resultado del registro en una red social, que el consumidor no percibe como tales, sino meramente como un acceso gratuito a bienes o servicios digitales[18].

De este modo, son dos cuestiones las que hemos de analizar para determinar cuál es la normativa aplicable a la protección de los menores de edad en las redes sociales en materia de consumo y determinar si pueden ser considerados como personas consumidoras vulnerables.

---

16. AYLLÓN GARCÍA, Jesús Daniel. Consentimiento de los menores de edad en las redes sociales: especial referencia a TikTok. *Revista de Actualidad Jurídica Iberoamericana*, Valencia, n. 16, p. 580-609, 2022. p. 580-609.
17. Así quedó constatado en la Directiva (UE) 2019/770 del Parlamento Europeo y del Consejo, de 20 de mayo de 2019, relativa a determinados aspectos de los contratos de suministro de contenidos y servicios digitales, traspuesta al ordenamiento jurídico español a través del Real Decreto-ley 7/2021, de 27 de abril, de transposición de directivas de la Unión Europea en las materias de competencia, prevención del blanqueo de capitales, entidades de crédito, telecomunicaciones, medidas tributarias, prevención y reparación de daños medioambientales, desplazamiento de trabajadores en la prestación de servicios transnacionales y defensa de los consumidores.
18. GARCÍA PÉREZ, Rosa María. Bases jurídicas relevantes del tratamiento de datos personales en la contratación de contenidos y servicios digitales. *Cuadernos de Derecho Trasnacional*, Madrid, v. 12, n. 1, p. 875-907, 2020. p. 876.

En primer lugar, defendemos que el TRLGDCU es plenamente aplicable a las redes sociales, pues a través del RDL 7/2021 (en vigor desde enero de 2022)[19] se amplía el ámbito de aplicación de esta normativa a los bienes con elementos digitales y a los contratos de suministro de contenidos y servicios digitales, entendiendo que las redes sociales, entre otras transacciones, suministran dichos "contenidos" y "servicios" digitales[20].

La segunda cuestión requiere de un mayor análisis. Hasta la entrada en vigor del Real Decreto Ley 1/2021, de 19 de enero, de protección de los consumidores y usuarios frente a situaciones de vulnerabilidad social y económica, modificado por la Ley 4/2022, de 25 de febrero, se puede decir que los menores de edad no estaban protegidos como consumidores a través del TRLGDCU con un estatuto jurídico propio[21], pues su artículo 3 hacía referencia al consumidor como "las personas físicas que actúan con un propósito ajeno a su actividad comercial, empresarial, oficio o profesión". Este concepto de consumidor o usuario parecía ir referido tanto a mayores como a menores de edad, por lo que no existía una especial protección del menor como en otras ramas del ordenamiento jurídico, sino que tenía la misma protección que los adultos sin tener en consideración sus necesidades concretas. Ante la inexistencia de un estatuto jurídico específico del menor consumidor era necesario recurrir a las normas generales en materia de capacidad, recogidas en el Art. 1263 CC. Sin embargo, tras la entrada en vigor del Real Decreto-Ley 1/2021, tal y como hemos señalado en el apartado anterior, se ha introducido el concepto de persona consumidora vulnerable. Pese a que, como hemos señalado, los términos empleados en el Art. 3.2 TRLGDCU son abiertos, imprecisos, genéricos, que no definen lo que es un consumidor vulnerable, ni dan claves para su identificación[22] (deberá de desarrollarse jurisprudencial o reglamentariamente), entendemos que los menores de edad pueden considerarse consumidores vulnerables y, por tanto, que tienen un estatuto jurídico propio. A esta conclusión llegamos a través de una interpretación auténtica, pues ha sido el propio legislador a través de la exposición de motivos quien ha establecido una relación, *numerus apertus*, de circunstancias personales, económicas, educativas o sociales que pueden considerarse para establecer la condición o no de vulnerable de un consumidor, entre las que se encuentran la edad. Quizás hubiera sido más acertado plasmarlo en el propio articulado siguiendo, por ejemplo, los modelos madrileño[23] y catalán[24], donde contemplan expresamente a los menores de edad como

---

19. ESPAÑA. *Real Decreto-Ley 7/2021, de 27 de abril*. Trata de la transposición de directivas de la Unión Europea en las materias de competencia, prevención del blanqueo de capitales, entidades de crédito, telecomunicaciones, medidas tributarias, prevención y reparación de daños medioambientales, desplazamiento de trabajadores en la prestación de servicios transnacionales y defensa de los consumidores.
20. SÁNCHEZ CANO, María Jesús; ROMERO MATUTE, Yeray. El régimen jurídico de las redes sociales y los retos que plantea el acceso a dichas plataformas. *Cuadernos de Derecho Transnacional*, Madrid, v. 13, n. 1, p. 1139-1148, 2021. p. 1139-1148.
21. NAVARRO MENDIZÁBAL, Iñigo Alfonso. La protección del consumidor menor de edad. En LÁZARO GONZÁLEZ, Isabel Eugenia; MAYORAL NARROS, Ignacio (Coord.). *Infancia, publicidad y consumo*. Madrid: Universidad Pontificia de Comillas, 2004. p. 146-147.
22. GARCÍA HERNANDO, Jesús Antonio. La falta de concreción y determinación del concepto de consumidor vulnerable en el RDL1/2021. *Diario La Ley*, Madrid, n. 9858, p. 1-9, 2021.
23. MADRID. *Ley 11/1998, de 9 de julio, de Protección de los Consumidores de la Comunidad de Madrid*. Art. 4.
24. CATALUÑA. *Ley 22/2010, de 20 de julio, del Código de Consumo de Cataluña*. Art. 121-3.

unos consumidores sujetos a una especial protección. Concretamente la Exposición de Motivos de la Ley 4/2022, de 25 de febrero, dispone en su considerando primero, en relación con la minoría de edad, que "en sus relaciones de consumo, los niños, niñas y adolescentes, por ejemplo, presentan una mayor sensibilidad a la publicidad y a las prácticas comerciales agresivas, disponen de menor capacidad para reconocer el peligro, pueden sentirse atraídos por la apariencia de productos que entrañen riesgos para su salud o seguridad o pueden presentar mayor sensibilidad frente a la toxicidad de determinadas sustancias químicas".

No obstante, que antes de esta reforma el menor no tuviese un estatuto jurídico propio en materia de consumo, no quiere decir que no se le protegiese como consumidor pues, aparte de que ya apuntamos que el artículo 3 TRLGDCU amparaba tanto a menores como mayores de edad, el menor viene actuando, sobre todo desde la era digital, como parte contractual de relaciones jurídicas, que en la mayoría de los casos podrían calificarse como relaciones jurídicas de escasa cuantía, permitidas por nuestra legislación civil.

Esto es lo que, en palabras de Morillas Fernández, podría denominarse como "emancipación social" del menor como consumidor: el menor de edad que consume de forma habitual y lo hace directamente, adquiriendo todo tipo de bienes y servicios, es una realidad que se da todos los días en nuestra sociedad desde hace tiempo[25].

Por lo tanto, en materia de redes sociales y menores de edad, además de la normativa en materia contractual del Código Civil y de la normativa de protección de datos (sobre la que no podemos detenernos ahora pues se extralimita del objeto principal de este estudio), no podemos olvidarlos de la normativa propia del derecho de consumo, con la especial referencia al reciente concepto de consumidor vulnerable que hemos apuntado.

La mayor sensibilidad a la que se refiere la Exposición de Motivos a la que hemos hecho referencia en relación con los menores de edad, puede traducirse en la falta de madurez para entender ciertos aspectos de las relaciones de consumo. En este caso, hemos optado por analizar la figura de la minoría de edad como una vulnerabilidad a la hora de interactuar en redes sociales para darle un enfoque más práctico a este apartado.

No obstante, no podemos olvidar que esa falta de madurez o esa mayor sensibilidad que se predica de este colectivo se puede predicar de todas aquellas relaciones de consumo en las que intervenga un menor de edad[26] y, siempre y cuando se de esa especial situación de subordinación o desprotección, pues recordemos que, el simple hecho de ser menor de edad, no convierte a un consumidor de manera directa en una persona consumidora vulnerable, sino que habrá que atender a otros factores para determinarlo ya que, en un principio, se le podría tratar como a un consumidor del Art. 3.1 TRLGDCU si no

---

25. MORILLAS FERNÁNDEZ, Marta. El menor como consumidor y su protección ante la publicidad televisiva. En MORILLAS CUEVA, Lorenzo (Dir.). *Derecho y consumo*: aspectos penales, civiles y administrativos. Madrid: Dykinson, 2013. p. 721-722.
26. FERNÁNDEZ, Francisca Ramón. El consumidor de información y protección en la diversa legislación. En COTINO HUESO, Lorenzo (Coord.). *Consumidores y usuarios ante las nuevas tecnologías*. València: Tirant Lo Blanch, 2008. p. 125-140.

concurren situaciones especiales que lo pongan en una posición de desigualdad en relación con otros consumidores.

LAS PERSONAS CON DISCAPACIDAD COMO CONSUMIDORES VULNERABLES

Antes de empezar a analizar si las personas con discapacidad pueden llegar a ser consideradas personas consumidoras vulnerables en el sentido del Art. 3.2 TRLGDCU, conviene detenernos en qué es la discapacidad.

En relación con el concepto de discapacidad, es necesario tener en cuenta la definición prevista en la Ley General de derechos de las personas con discapacidad y de su inclusión social, de 29 de noviembre de 2013 que dispone que "la discapacidad es una situación que resulta de la interacción entre las personas con deficiencias previsiblemente permanentes y cualquier tipo de barreras que limitan o impidan su participación plena y efectiva en la sociedad, en igualdad de condiciones con los demás".

Partiendo de este concepto, podemos afirmar que otro colectivo que puede considerarse como un potencial consumidor vulnerable, es el de las personas que padecen algún tipo de discapacidad o limitación, que son más de cuatro millones de personas en nuestro país según los datos de la encuesta de Discapacidad, Autonomía Personal y Situaciones de Dependencia, elaborada por el INE en 2020 y publicada en abril de 2022[27].

También la Exposición de Motivos de la Ley 4/2022, de 25 de febrero ha hecho una alusión directa a este colectivo en su considerando primero, donde estipula que las personas con discapacidad se pueden encontrar en diferentes situaciones de vulnerabilidad a la hora de desenvolverse en las relaciones de consumo dependiendo de la capacidad de respuesta individual de cada persona.

En tal sentido, estas personas están más expuestas a la quiebra y vulneración de sus derechos como personas consumidoras, por cuanto en muchas ocasiones el mercado de bienes, productos y servicios carece de condiciones de accesibilidad universal, dificultando su empeño como consumidores protegidos.

Una muestra de las limitaciones que pueden tener las personas con una discapacidad, por ejemplo, visual, es el acceso a la información que incorporan las etiquetas de los productos de uso cotidiano. Imagínese una persona con una discapacidad visual del 90% que tiene alergias alimenticias y cuando va a comprar no puede leer los alérgenos de las etiquetas de los productos que va a comprar. En este sentido, se trata de una especial situación de discriminación que lo incluiría directamente en lo que el TRLGDCU ha denominado personas consumidoras vulnerables.

Dentro de las personas con discapacidad que podrían considerarse consumidores vulnerables (siempre y cuando exista una desigualdad con el consumidor medio, y no simplemente por el hecho de tener alguna discapacidad), estarían incluidas aquellas

---

27. ESPAÑA. Instituto Nacional de Estadística. *Discapacidad*. Cifras absolutas. Disponible en: https://www.ine.es/jaxi/Datos.htm?tpx=51614. Aceso en: 10 mayo 2022.

con una discapacidad funcional, intelectual, sensorial y, en general, aquellas que tengan dificultades por la falta de accesibilidad a la información[28].

Aunque resulte obvio, es necesario recordar que las personas con discapacidad tienen derecho a recibir una información suficiente y comprensible que cumpla los requisitos de accesibilidad universal del mismo modo que un usuario sin discapacidad tiene el mismo derecho.

No obstante, no existe una igualdad en este sentido y, es por ello, que las personas con discapacidad serán consideradas consumidores vulnerables cuando no tengan acceso a esa información de manera igualitaria. La traba principal que les sitúa en esta posición de desigualdad y desprotección es, principalmente, la existencia de barreras en la comunicación[29] que podrían superarse introduciendo, por ejemplo, la lectoescritura en el etiquetado de determinados productos.

Además de la normativa de consumo que hemos señalado, también existen otras normas que hacen alusión a la situación de vulnerabilidad en la que se encuentran las personas con discapacidad.

Así, la Ley 8/2021, de 2 de junio, relativa a las medidas de apoyo para las personas con discapacidad se refiere a ellas como miembros vulnerables de nuestra sociedad en su Preámbulo, lo que en nada afecta, prosigue, para el reconocimiento pleno de su capacidad jurídica, aunque su ejercicio a veces venga acompañado de ciertas medidas de apoyo, cuya función es la de asistir a la persona que se encuentra en una situación de discapacidad en el momento de la celebración de un contrato o en su intervención en una relación de consumo.

De este modo, la persona con discapacidad que contrata un servicio o adquiere un bien, es decir, que interviene en una relación de consumo, como persona vulnerable que es debería, o bien estar asistida en esa relación negocial, si fuera necesario (por un curador o guardador de hecho, por ejemplo), o bien disponer de todos los medios necesarios para facilitar la comprensión de la oferta que se realiza con el fin de que pueda adoptar una decisión acorde a su voluntad[30]. En definitiva, tiene derecho a ser informada del contenido del contrato de acuerdo con el tipo y grado de discapacidad que tenga, y ello, entendemos, por imperativo del ya antes citado Art. 20 TRLGDCU.

En cuanto a cuáles son derechos concretos que tienen las personas con discapacidad en materia de consumo (pues los derechos generales a los que también tienen derecho como consumidores que son aparecen en el Art. 8 TRLGDCU) serían, según lo dispuesto en el Art. 3 de la Convención Internacional sobre Derechos de las personas

---

28. PRINCIPADO DE ASTURIAS. Centros de Formación para e Consumo. Disponible en: https://cfc.asturias.es/-/curso-sobre-personas-consumidoras-vulnerables. Aceso en: 09 mayo 2022.

29. HERNÁNDEZ BATALLER, Bernardo. Integración de los derechos de las personas discapacitadas en la temática de los derechos de los consumidores. *Intervención ante el Grupo Permanente de Discapacidad de CESE*, 22 jun. 2017.

30. MARTÍN BRICEÑO, María Rosario. La vulnerabilidad de las personas con discapacidad como consumidores. *Revista Actualidad Civil*, Madrid, n. 11, p. 1-22, 2021.

con Discapacidad: la no discriminación; la participación e inclusión plenas y efectivas en la sociedad; el respeto por la diferencia y la aceptación de las personas con discapacidad como parte de la diversidad y la condición humanas; la igualdad de oportunidades; y la accesibilidad[31].

Como corolario, se podría afirmar que tanto la legislación civil a la que hemos hecho referencia en este apartado como la legislación en materia de consumo no tratan de limitar la voluntad de las personas con discapacidad en ningún momento, pues ello sería contrario a la Convención Internacional sobre Derechos de las personas con Discapacidad y a la normativa en materia de discapacidad de nuestro ordenamiento jurídico, sino que tan solo hace hincapié en la necesidad de mostrar una especial atención para que las personas con discapacidad puedan tomar sus decisiones en condiciones de igualdad[32] con el resto, esto es, en atención a su propia voluntad.

CONCLUSIONES

Como conclusión a las líneas precedentes me gustaría apuntar tres ideas: una en relación con el concepto de persona consumidora vulnerable; otra en relación con los menores de edad como consumidores vulnerables; y, por último, otra en relación con las personas con discapacidad en sus relaciones de consumo.

En relación con la primera de estas tres ideas y de manera muy concisa, se podría decir que la persona consumidora vulnerable sería toda persona consumidora o usuaria que intervenga en una relación de consumo y que, por cualquier motivo o circunstancia, se encuentra en una situación de indefensión o de desigualdad en relación con lo que se conoce como consumidor medio.

Respecto de la segunda de las ideas, podemos concluir que la minoría de edad puede ser un factor determinante a la hora de calificar a una persona como consumidora vulnerable, ya que la temprana edad o, incluso, la adolescencia, suelen ir acompañadas de una falta de madurez para entender ciertos aspectos de la vida, sobre todo si nos referimos al ámbito patrimonial, aunque también personal, como podrían ser, tal y como hemos apuntado, las consecuencias reales de registrarse en una red social, así como otras muchas relaciones de consumo en las que la falta de madurez sitúa al menor en una situación de indefensión en relación con los consumidores medios.

La tercera y última de las ideas que quiero resaltar es, como adelantaba, la relativa a las personas con discapacidad en sus relaciones de consumo. En este sentido, podemos concluir que el hecho de que las personas con discapacidad sean calificadas como personas consumidoras vulnerables, no implica que haya que restringir sus facultades para decidir qué quieren, cómo lo quieren, dónde lo quieren y con quién quieren contratar. Así se desprende

---

31. ESPAÑA. Comité Español de Representantes de Personas con Discapacidad. *El valor de la unidad*. Disponible en: https://www.cermi.es/es/colecciones/los-derechos-de-los-consumidores-y-usuarios-con-discapacidad. Aceso en: 12 mayo 2022.

32. MARTÍN BRICEÑO, María Rosario. La vulnerabilidad de las personas con discapacidad como consumidores. *Revista Actualidad Civil*, Madrid, n. 11, p. 1-22, 2021.

de una interpretación sistemática de nuestro ordenamiento jurídico (interpretación del TRLGCD en relación con la Ley 8/2021) donde lo que ha de primar es la voluntad de las personas con discapacidad en todas las facetas de su vida, esto es, en sus relaciones personales, patrimoniales, contractuales y también de consumo. El hecho de que tengan que ser asistidas en determinadas circunstancias, no equivale a ir en contra de su voluntad, sino todo lo contrario, a ayudarles a manifestar su propia voluntad.

De este modo, se puede decir que tanto los menores de edad como las personas con discapacidad son consumidores como cualquier otra persona, pero su especial situación de desprotección requerirá adaptar los procesos de contratación a sus circunstancias para se encuentren en la misma situación que cualquier otra persona considerada como consumidor medio.

Si bien es cierto que queda mucho por hacer en materia de protección del consumidor vulnerable, entendemos que la actual legislación está apostando por una mejora en este aspecto tal y como se puede observar según lo que dispone la normativa que hemos analizado en el presente trabajo. Queda mucho por hacer, en el sentido de que es necesario, para conseguir esa protección eficaz del consumidor vulnerable, adaptar cada información contractual y precontractual a cada persona con sus particularidades. Entendemos que en un contrato celebrado entre un empresario y un consumidor vulnerable puede adaptarse al caso concreto, pues el consumidor puede comunicar su situación de vulnerabilidad al empresario para que adapte la relación de consumo a las circunstancias personales de cada usuario. Sin embargo, es más complicado conseguir esa protección eficaz cuando hablamos de actos cotidianos de consumo, como podría ser comprar alimentos en un supermercado y no poder leer en el etiquetado el listado de alérgenos o, incluso el precio del producto antes de adquirirlo por ser, por ejemplo, analfabeto o tener una discapacidad visual. Estos son algunos de los retos a los que se enfrenta el legislador en materia de protección de personas vulnerables en el ámbito del derecho de consumo que, como hemos señalado, no están resueltas, pero sí se está caminando en la dirección correcta para logarlo.

REFERENCIAS

AYLLÓN GARCÍA, Jesús Daniel. Consentimiento de los menores de edad en las redes sociales: especial referencia a TikTok. *Revista de Actualidad Jurídica Iberoamericana*, Valencia, n. 16, p. 580-609, 2022.

CATALUÑA. *Ley 22/2010, de 20 de julio, del Código de Consumo de Cataluña.*

COLOMBIA. Sala de Casación Civil de la Corte Suprema de Justicia. *Sentencia del 30 de abril de 2009.*

DEL ÁGUILA MARTÍNEZ, Jesús. *Solución extrajudicial de conflictos en materia de consumo.* Tesis (Doctorado) – Universidad de Almería, 2022. Directora: Raquel Dominica Bonachera Villegas.

ESPAÑA. BOE, *n. 17, de 20 de enero de 2021.*

ESPAÑA. BOE, *n. 51, de 1 de marzo de 2022.*

ESPAÑA. Comité Español de Representantes de Personas con Discapacidad. *El valor de la unidad.* Disponible en: https://www.cermi.es/es/colecciones/los-derechos-de-los-consumidores-y-usuarios-con-discapacidad. Aceso en: 12 mayo 2022.

ESPAÑA. Instituto Nacional de Estadística. *Discapacidad*. Cifras absolutas. Disponible en: https://www.ine.es/jaxi/Datos.htm?tpx=51614. Aceso en: 10 mayo 2022.

ESPAÑA. *Real Decreto-Ley 7/2021, de 27 de abril*. Trata de la transposición de directivas de la Unión Europea en las materias de competencia, prevención del blanqueo de capitales, entidades de crédito, telecomunicaciones, medidas tributarias, prevención y reparación de daños medioambientales, desplazamiento de trabajadores en la prestación de servicios transnacionales y defensa de los consumidores.

ESPAÑA. STC. Pleno. *SSTC núm. 54/2018, de 22 de junio*.

ESPAÑA. TS. *STS n. 669/2017, de 14 de diciembre de 2017*.

ESPAÑA. TS. *STS n. 687/2021, de 8 de octubre de 2021*.

EUROPA. TRIBUNAL EUROPEO DE DERECHO HUMANOS. *STJUE, de 5 de julio de 2012*. Asunto C-49/11. Caso Content Services.

FERNÁNDEZ, Francisca Ramón. El consumidor de información y protección en la diversa legislación. En COTINO HUESO, Lorenzo (Coord.). *Consumidores y usuarios ante las nuevas tecnologías*. Valencia: Tirant Lo Blanch, 2008.

GARCÍA HERNANDO, Jesús Antonio. La falta de concreción y determinación del concepto de consumidor vulnerable en el RDL 1/2021. *Diario La Ley*, Madrid, n. 9858, p. 1-9, 2021.

GARCÍA PÉREZ, Rosa María. Bases jurídicas relevantes del tratamiento de datos personales en la contratación de contenidos y servicios digitales. *Cuadernos de Derecho Trasnacional*, Madrid, v. 12, n. 1, p. 875-907, 2020.

HERNÁNDEZ BATALLER, Bernardo. Integración de los derechos de las personas discapacitadas en la temática de los derechos de los consumidores. *Intervención ante el Grupo Permanente de Discapacidad de CESE*, 22 jun. 2017.

HERNÁNDEZ DÍAZ-AMBRONA, María Dolores. La persona consumidora vulnerable en las relaciones de consumo. *Confilegal*. 2022. Disponible em: https://confilegal.com/20220313-la-persona-consumidora-vulnerable-en-las-relaciones-de-consumo/. Aceso en: 11 mayo 2022.

MADRID. *Ley 11/1998, de 9 de julio, de Protección de los Consumidores de la Comunidad de Madrid*.

MARÍN LÓPEZ, Manuel Jesús. El concepto de consumidor vulnerable en el Texto Refundido de la Ley General para la Defensa de los Consumidores y Usuarios, *Revista CESCO de Derecho de Consumo*, Ciudad Real, n. 37, p. 111-120, 2021.

MARÍN LÓPEZ, Manuel Jesús. El nuevo concepto de consumidor y empresario tras la Ley 3/2014, de reforma del TRLGDCU, *Revista CESCO de Derecho de Consumo*, Ciudad Real, n. 9, p. 9-16, 2014.

MARTÍN BRICEÑO, María Rosario. La vulnerabilidad de las personas con discapacidad como consumidores. Revista Actualidad Civil, Madrid, n. 11, p. 1-22, 2021.

MORILLAS FERNÁNDEZ, Marta. El menor como consumidor y su protección ante la publicidad televisiva. En MORILLAS CUEVA, Lorenzo (Dir.). *Derecho y consumo*: aspectos penales, civiles y administrativos. Madrid: Dykinson, 2013.

NAVARRO MENDIZÁBAL, Iñigo Alfonso. La protección del consumidor menor de edad. En LÁZARO GONZÁLEZ, Isabel Eugenia; MAYORAL NARROS, Ignacio (Coord.). *Infancia, publicidad y consumo*. Madrid: Universidad Pontificia de Comillas, 2004.

PRINCIPADO DE ASTURIAS. Centros de Formación para e Consumo. Disponible en https://cfc.asturias.es/-/curso-sobre-personas-consumidoras-vulnerables. Aceso en: 09 mayo 2022.

SÁNCHEZ CANO, María Jesús; ROMERO MATUTE, Yeray. El régimen jurídico de las redes sociales y los retos que plantea el acceso a dichas plataformas. *Cuadernos de Derecho Transnacional*, Madrid, v. 13, n. 1, p. 1139-1148, 2021.

SÁNCHEZ MORAGAS, Francesc Xavier. La apreciación de la vulnerabilidad, en los contratos con personas consumidoras con discapacidad intelectual, *Revista Diario La Ley*, Madrid, n. 10005, p. 1-12, 2022.

VEIGA COPO, Abel. *Consumidor vulnerable*. Cizur Menor: Civitas Thomson Reuters, 2021.

VEIGA COPO, Abel. Más allá de un concepto de consumidor vulnerable: a propósito de RD-L de 19 de enero de 2021. *Revista Aranzadi*, Cizur Menor, n. 1/2021, p. 1-5, 2021.

Parte III
PROTEÇÃO DE DADOS PESSOAIS E CONSUMO DIGITAL

PART III
PROTEÇÃO DE DADOS PESSOAIS
E CONSUMO DIGITAL

LOS DATOS PERSONALES
EN LA RELACIÓN DE CONSUMO

Victoria Suárez

Abogada. Docente Asistente en Derecho Privado II y III de la Facultad de Derecho en la Universidad de la República (Uruguay). Maestrando en Derecho, orientación Derecho de Daños en la Escuela de Posgrados de la Facultad de Derecho, Universidad de la República (Uruguay). Máster en Gestión de Empresas Marítimo-Portuarias y Derecho Marítimo (Universidad de Deusto, España). Experto en Contratos Públicos (Universidad de Deusto, España).

INTRODUCCIÓN

El Derecho de consumo se caracteriza por ser un subsistema marcadamente tuitivo del sujeto vulnerable en la relación de consumo: el consumidor. La evidente desigualdad entre el proveedor y el consumidor lleva a la búsqueda de un equilibrio a través de la ley; por lo cual, la normativa en este ámbito es un ejemplo de la denominada "igualdad por la ley".

La necesidad de balancear jurídicamente la desigualdad material entre el empresario y el sujeto que adquiere el producto o servicio requiere de soluciones distintas a las que ofrecía la tradicional regulación pensada para las relaciones jurídicas paritarias. Es por ello que se imponen obligaciones al empresario y se conceden derechos al particular, que no se advierten, o al menos no con igual intensidad, en otros ámbitos.

Tal es lo que sucede con la obligación de informar a cargo del proveedor y el correlativo derecho a la información que tiene el consumidor, cuestiones específicamente reguladas por la legislación comparada en la materia. En efecto, la información que se brinda al consumidor respecto al bien que adquiere ha sido una preocupación para el legislador, reflejándose ello en las normas sancionadas. Asimismo, ésta ha sido una temática extensamente analizada por la doctrina especializada. En efecto, son muchos los estudios referidos al alcance de la obligación de informar, tanto en cuanto a su contenido, como a la oportunidad en la que debe informarse, y las consecuencias de su incumplimiento. También la jurisprudencia se ha encargado del asunto dictando fallos que han delimitado la obligación legal sobre el empresario y, que han encendido el debate acerca de la situación jurídica en la que se encuentra el consumidor al respecto (deber de informarse, o derecho a que se le informe).

Más allá de la importancia teórica y práctica que reviste la obligación de informar en materia de consumo, se propone aquí el estudio de una problemática distinta, también vinculada a la información. En este sentido, se plantea un primer acercamiento a una preocupación que deja de recaer sobre la información del producto, y pasa a centrarse en la información del propio consumidor.

La evolución del comercio electrónico ha sido en gran parte el catalizador del asunto a tratar. No obstante, también en el comercio "tradicional" se recaba información de los clientes, se crean bases de datos solicitando a los consumidores completar ciertos formularios o simplemente brindar información para acceder a beneficios, programas de descuentos etc. Es decir, el proveedor adquiere y gestiona información personal del cliente, justificándolo en el beneficio que ello reporta para el propio consumidor. Aunque, luego, *llamativamente,* éste último comienza a recibir publicidad, ofertas, correos electrónicos y llamadas con el propósito de incentivar su consumo.

La comunicación a través de plataformas que recaban, cruzan, analizan y gestionan datos, es hoy una habitual forma de consumo. Incluso, se accede a comprar a través de una serie de redes, en las que cada intermediario solicita distintos datos cuya aportación es necesaria para seguir adelante con el procedimiento. Así, el sujeto avanza en conceder una serie de autorizaciones para que proveedores desconocidos accedan a información que, gestionada por inteligencia artificial, será de utilidad para múltiples propósitos (especialmente, para generar campañas de marketing personalizadas).

En función de lo anterior, se propone aquí el estudio de la protección de los datos del consumidor en las relaciones de consumo actuales; un asunto que implica el análisis desde los derechos fundamentales y la tutela al vulnerable. Con tal propósito se hará una primera referencia a la protección de los datos personales y su relación con los derechos fundamentales, considerando la información del sujeto en tanto persona. Esto, habrá de coordinarse luego con su potencial carácter de consumidor, haciendo énfasis en el consumo electrónico, pero no reducido únicamente a dicha modalidad. De tal forma, se plantea un acercamiento a la efectiva protección del contratante débil, atendiendo a la tutela que debe existir de los derechos fundamentales y de los consumidores, como sujetos vulnerables.

EL DERECHO A LA INTIMIDAD Y LA PROTECCIÓN DE LOS DATOS

Los pactos internacionales en materia de Derechos Humanos y la legislación interna de los Estados democráticos reconocen y amparan el derecho a la privacidad, la intimidad y así también, la protección de los datos personales. De esta manera, al proteger a los habitantes respecto al uso que terceros puedan hacer de su información personal, se tutelan otros derechos o bienes jurídicos[1], universalmente reconocidos y que constituyen la individualidad de cada ser.

El artículo 12 de la Declaración Universal de Derechos Humanos y el artículo 11.2 del Pacto de San José de Costa Rica (o Convención Americana de Derechos Humanos), recogen el derecho a la intimidad de todos los individuos, debiendo ser protegidos por la ley de las injerencias o ataques. En el ámbito europeo, la Carta de los Derechos Fundamentales de la Unión Europea reconoce específicamente al tratamiento de los

---

1. *Cf.* DURÁN MARTÍNEZ, Augusto. *Derecho a la protección de datos personales y al acceso a la información pública.* Habeas data. Montevideo: FCU, 2012. p. 12.

datos personales como un derecho fundamental (artículo 8º), y éste es especialmente considerado por el Reglamento del Parlamento Europeo y del Consejo relativo a la protección de las personas físicas en lo que respecta al tratamiento de datos personales y a la libre circulación de estos datos (Reglamento 2016/679 del 27 de abril del 2016).

En el sistema uruguayo existe consenso en la doctrina y jurisprudencia en cuanto a que "El derecho a la privacidad e intimidad tiene fundamento constitucional"[2]. Más aun considerando que los artículos 72 y 332 de la Constitución incorporan al Derecho interno aquellos derechos que se entienden inherentes a la personalidad humana o derivados de la forma republicana de gobierno. A su vez, en Uruguay, la protección legal se recoge en la Ley n. 18.331. Esta cataloga a la protección de los datos personales como un Derecho Humano, al tiempo que protege el acceso y su uso.

La legislación relativa al denominado *habeas data* tiene lineamientos y principios comunes en el derecho comparado. Por tanto, más allá de las prescripciones de las normas nacionales, habrán de considerarse algunos aspectos comunes en esta regulación tuitiva, en lo que hace relación con el tema propuesto.

La protección se construye entorno a una serie de principios fundamentales que inspiran la legislación comparada. Así, y en cuanto interesa a este estudio, encontramos los principios de finalidad, previo consentimiento informado y seguridad de la información.

El primero de ellos, tiene relación con que los datos que se recaben deben tener una finalidad específica, debe existir una razón legítima que fundamente la recolección de información, y es esa razón la que habrá de delimitar el alcance de la legitimidad. De tal forma, el único uso legítimo que puede hacerse de los datos es aquel para el cual fueron recabados, y su tenencia es legítima hasta que se haya cumplido dicha finalidad. Por tanto, debe asegurarse que los datos no sean posteriormente tratados o utilizados, siguiendo finalidades distintas a las originalmente propuestas.

El principio del previo consentimiento informado sigue la misma línea que el deber de información en materia de consumo. El titular de los datos solamente puede consentir válidamente si ha sido informado respecto a lo que se le solicita, por qué y para qué. No hay libre consentimiento si no existe información adecuada que le permita valorar la aceptación o no de los términos que se le ofrecen. Así, el sujeto debe estar debidamente informado antes de otorgar el consentimiento para el acceso a su información. Y solamente será lícito el uso y almacenamiento de datos que hayan sido libremente aportados por el titular.

Ese consentimiento, debe ser entonces precedido de información específica, concreta, en cuanto a los datos que se habrán de recabar, quién los habrá de recabar, dónde y para qué. Asimismo, el asentimiento del sujeto no puede ser objeto de presunciones, la privacidad es el derecho que debe primar, por lo que solamente puede haber exposición de datos con la expresa manifestación de voluntad de su titular, consintiendo la solicitud

---

2. HOWARD, Walter. *Derecho de la persona*. Montevideo: UM, 2008. p. 157.

que se le formula. De esta manera, la aceptación no debería ser "por defecto" o por el mero silencio o no pronunciamiento, sino por voluntad expresa de la persona involucrada.

A lo anterior se agrega el fundamental principio de seguridad de la información, base sobre la que gira el mayor número de supuestos de responsabilidad en este ámbito. En efecto, el titular de la base de datos debe garantizar a sus titulares que los datos serán tratados de forma segura, manteniendo su confidencialidad y veracidad. El uso indebido o inexacto de la información de las personas, no solamente genera una vulneración a sus derechos sobre esos datos, sino que implica eventuales lesiones en el derecho a la intimidad, privacidad, imagen, seguridad, honor, dejando así expuesta la dignidad de la persona involucrada[3].

Por otra parte, se identifican al menos dos categorías en los datos personales: los *datos personales* simples y los datos *sensibles*, proporcionando distinta protección a unos y otros. Los primeros abarcan cualquier información relativa a una persona (física o jurídica), mientras que los segundos tienen un ámbito más restringido en relación con aquella información relacionada con la salud, preferencias políticas, sexuales, religiosas, origen racial o étnico, nacionalidad etc. No obstante, en todos los casos, los datos se entienden legalmente protegidos y alcanzados por las garantías del derecho a la "intimidad". Aunque, los datos sensibles, por su naturaleza, gozan de una tutela reforzada que explica que su solicitud y acceso deba fundarse en especiales razones que lo hagan necesario.

El ámbito de la protección de los datos personales es, por tanto, amplio. La legislación busca proteger la intimidad frente a quienes recabando y procesando datos pueden obtener beneficios para sí o para terceros. De cierta manera, se tutela la dignidad del ser humano, "el derecho que tiene todo hombre a que se le reconozca como ser dotado de fin propio y no como un simple medio para otros fines"[4]; por ejemplo, comerciales. A ello se agrega la especial tutela en aquellos ámbitos más sensibles de la personalidad. El indebido tratamiento de éstos puede dar lugar a discriminaciones injustas, fruto no sólo de la propia exposición, sino de los mecanismos de selección que valiéndose de su sistematización generen "categorías" de sujetos, eventualmente relacionadas a sus intereses y posibilidades de consumo.

LA INFORMACIÓN COMO VALOR EN LA RELACIÓN DE CONSUMO

El avance tecnológico y la irrupción de la inteligencia artificial en la vida cotidiana son un hecho evidente, el *big data* como mecanismo de acumulación, sistematización y generación de información tiene un enorme potencial para el desarrollo, el acceso a plataformas interconectadas y la creciente interacción humana a través de redes electrónicas, es una realidad que se debe atender. El período de pandemia mundial sirvió

---

3. *Cf.* DURÁN MARTÍNEZ, Augusto. *Derecho a la protección de datos personales y al acceso a la información pública*. Habeas data. Montevideo: FCU, 2012. p. 27.

4. DELPIAZZO, Carlos. *Perspectivas globales de la protección de datos personales*. Cita online: UY/DOC/593/2021. p. 4.

para impulsar aún más el desarrollo de herramientas informáticas y fomentar el ingreso de más personas a estos sistemas. Internet les permitía acceder a todo aquello de lo que habían quedado distanciadas, afectos, estudios, pero también al consumo.

En consecuencia, el consumo electrónico es cada vez más popular, gana terreno como forma habitual de acceso a bienes y servicios. También con él, se multiplican los riesgos derivados de la navegación de internautas que, con mayor o menor grado de comprensión, interactúan con lo desconocido, confían en un algoritmo y toman decisiones con un inmediato *click*.

De todas formas, el tratamiento de los datos personales por parte de proveedores no es algo novedoso ni propio del *e-commerce*. Las tiendas o comercios tradicionales ya solicitaban información de sus clientes a través de mecanismos soslayados, como forma de acceder a un club, a un plan de beneficios, a sorteos, descuentos, ofertas especiales etc. Pero el tratamiento que podía hacerse de esa información, se circunscribía a esferas más específicas y difícilmente su uso excedía los límites nacionales. Por tanto, la posibilidad de que esos datos generaran daños o beneficios, era restringida y el tratamiento se limitaba a domésticos estudios de mercado.

El gran cambio se vislumbra en el tratamiento pormenorizado, cruzamiento, análisis estadístico, georreferenciación, y sistematización de esos datos personales. El *big data* y la inteligencia artificial, dan lugar a un ecosistema que aumenta los riesgos de exposición y vulneración de la privacidad de los sujetos que interactúan con los algoritmos. Es así que se hacen más frecuentes las vulneraciones en los derechos individuales, aunque no sean cotidianamente percibidas.

En este contexto, las relaciones de consumo demuestran ser grandes fuentes de información para las empresas proveedoras y para un sinfín de intermediarios. En este sentido, debe considerarse que el consumo ya no se limita a la adquisición de productos, o la contratación de servicios específicos. Muy por el contrario, también son relaciones de consumo aquellas trabadas entre el sujeto y las plataformas que conforman las "redes sociales"; son éstas las mayores fuentes de información para el mundo del comercio. Los sujetos exponen allí gran parte de su vida, informando sobre sus hábitos, localización, preferencias, ideologías, gustos, deseos, rechazos etc., y todos esos datos, son datos personales que ingresan en bases de proveedores cuyas condiciones de uso son raramente leídas y conocidas por quien forma parte de la red.

Ahora bien, en general, las regulaciones en materia de derechos del consumidor exigen la "onerosidad" como característica necesaria de la relación proveedor-consumidor[5]. De tal forma, si las plataformas suponen la prestación gratuita de servicios

---

5. URUGUAY. *Lei 17.250 de 25 de julio de 2000*. Defensa del Consumidor
    La ley uruguaya lo prevé de esa forma específicamente al definir la "relación de consumo" en su artículo 4:
    Relación de consumo es el vínculo que se establece entre el proveedor que, a título oneroso, provee un producto o presta un servicio y quien lo adquiere o utiliza como destinatario final.
    La provisión de productos y la prestación de servicios que se efectúan a título gratuito, cuando ellas se realizan en función de una eventual relación de consumo, se equiparan a las relaciones de consumo.

(por ejemplo, de comunicación en línea), no ingresarían en el ámbito de las relaciones de consumo. Al menos, mientras que no se entablara a través de ellas la adquisición de un producto o servicio, o un intercambio tendiente a esa compra.

Esta apreciación lleva al cuestionamiento recurrente en cuanto a si existe relación de consumo cuando se hace uso de plataformas públicas que no requieren pago, no fijan un precio por el servicio, e incluso en ocasiones, ni siquiera existe publicidad. Es más, la gran mayoría de las plataformas no establecen un precio para acceder al uso, ni siquiera los más utilizados servicios de mensajería online, por lo que el punto no es menor. Pero, al respecto se ha entendido que estos servicios "no pueden ser considerados gratuitos, desde el momento en que operan según un modelo de negocios que implica obtener datos personales del consumidor o usuario para generar negocios onerosos con terceros"[6].

Es aquí donde los datos ingresan como forma soslayada de pago. No hay gratuidad, no hay liberalidades de bienhechores anónimos en Internet. Los usuarios pagan el servicio con sus propios datos, brindando información personal propia y de aquellos con quienes se relacionan. Esos datos tienen valor, no solamente en la intimidad de su titular, sino un valor económico en el mercado. Allí radica el componente oneroso[7] de estas relaciones, donde el sujeto ni siquiera advierte que está efectivamente pagando.

En efecto, esa plataforma es proveedora de un servicio y su negocio radica en la recolección y análisis de datos que luego comercializa[8]. De esta manera "el lucro comercial que obtienen los proveedores de servicios de la sociedad de la información no proviene del propio usuario...sino de los terceros a quienes ellos ofrecen los datos personales recabados de los consumidores o usuarios"[9].

Así, dando un alcance más amplio al concepto de "onerosidad" es posible ver cómo incluso las plataformas "gratuitas" son proveedores en el sistema de consumo, y cómo los datos personales se transforman en un valor preciado por los grandes operadores de la economía mundial.

LA HIPERVULNERABILIDAD DEL CONSUMIDOR EN EL TRATAMIENTO DE SUS DATOS

Tal como expresan Catalan y Uequed "*todo consumidor es vulnerable*"[10]. Esa es la base, innegable, que sustenta al particular sistema que alcanza a las relaciones de

---

6. DE CORES HELGUERA, Carlos. *Aspectos de la responsabilidad civil en la sociedad de la información*. Cita online: UY/DOC/229/2021. p. 3.
7. Claro está que se toma un concepto amplio de "onerosidad" entendida como ventaja o provecho económico que se obtiene de la relación trabada entre la plataforma y el usuario.
8. *Cf.* KILIAN, Wolfgang. Protección de los consumidores en el sector de las tecnologías de la información y las comunicaciones, situación actual y posibles tendencias. *Revista de la Facultad de Derecho*, Montevideo, n. 32, p. 205-223, 2012. p. 219.
9. *Cf.* DE CORES HELGUERA, Carlos. *Aspectos de la responsabilidad civil en la sociedad de la información*. Cita online: UY/DOC/229/2021. p. 3.
10. CATALÁN, Marcos; UEQUED PITOL, Yasmine. El acoso de consumo en el derecho brasileño. *Revista Crítica de Derecho Privado*, Montevideo, n. 14, p. 759-778, 2017. p. 760.

consumo[11]. Es por ello que se rompe con la regulación tradicional pensada para relaciones paritarias, y se hace necesario un nuevo planteo normativo. La protección se fundamenta en la constatación de que el consumidor se encuentra en desventaja (económica, social, cognitiva, técnica etc.) en su intercambio con un profesional en el área en la que se traba la relación, el proveedor[12].

Esa vulnerabilidad ya no es, o no debería ser, objeto de cuestionamiento. El consumidor es el vulnerable, merecedor de tutela jurídica[13]. La problemática a atender se traslada a una nueva constatación: algunos consumidores se encuentran en una situación que los hace aún más vulnerables que a otros; esto es lo que sucede por ejemplo con los niños, las personas discapacitadas etc. Pero también, existen contextos que generan una mayor exposición del consumidor como sucede, por ejemplo, con las ventas a domicilio y el comercio electrónico.

Este último ámbito demuestra ser un entorno que potencia la desigualdad en la relación de consumo[14]. Aquí se trata no solo de un profano ante un experto, sino de una relación entre un ser humano y un complejo sistema tecnológico, cuya dimensión desconocen incluso quienes operan en él. El mundo electrónico se transforma así en una dimensión ignorada e intangible para quien interactúa e intercambia a través de plataformas, webs, aplicaciones, en búsqueda de satisfacer sus necesidades o deseos de consumo.

En ese contexto, el consumidor se sumerge en las redes, sin siquiera advertir que se le está requiriendo (y está brindado) información. Es más, la necesidad de mantener la interconexión con el mundo globalizado que llega a su domicilio a través de las redes, lo obliga a conceder tantos "permisos" como sean necesarios para mantener la interacción con el mundo.

Pero, en ese proceso, concede información que ni siquiera tiene relación con la transacción que quiere realizar[15], y que escapa por completo de lo que puede controlar. Incluso, en ocasiones, el consumidor ni siquiera advierte el valor que esos datos tienen para quien se los solicita, ni la invasión que ello implica para sus derechos. El consumidor va dejando involuntarios "rastros" de su personalidad que son luego recogidos con programas que los encuentran (*datamining*) y utilizan[16].

---

11. LORENZETTI, Ricardo. La relación de consumo: conceptualización dogmática en base al Derecho del área regional Mercosur. *Revista Jurídica Argentina La Ley*, Buenos Aires, p. 1303-1320, 1997. p. 305. Al respecto, señala el autor: "*Desde el punto de vista jurídico, la parte débil es un concepto normativo adoptad en numerosas legislaciones, que utilizan la siguiente expresión: 'quien adquiere o utiliza productos o servicios como destinatario final'. De esta manera, la legislación es básicamente 'protectora' de la parte débil, y contiene principalmente normas que suplen la voluntad de la parte hiposuficiente y excluye de su ámbito de aplicación a las relaciones interempresariales y las que no tienen al consumo como destino final*".

12. Id. p. 321.

13. Id. p. 325.

14. Id. p. 329-330.

15. *Cf.* KILIAN, Wolfgang. Protección de los consumidores en el sector de las tecnologías de la información y las comunicaciones, situación actual y posibles tendencias. *Revista de la Facultad de Derecho*, Montevideo, n. 32, p. 205-223, 2012. p. 217.

16. *Cf.* DELPIAZZO, Carlos. *Perspectivas globales de la protección de datos personales*. Cita online: UY/DOC/593/2021. p. 2.

En este ámbito el *big data* se conjuga con la inteligencia artificial y sistemas *self learning*, cuya capacidad de análisis y sistematización de datos son aún desconocidos. Por tanto, saber cuál será el tratamiento de la información que ingresa en el mundo cibernético se vuelve una quimera. Este ecosistema determina entonces que la vulnerabilidad del consumidor sea mayor a la considerada al tutelar legalmente a la parte débil de las relaciones de consumo.

Al mismo tiempo supone un fortalecimiento del poder del proveedor, quien ya no solamente cuenta con la información del producto o servicio que comercializa, sino que tiene amplia y cabal información de quien lo adquiere o utiliza. En efecto, al cruzar la información personal de los usuarios con sus hábitos de consumo, obtiene "una silueta virtual perfecta que refleja el yo más íntimo del potencial consumidor, perfecta representación de sus tendencias naturales, intuitivas e instintivas"[17].

Históricamente, el conocimiento ha sido equivalente al poder. La información ha sido un valor codiciado por las Instituciones y sectores dominantes. A su vez, la posición preponderante de los proveedores frente a los consumidores se demuestra y reconoce. Por lo que, la conjugación de poder económico y custodia de datos, solamente acrecienta el poderío de quienes acaparan el mercado.

De esta manera, el consumidor se ve doblemente perjudicado. Por un lado, es rehén de quien tiene su información, conoce sus preferencias, hábitos, necesidades, posibilidades, y éste le ofrece productos y servicios en forma oportuna y a través de estrategias que logran su fidelidad[18]. Por otra parte, queda inmerso en un mercado cada vez menos competitivo, la empresa que logra ser preponderante acumula información y adopta una posición dominante que desestimula el ingreso de nuevos proveedores, y así el mercado queda cautivo de quien ha acumulado datos que hacen más eficientes las ventas.

En consecuencia, la protección de los datos de los consumidores no debería importar sólo a sus titulares, sino a todos los partícipes de un mercado que pretenda ser muestra de libre competencia. Y, especialmente, debe interesar a quienes creen en el Derecho como una herramienta de protección del débil. Hay aquí un área muy específica de vulnerabilidad que demanda protección[19], un ámbito del consumidor que se ve crecientemente vulnerado: su privacidad.

---

17. Id. p. 2.
18. KILIAN, Wolfgang. Protección de los consumidores en el sector de las tecnologías de la información y las comunicaciones, situación actual y posibles tendencias. *Revista de la Facultad de Derecho*, Montevideo, n. 32, p. 205-223, 2012. p. 217. Tal como destaca el autor, "la identificación tiene como objetivo establecer una relación permanente de la empresa con el cliente, que reduce la competencia y facilita el uso secundario de los datos del consumidor".
19. Señala LORENZETTI que la vulnerabilidad es una desigualdad específica y que, como tal, demanda protección. LORENZETTI, Ricardo. La relación de consumo: conceptualización dogmática en base al Derecho del área regional Mercosur. *Revista Jurídica Argentina La Ley*, Buenos Aires, tomo E, 1997. p. 326.

LA NECESARIA TUTELA JURÍDICA DE LOS DATOS PERSONALES EN CONTEXTOS DE ESPECIAL VULNERABILIDAD

El tratamiento de los datos personales comienza a perfilarse como un asunto que requiere atención en la agenda pública. De a poco, los sujetos comienzan a tomar consciencia del valor que tienen sus datos, tanto para mantener su reserva y privacidad, como en cuanto al negocio que supone su sistematización por operadores del mercado. Así, aquellas relaciones que se fundan en la recopilación de información, pasan a ser un ámbito potencialmente riesgoso a la vez que rentable, haciendo necesaria la regulación que evite abusos y prevenga daños.

En general, se ha reconocido ya el derecho sustancial, pero la protección de los datos y su calidad, así como la atención a las problemáticas que genera la aplicación de nuevas tecnologías, son etapas[20] en las que no se ha alcanzado una regulación más o menos homogénea. Así, pese a que en algunos países se ha legislado entorno a los datos personales y su protección, no hay unanimidad en cuanto a la jerarquía de esas normas, el alcance material de esa protección, la óptica de la protección y la efectividad de la regulación. A lo que se agrega que no todos los Estados cuentan con normativa en esta materia, y en algunos casos, ni siquiera se tutelan especialmente los datos personales[21].

No puede escapar al análisis que la recopilación de datos es una actividad que no reconoce fronteras. Más allá de que el comercio electrónico acentúa esta constatación[22], la globalización impacta en todas las modalidades de intercambio de bienes y servicios. El mercado actual es esencialmente globalizado, los proveedores y los consumidores no necesariamente se encuentran en el mismo ámbito territorial, menos aún los intermediarios que existen en estas relaciones de consumo. Por lo que la regulación exclusivamente nacional de este asunto puede resultar insuficiente, debiendo considerarse la realidad de los mercados internacionales.

Asimismo, se trata aquí de una cuestión que hace a los derechos fundamentales de los sujetos intervinientes. Tal como se mencionó antes, aquí se encuentran involucrados derechos reconocidos no sólo por los ordenamientos internos de los Estados, sino también por los tratados internacionales en materia de Derechos Humanos. Por lo que la efectividad de esos derechos, la garantía de su protección o tutela, va más allá de acciones concretas de los Estados, debiéndose buscar una acción conjunta a nivel mundial.

En este sentido, la ONU se ha ocupado del asunto con las Directrices de las Naciones Unidas para la Protección del Consumidor. En ellas se vislumbra el interés

---

20. *Cf.* DURÁN MARTÍNEZ, Augusto. *Derecho a la protección de datos personales y al acceso a la información pública*. Habeas data. Montevideo: FCU, 2012. p. 38.
21. *Cf.* GARCÍA PÉREZ, Rosa. Convergencia entre sistemas normativos: el reglamento general de protección de datos europeo y los estándares de protección de datos personales para los Estados Iberoamericanos. *Revista Crítica de Derecho Privado*, Montevideo, n. 15, p. 205-250, 2018. p. 212.
22. KILIAN, Wolfgang. Protección de los consumidores en el sector de las tecnologías de la información y las comunicaciones, situación actual y posibles tendencias. *Revista de la Facultad de Derecho*, Montevideo, n. 32, p. 205-223, 2012. p. 211. "Cuanto mayor sea la dependencia de los consumidores de las comunicaciones electrónicas, más se perfila la importancia de la protección de datos".

en *promover y proteger la privacidad de los consumidores*, identificándolo como una necesidad legítima que alcanza también a la circulación de la información a nivel mundial (Apartado III, literal K). Bajo estos lineamientos, las Directrices (no obligatorias) exhortan a los Estados miembros a establecer políticas que amparen la privacidad de los consumidores y la seguridad de sus datos. Al mismo tiempo, recogen las "Buenas Prácticas Comerciales" (Apartado IV) catalogando como necesaria protección de la privacidad de los consumidores (literal E) que debe ser tutelada por los propios proveedores. Esto último se relaciona con el artículo XIV.c. del Acuerdo General sobre el Comercio de Servicios en tanto permite las restricciones comerciales en la medida en que sean necesarias *para la protección de la intimidad de los particulares en relación con el tratamiento y la difusión de datos personales.*

En la Unión Europea rige el sistema más estricto en materia de protección de datos. Esta regulación pretende, además, tener un alcance extraterritorial, extendiendo su aplicación *al tratamiento de datos personales de interesados que residan en la Unión por parte de un responsable o encargado no establecido en la Unión...*" (Art. 3). Por lo que su contenido es relevante tanto por su eventual aplicación, como por la necesidad de armonización normativa.

El Reglamento 2016/679 del Parlamento Europeo y del Consejo del 27 de abril de 2016, relativo a la protección de las personas físicas en lo que respecta al tratamiento de datos personales y a la libre circulación de estos datos (conocido como "RGPD"), recoge los principios fundamentales en materia de privacidad de los datos, trata especialmente el consentimiento de los menores, encargándose también de regular las acciones prohibidas y las permitidas a quienes acceden a los datos, y considera el actual riesgo que conlleva el uso del *big data* en los intercambios electrónicos.

En el ámbito iberoamericano, la Red Iberoamericana de Protección de Datos adoptó en 20 de junio del 2017 los "Estándares de Protección de Datos Personales para los Estados Iberoamericanos". De acuerdo con ellos, se busca establecer una serie de principios en materia de protección de los datos que favorezcan la consecución de una regulación homogénea en la región. En este sentido, se hace especial énfasis en la efectiva garantía en el ejercicio de los derechos y en la protección que los datos personales merecen. No obstante, el propio documento reconoce que los países latinoamericanos, se encuentran en estadios muy distintos. Por lo que pretende lograr un nivel de protección adecuado a través de lineamientos que no colidan con los derechos internos.

CONCLUSIONES

La protección de los datos personales implica tutelar el fundamental derecho a la privacidad. Este derecho ha sido reconocido en múltiples pactos internacionales en materia de Derechos Humanos y es, generalmente, reconocido por los ordenamientos nacionales. No obstante, la efectividad de esa protección no se aprecia de igual manera en el derecho comparado, ni considera en forma diferenciada ambientes de mayor exposición a riesgos.

El ámbito de las relaciones de consumo se destaca como uno particularmente riesgoso en materia de datos personales. En el proceso de adquisición del producto o servicio, el sujeto concede información personal que será utilizada, en principio, por el proveedor, con fines comerciales. Si bien esto no conforma una problemática novedosa, se encuentra actualmente potenciada por el explosivo desarrollo del *e-commerce* y el uso de sofisticadas herramientas informáticas para la recolección, análisis y sistematización de los datos. Es más, esto último ha dado lugar a un nuevo sector especialmente rentable: la correduría de datos; empresas que se dedican específicamente al tratamiento de información que será utilizada por terceros, con diversos fines.

Es en este contexto que actúa el consumidor hoy. Ese consumidor que ha sido reconocido como sujeto vulnerable en la relación que entabla con quien provee el producto o servicio que adquiere o utiliza, se enfrenta ahora a sistemas expertos sin siquiera advertir su acción. En el afán de hacerse de ciertos bienes, o formar parte de ciertas comunidades digitales, el sujeto avanza concediendo permisos que exponen sus datos y los de terceros, sin dimensionar las consecuencias que ello implica. Simplemente, avanza y permite, puesto que de lo contrario, no podrá acceder a todo aquello que necesita o al menos, cree necesitar.

La realidad considerada al momento de dictarse la legislación protectoria del consumidor implicaba su interacción con un profesional. A su vez, la regulación en materia de *habeas data* atendía a la existencia de bases de datos estatales o institucionales que albergaban información. Pero ahora el contexto es otro: el mercado se conforma de complejas redes cuyos operadores son desconocidos, y su acción no se limita a la mera recopilación de datos. El grado de vulnerabilidad del consumidor aumenta porque interactúa con lo anónimo y es objeto de un análisis profundo, tremendamente pormenorizado de su intimidad, por sistemas capaces de manejar enormes cantidades de información.

No se cuestiona aquí que el desarrollo de las tecnologías de la información ha permitido mejorar la calidad de vida de las personas, optimizar tiempos, romper desigualdades etc.; por lo que ese progreso es de interés para todos. No obstante, su evolución no puede ser en función de la vulneración de derechos fundamentales. Muy por el contrario, debe ser en concordancia con la efectiva tutela de los datos de quienes participan del sistema. El mercado globalizado, desprovisto de fronteras territoriales, potenciado por el creciente avance tecnológico y un aumento del comercio electrónico, obliga a reformular la protección en materia de consumo, la que debe evitar el menoscabo de derechos bajo el manto del progreso.

Por un lado, el principio protectorio debe atender a la nueva realidad que podríamos denominar como "panóptico digital", donde el proveedor concentra la más variada información del consumidor. Se debe asegurar que el efectivo control sobre los datos personales se mantenga siempre en poder de su titular. Y esto ha de ser así durante todo el transcurso del vínculo, desde el primer acercamiento y hasta tanto el proveedor mantenga en sus bases los datos obtenidos. Las nuevas tecnologías no deberían valerse de la pérdida de privacidad en los sujetos, ni hacer inviable su efectividad. Por otro lado, es fundamental lograr al menos armonía en la legislación comparada. El ecosistema tecnológico mundial y el flujo internacional de datos, requieren de soluciones que vayan más allá de los límites estatales, ya se trate de regulaciones nacionales estandarizadas, armónicas, o bien de tratados internacionales con carácter obligatorio. De esa forma, la tutela de los derechos podría efectivizarse más allá de las fronteras, algo fundamental si se considera que las vulneraciones frecuentemente provienen de lugares remotos, ajenos al concreto Estado en el que se encuentre el consumidor afectado.

La reflexión está propuesta ¿Queremos que lo desconocido nos conozca? ¿Queremos que el algoritmo nos indique necesidades y nos paute el camino a seguir en el mercado del consumo? ¿Estamos dispuestos a que la inteligencia artificial tome las decisiones por nosotros?

No es inconveniente que así sea, pero esa debe ser una decisión consciente, informada. De lo contrario, deben existir mecanismos que eficientemente permitan al consumidor mantener su privacidad alejada del proveedor, sin quedar por ello excluido del mercado de bienes y servicios.

REFERENCIAS

CATALÁN, Marcos; UEQUED PITOL, Yasmine. El acoso de consumo en el derecho brasileño. *Revista Crítica de Derecho Privado*, Montevideo, n. 14, p. 759-778, 2017.

DE CORES HELGUERA, Carlos. *Aspectos de la responsabilidad civil en la sociedad de la información*. Cita online: UY/DOC/229/2021.

DELPIAZZO, Carlos. *Perspectivas globales de la protección de datos personales*. Cita online: UY/DOC/593/2021.

DURÁN MARTÍNEZ, Augusto. *Derecho a la protección de datos personales y al acceso a la información pública. Habeas data*. Montevideo: FCU, 2012.

GARCÍA PÉREZ, Rosa. Convergencia entre sistemas normativos: el reglamento general de protección de datos europeo y los estándares de protección de datos personales para los Estados Iberoamericanos. *Revista Crítica de Derecho Privado*, Montevideo, n. 15, p. 205-250, 2018.

HOWARD, Walter. *Derecho de la persona*. Montevideo: UM, 2008.

KILIAN, Wolfgang. Protección de los consumidores en el sector de las tecnologías de la información y las comunicaciones, situación actual y posibles tendencias. *Revista de la Facultad de Derecho*, Montevideo, n. 32, p. 205-223, 2012.

LORENZETTI, Ricardo. La relación de consumo: conceptualización dogmática en base al Derecho del área regional Mercosur. *Revista Jurídica Argentina La Ley*, Buenos Aires, p. 1303-1320, 1997.

URUGUAY. *Lei 17.250 de 25 de julio de 2000*. Defensa del Consumidor.

UN MERCADO ÚNICO DE SERVICIOS DIGITALES. DESDE LA DIRECTIVA 2000/31 UE HASTA LA ACTUAL PROPUESTA DE REGLAMENTO EUROPEO

Belén Ferrer Tapia

Profesora Contratado Doctor. Universidad de las Illes Balears.

INTRODUCCIÓN

Desde que se promulgara la Directiva 2000/31 CE del Parlamento Europeo y del Consejo, de 8 de junio de 2000, hasta hoy día han transcurrido más de veinte años en los que los servicios digitales han experimentado un desarrollo y una complejidad enorme, sin que tales desarrollo y complejidad se hayan visto acompañados de una reglamentación acorde.

Tanto a nivel doctrinal como jurisprudencial, estos veinte años transcurridos han resultado ser de gran transcendencia; pero no se han visto reflejados en una normativa adecuada a los tiempos. Desde la regulación del mercado digital efectuada por la importantísima Directiva 2000/31 CE hasta la actualidad, no se ha elaborado un marco normativo que armonice y actualice un mercado digital que en las dos últimas décadas ha sufrido una transformación inimaginable. Es cierto que este hiperdesarrollado mercado digital actual es fruto de un progreso social y económico que aporta beneficios innegables a las distintas formas de intercomunicación sociales; pero, paralelamente, entraña riesgos inevitables de potenciales daños y menoscabo de los derechos de los individuos, que es urgente abordar desde un punto de vista legal. Sobre todo, desde el momento en que en este mercado digital entran en juego las cada vez más invasivas "grandes plataformas digitales". Por ello, la Directiva 2000/31 UE que en su día fue transcendental, resulta hoy bastante ineficaz. Piénsese que en el momento de su promulgación la mayoría de las redes sociales que actualmente son de uso común no existían. Los distintos Estados miembro han debido ir adaptando su regulación a la situación naciente en cada caso, creándose una maraña de normas muchas veces inconexas y casi siempre insuficiente.

Desde luego que la mencionada Directiva supuso un avance extraordinario en orden a la armonización exigida por las circunstancias. Y sobre todo es cierto que los principios y raíces que encarnan dicha Directiva son de actual valor; pero no es menos cierto que hoy día las exigencias son más ambiciosas.

La ausencia de una armonización legal transfronteriza más actualizada en orden a los servicios de la información ha propiciado una regulación de tales servicios a nivel nacional, individual de cada Estado miembro de la Unión Europea, incapaz de garantizar un nivel apropiado de protección de los ciudadanos de toda la Unión.

Con este estado de cosas y ante el riesgo de fragmentación del mercado digital, en los últimos años se está trabajando para elaborar una normativa adecuada a las necesidades actuales.

Como es sabido, la denominada "economía colaborativa"[1] responde a un modelo de negocio en el que se facilitan actividades mediante plataformas tecnológicas que crean un mercado abierto para el uso temporal de mercancías o servicios ofrecidos a menudo por particulares. Es, así, un marco de cooperación, ayuda mutua y colaboración entre agentes que intercambian bienes y servicios, a través de una "plataforma" que les facilita la transacción[2]. Cuando en el ejercicio de esta actividad económica los datos y la información se procesan a través de un espacio virtual, se habla entones de economía digital. Las plataformas digitales se muestran, de este modo, como una forma de contratación que coordina la oferta y la demanda, bases que incluyen servicios y actúan como intermediarias entre los proveedores del contenido del servicio (servicio subyacente) y los usuarios de dicho servicio.

En esta forma de contratación (economía de plataformas), surgen nuevos modelos de negocio, en los que están implicados tres sujetos protagonistas (el prestador del servicio, que puede ser un particular o un profesional), el usuario de dicho servicio, y el intermediario (plataforma colaborativa) que conecta a los prestadores con los usuarios y facilita la transacción entre ellos; estableciéndose entonces una serie de complejas relaciones jurídicas intersubjetivas que es preciso individualizar.

Regular el ámbito subjetivo y objetivo de las operaciones que se llevan a cabo en el entorno de esta economía colaborativa a través de las plataformas digitales, esto es, identificar los sujetos intervinientes y el contenido del servicio que prestan dichas plataformas como intermediarias del mismo, es el propósito inicial e indispensable en este nuevo sistema de contratación, así como delimitar los respectivos derechos, obligaciones y responsabilidades correspondientes a cada categoría de agentes que intervienen en estos negocios. Pero la cuestión se complica cuando el servicio de intermediación inherente a este modelo sobrepasa los límites de tal intermediación y se involucra en la prestación del servicio subyacente, puesto que entonces la plataforma en línea no realiza

---

1. UNIÓN EUROPEA. Parlamento Europeo. *Una agenda Europea para la economía colaborativa*, 2017. Disponible en: https://www.europarl.europa.eu/doceo/document/TA-8-2017-0271_ES.html. Aceso en: 18 nov. 2022.

2. Mucho se ha escrito en los últimos años sobre plataformas digitales como elementos esenciales en la nueva economía colaborativa. Puede verse, a modo de ejemplo: SOTO PINEDA, Jesús Alfonso. Consideraciones acerca del elemento subjetivo presente en las economías colaborativas en entornos digitales. *La Ley*, Madrid, [s.p.], 2018. También, FERRER TAPIA, Belém. Aspectos subjetivos de los paquetes dinámicos. La situación del consumidor. En PANIZA FULLANA, Antonia (Coord.). *Paquetes dinámicos*: Problemas y soluciones jurídicas desde una perspectiva internacional. Madrid: Dykinson, 2015. TUR FAÚNDEZ, María Nélida. Los sujetos del en el turismo colaborativo: plataformas digitales y proveedor del servicio, en Plataformas digitales en los alquileres vacacionales. En FELIU ÁLVAREZ DE SOTOMAYOR, Silvia (Dir.). *Plataformas digitales en los alquileres vacacionales*. Madrid: Reus, 2020. p. 9 y ss. GONZÁLEZ CABRERA, Inmaculada. *El alojamiento colaborativo o el nuevo hospedaje low cost*. Madrid: Dykinson, 2020. BENAVIDES CHICÓN, Carlos. Economía colaborativa y turismo. Especial referencia al sector del alojamiento en España. En GOSÁLVEZ PEQUEÑO, Humberto (Dir.). *Tratado jurídico ibérico e iberoamericano del turismo colaborativo*. Pamplona: Aranzadi, 2021. p. 25 y ss.

ya una mera prestación de servicio de alojamiento de datos, sino que desempeña un papel activo que le permite conocer y controlar los datos que almacena. Y el tema no es baladí, por cuanto si la plataforma (intermediaria) se limita a su genuina función (la de mera intermediación ofreciendo su base datos y poniendo en relación a los sujetos que solicitan sus servicios), entonces su actuación se regirá por la normativa específica señalada: básicamente, la Directiva 2000/31 de la UE, y por las correspondientes leyes nacionales de cada Estado (en España, la Ley 34/2002 de Servicios de la Sociedad de la Información y del Comercio electrónico, ley que transpuso al ordenamiento español la Directiva 2000/31 CE); con el específico régimen de responsabilidad que prevé dicha normativa. Pero si la plataforma digital prestadora del servicio despliega un papel activo que le permite conocer y controlar los datos que almacena, además quedará sujeta a la normativa propia del contrato base que subyace, con el régimen específico propio en cada caso.

Delimitar una u otra situación (plataforma intermediaria que se limita a la mera intermediación, o aquella que se involucra y controla el contrato base de la intermediación) es de la máxima transcendencia. Pero de momento no existe normativa – ni nacional ni comunitaria – al respecto, dado que, como he dicho, esta invasiva actividad de las grandes plataformas digitales es bastante reciente. Por eso, han tenido que ser los Tribunales de Justicia, tanto nacionales como europeos, los que han precisado los deberes y responsabilidades de cada sujeto interventor en este tipo de contratación[3]. Es por ello por lo que se necesita una coherente regulación tanto a nivel comunitario como de los concretos Estados miembros, puesto que la Directiva 2000/31 CE del Parlamento Europeo y del Consejo de 8 de junio de 2000, ha quedado muy superada por las necesidades del momento.

Ciertamente, desde las normas señalada como punto de partida (la Directiva 2000/31 UE, y la Ley 34/2002 que la transpuso al ordenamiento español), diversas normas (europeas, nacionales y autonómicas) han ido desarrollando y complementando la deficitaria regulación incapaz de seguir el extraordinario avance producido en el

---

3. Entre otras resoluciones, el Tribunal de Justicia de la Unión Europea abordó los problemas inherentes a la contratación a través de grandes plataformas digitales en varias ocasiones. Así, en las SSTJUE de 23 de marzo de 2010 (C-236/08. Google v. Louis Vuitton); 12 de julio de 2011 (C-324/08. L'Oreal v. eBay); y muy especialmente, la STJUE de 19 de diciembre de 2019 (C-319/18. Airbnb Ireland UC versus Association pour un hébergement et un tourisme professionnels), ampliamente comentada en mi trabajo Consideraciones acerca de la comercialización de viviendas en canales de oferta turística (grandes plataformas en línea) a la luz de la reciente jurisprudencia, Thomsom Reuters Aranzadi, en prensa.

Por su parte, los Tribunales españoles también han tenido muchas ocasiones de resolver cuestiones relativos a la denominada economía colaborativa en donde las plataformas digitales tienen un papel preponderante. Así, a modo de ejemplo, la Sentencia del Tribunal Superior de Justicia de Cataluña 751/2018, de 5 de octubre; o la STSJ de las Islas Baleares 158/2020, de 29 de abril.

Pero ha sido el Tribunal Supremo en su Sentencia de 30 de diciembre de 2020, en el recurso de casación interpuesto por la sociedad mercantil Homeaway Spain S.L.U. contra la sentencia del TSJ de Cataluña, el que ha asentado las bases sobre las la delimitación de las responsabilidades de las plataformas prestadoras de servicios de la sociedad de la información. Sobre este tema, también puede verse más ampliamente mi trabajo reseñado más arriba.

comercio electrónico y, en especial, en los servicios de la sociedad de la información[4]. Pero no se cuenta con un verdadero Código comunitario que actualice y armonice la variada normativa fragmentaria que ha ido surgiendo a rémora de la compleja actividad desarrollada con ocasión de los servicios de la información.

En este trabajo, analizaré tres bloques de normas: En primer lugar, las líneas básicas de la Directiva UE 2000/31. En segundo lugar, los diversos documentos de las Instituciones europeas que han ido surgiendo para adaptar aquella Directiva a las necesidades de cada momento. En tercer lugar, la actual Propuesta de Reglamento del Parlamento Europeo y del Consejo, de 15 de diciembre de 2020, de mercado único de servicios digitales.

LA DIRECTIVA 2000/31 DEL PARLAMENTO EUROPEO Y DEL CONSEJO, DE 8 DE JUNIO DE 2000

Principios y ámbito de aplicación de la Directiva 2000/31

Como ya he apuntado, esta Directiva supuso toda una innovación en materia de mercados digitales. La finalidad de la Directiva fue garantizar un elevado nivel de integración comunitaria, con objeto de establecer un auténtico espacio sin fronteras interiores en el ámbito de la sociedad de la información. El gran desarrollo del comercio electrónico en la sociedad de la información (se dice en el Preámbulo de la Directiva) se obstaculiza desde el momento en que existen disparidad de legislaciones que impiden garantizar un elevado nivel de integración jurídica comunitaria, con la consiguiente inseguridad en los servicios de la sociedad de la información. A fin de evitar la fragmentación del mercado interior, la Directiva se dirige a establecer un adecuado marco regulador europeo que sea sencillo, claro, seguro y compatible con las normas vigentes a escala internacional, compatibilizando las distintas legislaciones y los diversos procedimientos (epígrafes 59 a 62 del Preámbulo). Ya en el Art. 1 de la Directiva se establece este objetivo: completar el ordenamiento jurídico comunitario y contribuir al correcto funcionamiento del mercado interior garantizando la libre circulación de los servicios de la sociedad de la información entre los Estados miembros.

Para alcanzar esta finalidad, la Directiva establece como principios o raíces esenciales la libre circulación de mercados y servicios, y la libertad de establecimientos. Por ello, el Art. 4 prevé que "los Estados miembros dispondrán que el acceso a la actividad de servicios de la sociedad de la información no pueda someterse a autorización previa ni a ningún otro requisito con efectos equivalentes". Y, al mismo tiempo, se rige por el principio de proporcionalidad, esto es, se limita al mínimo necesario para conseguir el objetivo del correcto funcionamiento del mercado interior. Garantiza que

---

4. Entre otras muchas, y por citar solo las más importantes, la Directiva 2006/123 CE del Parlamento y del Consejo, de 12 de diciembre, relativa a los servicios en el mercado interior; el Informe del Parlamento Europeo de 22 de septiembre de 2015, sobre nuevos desafíos y estrategias para promover el turismo en Europa; la Resolución del Parlamento Europeo de 15 de junio de 2017, sobre una Agenda Europea para la economía colaborativa etc.

los ciudadanos europeos puedan acceder al patrimonio cultural europeo en sus más diversas manifestaciones. Y señala que deberá constituir una base adecuada para elaborar mecanismos rápidos y fiables que permitan evitar o poner fin a actividades ilegales en el servicio de la información.

Con el fin de garantizar de forma eficaz la libre circulación de servicios y la seguridad jurídica para los prestadores de servicios y sus destinatarios, en principio estos servicios deben estar sujetos al régimen jurídico del Estado miembro en que está establecido el prestador de servicios. Por lo tanto, es indispensable precisar la responsabilidad del Estado miembro de origen de los servicios para mejorar la confianza mutua entre los Estados miembros.

En cuanto al ámbito de aplicación de la Directiva, y con el precedente de las Directivas 98/34 CE, y 98/84 CE, a las que remite el Art. 2, a), define lo que se entiende por servicios de la sociedad de la información: "cualquier servicio prestado normalmente a título oneroso, a distancia, mediante un equipo electrónico para el tratamiento (incluida la comprensión digital) y el almacenamiento de datos, y a petición individual de un receptor de un servicio" (ep. 17 del Preámbulo), quedando fuera todos los servicios que no tengan estas características.

Delimita también quién es el receptor o destinatario de un servicio, abarcando todos los tipos de utilización de servicios de la sociedad de la información, tanto por personas que suministran información en redes abiertas tales como Internet, como las que buscan información en Internet por razones profesionales o privadas (ep. 20 del Preámbulo, y Art. 2,d) de la Directiva). Y determina lo que debe entenderse por lugar de establecimiento del prestador de servicios, esto es, el lugar donde se realiza efectivamente una actividad económica a través de un establecimiento fijo durante un periodo indefinido, un periodo determinado, o mediante un sitio Internet (ep. 19). Además, el Art. 2 de la Directiva también define los conceptos de "consumidor", "comunicación comercial", "profesión regulada", y "ámbito coordinado".

Quedan fuera de la Directiva los aspectos relativos a la salud pública y los intereses de los consumidores en sus diversas facetas, los cuales quedan plasmados en otros instrumentos comunitarios; los aspectos fiscales del comercio electrónico; la protección de datos personales, y la intimidad de las personas en el sector de las comunicaciones.

La Directiva no será aplicable a los servicios procedentes de prestadores de servicios establecidos en un tercer país.

Actuación de los Estados miembros

Los Estados miembros vienen obligados a suprimir los obstáculos en orden a la celebración de contratos electrónicos (eps. 34-35). De este modo, el Art. 3.2 de la Directiva prevé con carácter general que "los Estados miembros no podrán restringir la libertad de prestación de servicios de la sociedad de la información de otro Estado miembro por razones inherentes al ámbito coordinado"[5]. Sin embargo, y como excepción a esta regla general, el Art. 3, en sus apartados 4-6 prevé que "los Estados miembros podrán tomar medidas que constituyan excepciones al apartado 2 respecto de un determinado servicio de la sociedad de la información si se cumplen las condiciones siguientes…(que las medidas sean necesarias por razón de orden público o salud pública, seguridad pública y protección de los consumidores; que sean proporcionadas a los objetivos inherentes a la sociedad de la información; y que se notifique a la Comisión y al Estado miembro la necesidad de adoptar las medidas sin que el Estado miembro las haya adoptado o sean éstas incompatibles). Si la Comisión entiende que dichas medidas son incompatibles con el Derecho Comunitario, solicitará al Estado miembro que se abstenga de tomarlas.

Deben ajustar su legislación en cuanto a los requisitos – en especial, los formales – que puedan entorpecer la celebración de contratos por vía electrónica. Con el fin de garantizar la confianza mutua entre los Estados miembros y facilitar de forma eficaz la libre circulación de los servicios y la seguridad jurídica para los prestadores de servicios y sus destinatarios, estos servicios deben estar sujetos al régimen jurídico del Estado miembro en que está establecido el prestador de servicios (ep. 22).

Con el mismo fin de garantizar la confianza mutua y facilitar la libre circulación de los servicios, así como la seguridad jurídica de los destinatarios y prestadores de servicios, la Directiva prevé en el Art. 5 la obligación de los Estados miembros de garantizar que "el prestador de servicios permita a los destinatarios del servicio y a las autoridades competentes acceder con facilidad y de forma directa y permanente como mínimo a los datos siguientes…"(y enumera a continuación una serie de datos tales como dirección del prestador del servicio, nombre, señas, registro en el que esté inscrito, precios, impuestos, gasto de envíoetc.). Asimismo, los Estados miembros garantizarán que las comunicaciones comerciales sean claramente identificables, indicando la persona física o jurídica en nombre de la cual se hagan las comunicaciones; que las ofertas, descuentos, premios o regalos sean claramente identificables y accesibles a las condiciones para acceder a ellos, regulando la lista de exclusión (opt-out) de las personas que no quieran recibir dichas comunicaciones comerciales; y lo mismo con relación a concursos o premios promocionales (arts. 6 y 7 de la Directiva).

Los Estados miembros y la Comisión fomentarán la elaboración de códigos de conducta a nivel comunitario, a los que las partes podrán adherirse voluntariamente (ep. 49), a través de asociaciones u organizaciones comerciales, profesionales o de consumidores; facilitando el acceso a estos códigos de conducta por vía electrónica en las lenguas comunitarias. Sobre todo, los fomentarán en materia de protección de menores y de la dignidad humana; y la participación de las asociaciones de consumidores en la

---

5. Por "ámbito coordinado" se entiende el conjunto de requisitos que debe cumplir el prestador de servicios en relación con el inicio de la actividad de un servicio de la sociedad de la información (notificaciones, cualificaciones, autorizaciones) y en relación con el ejercicio de la actividad de un servicio (comportamiento del prestador del servicio, calidad y contenido del servicio, publicidad, responsabilidad del prestador): art. 2, h) i) de la Directiva.

redacción y aplicación de los códigos de conducta que afecten a sus intereses (Art. 16 de la Directiva).

Y pueden exigir a los prestadores de servicios un deber de diligencia para detectar y prevenir determinados tipos de actividades ilegales. No pueden exigir a los prestadores de servicios una obligación de supervisión exclusivamente con respecto a obligaciones de carácter general. Garantizarán a las víctimas el acceso eficaz a los medios de resolución de litigios, procurando el rápido resarcimiento de los daños y perjuicios que se puedan producir en el marco de los servicios de la sociedad de la información, ajustando las disposiciones de su legislación que pudieran entorpecer la utilización de los mecanismos de resolución extrajudicial de conflictos por las vías electrónicas adecuadas (ep. 51 y Art. 17 de la Directiva); y establecerán las condiciones adecuadas para garantizar a los destinatarios del servicio el acceso a los recursos judiciales pertinentes, y por los medios electrónicos adecuados, velando por que los recursos judiciales existentes en virtud de la legislación nacional permitan adoptar rápidamente medidas, incluso medidas provisionales, destinadas a poner término a cualquier presunta infracción y a evitar que se produzcan nuevos perjuicios contra los intereses afectados (Art. 18 de la Directiva).

Para evitar el fraude de ley, la Directiva establece (ep. 57) que un Estado miembro tiene el derecho de adoptar medidas contra otro Estado miembro cuya actividad se dirige principalmente al primer Estado miembro cuando el establecimiento en ese segundo Estado miembro se haya realizado con la intención de evadir la legislación que sería aplicable a ese prestador de servicios en caso de que se hubiera establecido en el territorio del primer Estado miembro.

Por su parte, las autoridades administrativas podrán entablar acciones de cesación para poner fin a cualquier infracción o para impedir que se cometa, incluso retirando la información ilícita o haciendo imposible el acceso a ella (ep. 45).

Finalmente, el Art. 20 de la Directiva establece que los Estados miembros tomarán todas las medidas necesarias para garantizar su aplicación, y determinarán las sanciones pertinentes a las infracciones que se produzcan con ocasión de la aplicación de la Directiva; sanciones que deberán ser efectivas, proporcionadas y disuasorias.

Tratamiento de los contratos por vía electrónica (arts. 9-11 de la Directiva)

La Directiva pretende fomentar los contratos por vía electrónica, y por ello el Art. 9 establece el deber general de los Estados miembros de velar por que su legislación permita la celebración de estos contratos, si bien pueden disponer que una serie de categorías contractuales queden fuera de la norma general (así, los derechos en materia inmobiliaria, con excepción de los derechos de arrendamiento; los contratos que por ley exijan intervención de los tribunales o de otra autoridad pública; los contratos en materia de derecho de familia o sucesiones).

Con el fin de facilitar de forma clara, comprensible e inequívoca al destinatario del servicio toda la información referente a la petición de un servicio o la realización del servicio pedido, la Directiva impone a los Estados miembros (arts. 10 y 11) una serie de requisitos relativos a la celebración de los contratos. Así, los pasos técnicos que deben darse para la celebración del contrato, si se va a registrar o no, la lengua en la que se va a celebrar el contrato, los medios técnicos para detectar y corregir los errores, el acuse del recibo del pedido... etc. En todo caso, cuando las partes del contrato no sean consumidores, las partes pueden acordar establecer las excepciones a esos requisitos que tengan por conveniente.

En cuanto a los contratos celebrados con consumidores, se prevé en la Directiva que la protección de los consumidores merece una especial atención en el marco de la sociedad de la información (Resolución del Consejo de Ministros de la UE de 19 de enero de 1999). Así, la Comisión examinará el grado de protección que las actuales normas relacionadas con la sociedad de la información proporcionan a los consumidores, y señalará las posibles lagunas de esta legislación con el fin de colmar las que haya detectado (ep. 65).

Sin perjuicio de la legislación que sobre la protección de los consumidores tenga cada uno de los Estados miembros, la Directiva afecta con carácter general a la legislación aplicable a las obligaciones contractuales relativas a los contratos celebrados por los consumidores. Por ello, en estos contratos, y por lo que se refiere a la exención de la responsabilidad de la sociedad de la información vista anteriormente, se deberá interpretar la misma en el sentido de que el consumidor está informado sobre los elementos esenciales del contrato y los derechos del consumidor.

El nivel de protección de los consumidores incluye las acciones de cesación, a tenor de lo establecido en la Directiva 98/27 UE, aplicable a los servicios de la sociedad de la información.

Responsabilidad de los prestadores de servicios

Como se ha dicho, la Directiva se adopta para garantizar el correcto funcionamiento del mercado interior y armonizar la responsabilidad de los prestadores de servicios que actúan como intermediarios.

Por lo que se refiere a la responsabilidad de los prestadores de servicios, la Directiva, en los arts. 12, 13 y 14 establece cuál es el genuino cometido de la actividad de la sociedad de la información: (a) transmitir en la red datos facilitados por el destinatario; (b) facilitar el acceso a una red de comunicaciones; (c) almacenar automática, provisional y transitoriamente los datos transmitidos, a fin de ejecutar la transmisión en la red de comunicaciones.

Cuando esos prestadores de servicios intermediarios limitan su actividad a ese genuino cometido, esto es, al proceso técnico de explotar y facilitar el acceso a una red de comunicación mediante la cual la información facilitada por terceros es transmitida o almacenada temporalmente, no responden de las posibles conductas ilegales que se produzcan con ocasión de la información transmitida o almacenada (eps. 40 y ss. y arts. 12-14 de la Directiva); en el bien entendido que esta excepción de responsabilidad del prestador intermedio sólo se aplica siempre que su actividad se limite al proceso técnico de explotar, almacenar y facilitar el acceso a una red de comunicación. En estos casos (los genuinos de los servicios de la sociedad de la información), esa actividad que desarrolla es meramente técnica, automática y pasiva; por ello, el prestador de servicios no tiene conocimiento ni control de la información transmitida o almacenada, y no responde por tanto de la posible información ilícita que transmita[6]. Las condiciones que impone la Directiva para exonerar de responsabilidad a la sociedad prestadora del servicio son las siguientes: que no haya originado ella misma la transmisión, no haya seleccionado a los destinatarios de la transmisión, ni haya modificado los datos transmitidos (Art. 12); que haya cumplido las condiciones de acceso a la información, así como las normas relativas a la actualización de la información; que no interfiera en la utilización de la tecnología propia del sector; y que no tenga conocimiento efectivo de que la actividad a la información es ilícita, y si tuviera conocimiento, que inmediatamente actúe con prontitud para retirar los datos o hacer que el acceso a ellos sea imposible.

Contrario sensu, cuando el prestador de servicios no respete esas condiciones o colabore con alguna de las partes destinatarias del servicio de la información a cometer actos ilegales, no podrá beneficiarse de tal exención de responsabilidad, puesto que esa actuación rebasa sus actividades propias del mero transporte (mere conduit) o el almacenamiento automático (memoria tampón o caching).

Finalmente, el Art. 15 de la Directiva prohíbe que los Estados miembros impongan a los prestadores de servicios una obligación general de supervisión de los datos que transmiten o almacenan, ni una actividad general de realizar búsquedas activas de hechos o circunstancias que indiquen actividades ilícitas de los servicios que prestan.

Pero sí que podrán establecer obligaciones tendentes a que los prestadores de servicios comuniquen con prontitud a las autoridades públicas competentes los presuntos datos o actividades ilícitas llevados a cabo por los destinatarios del servicio.

La Directiva no dice nada más. Y han sido los Tribunales de Justicia los que se han encargado de delimitar el alcance de la responsabilidad de los prestadores de servicios, precisando cuándo se han limitado a realizar una mera prestación de servicios de alojamiento y transmisión de datos; y cuándo se han excedido de su genuino cometido de prestación neutra del servicio, y han desplegado un papel activo que les permite conocer y controlar los datos que almacenan, en cuyo caso la responsabilidad del prestador de servicios ha excedido su cometido y no se ve amparado por la exención de responsabilidad que proporciona la Directiva[7].

---

6. La mera transmisión de datos (mere conduit) y la forma de almacenamiento automático, provisional y temporal ("memoria tampón" o caching) es lo que proporciona la impunidad de la sociedad intermediaria.

7. Sobre esto ya existe una Jurisprudencia rica en matices. Cf., por ejemplo, las paradigmáticas SSTJUE de 23 de marzo de 2010 (C-236/08. Google v. Louis Vuitton); 12 de julio de 2011 (C-324/08. L'Oreal v. eBay); 29 de diciembre de 2017 (C-434/2015. Elitetaxi vs. Uber System Spain); 19 de diciembre de 2019 (C-319/18. Airbnb Ireland UC versus Associationa pour un hébergeente et un tourisme professionnels (AHTOP).

LEGISLACIÓN INTERMEDIA HASTA LA PROPUESTA DE REGLAMENTO DEL PARLAMENTO EUROPEO Y DEL CONSEJO RELATIVO A UN MERCADO ÚNICO DE SERVICIOS DIGITALES

Desde la Directiva 2000/31 sobre el comercio electrónico hasta la actual Propuesta de Reglamento de mercado único de servicios digitales y por el que se modifica la Directiva 2000/31, diversos intentos de actualización y aplicación de aquella Directiva se han venido introduciendo en el entorno europeo.

Voy a aludir, a continuación, a los más significativos instrumentos legales a partir de aquella Directiva, hasta llegar a la actual Propuesta de Reglamento sobre mercado único de servicios digitales.

La Directiva 2006/123 del Parlamento Europeo y del Consejo, de 16 de diciembre de 2006, relativa a los servicios en el mercado interior

La finalidad de la Directiva es hacer de la Unión Europea la economía basada en el conocimiento más competitiva del mundo. Pretende proporcionar un marco jurídico que ofrezca la seguridad jurídica necesaria para hacer efectivas las dos libertades fundamentales establecidas en los arts. 43 y 47 del Tratado Constitutivo de la Comunidad Europea: la libertad de establecimiento y la libre prestación de servicios dentro de la Comunidad. Se constituye, así, como un instrumento legislativo comunitario que permite crear un auténtico marco interior de servicios. Como se dice en el Art. 1, el objeto de la Directiva es establecer "las disposiciones generales necesarias para facilitar el ejercicio de la libertad de establecimiento de los prestadores de servicios y la libre circulación de los servicios". Se aplicará "a los servicios prestados por prestadores establecidos en un Estado miembro" (Art. 2.1); quedando excluidas una serie de actividades (las que eumera el Art. 2.2) ya amparadas por otros instrumentos legislativos.

La Directiva – como hacen otros instrumentos comunitarios – define los conceptos de "servicio", "prestador", "destinatario", "establecimiento", "régimen de autorización", "profesión regulada"... etc. (Art. 4). Y con el fin de que los prestadores de servicios y los destinatarios de ellos puedan acceder fácilmente a la información pertinente, obliga a los Estados miembros a que los procedimientos y trámites de acceso sean sencillos, claros e inequívocos. Por ello, el acceso a una actividad de servicios debe estar exenta de restricciones que limite la libertad de establecimiento y la libertad de circulación de servicios. Los Estados miembros, con carácter excepcional, podrán adoptar medidas de excepción a la disposición sobre la libre prestación de servicios en casos particulares y por motivos de seguridad de los servicios.

Los Estados miembros garantizarán que los prestadores de servicios lleven a cabo los procedimientos y trámites a través de ventanillas únicas; y harán lo necesario para que los prestadores y los destinatarios de los servicios puedan acceder fácilmente a la información por medio de ellas. La información se facilitará de forma clara, inteligible, e inequívoca; pudiéndose acceder con facilidad a ella a distancia y por vía electrónica (arts. 6-8).

Por lo que respecta a la libertad de establecimiento de los prestadores, el Capítulo III de la Directiva (arts. 9-13) establece los casos excepcionales en los que los Estados miembros podrán supeditar el acceso a una actividad de servicios y su ejercicio a un régimen de autorización (:que no sea discriminatorio para el prestador; que esté justificada la autorización por una razón imperiosa de interés general; y que el objetivo perseguido no se pueda obtener mediante una medida menos restrictiva). Asimismo, prevé que no se limite la duración de autorización; y que los procedimientos para la autorización sean claros, adecuados, de fácil acceso y gastos razonables. Lo mismo ocurre con relación a la posibilitar que se impongan otra serie de requisitos que obstaculicen el acceso o el ejercicio a una actividad de servicios (arts. 14 y 15).

Y por lo que respecta a la libre circulación de los servicios, el Capítulo IV de la Directiva (arts. 16 y ss.) de la misma manera garantiza su libre circulación, y especifica (Art. 16) que "los Estados miembros no podrán restringir la libre prestación de servicios por parte de un prestador establecido en otro Estado miembro mediante la imposición de los siguientes requisitos" (y enumera a continuación una serie de requisitos, restricciones y obligaciones que no podrán imponer); si bien establece que con carácter excepcional los Estados miembros puedan tomar medidas relativas a la seguridad de los servicios, siempre que respeten una serie de condiciones (Art. 18). Y con relación a los destinatarios de los servicios, el Art. 19 prevé que "los Estados miembros no podrán imponer al destinatario requisitos que restrinjan la utilización de servicios prestados por un prestador establecido en otro Estado miembro"; harán lo necesario para que el destinatario no se vea sujeto a requisitos discriminatorios basados en su nacionalidad o en su lugar de residencia (Art. 20); y puedan obtener la información necesaria (Art. 21); información que los prestadores de servicios pondrán a disposición del destinatario (art 22).

La Directiva se ocupa también de la obligación de los Estados miembros de tomar medidas para que los prestadores de servicios aseguren la calidad de los servicios (Art. 26); y faciliten a los destinatarios los datos necesarios para que puedan hacer las reclamaciones pertinentes sobre el servicio prestado (Art. 27). Así como de la asistencia recíproca entre los Estados miembros, en especial en los casos en que la actividad de servicios pueda ocasionar perjuicios graves para la salud o seguridad de las personas o el medio ambiente (arts. 28 y ss.).

Como se observa, esta Directiva se refiere con carácter general a los servicios en el mercado interior, y no específicamente a los servicios de la sociedad de la información que es la materia que interesa a los efectos de este trabajo. Pero la hemos traído a colación porque representa un paso importante para garantizar el progreso económico y social de la Comunidad Europea en cuanto a la eliminación de las barreras que obstaculizan el desarrollo de las actividades de servicios entre los Estados miembros.

Los servicios digitales en el mercado interior

En particular, por lo que respecta a los servicios digitales en el mercado interior, es en 2010 cuando, ante el creciente desarrollo de los servicios digitales transfronterizos, la Comisión elevó al Parlamento Europeo, al Consejo, al Comité Económico y Social, y al Comité de las Regiones, una Comunicación en fecha de 19 de mayo de 2010 sobre "Una Agenda Digital para Europa", con el propósito de definir la función que deberá desempeñar el uso de las tecnologías de la información y la comunicación (TIC), si Europa quiere hacer realidad sus ambiciosos retos para la próxima década.

Partiendo de esta Comunicación, **el** Parlamento Europeo y el Consejo promulgó, el 23 de julio de 2014, el Reglamento UE 910/2014 relativo a la identificación electrónica y los servicios de confianza para las transacciones electrónicas en el mercado interior y por la que se deroga la Directiva 1999/93 CE, con el objetivo de garantizar el correcto funcionamiento del mercado interior. Establece las condiciones en que los Estados miembros deberán reconocer los medios de identificación electrónica de las personas físicas y jurídicas pertenecientes a un sistema de identificación electrónica notificado de otro Estado miembro; establece normas para los servicios de confianza, en particular para las transacciones electrónicas, y establece un marco jurídico para las firmas electrónicas, los sellos electrónicos, los documentos electrónicos, los servicios de entrega electrónica certificada y los servicios de certificados para la autenticación de sitios web.

Las plataformas en línea y el mercado único digital

El 25 de mayo de 2016, la Comisión eleva al Parlamento Europeo, al Consejo, al Comité Económico y Social Europeo, y al Comité de las Regiones, una Comunicación sobre las plataformas en línea y el mercado único digital. Retos y oportunidades para Europa.

La Comunicación parte del enorme desarrollo – nunca antes visto en ningún otro sector de la economía – de las plataformas en línea, que han cambiado radicalmente la economía digital en las dos últimas décadas, revistiendo capital importancia para el funcionamiento eficaz del mercado único digital.

A pesar de que la mayoría (y más importantes) de las plataformas digitales tienen su origen en Estados Unidos y en Asia, Europa no queda al margen del crecimiento económico del mercado único digital, y por tanto necesita facilitar y apoyar la emergencia de plataformas competitivas que tengan su base en la Unión Europea. No se crea confianza si los diferentes Estados de la UE cuentan con normativas diversas; por ello es imprescindible procurar la armonización de normas a nivel de la UE. En esta armonización se habrán de aplicar los principios siguientes:

(a) Garantizar las condiciones de igualdad para los servicios digitales comparables: Es necesario que la garantía de unas condiciones de competencia iguales constituya el principio general del mercado único digital. Los servicios digitales deberán someterse a normas iguales o similares, tomando en consideración la posibilidad de reducir el ámbito de aplicación y el alcance de la reglamentación existente.

(b) Garantizar la conducta responsable de las plataformas digitales: Habida cuenta de que las plataformas digitales tienen hoy día una dimensión y características extraordinarias, y de que casi un tercio de los usuarios de Internet son niños menores de edad, la Comisión abordará el tema de la responsabilidad de las plataformas prestadoras de servicios, ya que – como se apuntó al abordar el examen de la Directiva 2000/31 UE – algunos tipos de plataformas en líneas están exentas de responsabilidad por los contenidos y actividades de los que no tienen control ni conocimiento.

(c) Reforzar la confianza de los usuarios en las plataformas en línea y la transparencia en la recogida de datos personales y la manera en la que éstos se comparten y utilizan. La normativa vigente en la UE en materia de consumo y comercialización exige ya que las plataformas en línea sean transparentes y no induzcan a error a los consumidores. Se necesita ahora que esa transparencia abarque todos los sectores en los que operan las plataformas.

(d) Preservar un entorno empresarial equitativo y abierto a la innovación. Se precisa una acción a nivel de la UE para garantizar la equidad en las relaciones interempresariales. Se necesita más información sobre las relaciones entre las plataformas y sus proveedores o socios con el fin de evaluar el alcance de los problemas que puedan poner en entredicho las actividades empresariales de los proveedores y puedan afectar negativamente a la innovación.

(e) Mantener unos mercados abiertos y no discriminatorios para impulsar una economía basada en los datos. En un mercado único digital operativo es beneficioso que los usuarios puedan cambiar de plataforma con la mayor facilidad posible. La decisión de un usuario de conservar una determinada plataforma en línea y de compartir sus datos ha de ser una elección libre que obedezca a la calidad del servicio recibido y no a los obstáculos que se le pongan para que no cambie de plataforma (incluidas las dificultades para transferir sus datos).

Tras esta Comunicación, el Parlamento Europeo dictó la Resolución de 15 de julio de 2017, sobre las plataformas en línea y el mercado único digital (2016/2276, INI), en el que se señala que la presencia de la Unión en el mercado mundial es lamentablemente baja, en particular debido a la fragmentación actual del mercado digital, la inseguridad jurídica y la falta de financiación y de capacidad para comercializar las tecnológicas, lo que dificulta que las empresas europeas se conviertan en líderes mundiales y compitan con los operadores del resto del mundo en esta nueva economía competitiva a escala mundial. Considera que la Unión tiene el potencial necesario para convertirse en un actor importante en el mundo digital y que debe allanar el camino hacia un clima favorable a la innovación en Europa garantizando un marco jurídico sin fisuras que proteja a todas las partes interesadas. Por ello insiste en la importancia de aportar al mercado interior de la Unión un mayor grado de seguridad, confianza e igualdad de condiciones tanto a las empresas como a los usuarios y consumidores, evitando la potencial fragmentación a causa de la proliferación de normas regionales o nacionales. En esta exigencia de confianza, transparencia y seguridad, pleno respeto de los derechos de los ciudadanos a la privacidad y protección de sus datos personales, la Resolución que se comenta inciden en la necesaria protección de los derechos de los autores y creadores en la era digital, y solicita una cooperación más estrecha entre las plataformas digitales y los titulares de derechos con el fin de garantizar la correcta adquisición de los derechos de autor y de luchar contra la vulneración de los derechos de propiedad intelectual en línea.

Reconoce las ventajas que pueden ofrecer las plataformas en línea para las pymes y las empresas emergentes; observa que algunas plataformas en línea hacen posible la economía colaborativa y contribuyen a su crecimiento en Europa y a la creación de nuevos modelos de negocio que crean empleo, fomentan el emprendimiento y ofrecen nuevos y mejores servicios a los ciudadanos. Pero reconoce al mismo tiempo que pueden ocasionar riesgos inevitables con relación a posibles contenidos ilegales o falsos. Por ello, acoge con satisfacción del Código de conducta acordado en 2016, y destaca la importancia de reforzar las medidas para luchar contra los contenidos ilegales y nocivos (discursos de odio, incitación al terrorismo, acoso y violencia... etc.), poniendo especial diligencia en la protección de los menores y de las personas vulnerables.

Habida cuenta de que el tamaño de las plataformas en línea es muy variado (desde multinacionales a microempresas), subraya la importancia que reviste una competencia leal y efectiva entre ellas, con el fin de evitar la creación de monopolios o posiciones dominantes que distorsionen el mercado a través del abuso de poder.

Pide a la Comisión que adopte un enfoque armonizado respecto del derecho de rectificación, réplica y desistimiento para los usuarios de las plataformas, y cree unas condiciones de competencia equitativas en relación con las reclamaciones por daños y perjuicios.

Finalmente, y por lo que respecta al régimen actual de la Unión en materia de responsabilidad de los intermediarios, subraya que constituye la principal preocupación de las partes implicadas, ya que se trata de un pilar crucial para la economía digital de la Unión. Por ello, pide a la Comisión que revise el régimen de responsabilidad limitada que hasta ahora se contempla en la legislación comunitaria (Directiva 2000/31 UE), y adopte medidas en el sentido de que sólo las plataformas que no desempeñen un papel neutro no puedan acogerse a la exención de responsabilidad; y que evalúe la necesidad de reforzar el régimen de responsabilidad de forma armonizada en toda la Unión.

La Agenda europea para la economía colaborativa

Paralelamente, al tiempo que la Comisión elevaba al Parlamento Europeo la Comunicación anteriormente vista sobre las plataformas en línea, y el Parlamento dictaba la Resolución de 15 de julio correspondiente, como se acaba de decir, en fecha de 2 de junio de 2016 la Comisión europea eleva al Parlamento europeo, al Consejo, al Comité económico y social europeo y al Comité de las regiones, una Comunicación sobre una Agenda Europea para la economía colaborativa. En ella se pretende ofrecer orientación jurídica y política a las autoridades públicas, los operadores del mercado y los ciudadanos interesados con vistas a un desarrollo equilibrado y sostenible de la economía colaborativa.

Define lo que debe entenderse con el término "economía colaborativa", como aquellos modelos de negocio en los que se facilitan actividades mediante plataformas colaborativas que crean un mercado abierto para el uso temporal de mercancías o servicios ofrecidos a menudo por particulares. Precisa que los requisitos de acceso al mercado deben estar justificados y ser proporcionados para alcanzar un objetivo de interés público, teniendo en cuenta las características específicas de los modelos de negocio de la economía colaborativa. Así, de acuerdo con la legislación de la UE, en particular, las libertades fundamentales del Tratado de Funcionamiento de la Unión Europea (arts. 49 y 56) y la Directiva de servicios (2006/123 CE), los prestadores de servicios no deben estar sujetos a requisitos de acceso al mercado o de otro tipo, tales como regímenes de autorización y requisitos para la concesión de licencias, a no ser que no sean discriminatorios, sean necesarios para alcanzar un objetivo de interés, y sean proporcionados. En este contexto, el hecho de que una plataforma colaborativa pueda estar o no sujeta a requisitos de acceso al mercado y en qué medida lo esté, dependerá de la naturaleza de sus actividades: si la plataforma colaborativa ofrece un servicio prestado normalmente a cambio de una remuneración, a distancia, por vía electrónica y a petición individual de un prestatario de servicios (lo que se conoce como servicio de la sociedad de la información), no podrá estar sujeta a autorizaciones previas o a cualquier otro requisito equivalente dirigido específica y exclusivamente a dichos servicios. Pero si la plataforma colaborativa ofrece otros servicios además de los propios de la sociedad de la información, actuando como intermediaria entre los prestadores de los servicios subyacentes y los usuarios del servicio, entonces la plataforma podrá estar sujeta a la normativa sectorial específica, incluidos los requisitos de autorización y concesión de licencias empresariales.

Y, del mismo modo, con relación al importante asunto de la responsabilidad de las plataformas colaborativas, la Comunicación sobre una Agenda Europea parte del hecho de que son las legislaciones nacionales de los Estados miembros las que establecen la responsabilidad contractual y extracontractual. Sin embargo, con arreglo a la legislación de la UE, las plataformas en línea, como proveedoras de servicios intermediarios de la sociedad de la información, están, bajo determinadas condiciones, exentas de la responsabilidad sobre la información que almacenan (como se dice también en el Art. 14 de la Directiva 2000/31 UE de comercio electrónico). Esa exención sigue estando limitada a la prestación de servicios de alojamiento de datos; y no es extensible a otros servicios o actividades efectuados por la plataforma colaborativa. Pero, por otra parte, el simple hecho de que una plataforma realice también otras actividades – además de prestar servicios de alojamiento de datos – no significa necesariamente que dicha plataforma ya no pueda invocar la exención de responsabilidad. Las medidas voluntarias que las plataformas aplican para hacer frente a los contenidos ilícitos en línea, es una decisión empresarial; y la cuestión de si se benefician de la exención de responsabilidad de los intermediarios debe evaluarse caso por caso[8].

---

8. Como vienen haciendo los Tribunales de Justicia para excluir o no la posibilidad de limitar la responsabilidad, y apreciar si los aspectos relacionados con el alojamiento de un servicio son o no más importantes que dicho servicio. Véase, al respecto, la STJUE de 19 de diciembre de 2019 (C-319/18, Airbnb Ireland UC versus Association pour un hébergement et un tourisme professionels – AHTOP –, comentada ampliamente en mi trabajo Consideraciones acerca de la comercialización de viviendas en canales de oferta turística (grandes Plataformas en línea) a la luz de la reciente Jurisprudencia, cit. En ella, el TJUE declara que "si bien el servicio de intermediación prestado por Airbnb Ireland tiene por objeto facilitar el alquiler de un alojamiento… la naturaleza de los vínculos existentes entre tales servicios no justifica que se excluya la calificación como 'servicio de la sociedad de la información' del servicio de la intermediación y, por consiguiente, la aplicación de la Directiva 2000/31 al mismo". El TJUE justifica esta declaración porque considera que, en ese caso, el servicio de intermediación es disociable de la transacción inmobiliaria propiamente dicha, ya que su objeto es proporcionar un instrumento que facilite la conclusión de contratos en futuras transacciones.

Finalmente, la Comisión se ocupa extensamente del consumidor como parte débil en las transacciones, y hace referencia a la economía colaborativa partiendo de la base de la distinción que la legislación europea hace sobre "comerciante" y "consumidor", para determinar los derechos y obligaciones respectivos de las partes con arreglo a la legislación de la UE sobre consumidores y comercialización[9].

Trata también de la necesidad de establecer normas mínimas en el ámbito de la política social, puesto que la economía colaborativa crea nuevas oportunidades de empleo que inciden sobre los derechos de los trabajadores. Y del mismo modo, hace referencia a las nuevas formas de regular las obligaciones fiscales de las partes.

En correspondencia con esta Comunicación, en fecha 15 de junio de 2017, el Parlamento Europeo dictó Resolución sobre una Agenda Europea para la economía colaborativa (2017/2003. INI). En ella, tras reconocerse una vez más el rápido crecimiento en los últimos años de este tipo de economía, el significativo impacto que produce en los modelos empresariales, y los beneficios que reporta para los ciudadanos de la Unión, acoge con satisfacción la Comunicación sobre una Agenda Europea para la economía colaborativa, y destaca que debe representar un primer paso hacia una estrategia más amplia y ambiciosa de la Unión en este ámbito, con el fin de evitar la fragmentación del mercado único. Reconoce que la economía colaborativa puede tener un impacto significativo en los modelos empresariales tradicionales – como por ejemplo, transporte, alojamiento, restauración, servicios, finanzas –; y por ello subraya la importancia de garantizar un alto nivel de protección de los consumidores, de los derechos de los trabajadores, y de la estructura empresarial europea, constituida en su mayoría por pymes y microempresas. Manifiesta su preocupación por el riesgo de fragmentación del mercado único, dada la complejidad de las normativas existentes al respecto y la exigencia de desarrollar un marco jurídico dinámico y claro que afronte los desafíos asociados a la existencia de normas jurídicas diferentes para agentes económicos similares. Y, consciente de que debido a la diversa regulación de los diferentes Estados miembros existen "zonas grises" que es necesario clarificar, insta a la Comisión a que tenga como objetivo la elaboración de un marco jurídico que ayude a los Estados miembros en sus esfuerzos, sobre todo en relación con la Directiva de servicios y el acervo en el ámbito de la protección de los consumidores, en especial en cuanto a garantizar que reciban información adecuada sobre el régimen jurídico aplicable a cada transacción y los consiguientes derechos y obligaciones jurídica, y en cuanto a la protección de los consumidores en caso de litigio; precisando lo más posible el régimen de responsabilidad de las plataformas colaborativas, con objeto de promover un comportamiento responsable. En particular, reconoce la falta de seguridad por lo que respecta a la cuestión de si una plataforma está prestando un servicio subyacente o simplemente ofreciendo un servicio de la sociedad de la información, conforme a la

---

9. Directiva 2011/83, EU, sobre los derechos de los consumidores. Directiva 93/13 EEC, sobre cláusulas abusivas en contratos concluidos con consumidores. Directiva 2006/114 UE, sobre publicidad engañosa y publicidad comparativa.

Directiva sobre el comercio electrónico; insta, por tanto, a la Comisión a que proporcione orientaciones adicionales sobre estos aspectos y considere la necesidad de adoptar medidas para reforzar la eficacia del marco reglamentario.

Recuerda que la Unión ya ha elaborado un amplio marco de protección de los datos (Reglamento general de protección de datos), e insta a las plataformas de la economía colaborativa a no ignorar la cuestión de la protección de datos, informando de manera transparente a los prestadores de servicios y a los usuarios sobre los datos personales que se recopilan y el modo en que se procesan.

Con relación al mercado laboral, destaca el significativo impacto que la revolución digital tiene en este ámbito, y hace hincapié en la necesidad de proteger los derechos de los trabajadores en los servicios colaborativos, sobre todo, el derecho a organizarse, a emprender acciones colectivas y a negociar convenios colectivos, con arreglo a las prácticas y legislaciones nacionales. Por ello, pide a la Comisión que publique directrices sobre cómo debe aplicarse el Derecho de la Unión a los diferentes modelos de negocio de las plataformas, para colmar las lagunas existentes con relación al empleo y la seguridad social. Destaca la importancia del teletrabajo y del trabajo inteligente en el marco de la economía colaborativa y defiende la necesidad de equiparar estas modalidades laborales con las tradicionales.

Finalmente, el Parlamento Europeo, en esta Resolución incide en la importancia de las TIC en la economía colaborativa; y convencido de que este tipo de economía puede brindar importantes oportunidades a las zonas rurales y territorios desfavorecidos, subraya la necesidad de garantizar un acceso adecuado a las redes para todos los ciudadanos de la Unión, en especial en esas zonas menos pobladas, remotas o rurales donde todavía no se dispone de suficiente conectividad. Pide a la Comisión y a los Estados miembros que garanticen que la legislación y las políticas de la Unión están preparadas para el futuro, que fomenten la conectividad y la alfabetización digitales, apoyen a los emprendedores y las empresas emergentes, y desarrollen sinergias de cohabitación con los modelos de negocio tradicionales.

El Reglamento UE 2019/1150 del Parlamento Europeo y del Consejo de 20 de junio de 2019 sobre el fomento de la equidad y la transparencia para los usuarios profesionales de servicios de intermediación en línea

Dos años después de estas importantes normas europeas sobre el mercado único digital, las plataformas en línea, y la economía colaborativa, el Parlamento, con el fin de contribuir al correcto funcionamiento del mercado interior, promulga este Reglamento, en el que se fijan una serie de normas que permiten a los usuarios profesionales ofrecer bienes o servicios a los consumidores ubicados en la Unión, con independencia de dónde estén establecidos los proveedores de tales servicios y cualquiera que fuera la ley aplicable. El presente Reglamento se entiende sin perjuicio del Derecho civil nacional, en particular, del Derecho contractual en la medida en que sea conforme con el Derecho de la Unión; y sin perjuicio del Derecho de la Unión en el ámbito de la cooperación judicial en materia civil, protección de datos, protección de los consumidores, comercio electrónico y servicios financieros.

Como es habitual, el Reglamento relata una serie de definiciones (usuario profesional, servicios de intermediación en línea, proveedor de servicios de intermediación en línea, consumidor, clasificación, condiciones generales, bienes y servicios auxiliares etc.). Y prevé que se aplicará a los proveedores de los servicios de intermediación en línea, con independencia de que estén establecidos en un Estado miembro de la Unión o fuera de la Unión, siempre que se cumplan cumulativamente dos condiciones: (a) que los usuarios de los servicios estén establecidos en la Unión y (b) que los usuarios ofrezcan, a través de la prestación de dichos servicios, sus bienes o servicios a consumidores ubicados en la Unión, al menos durante parte de la transacción.

En la relación contractual entre los proveedores de los servicios de intermediación en línea y los usuarios de los servicios, el Art. 3 del Reglamento establece una serie de imposiciones:

(a) Las condiciones generales han de estar redactadas de manera sencilla y comprensible; han de estar disponibles para los profesionales en todas las etapas de la relación contractual; deben incluir información sobre cualesquiera canales de distribución adicionales y posibles programas asociados a través de los cuales el proveedor podría comercializar los bienes y servicios ofrecidos por los usuarios profesionales, y sobre el modo en que las condiciones generales afectan a la titularidad de y control de los derechos de propiedad intelectual de los usuarios profesionales.

(b) Los proveedores de servicios de intermediación en línea notificarán en un soporte duradero a los usuarios profesionales cualquier modificación de sus condiciones generales. El plazo de notificación será al menos de quince días desde la fecha en que el proveedor comunique a los usuarios profesionales afectados las modificaciones propuestas. Y durante ese plazo el usuario profesional afectado tendrá derecho a resolver el contrato con el proveedor.

(c) Las condiciones generales o sus cláusulas específicas que no cumplan los requisitos expuestos anteriormente, serán nulas.

En las condiciones generales o cláusulas que rigen la relación contractual, los proveedores de servicios de intermediación en línea habrán de señalar los parámetros principales que rigen la clasificación (esto es, la preeminencia atribuida a los bienes y servicios ofrecidos). También habrán de incluir en las condiciones generales si ofrecen o no bienes y servicios auxiliares – incluidos productos financieros – a los consumidores. Y asimismo deberán incorporar en las condiciones generales una descripción sobre el acceso de los usuarios profesionales a los datos personales o de otro tipo para utilizar los servicios de intermediación en línea (arts. 5 a 10).

Cuando el proveedor de servicios de intermediación en línea decida restringir, suspender o poner fin a la prestación de todos sus servicios, deberá proporcionar al usuario profesional una motivación circunstanciada que justifique tal decisión en un soporte duradero; y ofrecerá al usuario la oportunidad de tramitar un procedimiento interno de reclamaciones. Esta motivación no será necesaria cuando el usuario profesional haya infringido reiteradamente las condiciones generales aplicables, dando lugar así a la suspensión, restricción o terminación (Art. 4).

En cuanto al sistema de reclamaciones de los usuarios, este Reglamento sobre el fomento de la equidad y transparencia en los servicios de intermediación en línea prevé tres estadios que, de menor a mayor intensidad, son: (a) un sistema interno de tramitación de reclamaciones, que los proveedores de servicios pondrán fácilmente a disposición de los usuarios profesionales a título gratuito y en un plazo razonable, basado en los principios de transparencia e igualdad de trato (Art. 11); (b) un sistema de mediación, designando dos o más mediadores imparciales e independientes que estén dispuestos a colaborar para que se llegue a un acuerdo entre las partes y facilitar la resolución extrajudicial de los litigios (arts. 12-14); (c) un sistema de tutela judicial efectiva y acceso a la justicia reconocido tanto a nivel individual de los usuarios del servicio (Art. 14.9), como a través del ejercicio de acciones colectivas llevadas a cabo por organizaciones y asociaciones que posean un interés legítimo de representación de los usuarios o por organismos públicos constituidos en los Estados miembros (Art. 14.1 a 8).

Finalmente, el Reglamento prevé que, con el fin de contribuir a su correcta aplicación, la Comisión fomentará la elaboración de códigos de conducta conjuntamente entre los proveedores de servicios y los usuarios, teniendo en cuenta las características específicas de los distintos sectores en que se prestan los servicios de intermediación en línea, y las características particulares de las empresas.

PROPUESTA DE REGLAMENTO DEL PARLAMENTO EUROPEO Y DEL CONSEJO, DE 15 DE DICIEMBRE DE 2020, RELATIVO A UN MERCADO ÚNICO DE SERVICIOS DIGITALES (LEY DE SERVICIOS DIGITALES) Y POR EL QUE SE MODIFICA LA DIRECTIVA 2000/31 UE

Líneas generales y principios de la Propuesta de Reglamento

En la Exposición de Motivos, la Propuesta de Reglamento sienta la base normativa general: "El presente Reglamento debe complementar pero no afectar a la aplicación de las normas derivadas de otros actos del Derecho de la Unión que regulan determinados aspectos de la prestación de servicios intermediarios, en particular la Directiva 2000/31/CE, con la excepción de los cambios introducidos por el presente Reglamento...". Por consiguiente, se considera como una norma complementaria de la Directiva 2000/31, con los cambios que introduce y que sólo en esos aspectos modifica la mencionada Directiva (ep. 9).

Hace hincapié en los nuevos riesgos, ventajas y desafíos que para la sociedad de hoy día han supuestos los servicios digitales. La crisis del coronavirus ha demostrado la importancia que tienen las tecnologías digitales en todos los aspectos de la vida moderna[10]. Ha puesto claramente de relieve que nuestra economía y nuestra sociedad

---

10. Y qué decir de la enorme crisis bélica que está haciendo tambalear a Europa y al mundo entero. Es inimaginable un conflicto mundial con los actuales instrumentos "modernos" en todos los sentidos. A la hora de redactarse esta Propuesta aún no había iniciado Rusia su invasión a Ucrania; de haberlo hecho, sin duda se hubiera aludido a ella en la Exposición de Motivos.

dependen de los servicios digitales[11], así como las ventajas y los riesgos que se derivan del actual marco de funcionamiento de dichos servicios.

La Propuesta de Reglamento se basa en una serie de estudios, asesoramiento de expertos y consultas a las partes implicadas. Y, acogiendo otros documentos del Parlamento Europeo anteriores[12], hace un firme llamamiento a mantener los principios básicos de la Directiva 2000/31 CE sobre el comercio electrónico, y proteger los derechos fundamentales en el entorno en línea, así como mantener el anonimato siempre que sea técnicamente posible. Reconoce sin ambages la eficacia de la Directiva 2000/31, cuyos principios y objetivos siguen siendo válidos en la actualidad; pero considera que la magnitud de la transformación digital, el enorme crecimiento dinámico de la economía digital y la aparición de nuevos tipos de prestadores de servicios plantean nuevos retos que los Estados miembros gestionan de forma diferente y que es necesario clarificar. En estos veinte años transcurridos, varios instrumentos reglamentarios nuevos han contribuido a poner al día la Directiva, pero lo cierto es que sólo han ofrecido soluciones de carácter sectorial para algunos de los problemas subyacentes.

Establece las mismas obligaciones de transparencia, información y rendición de cuentas para los prestadores de servicios digitales; y aboga por la imposición de obligaciones eficaces para actuar contra los contenidos ilícitos en línea. Mantiene también las normas de responsabilidad para los prestadores intermediarios de servicios, pero acogiendo las valiosas aportaciones que el Tribunal de Justicia de la Unión Europea ha realizado al interpretar aquellas normas con referencia a los asuntos que ante él se han llevado. De este modo, la Propuesta de Reglamento suprime los arts. 12 a 15 de la Directiva (relativos a la exención de responsabilidad de los prestadores de servicios) y los reproduce en este Reglamento, manteniendo dichas exenciones según la interpretación del Tribunal de Justicia de la Unión Europea.

En relación con los contenidos ilícitos, el carácter de la ilicitud no se define en esta Propuesta, sino que se deriva del conjunto del Derecho de la Unión o de la legislación nacional conforme al Derecho de la Unión. Pero se basa en la Recomendación (UE) 2018/334 de la Comisión de 1 de marzo de 2018, sobre medidas para combatir eficazmente los contenidos ilícitos en línea, como se verá más adelante.

Las diversas leyes sectoriales que regulan determinados aspectos de la prestación de servicios de la sociedad de la información, complementan la Propuesta de Reglamento y son aplicadas en su carácter de lex specialis (protección del consumidor, protección de datos, fomento de la equidad y transparencia para los usuarios profesionales de servicios de intermediación en línea etc.).

---

11. CONSEJO DE LA UNIÓN EUROPEA. *Conclusiones del Consejo sobre la configuración del futuro digital de Europa*. Diario Oficial de la Unión Europea. 16 jun. 2020.

12. PARLAMENTO EUROPEO. *Resolución del Parlamento 2020/2018*. Sobre una mejora del funcionamiento del mercado único. PARLAMENTO EUROPEO. *Resolución 2020/2019*. Sobre la adaptación de las normas del Derecho mercantil y civil a las entidades comerciales que operan en línea. PARLAMENTO EUROPEO. *Resolución 2020/2022*. Sobre la Ley de servicios digitales y cuestiones relacionadas con los derechos fundamentales.

Sobre la base de estos principios, la Propuesta pretende garantizar las mejores condiciones para la prestación de los servicios digitales innovadores en el mercado interior, contribuir a la seguridad jurídica, proteger los derechos fundamentales, y contribuir a la efectiva supervisión de los prestadores de servicios intermediarios (incluidas las plataformas de gran alcance: las que cuentan con más de cuarenta y cinco millones de destinatarios del servicio). Y, teniendo en cuenta que internet es transfronteriza por naturaleza, la Propuesta debe establecer un sistema de supervisión de los servicios digitales bien coordinados en el ámbito de la Unión, aplicable tanto a los prestadores de servicios intermediarios que operan en los Estados miembros, como a los prestadores de servicios establecidos fuera de la Unión que operan en el mercado interior.

Con el fin de reforzar la seguridad jurídica e incrementar los niveles de confianza, la Propuesta de Reglamento impone obligaciones asimétricas de diligencia debida en la actuación, diferenciando entre prestadores de gran tamaño por la naturaleza de los servicios y por su dimensión, y prestadores de pequeño tamaño. A los primeros, se les imponen medidas más restrictivas y obligaciones de las que están exentos los pequeños prestadores. E, igualmente, en proporción a tales obligaciones, establece un mecanismo de cooperación entre los Estados miembros con el fin de reforzar la seguridad jurídica e incrementar los niveles de confianza.

Y, finalmente, con el fin de garantizar los derechos fundamentales de todas las partes, teniendo en cuenta que están expuestas a crecientes riesgos y perjuicios que proporcionan los servicios en línea (desde la propagación de contenidos y actividades ilícitos hasta limitaciones en su libertad de expresión y otros perjuicios sociales), la Propuesta de Reglamento contempla importantes medias que garanticen que los ciudadanos puedan expresarse con libertad, al tiempo que potencia la participación del usuario en el entorno en línea, mitiga el riesgo de que se bloquee la libertad de palabra, fortalece el derecho del ciudadano a la tutela judicial efectiva, el derecho a no sufrir discriminación, los derechos del niño, la protección de los datos personales, la privacidad de las comunicaciones y la libertad de empresa de los prestadores de servicios.

Por ello, la Propuesta (como ya hiciera la Directiva 2000/31) mantiene la prohibición de imponer obligaciones generales de supervisión, ya que éstas podrían limitar de forma desproporcionada la libertad de expresión y la libertad de recibir información; y asimismo prohíbe imponer cargas excesivas a los prestadores de servicios y de este modo interferir indebidamente en su libertad de empresa.

Estructura de la Propuesta de Reglamento

Se estructura en cinco Capítulos, con sus correspondientes Secciones. Y así:

– El Capítulo I contiene las Disposiciones generales (objeto y ámbito de aplicación del Reglamento, definiciones de los principales términos utilizados).

– El Capítulo II contiene las normas sobre la responsabilidad de los prestadores de servicios intermediarios.

– El Capítulo III establece las obligaciones de diligencia debida para un entorno en línea transparente y seguro. Y se estructura en cinco Secciones:

– sección 1: obligaciones aplicables a todos los prestadores de servicios;

– sección 2: obligaciones específicas para los prestadores de servicios de alojamiento;

– sección 3: obligaciones específicas para las plataformas en línea (no se aplica a microempresas o pequeñas empresas);

– sección 4: gestión de los riesgos sistémicos que entrañan las plataformas en línea de muy gran tamaño;

– sección 5: disposiciones transversales de diligencia.

– El Capítulo IV contiene las disposiciones relativas a la aplicación y ejecución del presente Reglamento; y se articula en cinco secciones:

– sección 1: establece las disposiciones relativas a las autoridades competentes en la aplicación y ejecución del Reglamento; y, en particular, a los coordinadores de los servicios digitales;

– sección 2: disposiciones relativas a la Junta Europea de Servicios Digitales;

– sección 3: disposiciones referentes a las labores de la Comisión de supervisión, investigación, ejecución y vigilancia de las plataformas en línea de muy gran tamaño. La Comisión podrá intervenir en caso de investigaciones, entrevistas, inspecciones; e imponer medidas provisionales para el cumplimento del Reglamento, podrá imponer multas coercitivas y otras sanciones;

– sección 4: contiene disposiciones comunes sobre ejecución de los servicios digitales;

– sección 5: se refiere a la adopción de actos delegados y actos de ejecución en virtud de los arts. 290 y 291 del Tratado de Funcionamiento de la Unión Europea.

– El Capítulo V: contiene las disposiciones finales.

Ámbito de aplicación

Según el Art. 1 de la Propuesta, el Reglamento se aplicará a los servicios intermediarios prestados a destinatarios del servicio que tengan su lugar de establecimiento o residencia en la Unión, "con independencia del lugar de establecimiento de los prestadores de dichos servicios"; no se aplicará a ningún servicio que no sea un "servicio intermediario" – de acuerdo con la definición que proporciona la letra f) del Art. 2[13] –, ni a ningún requisito que se imponga al respecto de un servicio de esta índole, con independencia de si el servicio se presta mediante el uso de un servicio intermediario.

Según los "considerandos" 5 y ss. de la Propuesta, el Reglamento se aplicará sólo a los prestadores de determinados servicios de la sociedad de la información definidos en la Directiva UE 2015/1535 del Parlamento Europeo y del Consejo, es decir a cualquier servicio prestado normalmente a cambio de una remuneración, a distancia, por vía electrónica y a petición de un destinatario a título individual. El Reglamento sólo

---

13. Considera que es servicio intermediario: (a) el de mera transmisión consistente en transmitir, en una red de comunicaciones, información facilitada por el destinatario del servicio o en facilitar el acceso a un red de comunicaciones; (b) un servicio de memoria tampón (caching) consistente en transmitir por una red de comunicación información facilitada por el destinatario del servicio, que conlleve el almacenamiento automático, provisional y temporal de esta información, con la única finalidad de hacer más eficaz la transmisión ulterior de la información a otros destinatarios del servicio, a petición de estos; y (c) un servicio de alojamiento de datos consistente en almacenar datos facilitados por el destinatario del servicio y a petición de este.

debe aplicarse a los servicios intermediarios, y no afectar a los requisitos estipulados en relación con servicios intermediados a través de los servicios intermediarios (por ejemplo, servicios de tecnologías de la información remotos, de transporte, de hospedaje, o de reparto)[14].

Quedan fuera del Reglamento aspectos regulados por otros actos del Derecho de la Unión, que han de ser considerados lex specialis en relación con el marco de aplicación general establecido en el presente reglamento (protección de consumidores, protección de datos personales, derechos de autor, condiciones laborales etc.).

Como se observa, el presente Reglamento recoge las líneas generales que ya se establecieran en la Directiva 2000/31 CE, si bien, con mejor sistematización y explicación. Sin embargo, establece una novedad esencial.

En efecto, la Directiva 2000/31 CE se refiere siempre al correcto funcionamiento del mercado interior, a la libre circulación de los servicios de la sociedad de la información entre los Estados miembros, al ejercicio de la libertad de establecimiento y la libre circulación de servicios en la UE, del alcance del control que los Estados miembros pueden realizar sobre los servicios procedentes de otro Estado miembro... etc.; dando a entender, a mi juicio, que el prestador de servicios ha de estar establecido en un Estado miembro. Y, de hecho, en el articulado de la Directiva, cuando el Art. 1 se refiere al ámbito de aplicación de la misma, no hace mención alguna a la exigencia o no de que el lugar de establecimiento del prestador de servicios esté en uno de los Estados miembros de la Unión Europea, porque lo da por sobreentendido. Pero, sin embargo, cuando en los Considerandos 57 y ss. la Directiva explica las relaciones con los espacios no europeos, se dice claramente que "La presente Directiva no será aplicable a los servicios procedentes de prestadores establecidos en un tercer país; habida cuenta de la dimensión global del comercio electrónico, conviene garantizar, no obstante, la coherencia del marco comunitario con el marco internacional" (ep. 58); para lo cual "es necesario que se cree un marco jurídico sencillo, claro y seguro y compatible con las normas vigentes a escala internacional" (ep. 60). En este contexto mundializado, es precisa una concertación entre la Unión Europea y los grandes espacios no europeos con el fin de compatibilizar las legislaciones y los procedimientos (ep 61). Por lo tanto, entiendo que la Directiva 2000/31 CE está dando por sentado que el ámbito de aplicación de la misma abarca a los servicios procedentes de prestadores de servicios establecidos en un Estado miembro.

Ahora, la Propuesta de Reglamento, recogiendo lo que se dijera en el Reglamento UE 2019/1150 de 20 de junio sobre el fomento de la equidad y la transparencia para

---

14. En la práctica – dice el Considerando 6 de la Propuesta de Reglamento – algunos prestadores de servicios intermediarios intermedian en relación con servicios que pueden prestarse o no por vía electrónica, como servicios de tecnologías de la información remotos, de transporte, de hospedaje o de reparto. El presente Reglamento sólo debe aplicarse a los servicios intermediarios y no afectar a los requisitos estipulados en el Derecho de la Unión o nacional en relación con productos o servicios intermediados a través de servicios intermediarios, por ejemplo en los casos en los que el servicio intermediario constituye parte integral de otro servicio que no es un servicio intermediario según se especifica en la jurisprudencia del Tribunal de Justicia de la Unión Europea.

los usuarios profesionales de servicios de la intermediación en línea[15], dice en el Art. 1.3 que "El presente Reglamento se aplicará a los servicios intermediarios prestados a destinatarios del servicio que tengan su lugar de establecimiento o residencia en la Unión, con independencia del lugar de establecimiento de los prestadores de dichos servicios".

Se explica ampliamente este norma en los Considerandos 7 y 8, en los que se argumenta que con el fin de garantizar la eficacia de las normas estipuladas en el presente Reglamento y la igualdad de condiciones de competencia en el mercado interior, dichas normas deben aplicarse a los prestadores de servicios intermediarios "con independencia de su lugar de establecimiento o residencia, en la medida en que presten servicios en la Unión, según se demuestre por una conexión sustancial con la Unión". Y, a continuación explica lo que debe entenderse por "conexión sustancial con la Unión": (a) cuando el prestador de servicios tenga un establecimiento en la Unión; (b) en defecto de lo anterior, cuando exista un número significativo de usuarios en uno o varios Estados miembros[16]; (c) o cuando sus actividades se dirijan hacia uno o más Estados miembros, en función de circunstancias y factores tales como el uso de una lengua o una moneda utilizada generalmente en ese Estado miembro, o el uso de un dominio nacional de alto nivel, o la disponibilidad de una aplicación para móvil en la tienda de aplicaciones nacional correspondiente etc. (ep. 8). Pero no cabe considerar que la mera accesibilidad técnica de un sitio web desde la Unión exclusivamente demuestre una conexión sustancial con la Unión.

Ello se recoge en el Art. 2,d) del Reglamento, cuando define lo que debe entenderse por "ofrecer servicios en la Unión": hacer posible que las personas físicas o jurídicas de uno o varios Estados miembros utilicen los servicios del prestador de servicios de la sociedad de la información que tenga una conexión sustancial con la Unión; establecimiento en la Unión; en ausencia de dicho establecimiento, la determinación de la conexión sustancial se basará en criterios objetivos específicos, como por ejemplo:

– un número significativo de usuarios en uno o varios Estados miembros, o

– que se dirijan actividades hacia uno o varios Estados miembros".

Autoridades competentes responsables de la aplicación y ejecución del Reglamento

El Capítulo IV, que lleva por rúbrica "Aplicación, cooperación, sanciones y ejecución" recoge en sus arts. 38 y ss., las autoridades que se encargarán de aplicar y ejecutar el presente Reglamento.

Como se dice en el Considerando 72, los Estados miembros deberán garantizar una supervisión y ejecución adecuadas de las obligaciones estipuladas en el Reglamento, para lo cual deberán designar al menos una autoridad encargada de aplicarlo y ejecutarlo. Pueden encomendar a más de una autoridad el desempeño de determinadas funciones, para sectores concretos (por ejemplo, para comunicaciones electrónicas, protección del

---

15. Visto en el epígrafe anterior.
16. No especifica qué son "un número significativo de usuarios", ¿cientos, miles, millones?

consumidor... etc.); pero en todo caso, sólo una autoridad de dicho Estado miembro debe identificarse como "coordinador de servicios digitales".

Si un Estado miembro designa a más de una autoridad competente además del coordinador de servicios digitales, deberá comunicar el nombre de esas otras autoridades y sus funciones respectivas a la Comisión y a la Junta.

Con el fin de garantizar una supervisión y ejecución adecuadas de las obligaciones estipuladas en el presente Reglamento, los Estados miembros deberán designar al menos a una autoridad encargada de aplicarlo y ejecutarlo. Esta autoridad es "el coordinador de servicios digitales", que debe actuar como punto único de contacto para con la Comisión, la Junta, los coordinadores digitales de otros Estados miembros, y otras autoridades competentes. Los Estados miembros se asegurarán de que sus coordinadores de servicios digitales desempeñen sus funciones de manera imparcial, transparente y oportuna, y de que posean recursos técnicos, financieros y humanos adecuados para el desempeño de sus funciones. En el desempeño de sus competencias, actúan con completa independencia, libres de cualquier influencia externa y no aceptarán instrucciones de ninguna otra autoridad pública o parte privada.

En cuanto a sus competencias para investigar la conducta de los prestadores de servicios intermediarios sujetos a la jurisdicción de su Estado miembro, los coordinadores de servicios podrán solicitar información sobre cualquier cuestión relativa a una presunta infracción del presente Reglamento, así como ordenar que los prestadores de servicios cesen en sus infracciones y, en su caso, imponer remedios necesarios para poner fin a la infracción. Podrán imponer multas y adoptar medidas eficaces, disuasorias y proporcionadas para evitar el riesgo de daños graves. Si persiste la infracción grave por parte del prestador de servicios, podrán exigir al órgano de dirección del prestador de servicio que adopte un plan de acción para poner fin a la infracción. Y si el prestador de servicio no cumple con lo anterior, la infracción persiste y causa daños graves, supone un delito que amenaza la vida o la seguridad de las personas, solicitará a la autoridad judicial competente de dicho Estado miembro que ordene que los destinatarios del servicio tengan limitado el acceso a él, o a la interfaz en línea[17] del prestador de servicios intermediarios en la que tenga lugar la infracción.

Los coordinadores de servicios deberán elaborar y publicar un informe anual de sus actividades, con el contenido que prevé el Art. 44, y lo comunicará a la Comisión y a la Junta.

La Junta Europea de Servicios Digitales es el órgano consultivo independiente encargado de prestar apoyo a la Comisión, ayudar a coordinar las acciones de los coordinadores de servicios digitales, y a asistir a los coordinadores de servicios y a la Comisión en la supervisión de las plataformas en línea de muy gran tamaño.

---

17. El art. 2, k) define la interfaz en línea como todo programa informático, incluidos los sitios web o partes de sitios web, y las aplicaciones, incluidas las aplicaciones móviles.

Está integrada por los coordinadores de los servicios digitales y otras autoridades competentes con responsabilidades operativas específicas de aplicación y ejecución del Reglamento. Cada Estado miembro dispondrá de un voto, y la Junta adoptará sus actos por mayoría simple.

La Junta podrá adoptar dictámenes, solicitudes y recomendaciones dirigidos a los coordinadores de servicios digitales y otras autoridades competentes; y si no actúan conforme a ellos, deberán explicar los motivos de su desacuerdo.

La Comisión es el órgano máximo en la estructura de la Unión. Está asistida por el Comité de Servicios Digitales. Ostenta la presidencia de la Junta sin derecho de voto; convoca las reuniones de la Junta y elabora el orden del día, debiendo velar porque éste se cumpla. Tiene amplias facultades en orden a la supervisión, investigación y ejecución del Reglamento y en general, de la aplicación del Derecho de la Unión, y en caso necesario exigir su cumplimiento bajo el control del Tribunal de Justicia de la Unión Europea de conformidad con los Tratados. Su actuación incide sobre todo en las plataformas de muy gran tamaño, de manera que puede incoar procedimientos, requerir información sobre presuntas infracciones, adoptar medidas provisionales, imponerles sanciones y multas coercitivas etc.

La Comisión establecerá y mantendrá un sistema de intercambio de información seguro y fiable que facilite las comunicaciones entre los coordinadores de servicios digitales, la Comisión y la Junta.

El Parlamento Europeo y el Consejo pueden delegar en la Comisión la realización de determinados actos (los especificados en los arts. 23, 25 y 31 del presente Reglamento, en especial referentes a las plataformas de muy gran tamaño).

Obligaciones de diligencia debida

Con el fin de cumplir con los objetivos del Reglamento, mejorar el funcionamiento del mercado interior y garantizar un entorno en línea seguro y transparente, es necesario establece un conjunto claro y equilibrado de obligaciones armonizadas de diligencia debida para los prestadores de servicios intermediarios, capaces de garantizar la seguridad y confianza de los destinatarios del servicio, proteger los derechos fundamentales consagrados en la Carta, garantizar la rendición de cuentas por parte de los prestadores, y empoderar a los destinatarios. A tal fin, el Reglamento, en el Cap. III, Secciones 1 y 2, establece obligaciones básicas aplicables a todos los prestadores de servicios intermediarios. Estas obligaciones básicas armonizadas de diligencia debida serán razonables y no arbitrarias, necesarias para cumplir los objetivos de política pública marcados (la salvaguardia de los intereses legítimos de los destinatarios del servicio, la lucha contra las prácticas ilícitas y la protección de los derechos fundamentales en línea.

En concreto, están obligados a:

– Establecer un punto único de contacto que les permita la comunicación directa por vía electrónica con las autoridades de los Estados miembros, con la Comisión y con la Junta Europea de Servicios

UN MERCADO ÚNICO DE SERVICIOS DIGITALES **199**

Digitales; y a publicar la información pertinente relativa a su punto de contacto con el fin de identificarlo y comunicarse con él fácilmente; así como la lengua o lenguas oficiales de la Unión que hayan de utilizar con su punto de contacto (Art. 10 del Reglamento).

– Si el prestador de servicios intermediario no tiene establecimiento en la Unión, deberá designar una persona física o jurídica como su representante legal en uno de los Estados miembros donde el prestador ofrezca sus servicios, al cual se le podrán exigir responsabilidades por el incumplimiento de las obligaciones estipuladas en el Reglamento (Art. 11).

– Aunque en principio debe respetarse la libertad contractual de los prestadores de servicios intermediarios, es preciso establecer ciertas normas sobre el contenido, la aplicación y la ejecución de las condiciones de dichos prestadores, para garantizar un nivel adecuado de transparencia, protección de los destinatarios del servicio y la prevención de resultados injustos o arbitrarios. Para ello, deberán elaborar un informe anual claro, detallado y comprensible sobre su actividad, incluyendo información sobre los extremos que prevé el Art. 13: órdenes recibidas de los Estados miembros, avisos, reclamaciones recibidas... etc.

– En cuanto a los prestadores de servicios intermediarios de alojamiento de datos, puesto que desempeñan un papel especialmente importante en la lucha contra los contenidos ilícitos en línea, ya que almacenan información proporcionada por los destinatarios del servicio y a petición éstos, y facilitan el acceso de otros destinatarios a la misma, los arts. 14 y 15 de la Propuesta de Reglamento prevén que establecerán mecanismos para que cualquier persona, física o entidad, les notifique avisos de contenido posible ilícito; y que si este prestador de servicios decide retirar o inhabilitar el acceso de determinada información facilitada por los destinatarios del servicio, deberá comunicar esta decisión al destinatario del servicio, aportando una exposición clara y específica de los motivos de tal decisión y las posibles vías de impugnación. Esta decisión y su motivación habrá de ser publicada en una base de datos de acceso público gestionada por la Comisión.

Ya vimos cómo la Comunicación de la Comisión de 25 de mayo de 2016, y la siguiente Resolución del Parlamento Europeo de 15 de julio de 2017, sobre las plataformas en línea y el mercado único digital, hacían referencia a la enorme transcendencia de las plataformas en línea, que han cambiado radicalmente la economía digital, haciendo posible una importante economía colaborativa y contribuyendo en gran medida a la creación de nuevos modelos de negocio que crean empleo, fomentan el emprendimiento y ofrecen nuevos y mejores servicios a los ciudadanos. Sin mención en la Directiva 2000/31 CE, hora el Reglamento las recoge como una subcategoría dentro de la general de prestadores de servicios de alojamiento de datos; las regula ampliamente, y las define en su Art. 2,h) como: "un prestador de un servicio de alojamiento de datos que, a petición de un destinatario del servicio, almacena y difunde al público información" (siempre que no se trate de una actividad menor y puramente auxiliar de otro servicio que no pueda utilizarse sin ese otro servicio); entendiendo (Art. 2,i)) que la difusión al público consiste en "poner información a disposición de un número potencialmente ilimitado de terceros a petición del destinatario del servicio que ha facilitado dicha información". La información sólo debe considerarse difundida al público en el sentido del Reglamento cuando ello ocurra a petición directa del destinatario del servicio que ha proporcionado la intervención. Por ello, queda fuera de este ámbito la difusión de información en grupos cerrados integrados por un número finito de personas predeterminadas, y los servicios de comunicaciones interpersonales, como los correos electrónicos o los servicios de mensajería privada.

Y dedica dos Secciones, la 3 y la 4, a establecer disposiciones aplicables específicamente a las plataformas en línea (arts. 16 y ss.).

Como norma general, la Propuesta de Reglamento comienza la Sección 3 declarando que sus disposiciones no se aplicarán a plataformas en línea que sean microempresas o empresas pequeñas, esto es, a aquellas empresas que ocupan a menos de 10 personas (menos de 50 personas, si se trata de medianas empresas) y cuyo volumen anual o balance general anual no supera los 2 millones de euros[18].

Pues bien, las plataformas en línea, que no sean micro o pequeñas empresas, estarán obligadas a:

– Establecer un sistema interno de reclamación de resoluciones que sea de fácil acceso y manejo, y habilite y facilite el envío de reclamaciones suficientemente precisas y adecuadamente fundamentadas. Los destinatarios del servicio podrán impugnar las decisiones adoptadas por las plataformas que les afecten negativamente o bien porque consideren que su contenido es ilícito o bien porque es incompatible con sus decisiones. Las plataformas tramitarán estas reclamaciones de manera oportuna, diligente y objetiva. Y comunicarán su decisión sin dilaciones indebidas, informando a los reclamantes de la posibilidad de acudir al procedimiento extrajudicial de litigios.

– Los destinatarios del servicio podrán acudir a cualquier organismo de resolución extrajudicial de litigios que sean independientes y cuenten con los medios y conocimientos necesarios para desarrollar su actividad con equidad, rapidez y eficacia. El órgano de resolución extrajudicial de litigios deberá certificar ante el coordinador de servicios digitales del Estado miembro donde esté establecido, que cumple con todas las condiciones que prevé el Art. 18 (: que es imparcial, independiente, que cuenta con los conocimientos necesarios, que es capaz de resolver litigios de manera rápida, eficiente y eficaz al menos en una lengua oficial de la Unión, y que las normas de procedimiento son claras y justas). Los coordinadores de servicios digitales notificarán a la Comisión los órganos de resolución extrajudicial de litigios, y ésta publicará una lista de tales órganos y la mantendrá actualizada.

– Las entidades que lo deseen podrán solicitar al coordinador de servicios que les otorgue la condición de "alertador fiable", para la cual se exige: (a) que posea conocimientos y competencias específicos para luchar contra los contenidos ilícito; (b) que represente intereses colectivos y no dependa de ninguna plataforma en línea; (c) que esté en condiciones de enviar avisos de manera oportuna, diligente y objetiva. Estas entidades pueden ser públicas, organismos semipúblicos, u organismos no gubernamentales, así como otras entidades que representen intereses colectivos.

– En todo caso, y al margen de los sistemas de reclamación anteriores, los usuarios del servicio siempre tendrán disponible la vía del recurso judicial, como corresponde al derecho fundamental de todo ciudadano de tener acceso a la justicia (derecho a la tutela judicial efectiva) de conformidad con la legislación del Estado miembro de que se trate.

– Las plataformas en línea establecerán de forma clara y detallada las condiciones en que podrán advertir y, en su caso, suspender por un período razonable, la prestación de sus servicios a los destinatarios que hicieren un uso indebido de la plataforma (contenidos ilícitos o avisos manifiestamente infundados), especificando si un determinado comportamiento constituye uso indebido y la duración de la suspensión. Una información tendrá la consideración de contenido manifiestamente ilícito y un aviso o una reclamación serán considerados manifiestamente infundados cuando sea evidente para una persona lega en la materia sin necesidad de análisis de fondo. Y si por cualquier información las plataformas tienen conocimiento de un comportamiento

---

18. Recomendación 2003/361 CE. Art. 2.

que puede ser delictivo, con amenaza para la vida o la seguridad de las personas, lo comunicarán de inmediato a las autoridades policiales o judiciales del Estado o Estados miembros afectados, aportando toda la información de la que disponga.

– Las plataformas en línea que permitan a los consumidores formalizar contratos a distancia con los comerciantes, deberán asegurarse de que dichos comerciantes sean localizables, para lo cual exigirá toda la información que prevé el Art. 22 (nombre, dirección, documento identificativo, correo electrónico, número de su registro mercantil... etc.), y conservará esta información durante todo el tiempo que mantenga su relación contractual con el comerciante.

– Además de las obligaciones generales de transparencia vistas anteriormente para todos los prestadores de servicios intermediarios, a las plataformas en línea se les exige una especial transparencia. Esta especial transparencia se traduce en que deberán proporcionar información complementaria sobre los litigios que se han llevado a cabo a través de mecanismos de resolución extrajudicial, las suspensiones realizadas por proporcionar contenido manifiestamente ilegal, enviar avisos manifiestamente infundados o enviar reclamaciones manifiestamente infundadas, y el uso de los medios automáticos para cumplir los fines de moderación de contenidos. Y si la plataforma en línea presenta publicidad en sus interfaces en línea, se asegurará de que los destinatarios del servicio podrán conocer de manera clara e inequívoca y en tiempo real que la información presentada es un anuncio publicitario, en nombre de qué persona (física o jurídica) se presenta el anuncio, y los parámetros utilizados para determinar el destinatario a quien va dirigido el anuncio publicitario.

Además de las obligaciones aplicables a todas las plataformas en línea, la Propuesta de Reglamento establece otras obligaciones específicas para las plataformas en línea de muy gran tamaño, dado su elevado número de destinatarios del servicio (umbral operativo fijado en cuarenta y cinco millones de destinatarios como número medio mensual, esto es, un 10% de la población de la Unión) y la gran importancia de la difusión de la información. En estos casos, el funcionamiento y uso de su servicio pueden entrañar riesgos sistémicos que es necesario atajar adoptando medidas de reducción apropiadas. Por eso, la Sección 4 del Capítulo III hace referencia a estas específicas obligaciones.

– En primer lugar, se publicará en el Diario Oficial de la Unión Europea la lista de plataformas de muy gran tamaño, y se mantendrá actualizada.

– Al menos una vez al año desde su publicación en el DOUE, las estas plataformas realizarán evaluaciones de riesgos, especificando los particulares riesgos referentes a difusión de contenido ilícito (abuso sexual de menores, delitos de incitación al odio, venta de productos o servicios prohibidos por el Derecho de la Unión o nacional), efectos negativos para el ejercicio de los derechos fundamentales (respeto a la vida privada y familiar, libertad de expresión e información, prohibición de discriminación, derechos del niño), o manipulación deliberada del servicio, con efecto negativo sobre la salud pública, los menores, discurso cívico, procesos electorales, o seguridad pública.

– Además de realizar las evaluaciones de riesgos, deberán adoptar medidas de reducción de estos riesgos, reforzando sus procesos internos de detección de los mismos. Estas medidas serán eficaces y proporcionadas a los riesgos específicos y a la capacidad económica de la plataforma.

– Se someterán, a su propia costa y al menos una vez al año, a auditorías independientes, con conocimientos demostrados y con objetividad y ética profesional. Los auditores deben garantizar la confidencialidad, seguridad e integridad de la información; y emitirán un informe fundamentado, que se enviará al coordinador de servicios digitales y a la Junta, junto con la evaluación de riesgos y las medidas de reducción de riesgos. Si el dictamen de la auditoría es negativo por entender que la plataforma en línea no cumple con las obligaciones y compromisos del Reglamento, emitirá las recomendaciones procedentes y las plataformas tendrán en cuenta estas recomendaciones con miras a adoptar las medidas necesarias.

– Con el fin de vigilar y evaluar el cumplimiento de las obligaciones impuestas en el Reglamento, las plataformas en línea de muy gran tamaño designarán uno o varios encargados de su cumplimiento, que serán independientes y habrán de rendir cuentas al más alto nivel jerárquico de la plataforma.

– Las plataformas vendrán obligadas a proporcionar al coordinador de servicios digitales el acceso a los datos a través de bases de datos en línea o interfaces de programación de aplicaciones.

– En cuanto a los informes que con carácter general se exige que publiquen todos los prestadores de servicios intermediarios en el Art. 13, la Propuesta de Reglamento establece para las plataformas de muy gran tamaño la publicación de un informe especial donde exprese la evaluación de riesgos sistémicos, las medidas adoptadas para reducir de estos riesgos, el informe de la auditoría y el informe de su aplicación.

Con carácter voluntario, las plataformas en línea podrán suscribir y colaborar en la elaboración de códigos de conducta que contribuyan a la aplicación del presente Reglamento. La Comisión y la Junta deberán fomentar la elaboración de estos códigos, teniendo en cuenta en particular las dificultades concretas que conlleva actuar contra diferentes tipos de contenidos ilícitos y riesgos sistémicos; y las partes interesadas tendrán libertad para decidir si desean o no participar. La Comisión y la Junta tratarán de asegurarse de que los códigos de conducta expongan claramente sus objetivos y tengan en cuenta los intereses y necesidades de todas las partes; evaluarán periódicamente si cumplen sus objetivos; y publicarán sus conclusiones (arts. 35-36).

En circunstancias extraordinarias que afecten a la seguridad o a la salud pública, la Comisión iniciará protocolos destinados a situaciones de crisis para coordinar una respuesta rápida, colectiva y transfronteriza en el entorno en línea, dando entrada cuando proceda a las plataformas en línea para la elaboración y aplicación de los mismos. Y asimismo, podrá involucrar cuando proceda a las autoridades de los Estados miembros y a los organismos, oficinas y agencia de la Unión, a organizaciones de la sociedad y otras organizaciones pertinentes (Art. 37).

Responsabilidad de los prestadores de servicios intermediarios

El Capítulo II, arts. 3 a 9 de la Propuesta de Reglamento, se refiere a la responsabilidad de los prestadores de servicios intermediarios.

Aunque la Directiva 2000/31 regulaba ya la responsabilidad de los prestadores de servicios digitales y las causas de exoneración de la responsabilidad (arts. 12 a 15), como se ha visto en el epígrafe 2.4 del presente trabajo, la Propuesta de Reglamento ha considerado oportuno dedicar el Capítulo II a incidir en este aspecto, recalcando dos ideas: (a) que debe conservarse el marco horizontal de exenciones condicionadas de la responsabilidad de los prestadores de servicios establecido en la Directiva 2000/31 CE; y (b) que, vistas las divergencias en la transposición y aplicación de las disposiciones pertinentes en el ámbito nacional, y por razones de claridad y coherencia, dicho marco debe incorporarse al presente Reglamento, vista la Jurisprudencia del Tribunal de Justicia de la Unión Europea recaída en esta materia.

Por tanto, al igual que hiciera la Directiva 2000/31 CE[19], la Propuesta de Reglamento establece cuándo no se puede exigir responsabilidad al prestador de servicios intermediarios por causa de contenidos ilícitos proporcionados por los destinatarios del servicio: actividades de mera transmisión (mere conduit), memoria tampón (caching), y alojamiento de datos; porque en estos casos el prestador de servicios efectúa una prestación neutra del servicio, es decir, no tiene nada que ver con la información transmitida, ni modifica por su cuenta la información que transmite. No obstante, las manipulaciones meramente técnicas que tengan lugar durante la transmisión, no alteran la esencia de la información transmitida. Ello es más patente desde el momento que en los últimos veinte años han aparecido nuevas tecnologías que mejoran la disponibilidad, eficiencia, velocidad, fiabilidad, capacidad y seguridad de los sistemas de transmisión, almacenamiento y comunicación de datos en línea, de forma que se ha creado un ecosistema en línea cada vez más complejo. Por ello, no se les priva a estos prestadores de servicios de las exenciones de responsabilidad establecidas en la medida en que cumplan los requisitos necesarios para considerarse de "mera transmisión", "memoria tampón", o "alojamiento de datos".

Igualmente, como ya hiciera la Directiva 2000/31 CE en su Art. 15, ahora el Art. 7 de la Propuesta de Reglamento prevé que no se podrá imponer a los prestadores de servicios intermediarios ninguna obligación general de supervisión de los datos que transmitan o almacenan, ni de buscar activamente hechos o circunstancias que indiquen la existencia de actividades ilícitas.

La Directiva 2000/31 CE ya no dice nada más. Pero la Propuesta de Reglamento recoge la Recomendación de la Comisión Europea de 1 de marzo de 2018[20], la cual aun constatando que en los últimos años se ha configurado un marco jurídico en relación con determinados tipos de contenidos ilícitos que se difunden en línea[21], recomienda que se establezca un marco jurídico aplicable a todo tipo de contenidos que no sean conformes con el Derecho de la Unión o con la legislación de los Estados miembros, en particular en los casos en los que el contenido ilícito es de especial gravedad en orden al perjuicio potencial que pude causar. Por ello, los arts. 8 y 9 de la Propuesta de Reglamento establece que las autoridades administrativas o judiciales puedan ordenar a los prestadores de servicios intermediarios que actúen contra los contenidos ilícitos concretos o que proporcionen información necesaria para actuar contra estos elementos ilícitos.

Las órdenes de actuación contra los contenidos ilícitos deberán contener una serie de requisitos: (a) una explicación del por qué se considera la información como contenido

---

19. Básicamente, los arts. 3, 4, y 5 de la Propuesta de Reglamento reproducen los arts. 12, 13, y 14 de la Directiva 2000/31 CE.
20. Recomendación (UE) 2018/334 de la Comisión de 1 de marzo de 2018 sobre medidas para combatir eficazmente los contenidos ilícitos en línea. En esta Recomendación la Comisión advierte de que, a pesar de que el Parlamento Europeo, en su Resolución de 15 de junio de 2017, instó a las plataformas en línea a reforzar las medidas para luchar contra los contenidos ilícitos y nocivos, éstos siguen suponiendo un problema grave en la Unión.
21. Por ejemplo, la Directiva 2011/93/UE, de 13 de diciembre de 2011, relativa a la lucha conta los abusos sexuales y la pornografía infantil. O la Directiva 2017/541, de 15 de marzo de 2017, relativa a la lucha contra el terrorismo.

ilícito, y la disposición específica del Derecho de la Unión o nacional infringido, (b) uno o varios localizadores uniformes de recursos (URL) que permiten identificar el contenido ilícito de que se trate, (c) qué vías de reclamación disponibles para el prestador del servicio y para el destinatario del servicio que ha proporcionado el contenido. La orden se redactará en la lengua del prestador y abarcará el ámbito territorial estrictamente necesario para alcanzar su objetivo.

Las órdenes de entrega de información dadas por la autoridad a los prestadores de servicios intermediarios contendrá: (a) exposición detallada de los motivos por los que se requiere tal información y que ésta es necesaria y proporcionada para determinar el cumplimiento de las normas de la Unión o nacionales, (b) qué vías de recurso están disponibles para el prestador y para los destinatarios del servicio de que se trate. La orden se redactará en la lengua declarada por el prestador y se enviará al punto de contacto designado por dicho prestador.

Los prestadores de servicios que hayan recibido estas órdenes (ya sea órdenes de actuación u órdenes de información) informarán sin dilación a la autoridad administrativa o judicial que haya dictado la orden acerca de su aplicación y las actuaciones realizadas para darle cumplimiento. El coordinador de servicios digitales del Estado miembro donde se dictó la orden enviará una copia de la orden a todos los demás coordinadores de servicios digitales, a través del sistema de intercambio de información seguro y fiable que prevé el Art. 67 de la Propuesta de Reglamento. Todo ello sin perjuicio de lo establecido en el Derecho procesal penal nacional de conformidad con el Derecho de la Unión.

Aplicación del Reglamento, ejecución y sanciones

La tarea de garantizar la aplicación y ejecución adecuadas de las obligaciones estipuladas en el presente Reglamento debe atribuirse, en principio, a los Estados miembros (Considerando 72).

Como ya hemos dicho, el coordinador de servicios digitales es la autoridad designada por los Estados miembros para aplicar y ejecutar el Reglamento. Tienen competencias de investigación y ejecución, y deberán actuar con completa independencia. Podrán imponer remedios proporcionados a la infracción que puedan cometer los prestadores de servicios sometidos a la jurisdicción de su Estado miembro (medidas provisionales, sanciones, multas coercitivas).

Los Estados miembros establecerán el régimen de sanciones aplicable en caso de incumplimiento del Reglamento por parte de los prestadores de servicios, y adoptarán todas las medidas necesarias para garantizar su aplicación. Los Estados miembro comunicarán a la Comisión el régimen de sanciones y de medidas adoptadas. Las sanciones no deberán exceder del 6% de la facturación anual del prestador de servicios afectado. Las multas coercitivas no superarán el 5% de la facturación media diaria.

Además, los destinatarios del servicio podrán reclamar al coordinador de servicios digitales cualquier infracción del presente Reglamento.

El Reglamento prevé la cooperación transfronteriza entre coordinadores de servicios digitales, cuando un coordinador tenga razones para sospechar que un prestador de un servicio intermediario no sujeto a la jurisdicción del Estado miembro ha infringido el Reglamento. En este caso, solicitará al coordinador de servicios donde esté establecido que adopte las medidas necesarias de investigación y ejecución para garantizar el cumplimiento del Reglamento. Este último, en el plazo máximo de dos meses, deberá comunicar al coordinador que envió la solicitud las medidas de investigación o ejecución que pueda haber adoptado para garantizar el cumplimiento del Reglamento. Si no recibe esta comunicación, el coordinador de servicios que envió la solicitud lo podrá remitir a la Comisión, aportando toda la información pertinente.

Lo mismo es aplicable a la actuación de la Junta cuando ésta tenga razones para sospechar que un prestador de servicios intermediarios ha infringido el Reglamento de manera que afecte al menos a tres Estados miembros.

Los diferentes coordinadores de servicios de los distintos Estados miembros podrán participar en investigaciones conjuntas, en los casos en que las materias afecten a los prestadores de servicios intermediarios que operen en varios Estados miembros.

Los coordinadores de servicios digitales, la Comisión y la Junta utilizarán un sistema de intercambio de comunicación seguro y fiable que facilite las comunicaciones entre ellos. Los arts. 50 y siguientes de la Propuesta de Reglamento regulan de forma muy detallada cómo se ha de desarrollar la supervisión, ejecución y vigilancia con relación a estas plataformas de muy gran tamaño.

En principio, es el coordinador de servicios digitales el que deberá supervisar la actuación de la plataforma, y adoptará las medidas oportunas para remediar la infracción, pudiendo solicitar si así lo considera oportuno una auditoría específica adicional para determinar si las medidas impuestas son suficientes para corregir la infracción. En los plazos que establece el Art. 50.4, el coordinador de servicios comunicará a la Comisión, a la Junta y a la plataforma en línea de muy gran tamaño afectada, su opinión acerca de si ha puesto fin o no a la infracción y sus razones.

Si la plataforma no corrige la infracción, la Comisión (quedando excluido el coordinador de servicios, a fin de evitar duplicidades) decidirá su intervención, con amplios poderes de investigación y ejecución; respetando siempre el principio de proporcionalidad y los derechos y deberes de las partes afectadas.

La Comisión, además del caso anterior, podrá incoar procedimientos respecto de las plataformas de muy gran tamaño si sospecha que ha infringido alguna norma del Reglamento; pudiendo solicitar y requerir cualquier información que estime pertinente tanto a la plataforma afectada como a cualquier autoridad o persona que crea conveniente. Podrá ordenarle que le proporcione acceso a sus bases de datos y algoritmos, así como explicaciones al respecto. Asimismo, podrá también realizar inspecciones sobre el terreno en las instalaciones de la plataforma afectada, con ayuda de auditores o expertos designados por la Comisión.

Debido a la urgencia, cuando existan riesgos de posibles daños graves para los destinatarios del servicio, la Comisión ordenará las medidas provisiones necesarias y proporcionadas para conjurar el inminente riesgo.

Al finalizar el procedimiento, la Comisión en virtud de su decisión de incumplimiento por parte de la plataforma, podrá imponer multas en los términos establecidos en los arts. 59 y 60. Pero antes de adoptar tal decisión deberá dar a la plataforma de muy gran tamaño la oportunidad de ser oída en relación con las conclusiones que ha adoptado la Comisión y las medidas que ha adoptado. Ello es así porque como se afirma en el Art. 63.4, los derechos de defensa de las partes estarán garantizados plenamente en el curso del procedimiento, de tal modo que tienen derecho a participar en los procedimientos ante la autoridad judicial y acceso al expediente.

Finalmente, la Propuesta de Reglamento prevé que cuando se hayan agotado todos los recursos para poner fina a la infracción detectada, los prestadores de servicios, por sí o a petición de la Comisión, acudirán a la autoridad judicial competente del Estado miembro, solicitando que ordene que los destinatarios del servicio afectado por la infracción tengan limitado el acceso al mismo o bien, único cuando ello no sea técnicamente viable, a la interfaz en línea del prestador de servicios intermediarios en la que tenga lugar la infracción.

EPÍLOGO

Como se observa, desde la Directiva 2000/31 CE a la actualidad, los servicios digitales han sido objeto de constante atención por el legislador comunitario. Una gran cantidad de actos de los diversos organismos europeos, muy complejos e intrincados, han ido contemplando diversos aspectos de los prestadores de servicios digitales. Hasta llegar a la Propuesta de Reglamento de 15 de diciembre de 2020 examinada, ha transcurrido un largo camino que parece tener ya un punto final.

La Propuesta de Reglamento, no cabe duda, parte de los principios y líneas esenciales de la Directiva 2000/31, pero la desarrolla y adapta a la actualidad. Lo que era un mero embrión relativo a la sociedad de la información, hoy día aparece como un complejo mercado global muy digno de ser atendido legalmente. Sobre todo porque aquella Directiva del año 2000 no pudo tener en cuenta unos prestadores de servicios que hoy día tienen una repercusión crucial en la denominada economía colaborativa. Son las plataformas digitales, y, sobre todo, las plataformas digitales que el propio Reglamento conceptúa como "de muy gran tamaño".

En el momento en ponto fin a este trabajo, la situación es la siguiente:

El 20 de enero del año en curso (2022), el Parlamento Europeo aprobó 456 enmiendas sobre la Propuesta de Reglamento del mercado único de servicios digitales, de 15 de diciembre d 2020. Y en la madrugada del 24 de abril pasado, hace apenas quince días, el Consejo, la Comisión y el Parlamento Europeo llegaron a un acuerdo sobre una Ley de Servicios Digitales, pendiente, así, de correcciones lingüísticas y de su ulterior publicación en el Diario Oficial de la Unión Europea.

REFERENCIAS

BENAVIDES CHICÓN, Carlos. Economía colaborativa y turismo. Especial referencia al sector del alojamiento en España. En GOSÁLVEZ PEQUEÑO, Humberto (Dir.). *Tratado jurídico ibérico e iberoamericano del turismo colaborativo*. Pamplona: Aranzadi, 2021.

CONSEJO DE LA UNIÓN EUROPEA. *Conclusiones del Consejo sobre la configuración del futuro digital de Europa*. Diario Oficial de la Unión Europea. 16 jun. 2020.

FERRER TAPIA, Belém. Aspectos subjetivos de los paquetes dinámicos. La situación del consumidor. En PANIZA FULLANA, Antonia (Coord.). *Paquetes dinámicos*: Problemas y soluciones jurídicas desde una perspectiva internacional. Madrid: Dykinson, 2015.

GONZÁLEZ CABRERA, Inmaculada. *El alojamiento colaborativo o el nuevo hospedaje low cost*. Madrid: Dykinson, 2020.

PARLAMENTO EUROPEO. *Resolución 2020/2019*. Sobre la adaptación de las normas del Derecho mercantil y civil a las entidades comerciales que operan en línea.

PARLAMENTO EUROPEO. *Resolución 2020/2022*. Sobre la Ley de servicios digitales y cuestiones relacionadas con los derechos fundamentales.

PARLAMENTO EUROPEO. *Resolución del Parlamento 2020/2018*. Sobre una mejora del funcionamiento del mercado único.

SOTO PINEDA, Jesús Alfonso. Consideraciones acerca del elemento subjetivo presente en las economías colaborativas en entornos digitales. *La Ley*, Madrid, [s.p.], 2018.

TUR FAÚNDEZ, María Nélida. Los sujetos del en el turismo colaborativo: plataformas digitales y proveedor del servicio, en Plataformas digitales en los alquileres vacacionales. En FELIU ÁLVAREZ DE SOTOMAYOR, Silvia (Dir.). *Plataformas digitales en los alquileres vacacionales*. Madrid: Reus, 2020. p. 9 y ss.

UNIÓN EUROPEA. Parlamento Europeo. *Una agenda Europea para la economía colaborativa*, 2017. Disponible en: https://www.europarl.europa.eu/doceo/document/TA-8-2017-0271_ES.html. Aceso en: 18 nov. 2022.

A TUTELA JURÍDICA DOS CONSUMIDORES PORTUGUESES NA COMPRA E VENDA DE BENS, CONTEÚDOS E SERVIÇOS DIGITAIS. ÂMBITO DE APLICAÇÃO DO DECRETO-LEI N. 84/2021, DE 18 DE OUTUBRO COM VIGÊNCIA A PARTIR DE 1º DE JANEIRO DE 2022

Marinêz de Oliveira Xavier

Doutora em Direito pela Universidade das Ilhas Baleares-Espanha. Professora Adjunta do Instituto Politécnico de Beja-Portugal. Investigadora e coordenadora da Rede Ibero-Americana de Investigação em Direito Privado. Membro do grupo de investigação em Direito do Turismo, Universidade das Ilhas Baleares.

INTRODUÇÃO

O tema reveste-se de importância prática, de cariz jurídico, social e económico numa Europa que vivencia nas últimas duas décadas um brutal aumento do mercado digital. O emaranhado legislativo pertinente à defesa do consumidor e das relações de consumo, se desenvolve paulatinamente no seio europeu. As transposições de duas diretivas europeias ao ordenamento interno português, nos convida neste momento, a uma abordagem referente à proteção na compra e venda de bens, conteúdos e serviços digitais, nomeadamente uma leitura mais pormenorizada sobre o âmbito de aplicação do Decreto-Lei n. 84/2021, de 18 e agosto com vigência no corrente ano de 2022.

O regime legal aplicável à defesa dos consumidores, ressalta entre outros princípios o direito à qualidade dos bens e dos serviços[1]. O conjunto de normas que norteiam de forma específica o tema, corresponde em ordem cronológica entre outras, mas principalmente a Lei n. 24/96, de 31 julho, lei geral para a defesa dos consumidores em Portugal; o Decreto-Lei n. 67/2003, de 8 de abril, responsável pela transposição interna da diretiva 1999/44/C3 do parlamento europeu e do Conselho, de 25 de maio. Cabe evidenciar que o Decreto-Lei n. 67/2003, de 8 de abril, transpõe para a ordem jurídica portuguesa o quadro legal de harmonização que a União Europeia dispõe para todos os Estados membros. Neste sentido o referido Decreto-Lei apresentou soluções e respostas marcando um sistema de notável aumento da proteção aos consumidores portugueses.

---

1. PORTUGAL. *Lei n. 24/96.* Estabelece o regime legal aplicável à defesa dos consumidores. Revoga a Lei n. 29/81, de 22 de agosto. Art. 4º. "Os bens e serviços destinados ao consumo devem ser aptos a satisfazer os fins a que se destinam e a produzir os efeitos que se lhes atribuem, segundo as normas legalmente estabelecidas, ou, na falta delas, de modo adequado às legítimas expectativas do consumidor".

A presença da dimensão digital no mercado como fator de relevância e o aumento gritante dessa dimensão, leva a Comissão Europeia ao debate sobre e o tema e a apresentar proposta legislativa que depois de ampla negociação no Conselho, consagra a necessidade de uma efetiva proteção e como consequência o surgimento no ano de 2015 da Estratégia para o Mercado Único Digital[2].

Com aspetos mais específicos de proteção do consumidor no mercado digital e resultado de amplo debate legislativo, resultam duas diretivas importantes, a Diretiva (UE) 2019/771, do Parlamento Europeu e do Conselho, de 20 de maio de 2019, essa Diretiva regulamenta certos aspetos dos contratos de compra e venda de bens, alterando o regulamento (UE) 2017/2394 e a Diretiva 2009/22/CE que revogava a diretiva 1999/44/CE. A segunda é a Diretiva (EU) 2019/770, que tutela os consumidores em caso de não fornecimento ou fornecimento diferente daquele contratado nos conteúdos dos contratos digitais.

As respetivas diretivas são frutos do debate e construção legislativa trazidos pela adoção da Estratégia para o Mercado único Digital apresentada em maio de 2015. Em Portugal o tema tratado pelas duas diretivas de 2019 é transposto apenas em 2021 com vigência em 2022 com acréscimos de mais dois pontos de interesse interno.

Neste sentido pretendemos estudar os avanços incorporados e mais especificamente o âmbito de aplicação do Decreto-Lei identificando assim os avanços trazidos para a defesa do consumidor em Portugal.

CONSIDERAÇÕES GERAIS SOBRE A MATÉRIA TRANSPOSTA, CONCEITOS E A CHAMADA CONFORMIDADE DOS BENS À DIMENSÃO DIGITAL

De forma resumida o Decreto-Lei objeto de estudo tem os seguintes objetivos:

1. Transposição da Diretiva (EU) 2019/771 – Que objetiva-se a contribuir para o bom funcionamento do mercado interno, garantindo simultaneamente um nível elevado de proteção dos consumidores, estabelecendo regras comuns quanto a certos requisitos relativos aos contratos de compra e venda celebrados entre o profissional e o consumidor, em especial regras quanto à conformidade dos bens com o contrato, aos meios de ressarcimento em caso de falta de conformidade, às modalidades para o exercício desses meios e às garantias comerciais.

2. Transposição da Diretiva (EU) 2019/770 – Que se objetiva a elevar as exigências das novas tipologias de bens hoje existentes o regime legal da conformidade dos bens de consumo, nomeadamente através da inclusão de novas realidades como é o caso dos contratos de compra e venda de bens com elementos digitais incorporados.

3. Transpõe os artigos 18º e 20º da Diretiva (UE) 2011/83, do Parlamento Europeu e do Conselho, de 25 de outubro de 2011 – relativa aos direitos dos consumidores, sobre entrega e transferência do risco.

4. Regula algumas matérias que não resultam das diretivas citadas acima, mas que são relativas a compra e venda de bens imóveis, a responsabilidade do produtor ou a responsabilidade dos prestadores de mercado em linha.

---

2. COMISSÃO EUROPEIA. *Uma Europa preparada para a era digital*. Disponible [Online] en: http://ec.europa.eu/priorities/digital-single-market/. Acesso em: 22 nov. 2022. Anunciando uma iniciativa legislativa em matéria de regras harmonizadas para o fornecimento de conteúdos digitais e as vendas em linha de bens.

Um dos grandes objetivos tanto a nível europeu como nacional é a consideração e integração da dimensão digital do atual mercado de consumo, ou seja, o conceito de bem deverá inserir os elementos digitais que possam estar incorporados no bem, assim na compra de um computador deverão ser considerados os conteúdos digitais incorporados, ou seja os programas, jogos e até possíveis pacotes integrados como vídeos, jogos ou programas externos.

Os chamados elementos digitais muitas vezes já estão incorporados no bem adquirido, porém, em outras situações serão incorporados ou fornecidos *a posteriori*.

O Art. 8º-1 LDC, diploma que transpõe a Diretiva (EU) 2011/83 já definia que o fornecedor de bens ou prestador de serviços deve, tanto na fase de negociação como na fase de celebração de um contrato, informar o consumidor de forma clara, objetiva e adequada, entre outros aspetos, da funcionalidade dos conteúdos digitais, nomeadamente o seu modo de utilização\e a existência ou inexistência de restrições técnicas, incluindo as medidas de proteção técnica, quando for o caso e de qualquer interoperabilidade relevante dos conteúdos digitais, quando for o caso, com equipamentos e programas informáticos de que o fornecedor ou prestador tenha ou possa razoavelmente ter conhecimento, nomeadamente quanto ao sistema operativo, a versão necessária e as características do equipamento. A interoperabilidade é um aspeto muito relevante no que diz respeito a conteúdos digitais, uma vez que só esta garante a utilização do conteúdo digital em diferentes equipamentos por parte do consumidor.

O DL 24/2014, que transpôs a generalidade das regras da citada anteriormente Diretiva 2011/83/EU, define conteúdo digital como os "dados produzidos e fornecidos em formato digital, designadamente programas e aplicações de computador, jogos, músicas, vídeos ou textos independentemente de o acesso aos mesmos ser feito por descarregamento ou streaming, a partir de um suporte material ou e qualquer outro meio" (Art. 3º-d), e estabelece regras quanto à informação pré-contratual e ao direito de arrependimento quando este seja o objeto do contrato[3].

De salientar, que os fornecimentos devem ser onerosos verificando-se assim a condição sinalagmática do contrato onde esteja presente ou o pagamento do preço, caracterizando um contrato de compra e venda ou ainda o fornecimento de dados pessoais caraterizando um contrato de troca.

Aplicando as definições trazidas pela lei, evidencia-se que, estando o consumidor perante um contrato único que tem como objeto os fornecimentos de uma série de produtos individuais serão regulamentados pela Diretiva (EU) 2019/770, essa diretiva estabelece assim, as regras para uma possível resolução do contrato ou à reposição da conformidade ou ainda a redução do preço.

Dentre outros sistemas de proteção, traz ainda diferentes prazos de responsabilidade do fornecedor em situação de falta de conformidade contratual. Diante das considerações anteriores nos direcionamos mais especificamente ao Decreto-Lei 84/2021, de 18

---

3. CARVALHO, Jorge Morais. *Manual de direito do consumo*. 6. ed. Coimbra: Almedina, 2015.

de outubro que tem como objetivo a transposição das duas diretivas de 2019. Podemos dizer que o mesmo regula os direitos do consumidor na compra e venda de bens móveis e imóveis, conteúdos e serviços digitais. Não poderíamos deixar de mencionar o facto de que em um único Decreto-Lei estão a ser transpostas duas Diretivas (UE) e com objetos de tutela bastantes amplos e diferenciados variado desde bens móveis e imóveis ao fornecimento de conteúdos e serviços digitais e ainda matérias relativas a venda de bens imóveis não contempladas nas diretivas anteriores.

ÂMBITO DE APLICAÇÃO

A interpretação dos primeiros artigos do Decreto-Lei, mostra que para alcançar os objetivos, o legislador traz no seu Artigo 2º definições e redefinições necessárias para uma aplicação eficaz desta norma.

O legislador conseguiu otimizar e solucionar alguns obstáculos de qualificação que surgem em situações concretas em se tratando de mercado digital, tenta dar suporte a uma melhor eficácia de aplicação, uma vez que o mesmo foi ousado em aproveitar a oportunidade abranger em uma mesma normativa várias matérias.

O texto legislativo, deixa claro que estas definições são para efeitos de aplicação do presente decreto-lei, assim sendo recondiciona e conceitua: título gratuito; bens (móveis e imóveis abrangidos pelo presente decreto-lei; bens recondicionados(este último uma inovação para o ordenamento português); compatibilidade; consumidor; conteúdo digital; durabilidade; funcionalidade; garantia comercial; interoperabilidade; mercado em linha; prestador de mercado em linha; profissional; produtor; representante do produtor; serviço digital; suporte duradouro. Dentre estes, nos parece oportuno ressaltar em forma de referência alguns deles tanto pela inovação trazida, como pela necessidade prática para o entendimento do referido aparato legal[4].

---

4. PORTUGAL. *Decreto-Lei 84/21*. Regula os direitos do consumidor na compra e venda de bens, conteúdos e serviços digitais, transpondo as Diretivas (UE) 2019/771 e (UE) 2019/770. Em conformidade com o Artigo 2º: – Ambiente digital: o equipamento informático, o software e qualquer ligação à rede utilizada pelo consumidor para aceder a conteúdos ou serviços digitais ou para os utilizar; - Bens recondicionados: bens que foram objeto de utilização prévia ou devolução e que, após inspeção, preparação,verificação e testagem por um profissional, são novamente colocados para venda no mercado nessa qualidade; - Conteúdo digital: os dados produzidos e fornecidos em formato digital; – Durabilidade: capacidade dos bens manterem as suas funções e desempenho previsto através da utilização normal; – Interoperabilidade: a capacidade de os bens, conteúdos ou serviços digitais funcionarem com hardware ou software diferentes dos normalmente usados com bens, conteúdos ou serviços digitais do mesmo tipo. – Mercado em linha: um serviço com recurso a *software*, nomeadamente um sitio eletrónico ou uma aplicação, explorado pelo profissional ou em seu nome, que permita aos consumidores celebrar contratos à distância; – Prestador de mercado em linha: a pessoa singular ou coletiva que forneça um mercado em linha aos consumidores; – Representante do produtor: qualquer pessoa singular ou coletiva que atue na qualidade de distribuidor comercial do produtor ou de centro autorizado de serviço pós-venda, à exceção dos profissionais independentes que atuem apenas na qualidade de retalhista; - Serviço digital: um serviço que permite ao consumidor criar, tratar, armazenar ou aceder a dados em formato digital ou um serviço que permita a partilha ou qualquer outra interação com os dados em formato digital carregados ou criados pelo consumidor ou por outros utilizadores desse serviço; – Suporte duradouro: qualquer instrumento que possibilite a reprodução inalterada das informações armazenadas.

Ainda assim, para analisar o âmbito de aplicação do decreto-lei, nos valemos do estudo dos artigos que de forma direta ou indireta incidem sobre o tema, cominando com o entendimento específico de cada um dos conceitos trazidos no artigo 2º. Objetivamos assim, interpretar o âmbito de aplicação do Decreto-Lei 84/2021 quanto ao objeto, quanto aos sujeitos e quanto ao horizonte temporal de aplicação.

ÂMBITO DE APLICAÇÃO QUANTO AO OBJETO

Neste sentido, o primeiro elemento de identificação e que pode ser entendido como elemento central de enquadramento do objeto são os contratos de consumo, ou seja os contratos celebrados entre um consumidor e um profissional. Importante salientar que o referido Decreto-Lei não qualifica como consumidores as associações e fundações.

Dentro dos limites de um contrato de consumo, o Decreto-Lei segue a distinção trazida pelas diretivas que transpõe entre os bens corpóreos e os conteúdos e serviços digitais. Sendo assim cabe-nos uma abordagem de cada um destes objetos. Para tanto consideramos o âmbito de aplicação objetiva sob dois prismas: quanto aos tipos de contrato de consumo e quanto aos bens e serviços objeto dos contratos abrangidos.

QUANTO AOS TIPOS DE CONTRATOS DE CONSUMO ABRANGIDOS PELO DECRETO-LEI 84/21

Compra e venda

Embora o Decreto-Lei em epígrafe nomeadamente no seu artigo 3º faz uma menção bastante generosa aos contratos de compra e venda verifica-se essa modalidade contratual é delimitada tanto pela modalidade ou tipo do contrato de compra e venda como também pelo objeto da respetiva venda. De notar que o objeto do contrato de compra e venda é elemento essencial de delimitação assim encontramos: (a) contrato de consumo de compra e venda de bens, (b) contrato de consumo de compra e venda de coisa imóvel e, (c) contrato de consumo de fornecimento de conteúdos e serviço digital, todos tratados no ponto seguinte.

Troca

Oportuno mencionar que o presente diploma se aplica também a outras modalidades de contratos de consumo que sejam onerosos e que transmitam bens, assim, o diploma, poderá ser aplicado à troca ou permuta, considerando-se contrato de troca de bens de consumo para este efeito, quer o contrato através do qual o consumidor e o profissional transmitem reciprocamente a propriedade de duas coisas distintas quer o contrato pelo qual o consumidor adquire uma coisa em troca de um outro objeto jurídico, como um direito de crédito ou dados pessoais que não sejam necessários para o cumprimento do contrato ou de um dever legal.

Alguns contratos de empreitada

Com relação a esta modalidade contratual, o diploma regulamenta (artigo 3º-1-b-c) a compra e venda celebrada entre consumidores e profissionais incluindo os contratos celebrados para o fornecimento de bens a fabricar ou a produzir, bem como os bens fornecidos no âmbito de um contrato de empreitada ou de outra prestação de serviço.

Dito isto, o regime aplica-se a alguns contratos de empreitada, nomeadamente aos bens fornecidos no âmbito de um contrato de empreitada ou de outra prestação de serviço, assim que se aplica àqueles materiais ou peças novas que sejam fornecidas ou inseridas num bem no âmbito de uma reparação.

Assim, observa-se um cuidado com a distinção entre venda de bem futuro e o contrato de empreita e outros contratos de prestação de serviços. O presente diploma só se aplica naqueles casos que haja o fornecimento de bens, excluindo do seu âmbito de aplicação a prestação de serviços mais simples como um tratamento estético ou a limpeza de um objeto.

Contratos de locação

Referente aos contratos de locação ressaltamos o referido pelo doutrinador[5], no que respeita aos contratos de locação de bens de consumo, a inclusão neste regime reflete mais uma inovação da lei portuguesa face ao diploma europeu, em linha com o que já estava previsto no DL 67/2003, encontram-se abrangidos, por um lado, quer os contratos de arrendamento quer os contratados de aluguer e, por outro lado, formas contratuais que têm grande afinidade com a locação (encontrando-se, por vezes, entre a locação e a compra e venda ou tendo uma forte componente de financiamento) e que não se encontram reguladas no Código Civil, como a locação financeira, o aluguer de longa duração ou o aluguer operacional de veículos.

Contratos de fornecimento de conteúdos e serviços digitais

Com relação a essa modalidade de contrato opta-se pelo entendimento do 3 do artigo 3º do Decreto-Lei em epígrafe que se evidencia mais a natureza do objeto da prestação do mesmo, sendo assim, salientando que estão abrangidos pelo âmbito de aplicação do diploma trataremos do mesmo no ponto seguinte evidenciando a natureza do objeto.

QUANTO AOS BENS E SERVIÇOS, NATUREZA DO OBJETO DOS CONTRATOS ABRANGIDOS: BENS MÓVEIS CORPÓREOS

Atendendo a uma necessidade de delimitação utilizarmos o termo bem corpóreo como sinônimo de bens móveis corpóreos, que possam ser sentidos ou tocados. Cabe

---

5. CARVALHO, Jorge Morais. *Compra e venda e fornecimento de conteúdos e serviços digitais*. Coimbra: Almedina, 2022.

incluir como bem corpóreo a água o gás e a eletricidade, porém, somente naqueles casos em que se disponibilizem para venda em um volume determinado ou em quantidades determinadas, ou seja num volume limitado. Excluem-se do âmbito de aplicação o fornecimento de água, gás ou eletricidade para as residências uma vez que estes na sua grande maioria se qualificam como contratos de prestação de serviços públicos essências[6].

BENS MÓVEIS CORPÓREOS COM ELEMENTOS DIGITAIS: CONTEÚDO DIGITAL OU SERVIÇO DIGITAL

O presente Decreto-Lei se aplica também àqueles contratos de consumo que tenham como objeto bem móvel corpóreo que incorpore ou esteja interligado a conteúdos ou serviços digitais-dados produzidos e fornecidos em formato digital ou ainda um serviço digital, ou seja, um serviço que permitirá ao consumidor nos termos legais a criar, tratar armazenar ou aceder a dados em formato digital ou ainda um serviço que permita a partilha ou qualquer outra interação com os dados em formato digital carregados ou criados pelo consumidor ou por outros utilizadores deste serviços.

Merece destaque que o identifica a unidade do bem móvel com elementos digitais é que na falta destes elementos os bens negociados estariam impedidos de desempenhar as suas funções.

Entendendo pela disposição legislativa, nomeadamente a Diretiva 2019/771, os conteúdos digitais podem ser quaisquer dados produzidos ou fornecidos em formato digital, tais como sistemas operativos, aplicações e qualquer outro software.

O conteúdo digital pode estar pré-instalado no momento da celebração do contrato de venda ou ser instalado posteriormente noutros dispositivos e estar apenas interligado aos bens, ainda assim, a inclusão deste serviço ocorre e está contida no contrato de compra e venda.

Em relação aos serviços digitais o diploma evidencia que podem incluir serviços que permitem criar, tratar, aceder ou armazenar dados em formato digital, tais como o software enquanto serviço disponibilizado no ambiente de computação em nuvem, o fornecimento contínuo de dados de tráfico num sistema de navegação, ou fornecimento contínuo de programas de treino personalizado no caso de relógios inteligentes.

Sendo assim, o fornecimento do serviço pode estar explícito no contrato ou um fornecimento que seja habitual nos bens do mesmo tipo e que o consumidor naturalmente espera por este serviço em razão da natureza dos bens e considerando qualquer declaração pública feita pelo vendedor ou em seu nome ou ainda por outras pessoas em estágios anteriores à cadeia contratual, nomeadamente pelo produtor, não necessitando

---

6. PORTUGAL. *Decreto-Lei 84/2021*. Regula os direitos do consumidor na compra e venda de bens, conteúdos e serviços digitais, transpondo as Diretivas (UE) 2019/771 e (UE) 2019/770. Estando diante da venda de uma botija de gás ou de um bidão de água o presente Decreto-Lei é aplicável. Estando diante da venda de uma botija de gás ou de um bidão de água o presente Decreto-Lei é aplicável.

estar escrito ou explícito no contrato[7]. Estando assim o critério das expectativas razoáveis do consumidor identificado como elemento importante[8].

BENS IMÓVEIS

O legislador português agrega no Decreto-lei 84/2021 o regime da falta de conformidade dos bens imóveis, trazendo uma nova definição prevista no artigo 2º-d, que embora seja muito próxima à definição trazida pelo Código Civil no artigo 204º está delimitado aos prédios urbanos para fins habitacionais. "Bens imóveis", prédios urbanos para fins habitacionais, entendendo-se como tal qualquer edifício incorporado no solo, com os terrenos que lhe sirvam de logradouro, sendo parte integrante toda a coisa móvel ligada materialmente ao prédio com caracter de permanência. Verifica-se que o legislador excluiu os imóveis rústicos.

Importante salientar que não há uma exigência de que o imóvel se destine a habitação própria e/ou permanente. Neste sentido nos parece oportuno citar o diploma que tutela o adquirente de imóvel para arrendamento[9].

ÂMBITO DE APLICAÇÃO QUANTOS AOS SUJEITOS

O Decreto-Lei 84/2021 aplica-se com já mencionado antes aos contratos de consumo, ou seja, em que a relação jurídica se estabeleça entre um consumidor e um profissional. Embora o elemento subjetivo nas relações de consumo tenha uma longa caminhada, contando com uma variedade de definições sobre consumidor e profissional, cabe evidenciar o conceito de consumidor enaltecendo a sua função principal, o âmbito de aplicação dos mais variados regimes jurídicos sobre a matéria.

Não existe um conceito único a nível nacional nem a nível internacional, sendo necessário observar em cada caso o âmbito objetivo do diploma legal que se estuda, uma vez que não é incomum normas de direito de consumo que integram esta esfera e que não tem apenas o consumidor como referência[10].

Para o Decreto-Lei 84/21, o conceito de consumidor a ser considerado corresponde ao conceito restrito de consumidor do direito europeu, limitando-se a proteção a pessoas singulares (v. artigos 2º-6): Da diretiva 2019/770 e 2º-2), da Diretiva 2019/771 e artigo 2º-h do referido decreto-lei: "consumidor" uma pessoa singular que, no que respeita aos contratos abrangidos pelo presente decreto-lei, atue com fins que não se incluam no âmbito da sua atividade comercial, industrial, artesanal ou profissional".

---

7. UNIÃO EUROPEIA. *Diretiva (EU) 2019/770*. Sobre certos aspetos relativos aos contratos de fornecimento de conteúdos e serviços digitais. Considerando 21: "Se uma televisão inteligente tiver sido anunciada como incluído uma determinada aplicação de vídeo, considerar-se-á que tal aplicação faz parte do contrato de compra e venda".
8. *v.* UNIÃO EUROPEIA. *Diretiva (UE) 2019/771*, do Parlamento Europeu e do Conselho, de 20 de maio de 2019. *Relativa a certos aspetos dos contratos de compra e venda de bens que altera o Regulamento (UE) 2017/2394 e a Diretiva 2009/22/CE e que revoga a Diretiva 1999/44/CE.* Art. 7º-1-d, da diretiva 2019/771.
9. No ordenamento jurídico português o tema é tratado pelo Decreto-Lei n. 74-A/2017, de 23 de junho.
10. SIMÕES, Fernando Dias. O conceito e consumidor no Direito Português. *Revista Jus Net*, Lisboa, n. 118, p. 4-5, 2012. p. 4.

Define-o assim como uma pessoa singular que, atue com fins que não se incluam no âmbito profissional, o conceito de uso não profissional mantém significativa distância da noção destinatário final que é bastante mais ampla e utilizada por outros ordenamentos jurídicos como o argentino e o brasileiro, que na interpretação dos mesmos evidenciam duas correntes doutrinárias e jurisprudenciais[11]: a doutrina finalista (interpretação restrita do conceito, não podendo o objeto ter uso profissional e a doutrina maximalista (interpretação ampla do conceito, estando em causa a retirada do bem do circuito de produção).

A definição de consumidor na ordem jurídica portuguesa é a do Art. 2º-1 da Lei de Defesa do Consumidor que é mais abrangente do que a adotada para o âmbito de aplicação do presente decreto-lei uma vez que define como consumidor "todo aquele a quem sejam fornecidos bens, prestados serviços ou transmitidos quaisquer direitos". A definição portuguesa permite o acolhimento dos condomínios de edifícios constituídos em propriedade horizontal e pequenas associações.

Quando o uso a que se destina a coisa ou o conteúdo ou serviço digital for misto, o artigo 49 do Decreto-Lei em epígrafe adota o critério é o da predominância, ou seja se o uso for predominantemente profissional o usuário não será qualificado como consumidor. Se o uso predominante for não profissional, o usuário poderá ser qualificado como consumidor, caracteriza o outro polo da relação seja um profissional, "pessoa que exerça com carácter profissional uma atividade económica que vise a obtenção de benefícios".

Quanto ao âmbito de aplicação relativo aos sujeitos cabe ressaltar que os direitos que são atribuídos ao consumidor no contrato de compra e venda de bens imóveis, segundo o artigo 24-4 se transmite aos terceiros adquirentes da coisa: "O direito atribuído pelo presente artigo transmite-se ao terceiro adquirente do bem imóvel a título gratuito ou onerosos.

ÂMBITO DE APLICAÇÃO QUANTO AO TEMPO

A data de entrega em vigor do presente Decreto-Lei é um de janeiro de 2022, sendo regra geral aplicado a todos os contratos que se qualifiquem no âmbito objetivo celebrados após a sua entrada em vigor, sendo indiferente a data da entrega do bem[12].

Entretanto, é importante identificar algumas modalidades contratuais onde o âmbito temporal de aplicação sofre alterações: contratos de execução duradoura de fornecimento de conteúdos ou serviços digitais, situações de fornecimento contínuo ou de uma série de atos individuais de fornecimento de conteúdos ou serviços, nestes casos, será aplicado apenas no tocante aos conteúdos ou serviços digitais que sejam também fornecidos a partir de 1 de janeiro de 2022[13].

---

11. COELHO NETO, Matias Joaquim. O conceito de consumidor no direito brasileiro sob o enfoque teleológico. *Revista da Faculdade de Direito da Universidade Federal do Ceará*, Fortaleza, v. 37, n. 2, p. 53- 90, 2016.
12. *V.* PORTUGAL. *Decreto-Lei 84/21.* Regula os direitos do consumidor na compra e venda de bens, conteúdos e serviços digitais, transpondo as Diretivas (UE) 2019/771 e (UE) 2019/770. Artigos 53º e 55º.
13. A título de exemplos: A compra de um televisor celebrada até 31 de dezembro de 2021 1 aplica-se o DL-67/2003. Ainda assim, se o contrato for celebrado entre o consumidor e Spotify ou Netflix em 2021 será aplicado às regras do presente decreto sobre os respetivos fornecimentos.

Dessa forma o legislador tenta dar uma resposta mais abrangente ao consumidor, obrigando ao profissional a manutenção dos requisitos de conformidade dos bens objetos dos respetivos contratos.

CONCLUSÃO

O Decreto-Lei 84/2021 apresentou soluções e respostas, marcando um sistema de notável aumento da proteção aos consumidores portugueses. Podemos evidenciar que o mesmo considera de forma objetiva a dimensão digital no mercado como fator de relevância e o seu exponente aumento nos últimos vinte anos.

O aumento do mercado digital levou ao debate fomentado pela Comissão Europeia e suscitou na última década a proposta legislativa, consagrando a necessidade de uma efetiva proteção e como consequência o surgimento no ano de 2015 da Estratégia para o Mercado Único Digital.

Com aspetos mais específicos de proteção do consumidor no mercado digital e como resultado da estratégia para o Mercado único Digital e o amplo debate legislativo mencionado, resultaram duas diretivas importantes: a Diretiva (UE) 2019/771, do Parlamento Europeu e do Conselho e a Diretiva (EU) 2019/770, que tutela os consumidores em caso de não fornecimento ou fornecimento diferente daquele contratado nos conteúdos dos contratos digitais.

Em Portugal o tema é transposto em 2021 pelo Decreto-Lei em 84/2021 com vigência em 2022. O mesmo traz acréscimos de mais dois pontos de interesse interno. As principais medidas adotadas pelo referido Decreto-lei e que podem evidenciar os avanços são:

1. Estabelece o princípio da conformidade dos bens com um conjunto de requisitos subjetivos e objetivos. Plasma que o profissional se encontra, assim, obrigado a entregar ao consumidor bens que cumpram todos os requisitos referidos, sob pena de os bens não serem considerados conformes.

2. Regulou a responsabilidade dos prestadores de mercados em linha, este prestador de mercados em linha ao fornecer um mercado em linha aos consumidores proporciona contratos a distância e aparecem muitas vezes como parceiros contratuais do vendedor podendo responder solidariamente pela obrigação de prestar o serviço ou produto.

3. Responsabilização do profissional pela falta de conformidade do bem que se manifesta num prazo de três anos e que se considera existente à data da entrega do bem se esta for manifestada durante os primeiros dois.

4. Estabelece prazo distintos, consoante estejamos perante bens com elementos digitais incorporados relativamente os quais se preveja o fornecimento contínuo de conteúdos ou serviços digitais.

5. Reforça os direitos do consumidor em caso de falta de conformidade dos bens imóveis, alargando-se o prazo de garantia dos bens imóveis a respeito de faltas de conformidade relativas a elementos construtivos estruturais para dez anos, mantendo-se o atual prazo de cinco anos quanto às restantes faltas de conformidade, e incorporam-se ainda possibilidade de o consumidor exercer os direitos de reparação e substituição do bem em caso de falta de conformidade diretamente perante o produtor, mantendo-se ainda o direito de regresso do profissional perante uma pessoa em estágios anteriores da cadeia contratual, quando esta seja responsável perante uma falta de conformidade.

6. Mantém a garantia voluntária embora com obrigações de informação acrescidas, passando agora a designar-se por «garantia comercial».

7. Estabelece o dever de o produtor disponibilizar peças sobresselentes durante um prazo de 10 anos após a colocação da última unidade do bem em mercado, de acordo com determinados requisitos, e ainda, no caso dos bens móveis sujeitos a registo, o dever de o profissional prestar, durante o mesmo período, um serviço de assistência pós-venda. Essa medida propicia uma maior durabilidade dos bens e a possibilidade de reparação dos mesmos.

Ao examinar o âmbito de aplicação do Decreto-Lei em epígrafe, identificamos que o legislador traz no seu Artigo 2º definições e redefinições necessárias para uma aplicação eficaz desta norma. Podemos dizer que o legislador conseguiu otimizar e solucionar alguns obstáculos de qualificação que surgem em situações concretas em se tratando de mercado digital, tenta dar suporte a uma melhor eficácia de aplicação, uma vez que o mesmo foi ousado em aproveitar a oportunidade abranger em uma mesma normativa várias matérias. O referido Decreto-Lei alicerça a confiança do consumidor e veio colmatar entre outras lacunas na ordem jurídica interna a que diz respeito a falta de conformidade no fornecimento de conteúdos e serviços digitais.

Assim, a modo de conclusão, o âmbito de aplicação pode ser identificado valendo-nos do estudo dos artigos que de forma direta ou indireta incidem sobre o mesmo, cominando com o entendimento específico de cada um dos conceitos trazidos no artigo 2º. Identificamos assim, interpretar o âmbito de aplicação do Decreto-Lei 84/2021 quanto ao objeto, quanto aos sujeitos e quanto ao horizonte temporal de aplicação. Seguimos a orientação legislativa quanto á aplicação aos bens corpóreos, visando os contratos onerosos celebrados entre os consumidores e os profissionais sejam estes contratos de compra e venda, troca, alguns contratos de empreitada e contratos de locação, abrangendo também conteúdo digital ou serviço digital e os bens imóveis observando os diferentes aspetos de cada contrato dc consumo.

REFERÊNCIAS

CARVALHO, Jorge Morais. *Manual de direito do consumo.* 6. ed. Coimbra: Almedina, 2015.

CARVALHO, Jorge Morais. *Compra e venda e fornecimento de conteúdos e serviços digitais.* Coimbra: Almedina, 2022.

COELHO NETO, Matias Joaquim. O conceito de consumidor no direito brasileiro sob o enfoque teleológico. *Revista da Faculdade de Direita da Universidade Federal do Ceará*, Fortaleza, v. 37, n. 2, p. 53- 90, 2016.

COMISSÃO EUROPEIA. *Uma Europa preparada para a era digital.* Disponible [Online] en: http://ec.europa.eu/priorities/digital-single-market/. Acesso em: 22 nov. 2022. Anunciando uma iniciativa legislativa em matéria de regras harmonizadas para o fornecimento de conteúdos digitais e as vendas em linha de bens.

PORTUGAL. *Lei n. 24/96.* Estabelece o regime legal aplicável à defesa dos consumidores. Revoga a Lei n. 29/81, de 22 de agosto.

PORTUGAL. *Decreto-Lei 84/21.* Regula os direitos do consumidor na compra e venda de bens, conteúdos e serviços digitais, transpondo as Diretivas (UE) 2019/771 e (UE) 2019/770.

SIMÕES, Fernando Dias. O conceito e consumidor no Direito Português. *Revista Jus Net*, Lisboa, n. 118, p. 4-5, 2012.

UNIÃO EUROPEIA. *Diretiva (EU) 2019/770*. Sobre certos aspetos relativos aos contratos de fornecimento de conteúdos e serviços digitais.

UNIÃO EUROPEIA. *Diretiva (UE) 2019/771*, do Parlamento Europeu e do Conselho, de 20 de maio de 2019. *Relativa a certos aspetos dos contratos de compra e venda de bens que altera o Regulamento (UE) 2017/2394 e a Diretiva 2009/22/CE e que revoga a Diretiva 1999/44/CE.*

RELACIONES DE CONSUMO DIGITALES, FINANCIAMIENTO AL CONSUMO, USURA Y SOBREENDEUDAMIENTO

Andrés Mariño López

Catedrático de Derecho Civil, Facultad de Derecho, Universidad de la República.
Doctor en Derecho por la Universidad Autónoma de Barcelona, España.

LAS RELACIONES DE CONSUMO Y LA PROTECCIÓN DE CONSUMIDORES Y USUARIOS

El mercado de consumo se erige sobre los pilares de la sociedad industrial, caracterizándose por la producción masiva de productos y servicios comercializados sobre la base de la oferta publicitaria y los contratos con condiciones generales[1].

La oferta mediante información publicitaria y la dinámica de la contratación masiva por adhesión o condiciones generales de la contratación produce la desinformación, o una información no adecuada, de quienes adquieren productos y servicios, que los lleva a adoptar decisiones no racionales de acuerdo con las ofertas existentes en el mercado. A su vez, la información publicitaria y la contratación mediante condiciones generales causan la multiplicación de los riesgos de daños para los consumidores y usuarios.

Dichas circunstancias generan una desigualdad estructural entre las partes de la relación de consumo, que causa una distorsión en el funcionamiento del sistema económico (por ejemplo, por la adquisición de un producto o servicios cuando existen otras ofertas que presentan mejores condiciones) y la vulneración de derechos básicos de los consumidores y usuarios (como, por ejemplo, el derecho de adquirir o utilizar los productos y servicios que satisfagan sus necesidades de la forma más conveniente a sus intereses).

A su vez, los proveedores que informan en forma adecuada (veraz, clara, suficiente y comprensible) sobre los productos y servicios ofertados y proponen contratos con condiciones generales equilibradas se ven perjudicados frente a quienes no informan en forma debida e incluyen cláusulas abusivas en las condiciones generales predispuestas.

Los sistemas jurídicos se enfrentaron a los problemas que planteó esa nueva forma de contratación con la irrupción y consolidación del mercado de consumo a partir de los

---

1. La expansión de la publicidad y la difusión de los contratos con condiciones generales son relativamente recientes en términos de civilización y derivan de modalidades de comercialización modernas. *Cf.* ACCIARRI, Hugo, AZAR-BAUD, María José, MARZETTI, Maximilano. Inteligencia artificial, compliance y derecho del consumo. Estructura de gobernanza empresarial y estatal frente al empleo de algoritmos durante la pandemia y más allá. En: MEZZASOMA, Lorenzo et al (Coord.). *Il conumatore e la normativa emergenziale ai tempi del COVID-19.* Napoli: Edizioni Scientifiche Italiane, 2021. p. 15.

años sesenta del siglo veinte, pero las herramientas que ofrecía el derecho de los contratos clásico no solucionaban la problemática que se presentaba, pues estaba construido sobre la base de la racionalidad del contrato paritario y negociado.

Como consecuencia, los sistemas jurídicos edificaron construcciones normativas con la finalidad de obtener la equiparación de las posiciones contractuales y, con ello, por una parte, la protección de consumidores y usuarios frente a la falta de información clara, veraz, suficiente y comprensible, las prácticas abusivas, los incumplimientos contractuales y los daños producidos en la dinámica de las relaciones de consumo y, por otra parte, la protección de las empresas que ofrecían sus productos y servicios en el mercado con información adecuada y condiciones generales de la contratación equilibradas[2].

La protección de consumidores y usuarios en los sistemas normativos se ha basado en instrumentos básicos: el fortalecimiento del consentimiento del consumidor mediante la obligación del proveedor de actuar de buena fe y de informar de forma veraz, clara, adecuada, suficiente y comprensible; el desistimiento unilateral en la contratación a distancia y fuera de los establecimientos comerciales; las garantías y/o la responsabilidad objetiva ante el incumplimiento contractual del proveedor; el control de las cláusulas abusivas de los contratos con condiciones generales; la responsabilidad objetiva por daños causados por productos y servicios defectuosos[3].

A pesar de los instrumentos protectorios mencionados, la situación de debilidad y vulnerabilidad del consumidor se ha ido agravando en diferentes ámbitos donde se produce la hipervulnerabilidad del consumidor, como ocurre en las relaciones de consumo digitales.

Los cambios en el mercado de consumo, el desarrollo de la tecnología, la publicidad y la comercialización de productos y servicios por internet y redes sociales, la manipulación de datos personales, la oferta publicitaria direccionada, las relaciones de consumo financieras de extensa duración, la concesión excesiva de crédito al consumo y el sobreendeudamiento que esto ha aparejado ubican al consumidor digital en una situación de hipervulnerabilidad[4].

LAS RELACIONES DE CONSUMO DIGITALES

La innovación tecnológica, la digitalización del comercio a través de internet (*e-commerce*) y la irrupción, consolidación y multiplicación de las redes sociales,

---

2. MARIÑO LÓPEZ, Andrés. El control del contenido del contrato de adhesión en la ley uruguaya de relaciones de consumo. *Anuario de Derecho Civil Uruguayo*, Montevideo, a. 31, p. 721-739, 2000. p. 725-726. Allí se hace referencia al doble efecto pernicioso de las cláusulas abusivas, por una parte, para los consumidores y, por otra, para las empresas que presentan condiciones generales equilibradas y de buena fe.

3. CALAIS AULAY, Jean. L'influence du droit de la consommation sur le droit civil des contrats. *Revue Trimestrielle du Droit Civil*, Paris, v. 93, n, 2, p. 239-254, abr./jun. 1994. Sobre los mencionados instrumentos protectorios a consumidores y usuarios, entre otros autores de la doctrina uruguaya, v. SZAFIR, Dora. *Consumidores. Análisis exegético de la ley n. 17.250*. Montevideo: FCU, 2009; GAMARRA, Jorge. *Tratado de Derecho Civil Uruguayo*. Montevideo: FCU, 2003, t., XX; ORDOQUI, Gustavo. *Derecho del Consumo*. Montevideo: La Ley Uruguay, 2018.

4. MARIÑO LÓPEZ, Andrés. Revisión del contrato, cláusulas abusivas y obligación de renegociar el contenido del contrato en las relaciones de consumo ante la pandemia COVID-19. Estudio desde los sistemas jurídicos uruguayo, argentino y brasileño. En: MEZZASOMA, Lorenzo et al (A cura di). *Il consumatore e la normativa emergenziale ai tempi del COVID-19*, Napoli: Edizioni Scientifiche Italiane, 2021. p. 455.

buscadores y aplicaciones digitales han producido alteraciones sustanciales en el mercado de consumo que han dado paso a las relaciones de consumo digitales, basadas en un nuevo paradigma negocial y contractual.

La tecnologización de los procesos de producción y comercialización de productos y servicios derivada del procesamiento de datos y algoritmos mediante inteligencia artificial (IA) ha generado graves problemas por el desequilibrio que causan en las relaciones contractuales.

La construcción del mercado digital ha producido grandes alteraciones en las relaciones de consumo. Han variado el modelo económico del consumo, las técnicas de marketing, la dinámica de la contratación para la adquisición de productos y servicios y el financiamiento de los actos de consumo.

El nuevo modelo económico basado en tecnologías, saberes y control ha dado paso a un nuevo consumidor y nuevas relaciones de consumo. El consumidor analógico y disciplinado ha dado paso al *consumidor digital y controlado*.

Los métodos de identificación de personas muestran el cambio del mundo analógico al universo digital. La identificación analógica del consumidor basada en su documento de identidad como miembro de una población de un Estado nacional en cuyo territorio se domicilia ha sido sustituida por a la identificación digital del consumidor mediante su *perfil*, consistente en una serie de datos sobre su condición socioeconómica, sus hábitos y sus preferencias de consumo[5].

La actividad del consumidor en internet genera un conjunto de datos de comportamiento que son procesados digitalmente mediante Inteligencia Artificial (IA) con la finalidad de ser analizados, comercializados y utilizados por las empresas en sus estrategias de marketing. Los procesos de IA aplicados a los datos de preferencias del consumidor aumentan la predictibilidad de los comportamientos con la finalidad de direccionar el comercio, y en particular, la oferta[6].

El procesamiento de los datos que deja el rastro de la actividad en internet permite enviar información y publicidad especialmente destinada a cada consumidor. La oferta y la publicidad llegan al consumidor por internet de acuerdo con su perfil digital debido a la manipulación de sus datos personales[7]. Se personaliza la publicidad de acuerdo con el comportamiento *online* del consumidor[8].

---

5. SIBILIA Paula. *El hombre posorgánico. Cuerpo, subjetividad y tecnología digitales*. Buenos Aires: Fondo de Cultura Económico, 2013. p. 29 y ss.
6. DURAND, Cedric. *Tecnofeudalismo. Crítica de la economía digital*. Trad. Víctor Goldstein. Donostia: La Cebra, 2021. p. 124-125.
7. SIBILIA Paula. *El hombre posorgánico. Cuerpo, subjetividad y tecnología digitales*. Buenos Aires: Fondo de Cultura Económico, 2013. p. 29.
8. PEGUERA POCH, Miquel. Publicidad online basada en el comportamiento y protección de la privacidad. En: RALLO LOMBARTE, Artemi; MARTÍNEZ MARTÍNEZ, Ricard (Ed.). *Derecho y redes sociales*. 2. ed. Cizur Menor: Civitas Thomson Reuters, 2013. p. 390 y ss.

La recolección y manipulación de dichos datos ("huellas digitales") permite a los proveedores de servicios digitales el envío de información y publicidad a cada consumidor de acuerdo con el perfil propio de cada uno.

Las empresas que acumulan y procesan datos de comportamiento de los consumidores digitales (principalmente, los denominados gigantes de internet, entre ellos, Amazon, Google, Facebook, Microsoft, Apple) comercializan publicidad que se publica en sus servicios a la medida de las necesidades e intereses de cada usuario. Así, por ejemplo, Facebook (*Meta Platforms*) sistematiza todas los datos digitales dejadas por cada persona en sus actividades en internet: datos relativos a las redes sociales de la empresa (Facebook, Instagram, Whatsapp, Messenger, con miles de millones de usuarios[9]), desplazamientos, historial de compras, informaciones personales -incluso íntimas-, administrativas, financieras etc.

A dichos datos se suman los que la corporación referida obtiene de miles de aplicaciones que controla y, en las cuales, los consumidores autorizan a entregar los datos en condiciones generales que no leen o que si leen no comprenden el significado de la manipulación de datos que la cláusula implica. Así ocurre, por ejemplo, con la aplicación de meditación *Breethe* (meditacón y sueño), o la aplicación para medir la cardio frecuencia *Instant Heart Rate* (ritmo cardíaco instantáneo) o la aplicación *Flo* que permite predecir los ciclos menstruales y la ovulación[10].

Los datos recolectados se transmiten a una plataforma de análisis integrada a las aplicaciones o a los sitios Web llamados *Software Develpment Kits* (SDK). Esto permite realizar estudios de mercado sofisticados, generar un proceso algorítmico que selecciona con fineza y precisión el contenido a exhibir en el perfil del usuario y vender publicidad cada vez más focalizada. Para los procesamientos de IA recurre también a agentes especializados en la compilación y análisis de datos, como, por ejemplo, Oracle, cuyos elevados costos, a su vez, solo pueden ser solventados por los gigantes de internet, lo que produce la concentración de datos en esas corporaciones[11].

Los datos extraídos permiten construir el perfil del usuario y el envío de publicidad y ofertas específicamente destinadas a cada consumidor[12]. De ese modo, la subjetividad misma del consumidor pasa a ser un producto de comercialización.

El consumidor digital es un *consumidor controlado* (*trackeado*) y *manipulado*.

Se produce una variedad de vulnerabilidad: la vulnerabilidad algorítmica del consumidor sometido a una oferta direccionada con información seleccionada de

---

9. WE are social. 2022. Disponible en https://wearesocial.com/uk/. Aceso en 06 dez. 2022. Los usuarios de las redes sociales de la empresa Mega: Facebook, 2.900.000.000 de usuarios, Instagram 1.500.000.000 de usuarios, Whatsapp, 2.00.000.000 de usuarios, Messenger 1.200.000.000 de usuarios.

10. DURAND, Cedric. *Tecnofeudalismo. Crítica de la economía digital.* Trad. Víctor Goldstein. Donostia: La Cebra, 2021. p. 131 y ss.

11. Id. p. 131 y ss.

12. SIBILIA Paula. *El hombre posorgánico. Cuerpo, subjetividad y tecnología digitales.* Buenos Aires: Fondo de Cultura Económico, 2013. p. 29-30.

acuerdo con su perfil y a una contratación con condiciones generales cuya aceptación pasa por clickear *I agree* (Acepto). La decisión de consumo se da en un ámbito digital programado para que el consumidor *online* reciba la oferta en un contexto digital propicio para la adquisición de los productos o servicios ofrecidos y publicitados en forma específicamente direccionada hacia el consumidor que recibe el impulso consumista.

El consumidor de por sí es una persona vulnerable. La vulnerabilidad estructural cognitiva del consumidor implica una desigualdad específica frente al proveedor[13]. La vulnerabilidad distorsiona la autonomía privada del consumidor, ubicado en situación de debilidad frente al proveedor oferente, anunciante y predisponente, que impide el conocimiento y la comprensión de la información suministrada y del contenido de las cláusulas predispuestas por el proveedor, lo cual determina una desigualdad estructural, constante y persistente[14].

En determinadas circunstancias y contextos, la vulnerabilidad del consumidor puede devenir en hipervulnerabilidad. En dicho caso, la vulnerabilidad del consumidor se ve acentuada o incrementada debido a su condición o a una particular situación en la que se ubica[15].

El consumidor digital es un consumidor hipervulnerable. En efecto, la vulnerabilidad puede evidenciarse como crónica en todo el consumo *online*, desde la oferta inserta en la publicidad *online* hasta los contratos de consumo *online*, en los que el consumidor vulnerable está potencialmente más expuesto a la indefensión y al desconocimiento del contenido exacto de sus derechos y obligaciones[16].

Como señala Veiga Copo: "un consumidor que ha visto multiplicarse hasta el infinito la publicidad, las ofertas, las técnicas comerciales, las plataformas o comercio *online*, redes sociales, monedas virtuales, la *economy data* y la *social economy*, la instantaneidad de la mensajería y las formas de pago a través de aplicaciones móviles o informáticas de rapidez inaudita, pero donde, más allá de estos canales y la conexión instantánea de miles potenciales usuarios, difícilmente existe negociación, comprensibilidad de derechos y obligaciones, así como lectura y legibilidades de formularios contractuales"[17].

---

13. LORENZETTI, Ricardo Luis. *Consumidores*. Santa Fe: Rubinzal-Culzoni, 2003. p. 37-39.
14. VEIGA COPO, Abel. *Consumidor vulnerable*. Cizur Menor: Civitas Thomson Reuters, 2021. p. 37.
15. QUAGLIA, Marcelo. El consumidor en los entornos digitales. Posibles efectos de la publicidad en el sobreendeudamiento". *La Ley*, Buenos Aires, 10 mayo 2022. p. 3.
16. DI MAIO, Claudio. La tutela del consumatore online. En: CASSANO, Giuseppe; DONA, Massimiliano; TORINO, Raffaele (A cura di). *Il diritto dei consumatori*. Milano: Giuffrè, 2021. p. 611 y ss.; LORENZETTI, Ricardo Luis. *Consumidores*. Santa Fe: Rubinzal-Culzoni, 2003. p. 41-42; QUAGLIA, Marcelo. El consumidor en los entornos digitales. Posibles efectos de la publicidad en el sobreendeudamiento". *La Ley*, Buenos Aires, 10 mayo 2022. p. 3-4.
17. VEIGA COPO, Abel. *Consumidor vulnerable*. Cizur Menor: Civitas Thomson Reuters, 2021. p. 21-31. Como señala Veiga Copo, la vulnerabilidad no es exclusiva del consumidor; hay otros contratantes que pueden ubicarse en situación de vulnerabilidad, como empresarios individuales y pequeñas empresas, considerados de ese modo por la Directiva UE 2019/1023. Sobre la protección de empresarios individuales y pequeñas empresas en los contratos predispuestos de financiamiento, véase, SÁNCHEZ RUIZ DE VALDIVIA, Inmaculada. *Abusividad y transparencia en la contratación predispuesta con consumidores y, también, con autónomos y empresarios (PYMES)*. Cizur Menor: Thomson Reuters Aranzadi, 2021. 96-97. Sobre la desigualdad del adherente en los contratos con

El desequilibrio entre proveedores y consumidores se profundiza en el ámbito de las relaciones de consumo digitales, se generan relaciones contractuales más manipuladas y desinformadas y un fuerte deterioro cognitivo que da paso a graves disfuncionalidades en el sistema económico[18].

SOBREOFERTA DE PRODUCTOS Y SERVICIOS, CONTRATACIÓN *UPDATE* POR SUSCRIPCIÓN Y ENDEUDAMIENTO

En dicho contexto, el consumidor y el usuario se relacionan en forma distinta con los productos y servicios que se le ofrecen y adquieren. El mercado de consumo digital presenta nuevas características, entre las cuales se destacan la sobreoferta de productos y servicios, la contratación por suscripción de productos de *update* continuo y una sobrefinanciación (o exceso de crédito al consumo) por parte de las entidades financieras, todo lo cual conduce al sobreendeudamiento del consumidor, uno de los más graves problemas que actualmente se plantean.

En primer lugar, en el mercado digital se produce una sobreoferta de productos y servicios direccionados a los consumidores de acuerdo con predicciones realizadas mediante el análisis de sus actividades y preferencias.

Se envían informaciones dirigidas a obtener un comportamiento de consumo en todo el espacio digital que ocupa el consumidor, de modo que éste queda sumergido en un océano de impulsos no racionales al consumo.

Por su parte, la oferta de productos y servicios se multiplica exponencialmente por la necesaria actualización que ellos requieren. Como expresa Jeremy Rifkin, "en un mundo de producción customizada, de innovación y actualizaciones continuas y productos con ciclos de vida cada vez más breves, todo se vuelve casi inmediatamente desactualizado"[19].

El lanzamiento de nuevos impulsos consumistas de acuerdo con los diferentes perfiles y la oferta para satisfacerlas mediante productos y servicios que son adquiridos (y, al poco tiempo, descartados) por los consumidores alimentan una espiral de consumo en aceleración constante.

En segundo lugar, se observa la contratación por suscripción de productos y servicios de *update* continuo. En el modelo económico contemporáneo tecnologizado

---

condicionales generales de la contratación, véase MARIÑO LÓPEZ, Andrés. *Principio de igualdad, ruptura del equilibrio contractual y revisión del contenido del contrato de adhesión no celebrado con consumidores. Un estudio en clave constitucional.* En: PÉREZ GALLARDO, Leonardo; AMORÍN PISA, Marcelo (Coord.). *El derecho contractual en clave constitucional.* Santiago de Chile: Olejnik, 2021. p. 55 y ss

18. Si bien no es el tema específico del presente trabajo, el control de la manipulación de los datos personales pasa a ser un elemento central del sistema de protección de consumidores y usuarios. Sobre la protección de datos personales en el sistema jurídico uruguayo, véase, BALSA CADENAS, Maria; MORTE FERRER, Ricardo; SARAVIA MORALES, Andrés. *Nuevos estándares en protección de datos personales.* Montevideo: La Ley Uruguay, 2020.

19. RIFKIN, Jeremy. *La era del acceso. La revolución de la nueva tecnología.* Trad. osé Francisco Álvarez Álvarez. Buenos Aires: Paidós, 2004. p. 5.

y digitalizado, lo que cuenta no es la adquisición de productos y servicios en sentido tradicional, sino la capacidad de acceder a su utilización continua y actualizada. De ese modo, se impone la contratación por suscripción y actualización permanente.

El consumidor adquiere el uso del producto o servicio siempre actualizado mediante una suscripción, que otorga a la empresa un *revenue* sostenido, potenciando los beneficios económicos del proveedor. El *revenue* buscado por las empresas no es el que emerge de la venta *one shot* (más allá que esa modalidad de comercialización se mantiene), sino el que surge la suscripción del cliente a un servicio de extensa duración que prolongue la obtención de beneficios, otorgue estabilidad y fidelización[20].

En el modelo económico contemporáneo tecnologizado y digitalizado, a la adquisición del uso de productos y servicios tradicionales de modo continuo y actualizado se suma la capacidad del consumidor de acceder a la utilización de bienes y servicios digitales de actualización continua.

En esta modalidad de contratación, el consumidor adquiere el derecho a usar productos o servicios siempre actualizados, mediante el pago de una cuota periódica abonada en la mayoría de las veces a empresas financieras que actúan como intermediarias de la operación mediante mecanismos de pago electrónicos, como tarjetas de crédito y otros instrumentos de crédito al consumo.

De ese modo, se genera la contratación por suscripción y de actualización permanente que, a su vez, genera una mayor *revenue* para las empresas y una deuda continua para el consumidor. La contratación por suscripción de servicios *update* genera una base de endeudamiento permanente del consumidor.

SOBRECONSUMO Y SOBREFINANCIAMIENTO AL CONSUMIDOR

La consecuencia directa de la sobreoferta es el sobreconsumo de productos y servicios basado en la facilidad de acceso a servicios financieros que otorgan, también en forma digital, el financiamiento para el consumo (crédito al consumo). De ese modo, el sobreconsumo se conecta con el sobrefinanciamiento.

El financiamiento permite al consumidor desarrollar su programa de consumo en diferentes ámbitos personales, como vivienda, automóviles, educación, viajes, entretenimientos, seguros, servicios de diversos tipos etc.

En el ámbito financiero actual, se generan contratos conexos de financiamiento al consumo, en los que el consumidor se vincula a un proveedor de servicios de financiamiento al consumo (por ejemplo, un banco) que le concede crédito para las adquisiciones y le otorga los instrumentos de pago para el consumo *online*.

---

20. Los productos *one shot* se transforman en servicios actualizables contratados por suscripción. Así, por ejemplo, el *leasing* y el *renting* permiten eludir la obsolescencia de los productos y transformar y su adquisición como bienes fijos, para convirtiéndolos en servicios a los cuales el consumidor puede acceder. Se agrega valor a los productos por la actualización permanente, el *update*.

Además de sus propios servicios financieros, la entidad financiera ofrece productos y servicios de terceros con su financiamiento. En esos contratos se enlazan las distintas adquisiciones del consumidor, mediante el crédito otorgado por el proveedor de servicios financieros[21].

De ese modo, mediante el financiamiento que obtiene, el consumidor se vincula con diferentes proveedores en una red de relaciones de consumo financieras compleja y de extensa duración, cuyos principales articuladores son los proveedores de servicios financieros[22].

El consumidor va adquiriendo servicios de financiamiento con diferentes proveedores de crédito al consumo y sobre la base del financiamiento otorgado, adquiere productos y servicios financiados más allá de su capacidad de pago, lo que conduce directamente al sobreendeudamiento[23].

SOBREENDEUDAMIENTO DEL CONSUMIDOR EN LA ERA DIGITAL. EL ENDEUDAMIENTO CONTINUO

El sobreendeudamiento es un problema estructural del sistema de relaciones de consumo que el consumo *online* ha profundizado por la sobreoferta direccionada de productos y servicios y de los instrumentos financieros para su adquisición[24].

El *consumidor digital,* dotado de instrumentos financieros digitales de acceso al crédito, como tarjetas y otros medios de pago y créditos digitales, es diseñado como un *consumidor endeudado.*

El mercado de consumo está apalancado por el consumo financiero. Los proveedores de servicios financieros juegan un rol central, otorgando financiamiento al consumidor para que continúe en forma permanente en la espiral de consumo, manteniendo y

---

21. MARIÑO LÓPEZ, Andrés. Los contratos relacionales, las relaciones de consumo bancarias y el equilibrio de las posiciones contractuales. En: OLIVERA GARCÍA, Ricardo (Dir.). *Estudios de Derecho Comercial. Homenaje al Prof. Dr. José A. Ferro Astray en el centenario de su nacimiento (1919-2019).* Montevideo: La Ley Uruguay, 2020, t. II. p. 1001 y ss.

22. MARQUES, Claudia Lima. Contratos bancarios en tiempos posmodernos. En: LORENZETTI, Ricardo Luis; LIMA MARQUES, Claudia. *Contratos de servicios a los consumidores.* Santa Fe: Rubinzal-Culzoni, 2005. p. 312-313; PÉREZ SERRABONA GONZÁLEZ, Francisco Javier. La protección de los consumidores y las nuevas tendencias disruptivas del mercado financiero: la globalización digital de la banca. *Revista Crítica de Derecho Privado,* Montevideo, n. 14, p. 475-512, 2017. p. 475 y ss.; LORENZETTI, Ricardo Luis. La financiación al consumidor. En: LORENZETTI, Ricardo Luis; LIMA MARQUES, Claudia. *Contratos de servicios a los consumidores.* Santa Fe: Rubinzal-Culzoni, 2005. p. 413-416.

23. LORENZETTI, Ricardo Luis. La financiación al consumidor. En: LORENZETTI, Ricardo Luis; LIMA MARQUES, Claudia. *Contratos de servicios a los consumidores.* Santa Fe: Rubinzal-Culzoni, 2005. p. 413-416. p. 413-416.

24. Sobre el sobreendeudamiento del consumidor y la concesión excesiva de crédito al consumo, véase MEZZASOMA, Lorenzo. El consumidor endeudado: perspectivas de tutela. En: PÉREZ-SERRABONA GÓNZALEZ, José Luis; PÉREZ-SERRABONA GONZÁLEZ, Francisco Javier (Dir.) *Derecho privado, responsabilidad y consumo.* Cizur Menor: Aranzadi Thomson Reuters, 2018. p. 341 y ss.; FALCO IRIONDO, Enrique. Sobreendeudamiento de personas físicas y consumidores. *Revista de Derecho Comercial,* Montevideo, a. 2, n. 7, p. 3-47, jul./set. 2017. p. 3 y ss.; JAPAZE, María Belén. Sobreendeudamiento del consumidor. En: STIGLITZ, Gabriel; HERNÁNDEZ, Carlos Alfredo (Dir.). *Tratado de derecho del consumidor.* Buenos Aires: La Ley, 2015, t. II. p. 305 y ss.

aumentando (por efecto de intereses, cargos de administración, comisiones etc., así como de nuevos consumos) la deuda con el sistema financiero que le concede crédito.

El consumidor dispone de los medios tradicionales de acceso al consumo, pero, además, ahora recibe la oferta de esos servicios financieros de modo direccionado y, a su vez, dispone de múltiples medios digitales de acceso al financiamiento.

De ese modo, el consumidor *online*, mediante instrumentos de financiamiento -como tarjetas de crédito y débito, medios de pago electrónicos y de crédito al consumo- que ofrecen acceso al consumo en sistemas digitales, adquiere productos y servicios en forma continua y queda en una situación de endeudamiento permanente.

A diferencia de lo que sucedía con el consumidor analógico, el consumidor digital se encuentra en estado de endeudamiento permanente; el otorgamiento de financiamiento para acceso al crédito no tiene por finalidad generar deudas para ser pagadas y extinguidas, sino generar una deuda permanente, continua y flexible[25].

De allí al sobreendeudamiento hay solo un paso.

LA PROTECCIÓN DEL CONSUMIDOR EN LA ERA DIGITAL: INFORMACIÓN Y CONTROL DEL CONTENIDO

En el contexto de las relaciones de consumo digitales, como se ha indicado *supra*, la protección de consumidores y usuarios plantea nuevos y graves problemas, los cuales requieren de soluciones distintas, que permitan equilibrar las posiciones de proveedores y consumidores para fortalecer el funcionamiento racional y adecuado del mercado.

Los sistemas jurídicos contienen normas para proteger al consumidor y buscar el equilibrio de las relaciones entre proveedores y consumidores. La Ley n. 17.250, Ley de Defensa del Consumidor (en adelante, LDC) consagra la obligación de informar al consumidor de forma "suficiente, clara, veraz, en idioma español" (Art. 6 lit. C), "clara y fácilmente legible" (Art. 17), "clara y visible" (arts. 8 y 19), "clara y veraz y, cuando se brinde por escrito, será proporcionada con caracteres fácilmente legibles" (Art. 19) sobre los productos y servicios ofertados.

A su vez, la LDC prevé un sistema de control de abusividad (o control del contenido) de las cláusulas de contrato de adhesión con consumidores por el cual se establece una regla general que declara abusivas, y por ende nulas, las cláusulas que produzcan un grave e injustificado desequilibrio entre los derechos y las obligaciones de las partes en perjuicio del consumidor o violen la obligación de actuar de buena fe (Art. 30) y una lista no taxativa de cláusulas que se consideran abusivas (Art. 31).

En el sistema jurídico uruguayo, además de las normas generales de la LDC sobre información a consumidores y usuarios y el control del contenido de los contratos con condiciones generales antes mencionadas, se encuentran normas específicas para el

---

25. SIBILIA Paula. *El hombre posorgánico. Cuerpo, subjetividad y tecnología digitales*. Buenos Aires: Fondo de Cultura Económico, 2013. p. 32-33.

consumidor de servicios financieros ubicadas en el sistema normativo bancocentralista y, en particular, en la Recopilación de Normas de regulación y Control del Servicio Financiero (RNRCSF).

Información al consumidor de servicios financieros

La RNRCSF contiene normas especiales que están dirigidas a la protección del consumidor de servicios financieros en particular y que son aplicables a las relaciones de consumo financiero en el contexto del consumo *online* y los contratos de financiamiento a consumidores complejos, conexos y de extensa duración[26].

Con relación a la obligación de informar al consumidor financiero, el sistema jurídico uruguayo exige a las entidades financieras suministrar a sus clientes *información de los productos y servicios que ofrezcan, en una manera clara, suficiente, veraz y oportuna, evitando la omisión de datos esenciales que sean capaces de inducirlo al error.* (Art. 319 lit. d RNRCSF).

Se observa en dicha norma una exigencia específica que no se encuentra en la obligación de informar prevista por la LDC. La entidad financiera no debe omitir "datos esenciales" que puedan causar un error al consumidor determinante de la contratación.

Asimismo, se obliga a las entidades financieras a *informar sobre los principales riesgos de los diferentes productos o servicios contratados, mediante una forma de comunicación efectiva distinta del contrato.* (Art. 319 literal d RNRCSF).

De acuerdo con la norma indicada, la entidad financiera debe informar de los "principales riesgos" del financiamiento contratado. La comprensibilidad de la información implica una explicación clara, suficiente y veraz. La información debe ser brindada mediante una "comunicación efectiva" distinta del contrato lo que impone el conocimiento y la comprensibilidad de la cláusula o las cláusulas que contengan los riesgos de la operación. Uno de los principales riesgos que la entidad financiera debe informar es el de sobreendeudamiento por la sumatoria de adquisiciones mediante financiamientos al consumo.

Además, si las entidades financieras, al otorgar créditos al consumo, ofrecen *a sus clientes otros productos o servicios diferentes, deben recabar el consentimiento por escrito y en un documento separado del contrato* celebrado con ella. (Art. 373 RNRCSF, "venta cruzada"). A su vez, se impone a la entidad financiera el deber de informar con precisión *sobre las sumas de dinero que el cliente debe abonar a terceros distintos de la institución, directamente relacionados con la contratación del producto o servicio* respectivo. (Art. 350 RNRCSF). En ambos casos, corresponde informar sobre los riesgos de sobreendeudamiento que la sumatoria de financiamientos puede producir al consumidor.

---

26. MARIÑO LÓPEZ, Andrés. Los contratos relacionales, las relaciones de consumo bancarias y el equilibrio de las posiciones contractuales. En: OLIVERA GARCÍA, Ricardo (Dir.). *Estudios de Derecho Comercial. Homenaje al Prof. Dr. José A. Ferro Astray en el centenario de su nacimiento (1919-2019)*. Montevideo: La Ley Uruguay, 2020, t. II. p. 1016-1017.

De acuerdo con lo previsto por el Art. 75 Ley 19.210, de inclusión financiera, si la entidad financiera ofrece productos y servicios no financieros prestados por terceros proveedores junto con la oferta de sus servicios financieros, deberá informar al consumidor el derecho de contratar únicamente los productos y servicios financieros sin necesidad de contratar los productos o servicios de terceros que ofrece. La información debe brindarse por escrito en caracteres destacados y en documento único e independiente, con indicación del consumidor al firmar sobre si opta por contratar solamente los productos y servicios financieros o también otros productos o servicios no financieros.

La coordinación del Art. 75 de la Ley 19.210 y el Art. 319 literal d RNRCSF impone a la entidad financiera la información sobre los riesgos de sobreendeudamiento que el financiamiento de la contratación de productos y servicios de terceros, sumado a otros financiamientos que se le hayan concedido, puede causar al consumidor.

Sobre la base de la normativa expuesta, corresponde concluir que, en el derecho uruguayo, el consumidor de servicios financieros debe estar informado, en forma clara, adecuada, suficiente, veraz y comprensible, en primer lugar, de cada uno de los contratos que celebra con la entidad de financiamiento como proveedor directo y, por su intermedio, con otros proveedores de productos y servicios financieros y no financieros, y, en segundo término, de los riegos que los diversos productos y servicios financieros y no financieros que ofrece conllevan, en particular del riesgo de sobreendeudamiento.

Control de cláusulas abusivas en los contratos de financiamiento a consumidores

Con relación al control del contenido de las condiciones generales de la contratación financiera con consumidores, el sistema uruguayo prevé, además de la regulación general de control de las cláusulas abusivas basada en una regla general y una lista no taxativa de cláusulas consideradas abusivas, un conjunto de normas que regulan en forma específica las cláusulas abusivas en los contratos de adhesión predispuestos por entidades financieras.

El Art. 75 Ley 19.210, de inclusión financiera, prohíbe las cláusulas contractuales por las cuales la entidad financiera condiciona la prestación de sus servicios a la contratación de otros productos o servicios no financieros y, para el caso de que el consumidor los adquiera, dispone una serie de requisitos formales para su consentimiento con la finalidad de provocar su reflexión respecto del acto de consumo que va a realizar.

Si bien son declaradas abusivas y nulas por el Art. 31 literales C y H de la LDC para las relaciones de consumo en general, el derecho uruguayo admite, al igual que los sistemas de derecho comparado, la modificación unilateral de las cláusulas contractuales por la entidad financiera y la validez del silencio del consumidor como aceptación de dichas modificaciones, siempre que éstas se encuentren previstas en el contrato y se informe al consumidor con un preaviso, disponiendo éste del derecho de rescindir el vínculo con la institución de financiamiento.

De acuerdo con lo expuesto, el sistema jurídico uruguayo permite la modificación unilateral del contrato respecto de intereses, tributos, cargos, gastos, comisiones, tarifas, seguro u otros importes necesarios para mantener o utilizar sus productos o servicios, con un preaviso de treinta días (Art. 360 y 335 RNRCSF) y de quince días para los contratos de tarjetas de crédito, de débito e instrumentos de dinero electrónico (Art. 381 RNRCSF).

En los casos mencionados, donde la modificación unilateral es permitida, se da validez al silencio del consumidor como aceptación de la modificación. (Art. 13 lit. D Ley 19.731, de regulación del sistema de tarjetas de débito, instrumentos de dinero electrónico y tarjetas de crédito).

En caso de modificación unilateral de los rubros antes mencionados por la entidad de financiamiento, el consumidor podrá desistir del contrato de servicios financieros (Art. 13 lit. C Ley 19731, por analogía). Sin embargo, la extinción del contrato ante la modificación unilateral dejaría sin crédito al consumidor, quien debería asumir en forma inmediata el pago de la deuda con el banco.

Como consecuencia, la flexibilidad necesaria para el sustento del crédito al consumo requerida por la actividad financiera posiciona al consumidor en una situación de máxima vulnerabilidad, pues el remedio rescisorio no configura una herramienta eficiente de protección de sus derechos.

LA INSUFICIENCIA DE LA INFORMACIÓN AL CONSUMIDOR Y EL CONTROL DEL CONTENIDO DE LOS CONTRATOS DE FINANCIAMIENTO CON CONSUMIDORES PARA EVITAR EL SOBREENDEUDAMIENTO

Desde la perspectiva de la prevención del sobreendeudamiento, las normas indicadas de protección de consumidores digitales en sus relaciones de consumo financieras se muestran totalmente insuficientes.

Con relación a la información a consumidores digitales, se le deben dar nuevos contenidos a la obligación de informar a cargo de los proveedores, de modo de que adviertan efectivamente los riesgos que el consumo digital bancarizado genera. La regulación impone que las entidades financieras informen a los consumidores de los principales riesgos que el financiamiento conlleva. Uno de ellos es el riesgo de sobreendeudamiento que la sumatoria de financiamientos puede provocar al consumidor con las consecuencias que esto implica.

La obligación de informar en forma clara, precisa y comprensible al consumidor tiene directa relación con la cognoscibilidad y comprensión por éste de las cláusulas predispuestas del contrato de adhesión. En cláusulas financieras complejas, la entidad de financiamiento debe informar de forma que la estipulación sea plenamente conocida y comprendida por el consumidor.

Los canales de comunicación de la información deben ser fortalecidos en el ámbito digital. Los medios tradicionales para comunicar la información en la contratación *online* y, en particular de servicios financieros digitales, no funcionan adecuadamente en la contratación *online*.

Las reglas respecto de información por documentos separados y destaques pierden fuerza en el ámbito del consumo digital, en el cual el consumidor ávido por la adquisición va cliqueando "acepto" sin ingresar a la información y las condiciones generales que se ofrecen hasta adquirir el producto o servicio que se le ofrece. Es necesario plantear nuevas formas de visualización de la información para que ésta sea efectiva. Un ejemplo es el botón de arrepentimiento que se ha instaurado en Argentina, que permite el desistimiento unilateral del consumidor en la contratación a distancia. La mejora de los canales de información debe tener por objetivo obtener que el consumidor de servicios de financiamiento conozca y comprenda el contenido de las cláusulas contractuales y las consecuencias que ellas producen.

Con relación al control del contenido del contrato de adhesión de consumo digital, las cláusulas predispuestas deben ser transparentes, es decir, deben ser cognoscibles y comprensibles realmente por el consumidor adherente para que cumplan con la obligación de buena fe y, en consecuencia, no sean abusivas. Las cláusulas de un contrato de adhesión para ser válidas deben superar el control de transparencia.

El desequilibrio entre proveedores y consumidores en los contratos con condiciones generales en el consumo digital se profundiza, pues el consumidor no accede a éstas en formato papel, como en el consumo analógico, sino que simplemente acepta las condiciones sin leerlas, como un paso más de los que debe seguir para obtener el producto o servicio. La velocidad de la negociación, una de las características que determinaba la falta de lectura de las condiciones generales, aumenta en forma exponencial en el consumo *online* y el conocimiento de las condiciones generales se hace muy remoto.

El consumidor debe conocer -y, por ende, debe ser informado- y comprender las cláusulas predispuestas del contrato de adhesión por el cual adquiere los productos y servicios ofrecidos. Para ello, desde una perspectiva formal, el proveedor debe informar sobre las condiciones generales más sensibles y relevantes para los intereses del consumidor digital, quitándolas de su lugar oculto tras el "acepto" y ubicarla en la *front page*, de modo de que el consumidor las pueda visualizar claramente. Por ejemplo, las que permiten el uso de los datos personales por terceros.

Desde una perspectiva sustancial, la exigencia de cognoscibilidad y comprensibilidad corresponde a todos las cláusulas de los contratos de adhesión, pero se intensifica en los contratos *online* y en los contratos de financiamiento a consumidores, en los cuales, se presentan elementos de alta complejidad que producen consecuencias de suma relevancia que deben ser conocidas y comprendidas por el consumidor.

CONTROL DE LAS TASAS DE INTERÉS APLICADAS AL FINANCIAMIENTO DE CONSUMIDORES. LOS LÍMITES DE LA USURA

Un factor que incide directamente en el sobreendeudamiento de los consumidores está constituido por los intereses y otros cargos (como, por ejemplo, compensaciones, comisiones, gastos de administración, seguros, multas) que deben abonar los consumidores en las operaciones de financiamiento.

En el sistema jurídico uruguayo, la Ley No. 18.212, de intereses y usura, de 05/12/2007, establece límites a las tasas aplicables a los intereses compensatorios y moratorios.

Con relación a los intereses compensatorios, en caso de que el capital financiado sea inferior al equivalente de 2.000.000 de unidades indexadas (UI), la tasa de interés no puede ser mayor al 55% de las tasas medias de interés publicadas por el Banco central del Uruguay (BCU)[27].

En esos supuestos de capital financiado inferior a 2.000.000 de UI, si existe incumplimiento, los intereses moratorios no pueden superar el 80% de las tasas medias de interés referidas.

A su vez, si el capital financiado es mayor o igual al equivalente a 2.000.000 UI, la tasa de interés compensatorio no puede superar el 90% de las tasas medias de interés publicadas por el BCU y la tasa de intereses moratorios no puede superar el 120% de dichas tasas medias (Art. 11 Ley 18.212).

La tasa de interés considerada para determinar el exceso o no de los límites establecidos se calcula sobre la base de una *tasa implícita* que comprende los "intereses, compensaciones, gastos, seguros u otros cargos de cualquier concepto, incluidas las cláusulas penales" (Art. 10 Ley 18.212). Las cláusulas penales o multas no son incluidas en la tasa implícita en caso de financiamiento del precio en las compraventas y promesas de compraventa de inmuebles y vehículos automotores (Art. 10 inc. 3 Ley 18.212; Art. 2 Decreto 344/009, de 27/07/2009).

La tasa media es fijada por el BCU de acuerdo con las operaciones de crédito que le informen las entidades financieras. Las tasas medias se fijan por categorías de prestatarios, siendo una de ellas los créditos al consumo (Art. 12 Ley 18.212).

Si la tasa de interés excede los límites indicados se produce la usura civil, lo cual tiene como consecuencia la caducidad del "derecho de exigir el cobro de intereses, compensaciones, comisiones, gastos y otros cargos de cualquier naturaleza" (Art. 21 Ley 18.212).

Los intereses compensatorios no pueden aplicarse simultáneamente con los moratorios sobe el mismo capital (Art. 5 Ley 18.212). En las operaciones de crédito en cuotas, los intereses de mora solo pueden aplicarse sobre el monto de las cuotas vencidas e impagas, aun cuando el capital sea exigible en su totalidad (Art. 3 inc. final Ley 18.212).

El sistema de protección del consumidor previsto por la ley de intereses y usura, como se observa, es totalmente insuficiente. Los límites de las tasas de interés fijados son elevados. Las tasas medias de interés sobre la base de las cuales se fijan los referidos límites se calculan por el BCU sobre la base la información que proporcionan las propias entidades financieras respecto de las tasas que ellas mismas aplican. No se fija un límite máximo de financiamiento a consumidores.

---

27. La cantidad de 2.000.000 de Unidades indexadas equivale en mayo de 2022 a una suma aproximada a los 250.000 euros.

RELACIONES DE CONSUMO **235**

En las operaciones de financiamiento pagaderas en cuotas, no se regula la cláusula que hace exigible la totalidad del capital ante el incumplimiento de una cantidad reducida de cuotas (por ejemplo, por el no pago de dos cuotas). En dichos supuestos, el consumidor queda sometido a la imposibilidad de pagar la totalidad del capital y al crecimiento de la suma adeudada por aplicación de intereses, cargos y multas. Lo cual, a su vez, genera la imposibilidad de pagar otros financiamientos, generándose un espiral descendente que lleva a una cesación de pagos con graves consecuencias para el consumidor.

Los límites previstos para las tasas de interés, además de elevados, no contemplan la acumulación de financiamientos. La finalidad protectoria de los límites de las tasas de interés y de la caducidad de los intereses usurarios se neutraliza con la acumulación de financiamientos. En el caso de los consumidores, lo que se quiere evitar que éstos padezcan mediante dichos mecanismos de protección, lo sufren de todos modos por la vía de la sumatoria de financiamientos.

En definitiva, la legislación uruguaya sobre intereses y usura no contiene medios efectivos de protección del consumidor en el financiamiento al consumo ni instrumentos preventivos del sobreendeudamiento de los consumidores.

NUEVOS CONTROLES POR PARTE DE LAS ENTIDADES DE FINANCIAMIENTO AL OTORGAR EL CRÉDITO A CONSUMIDORES Y RÉGIMEN DE *COMPLIANCE*

La diligencia del buen profesional de servicios financieros exigible a las entidades de financiamiento a consumidores comprende la consideración de la situación patrimonial del consumidor previo al otorgamiento de la financiación con la finalidad de determinar si el crédito que concede produce, o puede producir, un sobreendeudamiento.

En nuestro sistema jurídico, no existe esa medida específica de prevención, a pesar de que las entidades financieras para el otorgamiento del financiamiento deben actuar con una diligencia superior a la media, propia del profesional de servicios financieros.

Los controles de los sistemas financieros deben estar dirigidos a evitar el sobreendeudamiento del deudor y la condena a una deuda permanente. La prevención debe pasar a tener un rol central en la búsqueda de equilibrio de las relaciones de consumo y de las relaciones de consumo financieras en particular para prevenir el sobreendeudamiento de los consumidores.

Desde esa perspectiva, un instrumento apropiado para esa prevención es el denominado *Compliance*. La variabilidad y flexibilidad de la tecnología digital y la IA, así como de la sobreoferta de consumo y del financiamiento en estos ámbitos, hace que la regulación heterónoma exterior a las organizaciones empresariales (*enforcement*) mediante permisiones, obligaciones y prohibiciones normativas se muestre insuficiente y determine que una estrategia de *compliance* de Derecho del consumo, aplicada en forma conjunta con los instrumentos normativos heterónomos, sea preferible al funcionamiento de estos últimos sin la coordinación con la primera[28].

El *compliance* tiene por finalidad el cumplimiento de normas jurídicas estatales ordinarias, heterónomas a las empresas, tendientes a prevenir, precisamente, incumplimientos de dichas normas. La estrategia instrumental para lograr dichos fines incluye promover el cumplimiento de reglas y principios internos a la organización empresarial (autónomos), de naturaleza variada, incluidos códigos de ética, códigos de conducta, protocolos etc., lo cual implica que la organización debe establecer tales estándares y procedimientos para prevenir conductas indebidas[29]. De ese modo, el *compliance* es un instrumento de derecho preventivo, cuyo eje es evitar los riesgos jurídicos con anterioridad a que se concreten[30].

El Libro Blanco sobre la función del *compliance* de la Asociación Española de Compliance expresa que "la operación de uno o varios programas de compliance" contribuye "a promover y desarrollar una cultura del cumplimiento en el seno de la organización".

Las características de los sistemas de *compliance*, integrados por una pluralidad de componentes y de instrumentos por medio de los cuales proyecta sus efectos, es consistente con una expansión del *compliance* a todos los sectores del Derecho, no quedando limitado a la prevención de los delitos de corrupción, lavado de activos, narcotráfico y terrorismo. Actualmente, se proyecta el *compliance* en diversos ámbitos, como la protección de datos, la propiedad intelectual, el derecho de la competencia y, en particular, de derecho del consumo[31].

Un sistema de compliance *ex ante* actúa de modo diferente a un sistema sancionatorio o reparatorio *ex post*. La construcción de una estrategia de cumplimiento por parte de la empresa mediante canales adecuados conduce a la supervisión integral de todas las actividades desde su origen, no solo por los encargados de diseñar, implementar y supervisar el programa de *compliance*, sino por la red de empleados y funcionarios que participan de la gestión de la empresa en todas sus fases.

---

28. ACCIARRI, Hugo, AZAR-BAUD, María José, MARZETTI, Maximilano. Inteligencia artificial, compliance y derecho del consumo. Estructura de gobernanza empresarial y estatal frente al empleo de algoritmos durante la pandemia y más allá. En: MEZZASOMA, Lorenzo et al (Coord.). *Il conumatore e la normativa emergenziale ai tempi del COVID-19*. Napoli: Edizioni Scientifiche Italiane, 2021. p. 16.

29. Un ejemplo de autorregulación inducida se encuentra en la Directiva 2005/29/UE, sobre prácticas comerciales desleales, de 11 de mayo de 2005, Exposición de motivos No. 20 y art. 2 (definiciones), literales f) y g), art. 6 (acciones engañosas), art. 10 (Códigos de conducta).

30. ACCIARRI, Hugo, AZAR-BAUD, María José, MARZETTI, Maximilano. Inteligencia artificial, compliance y derecho del consumo. Estructura de gobernanza empresarial y estatal frente al empleo de algoritmos durante la pandemia y más allá. En: MEZZASOMA, Lorenzo et al (Coord.). *Il conumatore e la normativa emergenziale ai tempi del COVID-19*. Napoli: Edizioni Scientifiche Italiane, 2021. p. 17-19.

31. Id. p. 20. Obviamente, no es lo mismo construir un sistema de *compliance* dirigido a prevenir delitos de corrupción que uno dirigido a la protección de consumidores. Mientras que el *compliance* de delitos refiere a un conjunto reducido de normas poco dinámicas que regulan una serie de conductas tipificadas, el *compliance* de Derecho de consumo comprendería un elenco de normas abstractas y indeterminadas que regulan un elenco de conductas indeterminadas y cambiantes de modo dinámico, máximo a partir del empleo de algoritmos.

Se genera un cambio cultural dentro de la organización sobre la base del respeto de valores que va más allá del mero cumplimiento formal de normas externas que se imponen por el Estado. Como señalan Acciarri, Azar y Marzotti, "no se trata de una supervisión *ex post* de conductas cumplidas, sino también de una variación de las motivaciones y propósitos de las acciones a cumplir *ex ante* y durante; un monitoreo permanente de estrategias y resultados"[32].

El cumplimiento de las normas que impongan límites al financiamiento y con ello brinden una solución preventiva al sobreendeudamiento de los consumidos debe encararse mediante la construcción de un sistema de reglas heterónomas a las entidades financieras en combinación con un sistema autónomo de control del cumplimiento de dichas reglas por parte de dichas organizaciones.

A nivel del sistema de Derecho del Consumo en general, la difusión de los sistemas de *compliance* en ámbitos específicos tendrá repercusiones en el mercado, pues las relaciones empresariales -desde un *due dilinge* para la fusión y adquisición hasta exigencia similares en la cadena de comercialización- requerirán que las empresas deban tener un sistema de *compliance* aceptable.

REFERENCIAS

ACCIARRI, Hugo, AZAR-BAUD, María José, MARZETTI, Maximilano. Inteligencia artificial, compliance y derecho del consumo. Estructura de gobernanza empresarial y estatal frente al empleo de algoritmos durante la pandemia y más allá. En: MEZZASOMA, Lorenzo et al (Coord.). *Il conumatore e la normativa emergenziale ai tempi del COVID-19*. Napoli: Edizioni Scientifiche Italiane, 2021.

BALSA CADENAS, Maria; MORTE FERRER, Ricardo; SARAVIA MORALES, Andrés. *Nuevos estándares en protección de datos personales*. Montevideo: La Ley Uruguay, 2020.

CALAIS AULAY, Jean. L'influence du droit de la consommation sur le droit civil des contrats. *Revue Trimestrielle du Droit Civil*, Paris, v. 93, n, 2, p. 239-254, abr./jun. 1994.

DI MAIO, Claudio. La tutela del consumatore online. En: CASSANO, Giuseppe; DONA, Massimiliano; TORINO, Raffaele (A cura di). *Il diritto dei consumatori*. Milano: Giuffrè, 2021.

DURAND, Cedric. *Tecnofeudalismo. Crítica de la economía digital*. Trad. Víctor Goldstein. Donostia: La Cebra, 2021.

FALCO IRIONDO, Enrique. Sobreendeudamiento de personas físicas y consumidores. *Revista de Derecho Comercial*, Montevideo, a. 2, n. 7, p. 3-47, jul./set. 2017.

GAMARRA, Jorge. *Tratado de Derecho Civil Uruguayo*. Montevideo: FCU, 2003, t., XX.

JAPAZE, María Belén. Sobreendeudamiento del consumidor. En: STIGLITZ, Gabriel; HERNÁNDEZ, Carlos Alfredo (Dir.). *Tratado de derecho del consumidor*. Buenos Aires: La Ley, 2015, t. II.

LORENZETTI, Ricardo Luis. *Consumidores*. Santa Fe: Rubinzal-Culzoni, 2003.

LORENZETTI, Ricardo Luis. La financiación al consumidor. En: LORENZETTI, Ricardo Luis; LIMA MARQUES, Claudia. *Contratos de servicios a los consumidores*. Santa Fe: Rubinzal-Culzoni, 2005.

MARIÑO LÓPEZ, Andrés. El control del contenido del contrato de adhesión en la ley uruguaya de relaciones de consumo. *Anuario de Derecho Civil Uruguayo*, Montevideo, a. 31, p. 721-739, 2000.

---

32. Id. p. 30.

MARIÑO LÓPEZ, Andrés. Los contratos relacionales, las relaciones de consumo bancarias y el equilibrio de las posiciones contractuales. En: OLIVERA GARCÍA, Ricardo (Dir.). *Estudios de Derecho Comercial. Homenaje al Prof. Dr. José A. Ferro Astray en el centenario de su nacimiento (1919-2019)*. Montevideo: La Ley Uruguay, 2020, t. II.

MARIÑO LÓPEZ, Andrés. Principio de igualdad, ruptura del equilibrio contractual y revisión del contenido del contrato de adhesión no celebrado con consumidores. Un estudio en clave constitucional. En: PÉREZ GALLARDO, Leonardo; AMORÍN PISA, Marcelo (Coord.). *El derecho contractual en clave constitucional*. Santiago de Chile: Olejnik, 2021.

MARIÑO LÓPEZ, Andrés. Revisión del contrato, cláusulas abusivas y obligación de renegociar el contenido del contrato en las relaciones de consumo ante la pandemia COVID-19. Estudio desde los sistemas jurídicos uruguayo, argentino y brasileño. En: MEZZASOMA, Lorenzo et al (A cura di). *Il consumatore e la normativa emergenziale ai tempi del COVID-19*, Napoli: Edizioni Scientifiche Italiane, 2021.

MARQUES, Claudia Lima. Contratos bancarios en tiempos posmodernos. En: LORENZETTI, Ricardo Luis; LIMA MARQUES, Claudia. *Contratos de servicios a los consumidores*. Santa Fe: Rubinzal-Culzoni, 2005.

MEZZASOMA, Lorenzo. El consumidor endeudado: perspectivas de tutela. En: PÉREZ-SERRABONA GÓNZALEZ, José Luis; PÉREZ-SERRABONA GONZÁLEZ, Francisco Javier (Dir.) *Derecho privado, responsabilidad y consumo*. Cizur Menor: Aranzadi Thomson Reuters, 2018.

ORDOQUI, Gustavo. *Derecho del Consumo*. Montevideo: La Ley Uruguay, 2018.

PEGUERA POCH, Miquel. Publicidad online basada en el comportamiento y protección de la privacidad. En: RALLO LOMBARTE, Artemi; MARTÍNEZ MARTÍNEZ, Ricard (Ed.). *Derecho y redes sociales*. 2ª ed. Cizur Menor: Civitas Thomson Reuters, 2013.

PÉREZ SERRABONA GONZÁLEZ, Francisco Javier. La protección de los consumidores y las nuevas tendencias disruptivas del mercado financiero: la globalización digital de la banca. *Revista Crítica de Derecho Privado*, Montevideo, n. 14, p. 475-512, 2017.

QUAGLIA, Marcelo. El consumidor en los entornos digitales. Posibles efectos de la publicidad en el sobreendeudamiento". *La Ley,* Buenos Aires, 10 mayo 2022.

RIFKIN, Jeremy. *La era del acceso. La revolución de la nueva tecnología*. Trad. osé Francisco Álvarez Álvarez. Buenos Aires: Paidós, 2004.

SÁNCHEZ RUIZ DE VALDIVIA, Inmaculada. *Abusividad y transparencia en la contratación predispuesta con consumidores y, también, con autónomos y empresarios (PYMES)*. Cizur Menor: Thomson Reuters Aranzadi, 2021.

SIBILIA Paula. *El hombre posorgánico. Cuerpo, subjetividad y tecnología digitales*. Buenos Aires: Fondo de Cultura Económico, 2013.

SZAFIR, Dora. *Consumidores. Análisis exegético de la ley n. 17.250*. Montevideo: FCU, 2009.

VEIGA COPO, Abel. *Consumidor vulnerable*. Cizur Menor: Civitas Thomson Reuters, 2021.

WE are social. 2022. Disponible en: https://wearesocial.com/uk/. Aceso em: 06 dez. 2022.

O FIM DA SUSPENSÃO DOS CONTRATOS DE COMUNICAÇÕES ELETRÓNICAS DOS CONSUMIDORES HIPERVULNERÁVEIS: UMA EXIGÊNCIA DA QUALIFICAÇÃO DO DIREITO DE ACESSO À INTERNET COMO DIREITO HUMANO NA ERA DIGITAL

Susana Almeida

Professora Adjunta da Escola Superior de Tecnologia e Gestão do Politécnico de Leiria, Portugal. Investigadora do Polo de Leiria do Instituto Jurídico Portucalense. Licenciada e Mestre em Ciências Jurídico-Civilísticas pela Faculdade de Direito da Universidade de Coimbra, Doutora em Direito Privado pela Faculdade de Direito da Universidade de Salamanca. Presidente da Associação Portuguesa de Direito do Consumo.

INTRODUÇÃO[1]

O acesso à internet, enquanto serviço público essencial de comunicações eletrónicas[2], assume uma importância fundamental no quotidiano de cada ser humano e pode ser perspetivado como um catalisador ou mesmo como uma condição do exercício dos seus direitos e liberdades fundamentais, mormente do direito à liberdade de expressão e informação. Como reflexo deste pulsar da sociedade hodierna, as várias organizações universais, regionais e nacionais de proclamação solene e sistemática de direitos humanos parecem querer vestir o direito de acesso à internet com os magnos "trajes" de direito humano e os executivos nacionais começam a procurar criar políticas públicas para garantir o exercício pleno e universal deste direito.

A transformação digital e a importância do direito de acesso à internet foram acentuadas com o cenário pandémico, já que passámos a exercer grande parte dos nossos direitos fundamentais em ambiente virtual (*v.g.*, direito de acesso à justiça, direito à educação, direito à liberdade de expressão, direito à informação, direito ao trabalho, direito ao desenvolvimento de relações interpessoais). O tempo de pandemia e de exceção parece ser hoje passado e, não obstante, muitas das soluções digitais encontradas neste período figuram no cardápio do nosso quotidiano, com vantagens assináveis e desenvolvimento exponencial (*v.g.*, teletrabalho, *e-learning*, *e-commerce*, *e-governance*, *e-banking*, acesso à informação, entre muitas outras).

---

1. O presente texto foi finalizado em julho de 2022, pelo que não considerou as alterações introduzidas pela Nova Lei das Comunicações Eletrónicas, aprovada pela Lei n. 16/2022, de 16 de agosto.
2. PORTUGAL. *Lei n. 23/96, de 26 de julho*. Lei dos Serviços Públicos Essenciais. Ver art. 1º, n. 2, al. *d*).

Outrossim, para controlar a disseminação da Covid-19, Portugal adotou diversas medidas de exceção sobre a suspensão dos contratos de serviços de comunicações eletrónicas, como nos propomos enunciar. Entendemos, porém, que, para garantir o exercício deste direito à conetividade, as medidas de exceção devem ser convertidas em regra e outras devem ser adotadas.

Ora, no presente trabalho, pretendemos analisar as soluções vigentes no ordenamento luso neste particular e fazer um exercício de reflexão sobre propostas *de lege ferenda* para assegurar o efetivo respeito pelo direito de acesso à internet como direito humano. Neste seguimento, procuraremos defender que a – real e não ilusória – salvaguarda deste direito de acesso à internet como direito humano exige, além de previsões como a tarifa social de internet, soluções como a proibição da suspensão dos contratos de comunicações eletrónicas, em caso de mora ou falta de pagamento do preço pelo utente, independentemente da existência de contexto pandémico e uma vez demonstrada a respetiva insuficiência económica, ou como o acesso livre e universal à internet em espaços públicos.

Percebemos as dificuldades que assomam no horizonte de cada Estado com a consagração e garantia de um direito com este pendor prestacional[3] e entendemos o argumento de que tal direito apenas poderá salvaguardar-se na medida dos recursos de que cada Estado dispõe. Não obstante, não poderá almejar-se a transformação digital, a desmaterialização dos serviços e de exercício de direitos ou assistir-se à evolução tecnológica e seu reflexo nos diversos espectros sociais – *v.g.*, trabalho, lazer e relações interpessoais – sem se garantir um direito à conetividade de modo pleno e universal.

O DIREITO DE ACESSO À INTERNET: UM NOVO DIREITO HUMANO?

A evolução tecnológica, a transformação digital e a conectividade têm moldado a nossa vida em sociedade. O modo como acedemos à informação e à educação, comunicamos, estabelecemos relações interpessoais, trabalhamos, adquirimos bens e serviços, exercemos direitos civis e políticos assume hoje, na maior parte das vezes, contornos digitais. A internet deixou, pois, de ser uma mera ferramenta tecnológica para, como advoga Merten Reglitz, ser um direito que potencia o exercício ou nos permite exercer direitos e liberdades fundamentais[4]. É neste contexto que parece assistir-se gradualmente à emergência de um novo direito humano no cenário internacional ou, pelo menos, como assinala Andressa de Bittencourt Siqueira, é manifesto o reconhecimento da importância do acesso à internet para promoção, proteção e exercício dos direitos já reconhecidos[5].

---

3. Para algumas notas sobre os custos desta obrigação positiva de conceder acesso universal à internet, ver REGLITZ, Merten. The human right to free internet access. *Journal of Applied Philosophy*, Londres, v. 37, n. 2, p. 314-331, 2020. p. 324 e ss.

4. Id. p. 317-328. Sublinhando igualmente que "[a] internet é tão importante para a comunicação, interação e acesso aos bens essenciais que negar a parte da humanidade o seu acesso equivale a negar às pessoas a oportunidade para terem uma vida minimamente decente".

5. Cfr. SIQUEIRA, Andressa de Bittencourt. A fundamentalidade subordinada do direito de acesso à internet no cenário jurídico-constitucional brasileiro. *Revista Eletrónica de Direito Público*, Lisboa, v. 7, n. 2, p. 240-263,

No Relatório do relator especial sobre a Promoção e Proteção do Direito à Liberdade de Opinião e Expressão, Frank La Rue, (A/HRC/17/27), de 16 de maio de 2011, criado sob os auspícios da Organização das Nações Unidas (ONU), exigiu-se aos Estados que "honrem os seus compromissos, expressos *inter alia* no *Millennium Development Goals*, para providenciar a transferência de tecnologia para os Estados em desenvolvimento e para integrar programas eficazes para facilitar o acesso universal à Internet nas suas políticas de desenvolvimento e assistência"[6]. A 27 de junho de 2016, numa Resolução, em adenda ao Art. 19º da Declaração Universal dos Direitos Humanos[7], que consagra o direito à liberdade de opinião e de expressão (A/HRC/32/L.20), emanada também nesta sede, foi acrescentada uma seção 32 com a epígrafe "Promoção, proteção e gozo dos direitos humanos na internet" e foram enunciadas mais de uma dezena de recomendações para assegurar o respeito pelos direitos dos usuários da internet[8]. A preocupação que subjaz a este documento de caráter não vinculativo é a de assegurar que os direitos que os indivíduos têm *offline* sejam igualmente protegidos *online*. A importância da promoção, proteção e gozo dos direitos humanos na internet e, bem assim, a relevância do direito de acesso à internet têm sido enfatizados igualmente em vários outros documentos oficiais desta organização internacional aos longo dos últimos anos. A UNESCO, na *General Conference, 38th session,* de 18 de novembro de 2015, também destacou que "apoia o conceito de universalidade da internet, com uma internet que respeite os princípios dos direitos humanos, abertura, acessibilidade e participação das múltiplas partes interessadas"[9].

Igualmente, no seio do Conselho da Europa, a internet está a assumir uma expressão de relevo no exercício dos direitos humanos. Neste particular, o Tribunal Europeu dos Direitos Humanos (TEDH) proclamou, no caso Cengiz e Outros c. Turquia, de 1 de dezembro de 2015, que "[a] internet tornou-se hoje um dos principais meios através dos quais os indivíduos exercem os seus direitos à liberdade de receber e transmitir informações e ideias" (§ 49)[10].

Por outro lado, o Comité de Ministros do Conselho da Europa adotou, a 16 de abril de 2014, um Guia de Direitos Humanos para os Usuários da Internet, com o fito de enunciar os princípios basilares para tutela dos direitos humanos e liberdades fun-

---

2020. p. 250.

6. UNITED NATIONS. General Assembly. *Report of the special rapporteur on the promotion and protection of the right to freedom of opinion and expression, Frank La Rue.* Disponível em: https://www2.ohchr.org/english/bodies/hrcouncil/docs/17session/A.HRC.17.27_en.pdf. Acesso em: 22 jul. 2022.

7. Aprovada no seio da ONU a 10 de dezembro de 1948 e definida por Eleanor Roosevelt na véspera da sua aprovação como "a Magna Carta de toda a humanidade". Cfr. CASSESE, Antonio. *I diritti umani nel mondo contemporaneo.* Roma-Bari: Sagittari Laterza, 1988. P. 42.

8. UNITED NATIONS. General Assembly. *Oral revisions of 30 June.* Disponível em: https://www.article19.org/data/files/Internet_Statement_Adopted.pdf. Acesso em: 22 jul. 2022.

9. Cfr. UNESCO. General Conference. *Records of the General Conference, 38th session.* Disponível em: https://unesdoc.unesco.org/ark:/48223/pf0000243325. Acesso em: 22 jul. 2022.

10. EUROPEAN COURT OF HUMANS RIGHTS. *Cengiz e Outros c. Turquia.* 01 dez. 2015. Disponível em: http://www.echr.coe.int/. Acesso em: 17 dez. 2022.

damentais proclamados na Convenção Europeia dos Direitos Humanos (CEDH)[11] para todos os usuários da internet[12].

Refira-se ainda que se tem verificado um número crescente de casos trazidos a Estrasburgo que convocam as novas tecnológicas e a apreciação de um direito de acesso à internet[13]. Os principais casos que têm sido levados ao escrutínio do TEDH têm sido apreciados sobretudo à luz do Art. 8º da CEDH, que consagra o direito ao respeito pela vida privada e familiar, domicílio e correspondência, bem como ao abrigo do Art. 10º da CEDH, que protege a liberdade de expressão. Sem embargo, com o surto pandémico e a necessidade de assegurar a universalidade do ensino, admitimos a possibilidade de invocar igualmente o direito de acesso à internet para garantir o respeito efetivo pelo direito à instrução ou educação contemplado no Art. 2º do Protocolo Adicional n. 1 à CEDH.

Movendo-nos agora especificamente para o seio da União Europeia (UE), impõe-se referir a iniciativa WiFi4EU que visa promover o acesso livre a internet wireless para todos os cidadãos em espaços públicos, tais como parques, praças, edifícios públicos, bibliotecas, centros de saúde e museus em todos os municípios participantes na Europa[14].

Por outro lado, a Nova Agenda do Consumidor (2020-2025), adotada a 13 de novembro de 2020[15], apresenta como um dos cinco eixos fundamentais a transformação digital e consequente necessidade de garantir a proteção dos consumidores em linha e fora de linha.

Por fim, deveremos assinalar o Código Europeu das Comunicações Eletrónicas, aprovado pela Diretiva (UE) 2018/1972 do Parlamento Europeu e do Conselho, de 11 de dezembro de 2018[16], que, nos arts. 84º e ss., visa a assegurar aos usuários europeus um serviço adequado de acesso à internet de banda larga para participação social e económica na sociedade, prevendo especiais imposições, para os Estados-Membros, quanto aos consumidores com baixos rendimentos ou com necessidades sociais especiais que não conseguem aceder aos mesmos.

---

11. A Convenção Europeia para a Proteção dos Direitos Humanos e das Liberdades Fundamentais – abreviadamente conhecida por Convenção Europeia dos Direitos Humanos – nasceu das cinzas da II Guerra Mundial, a 4 de novembro de 1950, sob a égide do Conselho da Europa.

12. COUNCIL OF EUROPE. *Guide to Human Rights for Internet Users*. Disponível em: https://www.coe.int/en/web/freedom-expression/guide-to-human-rights-for-internet-users. Acesso em: 17 dez. 2022.

13. Consulte-se a listagem de alguns casos em: https://www.echr.coe.int/Documents/FS_New_technologies_ENG.pdf, acesso em: 22 jul. 22.

14. Para mais detalhes sobre a iniciativa, ver https://digital-strategy.ec.europa.eu/en/activities/wifi4eu. No que diz respeito aos municípios portugueses que participam neste programa, consulte-se o mapa disponible [Online] en: https://digital-strategy.ec.europa.eu/en/library/wifi4eu-networks-maps, acesso em 22 jul. 2022.

15. COMISSÃO EUROPEIA. *Nova Agenda do Consumidor*. Disponível em: https://eur-lex.europa.eu/legal-content/EN/TXT/?uri=CELEX:52020DC0696. Acesso em: 17 dez. 2022.

16. Esta Diretiva deveria ter sido transposta para o ordenamento jurídico luso até ao dia 21 de dezembro de 2020, mas até à data não se verifica o cumprimento de tal imperativo. Foi, no entanto, aprovada em Conselho de Ministros, em abril de 2022, a proposta de Lei das Comunicações Eletrónicas a apresentar à Assembleia da República. Ver: https://www.portugal.gov.pt/pt/gc22/comunicacao/comunicado?i=lei-das-comunicacoes-eletronicas-aprovada-em-conselho-de-ministros.

Na senda deste movimento internacional e como resposta à atual importância socioeconómica da internet, o legislador nacional classificou recentemente o direito de acesso à internet como um direito humano na Carta Portuguesa de Direitos Humanos na Era Digital, aprovada pela Lei n. 27/2021, de 17 de maio. Aliás, este alinhamento ressalta logo do n. 1 do Art. 2º deste diploma, que estatui que "[a] República Portuguesa participa no processo mundial de transformação da Internet num instrumento de conquista de liberdade, igualdade e justiça social e num espaço de promoção, proteção e livre exercício dos direitos humanos, com vista a uma inclusão social em ambiente digital", acrescentando no n. 2 que são plenamente aplicáveis no ciberespaço as normas que consagram e tutelam direitos, liberdades e garantias.

Mas é o Art. 3º deste diploma que concede assento legal ao direito à conectividade ao ambiente digital, sem discriminações, fazendo impender sobre o Estado a obrigação positiva de promover: "a) O uso autónomo e responsável da Internet e o livre acesso às tecnologias de informação e comunicação; b) A definição e execução de programas de promoção da igualdade de género e das competências digitais nas diversas faixas etárias; c) A eliminação de barreiras no acesso à Internet por pessoas com necessidades especiais a nível físico, sensorial ou cognitivo, designadamente através da definição e execução de programas com esse fim; d) A redução e eliminação das assimetrias regionais e locais em matéria de conectividade, assegurando a sua existência nos territórios de baixa densidade e garantindo em todo o território nacional conectividade de qualidade, em banda larga e a preço acessível; e) A existência de pontos de acesso gratuitos em espaços públicos, como bibliotecas, juntas de freguesia, centros comunitários, jardins públicos, hospitais, centros de saúde, escolas e outros serviços públicos; f) A criação de uma tarifa social de acesso a serviços de Internet aplicável a clientes finais economicamente vulneráveis; g) A execução de programas que garantam o acesso a instrumentos e meios tecnológicos e digitais por parte da população, para potenciar as competências digitais e o acesso a plataformas eletrónicas, em particular dos cidadãos mais vulneráveis; h) A adoção de medidas e ações que assegurem uma melhor acessibilidade e uma utilização mais avisada, que contrarie os comportamentos aditivos e proteja os consumidores digitalmente vulneráveis; i) A continuidade do domínio de Internet de Portugal «.PT», bem como das condições que o tornam acessível tecnológica e financeiramente a todas as pessoas singulares e coletivas para registo de domínios em condições de transparência e igualdade; j) A definição e execução de medidas de combate à disponibilização ilícita e à divulgação de conteúdos ilegais em rede e de defesa dos direitos de propriedade intelectual e das vítimas de crimes praticados no ciberespaço".

Consagrado o direito, como bem sublinha Mário Frota a este respeito, "há que impor ao Estado o que em letra de forma nela se plasma"[17]. Atentemos, pois, no que

---

17. Cfr. FROTA, Mário. *O acesso à internet como direito humano na era digital.* Diário online. Região Sul. 26 maio 2021. Disponível em: https://regiao-sul.pt/2021/05/26/opiniao/o-acesso-a-internet-como-direito-humano--na-era-digital/540337. Acesso em: 04 jul. 2022.

a lei lusa dispõe para assegurar o respeito efetivo por este direito e no mais que se poderá prever[18].

A SUSPENSÃO DA PRESTAÇÃO NOS CONTRATOS DE COMUNICAÇÕES ELETRÓNICAS

O contrato para a prestação de serviços de comunicações eletrónicas é regulado, uma vez que se trata de um serviço público essencial[19], pela Lei n. 23/96, de 26 de julho, designada Lei dos Serviços Públicos Essenciais (LSPE), bem como, em particular, porquanto falamos de um serviço de comunicações eletrónicas[20], pela Lei n. 5/2004, de 10 de fevereiro, apelidada Lei das Comunicações Eletrónicas (LCE), que estabelece o regime jurídico aplicável às redes e serviços de comunicações eletrónicas e aos recursos e serviços conexos e define as competências da autoridade reguladora nacional neste domínio (ICP-Autoridade Nacional de Comunicações ou, abreviadamente, ANACOM).

Tendo em consideração os objetivos que traçámos para o presente trabalho, não discorreremos sobre o regime jurídico, em geral, destes contratos e focar-nos-emos somente, como decorre e numa perspetiva interessada no nosso tema, nas questões referentes à suspensão do serviço em virtude de incumprimento ou mora do utente[21].

---

18. Num sumaríssimo apontamento de Direito Comparado, poderemos assinalar alguns exemplos de outros ordenamentos jurídicos que, reconhecendo a importância da conectividade na era digital, deram consagração ao direito universal e livre de acesso à internet. Com efeito, o art. 6º da Constituição Mexicana consagra, desde 2013, o direito de acesso universal à internet, tendo o governo implementado o programa designado "Mexico Conectado" com a promoção da conexão gratuita em múltiplos espaços públicos a nível nacional. BARRY, Jack. *COVID 19 exposes why access to the internet is a human right*. OpenGlobalRights. 26 maio 2020. Disponível em: https://www.openglobalrights.org/covid-19-exposes-why-access-to-internet-is-human-right/. Acesso em: 25 jul. 2022. Igualmente, no Brasil, registamos, no plano infraconstitucional, o Marco Civil da Internet, aprovado pela Lei n. 12.965, de 23 de abril de 2014, que reconhece, no art. 4º, inciso I, o direito de acesso à internet a todos e, por outro lado, múltiplas tentativas de incluir o direito de acesso à internet entre o catálogo de direitos fundamentais da Constituição Federal Brasileira através de propostas de emendas. SARLET, Ingo Wolfgang; SIQUEIRA, Andressa de Bittencourt. *O direito humano e fundamental de acesso à internet*. ConJur, 12 nov. 2021. Disponível em: https://www.conjur.com.br/2021-nov-12/direitos-fundamentais-direito-humano-fundamental-acesso-internet#_ftn1. Acesso em: 25 jul. 2022.
19. Foi a Lei n. 12/2008, de 26 de fevereiro, que alargou o âmbito de aplicação da Lei dos Serviços Públicos Essenciais aos serviços de comunicações eletrónicas, com a introdução da al. *d)* no n. 2 do art. 1º desta lei, pondo assim fim à divergência existente quanto à sua aplicabilidade. Cfr. SÁ, Flávia da Costa de. *Contratos de prestação de serviços de comunicações eletrónicas*: a suspensão do serviço em especial. Dissertação (Mestrado) – Faculdade de Direito da Universidade Nova de Lisboa, 2014, 86 fls. p. 19 e ss.
20. De acordo com a al. *ff)* do art. 3º da Lei das Comunicações Eletrónicas, serviço de comunicações eletrónicas é "o serviço oferecido em geral mediante remuneração, que consiste total ou principalmente no envio de sinais através de redes de comunicações eletrónicas, incluindo os serviços de telecomunicações e os serviços de transmissão em redes utilizadas para a radiodifusão".
21. O art. 1º, n. 1, da LSPE estatui que este diploma "consagra regras a que deve obedecer a prestação de serviços públicos essenciais em ordem à proteção do utente", aditando o n. 3 que, para efeitos desta lei, é considerado utente "a pessoa singular ou coletiva a quem o prestador do serviço se obriga a prestá-lo". Deste modo, o âmbito subjetivo de aplicação do presente diploma é mais amplo do que a generalidade dos diplomas de Direito do Consumo, na medida em que se aplica aos contratos de prestação de serviços públicos essenciais, independentemente da natureza jurídica do utente, podendo este ser ou não um consumidor e, por conseguinte, podendo ou não tratar-se de um contrato de consumo.

O Art. 5º da LSPE consagra o princípio da continuidade, de acordo com o qual os serviços públicos essenciais devem ser prestados de forma ininterrupta ou contínua. Com efeito, de harmonia com o disposto no n. 1 deste dispositivo, a prestação do serviço não pode ser interrompida inesperadamente e sem pré-aviso, salvo caso fortuito ou de força maior. Esta é, aliás, uma exigência do princípio da proteção dos interesses económicos ínsito no Art. 9º da LDC.

Para além dos casos fortuitos ou de força maior, a suspensão da prestação do serviço poderá ocorrer na hipótese de (i) mora do utente[22], (ii) após este ter sido advertido, por escrito, com a antecedência mínima de vinte dias relativamente à data em que ela venha a ter lugar (Art. 5º, n. 2, LSPE), (iii) devendo esta advertência justificar o motivo da suspensão e informar o utente dos meios de que dispõe para a evitar ou retomar o serviço (Art. 5º, n. 3)[23]. Assinale-se ainda que, de acordo com o disposto no Art. 10º, n. 3, desta lei, "[a] exigência de pagamento por serviços prestados é comunicada ao utente, por escrito, com uma antecedência mínima de 10 dias úteis relativamente à data-limite fixada para efetuar o pagamento", incorrendo em mora a partir dessa data (Art. 805º do Código Civil, doravante designado abreviadamente CC).

O Art. 5º, n. 4, do mesmo diploma prevê ainda que o fornecimento do serviço não pode ser suspenso em virtude de falta de pagamento de outro serviço, salvo se forem funcionalmente indissociáveis. Assim, por exemplo, se numa mesma fatura são cobrados serviços de telefone e internet, o utente pode pagar um dos serviços e recusar-se a pagar o outro, com fundamento na sua não prestação ou prestação defeituosa, por hipótese[24]. Neste particular, o utente poderá exercer o seu direito à quitação parcial, conforme estipula o Art. 6º, ou seja, o utente poderá exigir o pagamento de um serviço público, ainda que seja faturado juntamente com outros, e não pagar os outros, exigindo a quitação daquele que efetuar o pagamento[25].

A LCE adota o conceito de assinante, que, nos termos do art. 3º, al. *e*), é "a pessoa singular ou coletiva que é parte num contrato com um prestador de serviços de comunicações eletrónicas acessíveis ao público para o fornecimento desses serviços". Apresenta, depois, um regime distinto para "assinantes não consumidores" (art. 52º) e "assinantes consumidores" (art. 52º-A).

22. Tratar-se-á de uma manifestação da regra da "exceção de não cumprimento do contrato" (*exceptio non adimpleti contractus*) aplicável aos contratos sinalagmáticos e regulada pelos arts. 428º a 431º do Código Civil. Sem embargo, questionando a natureza deste "corte" do fornecedor, mormente se será efetivamente um direito, uma autodefesa ou a aplicação do princípio da *exceptio non adimpleti contractus* e propugnando que a suspensão deveria ser decretada por um tribunal, ver FROTA, Mário. *Serviços públicos essenciais*. O regime de "corte" em Portugal. Associação Portuguesa de Direito do Consumo, [s/d]. Disponível em: http://www.xn--associaoportuguesadedireitodoconsumo-48c5m.pt/Regime-de-%E2%80%9CCorte.html. Acesso em: 04 jul. 2022.

23. Esta exigência decorre do dever de informação que impende sobre o prestador do serviço, em conformidade com o disposto no art. 4º deste diploma, em especial, e com o estatuído no art. 60º, n. 1, da Constituição da República Portuguesa e no art. 8º da LDC, em geral.

24. OBSERVATÓRIO DO DIREITO DO CONSUMO DA ORDEM DOS ADVOGADOS. *Ficha Informativa 3*, março 2015. Disponível em: https://portal.oa.pt/media/117391/ficha-3.pdf. Acesso em: 25 jul. 2022.

25. Prescreve o art. 6º da LSPE "[n]ão pode ser recusado o pagamento de um serviço público, ainda que faturado juntamente com outros, tendo o utente direito a que lhe seja dada quitação daquele". Este direito encontra igualmente consagração na LCE, mormente no art. 52º, n. 3, aplicável aos utentes consumidores por remissão ínsita no art. 52º-A, n. 5.

Sem embargo do exposto, por remissão do Art. 5º, n. 5, da LSPE, aplica-se à suspensão de serviços de comunicações eletrónicas prestados a consumidores o estatuído no Art. 52º-A da LCE. No que tange à suspensão referente a contratos celebrados com não consumidores, deverá atentar-se no estabelecido no Art. 52º da LCE. Vejamos o regime aplicável à suspensão do serviço prestado a consumidores.

O Art. 52º-A, n. 1, começa por estabelecer que os prestadores "devem, na falta de pagamento dos valores constantes da fatura, emitir um pré-aviso ao consumidor, concedendo-lhe um prazo adicional para pagamento, de 30 dias, sob pena de suspensão do serviço e de, eventualmente, haver lugar à resolução automática do contrato, nos termos do n. 3 e 7, respetivamente".

O n. 2 deste dispositivo preceitua que o pré-aviso deverá ser feito por escrito e no prazo de 10 dias após a data de vencimento da fatura, devendo tal aviso indicar as consequências da falta de pagamento, "nomeadamente a suspensão do serviço e a resolução automática do contrato", e informar sobre os meios ao dispor para as evitar.

Caso, decorrido aquele prazo, a quantia em dívida não tenha siso paga ou não se tenha celebrado acordo de pagamento por escrito com o fito de regularizar os valores em dívida, o prestador do serviço deve "obrigatoriamente, no prazo de 10 dias após o fim do prazo adicional previsto no n. 1, suspender o serviço, por um período de 30 dias", conforme estatui o n. 3 deste preceito, a não ser que a fatura seja objeto de reclamação, de harmonia com o prescrito no n. 4.

Se o valor exigido for pago ou caso se celebre um acordo de pagamento, os serviços suspensos serão repostos imediatamente ou, quando tal não seja tecnicamente possível, dentro de cinco dias úteis contados desde a data do pagamento ou da celebração de um acordo de pagamento, conforme estabelece o n. 6.

Ao invés, à luz do n. 7, "[f]indo o período de 30 dias de suspensão sem que o consumidor tenha procedido ao pagamento da totalidade dos valores em dívida ou sem que tenha sido celebrado um acordo de pagamento por escrito, o contrato considera-se automaticamente resolvido".

Verificando-se a resolução automática do contrato e estando o consumidor ainda dentro do prazo de fidelização, o prestador de serviço poderá exigir o pagamento de uma indemnização referente ao incumprimento da cláusula de fidelização, em conformidade com o disposto no n. 8 e em manifesta acentuação do desequilíbrio da relação[26].

Se, em desrespeito pelo estatuído neste preceito, o prestador continuar a prestar o serviço, mormente depois de ultrapassados os prazos aqui previstos, fica este impedido de exigir as contraprestações devidas pela prestação do serviço, ficando igualmente responsável pelo pagamento das custas processuais devidas pela ação de cobrança (n. 10).

---

26. CARVALHO, Jorge Morais. *Manual de direito do consumo*. 6. ed. Coimbra: Almedina, 2015. p. 366.

Esta previsão visa compelir o prestador a cumprir o disposto no dispositivo, prevenindo outrossim a acumulação de dívidas dos consumidores[27].

Após a Organização Mundial de Saúde, a 11 de março de 2020, ter qualificado a doença Covid-19 provocada pelo coronavírus SARS-CoV-2 como uma pandemia, vários estados de emergência foram decretados em Portugal pelo Presidente da República, com a adoção de diversas medidas para evitar ou mitigar a propagação desta doença, bem como para assegurar a continuidade da prestação dos serviços de comunicações eletrónicas, uma vez que passámos a exercer grande parte dos nossos direitos e liberdades fundamentais em ambiente virtual.

Foi, desde logo, a Lei n. 7/2020, de 10 de abril (alterada pela Lei n. 18/2020, de 29 de maio) que estatuiu no Art. 4º, num primeiro período, a saber, desde 11 de abril de 2020 até 30 de setembro de 2020, a impossibilidade de o prestador de serviço suspender o fornecimento nos contratos de comunicações eletrónicas nas comprovadas hipóteses que referiremos de seguida. O Art. 361º, n. 1, al. *d)*, e n. 2 da Lei do Orçamento de Estado de 2021 veio depois estender este regime até ao final do primeiro semestre de 2021. De seguida, o DL n. 56-B/2021, de 7 de julho (alterado pelo DL n. 70-A/2021, de 6 agosto) veio prorrogar a aplicabilidade do regime até 31 de dezembro de 2021. Por fim, o DL n. 119/2021, de 23 de dezembro, promovendo uma alteração do Art. 3º do DL n. 56-B/2021, de 7 de julho, realizou nova prorrogação do regime até 31 de março de 2022. Genericamente, os citados dispositivos proibiram a suspensão do fornecimento deste serviço essencial ao utente consumidor, desde que se comprovasse um dos seguintes requisitos de elegibilidade: *i)* situação de *desemprego*; *ii) quebra de rendimentos* do agregado familiar igual ou superior a 20%; *iii) infeção por Covid-19*[28]. A demonstração da quebra de rendimentos deveria ser realizada nos termos do exposto na Portaria n. 149/2020, de 22 de junho[29]. De acordo com a ANACOM, a situação de desemprego poderia ser comprovada com a declaração da entidade patronal, uma declaração da situação de desemprego da segurança social ou uma declaração do centro de emprego

---

27. Como bem ressalta SÁ, Flávia da Costa de. *Contratos de prestação de serviços de comunicações eletrónicas*: a suspensão do serviço em especial. Dissertação (Mestrado) – Faculdade de Direito da Universidade Nova de Lisboa, 2014, 86 fls. p. 73.

28. Dissertando sobre a falta de previsão, nestes diplomas, quanto à (in)admissibilidade do envio do pré-aviso de interrupção ao utente consumidor, ainda que a mesma apenas venha a produzir efeitos em momento posterior, Carlos Filipe Costa e Sara Fernandes entendem que não poderá ser enviado tal pré-aviso, em virtude de, nesta hipótese, estarmos perante uma prática comercial desleal, sob a forma de influência indevida (arts. 3º, als. *a)* a *d)*, *j)*, e *l)*, 6º, al. *b)*, 11º, n°s 1 e 2, als. *a)* e *c)*, do DL n. 57/2008, de 26 de março, que aprova o Regime Jurídico das Práticas Comerciais Desleais), porquanto a antecedência da comunicação feita à contraparte excede o prazo legalmente previsto face à data em que a suspensão poderá realizar-se e o utente consumidor poderá sentir-se compelido a pagar o montante exigido por receio de perda de acesso aos serviços contratados. Cfr. COSTA, Carlos Filipe; GARCIA, Sara Fernandes. *O envio de pré-aviso de interrupção de serviço público essencial como prática comercial desleal*, 13 jul. 2021. Disponível em: https://novaconsumerlab.novalaw.unl.pt/o-envio-de--pre-aviso-de-interrupcao-de-servico-publico-essencial-como-pratica-comercial-desleal/. Acesso em: 20 jun. 2022.

29. Para uma análise desta portaria e sobre a demonstração da quebra de rendimentos, *v.* CARVALHO, Jorge Morais. *Quebra de rendimentos e serviços públicos essenciais*, 22 jun. 2020. Disponível em: https://novaconsumerlab. novalaw.unl.pt/quebra-de-rendimentos-e-servicos-publicos-essenciais/. Acesso em: 20 jun. 2022.

como o titular do contrato ali estaria inscrito. Como esclareceu igualmente esta entidade, a situação de infeção por Covid-19 deveria ser comprovada por uma declaração médica ou hospitalar que atestasse a contração da doença[30].

Por outro lado, estes diplomas, mormente o Art. 4º, ns. 3 a 5, da Lei n. 7/2020 e posteriormente o Art. 3º, ns. 3 a 5, do DL n. 56-B/2021, de 7 de julho, com a redação conferida pelo DL n. 70-A/2021, de 6 agosto, concederam uma proteção adicional ao utente consumidor destes serviços: *i)* o utente consumidor que se encontrasse desempregado ou que tivesse sofrido uma quebra de rendimentos do agregado familiar igual ou superior a 20% face aos rendimentos do mês anterior poderia fazer *cessar unilateralmente* os contratos de comunicações eletrónicas, sem terem de compensar o fornecedor e, portanto, rompendo as denominadas fidelizações ou poderia *suspender temporariamente* estes contratos, sem penalizações ou cláusulas adicionais para o consumidor; *ii)* o utente consumidor que tivesse valores em dívida relativos ao fornecimento destes serviços poderia celebrar um *plano de pagamentos*, de comum acordo, adequados aos rendimentos do consumidor.

Refira-se, por último, que a ANACOM, em virtude de constatar que "algumas das preocupações dos utilizadores de serviços de comunicações não se encontra[va]m suficientemente salvaguardadas" pela legislação aprovada em contexto pandémico, veio propugnar junto da Assembleia da República, a 23 de abril de 2020, *inter alia*, que *i)* a proibição da suspensão destes serviços não deveria estar condicionada à verificação de desemprego e de redução de rendimentos, já que este se traduzia num regime mais restritivo em comparação com os demais serviços essenciais; *ii)* deveria ser equacionada a possibilidade de redução dos contratos, considerando a multiplicidade de serviços providos no âmbito dos pacotes de comunicações eletrónicas; *iii)* no que tange à regularização das dívidas acumuladas durante o período de exceção, o montante das prestações não deveria, salvo acordo expresso do utente consumidor, ser superior a metade do da mensalidade dos serviços contratados e deveriam ter um plano de pagamentos com uma duração mínima de seis meses, por forma a evitar que, "num curto espaço de tempo, após o período de emergência nacional, os consumidores [fossem] confrontados com a exigência de suportar num só mês montantes que, no caso dos serviços pós-pagos, pode[ria]m corresponder a duas ou mais mensalidades"; *iv)* a proibição, durante o período de exceção, a cobrança de juros de mora e de penalizações contratuais em consequência de atrasos no pagamento de faturas ou no carregamento de saldos[31].

---

30. Cfr. ANACOM – Portal do Consumidor. *Guia COVID-19* – Sabe como comprovar a sua situação de desemprego, quebra de rendimentos do agregado familiar ou infeção por COVID-19 para poder beneficiar das medidas de apoio?, 2021. Disponível em: https://www.anacom-consumidor.pt/-/guia-covid-19-sabe-como-comprovar-a--situacao-de-desemprego-quebra-de-rendimentos-do-agregado-familiar-ou-infecao-por-covid-19-para-po-der-beneficiar-da. Acesso em: 20 jun. 2022.

31. Cfr. ANACOM-Portal do Consumidor. *COVID-19* – ANACOM apresenta à Assembleia da República proposta de reforço da proteção dos utilizadores de comunicações eletrónicas, 2020. Disponível em: https://www.ana-com-consumidor.pt/-/covid-19-anacom-apresenta-a-assembleia-da-republica-proposta-de-reforco-da-pro-tecao-dos-utilizadores-de-comunicacoes-eletronicas. Acesso em: 20 jun. 2022.

A TARIFA SOCIAL DA INTERNET

Para concretizar a elevação do direito de acesso à internet ao estatuto de direito humano, em cumprimento do disposto na citada na Carta Portuguesa de Direitos Humanos na Era Digital e em linha com o previsto no Código Europeu das Comunicações Eletrónicas acima referido, foi criada a *tarifa social de acesso a serviços de acesso à internet em banda larga aplicável a clientes finais economicamente vulneráveis*, pelo DL n. 66/2021, de 30 de julho.

Conforme se enuncia no seu preâmbulo, este diploma "cria a tarifa social de fornecimento de serviços de acesso à Internet em banda larga, a aplicar a consumidores com baixos rendimentos ou com necessidades sociais especiais, alinhando a respetiva elegibilidade com os critérios em vigor para as tarifas sociais de outros serviços essenciais, designadamente a energia e água". O serviço prestado, no âmbito desta tarifa, é disponibilizado através de banda larga fixa ou móvel e deve suportar o catálogo mínimo de serviços elencados no n. 1 do Art. 3º deste diploma. São beneficiários desta previsão os consumidores com baixos rendimentos ou com necessidade especiais enumerados no Art. 4º, a saber, *i)* os beneficiários do complemento solidário para idosos; *ii)* os beneficiários do rendimento social de inserção; *iii)* os beneficiários de prestações de desemprego; *iv)* os beneficiários do abono de família; *v)* os beneficiários da pensão social de invalidez do regime especial de proteção na invalidez ou do complemento da prestação social para inclusão; *vi)* agregados familiares com rendimento anual igual ou inferior a 5.808€, acrescidos de 50 %, por cada elemento do agregado familiar que não disponha de qualquer rendimento, incluindo o próprio, até um limite de 10 pessoas; e, *vii)* os beneficiários da pensão social de velhice, bem como, nos termos do Art. 8º, os estudantes universitários, inseridos em agregados familiares elegíveis, e que se desloquem para outros municípios do País para estudar.

A Portaria n. 274-A/2021, de 29 de novembro, veio depois estabelecer o modelo, procedimentos e condições necessárias à aplicação DL n. 66/2021, de 30 de julho. Neste documento, o governo manteve o valor proposto pela ANACOM cifrado em cinco euros mensais, a que acresce IVA (6,15€), muito embora tenha reduzido para metade os requisitos técnicos propostos por aquela entidade reguladora, prevendo-se o download de 12 Mbps e um débito mínimo de upload de 2 Mbps, bem como um tráfego mensal em banda larga de 15 Gb.

Não obstante o governo avançar, no preâmbulo da portaria, que poderá rever as condições apresentadas tendo por base a proposta da ANACOM, apontamos várias notas negativas ao regime desenhado e levantamos dúvidas sobre o alcance da verdadeira inclusão digital das camadas mais desfavorecidas da população. Desde logo, na senda de Mário Frota, questionamos a exigência de imposto sobre o valor acrescentado, à razão de 23%, numa tarifa social, relativamente a um serviço essencial que se pretende que corresponda a um direito humano prestado a utentes consumidores economicamente vulneráveis, "como se de artigo de luxo se tratasse"[32]. Por outro lado, pode cobrar-se o

---

32. Cfr. FROTA, Mário. *Serviço universal de Internet*: a tarifa é social?. Diário online. Região Sul, 01 dez. 2021. Disponível em: https://regiao-sul.pt/2021/12/01/opiniao/servico-universal-de-internet-a-tarifa-e-social/561324. Acesso em: 20 jun. 2022.

valor de 21,45€, acrescidos de IVA (26,38€) para serviço de ativação e ou equipamentos de acesso (integralmente na fatura inicial ou a 6, 12 ou 24 meses), o que não consta do diploma de base. A solução aventada pelo governo, quanto aos requisitos técnicos do serviço, foi considerada insuficiente pela entidade reguladora após consulta pública e encontra-se muito abaixo das exigências almejadas pela União Europeia até 2025. Por último, esta tarifa não inclui televisão e telefone e, conjugada com um tarifário isolado de televisão, a tarifa social acaba por não compensar em comparação com os pacotes existentes no mercado.

A PROIBIÇÃO DA SUSPENSÃO NAS HIPÓTESES DE INCUMPRIMENTO OU MORA DO UTENTE CONSUMIDOR HIPERVULNERÁVEL E MEDIDAS ALTERNATIVAS

Feito este brevíssimo périplo pelo conjunto de normas que vigora e que vigorou no contexto pandémico neste particular e considerando que estamos a reerguer-nos na pós-pandemia, mas com uma guerra como pano de fundo e que, portanto, vivemos e viveremos dias de aperto financeiro, questionamos se, para assegurar o efetivo respeito pelo direito de acesso à internet como direito humano, não deveremos repensar a previsão de suspensão dos contratos de comunicações eletrónicas nas hipóteses de incumprimento ou mora dos consumidores hipervulneráveis?

Entendemos, pois, que, para assegurar um serviço universal de internet que inclua todas as camadas da população, para acompanhar a transformação digital e a evolução tecnológica que moldaram sem retorno o nosso quotidiano e, portanto, para salvaguardar o direito de acesso à internet como direito humano outras soluções são exigíveis.

Com efeito, para além da tarifa social de internet, cujo regime deverá ser revisto, advogamos, desde logo, o fim da proibição da suspensão dos contratos de comunicações eletrónicas, em caso de mora ou falta de pagamento da quantia em dívida pelo utente consumidor hipervulnerável (*v.g.*, agregados com rendimentos reduzidos, beneficiários do abono de família, desempregados de longa duração ou beneficiários de prestações de desemprego reduzidas, beneficiários do complemento solidário para idosos), independentemente da existência de contexto pandémico e uma vez demonstrada a respetiva insuficiência económica. Nesta hipótese, consideramos, em harmonia com a solução defendida pela ANACOM no contexto pandémico[33], que não deveriam ser cobrados juros de mora ou sanções contratuais que agravem a situação de debilidade financeira deste utente consumidor ou, pelo menos, impor limites a tais juros e penalizações. Por outro lado, poder-se-ia celebrar um acordo de pagamentos, com base nos rendimentos do utente consumidor e as prestações, como propugnou a mesma entidade reguladora, não deveriam ser superiores a metade do valor da mensalidade e teriam uma duração mínima de seis meses. Por outro lado ainda, poder-se-ia apresentar a possibilidade de

---

33. Cfr. ANACOM-Portal do Consumidor. *COVID-19* – ANACOM apresenta à Assembleia da República proposta de reforço da proteção dos utilizadores de comunicações eletrónicas, 2020. Disponível em: https://www.ana-com-consumidor.pt/-/covid-19-anacom-apresenta-a-assembleia-da-republica-proposta-de-reforco-da-pro-tecao-dos-utilizadores-de-comunicacoes-eletronicas. Acesso em: 20 jun. 2022.

redução temporária dos contratos em detrimento da suspensão, o que possibilitaria que o utente pudesse efetuar o pagamento dos serviços contratados, consoante a sua situação financeira, conforme também propôs aquela entidade[34].

Saliente-se, porém, que não pretendemos com estas soluções promover o incumprimento destes contratos em manifesta desconsideração pelo princípio fundamental de Direito Civil *pacta sunt servanda*, consagrado no Art. 406º do CC ou provocar a ruína dos prestadores destes serviços. Na esteira de Mário Frota, avançamos a possibilidade de penhora do salário de modo célere, no seguimento de propositura de ação ou injunção e por aplicação do Art. 10º, n. 4, da LSPE. Assim, uma vez proibida a suspensão, com abandono da exceção do não cumprimento do contrato neste domínio (Art. 428º do CC), deveria um terceiro (tribunal judicial ou tribunal arbitral, por exemplo), como sugere o autor, dirimir o conflito[35]. Por fim, consideramos que deveria o Estado promover todos os esforços no sentido de assegurar o efetivo acesso livre e universal à internet em espaços públicos em todo o território nacional.

CONSIDERAÇÕES FINAIS

O acesso internet, enquanto serviço público essencial de comunicações eletrónicas, assume uma importância fundamental no quotidiano de cada ser humano e pode ser perspetivado como um catalisador ou mesmo como uma condição do exercício dos seus direitos e liberdades fundamentais, como vimos. Aliás, o cenário excecional pandémico veio demonstrar a necessidade vital da conetividade ao mundo virtual e a exigência de acesso universal ao mesmo.

Neste contexto, várias organizações universais, regionais e nacionais de proclamação solene e sistemática de direitos humanos parecem querer vestir o direito de acesso à internet com os magnos "trajes" de direito humano.

O legislador nacional classificou recentemente o direito de acesso à internet como um direito humano no Art. 3º, n. 1, da Carta Portuguesa de Direitos Humanos na Era Digital e por exigência deste diploma regulou a designada tarifa social de internet, ainda que tenhamos questionado o verdadeiro teor social desta tarifa e o seu real alcance.

A situação excecional de emergência motivada pela pandemia da doença Covid-19 conduziu o legislador luso a proibir a suspensão do fornecimento nos contratos de comunicações eletrónicas no caso do consumidor hipervulnerável, permitindo-lhe cessar unilateralmente estes contratos, sem ter de compensar o fornecedor, ou suspendê-los temporariamente, bem como celebrar um plano de pagamentos.

---

34. Cfr. ANACOM-Portal do Consumidor. *COVID-19* – ANACOM apresenta à Assembleia da República proposta de reforço da proteção dos utilizadores de comunicações eletrónicas, 2020. Disponível em: https://www.anacom-consumidor.pt/-/covid-19-anacom-apresenta-a-assembleia-da-republica-proposta-de-reforco-da-protecao-dos-utilizadores-de-comunicacoes-eletronicas. Acesso em: 20 jun. 2022.
35. Cfr. FROTA, Mário. *Serviços públicos essenciais*. O regime de "corte" em Portugal. Associação Portuguesa de Direito do Consumo, [s/d]. Disponível em: http://www.xn--associaoportuguesadedireitodoconsumo-48c5m.pt/Regime-de-%E2%80%9CCorte.html. Acesso em: 04 jul. 2022.

Ora, no nosso entender, o efetivo respeito pelo direito de acesso à internet como direito humano exige, além de previsões como a tarifa social de internet, com regime revisto, soluções como *i)* a proibição da suspensão dos contratos de comunicações eletrónicas, em caso de mora ou falta de pagamento da quantia em dívida pelo utente consumidor hipervulnerável, independentemente da existência de contexto pandémico e uma vez demonstrada a respetiva insuficiência económica, *ii)*, a proibição de cobrança de juros de mora ou sanções contratuais ou criação de limites a tal cobrança; *iii)* a previsão da possibilidade de celebração de acordo de pagamentos, com base nos rendimentos do utente consumidor, não devendo prestações ser superiores a metade do valor da mensalidade e devendo estas ter uma duração mínima de seis meses; *iv)* a previsão da possibilidade de redução temporária dos contratos; *v)* a possibilidade de penhora do salário de modo célere; *v)* assegurar o efetivo acesso livre e universal à internet em espaços públicos em todo o território nacional.

Reconhecemos o esforço financeiro exigido pela consagração e garantia de um direito com este pendor prestacional e entendemos o argumento de que tal direito apenas poderá salvaguardar-se na medida dos recursos de que cada Estado dispõe, bem como a necessidade de salvaguardar igualmente os interesses do fornecedor, mas a transformação digital, a inclusão digital das camadas mais desfavorecidas e o efetivo respeito pelo direito humano de acesso à internet apenas poderá assegurar-se com a criação de um regime que concretize efetivamente esta universalização do acesso à internet de banda larga.

REFERÊNCIAS

ANACOM – Portal do Consumidor. *Guia COVID-19* – Sabe como comprovar a sua situação de desemprego, quebra de rendimentos do agregado familiar ou infeção por COVID-19 para poder beneficiar das medidas de apoio?, 2021. Disponível em: https://www.anacom-consumidor.pt/-/guia-covid-19-sabe--como-comprovar-a-situacao-de-desemprego-quebra-de-rendimentos-do-agregado-familiar-ou-infecao-por-covid-19-para-poder-beneficiar-da. Acesso em: 20 jun. 2022.

ANACOM-Portal do Consumidor. *COVID-19* – ANACOM apresenta à Assembleia da República proposta de reforço da proteção dos utilizadores de comunicações eletrónicas, 2020. Disponível em: https://www.anacom-consumidor.pt/-/covid-19-anacom-apresenta-a-assembleia-da-republica-proposta-de-reforco-da-protecao-dos-utilizadores-de-comunicacoes-eletronicas. Acesso em: 20 jun. 2022.

BARRY, Jack. *COVID 19 exposes why access to the internet is a human right.* OpenGlobalRights. 26 maio 2020. Disponível em: https://www.openglobalrights.org/covid-19-exposes-why-access-to-internet--is-human-right/. Acesso em: 25 ju. 2022.

CARVALHO, Jorge Morais. *Manual de direito do consumo.* 6. ed. Coimbra: Almedina, 2015.

CARVALHO, Jorge Morais. *Quebra de rendimentos e serviços públicos essenciais,* 22 jun. 2020. Disponível em: https://novaconsumerlab.novalaw.unl.pt/quebra-de-rendimentos-e-servicos-publicos-essenciais/. Acesso em: 20 jun. 2022.

CASSESE, Antonio. *I diritti umani nel mondo contemporaneo.* Roma-Bari: Sagittari Laterza, 1988.

COMISSÃO EUROPEIA. *Nova Agenda do Consumidor.* Disponível em: https://eur-lex.europa.eu/legal-content/EN/TXT/?uri=CELEX:52020DC0696. Acesso em: 17 dez. 2022.

COSTA, Carlos Filipe; GARCIA, Sara Fernandes. *O envio de pré-aviso de interrupção de serviço público essencial como prática comercial desleal,* 13 jul. 2021. Disponível em: https://novaconsumerlab.novalaw.

unl.pt/o-envio-de-pre-aviso-de-interrupcao-de-servico-publico-essencial-como-pratica-comercial--desleal/. Acesso em: 20 jun. 2022.

COUNCIL OF EUROPE. *Guide to Human Rights for Internet Users*. Disponível em: https://www.coe.int/en/web/freedom-expression/guide-to-human-rights-for-internet-users. Acesso em: 17 dez. 2022.

EUROPEAN COURT OF HUMANS RIGHTS. *Cengiz e Outros c. Turquia*. 01 dez. 2015. Disponível em: http://www.echr.coe.int/. Acesso em: 17 dez. 2022.

FROTA, Mário. *O acesso à internet como direito humano na era digital*. Diário online. Região Sul. 26 maio 2021. Disponível em: https://regiao-sul.pt/2021/05/26/opiniao/o-acesso-a-internet-como-direito-humano-na-era-digital/540337. Acesso em: 04 jul. 2022.

FROTA, Mário. *Serviço universal de Internet*: a tarifa é social?. Diário online. Região Sul, 01 dez. 2021. Disponível em: https://regiao-sul.pt/2021/12/01/opiniao/servico-universal-de-internet-a-tarifa-e-social/561324. Acesso em: 20 jun. 2022.

FROTA, Mário. *Serviços públicos essenciais*. O regime de "corte" em Portugal. Associação Portuguesa de Direito do Consumo, [s/d]. Disponível em: http://www.xn--associaoportuguesadedireitodoconsumo-48c5m.pt/Regime-de-%E2%80%9CCorte.html. Acesso em: 04 jul. 2022.

OBSERVATÓRIO DO DIREITO DO CONSUMO DA ORDEM DOS ADVOGADOS. *Ficha Informativa 3*, março 2015. Disponível em: https://portal.oa.pt/media/117391/ficha-3.pdf. Acesso em: 25 jul. 2022.

REGLITZ, Merten. The human right to free internet access. *Journal of Applied Philosophy*, Londres, v. 37, n. 2, p. 314-331, 2020.

SÁ, Flávia da Costa de. *Contratos de prestação de serviços de comunicações eletrónicas*: a suspensão do serviço em especial. Dissertação (Mestrado) – Faculdade de Direito da Universidade Nova de Lisboa, 2014, 86 fls.

SARLET, Ingo Wolfgang; SIQUEIRA, Andressa de Bittencourt. *O direito humano e fundamental de acesso à internet*. ConJur, 12 nov. 2021. Disponível em: https://www.conjur.com.br/2021-nov-12/direitos-fundamentais-direito-humano-fundamental-acesso-internet#_ftn1. Acesso em: 25 jul. 2022.

SIQUEIRA, Andressa de Bittencourt. A fundamentalidade subordinada do direito de acesso à internet no cenário jurídico-constitucional brasileiro. *Revista Eletrónica de Direito Público*, Lisboa, v. 7, n. 2, p. 240-263, 2020.

UNESCO. General Conference. *Records of the General Conference, 38th session*. Disponível em: https://unesdoc.unesco.org/ark:/48223/pf0000243325. Acesso em: 22 jul. 2022.

UNITED NATIONS. General Assembly. *Oral revisions of 30 June*. Disponível em: https://www.article19.org/data/files/Internet_Statement_Adopted.pdf. Acesso em: 22 jul. 2022.

ASPECTOS CIVILES DE LA SITUACIÓN DE LOS DATOS PERSONALES DEL CONSUMIDOR DIGITAL TRAS SU FALLECIMIENTO

Alejandro Platero Alcón

Profesor Contratado Doctor. Universidad de Extremadura, España.

PLANTEAMIENTO DE LA CUESTIÓN

En la actualidad, resulta evidente que el concepto de consumidor tradicional ha mutado radicalmente, condicionado como no, por el nivel de desarrollo de la tecnología. En efecto, lo que para el consumidor medio de finales del siglo XX podría resultar increíble, como resulta el hecho de que prácticamente cualquier persona de la actualidad pueda directamente con su *smartphone* desde realizar una compra o hasta pedir un préstamo desde su sofá, debe sumarse que, no parece una quimera imaginar cómo se podrán incluso adquirir bienes para universos no tangibles, situación que se está ya desarrollando a través del conocido como metaverso[1].

Ahora bien, a pesar de que el concepto de consumidor, aunque a lo largo de la historia ha resultado objeto de importante discusión doctrinal y jurisprudencial, parecía pacífico, en cambio, que la citada condición de ostentaba cuando la persona adquiría un bien a otro sujeto que recibía el nombre de empresario, entregando a cambio una determinada cantidad de dinero, aunque, como parece haberse superado ya, no siempre el consumidor va a entregar ese bien fungible como contraprestación por la obtención de un bien o la utilización de un servicio, sino que en ocasiones, puede entregar otros elementos como contraprestación. Además, como es sabido, ya incluso se permite entregar en concreto una serie de datos personales en concreto para adquirir bienes o servicios digitales, aunque, todavía existen importantes lagunas al respecto en la reciente regulación de consumo en España[2].

Así, por ejemplo, ha ocurrido desde los orígenes de las redes sociales, aunque la falsa gratuidad de estas produjo y sigue, por desgracia produciendo, un rechazo por parte de cierta doctrina negándose a considerar a los usuarios de los citados servicios como consumidores. Aunque, debe advertirse al respecto que el Tribunal de Justicia de la Unión Europea ya se ha pronunciado al respecto, quedando claramente establecido la consideración de consumidor de los usuarios de los servicios de redes sociales que,

---

1. CRISTINA, Argelich Comelles. El derecho civil ante el metaverso. Hacia un metalaw europeo y sus remedios en el multiverso. *Derecho Digital e Innovación*, Madrid, n. 12, [s.p.], 2022.
2. JAVIER, Martínez Calvo. Dualidad normativa en la regulación de los contratos gratuitos de suministro de contenidos y servicios digitales: la necesaria armonización entre la Directiva (UE) 2019/770 y el Reglamento (UE) 2016/679. *Actualidad Jurídica Iberoamericana*, Valencia, n. 16, p. 1168-1185, 2022.

según los datos más recientes, en enero de 2022, sólo la red social *Facebook*, reunía a 2.910 millones de usuarios[3].

Por ello, resulta necesario realizar una aproximación jurídica desde una óptica civil, en concreto en materia de Derecho hereditario, para comprender que ocurre con las cuentas de los consumidores en las principales redes sociales existentes en la actualidad cuando los mismos fallecen, debiendo como no, analizar para ello la conocida figura de la herencia digital.

LOS BIENES DIGITALES DEL SUJETO FALLECIDO

De acuerdo con lo establecido en el artículo 32 del Código Civil (en adelante CC), la personalidad se extingue con la muerte, extinguiéndose, por ende, los denominados derechos personalísimos, aunque en la situación tecnológica actual, existirán una serie de manifestaciones por parte del consumidor digital que, seguirán existiendo en Internet, porque como es sabido, éste no olvida con facilidad.

La huella digital que deja una persona, o un consumidor de servicios de redes sociales, en la red engloba aspectos tanto de carácter personal relacionadas con la denominada identidad digital, como de forma patrimonial, y, dentro de ésta distinguimos primordialmente entre los bienes y servicios digitales, así como los bienes con contenido digital[4]. En los aspectos propios sucesorios, la huella digital que deja el consumidor digital al fallecer puede ser gestionado distinguiendo, por un lado, el patrimonio digital susceptible de transmisión mortis causa, y, por otro lado, la protección post mortem de los datos personales y derechos de la personalidad del titular[5].

La identidad digital no es más que todas aquellas manifestaciones digitales creadas por personas físicas o jurídicas donde figuran datos personales, los cuales quedan expuestos si se hacen públicos en la red pudiendo producirse una intromisión del derecho al honor, intimidad personal y familiar y a la propia imagen (Art. 18.1 CE). Por tanto, la identidad digital del fallecido pasará a formar parte de la memoria defuncti a modo de identidad digital post mortem[6].

Los bienes o activos digitales comprenden toda la información incorpórea que, independientemente de si son susceptibles o no de evaluación económica, forman

---

3. Obsérvese al respecto: LLANO, Juan Carlos Mejía. *Estadísticas de redes sociales 2022: usuarios de Facebook, Instagram, Tiktok, Youtube, Linkedin, Twitter y otros*, 2022. Disponible en: https://www.juancmejia.com/marketing-digital/estadisticas-de-redes-sociales-usuarios-de-facebook-instagram-linkedin-twitter-whatsapp-y-otros-infografia/. Aceso en: 05 jul. 2022.

4. Debe destacarse el contenido del artículo 2 de la Directiva (UE) 2019/770 del Parlamento europeo y del Consejo, de 20 de mayo de 2019, relativa a determinados aspectos de los contratos de suministro de contenidos y servicios digitales, donde se define a los *bienes con elementos digitales*, como: "todo objeto mueble tangible que incorpore contenidos o servicios digitales o esté interconectado con ellos de tal modo que la ausencia de dichos contenidos o servicios digitales impediría que los bienes realizasen sus funciones".

5. MARÍA, Ginebra Molins. Voluntades digitales en caso de muerte. *Cuadernos de Derecho Transnacional*, Madrid, v. 12, n. 1, p. 908-929, 2020.

6. González Granado, Javier. Solo se muere una vez: ¿Herencia digital? En: OLIVA LEÓN, Ricardo (Org.) *Testamento ¿digital?*. Madrid: Juristas con futuro, 2016.

parte del patrimonio del usuario[7]. Existen diferentes tipos de bienes con contenidos digitales: Por un lado, están aquellos personalísimos como imágenes, vídeos, blogs etc., ligados a la identidad digital, y, por otro lado, aquellos activos ajenos al causante que se obtienen al formalizar un contrato con un prestador de servicios digital tales como música, videojuegos o libros. Pero, ¿Todos estos bienes serán transmisibles post mortem y formarán parte de la herencia digital? El hecho de que la identidad digital post mortem sea intransmisible no significa que no se pueda decidir la voluntad de los perfiles digitales tras la muerte, siendo el instrumento más idóneo para ello el testamento[8].

Los contenidos digitales que puedan recopilarse en un soporte físico como un CD formarán parte del heredero bajo la normativa de la sucesión ordinaria, con acceso a todos los archivos, salvo que se necesite de contraseñas[9]. El problema surge con la existencia de bienes digitales como los non fungible tokens o, más en concreto, la titularidad de las cuentas de servicios básicos para el consumidor actual del siglo XXI, como pudiera ser una red social, que son difícil de catalogar como elementos que forman parte de la sucesión o no.

En lo que respecta a los servicios digitales, estos permiten que el causante pueda compartir los activos digitales e interactuar con otros usuarios en la red. Estos servicios (contrato de servicios, de obra, alquiler etc.) pasarán al sucesor siempre y cuando no sean intransmisibles, personalísimos y el titular confiara las claves de acceso a sus legitimados[10].

El Art. 659 del CC define la herencia como el conjunto de bienes, derechos y obligaciones de una persona que no se extingan por su muerte. En principio, de acuerdo con esta definición, no existe diferencia alguna entre la herencia analógica de la digital pues en ambas se integran bienes, derechos y obligaciones independientemente de que sean de carácter digital o no, siempre y cuando estos activos sean transmisibles una vez fallecido el titular. Por tanto, la herencia será única indistintamente de su origen, comprendiendo todo el patrimonio del finado[11].

Con el surgimiento de las nuevas tecnologías aparece el término de testamento digital. Esta denominación puede generar confusión pues da a entender que es un testamento que se realiza online, lo que es erróneo. Nos referimos a testamento digital como el instrumento tradicional mediante el cual el causante manifiesta el destino de su huella digital tanto patrimonial como extrapatrimonial ante notario[12].

---

7. JORGE, Ordellín Font; SALETE, Oro Boff. ¿Herencia digital?: la protección post mortem de los bienes digitales. *Revista Aranzadi de Derecho y Nuevas Tecnologías*, Navarra, n. 50, p. 1-20, 2019.
8. MARTA, Otero Crespo. La sucesión en los bienes digitales. La respuesta plurilegislativa española. *Revista de Derecho Civil*, Madrid, v. 6, n. 4, p. 89-133, 2019.
9. MARÍA JOSÉ, Santos Morón. La denominada herencia digital: ¿necesidad de regulación? Estudio de Derecho español y comparado. *Cuadernos de Derecho Transnacional*, Madrid, n. 1, p. 413-438, 2018.
10. SERGIO, Cámara Lapuente. La sucesión mortis causa en el patrimonio digital. *Anales de la Academia Matritense del Notariado*, Madrid, v. 59, p. 375-432, 2019.
11. Rosales De Salamanca Rodríguez, Fernando. Testamento digital. En: OLIVA LEÓN, Ricardo (Org.) *Testamento ¿digital?*. Madrid: Juristas con futuro, 2016.
12. JUDITH, Solé Resina. Las voluntades digitales: marco normativo actual. *Anuario de Derecho Civil*, Madrid, v. 71, n. 2, p. 417-440, 2018.

Algunos de los impedimentos que supondría la elaboración de un testamento digital conllevaría a que el titular debería actualizar y facilitar periódicamente las claves de acceso de los diferentes prestadores de servicios de sociedad de la información donde figuren todos los contenidos digitales, pudiendo únicamente acceder a los mismos los herederos con derecho al patrimonio digital[13].

REGULACIÓN LEGAL DE LA DENOMINADA HERENCIA DIGITAL

Se debe destacar que en España, existen dos regulaciones sobre la materia referida, una propia de una comunidad autónoma con competencias forales al respecto y, otra de carácter nacional. Por un criterio meramente temporal, se debe mencionar en primer lugar a la Ley Catalana 10/2017, de 27 de junio, de las voluntades digitales y de modificación de los libros segundo y cuarto del Código Civil de Cataluña (CCCat en adelante).

Esta ley permite que los ciudadanos con vecindad civil catalana puedan decidir el futuro de sus cuentas digitales una vez que fallezcan. El Art. 411-10.1 diferencia si el testador ha manifestado o no sus "voluntades digitales en caso de muerte"[14], es decir, si nombra a un heredero o albacea universal, o, a un albacea particular para que este gestione después del fallecimiento del causante con los prestadores de servicios de sociedad de la información las cuentas digitales que el difunto tuviera activa[15].

Si el causante ha manifestado sus voluntades digitales, la persona que designe deberá ejecutar algunos de los siguientes supuestos: notificar a los prestadores de servicios de sociedad de la información el fallecimiento del individuo; solicitar a los prestadores que se cancelen sus cuentas activas; pedir a los prestadores que ejecuten las cláusulas contractuales o que se activen las políticas establecidas para los casos de defunción de los titulares de cuentas activas y, si procede, que le entreguen una copia de los archivos digitales que estén en sus servidores[16].

Esta última opción podría entrar en conflicto con el derecho a la intimidad personal y familiar y a la propia imagen del Art. 18 CE y especialmente con el derecho al secreto de las comunicaciones al permitir los prestadores de servicios la entrega de una copia de los archivos digitales. Podría ocurrir que el difunto dispusiera de archivos con contenido

---

13. NIEVES, Moralejo Imbernón. El testamento digital en la nueva Ley Orgánica 3/2018, de 5 de diciembre, de protección de datos personales y garantía de los derechos digitales. *Anuario de Derecho Civil*, Madrid, v. 73, n. 1, p. 241-281, 2020.
14. CATALUÑA. *Ley 10/2017*, de 27 de junio. Trata de voluntades digitales y de modificación de los libros segundo y cuarto del Código civil de Cataluña. Artículo 411-10.1. "Se entienden por voluntades digitales en caso de muerte las disposiciones que establece una persona para que, después de su muerte, el heredero, el albacea universal, si lo hay, o la persona designada para ejecutarlas actúe ante los prestadores de servicios digitales con los que el causante tenga cuentas activas".
15. JUDITH, Solé Resina. Las voluntades digitales: marco normativo actual. *Anuario de Derecho Civil*, Madrid, v. 71, n. 2, p. 417-440, 2018. p. 430.
16. CATALUÑA. *Ley 10/2017*, de 27 de junio. Trata de voluntades digitales y de modificación de los libros segundo y cuarto del Código civil de Cataluña. Artículo 411-10.2.

lesivo sobre terceras personas aún vivas y sin el consentimiento de estas, violando sus derechos personalísimos[17].

De esta manera, la ley 10/2017 prevalece el contrato previo al fallecimiento entre el causante y el prestador de servicios digital, aunque aquel hubiera expresado sus voluntades digitales, frente a los derechos de las personas vivas. Por el contrario, si las disposiciones no fueron negociadas previamente, éstas puedes ser consideradas como abusivas[18].

La vía mediante la cual el ciudadano catalán puede expresar sus voluntades digitales es a través de las disposiciones testamentarias tradicionales: testamento, codicilo y memorias testamentarias, o bien por medio de un documento de voluntades digitales[19]. El proyecto original del documento de voluntades digitales, el cual para su validez debe inscribe en el Registro electrónico de voluntades digitales, tiene carácter subsidiario y está dirigido especialmente a los usuarios jóvenes que no han elaborado ni testamento, ni codicilo ni memorias testamentarias pero quieren proteger su huella digital, pudiendo rectificarse o suprimirse en cualquier momento, o quedando sin efecto en el supuesto de que se otorguen disposiciones testamentarias. El acceso a este documento solo le corresponderá a los legitimados por el difunto[20].

Debe destacarse que la Sentencia del Tribunal Constitucional 7/2019, de 17 de enero de 2019, declara inconstitucional y nulo el documento de voluntades digitales y las disposiciones impugnadas al Registro por vulneración del Art. 149.1.8 CE el cual establece que solo el Estado tiene la competencia exclusiva para la ordenación de registros públicos[21]. No obstante, el artículo 411-10.4 CCCat establece que este documento, "se puede modificar y revocar en cualquier momento y no produce efectos si existen disposiciones de última voluntad". El Tribunal Constitucional consideró en la citada sentencia, que se irrumpe la competencia exclusiva del Estado para la creación y ordenación de registros públicos de carácter civil, y, por tanto, declara inconstitucional los artículos 10 y 11 de la Ley 10/2017 y parcialmente los artículos 6º y 8º.

De su fundamento jurídico cuarto, se extrae que: "el recurso de inconstitucionalidad no discute que el legislador autonómico, en el marco de la competencia estatutariamente

---

17. DIANA, González Mendoza. Los perfiles digitales después de la muerte, una perspectiva europea. *Estudios en Derecho a la Información*, Cidade do México, n. 11, p. 3-26, 2021.
18. MARÍA, Ginebra Molins. Voluntades digitales en caso de muerte. *Cuadernos de Derecho Transnacional*, Madrid, v. 12, n. 1, p. 908-929, 2020. p. 920.
19. CATALUÑA. *Ley 10/2017*, de 27 de junio. Trata de voluntades digitales y de modificación de los libros segundo y cuarto del Código civil de Cataluña. Artículo 411-10.3.
20. JUDITH, Solé Resina. Las voluntades digitales: marco normativo actual. *Anuario de Derecho Civil*, Madrid, v. 71, n. 2, p. 417-440, 2018. p. 431 a 432.
21. ESPAÑA. Tribunal Constitucional. *STC 7/2019*, 17 ene. 2019. Declara inconstitucional el artículo 6 respecto al artículo 411-10.3. b CCCat : "Si la persona no ha otorgado disposiciones de última voluntad, un documento que debe inscribirse en el registro electrónico de voluntades digitales" –, el art. 8 respecto al art. 421-24.1 CCCat: "La designación de la persona física o jurídica encargada de ejecutar las voluntades digitales puede hacerse en testamento, en codicilo o en memoria testamentaria y, en defecto de estos instrumentos, en un documento de voluntades digitales, el cual necesariamente debe especificar el alcance concreto de su actuación. Este documento debe inscribirse en el registro electrónico de voluntades digitales".

asumida en materia de derecho civil privativo de Cataluña pueda regular la disposición de las voluntades digitales mortis causa mediante instrumentos propios de la sucesión testada en el derecho civil catalán como efectivamente lo hace la Ley 10/2017". Además, según lo establecido en el Art. 96.4 de la Ley Orgánica de Protección de Datos que después será objeto de análisis, "las personas fallecidas en las comunidades autónomas con derecho civil, foral o especial propio se regirá por lo establecido por estas dentro de su ámbito de aplicación". En conclusión, en la ley Catalana únicamente se podrán establecer las voluntades digitales mediante las disposiciones de última voluntad.

En el supuesto de que el testador no notifique expresamente sus voluntades digitales, corresponderá al heredero o albacea universal, o bien, al albacea particular o albacea digital ejecutar las actuaciones indicadas en el Art. 411-10.2 CCCat, salvo prohibición expresa del causante indicada en las cláusulas contractuales de los prestadores de servicios digitales. No hay un orden de prelación fijado entre las persona designadas para llevar a cabo dichas actuaciones e igualmente siguen prevaleciendo las condiciones pactadas entre el individuo y los prestadores de servicios digitales[22].

Si el titular tampoco hubiera expresado en ninguna plataforma sus voluntades, el heredero o albacea necesitará de una autorización judicial para poder acceder a los bienes digitales y cuentas activas que tuviere el causante tal y como indica el Art.411-10.6 CCCat. En cualquier caso, los gastos correspondientes para la ejecución de las voluntades digitales corresponderán al heredero, salvo que el causante estipulara otra cosa.

A nivel nacional, la denominada herencia digital se encuentra regulada en la Ley Orgánica 3/2018, de 5 de diciembre, de Protección de Datos Personales y garantía de los derechos digitales (LOPD en adelante) sustituyendo a la LO 15/1999, de 13 de diciembre, de Protección de Datos de Carácter Personal. Pese a derogar a la LO 15/1999, no ocurre lo mismo con el Real Decreto 1720/2007, de 21 de diciembre, el cual ya indicaba en su Art. 2.4 que la protección de los datos personales no será aplicable sobre los fallecidos, pero aquellos relacionados con el difunto por motivos familiares o análogos tienen la opción de comunicar la defunción del causante mediante la aportación de información de este obtenida a través de los archivos que contengan los datos personales del finado y solicitar la anulación de los mismos[23].

La LOPD en su Art. 3.1 indica que, "las personas vinculadas al fallecido por razones familiares o de hecho, así como sus herederos podrán dirigirse al responsable o encargado del tratamiento al objeto de solicitar el acceso a los datos personales de aquella y, en su caso, su rectificación o supresión" , salvo que el causante o la ley haya solicitado expresamente a cualquier miembro de los anteriores la prohibición de rectificación o supresión de sus datos personales, sí pudiendo acceder a los datos de carácter patrimonial a efectos de repartición de la herencia.

---

22. MARÍA, Ginebra Molins. Voluntades digitales en caso de muerte. *Cuadernos de Derecho Transnacional*, Madrid, v. 12, n. 1, p. 908-929, 2020. p. 923

23. DANIEL, Montero Ferreira. De lege ferenda. La herencia de datos. *Diario la Ley*, Madrid, n. 10077, [s.p.], 2022.

Esta prohibición de rectificación o supresión puede generar problemas ya que existe la posibilidad de que detrás de las cuentas personales del causante figure contenidos patrimoniales a los que los herederos no podrían acceder, y que podrían incluso desaparecer si alguno de los legitimados, ignorantes del contenido, solicitaran la cancelación de la cuenta, lo que supondría la imposibilidad de acceder *a posteriori* a dichos contenidos. Lo ideal sería que el titular pusiera en conocimiento información relativa al posible contenido patrimonial que figure en sus cuentas a través de testamento. Sin embargo, la prohibición del fallecido podría carecer de eficacia si los legitimados acreditan que dentro de las cuentas existe contenido de carácter patrimonial[24].

Centrándonos en el acceso post mortem a los contenidos digitales del causante gestionados por los prestadores de servicios de la sociedad de la información, el Art. 96 de la LOPD alude a la incorrecta definición de testamento digital. Ello es debido a la imposibilidad en nuestro ordenamiento jurídico de elaborar un testamento vía online por no reunir las formalidades de otorgamiento válidas para ello, además de que existen bienes con contenido digital que no son susceptibles de transmisión mortis causa. Hubiera sido más acertado denominar este artículo por otro nombre más apropiado como en el caso de la ley catalana con el concepto de voluntades digitales en caso de muerte[25].

Por tanto, son dos los artículos que contempla la LO 3/2018 relativos a la protección post mortem de los datos y contenidos virtuales de los fallecidos. La diferencia entre los artículos 3 y 96 de la LOPD es que el primero centra su tema en relación con los datos personales del fallecido y el segundo con los contenidos digitales del causante gestionados por los prestadores de servicios digitales.

Estos dos artículos están relacionados. Así, el artículo 96.1.a) LOPDGDD establece que, "las personas vinculadas al fallecido por razones familiares o de hecho, así como sus herederos podrán dirigirse a los prestadores de servicios de la sociedad de la información - o al responsable o encargado del tratamiento de datos personales (Art.3.1)- , al objeto de acceder a dichos contenidos e impartirles las instrucciones que estimen oportunas sobre su utilización, destino o supresión" ,salvo que el causante o la ley haya solicitado expresamente a cualquier miembro de los anteriores la prohibición de acceso, modificación o eliminación – o rectificación o supresión (Art.3.1)-, de los contenidos del difunto, si pudiendo acceder a aquellos que formen parte del caudal relicto- o a los datos de carácter patrimonial (Art. 3.1).

En cuanto a la figura del albacea, el Art. 96.1.b) LOPD indica que tanto el albacea testamentario como la, "persona o institución a la que el fallecido hubiese designado expresamente"[26] podrán solicitar la utilización, destino o supresión a los contenidos

---

24. TATIANA, Cucurull Poblet. La sucesión de los bienes digitales (patrimoniales y extrapatrimoniales). *Revista de Derecho Civil*, Madrid, v. 9, n. 2, p. 313-338, 2022.

25. FRANCISCA, Ramón Fernández. El acceso a los datos y contenidos gestionados por prestadores de servicios de la sociedad de la información de personas fallecidas: análisis de los límites. *Métodos de Información*, Valencia, v. 11, n. 20, p. p. 59-87, 2020.

26. Mientras que el albacea únicamente puede ser designado por testamento (art.892 CC) y está capacitado para cumplir con las instrucciones indicadas por el causante en el testamento, o, a falta de estas vigilará que se ejecute

digitales del causante, mientras que en el Art. 3.2 LOPD omite la mención al albacea testamentario, por lo que se presupone que este no podrá acceder a los datos personales del difunto[27].

Si el fallecido fuera menor de edad, tanto el Art. 3.3 como 96.1.c) LOPD, establecen que, "estas facultades podrán ejercerse también por sus representantes legales o, en el marco de sus competencias, por el Ministerio Fiscal, que podrá actuar de oficio o a instancia de cualquier persona física o jurídica interesada". Si se tratara de personas con discapacidad dichas facultades también podrán ser ejercidas por quienes hubiesen sido designados para el ejercicio de funciones de apoyo (Art. 3.3 y 96.1.d LOPD).

El Art. 3 LOPD faculta a los legitimados por el causante de conformidad con las instrucciones dadas por este a ejercer el derecho de acceso y solo cuando proceda el derecho de rectificación, es decir, si con el transcurso del tiempo los datos personales del difunto se convierten en incorrectos, o el derecho de supresión cuando ya no sea prescindible la información correspondiente a los datos personales del fallecido. Por el contrario, los legitimados por ley no tienen tal imposición[28].

Por su parte, el Art. 96.2 LOPD dispone que las personas legitimadas del apartado 96.1, "podrán decidir acerca del mantenimiento o eliminación de los perfiles personales de personas fallecidas en redes sociales o servicios equivalentes, a menos que el fallecido hubiera decidido acerca de esta circunstancia, en cuyo caso se estará a sus instrucciones. El responsable del servicio al que se le comunique la solicitud de eliminación del perfil deberá proceder sin dilación a la misma". A diferencia del Art. 3, los legitimados por ley están obligados a cumplimentar lo indicado por el causante relativo al mantenimiento o supresión de los perfiles del finado.

La LOPD no fija ningún orden de prioridad en cuanto a la legitimación de los datos personales y los contenidos digitales del testador, designando a, "las personas vinculadas al fallecido por razones familiares o de hecho, así como sus herederos", a diferencia de otras legislaciones. Es decir, cualquiera de estos legitimados podría ser el interlocutor legítimo, independientemente de si tiene más o menos proximidad de parentesco con el difunto. La opción más lógica sería priorizar en primer lugar a las personas designadas por el causante antes que a aquellas vinculadas al fallecido por razones familiares o de hecho. Y, en el caso de que no hubiera designado a nadie, podrán actuar por ley los herederos y o albaceas[29].

---

lo fijado en el testamento (art. 902CC), la persona elegida para cumplir las voluntades del fallecido no puede bajo ningún concepto realizar la acción de control. Además, el albacea también podrá ser instituido mediante el documento de voluntades digitales en el caso de la ley catalana o según lo contratado con los prestadores de servicios digitales.

27. DÍAZ ALABART, Silvia. *La protección de los datos y contenidos digitales de las personas fallecidas*. Barcelona: Reus, 2020.

28. NURIA, Martínez Martínez. Reflexiones en torno a la protección post mortem de los datos personales y la gestión de la transmisión mortis causa del patrimonio digital tras la aprobación de la LOPDGDD. *Derecho Privado y Constitución*, Madrid, n. 35, p. 169-212, 2019.

29. MARIA EUGENIA, Serrano Chamorro. ¿La protección de datos personales legales es suficiente en menores y personas fallecidas? En: ARMAS, Noel (Org.). *Cuestiones actuales sobre protección de datos en España y México*.

De conformidad con lo indicado en los arts. 96.3 y 3.2 de la LOPD todas las instrucciones y mandatos fijados por el fallecido deberán aprobarse mediante Real Decreto con sus requisitos y condiciones y, en su caso, el registro de estos, aunque el citado instrumento legal, todavía en el año 2022 no parece cerca de publicarse.

Por tanto, surgen problemas en cuanto a la redacción del texto relativa a la legitimación, pues existe un amplio conjunto de personas que pueden disponer y decidir acerca del acceso, modificación, supresión o rectificación de los datos personales y contenidos digitales por el simple hecho de tener un vínculo familiar o de hecho con el difunto, a falta de instrucciones. Como consecuencia, puede ocurrir que existan conflictos entre los legitimados a la hora de tomar una decisión acerca del futuro de los datos personales y contenidos digitales del causante[30].

ANALISIS DE LAS PRINCIPALES REDES SOCIALES CONSUMIDAS EN LA ACTUALIDAD

En el presente apartado se analizará que ocurre con las cuentas de los consumidores de las principales redes sociales cuando los mismos fallecen. En concreto, se analizará la situación de Facebook, Instagram, TikTok, Twitter y Linkedin en su faceta de redes sociales, mediante las cuales los consumidores pueden crear perfiles individuales y compartir además de sus datos personales contenido digital como vídeos, fotografías, opiniones e, incluso, obtener un rendimiento de carácter económico. Por su parte, WhatsApp, como servicio de mensajería instantánea de referencia y Google que ofrece diferentes ofreciendo servicios como, por ejemplo, motor de búsqueda, correo electrónico o almacenamiento de datos en la nube, también resultaran objeto de análisis en el presente apartado. Pese a que prácticamente la mayoría de los prestadores tienen su sede principal en el continente americano, ello no es impedimento para que sea de aplicación el marco jurídico español el cual orienta sus servicios a los usuarios españoles[31].

El titular de la cuenta tiene dos opciones: dejar instrucciones propias indicando el futuro de su perfil una vez que fallezca o no indicar nada. En el primer supuesto las personas legitimadas del Art. 96.1 LOPD están obligadas a acatar la voluntad del finado y comunicarlo al correspondiente prestador de servicios digital. Si no hubiera acordado nada, el Art. 96.2 regula que dichos legitimados, "podrán decidir acerca del mantenimiento o eliminación de los perfiles personales de personas fallecidas en redes sociales o servicios equivalentes".

Respecto al apartado segundo del Art. 96 LOPDGG este hace referencia en cuestión a las redes sociales o servicios equivalentes. Es imprescindible distinguir que se entiende por servicios equivalentes, pues quedaría fuera de este concepto las plataformas de

---

Valencia: Tirant lo Blanch, 2022.

30. PLATERO ALCÓN, Alejandro. *El derecho al olvido en Internet*. La responsabilidad civil de los motores de búsqueda y las redes sociales: estudio doctrinal y jurisprudencial. Madrid: Dykinson, 2021.

31. DIANA, González Mendoza. Los perfiles digitales después de la muerte, una perspectiva europea. *Estudios en Derecho a la Información*, Cidade do México, n. 11, p. 3-26, 2021.

streaming como Netflix o marketplace como Amazon. No obstante, existen otros servicios que si pueden ser interpretados como servicios equivalentes a las redes sociales, como es el caso de un blog o un foro, aunque la normativa no especifica nada al respecto. Si se consideren servicios equivalentes prima la voluntad que dispuso el causante frente a los legitimados para actuar ante dichos servicios, mientras que las plataformas y demás activos que no sean considerados redes sociales o servicios equivalentes prevalecerá lo estipulado en el Art. 96.1 LOPD pudiendo acceder, modificar o cancelar las cuentas del difunto sin que sea necesaria la voluntad de este[32].

Sin embargo, la normativa dirigida a esta temática es relativamente reciente, por lo que los usuarios debían amoldarse a lo estipulado en los términos y condiciones de las plataformas digitales. Ante el fallecimiento del causante, analizamos como los principales prestadores de servicios de sociedad de la información contemplan esta circunstancia y cuáles son las soluciones que ofrecen:

Facebook

La política de Facebook[33] informa de que cuando es conocedora del fallecimiento de uno de sus usuarios, su perfil se convierte en conmemorativo y nadie podrá iniciar sesión a partir de ese instante. Una cuenta conmemorativa es el medio a través del cual los familiares y amigos del difunto pueden publicar en la biografía del mismo fotos o comentarios en calidad de recuerdo, según la configuración de la privacidad de la cuenta.

Todo el contenido que el individuo hubiera publicado en vida permanecerá en su perfil y será visible al público que en aquel momento el titular hubiera decidido. No obstante, no aparecerá para el resto de usuarios la recomendación de seguir al difunto, ni tampoco avisará Facebook de la fecha de su cumpleaños ni anuncios.

Sin embargo, puede ocurrir que el individuo antes de fallecer optara bien por eliminar su cuenta de Facebook definitivamente un vez que muera o designara un contacto de legado para que gestionase su cuenta memorable. Esta persona será la encargada de administrar el perfil del difunto, pudiendo solo realizar un par de movimientos como agregar nuevos contactos, cambiar la foto de perfil o publicar un post de homenaje en la biografía, así como también podrá solicitar la eliminación de la cuenta conmemorativa[34].

Si el titular no optó por ninguna de las dos opciones anteriores y la cuenta aún no se hizo memorable Facebook dispone de un formulario[35] donde el albacea o una persona cercana al fallecido deberá indicar si la cuenta de este va a ser convertida en

---

32. NURIA, Martínez Martínez. Reflexiones en torno a la protección post mortem de los datos personales y la gestión de la transmisión mortis causa del patrimonio digital tras la aprobación de la LOPDGDD. *Derecho Privado y Constitución*, Madrid, n. 35, p. 169-212, 2019. p. 207 a 208.

33. FACEBOOK. *Cómo administrar la cuenta de una persona fallecida*. [s.d.]. Disponible en: https://www.facebook.com/help/275013292838654/?helpref=hc_global_nav. Aceso en: 30 jun. 2022.

34. FACEBOOK. *¿Qué pasará con mi cuenta de Facebook si fallezco?*. [s.d.]. Disponible en: https://www.facebook.com/help/103897939701143?helpref=faq_content. Acceso en: 30 jun. 2022.

35. FACEBOOK. *Solicitud especial en relación con la cuenta de una persona fallecida o incapacitada*. [s.d.]. Disponible en: https://www.facebook.com/help/contact/228813257197480. Acceso en: 30 jun. 2022.

conmemorativa o va a ser eliminada definitivamente. Para solicitar la eliminación permanente de un perfil se deberá presentar el certificado de defunción o cualquier otro documento veraz que verifique el fallecimiento del individuo.

Instagram

Pese a formar parte de Facebook, o mejor dicho en la actualidad ambas forman parte del conocido como grupo empresarial META, las condiciones de Instagram respecto a la cuenta del fallecido presentan ciertas diferencias. En este caso, solamente los familiares directos podrán solicitar mediante un formulario[36] la eliminación permanente de la cuenta de Instagram, debiendo demostrar su parentesco aportando documentación que lo verifique.

No obstante, cualquier amigo o familiar podrá solicitar[37] la conversión de la cuenta del difunto en conmemorativa debiendo adjuntar una esquela, obituario o certificado de defunción. En la cuenta conmemorativa tampoco se recomendará seguir al perfil del difunto ni aparecerá en la sección de "explorar" y permanecerán todas las publicaciones (vídeos, fotos, reels...) que el titular hubiera compartido en vida resultando accesible al público que el mismo hubiese seleccionado.

TikTok

Se trata de una de las redes sociales que más ha crecido en los últimos años, de hecho, después de Facebook e Instagram, es la más utilizada en la actualidad. Ahora bien, a diferencia de lo que ocurre con las dos mencionadas, no se encuentra en la misma ninguna referencia a la situación en la que se encuentra las cuentas de personas que han fallecido, omisión que puede producir importantes complejidades jurídicas en el futuro, ya que, como es sabido, se trata de una red social que permite monetizar el contenido subido por sus usuarios, de una manera más fácil que en el caso de Facebook o Instagram.

La única referencia que se encuentra en el análisis de sus condiciones de uso es, a la inactividad de la cuenta por un periodo superior a 180 días, donde en la citada situación, se cambiará el nombre de usuario por otro, compuesto por un conjunto numérico aleatorio[38]. Ahora bien, al tratarse la misma como se ha indicado de una posible fuente de ingresos y, por ende, debe ser incluida en la sucesión del consumidor fallecido, resultaría básico que el mismo, hubiera previsto la futura utilización, o no, de la cuenta con posterioridad a su fallecimiento.

---

36. INSTAGRAM. *Solicitud de eliminación de persona fallecida en Instagram*, 2022. Disponible en: https://help.instagram.com/contact/1474899482730688. Acceso en: 30 jun. 2022.
37. INSTAGRAM. *Convertir en conmemorativa una cuenta de Instagram de una persona fallecida*, 2022. Disponible en: https://help.instagram.com/contact/452224988254813. Acceso en: 30 jun. 2022.
38. TIKTOK. *Política de cuentas inactivas*. [s.d.]. Disponible en: https://support.tiktok.com/es/safety-hc/account-and-user-safety/inactive-account-policy. Aceso en: 30 jun. 2022.

Twitter

Para solicitar la supresión de una cuenta de una persona por fallecimiento en Twitter, cualquier autorizado o familiar directo verificado podrá hacerlo[39]. Una vez rellenada la petición se pedirá al autorizado que proporcione información que confirme la muerte del titular de la cuenta, (certificado de defunción, información del fallecido y DNI del solicitante)[40] no pudiendo aquel en ninguna circunstancia iniciar sesión en el perfil del fallecido. En esta red social no existe la opción de establecer una cuenta conmemorativa, pero en aquellos perfiles ajenos a los del titular en los que se publique contenido ofensivo del difunto podrán ser denunciados por el representante autorizado o familiar, solicitando la eliminación de dichas publicaciones mediante un formulario[41].

Linkedin

Si un miembro de Linkedin fallece se posibilita dos opciones. Por un lado, si se tiene permiso para actuar en nombre del difunto, se podrá solicitar conmemorar o cerrar la cuenta de Linkedin[42]. Si se carece de dicha autorización, sólo se podrá informar del fallecimiento del individuo y su cuenta pasará a estar oculta para el resto de los usuarios miembros. Una vez que se confirme la muerte del titular no se podrá acceder ni proporcionar contraseñas a ningún otro usuario incluso aunque la cuenta sea memorable y se eliminarán en 48 horas todas las notificaciones relacionadas con el difunto[43].

WhatsApp

A pesar de que se trata de un servicio de mensajería instantánea, resulta que la citada aplicación en datos de enero de 2022 era ya utilizada por más de 2.000 millones de consumidores en todo el mundo, resultando muy probable que existan cuentas de personas fallecidas, prácticamente cada hora en el mundo. En este sentido, debe indicarse que WhatsApp no hace referencia en la lectura de sus términos y condiciones a la posibilidad de que otra persona acceda a la citada cuenta y la elimine o, la posible creación de un perfil conmemorativo donde las personas que lo recuerden puedan escribirle. Aún así, la citada aplicación elimina automáticamente aquellas cuentas que

---

39. TWITTER. *Tengo problemas con el acceso a la cuenta.* [s.d.]. Disponible en: https://help.twitter.com/es/forms/account-access/deactivate-or-close-account/deactivate-account-for-deceased. Aceso en: 30 jun. 2022.

40. TWITTER. *Cómo comunicar a Twitter la existencia de la cuenta de un miembro fallecido de la familia".* [s.d.]. Disponible en: https://help.twitter.com/es/managing-your-account/contact-twitter-about-a-deceased-family-members-account. Aceso en: 30 jun. 2022.

41. TWITTER. *Personas fallecidas.* [s.d.]. Disponible en: https://help.twitter.com/es/rules-and-policies/contact-twitter-about-media-on-a-deceased-family-members-account. Aceso en: 30 jun. 2022.

42. LINKEDIN. *Solicitar que se conmemore o se cierre el perfil de un miembro de Linkedin que haya fallecido,* 2022. Disponible en: https://www.linkedin.com/help/linkedin/ask/ts-rmdmlp. Aceso en: 30 jun. 2022.

43. LINKEDIN. *Como faço para transformar em memorial ou encerrar a conta de um usuário falecido?* , 2022. Disponible en: https://www.linkedin.com/help/linkedin/answer/124752. Aceso en: 30 jun. 2022.

permanezcan inactivas más de 120 días, por lo que se entiende que, el simple paso del tiempo provocará que desaparezca el rastro del consumidor fallecido[44].

Google

En última lugar, al no ser exactamente una red social, pero sin embargo se trata de un servicio tecnológico consumido por gran parte de la población, se debe analizar los supuestos que ocurrirán con las cuentas de usuario de Google.

Así, en el caso concreto de Google, este prestador trata de proteger la privacidad del usuario, por lo que, en el supuesto de muerte, es recomendable que el individuo hubiera designado con anterioridad un administrador de cuentas inactivas encargado de proteger toda la información que tuviere en sus cuentas y de notificar de la inactividad de la misma. No obstante, muchos usuarios fallecen sin dejar instrucciones sobre la gestión de sus cuentas online, por lo que Google facilitará un formulario que podrá rellenar cualquier ser querido o representante legal para solicitar el cierre de la cuenta así como obtener los datos del usuario[45].

El causante en vida podría haber descargado toda su huella digital en Google, desde las fotos o vídeos hasta el historial de búsqueda, de modo que estos datos permanecerían en el disco duro y a efectos de poder ser objeto del haber hereditario, resultaría más accesible conseguir su acceso. Por ello, es recomendable que el internauta decida previamente si prefiere que sus datos personales estén o no archivados en sus dispositivos a los cuales los legitimados tendrán mayor facilidad de acceso[46].

NOTAS CONCLUSIVAS

El consumidor de los servicios analizados en el presente trabajo no suele pensar en que ocurrirá con sus perfiles cuando fallezca, pero como se ha apuntado, existen algunos que albergan una notable transcendencia patrimonial y, por ello, debería quedar apuntado mediante las correspondientes instrucciones testamentarias el destino de estas.

La realidad práctica radica en la no inclusión de estas instrucciones en las últimas voluntades de los testadores, situación que provoca una serie de importantes controversias, ya que, como se ha expuesto, la regulación actual de la Ley Orgánica de Protección de Datos Personales es, cuanto menos, poco precisa, sobre todo en lo relativo al conjunto de sujetos legitimados para ejercitar los derechos sobre los perfiles de los fallecidos.

También resultaría necesario que, los principales servicios de redes sociales realizarán algún tipo de acuerdo sectorial, donde armonizaran, porque no, el conjunto

---

44. WHATSAPP. *Por que o WhatsApp apaga contas inativas.* [s.d.]. Disponible en: https://faq.whatsapp.com/general/account-and-profile/about-inactive-account-deletion. Aceso en: 30 jun. 2022.
45. GOOGLE. *Solicitud relacionada con la cuenta de un usuario fallecido,* 2022. Disponible em: https://support.google.com/accounts/troubleshooter/6357590?hl=es. Aceso en: 30 jun. 2022.
46. SERGIO, Cámara Lapuente. La sucesión mortis causa en el patrimonio digital. *Anales de la Academia Matritense del Notariado,* Madrid, v. 59, p. 375-432, 2019. p. 406.

de posibilidades existentes cuando un consumidor de su servicio fallece, ya que, como se ha expuesto, en algunas de ellas existe la posibilidad de crear, por ejemplo, cuentas de carácter conmemorativo y, en otras, ni siquiera existe la posibilidad de denunciar directamente que se elimine la cuenta del consumidor fallecido, sino que se debe dejar pasar un periodo de tiempo determinado para que la cuenta se declare como inactiva.

En definitiva, quien sabe como se apuntó en los albores del presente trabajo, como evolucionara la capacidad de consumir del ciudadano medio en el futuro, pero parece evidente que, todavía los avances tecnológicos no han permitido que el consumidor deje de fallecer, por lo que, en cualquiera de los casos, resultará necesario determinar y precisar un sistema de acceso claro a los datos del consumidor fallecido en los servicios de carácter digital.

REFERENCIAS

CATALUÑA. *Ley 10/2017*, de 27 de junio. Trata de voluntades digitales y de modificación de los libros segundo y cuarto del Código civil de Cataluña.

CRISTINA, Argelich Comelles. El derecho civil ante el metaverso. Hacia un metalaw europeo y sus remedios en el multiverso. *Derecho Digital e Innovación*, Madrid, n. 12, [s.p.], 2022.

DANIEL, Montero Ferreira. De lege ferenda. La herencia de datos. *Diario la Ley*, Madrid, n. 10077, [s.p.], 2022.

DIANA, González Mendoza. Los perfiles digitales después de la muerte, una perspectiva europea. *Estudios en Derecho a la Información*, Cidade do México, n. 11, p. 3-26, 2021.

DÍAZ ALABART, Silvia. *La protección de los datos y contenidos digitales de las personas fallecidas*. Barcelona: Reus, 2020.

ESPAÑA. Tribunal Constitucional. *STC 7/2019*, 17 ene. 2019.

FACEBOOK. *¿Qué pasará con mi cuenta de Facebook si fallezco?*. [s.d.]. Disponible en: https://www.facebook.com/help/103897939701143?helpref=faq_content. Aceso en: 30 jun. 2022.

FACEBOOK. *Cómo administrar la cuenta de una persona fallecida*. [s.d.]. Disponible en: https://www.facebook.com/help/275013292838654/?helpref=hc_global_nav. Aceso en: 30 jun. 2022.

FACEBOOK. *Solicitud especial en relación con la cuenta de una persona fallecida o incapacitada*. jun. 2022. [s.d.]. Disponible en: https://www.facebook.com/help/contact/228813257197480. Aceso en: 30

FRANCISCA, Ramón Fernández. El acceso a los datos y contenidos gestionados por prestadores de servicios de la sociedad de la información de personas fallecidas: análisis de los límites. *Métodos de Información*, Valencia, v. 11, n. 20, p. p. 59-87, 2020.

González Granado, Javier. Solo se muere una vez: ¿Herencia digital? En: OLIVA LEÓN, Ricardo (Org.) *Testamento ¿digital?*. Madrid: Juristas con futuro, 2016.

GOOGLE. *Solicitud relacionada con la cuenta de un usuario fallecido*, 2022. Disponible em: https://support.google.com/accounts/troubleshooter/6357590?hl=es. Aceso en: 30 jun. 2022.

INSTAGRAM. *Convertir en conmemorativa una cuenta de Instagram de una persona fallecida*, 2022. Disponible en https://help.instagram.com/contact/452224988254813. Aceso en: 30 jun. 2022.

INSTAGRAM. *Solicitud de eliminación de persona fallecida en Instagram*, 2022. Disponible en: https://help.instagram.com/contact/1474899482730688. Aceso en: 30 jun. 2022.

JAVIER, Martínez Calvo. Dualidad normativa en la regulación de los contratos gratuitos de suministro de contenidos y servicios digitales: la necesaria armonización entre la Directiva (UE) 2019/770 y el Reglamento (UE) 2016/679. *Actualidad Jurídica Iberoamericana*, Valencia, n. 16, p. 1168-1185, 2022.

JORGE, Ordellín Font; SALETE, Oro Boff. ¿Herencia digital?: la protección post mortem de los bienes digitales. *Revista Aranzadi de Derecho y Nuevas Tecnologías*, Navarra, n. 50, p. 1-20, 2019.

JUDITH, Solé Resina. Las voluntades digitales: marco normativo actual. *Anuario de Derecho Civil*, Madrid, v. 71, n. 2, p. 417-440, 2018.

LINKEDIN. *Como faço para transformar em memorial ou encerrar a conta de um usuário falecido?* , 2022. Disponible en: https://www.linkedin.com/help/linkedin/answer/124752. Aceso en: 30 jun. 2022.

LINKEDIN. *Solicitar que se conmemore o se cierre el perfil de un miembro de Linkedin que haya fallecido*, 2022. Disponible en: https://www.linkedin.com/help/linkedin/ask/ts-rmdmlp. Aceso en: 30 jun. 2022.

LLANO, Juan Carlos Mejía. *Estadísticas de redes sociales 2022: usuarios de Facebook, Instagram, Tiktok, Youtube, Linkedin, Twitter y otros*, 2022. Disponible en: https://www.juancmejia.com/marketing-digital/estadisticas-de-redes-sociales-usuarios-de-facebook-instagram-linkedin-twitter-whatsapp-y-otros-infografia/. Aceso en: 05 jul. 2022.

MARIA EUGENIA, Serrano Chamorro. ¿La protección de datos personales legales es suficiente en menores y personas fallecidas? En: ARMAS, Noel (Org.). *Cuestiones actuales sobre protección de datos en España y México*. Valencia: Tirant lo Blanch, 2022.

MARÍA JOSÉ, Santos Morón. La denominada herencia digital: ¿necesidad de regulación? Estudio de Derecho español y comparado. *Cuadernos de Derecho Transnacional*, Madrid, n. 1, p. 413-438, 2018.

MARÍA, Ginebra Molins. Voluntades digitales en caso de muerte. *Cuadernos de Derecho Transnacional*, Madrid, v. 12, n. 1, p. 908-929, 2020.

MARTA, Otero Crespo. La sucesión en los bienes digitales. La respuesta plurilegislativa española. *Revista de Derecho Civil*, Madrid, v. 6, n. 4, p. 89-133, 2019.

NIEVES, Moralejo Imbernón. El testamento digital en la nueva Ley Orgánica 3/2018, de 5 de diciembre, de protección de datos personales y garantía de los derechos digitales. *Anuario de Derecho Civil*, Madrid, v. 73, n. 1, p. 241-281, 2020.

NURIA, Martínez Martínez. Reflexiones en torno a la protección post mortem de los datos personales y la gestión de la transmisión mortis causa del patrimonio digital tras la aprobación de la LOPDGDD. *Derecho Privado y Constitución*, Madrid, n. 35, p. 169-212, 2019.

PLATERO ALCÓN, Alejandro. *El derecho al olvido en Internet*. La responsabilidad civil de los motores de búsqueda y las redes sociales: estudio doctrinal y jurisprudencial. Madrid: Dykinson, 2021.

Rosales De Salamanca Rodríguez, Fernando. Testamento digital. En: OLIVA LEÓN, Ricardo (Org.) *Testamento ¿digital?*. Madrid: Juristas con futuro, 2016.

SERGIO, Cámara Lapuente. La sucesión mortis causa en el patrimonio digital. *Anales de la Academia Matritense del Notariado*, Madrid, v. 59, p. 375-432, 2019.

TATIANA, Cucurull Poblet. La sucesión de los bienes digitales (patrimoniales y extrapatrimoniales). *Revista de Derecho Civil*, Madrid, v. 9, n. 2, p. 313-338, 2022.

TIKTOK. *Política de cuentas inactivas*. [s.d.]. Disponible en: https://support.tiktok.com/es/safety-hc/account-and-user-safety/inactive-account-policy. Aceso en: 30 jun. 2022.

TWITTER. *Cómo comunicar a Twitter la existencia de la cuenta de un miembro fallecido de la familia"*. [s.d.]. Disponible en: https://help.twitter.com/es/managing-your-account/contact-twitter-about-a-deceased-family-members-account. Aceso en: 30 jun. 2022.

TWITTER. *Personas fallecidas*. [s.d.]. Disponible en: https://help.twitter.com/es/rules-and-policies/contact-twitter-about-media-on-a-deceased-family-members-account. Aceso en: 30 jun. 2022.

TWITTER. *Tengo problemas con el acceso a la cuenta*. [s.d.]. Disponible en https://help.twitter.com/es/forms/account-access/deactivate-or-close-account/deactivate-account-for-deceased. Consultado el 30 jun. 2022.

WHATSAPP. *Por que o WhatsApp apaga contas inativas*. [s.d.]. Disponible en: https://faq.whatsapp.com/general/account-and-profile/about-inactive-account-deletion. Aceso en: 30 jun. 2022.

PARTE IV
PUBLICIDADE EM DIVERSOS CONTEXTOS

LA PUBLICIDAD ENGAÑOSA EN LOS CONTRATOS CELEBRADOS CON CONSUMIDORES

María Cristina Cintora Egea

Profesora Asociada en la Universidad de Extremadura.

INTRODUCCIÓN

En nuestra sociedad de consumo, la publicidad ocupa un papel relevante como forma de comunicación empleada por los empresarios para disuadir al consumidor de las virtudes de sus productos en detrimento de otros con los que compite en el mercado.

Los reclamos publicitarios empleados por las empresas, que tratan hoy día de abarcar a un mayor número de compradores, pueden contener información distorsionada, incompleta u oculta que puede inducir a error en el consumidor.

La figura del consumidor aparece ya en la Constitución Española de 1978, recogiendo la obligación de los poderes públicos de garantizar sus derechos a través de procedimientos eficaces. Además el mismo artículo establece la obligación de los poderes públicos de promover su información y educación. Finaliza el artículo en su apartado 3º poniendo de manifiesto la necesidad de regulación mediante ley del comercio interior y el régimen de autorización de productos comerciales. Esa protección que nuestro texto constitucional exige a los poderes públicos, abarca también a la publicidad dirigida al consumidor, una publicidad que debe encontrarse dentro de los parámetros de la legalidad.

Debe pues el empresario regirse por la legalidad a la hora de emitir publicidad de sus productos, extremo éste que muchas veces no consigue debido l afán de abarcar la mayor clientela posible. Y es aquí donde entraría en juego el control de los poderes públicos, creando instrumentos y cauces que permitan al consumidor protegerse de la publicidad engañosa.

Así para Juan José González Rus la tutela dispensada a través de las normas reguladoras de parcelas que de manera mediata contribuyen a ella, por constituir las materias afectadas presupuestos necesarios para la adecuada contemplación de la protección de los consumidores y usuarios[1].

PUBLICIDAD ENGAÑOSA EN EL DERECHO ESPAÑOL

Previo al análisis del concepto de publicidad engañosa, es precioso hacer un breve comentario acerca del término publicidad. A este respecto la exposición de motivos

---

1. RUS, Juan José González. *Los intereses económicos de los consumidores*: protección penal. Madrid: Instituto Nacional del Consumo, 1986. p. 24.

del anterior y derogado Estatuto de Publicidad de 11 de junio de 1964, ya ponía de manifiesto la importancia de la publicidad en nuestra sociedad, y así se refería a ella al expresar la publicidad se ha convertido en un poderosísimo medio de difusión de bienes de consumo y servicios en vía de obtención de prestigio de marcas, nombres y denominaciones comerciales e industriales; a su vez, moviliza ingentes cantidades de dinero de las empresas y extraordinarias energías humanas y supone una importante fuente de ingresos en los medios generales de información.

Siendo patente la necesidad de una regulación específica sobre la materia que diera cobertura al mencionado control y protección de los consumidores, así como la adecuación necesaria a la normativa europea, aparece en nuestro Ordenamiento jurídico la Ley 34/1988 de 11 de noviembre General de Publicidad, en adelante LGP, posteriormente reformada por la Ley 29/2009 de 30 de diciembre[2]. Esta LGP en su artículo 2 se refiere a la publicidad como toda forma de comunicación realizada por una persona física o jurídica, pública o privada, en el ejercicio de una actividad comercial, industrial, artesanal o profesional, con el fin de promover de forma directa o inducir la contratación de bienes muebles o inmuebles, servicios, derechos y obligaciones[3]. A la misma definición nos remite también la posterior Ley 3/1991 de 10 de enero de Competencia Desleal[4], también objeto de reforma por la Ley 29/2009 de 30 de diciembre.

Queda clara pues la finalidad de la publicidad como medio empleado por los empresarios para conseguir un fin concreto, que es la contratación de sus bienes o servicios por los consumidores. En este sentido Faustino Cartagena Pastor señala que la actividad publicitaria se determina como una fase intermedia del proceso de comercialización del producto, siendo fundamental su acercamiento desde el fabricante al consumidor y constituyendo otro acto más del comportamiento en que se manifiesta el comercio, en este caso promoviendo su adquisición al ofrecerlo al público[5].

En el marco comunitario resulta de especial interés la Directiva 2006/114/CE en la que se define el término publicidad como toda forma de comunicación realizada en el marco de una actividad comercial, industrial, artesanal o liberal con el fin de promover el suministro de bienes o la prestación de servicios incluidos los bienes inmuebles, los derechos y las obligaciones[6].

De todo lo anterior se puede concluir que la publicidad es cualquier forma de comunicación comercial empleada por empresas y profesionales de todo tipo para promocionar sus bienes y servicios.

---

2. ESPAÑA. *Ley 29/2009 de 30 de diciembre*. Por la que se modifica el régimen legal de la competencia desleal y de la publicidad para la mejora de la protección de los consumidores y usuarios.
3. ESPAÑA. *Ley 34/1988 de 11 de noviembre*. General de Publicidad.
4. ESPAÑA. *Disposición Adicional Única Ley 3/1991 de 10 de enero de Competencia Desleal*. A los efectos de esta ley se entiende por publicidad la actividad así definida en el art. 2 de la Ley 34/1988 de 11 de noviembre General de Publicidad.
5. PASTOR, Faustino Cartagena. Publicidad ilícita y delito de publicidad engañosa. *Estudios sobre Consumo*, Madrid, n. 45, p. 1511-1526, abr. 1998. p. 105.
6. UNIÓN EUROPEA. Parlamento Europeo. *Directiva 2006/114/CE* de 12 de diciembre de 2006. Sobre publicidad engañosa y publicidad comparativa.

Dejado sentado el concepto de publicidad, hemos de determinar a qué nos referimos al hablar de publicidad engañosa, y en este sentido hemos de acudir nuevamente a la Ley General de Publicidad, que en su artículo 3 establece:

Es ilícita:

a) La publicidad que atente contra la dignidad de la persona o vulnere los valores y derechos reconocidos en la Constitución Española, especialmente a los que se refieren sus artículos 14, 18 y 20, apartado 4.

Se entenderán incluidos en la previsión anterior los anuncios que presenten a las mujeres de forma vejatoria o discriminatoria, bien utilizando particular y directamente su cuerpo o partes del mismo como mero objeto desvinculado del producto que se pretende promocionar, bien su imagen asociada a comportamientos estereotipados que vulneren los fundamentos de nuestro ordenamiento coadyuvando a generar la violencia a que se refiere la Ley Orgánica 1/2004, de 28 de diciembre, de Medidas de Protección Integral contra la Violencia de Género.

Asimismo, se entenderá incluida en la previsión anterior cualquier forma de publicidad que coadyuve a generar violencia o discriminación en cualquiera de sus manifestaciones sobre las personas menores de edad, o fomente estereotipos de carácter sexista, racista, estético o de carácter homofóbico o transfóbico o por razones de discapacidad.

b) La publicidad dirigida a menores que les incite a la compra de un bien o de un servicio, explotando su inexperiencia o credulidad, o en la que aparezcan persuadiendo de la compra a padres o tutores. No se podrá, sin un motivo justificado, presentar a los niños en situaciones peligrosas. No se deberá inducir a error sobre las características de los productos, ni sobre su seguridad, ni tampoco sobre la capacidad y aptitudes necesarias en el niño para utilizarlos sin producir daño para sí o a terceros.

c) La publicidad subliminal.

d) La que infrinja lo dispuesto en la normativa que regule la publicidad de determinados productos, bienes, actividades o servicios.

e) La publicidad engañosa, la publicidad desleal y la publicidad agresiva, que tendrán el carácter de actos de competencia desleal en los términos contemplados en la Ley de Competencia Desleal.

Además el artículo 4 del mismo cuerpo legal nos presenta la publicidad subliminar como aquella capaz de ser percibida por los destinatarios de la misma sin que sean conscientes de ello[7].

Si nos detenemos en el contenido del Art. 3, éste nos habla de aquellas practicas publicitarias ilícitas incidiendo en el primer punto en aquella publicidad que atenta el derecho a la dignidad de toda persona, reconocido por nuestra Constitución, incluyendo aquí la protección del uso de la imagen de la mujer, considerando ilícita toda práctica publicitaria que haga de ella un uso vejatorio o discriminatorio, o presente a la mujer

---

7. ESPAÑA. *Ley 34/1988 de 11 de noviembre*. General de Publicidad. Art. 4: "A los efectos de esta ley, será publicidad subliminal la que mediante técnicas de producción de estímulos de intensidades fronterizas con los umbrales de los sentidos o análogas, pueda actuar sobre el público destinatario sin ser conscientemente percibida".

en posición de inferioridad, que atentaría contra el principio de igualdad reconocido en el Art. 14 de nuestra Carta Magna, y que además supondría un comportamiento de los descritos y penados por la Ley Orgánica 1/2004, de 28 de diciembre, de Medidas de Protección Integral contra la Violencia de Género.

De igual forma la LGP repara en la necesidad de protección de los menores, colectivo más vulnerable si cabe, por su inexperiencia, exigiendo de este modo una publicidad más cuidadosas no solo en los contenidos sino en el mensaje a transmitir.

Es el apartado e) de dicho artículo el que recoge como ilícita la publicidad engañosa, remitiéndonos en este caso a lo dispuesto en la LCD, considerándola de esta forma competencia desleal[8].

Por su parte la LCD reputa desleal toda práctica publicitaria considerada ilícita por la LGP[9]. Vemos en este caso la conexión e interrelación de los dos cuerpos legales. De esta manera, la LCD establece que se considera desleal por engañosa cualquier conducta que contenga información falsa o información que, aún siendo veraz, por su contenido o prestación induzca o pueda inducir a error a los destinatarios, siendo susceptible de alterar su comportamiento económico, siempre que incida en algún aspecto relevante como son la existencia o naturaleza del bien o servicio, los caracteres principales del mismo, la asistencia posventa, el alcance de los compromisos del empresario, el precio o su modo de fijación, las necesidades de un servicio o de piezas, entre otros[10].

Como vemos en la redacción del artículo no es imprescindible que la información que ofrezca ele empresario sea falsa, sino que también se considerará engañosa aquella publicidad que aunque sea cierta o veraz, pueda dar lugar a error en el consumidor, incluso va más allá cuando en su Art. 7 postula como desleal las omisiones publicitarias engañosas, es decir aquellas prácticas comerciales que ocultan datos esenciales del producto o servicio, o aquellas en las quela información que se ofrece es poco clara y comprensible, provocando que el destinatario de la publicidad no cuente con toda la información necesaria para decidir su comportamiento económico[11].

Además la LCD no se limita a dar una definición de publicidad engañosa sino que podemos encontrar en su articulado referencias expresas a prácticas de publicidad engañosas. Así en relación a los consumidores y usuarios establece como prácticas comerciales desleal las siguientes:

---

8. ESPAÑA. *Ley 3/1991 de 10 de enero*. Competencia Desleal. Art. 1: Esta ley tiene por objeto la protección de la competencia en interés de todos los que participan en el mercado, y a tal fin establece la prohibición de los actos de competencia desleal, incluida la publicidad ilícita en los términos de la Ley General de Publicidad.

9. Id. Art. 18: La publicidad considerada ilícita por la Ley General de Publicidad, se reputará desleal.

10. Id. Art. 5.

11. Id. art. 7: Se considera desleal la omisión u ocultación de la información necesaria para que el destinatario adopte o pueda adoptar una decisión relativa a su comportamiento económico con el debido conocimiento de causa. Es también desleal si la información que se ofrece es poco clara, ininteligible, ambigua, no se ofrece en el momento adecuado, o no se da a conocer el propósito comercial de esa práctica, cuando no resulte evidente por el contexto.

1. Aquéllas, incluida la publicidad comparativa, que, según su contexto, circunstancias y características, creen confusión con bienes, marcas, nombres comerciales, siempre que puedan afectar el comportamiento del consumidor[12].

2. Practicas engañosas en relación al incumplimiento de los *códigos de conducta* del empresario o distintivos de calidad[13].

3. Las practicas de señuelo y practicas promocionales engañosas, entendidas éstas como aquellas en las que se hace una oferta a un precio y el producto en cuestión no va estar disponible a ese precio; aquella que anuncia un producto en liquidación cuando sea incierto; aquella que ofrece un premio en un concurso o sorteo que nunca llega a celebrarse; aquella en la que se describe un producto o bien como un regalo y finalmente el consumidor tiene que abonar dinero por otros conceptos que no se contemplan en la venta[14].

4. Practicas engañosas sobre la naturaleza y propiedades de los bienes o servicios, su disponibilidad y los servicios posventa., como aquellas en las que se afirma se da la impresión de que un bien puede comercializarse cuando no es así; aquellas en las que se manifiesta que un bien facilita la obtención de un premio en juegos de azar; aquellas que proclaman el efecto sanador de un bien, cuando es falso; aquellas que afirman que un bien solo estará disponible un determinado tiempo, no siendo cierto; aquellas que proporcionan un servicio postventa sin advertir que es en otro idioma distinto al empleado en el contrato comercial[15].

5. *La venta piramidal, en las que los consumidores han de dar una contraprestación para recibir* una compensación derivada de la entrada de otros consumidores en el plan y no de la venta o suministro de bienes o servicios[16].

6. *La confusión, en aquellos casos en que se proporciona al consumidor un bien o servicio similar a otro comercializado por otro empresario, haciéndole creer que dicho producto o servicio procede de ese otro empresario*[17].

7. *Las prácticas encubiertas, cuando la información promocional del producto o bien, aparece en medios de comunicación, redes sociales y plataformas digitales sin que quede se especifique que es contenido publicitario*[18].

8. *Otras prácticas engañosas, cuando se presentan los derechos de los consumidores como rasgos* de la oferta; aquellas emitan información falsa sobre el riesgo que supone para la seguridad el no adquirir el bien o servicio; aquella que transmita información falsa sobre las condiciones de mercado; aquella que haga creer al consumidor que ya ha contratado el producto o servicio sin que lo haya solicitado; aquella en la que se dé la impresión de que un empresario o profesional no actúa en el marco de su actividad empresarial o profesional o cuando se presenta de forma fraudulenta como un consumidor o usuario; la reventa de entradas al consumidor por quien las adquirió por medios automatizados para sortear el límite del número de entradas por persona; las reseñas falsas y fraudulentas[19].

Como vemos ambas Leyes, General de Publicidad y de Competencia Desleal hacen remisiones mutuas dejando claro que tanto la publicidad engañosa como la desleal se consideran ilícitas. En esta materia también es destacar la mención a la

---

12. Id. Art. 20.
13. Id. Art. 21.
14. Id. Art. 22.
15. Id. Art. 23.
16. Id. Art. 24.
17. Id. Art. 25.
18. Id. Art. 26.
19. Id. Art. 27.

publicidad engañosa que realiza la Ley 7/2010 de 31 de marzo, General de Comunicación Audiovisual, en adelante LGCA, donde se contempla la sumisión de la comunicación audiovisual a las prohibiciones fijadas por la normativa publicitaria[20].

TRATAMIENTO JURÍDICO EN EL ENTORNO COMUNITARIO

La Unión Europea (en adelante UE) ha mostrado desde sus inicios un interés especial en la defensa de los derechos de los consumidores[21] y su preocupación por la publicidad engañosa[22].

Así en la Cumbre de Paris de 1972 se hizo patente la necesidad de desarrollar una política de protección e información de los consumidores y el desarrollo de unos programas de acción en este sentido[23]. El Programa Preliminar de 1975 contemplaba una serie de derechos de los consumidores como fundamentales bajo el influjo del mensaje del Presidente de los EEUU John F. Kennedy ante el Congreso de que consumidores lo somos todos.

Posteriormente el Proyecto de Directrices para la armonización de las disposiciones legislativas, reglamentarias y administrativas de los Estados miembros en materia de publicidad engañosa y desleal de 1 de marzo de 1978 definía en su artículo 2, la publicidad engañosa como toda publicidad que sea total o parcialmente falsa que por su efecto de conjunto incluida la presentación, induce o es susceptible de inducir a error a las personas a las que se dirige o alcanza, a menos que no fuese razonablemente previsible que estas personas fuesen alcanzadas por tal publicidad.

Tras aquellos preliminares se aprueba la Directiva 84/485/CEE del Consejo, de 10 de septiembre de 1984 sobre publicidad engañosa y publicidad comparativa,

---

20. ESPAÑA. *Ley 7/2010 de 31 de marzo.* General de Comunicación Audiovisual. Art. 18 en su apartado 7 postula: La comunicación comercial audiovisual también está sometida a las prohibiciones previstas en el resto de normativa relativa a la publicidad.

21. UNIÓN EUROPEA. *Tratado Constitutivo de la UE de 25 de marzo de 1957.* Art. 3: 1. Para alcanzar los fines enunciados en el artículo 2, la acción de la Comunidad implicará, en las condiciones y según el ritmo previstos en el presente Tratado: t) una contribución al fortalecimiento de la protección de los consumidores. Art. 153: 1. Para promover los intereses de los consumidores y garantizarles un alto nivel de protección, la Comunidad contribuirá a proteger la salud, la seguridad y los intereses económicos de los consumidores, así como a promover su derecho a la información, a la educación y a organizarse para salvaguardar sus intereses. 2. Al definirse y ejecutarse otras políticas y acciones comunitarias se tendrán en cuenta las exigencias de la protección de los consumidores. 3. La Comunidad contribuirá a que se alcancen los objetivos a que se refiere el apartado 1 mediante: a) medidas que adopte en virtud del artículo 95 en el marco de la realización del mercado interior; b) medidas que apoyen, complementen y supervisen la política llevada a cabo por los Estados miembros. 4. El Consejo, con arreglo al procedimiento previsto en el artículo 251 y previa consulta al Comité Económico y Social, adoptará las medidas mencionadas en la letra b) del apartado 3. 5. Las medidas que se adopten en virtud del apartado 4 no obstarán para que cada uno de los Estados miembros mantenga y adopte medidas de mayor protección. Dichas medidas deberán ser compatibles con el presente Tratado. Se notificarán a la Comisión.

22. GALÁN, Jesús López de Lerma. La protección constitucional del consumidor frente a la publicidad engañosa, methaodos. *Revista de Ciencias Sociales,* Madrid, v. 6, n. 1, p. 94-108, 2018.

23. GUY, Isaac. La acción de la Comunidad Europea para la protección de los intereses económicos y jurídicos del consumidor. *Revista de Instituciones Europeas,* Madrid, n. 3, p. 829-841, 1990.

hoy ya derogada, en la que se apreciaba por primera vez en el ámbito comunitario la configuración de esta figura.

La Directiva 2005/29/CE del Parlamento Europeo y del Consejo sobre prácticas comerciales desleales en sus relaciones con los consumidores en el mercado interior modificó la anterior y establece en su artículo 5.4 que serán desleales las prácticas comerciales que a) sean engañosas según lo establecido en los artículos 6 y 7 o b) sean agresivas según lo establecido en los artículos 8 y 9.

Es imprescindible mencionar por su enorme relevancia en la materia la Directiva 2006/114/CE del Parlamento Europeo y del Consejo de 12 de diciembre de 2006 sobre publicidad engañosa y publicidad comparativa cuya razón de ser la encuentra en la necesidad de armonizar las legislaciones tan dispares sobre la materia en los países de la Unión así como en la necesidad de proteger el buen funcionamiento del mercado interior donde la competencia puede verse deformada por la publicidad engañosa y la publicidad comparativa ilegal.

Según esa Directiva es necesario establecer unos criterios mínimos y objetivos[24] que permitan detectar si estamos ante una publicidad engañosa. Además establece que los estados miembros han de dotar de mecanismos administrativos y judiciales eficaces que den respuesta a las reclamaciones y acciones interpuestas por aquellos que se vean perjudicados por la publicidad engañosa y comparativa ilegal, debiendo tener facultades para imponer el cese de dichas actuaciones así como organismos de control sobre las mismas.

Si bien es cierto que el Art. 1 de la Directiva 2006/114/CE estipula que el objeto de la misma es proteger a los comerciantes[25] de dichas prácticas, lo cierto y verdad es que los consumidores van a verse protegidos también al ser en definitiva el destinatario final de los productos o servicios objeto de la publicidad emitida.

Señala esta Directiva en su Art. 2 que por publicidad engañosa se entenderá toda publicidad que, de una manera cualquiera, incluida su presentación, induce a error o puede inducir a error a las personas a las que se dirige o afecta y que, debido a su carácter engañoso puede afectar su comportamiento económico o que, por estas razones, perjudica o es capaz de perjudicar a un competidor.

Continuando en el ámbito europeo cabe mencionar otras disposiciones que abordan el tema de la publicidad engañosa desde el ámbito de un sector concreto del mercado. Si bien solo mencionaremos alguna de ellas pues extensión limitada del presente trabajo no permite hacer un estudio más pormenorizado.

De esta forma podemos mencionar entre otras la Directiva 2010/13/UE del Parlamento Europeo y del Consejo de 10 de marzo de 2010, llamada Directiva de servicios

---

24. UNIÓN EUROPEA. *Directiva 2006/114*. Considerando (7): "Deben establecerse unos criterios mínimos y objetivos sobre cuya base sea posible determinar si una publicidad es engañosa".

25. Id. Art. 1: "La presente Directiva tiene por objeto a los comerciantes contra la publicidad engañosa y sus consecuencias injustas y establecer las condiciones en las que estará permitida la publicidad comparativa".

de comunicación audiovisual, donde se pone de manifiesto que será de aplicación en este ámbito la Directiva 2005/29/CE a las conductas comerciales desleales, tales como las prácticas engañosas y agresivas que tienen lugar en los servicios de comunicación audiovisual[26].

Cabe mencionar también la Directiva 2001/37/CE del Parlamento Europeo y del Consejo, de 5 de junio de 2001, hoy ya derogada, relativa a la aproximación de las disposiciones legales, reglamentarias y administrativas de los Estados miembros en materia de fabricación, presentación y venta de los productos del tabaco que exigía que las descripción que aparece en el envasado del producto no sea engañosa[27].

Su sucesora la Directiva 2014/40/UE del Parlamento Europeo y del Consejo de 3 de abril de 2014[28], incide en la necesidad de que productos del tabaco en sus distintas modalidades, cigarrillos, tabaco para liar o pipa de agua, contemplen en lugar visible las correspondientes advertencias sanitarias, advertencias adaptadas a los avances científicos, que deben ir acompañadas de fotografías a color en ligar significativo y visible del envasado, con mensajes claros que no induzcan a error en el consumidor no solo respecto del carácter nocivo para la salud, por ejemplo haciendo pensar que se trata de un producto menos nocivo que otro, sino también o sobre sus engañosas propiedades para perder peso, o para facilitar las relaciones sociales, entre otras.

Para finalizar este apartado, cabe decir que existen además distintos reglamentos y decisiones de ejecución en el ámbito de la Unión Europea, que recogen la importancia de una información veraz al consumidor, en este sentido destacamos de entre las numerosas disposiciones al respecto el Reglamento 1924/2006 del Parlamento Europeo y del Consejo de 20 de diciembre de 2006 sobre las declaraciones nutricionales y propiedades saludables en los alimentos.

Dicho Reglamento se aplica a las declaraciones nutricionales y de propiedades saludables efectuadas en las comunicaciones comerciales, ya sea en el etiquetado, la presentación o la publicidad de los alimentos que se suministren como tales al consumidor final, incluidos los alimentos comercializados sin envase o suministrados a granel[29]. Se pretende con ello dotar de una mayor seguridad y protección al consumidor en cuanto a los productos alimenticios, exigiendo una información veraz sobre el

---

26. UNIÓN EUROPEA. *Directiva 2010/13.* Considerando (82): "Aparte de las prácticas reguladas por la presente Directiva, la Directiva 2005/29/CE del Parlamento Europeo y del Consejo, de 11 de mayo de 2005, relativa a las prácticas comerciales desleales de las empresas en sus relaciones con los consumidores en el mercado interior (2), se aplica a las conductas comerciales desleales, tales como las prácticas engañosas y agresivas que tienen lugar en los servicios de comunicación audiovisual".

27. UNIÓN EUROPEA. *Directiva 2001/37.* Art. 7: Con efecto a partir del 30 de septiembre de 2003, y sin perjuicio de lo dispuesto en el apartado 1 del artículo 5, no se utilizarán en las unidades de envasado de productos del tabaco textos, nombres, marcas e imágenes u otros signos que den la impresión de que un determinado producto del tabaco es menos nocivo que otros.

28. UNIÓN EUROPEA. *Directiva 2014/40.* Relativa a la aproximación de las disposiciones legales, reglamentarias y administrativas de los Estados miembros en materia de fabricación, presentación y venta de los productos del tabaco y los productos relacionados y por la que se deroga la Directiva 2001/37/CE.

29. UNIÓN EUROPEA. *Reglamento 1924/2006* del Parlamento Europeo y del Consejo de 20 de diciembre de 2006. Art. 2.

contenido y los valores nutricionales de los alimentos que aparecen en el etiquetado y publicidad de los mismos, de forma que permita al consumidor adoptar una decisión sobre una alimentación sana y equilibrada libre de errores y engaños.

EL ENGAÑO EN LA PUBLICIDAD

Según la Real Academia de la Lengua Española, la primera acepción de la palabra engaño es acción y efecto de engañar, mientras que las dos primeras acepciones de la palabra engañar nos dicen que es 1. Hacer creer a alguien que algo falso es verdadero y 2. Seducir a alguien con halagos y mentiras.

Si trasladamos el término al campo de la publicidad podemos decir que engaño es el acto por el cual el competidor genera una impresión falaz o engañosa respecto a sus productos o servicios, es probablemente la forma más común de competencia desleal[30].

Es obvio que la creación de determinados artificios es algo habitual en toda publicidad comercial, pues viene a ser el medio que tienen los comerciantes de atraer consumidores de sus productos. Ahora bien no todo artificio que se emplee en la publicidad va a resultar un engaño en los términos antes descritos. De esta manera solo habrá engaño cuando por medio de ese artificio se altera el comportamiento del consumidor. Es decir, como decíamos al inicio de este trabajo, la publicidad será engañosa cuando sea susceptible de producir un error en el consumidor, error que debe ser relevante, ya que debe afectar en su comportamiento económico.

De esta forma si el consumidor adquiere un producto movido por las propiedades beneficiosas para la salud, tomemos por caso, cuando las mismas no son ciertas, podemos afirmar que ese consumidor no ha hecho su elección de una forma libre, sino movido, esperanzado por las virtudes que el comerciante publicita a su producto.

Es por ello que para que la decisión del consumidor sea adoptada de forma libre será necesario que la información que reciba del producto en cuestión sea veraz. En este sentido nuestra Constitución Española reconoce el derecho de todos a comunicar y recibir libremente información veraz por cualquier medio de difusión recibir[31]. Este derecho se acopla en la legislación especial de protección de los derechos de los consumidores LGDC, en la cual se establecen como derechos básicos de los consumidores y usuarios la protección de sus intereses frente a prácticas desleales y el derecho a obtener la información correcta que les permita decidir lo mejor para sus intereses[32].

---

30. SALINAS, Carlos Alberto Patrón. El principio de veracidad y la substanciación previa en materia publicitaria. *Themis Rebista de Derecho*, Lima, n. 32, p. 239-248, 1995.
31. ESPAÑA. *Constitución Española*. Art. 20.
32. ESPAÑA. *Real Decreto Legislativo 1/2007 de 16 de noviembre*. Art- 8 1 apartados b y d: 1. Son derechos básicos de los consumidores y usuarios y de las personas consumidoras vulnerables: b) La protección de sus legítimos intereses económicos y sociales; en particular frente a las prácticas comerciales desleales y la inclusión de cláusulas abusivas en los contratos. d) La información correcta sobre los diferentes bienes o servicios en formatos que garanticen su accesibilidad y la educación y divulgación para facilitar el conocimiento sobre su adecuado uso, consumo o disfrute, así como la toma de decisiones óptimas para sus intereses.

Además la LGDC establece que son los poderes públicos los que han de encargarse de fomentar la formación y educación de los consumidores garantizando que éstos cuenten con la información precisa[33], prestando además un interés especial a aquellos sectores que cuenten con un mayor número de consumidores vulnerables[34], según la reforma introducida por la Ley 4/22 de 25 de febrero de protección de los consumidores y usuarios frente a situaciones de vulnerabilidad social y económica.

Así mismo el artículo 18 de la LGDC insiste en la información ofrecida en el etiquetado y presentación de los productos, información que exige que sea clara, sin ambigüedades, sin posibilidad de inducir a error al consumidor[35].

Como vemos el legislador da prioridad al requisito de la veracidad en la información que se dirige a los consumidores, requisito que luego se extiende al campo publicitario en el que como hemos visto anteriormente la legislación sobre publicidad y competencia desleal concretan las practicas consideradas engañosas.

Por último no debemos olvidar que el engaño puede proceder de una acción o de una omisión. Así la Ley de Competencia Desleal considera también desleal las omisiones u ocultación de la información necesaria para que su destinatario adopte una decisión económica con conocimiento y de forma racional[36], si bien en estos casos habrá de

---

33. Id. Art. 17.1.1: Los poderes públicos, en el ámbito de sus respectivas competencias, fomentarán la formación y educación de los consumidores y usuarios, asegurarán que estos dispongan de la información precisa para el eficaz ejercicio de sus derechos y velarán para que se les preste la información comprensible sobre el adecuado uso y consumo de los bienes y servicios puestos a su disposición en el mercado.

34. Id. Art. 17.1.3: En el cumplimiento de lo dispuesto en los apartados anteriores, se prestará especial atención a aquellos sectores que, debido a su complejidad o características propias, cuenten con mayor proporción de personas consumidoras vulnerables entre sus clientes o usuarios, atendiendo de forma precisa a las circunstancias que generan la situación de concreta vulnerabilidad.

35. Id. Art. 18: 1. El etiquetado y presentación de los bienes y servicios y las modalidades de realizarlo deberán ser de tal naturaleza que no induzca a error al consumidor y usuario, especialmente: a) Sobre las características del bien o servicio y, en particular, sobre su naturaleza, identidad, cualidades, composición, cantidad, duración, origen o procedencia y modo de fabricación o de obtención. b) Prohibiendo ambigüedades sobre su contenido, y en especial respecto a los alérgenos alimentarios, debiendo ser el etiquetado claro y riguroso en la información exacta del contenido. c) Atribuyendo al bien o servicio efectos o propiedades que no posea. d) Sugiriendo que el bien o servicio posee características particulares, cuando todos los bienes o servicios similares posean estas mismas características. 2. Sin perjuicio de las exigencias concretas que se establezcan reglamentariamente y de la normativa sectorial que en cada caso resulte de aplicación, que prestarán especial atención a las personas consumidoras vulnerables, todos los bienes y servicios puestos a disposición de los consumidores y usuarios deberán ser de fácil acceso y comprensión, ofrecidos en formatos que garanticen su accesibilidad y, en todo caso, incorporar, acompañar o, en último caso, permitir obtener, de forma clara y comprensible, información veraz, eficaz, suficiente y accesible sobre sus características esenciales, en particular sobre las siguientes: (…)

36. ESPAÑA. *Ley 3/1991 de 10 de enero.* Competencia Desleal. Art. 7: 1. Se considera desleal la omisión u ocultación de la información necesaria para que el destinatario adopte o pueda adoptar una decisión relativa a su comportamiento económico con el debido conocimiento de causa. Es también desleal si la información que se ofrece es poco clara, ininteligible, ambigua, no se ofrece en el momento adecuado, o no se da a conocer el propósito comercial de esa práctica, cuando no resulte evidente por el contexto. 2. Para la determinación del carácter engañoso de los actos a que se refiere el apartado anterior, se atenderá al contexto fáctico en que se producen, teniendo en cuenta todas sus características y circunstancias y las limitaciones del medio de comunicación utilizado. Cuando el medio de comunicación utilizado imponga limitaciones de espacio o de tiempo, para valorar la existencia de una omisión de información se tendrán en cuenta estas limitaciones y todas las medidas adoptadas por el empresario o profesional para transmitir la información necesaria por otros medios.

tenerse en consideración el contexto fáctico en que se da la información, por lo que se atenderá a las circunstancias, características y limitaciones del medio de comunicación que se utilice, así como los esfuerzos del empresario para ofrecer la información por otros medios.

CONCLUSIONES

Primera. En la actualidad la publicidad es una herramienta esencial en el comercio, facilitando la conexión entre los empresarios y consumidores y el acceso a un número de potenciales clientes que de otro modo no sería posible.

Segunda. No obstante la publicidad no está exenta de conflicto, pues en su afán de llegar al mayor número posible de consumidores, los empresarios no dudan en emplear mensajes publicitarios que pueden inducir a error en el consumidor.

Tercera. De esta forma es imprescindible saber identificar aquella publicidad honesta que transmite información veraz al consumidor de aquella que no lo es.

Cuarta. Para ello en el marco del Ordenamiento Jurídico se tanto la Ley de Competencia Desleal, La Ley de Publicidad y la Ley General para la Defensa de los Consumidores y Usuarios recogen los criterios que permiten identificar la publicidad ilícita y engañosa.

Quinto. Imposible olvidar que en el marco Europeo, la publicidad engañosa ha sido y es un tema de especial relevancia en el afán de proteger a los consumidores de dichas prácticas empresariales, lo que ha llevado a la aprobación de numerosas Directivas que ha tenido su calado en nuestro derecho, motivando la constante reforma de nuestra legislación para adaptarse a ellas.

REFERENCIAS

ESPAÑA. *Constitución Española.*

ESPAÑA. *Disposición Adicional Única Ley 3/1991 de 10 de enero de Competencia Desleal.*

ESPAÑA. *Ley 29/2009 de 30 de diciembre.* Por la que se modifica el régimen legal de la competencia desleal y de la publicidad para la mejora de la protección de los consumidores y usuarios.

ESPAÑA. *Ley 3/1991 de 10 de enero.* Competencia Desleal.

ESPAÑA. *Ley 34/1988 de 11 de noviembre.* General de Publicidad.

ESPAÑA. *Ley 7/2010 de 31 de marzo.* General de Comunicación Audiovisual.

ESPAÑA. *Real Decreto Legislativo 1/2007 de 16 de noviembre.*

GALÁN, Jesús López de Lerma. La protección constitucional del consumidor frente a la publicidad engañosa, methaodos. *Revista de Ciencias Sociales*, Madrid, v. 6, n. 1, p. 94-108, 2018.

GUY, Isaac. La acción de la Comunidad Europea para la protección de los intereses económicos y jurídicos del consumidor. *Revista de Instituciones Europeas*, Madrid, n. 3, p. 829-841, 1990.

PASTOR, Faustino Cartagena. Publicidad ilícita y delito de publicidad engañosa. *Estudios sobre Consumo*, Madrid, n. 45, p. 1511-1526, abr. 1998.

RUS, Juan José González. *Los intereses económicos de los consumidores:* protección penal. Madrid: Instituto Nacional del Consumo, 1986.

SALINAS, Carlos Alberto Patrón. El principio de veracidad y la substanciación previa en materia publicitaria. *Themis Rebista de Derecho*, Lima, n. 32, p. 239-248, 1995.

UNIÓN EUROPEA. *Directiva 2001/37.*

UNIÓN EUROPEA. *Directiva 2006/114.*

UNIÓN EUROPEA. *Directiva 2010/13.*

UNIÓN EUROPEA. *Directiva 2014/40.*

UNIÓN EUROPEA. Parlamento Europeo. *Directiva 2006/114/CE* de 12 de diciembre de 2006.

UNIÓN EUROPEA. *Reglamento 1924/2006* del Parlamento Europeo y del Consejo de 20 de diciembre de 2006.

UNIÓN EUROPEA. *Tratado Constitutivo de la UE de 25 de marzo de 1957.*

UTILIZAÇÃO DE ALEGAÇÕES NUTRICIONAIS E DE SAÚDE NA PUBLICIDADE

Rute Couto

Doutora em Direito pela Universidade de Santiago de Compostela. Docente da Escola de Comunicação, Administração e Turismo do Instituto Politécnico de Bragança (EsACT-IPB). Vice-Presidente da Associação Portuguesa de Direito do Consumo (apDC).

INTRODUÇÃO

Nos padrões de consumo contemporâneos é inegável a crescente preocupação com a sustentabilidade, o que encontra eco nas políticas e respostas legislativas da União Europeia. Já na Agenda do Consumidor Europeu 2012-2020[1] se pugnava pelo objetivo de reforçar a segurança dos consumidores, incluindo na cadeia alimentar, tendo o setor dos alimentos sido um dos então identificados como setores-chave de especial importância em tempos de crise económica. E a Nova Agenda do Consumidor Europeu 2020-2025[2] reitera como um dos domínios prioritários o da transição ecológica, incluindo o acesso a produtos sustentáveis e a capacitação dos consumidores para fazerem *escolhas informadas, saudáveis e sustentáveis* em matéria alimentar, como integrante da Estratégia "Do Prado ao Prato"[3] em curso na União Europeia.

Outrossim, a pandemia da Covid-19, se trouxe uma nova luz às preocupações sociais em matéria de saúde, evidenciou algumas práticas comerciais e publicitárias desleais, sobretudo nas plataformas *online*, tais como a sugestão de propriedades terapêuticas em suplementos alimentares e a utilização de referências a profissionais de saúde, peritos ou instituições como forma de apoiar a comunicação comercial de produtos e serviços relacionados com as respostas à pandemia.

Pretendemos no presente capítulo contribuir para a reflexão sobre a publicidade como fonte de informação dos consumidores em matéria de escolhas alimentares. Traçamos o enquadramento jurídico aplicável, em Portugal, quando as alegações publicitárias sejam suscetíveis de induzir em erro o consumidor ou condicionar o seu comportamento e liberdade de escolha, em articulação com a regulamentação europeia das alegações nutricionais e de saúde sobre os alimentos. Por fim, fazemos algumas considerações

---

1. COMISSÃO EUROPEIA. *Comunicação da Comissão ao Parlamento Europeu, ao Conselho, ao Comité Económico e Social Europeu e ao Comité das Regiões*: Uma Agenda do Consumidor Europeu para incentivar a confiança e o crescimento", 2012. Disponível em: https://eur-lex.europa.eu/legal-content/PT/TXT/PDF/?uri=CELEX:-52012DC0225&from=EN. Acesso em: 02 dez. 2021.
2. COMISSÃO EUROPEIA. *Comunicação da Comissão ao Parlamento Europeu e ao Conselho*: Nova Agenda do Consumidor, 2020. Disponível em: https://eur-lex.europa.eu/legal-content/PT/TXT/HTML/?uri=CELEX:-52020DC0696&from=EN. Acesso em: 02 dez. 2021.
3. COMISSÃO EUROPEIA. *Farm to fork strategy for a fair, healthy and environmentally-friendly food system*, Food Safety. [s.d.]. Disponível em: https://food.ec.europa.eu/horizontal-topics/farm-fork-strategy_en. Acesso em 02 dez. 2021.

autónomas a propósito dos "influenciadores digitais" de saúde e bem-estar e de que forma a credibilidade junto dos consumidores que os acompanham pode ser prejudicial a escolhas alimentares informadas e seguras.

IMPACTO DA PUBLICIDADE NO COMPORTAMENTO DOS CONSUMIDORES

Concretamente no que se refere às alegações nutricionais e de saúde, "os rótulos dos alimentos podem, por um lado, apoiar os consumidores a fazerem escolhas informadas, enquanto, por outro lado, podem ser utilizados como um forte instrumento de *marketing*"[4].

Nesta estratégia comercial, também a publicidade desempenha uma dupla função informativa e persuasiva. Os elementos informativos das mensagens publicitárias são contratualmente vinculativos[5] e sustentam, enquanto declarações públicas do profissional, as expectativas do consumidor quanto à conformidade do bem ou serviço publicitado. A publicidade funciona como "antecâmara" das decisões de consumo, quer do ponto de vista do conhecimento das características dos bens e serviços a adquirir, quer quanto ao apelo emocional e sensorial operado pela publicidade, em particular para os consumidores que valorizem uma dieta alimentar equilibrada e um estilo de vida saudável.

Ao contrário de outros setores de atividade económica em que o exagero publicitário é lícito[6], quando falamos de saúde e alimentação saudável, a publicidade (bem como a rotulagem e apresentação) funcionam como garante de informação fidedigna. Tanto mais que, ao contrário do que sucede com a diferença entre as imagens publicitárias dos produtos e a sua real aparência, facilmente percebida pelos consumidores, a verificação da conformidade das alegações nutricionais e de saúde, por exigir conhecimentos científicos, não estará ao alcance do dito consumidor médio[7].

Quando consideramos a comunicação comercial direcionada a *menores de idade*, pela sua maior exposição e vulnerabilidade, o impacto da publicidade é ainda mais significativo. Por um lado, "o apelo aos maus hábitos alimentares é uma constante na publicidade infantil", constatação do Comité Económico e Social Europeu (CESE) ao analisar as consequências da publicidade dirigida especialmente a crianças, nomeadamente o consumo de produtos alimentares não saudáveis ou outros que se revelam nocivos ou perigosos para a saúde física e mental, bem como a influência dos filhos nas

---

4. MIKLAVEC, Krista et al. Heart images on food labels: a health claim or not? *Foods*, [*s.l.*], v. 10, p. 643-659, 2021. p. 1.
5. PORTUGAL. *Lei n. 24/96*. Estabelece o regime legal aplicável à defesa dos consumidores. Revoga a Lei n. 29/81, de 22 de agosto. Artigo 7º, n. 5.
6. AZEVEDO DE AMORIM, Ana Clara. *Manual de direito da publicidade*, Forte da Casa: Petrony, 2018. p. 117-121.
7. BALADIA, Eduard et al. Declaraciones nutricionales y de propiedades saludables aplicables a los productos de alimentación infantil en España y en la Unión Europea. *Pediatría Atención Primaria*, [*s.l.*], v. 15, p. 351-359, 2013, p. 352.

decisões de compra e eventuais conflitos entre pais e filhos motivados pelos pedidos de aquisição dos produtos publicitados[8].

Por outro lado, o CESE destaca as desordens alimentares, como a anorexia ou a bulimia: "As crianças e os adolescentes são expostos a modelos de corpo e de imagem pessoal dos jovens que incorporam os anúncios. A incidência em jovens, normalmente do sexo feminino, de um padrão corporal magro acentua um ideal de beleza que incita a comportamentos alimentares que podem colocar vidas em risco"[9]. E essa tentativa de conseguir o tipo corporal tido como ideal é muitas vezes acompanhada de uma consulta quase obsessiva dos rótulos dos produtos para consumo exclusivo de produtos ditos saudáveis.

Ainda quanto aos menores de idade, importa trazer à colação o fenómeno de *eatertainment*[10], ou seja, associação entre alimentos e entretenimento, incluindo oferta de brinquedos colecionáveis com as refeições infantis em cadeias de *fast-food*, utilização de figuras, desenhos, personalidades e mascotes que acentuam o aspeto lúdico dos géneros alimentícios e bebidas, em detrimento do seu valor nutricional e *advergames* (jogos especificamente concebidos para publicidade) centrados em alimentos e bebidas cujo consumo não é recomendado numa dieta alimentar equilibrada.

REGIME JURÍDICO DAS COMUNICAÇÕES E PRÁTICAS COMERCIAIS NAS RELAÇÕES DE CONSUMO

Se, por um lado, a atividade publicitária é uma dimensão intrínseca à iniciativa económica privada, constitucionalmente protegida, essencial para "a difusão da inovação, a indução da criatividade e do entretenimento, o incentivo à concorrência e o aumento das possibilidades de escolha"[11], por outro lado, o interesse geral no qual aquela deve ser exercida e a responsabilidade ético-social das empresas impõem que se acautelem outros valores fundamentais como sejam a saúde pública e os direitos dos consumidores, especialmente os mais vulneráveis. A regulação legal da publicidade surge assim como garantia dos direitos fundamentais dos consumidores constitucionalmente consagrados, designadamente os direitos à qualidade dos bens e serviços consumidos, à formação e à informação, à proteção da saúde, da segurança e dos seus interesses económicos e à reparação de danos.

---

8. COMITÉ ECONÓMICO E SOCIAL EUROPEU. *Parecer do Comité Económico e Social Europeu sobre "Um quadro para a publicidade destinada aos jovens e às crianças"*, 2012. Disponível em: https://eur-lex.europa.eu/legal-content/PT/TXT/PDF/?uri=CELEX:52012IE0138&from=PT. Acesso em: 02 dez. 2021.
9. Id.
10. ASSOLINI, Pablo José apud KARAGEORGIADIS, Ekaterine. Lanches acompanhados de brinquedos: comunicação mercadológica abusiva dirigida à criança e prática de venda casada. *Revista Luso-Brasileira de Direito do Consumo*, Coimbra, v. 14, p. 11-39, 2014.
11. COMITÉ ECONÓMICO E SOCIAL EUROPEU. *Parecer do Comité Económico e Social Europeu sobre "Um quadro para a publicidade destinada aos jovens e às crianças"*, 2012. Disponível em: https://eur-lex.europa.eu/legal-content/PT/TXT/PDF/?uri=CELEX:52012IE0138&from=PT. Acesso em: 02 dez. 2021.

O Código da Publicidade português define como publicidade "qualquer forma de comunicação feita por entidades de natureza pública ou privada, no âmbito de uma atividade comercial, industrial, artesanal ou liberal, com o objetivo direto ou indireto de: (a) promover, com vista à sua comercialização ou alienação, quaisquer bens ou serviços; (b) promover ideias, princípios, iniciativas ou instituições"[12] e estabelece como princípios fundamentais que regem a publicidade os da licitude, identificabilidade, veracidade e respeito pelos direitos do consumidor[13].

Na temática que nos propomos tratar, destacamos desde logo o princípio da *veracidade*, que impõe que os dados de facto contidos na publicidade sejam exatos e passíveis de prova, sendo proibida a publicidade enganosa, esta última definida – nas relações com consumidores – por remissão para o regime das práticas comerciais desleais, que infra abordaremos[14].

Ademais, a publicidade não pode atentar contra os direitos do consumidor. O legislador autonomiza o *direito à saúde e segurança*, proibindo a publicidade que encoraje comportamentos prejudiciais à saúde e segurança do consumidor ou apresente situações em que a segurança não seja respeitada, de modo particular quando a publicidade se dirija a públicos mais vulneráveis, como sejam as crianças e os idosos[15]. Nas restrições ao conteúdo da publicidade reforça-se que a publicidade especialmente dirigida a menores deve respeitar a sua vulnerabilidade psicológica e não conter elementos suscetíveis de fazerem perigar a sua integridade física ou moral, bem como a sua saúde ou segurança[16].

E foi precisamente a especial vulnerabilidade dos *menores*[17] que motivou a inclusão no Código da Publicidade, em 2019, de restrições ao objeto da publicidade de *géneros alimentícios e bebidas* que contenham elevado valor energético, teor de sal, açúcar, ácidos gordos saturados e ácidos gordos transformados, por comprometerem uma dieta variada, equilibrada e saudável. Nesse mesmo ano a Direção-Geral de Saúde determinou os valores a ter em conta na identificação de elevado valor/teor, com uma tabela do perfil nutricional discriminada por categoria de alimentos e os respetivos valores-limite, alinhados com as recomendações da Organização Mundial da Saúde e da União Europeia[18]. Para além de locais onde esta publicidade passa a estar vedada, como estabelecimentos de ensino e atividades desportivas, culturais e recreativas por eles desenvolvidas e parques infantis, há restrições nos *media*, sendo proibida esta publicidade nos serviços de programas televisivos

---

12. PORTUGAL. *Decreto-Lei n. 330/90, de 23 de outubro*. Código da Publicidade. Artigo 3º.
13. Id. Artigos 6º e seguintes.
14. Id. Artigos 10º e 11º.
15. Id. Artigos 12º e 13º.
16. Id. Artigo 14º.
17. PARLAMENTO EUROPEU. *Resolução do Parlamento Europeu, de 22 de maio de 2012, sobre uma estratégia de reforço dos direitos dos consumidores vulneráveis*, 2012. Disponível em: https://www.europarl.europa.eu/doceo/document/TA-7-2012-0209_PT.html. Acesso em: 04 jun. 2022. Em 2012, o Parlamento Europeu, na sua estratégia de reforço dos consumidores vulneráveis, a propósito dos setores especialmente problemáticos, sublinhou o sedentarismo e obesidade das crianças e jovens, e o facto destes serem mais sensíveis à publicidade de comida com um elevado teor de gordura, sal e açúcar, em particular na televisão e em linha.
18. PORTUGAL. Ministério da Saúde. Direção-Geral da Saúde. *Perfil nutricional* – restrições à publicidade alimentar dirigida a crianças. Lisboa: Direção-Geral da Saúde, 2019.

ALEGAÇÕES NUTRICIONAIS E DE SAÚDE NA PUBLICIDADE **289**

e de comunicação audiovisual a pedido, na rádio, nas salas de cinema, em publicações e na internet, através de sítios, páginas, redes sociais e aplicações móveis quando direcionada para menores de 16 anos. Já quanto à forma de publicitar estes produtos, determina-se que a publicidade a "deve ser clara e objetiva e não relacionar o consumo do produto a potenciais benefícios para a saúde", abstendo-se, entre outros, de "transmitir a ideia de benefício no seu consumo exclusivo ou exagerado, comprometendo a valorização de uma dieta variada e equilibrada e um estilo de vida saudável" ou de "comunicar características de géneros alimentícios e bebidas de elevado valor energético, teor de sal, açúcar, ácidos gordos saturados e ácidos gordos transformados como benéficos para a saúde, omitindo os efeitos nocivos dos referidos teores elevados"[19].

Também a publicidade a bebidas alcoólicas tem condicionantes na sua difusão, entre as quais as de não sugerir sucesso, êxito social ou especiais aptidões por efeito do consumo, ou a existência, nas bebidas alcoólicas, de propriedades terapêuticas ou de efeitos estimulantes ou sedativos[20].

Especificamente quanto às comunicações comerciais *audiovisuais*, a Lei da Televisão e dos Serviços Audiovisuais a Pedido[21], preceitua no n. 8 do artigo 41º-A que "não é admitida a apresentação, durante a exibição de programas infantis, de qualquer tipo de mensagens comerciais suscetíveis de prejudicar o desenvolvimento integral, físico, mental ou emocional das crianças e jovens, designadamente as relativas aos alimentos e às bebidas previstos no artigo 20º-A do Código da Publicidade".

Preocupações similares recaem sobre os serviços de *plataformas de partilha de vídeo*, cujos fornecedores devem tomar as medidas adequadas para proteger as crianças e jovens, contra programas, vídeos gerados pelos utilizadores e comunicações comerciais audiovisuais suscetíveis de prejudicar o seu desenvolvimento integral, físico, mental ou emocional, bem como assegurar que as comunicações comerciais audiovisuais por si comercializadas, vendidas ou organizadas não incentivam a comportamentos prejudiciais à saúde ou segurança dos consumidores ou causem potenciais prejuízos físicos, mentais ou morais às crianças e jovens[22].

Ainda em matéria de comunicação social, são incentivados os mecanismos de corregulação e autorregulação, tendo em vista reduzir a exposição das crianças e jovens a comunicações comerciais audiovisuais relativas a, entre outros, alimentos e bebidas desaconselhados de um regime alimentar equilibrado e "assegurar que essas comunicações comerciais audiovisuais não salientam a qualidade positiva dos aspetos nutricionais desses alimentos e dessas bebidas"[23].

---

19. PORTUGAL. *Decreto-Lei n. 330/90, de 23 de outubro*. Código da Publicidade. Artigos 20º-A e 20º-B.
20. Id. Artigo 17º do Código da Publicidade. Nos termos do artigo 4º n. 3 do Regulamento (CE) n. 1924/2006, que infra analisaremos, as bebidas com um título alcoométrico superior a 1,2 % não devem ostentar alegações de saúde e, no que respeita a alegações nutricionais, só são permitidas as que refiram baixos níveis de álcool, redução do teor de álcool ou redução do teor energético.
21. PORTUGAL. *Lei n. 27/2007, de 30 de julho*. Lei da televisão e dos serviços audiovisuais a pedido.
22. Id. Artigos 69º-A, 69º-B e 69º-C.
23. Id. Artigo 6º, n. 4.

Como referimos, o Código da Publicidade, ao proibir a publicidade enganosa[24] fá-lo por convocação do Decreto-Lei n. 57/2008, de 26 de março, relativo às *práticas comerciais desleais* das empresas nas relações com os consumidores[25]. O regime jurídico é aplicável às práticas comerciais – definidas como "qualquer ação, omissão, conduta ou afirmação de um profissional, incluindo a publicidade e a promoção comercial, em relação direta com a promoção, a venda ou o fornecimento de um bem ou serviço ao consumidor"[26] – ocorridas antes, durante ou após uma transação comercial relativa a um bem ou serviço e sem prejuízo da aplicação de regimes mais exigentes relativos à proteção da saúde e segurança dos bens ou serviços[27].

Visa-se essencialmente proteger os interesses económicos dos consumidores e a lealdade nas relações de consumo, e garantir que as escolhas dos consumidores são esclarecidas e ponderadas, sendo banidas as práticas comerciais desleais *enganosas* ou *agressivas*, respetivamente. A aferição do caracter desleal de uma prática comercial implica a ponderação por um lado da desconformidade da atuação do profissional com o padrão expectável de competência e cuidado e, por outro lado, do impacto que essa não diligência profissional tem no comportamento económico do consumidor, nomeadamente conduzindo-o a tomar uma decisão de transação que não teria tomado de outro modo. A referência será o *consumidor médio*, "normalmente informado e razoavelmente atento e advertido, tendo em conta fatores de ordem social, cultural e linguística"[28] ou o membro médio do grupo ao qual a prática comercial se destina[29].

Em especial são desleais as práticas comerciais enganosas, por *ação* (quando contenham informações falsas ou suscetíveis de induzir em erro o consumidor ou criem confusão com a concorrência)[30] ou *omissão* de requisitos de informação substanciais para uma decisão negocial esclarecida do consumidor ou quando a intenção comercial da prática não seja percetível[31]. Entre os elementos passíveis de engano[32] encontramos as características dos produtos ou serviços, vantagens, riscos, composição, adequação ao fim a que se destina, resultados que podem ser esperados ou de testes ou controlos efetuados, da maior relevância quando estamos perante alegações nutricionais e de saúde. Outro elemento é o da motivação da prática comercial e a existência direta ou indireta de patrocínios ou apoios, que nem sempre será transparente quando a difusão da mensagem publicitária é feita por intermédio de influenciadores, como veremos.

---

24. PORTUGAL. *Decreto-Lei n. 330/90, de 23 de outubro.* Código da Publicidade. Artigo 11º.
25. PORTUGAL. *Decreto-Lei n. 57/2008, de 26 de março.* Lei das Práticas Comerciais Desleais. Adiante assim referenciado ou como LPCD. O diploma transpõe para a ordem jurídica portuguesa a Diretiva n. 2005/29/CE, do Parlamento Europeu e do Conselho, de 11 de maio, relativa às práticas comerciais desleais das empresas nas relações com os consumidores no mercado interno.
26. Id. Artigo 3º d).
27. Id. Artigos 1º e 2º LPCD.
28. PEGADO LIZ, Jorge. Que informação para os consumidores?. *Revista Portuguesa de Direito do Consumo*, Coimbra, n. 54, p. 129-140, 2008. p. 136.
29. PORTUGAL. *Decreto-Lei n. 57/2008, de 26 de março.* Lei das Práticas Comerciais Desleais. Artigo 6º.
30. Id. Artigo 7º.
31. Id. Artigo 9º.
32. Id. Artigo 7º.

Quando a liberdade de escolha do consumidor ou o comportamento do consumidor estejam comprimidos por assédio, coação ou influência indevida, a prática comercial será agressiva[33]. Entre os aspetos a considerar no caso concreto para qualificar uma prática como agressiva temos o "aproveitamento consciente pelo profissional de qualquer infortúnio ou circunstância específica que pela sua gravidade prejudique a capacidade de decisão do consumidor, com o objetivo de influenciar a decisão deste em relação ao bem ou serviço"[34], circunstancialismo este que em matéria de saúde ocorrerá, por exemplo, quando se explore a fragilidade inerente a doença do consumidor.

A LPCD inclui ainda a designada "lista negra" de práticas comerciais que são consideradas desleais em qualquer circunstância, dispensando da ponderação das características e circunstâncias do caso concreto. No rol das práticas consideradas enganosas em qualquer circunstância[35] destacamos as de afirmar que a prática ou o produto foram aprovados ou autorizados quando tal não corresponde à verdade, alegar falsamente que o bem ou serviço é capaz de curar doenças, disfunções e malformações utilizar publi-reportagens não identificadas como tal ou apresentar avaliações de consumidores falsas ou recomendações nas redes sociais distorcidas para promoção dos produtos. Já na lista negra das práticas agressivas[36] encontramos, por exemplo, as solicitações persistentes no domicílio do consumidor ou por meios eletrónicos e as exortações diretas às crianças.

ALEGAÇÕES NUTRICIONAIS E DE SAÚDE SOBRE OS ALIMENTOS

Em matéria de alegações nutricionais e de saúde sobre os alimentos rege o *Regulamento (CE) n. 1924/2006* do Parlamento Europeu e do Conselho, diretamente aplicável na ordem jurídica dos Estados-Membros da União Europeia, aplicável às alegações nutricionais e de saúde feitas em comunicações comerciais, seja na rotulagem, apresentação ou publicidade dos alimentos a fornecer como tais ao consumidor final.

O mote do legislador europeu foi precisamente o de garantir aos consumidores escolhas seguras e informadas, considerada a importância de um regime alimentar equilibrado e que "os alimentos promovidos por meio de alegações podem ser considerados pelo consumidor como possuidores de uma vantagem nutricional, fisiológica ou outra para a saúde em comparação com outros produtos ou produtos semelhantes a que não foram adicionados nutrientes e outras substâncias. Os consumidores podem, assim, ser levados a efetuar escolhas que influenciem diretamente a quantidade total dos vários nutrientes ou outras substâncias que ingerem, de uma forma contrária ao que é cientificamente aconselhável"[37].

---

33. Id. Artigo 11º.
34. Id. Artigo 11º n. 2 c).
35. Id. Artigo 8º.
36. Id. Artigo 12º.
37. PARLAMENTO EUROPEU; CONSELHO DA UNIÃO EUROPEIA. *Regulamento n. 1924/2006*. 2006. Considerando 10.

Nos termos do Regulamento considera-se alegação "qualquer mensagem ou representação, não obrigatória nos termos da legislação comunitária ou nacional, incluindo qualquer representação pictórica, gráfica ou simbólica, seja qual for a forma que assuma, que declare, sugira ou implique que um alimento possui características particulares"[38] e, mais concretamente:

– alegação de *saúde* "qualquer alegação que declare, sugira ou implique a existência de uma relação entre uma categoria de alimentos, um alimento ou um dos seus constituintes e a saúde"[39];

– alegação *nutricional* "qualquer alegação que declare, sugira ou implique que um alimento possui propriedades nutricionais benéficas particulares devido: a) À energia (valor calórico) que: i) fornece, ii) fornece com um valor reduzido ou aumentado, ou iii) não fornece, e/ou b) Aos nutrientes ou outras substâncias que: i) contém, ii) contém em proporção reduzida ou aumentada, ou iii) não contém"[40].

O Regulamento (UE) 432/2012 da Comissão de 16 de maio de 2012 estabelece a lista de *alegações de saúde permitidas* relativas a alimentos. Num extenso anexo são elencados: o nutriente, substância, alimento ou categoria de alimento; a alegação; as condições de utilização da alegação; e outros elementos como sejam advertências adicionais e referências da *EFSA – European Food Safety Authority* (em português AESA – Autoridade Europeia para a Segurança dos Alimentos), nomeadamente número do *EFSA Journal* e número de entrada na lista consolidada apresentada à AESA.

A título exemplificativo, o nutriente "cálcio" tem 8 alegações permitidas. Uma delas é a de que "o cálcio é necessário para a manutenção de dentes normais" e a condição é de que "A alegação só pode ser utilizada em alimentos que sejam, pelo menos, uma fonte de cálcio, tal como referido na alegação Fonte de [nome da(s) vitamina(s)] e/ou [nome do(s) mineral(is)], constante da lista do anexo do Regulamento (CE) n. 1924/2006". Outro exemplo comum é para "Pastilhas elásticas sem açúcar". Para a alegação "As pastilhas elásticas sem açúcar contribuem para a neutralização dos ácidos da placa", uma das condições é a de que "O consumidor deve receber informação de que o efeito benéfico é obtido com a mastigação durante, pelo menos, 20 minutos depois de comer ou beber".

Já quanto às *alegações nutricionais*, o próprio Regulamento (CE) n. 1924/2006 inclui no seu anexo as alegações nutricionais permitidas e condições que se lhes aplicam. A lista inclui as seguintes alegações: "baixo valor energético", "valor energético reduzido", "sem valor energético", "baixo teor de gorduras", "sem gorduras", "baixo teor de gorduras saturadas", "sem gorduras saturadas", "baixo teor de açúcares", "sem açúcares", "sem adição de açúcares", "baixo teor de sódio/sal", "muito baixo teor de sódio/sal", "sem sódio ou sem sal", "sem adição de sódio/sal", "fonte de fibra", "alto teor em fibra", "fonte de proteína", "alto teor em proteína", "fonte de [nome da(s) vitamina(s)] e/ou [nome do(s) mineral(is)]", "alto teor em [nome da(s) vitamina(s)] e/ou [nome do(s) mineral(is)]",

---

38. Id. Artigo 2º n. 2 1).
39. Id. Artigo 2º n. 2 5).
40. Id. Artigo 2º n. 2 4).

"contém [nome do nutriente ou outra substância]", "teor de (nome do nutriente) reforçado", "teor de (nome do nutriente) reduzido", "fraco/«light»", "naturalmente/natural", "fonte de ácidos gordos ómega-3", "alto teor de ácidos gordos ómega-3", "alto teor de gorduras mono-insaturadas", "alto teor de gorduras poli-insaturadas" e "alto teor de gorduras insaturadas".

Cada uma destas alegações está acompanhada da condição para a sua utilização. Por exemplo, para a alegação "sem açucares" a condição é de que "uma alegação de que um alimento não contém açúcares, ou qualquer alegação que possa ter o mesmo significado para o consumidor, só pode ser feita quando o produto não contiver mais de 0,5 g de açúcares por 100 g ou por 100 ml". Já para a alegação "sem adição de açúcares", uma condição adicional é a de que "caso os açúcares estejam naturalmente presentes no alimento, o rótulo deve também ostentar a seguinte indicação: «contém açúcares naturalmente presentes»".

Como princípios gerais, o Regulamento determina que as alegações nutricionais e de saúde não devem ser enganosas, suscitar dúvidas acerca da segurança e/ou adequação nutricional de outros alimentos, incentivar o consumo excessivo de um dado alimento, sugerir que um regime alimentar equilibrado e variado não pode fornecer quantidades adequadas de nutrientes ou explorar receios dos consumidores quanto a alterações das funções orgânicas.[41] A utilização de tais alegações só é permitida caso a presença (ou ausência, consoante a alegação) do nutriente ou substância objeto de alegação seja em quantidade para que se produza o efeito nutricional ou fisiológico alegado, fundamentado em *provas científicas* e "se for plausível que o consumidor médio compreenda os efeitos benéficos expressos na alegação"[42].

Especificamente quanto às alegações de saúde, devem ser incluídas na rotulagem (ou, quando esta não exista, na apresentação e na publicidade) um conjunto de *informações*, a saber: "a) Uma indicação da importância de um regime alimentar variado e equilibrado e de um modo de vida saudável; b) A quantidade do alimento e o modo de consumo requeridos para obter o efeito benéfico alegado; c) Se for caso disso, uma observação dirigida a pessoas que deveriam evitar consumir o alimento; e d) Um aviso adequado, no caso dos produtos suscetíveis de representar um risco para a saúde se consumidos em excesso."[43] No fundo para garantir que as alegações são "verdadeiras, claras, fiáveis e úteis para o consumidor na escolha de um regime alimentar saudável"[44].

Por outro lado, são *proibidas* alegações que sugiram que a saúde pode ser afetada caso não se consuma o alimento, que refiram o ritmo e quantificação da perda de peso ou que façam referência a recomendações de médicos, profissionais de saúde ou outras

---

41. Id. Artigo 3º.
42. Id. Artigo 5º.
43. Id. Artigo 10º.
44. Id. Considerando 29.

associações que não as associações nacionais de profissionais de saúde, nutrição ou dietética e associações caritativas da área da saúde[45].

Podemos subdividir as alegações de saúde em 3 tipos:

– alegações de saúde que *não refiram a redução de um risco de doença* ou o desenvolvimento e a saúde das crianças[46], mais genéricas, no contexto de um regime alimentar equilibrado, quanto ao papel do nutriente no organismo, às funções psicológicas ou comportamentais, ou ao emagrecimento, controlo de peso, redução do apetite, aumento da sensação de saciedade ou redução do valor energético do regime alimentar. São passíveis de ser utilizadas desde que comprovadas cientificamente, bem compreendidas pelo consumidor médio, e constantes da lista de alegações que podem ser utilizadas pelos operadores económicos sem necessidade de solicitar autorização;

– alegações relativas à *redução de um risco* de doença[47], que devem ser acompanhadas da indicação de que a doença objeto da alegação tem múltiplos fatores de risco, e que alterar um destes fatores pode, ou não, ter efeitos benéficos;

– alegações relativas ao *desenvolvimento e à saúde das crianças*[48], desde que, como as anteriores, tenham sido autorizadas para inclusão na lista comunitária de alegações permitidas juntamente com as condições necessárias para a sua utilização.

Caso a alegação pretendida não conste da *lista* de alegações permitidas, a utilização fica sujeita a um procedimento de *autorização*, nos termos dos artigos 15º a 19º do Regulamento. Em Portugal esses pedidos devem ser dirigidos à Direção-Geral de Alimentação e Veterinária (DGAV)[49]. A Comissão Europeia mantém um Registo atualizado da lista das alegações autorizadas e rejeitadas[50].

A Direção-Geral do Consumidor – autoridade administrativa competente no que respeita a práticas comerciais desleais em matéria de publicidade[51] – emitiu uma Recomendação aos agentes económicos relativa à utilização de alegações de saúde na publicidade, com remissão para as disposições do Regulamento, exemplos de alegações permitidas e proibidas e o enquadramento sancionatório nacional.

Como resulta do regime jurídico da publicidade e das práticas comerciais desleais supra explanado, sempre que a utilização das alegações de saúde e nutricionais não cumpra os ditames do Regulamento pode consubstanciar uma ação enganosa (se a alegação for falsa ou induzir em erro o consumidor) ou uma omissão enganosa (se a

---

45. Id. Artigo 12º.
46. Id. Artigo 13º. Por exemplo, "A Vitamina C ajuda o seu sistema imunitário a funcionar normalmente".
47. Id. Artigo 14º n. 1 a). Por exemplo, "Reduz o colesterol no sangue. Colesterol elevado é um fator de risco do desenvolvimento de doenças coronárias".
48. Id. Artigo 14º n. 1 b). Exemplo "O cálcio é necessário para o normal crescimento e desenvolvimento dos ossos na criança". "Este queijo é uma fonte/rico em cálcio" "A quantidade de 30 g de queijo fornece X% da sua Dose Diária Recomendada" [cumprindo o artigo 10º 2. b) sem contrariar o artigo 3º c)] "e deve ser consumida como parte de uma dieta equilibrada e de um estilo de vida saudável".
49. PORTUGAL. DGAV. *Alegações nutricionais e de saúde*, 2022. Disponível em: https://www.dgav.pt/alimentos/conteudo/generos-alimenticios/informar-o-consumidor-e-rotular/alegacoes-nutricionais-e-de-saude/. Acesso em: 1º ago. 2022.
50. EUROPEAN COMMISSION. Food Safety. *Nutrition and Health Claims*. [s.d.]. Disponível em: https://food.ec.europa.eu/safety/labelling-and-nutrition/nutrition-and-health-claims_en. Acesso em: 21 dez. 2022.
51. PORTUGAL. *Decreto-Lei n. 57/2008, de 26 de março*. Lei das Práticas Comerciais Desleais. Artigo 19º n. 3.

informação exigível for inexistente, pouco clara, ininteligível ou tardia). Para além dos direitos contratuais do consumidor e de eventual responsabilidade civil nos termos gerais[52], estas condutas constituem contraordenações puníveis nos termos do Regime Jurídico das Contraordenações Económicas[53].

INFLUENCIADORES DIGITAIS DE SAÚDE E BEM-ESTAR

Entendemos autonomizar aqui uma das formas de comunicação comercial de produtos e serviços nutricionais e de saúde: a utilização, pelos anunciantes, dos chamados "influenciadores digitais" na transmissão da mensagem publicitária. Proliferam no ambiente digital espaços de *lifestyle* (dinamizados por *bloggers, instagrammers, youtubers* e afins) ora com personalidades que já eram conhecidas do público pela sua notoriedade nos domínios artístico, desportivo ou outro, ora com criadores de conteúdos que se foram evidenciando nas redes sociais e plataformas digitais pelo número de seguidores e pela interação que com eles conseguem, e que os anunciantes perceberam poder ser utilizados como veículos privilegiados de difusão da mensagem publicitária junto dos públicos dos seus domínios de influência.

Este "marketing de influência" suscita algumas questões do ponto de vista jurídico, a primeira das quais quanto à *identificabilidade* da publicidade, já que a veiculação dos conteúdos comerciais surge sob a forma de opiniões pessoais. A segunda quanto à responsabilidade dos influenciadores quando a publicidade em cuja difusão intervieram seja enganosa ou por outra forma ilícita. A pertinência radica, por um lado, no impacto destas comunicações comerciais no comportamento económico dos consumidores e, por outro lado, na proliferação de influenciadores que se apresentam como especialistas em temáticas de saúde e nutrição sem qualquer habilitação para o efeito.

Um estudo de 2019 da Universidade de Glasgow apresentado no Congresso Europeu da Obesidade[54] determinou que apenas 1 em cada 10 influenciadores digitais mais populares no Reino Unido em matéria de hábitos de vida saudável e gestão do peso baseava o seu conteúdo em conhecimento científico, sendo que os demais evidenciam lacunas ao nível da *credibilidade* e *transparência*. As autoras do estudo concluem que "a intervenção política pode ser necessária para suprimir a disseminação de desinformação online que pode minar os esforços para alcançar e manter uma dieta saudável e peso corporal, e apoiar os consumidores a fazer escolhas dietéticas saudáveis e informadas"[55].

---

52. Id. Artigo 14º.
53. Id. Artigo 21º.
54. SABBAGH, Christina et al. Analysing credibility of UK social media influencers' weight-management blogs: a pilot study. *International Journal of Environmental Research and Public Health*, Basel, n. 23, [s.p.], 2020.
55. Id. Tradução nossa. No original: "Policy intervention may be required to suppress the spread of online misinformation that may undermine efforts to achieve and maintain a healthy diet and body weight, and support consumers to make informed healthy dietary choices"

Em Portugal a intervenção dos influenciadores na emissão da mensagem publicitária ainda não se encontra expressamente regulamentada[56]. Não obstante, na medida em que as publicações dos influenciadores sejam passíveis de ser qualificadas como publicidade (feitas no âmbito de uma atividade económica, com o objetivo de promover a comercialização de bens ou serviços) ficam sujeitas aos princípios gerais da publicidade (licitude, identificabilidade, veracidade e respeito pelos direitos do consumidor) e devem respeitar as restrições ao objeto e conteúdo da publicidade constantes do Código da Publicidade, entre as quais as relativas à *publicidade testemunhal*, que impõe que a experiência de que dão testemunho seja real e comprovável[57]. Por outro lado, e enquanto intervenientes na emissão da mensagem publicitária, os influenciadores podem ser responsabilizados a nível civil[58] e contraordenacional[59].

Foi esse o propósito do Guia informativo sobre *regras e boas práticas na comunicação comercial no meio digital*, destinado a influenciadores e anunciantes, desenvolvido pela Direção-Geral do Consumidor (DGC)[60]. Nele os influenciadores são caracterizados pelo seu potencial de influenciar os outros, bem como fonte de informação e confiança para os consumidores que os seguem. No essencial, o Regulador relembra que os influenciadores e criadores de conteúdo devem identificar a relação comercial[61] com o anunciante no início das suas publicações, com a inserção de uma menção identificativa do carácter comercial da comunicação[62]. Além disso, os influenciadores devem garantir que as suas recomendações não são enganosas e que os depoimentos relativos à utilização do produto ou serviço são genuínos. Por outro lado, os anunciantes devem garantir que as relações comerciais são mencionadas de forma transparente e dispor de mecanismos de controlo das suas estratégias de comunicação[63].

A DGC salienta ainda as alegações de saúde, designadamente as publicações com conteúdo comercial com menção a suplementos alimentares, como uma das matérias a exigir dos influenciadores um padrão de *responsabilidade social e comunicação respon-*

---

56. Em 2015, um projeto de revisão do Código da Publicidade – não concretizado – previa a inclusão das redes sociais como suporte publicitário, a identificabilidade como publicidade da "promoção de bens ou serviços sob a aparência de opinião pessoal de quem a veicula, mediante contrapartida financeira ou material" e a aplicabilidade do regime da publicidade testemunhal à publicidade em que os depoentes são "figuras públicas, designadamente personalidades com notoriedade nos domínios cultural, artístico ou desportivo" (artigos 5º n. 1 c), 11º n. 5 e 18º n. 2 do projeto) O texto completo do projeto está disponível em: https://www.historico.portugal.gov.pt/media/9208182/20150507-me-cons-pub-codigo-publicidade.pdf. Acesso em: 21 dez. 2022.

57. PORTUGAL. *Decreto-Lei n. 330/90, de 23 de outubro*. Código da Publicidade. Artigo 15º.

58. Id. Artigo 30º.

59. Id. Artigo 36º.

60. PORTUGAL. DGC. *Guia informativo sobre regras e boas práticas na comunicação comercial no meio digital.* [s.d.]. Disponível em: https://www.consumidor.gov.pt/pagina-de-entrada/guia-informativo-sobre-regras-e--boas-praticas-na-comunicacao-comercial-no-meio-digital.aspx. Acesso em: 21 dez. 2022.

61. Id. p. 5. Uma publicação será considerada comunicação comercial sempre que exista entre o influenciador e o anunciante uma relação comercial que implique o pagamento de um valor monetário, ou mesmo que não exista uma compensação financeira, se a publicação incluir a oferta de produtos (brindes, amostras, estadias, experiências, entre outros benefícios) ou ainda quando o conteúdo promove produtos ou serviços específicos e contém links ou códigos de desconto.

62. Id. p. 6. Tais como #pub ou pub, #patrocínio ou patrocínio, #parceria ou parceria, #oferta ou oferta.

63. Id. p. 6.

sável. A DGC insiste no respeito pelo Regulamento (CE) n. 1924/2006 e a importância da menção a um regime alimentar equilibrado e estilo de vida saudável, bem como recomenda como boa prática a inclusão da expressão "Tenha uma alimentação completa, variada e equilibrada"[64].

As alegações de saúde e nutricionais feitas pelos influenciadores no âmbito de uma relação comercial com os anunciantes considerar-se-ão práticas comerciais desleais, punidas a título contraordenacional, quando o influenciador dê a impressão de estar a agir com finalidades não-profissionais ou as recomendações não sejam feitas de forma rigorosa e diligente, em particular nas suas áreas de especialidade (ações enganosas), quando não se refira a intenção comercial da prática ou não sejam cumpridos os requisitos de informação substanciais (omissões enganosas) e ainda quando a atuação do influenciador limite a liberdade de escolha dos consumidores, por exemplo pela linguagem, persistência ou exortação direta de menores (práticas agressivas).

CONCLUSÃO

As alegações nutricionais e de saúde na publicidade cumprem um propósito informativo e têm impacto no comportamento e escolhas alimentares dos consumidores. A tutela dos direitos dos consumidores, designadamente à informação e proteção da saúde, segurança e interesses económicos, impõe um rigoroso escrutínio das práticas comerciais que envolvam tais alegações, por forma a garantir a tomada de decisões conscientes e esclarecidas em matéria alimentar, em particular dos consumidores mais vulneráveis. A observância da regulamentação própria nesta matéria, aliada a boas práticas de comunicação comercial, e educação para o consumo que habilite o consumidor a compreender as implicações das suas escolhas, serão passos decisivos na concretização de um sistema alimentar saudável e sustentável. Do Prado ao Prato.

REFERÊNCIAS

ASSOLINI, Pablo José apud KARAGEORGIADIS, Ekaterine. Lanches acompanhados de brinquedos: comunicação mercadológica abusiva dirigida à criança e prática de venda casada. *Revista Luso-Brasileira de Direito do Consumo*, Coimbra, v. 14, p. 11-39, 2014.

AZEVEDO DE AMORIM, Ana Clara. *Manual de direito da publicidade*, Forte da Casa: Petrony, 2018.

BALADIA, Eduard et al. Declaraciones nutricionales y de propiedades saludables aplicables a los productos de alimentación infantil en España y en la Unión Europea. *Pediatría Atención Primaria*, [*s.l.*], v. 15, p. 351-359, 2013.

COMISSÃO EUROPEIA. *Comunicação da Comissão ao Parlamento Europeu, ao Conselho, ao Comité Económico e Social Europeu e ao Comité das Regiões*: Uma Agenda do Consumidor Europeu para incentivar a confiança e o crescimento", 2012. Disponível em: https://eur-lex.europa.eu/legal-content/PT/TXT/PDF/?uri=CELEX:52012DC0225&from=EN. Acesso em: 02 dez. 2021.

---

64. Id. p. 7.

COMISSÃO EUROPEIA. *Comunicação da Comissão ao Parlamento Europeu e ao Conselho*: Nova Agenda do Consumidor, 2020. Disponível em: https://eur-lex.europa.eu/legal-content/PT/TXT/HTML/?uri=-CELEX:52020DC0696&from=EN. Acesso em: 02 dez. 2021.

COMISSÃO EUROPEIA. *Farm to fork strategy for a fair, healthy and environmentally-friendly food system*, Food Safety. [s.d.]. Disponível em: https://food.ec.europa.eu/horizontal-topics/farm-fork-strategy_en. Acesso em: 02 dez. 2021.

COMITÉ ECONÓMICO E SOCIAL EUROPEU. *Parecer do Comité Económico e Social Europeu sobre "Um quadro para a publicidade destinada aos jovens e às crianças"*, 2012. Disponível em: https://eur-lex.europa.eu/legal-content/PT/TXT/PDF/?uri=CELEX:52012IE0138&from=PT. Acesso em: 02 dez. 2021.

EUROPEAN COMMISSION. Food Safety. *Nutrition and Health Claims*. [s.d.]. Disponível em: https://food.ec.europa.eu/safety/labelling-and-nutrition/nutrition-and-health-claims_en. Acesso em: 21 dez. 2022.

MIKLAVEC, Krista et al. Heart images on food labels: a health claim or not? *Foods*, [*s.l.*], v. 10, p. 643-659, 2021.

PARLAMENTO EUROPEU. *Resolução do Parlamento Europeu, de 22 de maio de 2012, sobre uma estratégia de reforço dos direitos dos consumidores vulneráveis*, 2012. Disponível https://www.europarl.europa.eu/doceo/document/TA-7-2012-0209_PT.html. Acesso em 04 jun. 2022.

PARLAMENTO EUROPEU; CONSELHO DA UNIÃO EUROPEIA. *Regulamento n. 1924/2006*. 2006.

PEGADO LIZ, Jorge. Que informação para os consumidores?. *Revista Portuguesa de Direito do Consumo*, Coimbra, n. 54, p. 129-140, 2008.

PORTUGAL. *Decreto-Lei n. 330/90, de 23 de outubro*. Código da Publicidade.

PORTUGAL. *Decreto-Lei n. 57/2008, de 26 de março*. Lei das Práticas Comerciais Desleais.

PORTUGAL. DGAV. *Alegações nutricionais e de saúde*, 2022. Disponível em: https://www.dgav.pt/alimentos/conteudo/generos-alimenticios/informar-o-consumidor-e-rotular/alegacoes-nutricionais-e-de-saude/. Acesso em: 1º ago. 2022.

PORTUGAL. DGC. *Guia informativo sobre regras e boas práticas na comunicação comercial no meio digital*. [s.d.]. Disponível em: https://www.consumidor.gov.pt/pagina-de-entrada/guia-infornativo-sobre-regras-e-boas-praticas-na-comunicacao-comercial-no-meio-digital.aspx. Acesso em: 21 dez. 2022.

PORTUGAL. *Lei n. 24/96, de 31 de julho*. Lei de Defesa do Consumidor.

PORTUGAL. *Lei n. 27/2007, de 30 de julho*. Lei da televisão e dos serviços audiovisuais a pedido.

PORTUGAL. Ministério da Saúde. Direção-Geral da Saúde. *Perfil nutricional* – restrições à publicidade alimentar dirigida a crianças. Lisboa: Direção-Geral da Saúde, 2019.

SABBAGH, Christina et al. Analysing credibility of UK social media influencers' weight-management blogs: a pilot study. *International Journal of Environmental Research and Public Health*, Basel, n. 23, [s.p.], 2020.

ACERCA DE LA PUBLICIDAD FALSA O ENGAÑOSA DE PRODUCTOS COSMÉTICOS: COMENTARIOS DESDE LA AUTORREGULACIÓN, CON UNA ESPECIAL REFERENCIA A LA EXPERIENCIA CHILENA[1]

Erika Isler Soto

Profesora de Derecho Civil, Universidad Autónoma de Chile. Doctora en Derecho, Pontificia Universidad Católica de Chile; Magíster en Derecho, mención Derecho Privado, Universidad de Chile; Magíster en Ciencia Jurídica, Pontificia Universidad Católica de Chile; Licenciada en Ciencias Jurídicas y Sociales, Universidad Austral de Chile; Licenciada en Estética, Pontificia Universidad Católica de Chile; Abogada; emisler@uc.cl.

INTRODUCCIÓN

Una vez que los estándares de belleza se hubieron roto, los productos y servicios encaminados a obtener tal resultado – cualquiera fuere – han proliferado y cobrado una especial relevancia en el tráfico jurídico. Al mismo panorama contribuye el aumento progresivo de los espacios en los cuales – guste o no – la apariencia y la proyección visual cumple funciones polivalentes (social, laboral, académico etc.).

En este contexto, la elaboración y comercialización de productos cosméticos ocupa un lugar privilegiado en el Derecho de Consumo, el cual además es ampliado si extendemos sus posibles funcionalidades a la higiene – más aún en tiempos de pandemia –, protección solar, y a la odorización.

Así las cosas, las expectativas que un consumidor medio se forme acerca de la funcionalidad del cosmético a partir de la publicidad con la que se lo enfrente, sin duda inciden de manera determinante al optar por su preferencia.

Con todo, y no obstante, como se dijo, la relevancia que este tipo de productos ostenta en la actualidad, las leyes reguladoras de la relación de consumo, si bien contemplan reglas generales referidas a la sanción de la inducción a error o engaño mediante un soporte publicitario, lo cierto es que ellas no suelen referirse de manera particular a la cosmetología.

La autorregulación por su parte, aunque con carácter de *Soft Law*, ha suplido de cierta manera dicho silencio, incorporando en sus *corpus* normativos, disposiciones que tienen por objeto dirigir la conducta del anunciante hacia prácticas consideradas como

---

1. Este trabajo forma parte del proyecto FONDECYT de Iniciación n. 11190230: "Los medios de tutela del consumidor ante el producto defectuoso, en la Ley 19.496" del que la autora es investigadora responsable.

aceptables a la luz de la diligencia y la buena fe, no sólo a partir de la sanción de ilícitos publicitarios de carácter genérico, sino que también mediante la regulación concreta del mensaje que se refiere a un cosmético. El presente documento[2] tiene por objeto revisar este tipo de instrumentos, con una especial referencia a la experiencia chilena.

EL PRODUCTO COSMÉTICO: UNA APROXIMACIÓN CONCEPTUAL

De acuerdo a nuestro Código Sanitario, el producto cosmético corresponde a "cualquier preparado que se destine a ser aplicado externamente al cuerpo humano, con fines de embellecimiento, modificación de su aspecto físico o conservación de las condiciones fisicoquímicas normales de la piel y de sus anexos, que tenga solamente acción local o que de ser absorbido en el organismo carezca de efecto sistémico" (Art. 106 inc. 1).

La norma así precisa algunas de las funcionalidades que se espera cumplan este tipo de productos, a saber: el embellecimiento, modificación del aspecto físico o conservación de condiciones de la corporalidad humana, con un carácter local y no sistémico. De esta manera, cualquiera sea la finalidad mediata buscada por el individuo que lo utilice o disfrute, sin duda la expectativa que se forme acerca del alcance de las propiedades del cosmético resultará relevante al momento de decidir su adquisición.

Con todo, el Reglamento del sistema nacional de control de cosméticos amplía los posibles productos susceptibles de ser alcanzados por dicho concepto, señalando que (Art. 20 inc. 1 Decreto 239) entre las finalidades propias del cosmético, se encuentran el maquillaje (letra b), coloración y embellecimiento del cabello (letras c y f), cuidado de la piel (letras h), bronceado (letra d), protección solar (letra e), depilación y epilación[3] (letra g) y la higiene personal (letra e).

El Código Chileno de Ética Publicitaria por su parte, replicando la amplitud funcional reconocida en la normativa positiva, define al cosmético como "cualquier sustancia o mezcla destinada a limpiar, perfumar, mejorar o cambiar la apariencia, proteger y mantener en buenas condiciones la piel, el cabello, las partes externas del cuerpo humano, los dientes y la cavidad bucal" (Art. 25 CEP, Conar). Como se puede apreciar, el ámbito de los productos cosméticos es bastante extenso, abarcando entre otros, maquillajes, tinturas, *shampoos*, bloqueadores etc.

Por otra parte, se trata de bienes, en los cuales, la funcionalidad se puede confundir con la seguridad, en el sentido de que su eventual inaptitud para satisfacer las expectativas formadas en el consumidor, en ciertas ocasiones no sólo conducirán a una disconformidad, sino que eventualmente también a una lesión a la integridad de su destinatario final. Desde luego esta circunstancia es evidente en productos tales como alcohol-gel o sanitizantes,

---

2. Una versión reformulada y ampliada de este texto: ISLER SOTO, Erika. Información y publicidad sobre productos cosméticos desde el Derecho de Consumo chileno. En VIDAL BEROS, Christian; RODRÍGUEZ DONOSO, Jimena (Coords.). *Derecho de la moda II*. Valencia: Tirant lo Blanch, 2022.

3. La depilación, a diferencia de la epilación, deja subsistente en el cuerpo, las raíces del vello.

por los cuales hoy en día se busca prevenir el contagio de Covid-19[4]. No obstante, lo mismo puede pregonarse respecto de prestaciones destinadas a la obtención de un resultado considerado como bello por el consumidor, en el sentido de que ello podría incidir en su salud sicológica.

LA PUBLICIDAD FALSA O ENGAÑOSA EN LA AUTORREGULACIÓN DE PRODUCTOS COSMÉTICOS

La regulación del fenómeno publicitario suele nutrirse de normas que lo abordan desde diversas aristas jurídicas. Así, en nuestro país, se pueden mencionar el estatuto de protección del consumidor (Arts. 28 y siguientes Ley 19.496), de competencia desleal (Arts. 2-4 Ley 20.169) y de propiedad intelectual (Ley 17.336), por citar únicamente algunos ejemplos.

No obstante, junto a las disposiciones emanadas del Estado, suelen coexistir simultáneamente disposiciones de autorregulación (códigos de conducta, buenas prácticas etc.), cuya fuerza vinculante, alcanza de manera formal únicamente a aquellas entidades que voluntariamente se han adscrito al sistema.

Así, por ejemplo, en Perú rige el Código de Ética Publicitaria (CONAR), en tanto que España (Autocontrol) cuenta con un código general (Código de Conducta Publicitaria) y otros sectoriales (Juguetes[5], Vinos[6], Videojuegos, Perfumes y Cosméticos[7], *Influencers*[8] etc.).

En nuestro país, la autorregulación se encuentra contenida principalmente en la sexta versión del Código de Ética Publicitaria (2018), ejerciendo su control el Consejo de Autorregulación y Ética Publicitaria (CONAR).

Con todo, la vinculación restringida de estos códigos deontológicos no se traduce en una ausencia de relevancia jurídica mayor, puesto que su eficacia práctica se puede extender más allá de las fronteras de la adscripción voluntaria. En efecto, si bien sus dictámenes únicamente constituyen recomendaciones para las entidades que no se han

---

4. Acerca de la confusión entre la seguridad y la conformidad: ISLER SOTO, Erika. La problemática de la confusión entre la inaptitud y la inseguridad en el consumo: reflexiones a partir de algunos supuestos contingentes derivados del Covid-19. En CARBAJALES, Mariano Osvaldo (Ed.). *El derecho en tiempos de pandemia. Reflexiones sobre las consecuencias jurídicas del Covid-19*. Valencia: Tirant lo Blanch, 2020. p. 385-400.
5. ASOCIACIÓN ESPAÑOLA DE JUGUETEROS. *Código de Autorregulación de la publicidad infantil de juguetes*, [s.d.]. Disponible em: https://www.autocontrol.es/wp-content/uploads/2018/11/codigo-de-autorregulaci%C2%A2n-de-la-publicidad-infantil-de-juguetes.pdf. Acceso en: 21 dec. 2022.
6. INTERPROFESIONAL DEL VINO DE ESPAÑA. *Código de Comunicación Comercial del Vino*, [s.d.] Disponible em: https://www.autocontrol.es/wp-content/uploads/2020/04/codigo_de_comunicacion_comercial-del_vino_abril_2020-1.pdf. Acceso en: 21 dec. 2022.
7. STANPA. *Código de Autorregulación para una comunicación responsable en el sector de perfumería y cosmética*, [s.d] . Disponible em: https://www.autocontrol.es/wp-content/uploads/2016/02/c%C2%A2digo-de-autorregulaci%C2%A2n-para-una-comunicaci%C2%A2n-responsable-en-el-sector-de-perfumer%C2%B0a-y-cosmctica-stanpa.pdf. Acceso en: 21 dec. 2022.
8. ASOCIACIÓN ESPAÑOLA DE ANUNCIANTES. *Código de Conducta sobre el uso de Influencers en la publicidad*, [s.d.] Disponible em: https://www.autocontrol.es/wp-content/uploads/2020/10/codigo-de-conducta-publicidad-influencers.pdf. Acceso en: 21 dec. 2022.

adherido al Código, lo cierto es que una gran cantidad de sus disposiciones constituyen concretizaciones de los principios generales contenidos en el derecho positivo – por ejemplo, la LPDC –, por lo que un tribunal podría llegar a decantarse por ellas como una posible interpretación legal.

Por otra parte, estos códigos suelen regular con mayor profundidad, sistematicidad e integridad, el fenómeno publicitario, incorporando hipótesis que muchas veces son omitidas por el legislador[9]. Así por ejemplo, el Servicio Nacional del Consumidor al estimar que la LPDC no le confiere facultades para denunciar ante los tribunales de justicia la emisión de publicidad sexista[10], ha remitido al CONAR los antecedentes relativos a ellos.

Adicionalmente, el carácter de *Soft Law* que revisten los instrumentos de autorregulación también puede implicar que constituyan una orientación a la labor de un futuro cambio legislativo.

Legítimas expectativas y confianza legítima

El resguardo de las expectativas que el destinatario final de la publicidad se hubiere formado respecto de las características del producto, constituye uno de los fundamentos más importantes de la regulación de las prácticas de publicidad y de la sanción de aquellas que puedan conducirlo a una errada representación de la realidad. De esta manera, se incorpora dentro de los ilícitos publicitarios, la difusión de mensajes que puedan crear un error o engaño en el consumidor, respecto de las cualidades, bondades, propiedades y/o características de la prestación.

Ahora bien, tanto en los estatutos positivos que norman la relación de consumo[11], como en el campo de la autorregulación publicitaria, las mencionadas expectativas razonables, no sólo constituyen el fundamento de la protección del consumidor – y por tanto de una eventual sanción – sino que también su límite. De esta manera, la conducta del anunciante-proveedor devendrá en ilícita únicamente cuando el mensaje sea idóneo para crear una confianza legítima que finalmente no se verá satisfecha. El CEP lo ha reconocido también así, señalando que la publicidad no debe abusar de la confianza del público (Art. 3), ni menoscabar su confianza en la publicidad (Art. 8 inc. 2).

En este contexto, un mensaje falso pero que no resulte verosímil, no conducirá a una errada representación de la realidad, y por lo tanto no será sancionable. De esta manera, tanto la comprobabilidad exigida al soporte, como una eventual integración

---

9. Acerca de las deficiencias normativas en el sistema de consumo chileno, referentes al fenómeno publicitario: LÓPEZ DÍAZ, Patricia. La publicidad comercial como fenómeno jurídico: una aproximación general desde el derecho chileno. *Revista Ius et Praxis*, Talca, a. 26, n, 3, p. 23-44, 2020. p. 23-24.

10. Id. p. 37-38. De acuerdo a López Díaz, es posible sancionar la publicidad abusiva, invocando el sistema de consumo chileno. V. CHILE. Servicio Nacional del Consumidor. *Reporte sobre publicidad sexista*, [s.d.]. p. 6. Disponible em: https://www.sernac.cl/portal/619/articles-7467_archivo_01.pdf. Acceso en: 21 dic. 2022.

11. La integración publicitaria del contrato (Art. 1 n. 4 LPDC) y la vinculación de las declaraciones precontractuales se sustenta en el resguardo de la confianza legítima.

contractual (Art. 1 n. 4 LPDC, Art. 18 LGUC), sólo procederán respecto de contenidos informativos y objetivos. Así explica Jaeckel Kovács: "si bien es posible que en una toma de un comercial se presenten una exageración respecto de un atributo, ello no significa que necesariamente el mensaje del comercial contenga una distorsión de la realidad, pues puede suceder que esa exageración simplemente esté transmitiendo en forma creativa una bondad del producto, y sea claro para el consumidor que el atributo se está exagerando"[12].

Con todo, el juicio de las expectativas razonables y la confianza legítima habrá de realizarse de acuerdo al grupo de individuos al cual va dirigido el producto[13]. Deberán además ponderarse todos los elementos presentes en la publicidad – imágenes, sonidos, textos, tamaño de letra, colores, duración de la exhibición etc. – al momento de examinar el grado de ajuste de la conducta del anunciante al estándar normativamente esperable.

La publicidad falsa o engañosa de productos cosméticos en la autorregulación publicitaria: reglas generales

Si bien la tutela del consumidor no constituye la única finalidad de la autorregulación, no cabe duda de las prescripciones deontológicas que enuncia, cumplen una importante labor en ello. En este contexto, el imperativo de actuar de buena fe en el ofrecimiento de productos y servicios se suele consagrar de manera general y además en particular respecto de aquellos que pueden calificarse de cosméticos.

La primera regla que debe destacarse dice relación con la necesidad de respetar reglas anteriores a los códigos deontológicos. Así, el CEP chileno (Conar, 2018), instaura el imperativo de ajustar la publicidad y el marketing al ordenamiento jurídico vigente (Arts. 1 y 8)[14], la moral y el respeto de las personas (Art. 1). Dicha regla es reiterada a propósito de los cosméticos, al prescribir el mismo código que su publicidad debe observar las normas y limitaciones que la legislación y la autoridad establecen para este tipo de productos (Art. 25).

En ese sentido, se integran a los imperativos éticos, el Código Sanitario, el Decreto 239 y la propia LPDC. Así, el primero prohíbe la comercialización de productos cosméticos falsificados (Art. 108 inc. 2 C. San., Art. 8 Decreto 239), a la vez que su reglamentación exige que la publicidad se condiga con su naturaleza y finalidades (Art. 46 Decreto 239), no emplee figuras, alusiones o interpretaciones que contraríen la verdad científica e induzcan a equivocación o engaño (Art. 47 Decreto 239), ni se les atribuyan propiedades que no posean o no puedan ser comprobadas (Art. 48 Decreto 239), regla esta última

---

12. JAECKEL KOVÁCS, Jorge. Publicidad engañosa. En VALDERRAMA ROJAS, Carmen Ligia (Dir.). *Perspectivas del derecho del consumo*. Bogotá: Universidad Externado de Colombia, 2013. p. 292.
13. Id. p. 284.
14. En invocación de esta norma (Art. 1 CEP), el CONAR ha estimado que ciertos soportes publicitarios no se ajustan al CEP, considerando la Ley del Tránsito: CONAR. *Silva Orozco con Laboratorios Garden House Chile S.A.*. Caso 878-2012, 7 de septiembre de 2012.

que es consagrada con rango legal en la normativa de protección de los derechos de los consumidores (Art. 33 LPDC).

La Ley 19.496 por su parte[15], prescribe que el mensaje publicitario no debe contener expresiones que induzcan a error o engaño al consumidor (Arts. 28, 33 LPDC), sancionando además la publicidad falsa o engañosa (Art. 28 LPDC) referente a – entre otros aspectos – la idoneidad del bien para los fines que se pretende satisfacer y sus características relevantes.

En segundo término, en nuestro país, el Código de Ética Publicitaria (CONAR), exige de manera general que la publicidad sea honesta y veraz (Art. 8 inc. 1) y no contenga ninguna declaración o presentación que directamente o por implicación, omisión, ambigüedad o pretensión exagerada, pueda llevar a conclusiones erróneas, abuse de la confianza del consumidor o explote su falta de experiencia o de conocimiento (Art. 8 inc. 7).

Asimismo, concretiza dicha regla a propósito de los cosméticos, señalando que su publicidad no puede aludir ni insinuar bondades, efectos o propiedades que no se ajusten a su verdadera naturaleza, origen, composición y calidad o que no se condigan con su rotulación y especificaciones aprobadas por la autoridad (Art. 25). Esta regla resulta especialmente relevante, como se dijo, cuando se trate de productos de higiene, puesto que su inaptitud o no conformidad puede conllevar a una amenaza a la salud, incluso de carácter público, si consideramos el contexto de emergencia en el que nos situó el Covid-19[16].

Por otra parte, señala que se considerará publicidad engañosa a aquella que "valiéndose de la ignorancia, el miedo, la superstición, la credibilidad, la ingenuidad o la buena fe de los destinatarios, ofrece cualquier producto, substancia, método o servicio como teniendo beneficios o efectos específicos automáticos, 'milagrosos' o garantizados en la salud, el bienestar, la fortuna o la felicidad de los consumidores, sin una comprobación objetiva de dichos beneficios o resultados" (Art. 8 inc. 6, CONAR). Agrega además que, respecto de los cosméticos, no se podrá aludir ni insinuar efectos o propiedades medicinales, preventivas, curativas, nutritivas (Art. 25)[17].

---

15. En invocación de esta norma (Art. 1 CEP), el CONAR ha estimado que ciertos soportes publicitarios no se ajustan al CEP, por no condecirse con los estándares exigidos por la LPDC. Así lo ha considerado por ejemplo, cuando la información del precio no constaba en moneda de curso legal: CONAR. *CONAR de oficio con Allways Travel Group*. Caso 897-2013, 18 de enero de 2013; CONAR. *CONAR de oficio con Atrápalo Chile S.A..* Caso 870-2012, 13 de julio de 2012.

16. CHILE. Instituto de Salud Pública. *Alerta de medicamentos, productos farmacéuticos sin registro / falsificados*, 2020. Disponible en: https://www.ispch.cl/sites/default/files/comunicado/2020/06/Scan23-06-2020-101910. pdf. Acceso en: 21 dic. 2022. Por ejemplo, el Instituto de Salud Pública elevó alertas de seguridad (marzo de 2020) respecto de productos rotulados como Alcoholgel, cuando la información declarada en su envase podía no condecirse con su composición real.

17. En sede de protección de los derechos de los consumidores, se sancionó la comercialización de pulseras a las cuales se atribuyeron propiedades terapéuticas no comprobables: *Sernac con Inversiones Pastrami S.A.* (2012): 2 JPL Providencia, Rol 15.361-F-2010, 15 de junio de 2012; *Sernac con Cencosud Retail S.A.* (2012): 1 JPL Las Condes, Rol 43.109-8-2010, 31 de mayo de 2011, confirmada por la C. Ap. Santiago, Ing. 1687-2011, 7 de marzo de 2012. También se condenó el ofrecimiento de una línea de zapatillas, cuyo diseño -de acuerdo a la

En concordancia con lo anterior prescribe que las "recomendaciones de médicos, científicos o especialistas sobre un ingrediente, un producto o una declaración sobre higiene o belleza, son aceptables siempre que se hagan sobre la base de una evidencia establecida y apropiada" (Art. 25 CEP, CONAR).

Reconoce también el imperativo de comprobabilidad del mensaje (Art. 33 LPDC), exigiendo en términos generales que las características, cualidades y beneficios objetivos atribuidos a los productos y servicios anunciados se encuentren sustentados en pruebas suficientes e idóneas (Art. 8 inc. 2) y en particular respecto de los cosméticos establece que no se deben emplear términos, expresiones, gráficos u otros elementos que contraríen la verdad científica o induzcan a equivocación o engaño, ni declaraciones no comprobadas respecto de las propiedades o efectos del producto (Art. 25). Para graficar lo anterior, conviene revisar algunos casos resueltos por el órgano de autorregulación.

En este contexto, el CONAR[18] estimó que las expresiones "Alivia el dolor en 30 segundos", "Alivia ese dolor en solo 30 segundos con Pepsodent Sensitive Expert" y "Alivia las molestias en 30 segundos y repara el daño" referidas a una pasta dental, no eran comprobables ni se ajustaban a los Arts. 8 y 11 CEP, puesto que el efecto señalado se producía cuando se la aplicaba de manera táctil (con los dedos), circunstancia que no era expresada en los soportes publicitarios – incluso en uno de ellos se incorporaba la imagen de un cepillo de dientes –, lo que podría conducir a un consumidor medio a estimar que el alivio de sensibilidad podía obtenerse mediante el cepillado.

Desde luego tampoco cumple con el estándar establecido en el CEP, el ofrecimiento de un producto denominado "Shampoo Sin Sodio Ortiga"[19], que no contenía entre sus ingredientes precisamente ortiga. La resolución esta vez revistió el carácter de opinión ética, atendido a que el laboratorio no se encontraba adscrito a la CONAR, ni tampoco compareció una vez que fue requerido. Por otra parte, el caso planteado presenta además la importancia de que recuerda la posible calificación de etiquetas y envases como mensajes publicitarios (CEP, Definiciones).

Por el contrario, el órgano de autorregulación estimó que la difusión del mensaje "aclarante n. 1 en Chile"[20] referido al antitranspirante bí-O Clarify de la línea Garnier de L´Oréal, encontraba sustento en la documentación aportada por la reclamada, por lo que no acogió el reclamo. Así consideró el CONAR: "respecto de la veracidad del *claim* incluido en las piezas reclamadas, L´Oréal ha acompañado documentación de Nielsen que acredita que, en agosto de 2017, bí-O Clarify era el antitranspirante aclarante que

---

publicidad- mejoraría el estado físico de los consumidores: *Sernac con Skechers Chile Ltda.* (2013): JPL Vitacura, Rol 269.840-8-2011, 29 de agosto de 2012, confirmada por la C. Ap. Santiago, Ing. 148-2013, 2 de octubre de 2013; *Sernac con Cencosud Retail S.A.* (2013): 1 JPL Las Condes, Rol 22.197-8-2011, 22 de enero de 2013. Comentario de estos últimos casos: ISLER SOTO, Erika. *Jurisprudencia de Derecho de Consumo Comentada.* Santiago, Rubicón, 2019. p. 170 y ss.

18. CONAR. *GlaxoSmithKline Chile Farmacéutica Ltda. con Unilever Chile SCC Limitada.* Caso 1128-2019, 20 de diciembre de 2019.

19. CONAR. *Madariaga Vallejos con Laboratorio Equilibrio.* Caso 1105-2019, 2 de abril de 2019.

20. CONAR. *Unilever Chile Limitada con L'Oreal Chile S.A.* Caso 1077-2018, 13 de abril de 2018.

ocupaba el primer lugar en ventas por valor y volumen respecto de otros aclarantes. Adicionalmente, adjuntó un scantrack en el que se muestra a dicho producto como el primero entre los aclarantes durante el año 2017 en promedio".

Finalmente cabe destacar que el uso de absolutos publicitarios, esto es, "afirmaciones que tienen un tono excluyente, o bien denotan una superioridad absoluta respecto de sus competidores" (Art. 8 CEP, Chile), se encuentra permitido en la medida de que cumpla con los estándares de veracidad, transparencia y comprobabilidad ya referidos. No se consideró que ello ocurría en el ofrecimiento de productos L'Oréal Men Expert, mediante el uso de la expresión "Llegó la Marca n. 1 en el mundo en el cuidado de la piel del hombre"[21], seguido de la mención al margen y en la letra chica del texto, "Nielsen: Retail Index Service for the Man Face care (client-defined) period Ending January 2019". En esta ocasión la CONAR estimó que se trataba de publicidad comparativa – reclama ventajas o superioridad respecto de un competidor – que recurría a un absoluto publicitario que no se ajustaba a los Arts. 8, 11 y 14 CEP.

Algunas prácticas en particular

López Díaz propone la vigencia de un principio de autenticidad o autoidentificación publicitaria, por el cual se impone la necesidad de que la publicidad se diferencie claramente de la información noticiosa contenida en los medios de comunicación masiva[22]. El fundamento de lo anterior radica en que la publicidad no constituye una práctica neutra, sino que, se la difunde con el objetivo de incentivar a su destinatario a la contratación o a la adquisición de un producto o servicio (Art. 1 n. 4 LPDC, Definiciones CEP Chile[23]). Así, el resguardo de la libertad negocial del consumidor y, sobre todo, de su derecho básico a la libre elección del bien o servicio (Art. 3 letra a LPDC) exige que dicha intención pueda advertirse claramente en el mensaje, de tal manera que el consumidor sea capaz de reconocer que aquel no es siempre imparcial y/o autónomo, y a partir de ello, pueda estar más alerta en cuanto a su contenido[24].

Por el contrario, la publicidad encubierta, esto es, aquella que se hace pasar por antecedentes objetivos difundidos con la única finalidad de informar – por ejemplo, a la manera de un reportaje – no sólo no contribuye a la formación de un consentimiento ausente de vicios, sino que además puede conllevar a la formación de una falsa representación de la realidad por parte del consumidor.

Así, el CEP Chile instaura un principio de identidad por el cual la comunicación publicitaria debe ser claramente identificada como tal (Art. 13), regla que cobra una

---

21. CONAR. *Beiersdorf Chile S.A. con L'Oreal Chile S.A.* Caso 1148-2020, 9 de septiembre de 2020.
22. LÓPEZ DÍAZ, Patricia. La publicidad comercial como fenómeno jurídico: una aproximación general desde el derecho chileno. *Revista Ius et Praxis*, Talca, a. 26, n, 3, p. 23-44, 2020. p. 30.
23. Tanto las definiciones que la LPDC (Art. 1 n. 4) como el CEP Chile (Definiciones) otorgan de la publicidad, incorporan el incentivo a la adquisición de un producto como elemento integrante.
24. LÓPEZ DÍAZ, Patricia. La publicidad comercial como fenómeno jurídico: una aproximación general desde el derecho chileno. *Revista Ius et Praxis*, Talca, a. 26, n, 3, p. 23-44, 2020. p. 30.

relevancia especial en la referida a productos cosméticos, en el sentido de que usualmente se les incorpora mensajes de carácter científico, con la finalidad de fortalecer las cualidades declaradas. Lo propio puede señalarse respecto de la publicidad nativa, esto es, aquella que "se integra, visual y contextualmente, de manera natural al contenido editorial o a la funcionalidad del medio en que se publica" (Art. 33 CEP Chile).

El mismo principio alcanza también a las recomendaciones formuladas por *Influencers*: si bien la práctica no es *per se* reprochable, debe encontrarse sometida al menos a las directrices de honestidad y transparencia (Art. 33 CEP, Chile). Por el primero, el influenciador debe difundir su opinión honesta e íntegra respecto de la prestación de que se trate, y abstenerse de emitir opiniones favorables que no le consten (Art. 33 CEP, Chile). Por el segundo en tanto, ha de explicitar cualquier vinculación comercial, contractual o de interés, que lo ligue con la marca, cuyo producto recomienda (Art. 33 Cep, Chile)[25].

Una de las técnicas a la cual la industria suele recurrir para transmitir eficazmente un mensaje consiste en la intervención de imágenes en pre y post producción. Esta práctica tampoco lleva intrínseco un vicio de ilicitud, pero no obstante lo adquirirá, si su implementación conduce al destinatario de la publicidad a representarse legítima y razonablemente que el uso del producto le permitirá adquirir una determinada apariencia y ello no ocurre. En efecto, si bien una propuesta visual en la mayoría de los casos constituye un elemento relevante al momento de que el consumidor se forme un juicio sobre la prestación, ella es especialmente sensible si se refiere a cosméticos, atendido a que su funcionalidad se encamina precisamente a mantener, conservar o modificar el aspecto físico del cuerpo humano.

En otras latitudes se ha considerado que la difusión con fines comerciales de una fotografía intervenida, sin una advertencia expresa, no cumple con el examen de aceptabilidad de un mensaje publicitario, precisamente por ser susceptible de formar en su destinatario, expectativas que no se cumplirán.

La ASA (*Advertising Standards Authority*) en el Reino Unido, ya en el año 2012 cuestionó la separación y aumento de la longitud de las pestañas de Natalie Portman realizado de manera digital en una publicidad de máscaras de pestañas[26]. En dicha ocasión, la autoridad, desestimó la argumentación de la empresa en orden a sostener que no se había prometido una longitud determinada, y que la fotografía se había tomado originalmente para publicitar un labial. Por el contrario, consideró que la representación pictórica así planteada, podía llevar a un consumidor medio a esperar que luego de la aplicación del producto, sus propias pestañas adquiriesen una extensión similar a la de la

---

25. ESPAÑA. *Código de Conducta sobre el uso de influencers en la publicidad*, 2020. Así, también en España el reciente Código de Conducta sobre el uso de *influencers* en la publicidad exige que la naturaleza publicitaria de una mención o contenido, debe ser claramente identificable, sea por su propia naturaleza o bien por una mención explícita, inmediata y adecuada al medio y mensaje (n. 5).

26. UNITED KINGDON. Advertising Standards Authority Ltd. *ASA Adjudication on Parfums Christian Dior (UK) Ltd t/a Dior*, 2012. Disponible en: https://www.asa.org.uk/rulings/parfums-christian-dior-uk-ltd-a12-196932.html. Acceso en: 21. dic. 2022.

actriz, lo cual difícilmente ocurriría. Reflexiones similares y a propósito de un producto también similar, emitió el mismo organismo acerca de la utilización de pestañas postizas en otro mensaje publicitario protagonizado por Penélope Cruz[27].

En nuestro país, con un carácter normativo obligatorio, ni el Código Sanitario, ni la LPDC se refieren a la licitud o ilicitud de la intervención de imágenes como práctica publicitaria en productos cosméticos. El CEP (CONAR) por su parte, además de las reglas generales ya señaladas, la acepta inicialmente en la publicidad de cosméticos –retoques, alargamiento de pestañas y cabello etc. – (Art. 25) mas ello en ningún caso implica la permisión de transgredir los estándares anteriores. En efecto, especificando lo anterior, precisa que, en tales casos, al menos, el avisador debe asegurarse que la ilustración no sea engañosa, ni debe alterarse de tal forma que las características corporales se vuelvan poco realistas respecto del resultado que puede lograr el producto (Art. 25).

Finalmente, cabe hacer mención a un segundo efecto que puede producir la intervención y que dice relación con la formación de estereotipos físicos ficticios o al menos difícilmente alcanzables por la mayoría de las personas. En efecto, atendido a que las imágenes pueden cumplir funciones o al menos tener consecuencias polivalentes, es que la exposición visual reiterada a cuerpos que ni siquiera corresponden a las verdaderas características de los y las modelos, podría incentivar a los consumidores que confían en la verosimilitud de una fotografía, a adoptar dinámicas alimentarias que pongan en riesgo su salud, y luego a frustrarse por la no obtención de un resultado que tampoco alcanzaron quienes fueron fotografiados. En esta dimensión, lo que se encuentra en juego es la propia integridad del consumidor (Art. 3 letra d LPDC).

Si bien, hoy en día existe una cierta conciencia acerca de la dudosa fidelidad de un soporte fotográfico, ella en general suele situarse en individuos especializados, por lo que es probable que el consumidor medio del producto cosmético no reconozca la intervención de una imagen si no se la advierte. En efecto, a lo que se enfrenta, no es a una caricatura, una ilustración u otra imagen en cuya producción se presume una alta intervención humana, sino que a un soporte – foto –, que comúnmente se asocia a una captura de la realidad.

REFLEXIONES FINALES

Los productos cosméticos cumplen un importante rol en el tráfico jurídico actual, derivado sobre todo de su amplia funcionalidad. Por otra parte, su eventual inaptitud puede conducir también a una deficiencia de seguridad, lo que justifica que respecto de ellos, se suelan contemplar deberes preventivos además de los eventualmente reparatorios.

---

27. UNITED KINGDON. Advertising Standards Authority Ltd. *Production techniques in cosmetics advertising: 12 months on*, 2012. Disponible en: https://www.asa.org.uk/news/production-techniques-in-cosmetics-advertising-12-months-on.html. Acceso en: 21. dic. 2022.

En este contexto, el resguardo de las legítimas expectativas que el consumidor se hubiere formado respecto de las cualidades de este tipo de prestaciones constituye el fundamento y límite de la sanción de la publicidad falsa o engañosa. Por tal razón, de acuerdo tanto al ordenamiento jurídico vigente como a la autorregulación aplicable a esta materia, un mensaje publicitario se torna en ilícito si conduce a una falsa representación de la realidad.

En concreto, la utilización de prácticas como la publicidad nativa, las recomendaciones de influenciadores y la intervención de imágenes, se encuentran permitidas inicialmente, pero deben ajustarse a los principios de honestidad, transparencia y veracidad.

REFERENCIAS

ASOCIACIÓN ESPAÑOLA DE ANUNCIANTES. *Código de Conducta sobre el uso de Influencers en la publicidad*, [s.d.] Disponible em: https://www.autocontrol.es/wp-content/uploads/2020/10/codigo-de-conducta-publicidad-influencers.pdf. Acceso en: 21 dec. 2022.

ASOCIACIÓN ESPAÑOLA DE JUGUETEROS. *Código de Autorregulación de la publicidad infantil de juguetes*, [s.d.]. Disponible em: https://www.autocontrol.es/wp-content/uploads/2018/11/codigo-de-autorregulaci%C2%A2n-de-la-publicidad-infantil-de-juguetes.pdf. Acceso en: 21 dec. 2022.

CONAR. *Beiersdorf Chile S.A. con L'Oreal Chile S.A.* Caso 1148-2020, 9 de septiembre de 2020.

CONAR. *CONAR de oficio con Allways Travel Group.* Caso 897-2013, 18 de enero de 2013.

CONAR. *CONAR de oficio con Atrápalo Chile S.A..* Caso 870-2012, 13 de julio de 2012.

CONAR. *GlaxoSmithKline Chile Farmacéutica Ltda. con Unilever Chile SCC Limitada.* Caso 1128-2019, 20 de diciembre de 2019..

CONAR. *Madariaga Vallejos con Laboratorio Equilibrio.* Caso 1105-2019, 2 de abril de 2019.

CONAR. *Silva Orozco con Laboratorios Garden House Chile S.A..* Caso 878-2012, 7 de septiembre de 2012.

CONAR. *Unilever Chile Limitada con L'Oreal Chile S.A.* Caso 1077-2018, 13 de abril de 2018.

CHILE. Instituto de Salud Pública. *Alerta de medicamentos, productos farmacéuticos sin registro/falsificados*, 2020. Disponible en: https://www.ispch.cl/sites/default/files/comunicado/2020/06/Scan23-06-2020-101910.pdf. Acceso en: 21 dic 2022.

CHILE. Servicio Nacional del Consumidor. *Reporte sobre publicidad sexista*, [s.d.]. p. 6. Disponible em: https://www.sernac.cl/portal/619/articles-7467_archivo_01.pdf. Acceso en: 21 dic. 2022.

ESPAÑA. *Código de Conducta sobre el uso de influencers en la publicidad*, 2020.

INTERPROFESIONAL DEL VINO DE ESPAÑA. *Código de Comunicación Comercial del Vino*, [s.d]. Disponible em: https://www.autocontrol.es/wp-content/uploads/2020/04/codigo_de_comunicacion_comercial-del_vino_abril_2020-1.pdf. Acceso en: 21 dec. 2022.

ISLER SOTO, Erika. Información y publicidad sobre productos cosméticos desde el Derecho de Consumo chileno. En VIDAL BEROS, Christian; RODRÍGUEZ DONOSO, Jimena (Coord.). *Derecho de la moda II.* Valencia: Tirant lo Blanch, 2022.

ISLER SOTO, Erika. *Jurisprudencia de Derecho de Consumo Comentada.* Santiago, Rubicón, 2019. p. 170 y ss.

ISLER SOTO, Erika. La problemática de la confusión entre la inaptitud y la inseguridad en el consumo: reflexiones a partir de algunos supuestos contingentes derivados del COVID-19. En CARBAJALES, Mariano Osvaldo (Ed.). *El derecho en tiempos de pandemia. Reflexiones sobre las consecuencias jurídicas del Covid-19.* Valencia: Tirant lo Blanch, 2020.

JAECKEL KOVÁCS, Jorge. Publicidad engañosa. En VALDERRAMA ROJAS, Carmen Ligia (Dir.). *Perspectivas del derecho del consumo*. Bogotá: Universidad Externado de Colombia, 2013.

LÓPEZ DÍAZ, Patricia. La publicidad comercial como fenómeno jurídico: una aproximación general desde el derecho chileno. *Revista Ius et Praxis*, Talca, a. 26, n, 3, p. 23-44, 2020.

STANPA. *Código de Autorregulación para una comunicación responsable en el sector de perfumería y cosmética*, [s.d]. Disponible em: https://www.autocontrol.es/wp-content/uploads/2016/02/c%C2%A2digo-de-autorregulaci%C2%A2n-para-una-comunicaci%C2%A2n-responsable-en-el-sector-de-perfumer%C2%B0a-y-cosmctica-stanpa.pdf. Acceso en: 21 dec. 2022.

UNITED KINGDON. Advertising Standards Authority Ltd. *ASA Adjudication on Parfums Christian Dior (UK) Ltd t/a Dior*, 2012. Disponible en: https://www.asa.org.uk/rulings/parfums-christian-dior-uk-ltd-a12-196932.html. Acceso en: 21. dic. 2022.

UNITED KINGDON. Advertising Standards Authority Ltd. *Production techniques in cosmetics advertising: 12 months on*, 2012. Disponible en: https://www.asa.org.uk/news/production-techniques-in-cosmetics-advertising-12-months-on.html. Acceso en: 21. dic. 2022.

PLAZO ADICIONAL Y PUESTA EN CONFORMIDAD ¿VENTAJA PARA EL CONSUMIDOR U OPORTUNIDAD PARA EL EMPRESARIO?

Teresa López Tur

Profesora Asociada de Derecho Civil, Universidad de las Islas Baleares.

INTRODUCCIÓN

El presente trabajo tiene por objetivo analizar dos figuras que se regulan en la legislación española de protección del consumidor en el ámbito de la entrega de los bienes y el suministro de contenidos y servicios digitales: el plazo adicional y la puesta en conformidad. El Código civil no las regula y el hecho de que se trate de figuras incorporadas en la legislación de consumidores, nos lleva a pensar que su finalidad es la de proporcionar una mayor protección al consumidor que la que proporciona la normativa general contenida en el Código civil. ¿Es esto así realmente? Trataremos de resolver este interrogante.

El plazo adicional, se introduce por la Ley 3/2014, de 17 de marzo, por la que se modifica el Texto Refundido de la Ley General para la Defensa de los Consumidores y Usuarios (en adelante TRLGDCU) y otras leyes complementarias, que es consecuencia de la trasposición de la Directiva 2011/83/UE del Parlamento Europeo y del Consejo, de 25 de octubre de 2011, sobre los Derechos de los Consumidores.

La puesta en conformidad ya estaba prevista en el texto original del Real Decreto legislativo 1/2007, de 16 de noviembre, por el que se aprueba el texto refundido de la Ley General para la Defensa de los Consumidores y Usuarios y otras leyes complementarias (en adelante TRLGDCU), aunque ha sido objeto de distintas reformas.

Tanto el plazo adicional como la puesta en conformidad han sido recientemente reformados, por el Real Decreto Ley 7/2021, de 27 de abril que dedica su título VIII a la transposición de dos Directivas comunitarias que afectaron al TRLGDCU:

Directiva (UE) del Parlamento Europeo y del Consejo de 20 de mayo de 2019, relativa a determinados aspectos de los contratos de suministro de contenidos y servicios digitales (en adelante, Directiva 2019/770 o Directiva de servicios digitales)

Directiva del Parlamento Europeo y del Consejo de 20 de mayo de 2019, relativa a determinados aspectos de los contratos de compraventa de bienes, por la que se modifican el Reglamento (CE) número 2017/2394 y la Directiva 2009 (227 CE y se deroga la Directiva 1999/447 CE (en adelante, Directiva 2019/771 o Directiva sobre compraventa de bienes).

Tal y como se pone de manifiesto en la Exposición de Motivos del RD 7/2021, se pretende armonizar determinados aspectos relativos a los contratos de compraventa de bienes y de suministro de contenidos y servicios digitales, con el objetivo de lograr un auténtico mercado único digital, reforzar la seguridad jurídica y reducir los costes de las transacciones, en especial, para las pequeñas empresas.

En este trabajo analizaremos la regulación de las dos figuras antes mencionadas: el plazo adicional y la puesta en conformidad centrándonos, especialmente, en averiguar si otorgan una efectiva protección al consumidor.

EL PLAZO ADICIONAL

La figura del plazo adicional se contempla en el art 66 bis que regula la obligación de entrega. La reciente reforma del precepto añade a la entrega de bienes, el suministro de contenidos o servicios digitales que no se presten en soporte material, manteniendo, en lo demás, prácticamente idéntica la regulación anterior, aunque destacaremos algunas diferencias. Consideramos que la mejor manera de analizar lo dispuesto en el Art. 66 bis TRLGDCU es seguir la sistemática del propio precepto, y por ello, examinaremos la obligación de entrega, el incumplimiento de la obligación de entrega y, por último, la resolución del contrato.

La obligación de entrega

El Art. 66 bis TRLGDCU dispone: "1. Salvo que las partes acuerden otra cosa, el empresario entregará los bienes mediante la transmisión de su posesión material o control al consumidor y usuario, sin ninguna demora indebida y en un plazo máximo de 30 días naturales a partir de la celebración del contrato y suministrará los contenidos o servicios digitales sin demora indebida tras la celebración del contrato". Así pues, distingue entre la obligación de entrega de los bienes y la de suministro de los contenidos o servicios digitales.

En relación a la primera, esto es, la entrega de bienes, se da preferencia en el precepto a la autonomía privada para determinar cómo ha de ser la entrega, pero a falta de ese acuerdo la entrega consiste en la transmisión de la posesión material o del control al consumidor o usuario. La regulación del precepto, no plantea dudas de lo que implica la transmisión de la posesión natural, pero sí las plantea la expresión "transmisión del control". El Considerando 51 de la Directiva 83/2011 (que fue traspuesta en esta norma) ayuda a comprenderlo al señalar que el comprador tiene tal control si tiene acceso (él o un tercero) al bien para utilizarlo como propietario o posee la capacidad de revenderlo.

Las formas de entrega a las que se refiere el Art. 66 bis TRLGDCU no son diferentes a las ya reconocidas por el Código Civil, que en su Art. 1462.1 contempla la puesta en poder y posesión del comprador, esto es, la transmisión de la posesión material, y que también contempla supuestos de transmisión del control en sus arts. 1462.2 y 1463 CC. Así pues, de acuerdo con el Art. 59.2 TRLGDCU, que establece la aplicación supletoria del Derecho común para todo lo no previsto en la norma, los preceptos del CC serán de aplicación a las compraventas de consumo, por lo que, en este punto, y a pesar de la nueva regulación, no se aprecian cambios sustanciales.

El plazo de entrega de 30 días que se fija en el precepto se introdujo en la reforma del TRLGDCU por la Ley 3/2014 y supuso una importante novedad ya que ni el Código Civil ni la legislación protectora de los consumidores anterior lo habían previsto, por lo que hasta ese momento la entrega del bien debía realizarse conforme a lo establecido en el artículo 1113 CC, es decir "desde luego".

Además, el Art. 66 bis TRLGDCU deja libertad a las partes para determinar el plazo de entrega, estableciéndose únicamente para los casos de falta de dicha voluntad, la entrega "sin ninguna demora indebida" en ese periodo máximo de 30 días naturales a partir de la celebración del contrato para la entrega de la cosa y, simplemente sin demora indebida y sin plazo máximo para el suministro de contenidos y servicios digitales.

Para calificar la demora como indebida hay que tener presentes las circunstancias de cada caso, y atender a criterios generales de interpretación como la buena fe, por ejemplo, pudiendo darse el caso de que esa demora indebida se produzca antes de que transcurran los 30 días que la norma establece como plazo máximo.

Por lo que respecta a la obligación de suministro de contenidos digitales, el propio Art. 66 bis TRLGDCU afirma que se entenderá cumplida cuando:

a) El contenido digital o cualquier medio adecuado para acceder al contenido digital o descargarlo sea puesto a disposición del consumidor o usuario o sea accesible para él o para la instalación física o virtual elegida por el consumidor y usuario para ese fin.

b) El servicio digital sea accesible para el consumidor o usuario o para la instalación física o virtual elegida por el consumidor o usuario a tal fin.

El incumplimiento de la obligación de entrega

La cuestión que aquí nos ocupa viene regulada en el Art. 66 bis del TRLGDCU:

2. Si el empresario no cumple su obligación de entrega, el consumidor o usuario lo emplazará para que cumpla en un plazo adicional adecuado a las circunstancias.

En el caso de que el empresario no cumpla su obligación de suministro, el consumidor o usuario podrá solicitar que le sean suministrados los contenidos o servicios digitales sin demora indebida o en un período de tiempo adicional acordado expresamente por las partes.

Si el empresario continúa sin cumplir con la entrega o suministro, el consumidor o usuario tendrá derecho a resolver el contrato.

Aparece aquí, por primera vez, la figura del plazo adicional, que nos plantea dos dudas importantes: ¿Qué características debe tener el plazo adicional regulado en la Ley General para la Defensa de los Consumidores y Usuarios? Y, posteriormente ¿Cómo se procede a la resolución del contrato y que particularidades presenta la resolución del contrato?

El precepto permite al comprador transformar un retraso en la entrega de la cosa en un incumplimiento resolutorio mediante la concesión de un plazo adicional, transcurrido el cual, sin que haya tenido lugar la entrega, podrá resolver el contrato. Se recoge en esta norma la técnica alemana del nachfrist incorporada al Derecho de contratos en textos internacionales, que consiste en la conversión de un mero retraso no esencial en la obligación de entrega en un incumplimiento esencial, a través de un plazo que puede ser concedido por el consumidor[1].

Pero ¿es compatible este plazo con el que puede conceder el juez a la parte incumplidora a tenor de lo dispuesto en el Art. 1124.3 CC? Nuestro Código Civil prevé en dicho precepto que "El Tribunal decretará la resolución que se reclame, a no haber causas justificadas que le autoricen para señalar plazo". La doctrina ha sostenido que la norma que permite fijar un plazo adicional se dirige a las partes y no a los tribunales, quienes tienen vedada la posibilidad de conceder un plazo de gracia, cuando habiéndose concedido extrajudicialmente un plazo razonable, se ejercite la acción resolutoria[2]. Y es que hoy no es extraño encontrar casos en los que el acreedor, tras requerir de pago al deudor, fije un plazo adicional con la advertencia expresa de resolver el contrato si no se cumple antes de que transcurra. Un sector de la doctrina es partidario de incorporar esta solución con carácter general a los supuestos de retrasos leves o cumplimientos defectuosos, pues en estos casos hay mayor incertidumbre sobre el resultado de una resolución judicial del contrato y la fijación del plazo contribuiría a una mayor seguridad en la obtención de un resultado favorable para quien pretenda la resolución contractual[3].

La doctrina del plazo adicional se venía ya aceptando en nuestro Derecho por vía jurisprudencial[4], pues algunas sentencias permitieron resolución ante el incumplimiento de plazos de gracia concedidos extrajudicialmente. El Art. 66 bis TRLGDCU dio cobertura legal a esta figura para la compraventa de consumo.

El Art. 66 bis TRLGDCU dice que el plazo debe ser "adecuado a las circunstancias" pero no concreta la expresión, y tampoco establece una regla para fijarlo. Ni la concretaba la redacción original del precepto, ni la redacción dada tras la reciente reforma de 2021. Sin embargo, si el plazo no resulta ser adecuado, no podrá procederse a la resolución posterior por incumplimiento, lo que genera una gran inseguridad al consumidor que, ante la ausencia de criterios sobre la adecuación del plazo, puede fijar uno que tenga como consecuencia la insatisfacción de sus pretensiones resolutorias.

Para evitar esta inseguridad y el riesgo asumido por el consumidor en estos casos, Carrasco Perera[5] ha propuesto la integración de la norma con la prevista en la Propuesta de Reglamento del Parlamento Europeo y del Consejo relativo a una normativa

---

1. GONZÁLEZ CARRASCO, Carmen. Plazo adicional e incumplimiento definitivo: un atisbo de modernización del Derecho de Obligaciones en la Directiva 2011/83/UE, sobre los derechos de los consumidores. En CÁMARA AGUILA, María del Pilar et al (Dir.). *Tratado de la compraventa*. Homenaje al prof. Rodrigo Bercovitz. Cizur Menor: Aranzadi, 2013. p. 1278. La autora destaca que en el Derecho alemán el *nachfrist* se aplica no sólo a la no entrega, sino también a la falta de conformidad de las mercancías.
2. Id.
3. GONZÁLEZ CARRASCO, Carmen., *Tratado de contratos*. Valencia: Tirant lo Blanch, 2009, t. I. p. 1172.
4. *V.* en este sentido: ESPAÑA. *STS de 18.10.2004*.
5. CARRASCO PERERA, Ángel. Entrega de los bienes vendidos, resolución y traslado de los riesgos en la compraventa de consumo. *Revista CESCO de Derecho de Consumo*, Ciudad Real, n. 9, p. 33-48, 2014. p. 42.

común de compraventa europea (CESL). Concretamente, el Art. 115.2 CESL dice que "se considerará que el plazo adicional contemplado en el apartado 1 es razonable si el vendedor no se opone a él sin demora indebida"; así pues, si el plazo no se cuestiona por el vendedor se entenderá que éste es razonable o adecuado. Otros autores, en cambio, han afirmado que por plazo razonable hay que entender aquel necesario para poder cumplir atendiendo al curso normal del negocio, teniendo en cuenta el propósito del contrato y los legítimos intereses del comprador[6].

Tratándose de incumplimiento de la obligación de suministro, el consumidor puede exigir que se le suministren los contenidos o servicios digitales sin demora indebida o bien conceder un plazo adicional al empresario, pero, en este último caso, la duración del mismo tiene que haber sido acordado de forma expresa por las partes. Existe una notable diferencia con el caso de la compraventa de bienes, pues de la redacción del precepto se deduce que el consumidor puede optar por exigir el cumplimiento sin demora, sin necesidad de conceder ese plazo adicional al empresario. No dice el precepto que es lo que ocurre en el caso de que no haya acuerdo entre las partes para determinar ese plazo adicional, entendemos que podrá solicitarse la resolución del contrato si no se ha cumplido tras ser exigido el cumplimiento sin demora por parte del consumidor.

Sin embargo, tratándose de entrega de bienes, no parece que sea posible instar la resolución sin haber ofrecido al vendedor un plazo adicional para la entrega[7], ya que el Art. 66 bis. 3 TRLGDCU señala las dos únicas situaciones en las que el consumidor puede directamente resolver el contrato:

> 3. No obstante lo anterior, el consumidor o usuario tendrá derecho a resolver el contrato en el momento en el que se dé alguna de las siguientes situaciones:
>
> a) El empresario haya rechazado entregar los bienes o haya declarado, o así se desprenda claramente de las circunstancias, que no suministrará los contenidos o servicios digitales.
>
> b) Las partes hayan acordado o así se desprenda claramente de las circunstancias que concurran en la celebración del contrato, que para el consumidor o usuario es esencial que la entrega o el suministro se produzca en una fecha determinada o anterior a esta. En el supuesto de tratarse de bienes, dicho acuerdo deberá haberse producido antes de la celebración del contrato.

Así pues, podemos distinguir dos supuestos:

Haber rechazado entregar los bienes o haber declarado que no se van a suministrar los contenidos o servicios digitales (o así se desprenda de las circunstancias). En el considerando 52 de la Directiva 2011/83, que fue transpuesta en la redacción original del Art. 66 bis TRLGDCU se afirmaba que es necesario que el comerciante haya expresado de forma

---

6. FENOY PICÓN, Nieves. La compraventa del Texto Refundido de consumidores de 2007 tras la Directiva 2011/83/UE sobre los derechos de los consumidores. *Anuario de Derecho Civil*, Madrid, v. 66, n. 2, p. 717-836, 2013. p. 771.

7. En contra de esta opinión: CARRASCO PERERA, Ángel. Entrega de los bienes vendidos, resolución y traslado de los riesgos en la compraventa de consumo. *Revista CESCO de Derecho de Consumo*, Ciudad Real, n. 9, p. 33-48, 2014. Considera que más que ante un emplazamiento estamos ante un requerimiento, éste no es una conducta obligatoria para el comprador, ya que puede seguir esperando el cumplimiento mientras su acción no prescriba y puede demandar por vía judicial el cumplimiento correcto.

inequívoca que se niega a entregar los bienes. No es suficiente, por lo tanto, con el incumplimiento o con la falta de respuesta ante la reclamación del comprador. Pero también pueden incluirse aquí aquellos casos en que el vendedor no está en condiciones de cumplir, bien sea por voluntad propia o por cualquier otra causa, ya que, en ese caso, la concesión de un plazo adicional no tiene ningún sentido[8]. Como ya hemos dicho anteriormente, en el caso del suministro de contenidos o servicios digitales el consumidor, ante el incumplimiento de la obligación del empresario, puede exigirle directamente, que le sean suministrados los contenidos o servicios digitales, sin necesidad de ofrecerle un plazo adicional, y si persiste en su incumplimiento podrá pedir la resolución del contrato, porque así se desprende de la redacción del apartado 2 del Art. 66 TRLGDCU por lo que no parece que sea necesaria esa declaración expresa de que no se van a suministrar los contenidos o servicios digitales para pedir la resolución.

Que el plazo de entrega sea esencial. Este supuesto ya se contemplaba antes de la reforma del precepto por el Real Decreto 7/2021, en su redacción original, decía que el plazo puede ser esencial en dos casos: cuando así se desprenda de las circunstancias que concurran en la celebración del contrato (la Directiva 2011/83 en su Considerando 52 ponía como ejemplo la compra de un vestido de novia) y cuando se informe de ello antes de la celebración del contrato al vendedor, aunque a juicio de la doctrina[9], no era suficiente la información por el comprador al vendedor del carácter esencial del plazo de la entrega sino que era necesario, además, que el carácter esencial resultara de la interpretación del contrato, de modo que el vendedor no puediera legítimamente ignorar este aspecto. Sin embargo, en la redacción actual del precepto ya no se exige la mera información previa al contrato, sino que se dice que las partes tienen que haber acordado que el término de la entrega es esencial y, además, para el caso concreto de la compraventa de bienes dicho acuerdo debe haberse producido con anterioridad a la celebración del contrato, lo que da a entender que un acuerdo posterior sobre el carácter esencial del momento de cumplimiento en el suministro de contenidos o servicios digitales sí sería posible y eso no está recogido expresamente, ni se deduce de a Directiva de servicios digitales[10].

Tal y como señala Tur Faundez[11] hay que destacar que en los dos casos en que no es necesario conceder un plazo adicional al vendedor para que realice la entrega, el Art. 66 bis TRLGDCU no aporta nada nuevo con respecto a la posibilidad de resolver el contrato directamente por el consumidor, ya que el Art. 1124 CC permite la resolución del contrato en el supuesto de que se produzca un incumplimiento esencial del mismo. Y es que las dos excepciones contempladas en el apartado 2 del Art. 66 bis TRLGDCU, esto es, la negativa a entregar o suministrar y el incumplimiento de un plazo esencial, son verdaderos incumpli-

---

8. Id. p. 43.

9. Id.

10. ARROYO AMAYUELAS, Esther. Entra en vigor el Real Decreto Ley 7/2021 (compraventa de bienes de consumo y suministro de contenidos digitales al consumidor. *Revista CESCO de Derecho de Consumo,* Ciudad Real, n. 41, p. 1-32, 2022. p. 20.

11. TUR FAÚNDEZ, María Nélida. La obligación de entrega de los bienes y la transmisión del riesgo en la compraventa de consumo (arts. 66 bis y 66 ter TRLGDCU). *La Ley Mercantil,* Madrid, n. 10, p. 34-35. enero 2015. p. 38

mientos resolutorios. Sin embargo, nada dice el CC de la concesión de un plazo adicional, cuyo incumplimiento por el vendedor es lo que permite al comprador resolver el contrato, y eso, precisamente, es lo que ha hecho necesaria su nueva regulación.

Antes de la última reforma del TRLGDCU era necesario acudir al CC, concretamente al Art. 1124 para la resolución del contrato en los casos de no entrega del bien adquirido, y eso incluía la forma en que el consumidor debía notificar al empresario su voluntad de resolver el contrato, pues el Art. 66 bis TRLGDCU no hacía referencia a ello. La Directiva 83/2011, en su Considerando 52, se remitía a las disposiciones nacionales con respecto a la forma en que el consumidor debía notificar al comerciante su voluntad de resolver el contrato.

La nueva redacción del Art. 66 bis. 4 TRLGDCU remite a los artículos 119 ter y 119 quáter TRLGDCU cuando el consumidor o usuario decida resolver el contrato, que también han sido modificados y regulan detalladamente la resolución. Asimismo, en el Art. 66.5 TRLGDCU atribuye al empresario la carga de la prueba sobre el cumplimiento de las obligaciones de entrega o de suministro reguladas en el precepto.

Existía cierto debate sobre si el antiguo artículo 66 bis TRLGDCU suponía un sistema de resolución decretada por el juez. Aunque la evolución jurisprudencial (STS 27 de junio de 2011 – LA LEY 105323/2011–) se había ido decantando por una resolución que podía tener lugar mediante declaración extrajudicial del acreedor[12]. Además, algunos autores afirmaban que aunque la Directiva 83/2011 no lo dijera expresamente, podía deducirse de su redacción que la forma de resolver era la emisión de una declaración de voluntad por parte del comprador hacia el vendedor[13]. Y es que la posibilidad de que la resolución del contrato tenga lugar una vez transcurrido el plazo adicional otorgado por el comprador sin necesidad de resolver judicialmente (incluso aunque el cumplimiento en forma específica sea posible) es más conveniente a los intereses del consumidor.

La cuestión se ha zanjado pues el Art. 119 ter TRLGDCU, en su párrafo primero dice que el derecho a resolver el contrato se ejercitará por el consumidor mediante una declaración expresa al empresario en la que le manifieste su intención de resolverlo, reconociéndose en el texto legal lo que ya se había reconocido por la doctrina y la jurisprudencia: la resolución extrajudicial del contrato. Asimismo, en el párrafo 5 del precepto, se realiza una regulación muy detallada de las obligaciones de las partes en caso de resolución del contrato distinguiendo que el contrato sea de compraventa de bienes o de suministro de contenidos o servicios digitales

---

12. *V.* sobre la resolución: GONZÁLEZ PACANOWSCA, Isabel, *Comentarios al Código Civil*. Valencia: Tirant lo Blanch, 2013, t. 6. p. 8238 y ss.

13. Así lo entiende FENOY PICÓN, Nieves. La compraventa del Texto Refundido de consumidores de 2007 tras la Directiva 2011/83/UE sobre los derechos de los consumidores. *Anuario de Derecho Civil*, Madrid, v. 66, n. 2, p. 717-836, 2013. p. 778.

LA PUESTA EN CONFORMIDAD

Esta figura ha sido profundamente modificada por el Real Decreto Ley 7/2021. Antes de la reforma, el Art. 116.1 del TRLGDCU exigía, en un única lista, cuatro requisitos que debían concurrir de forma acumulativa para entender los productos conformes al contrato. Ahora, el TRLGDCU, siguiendo lo previsto en las Directivas, incluye dos listas diferenciadas de requisitos: los subjetivos y los objetivos.

El Art. 115 TRLGDCU en su nueva redacción elimina la presunción legal sobre la conformidad del bien con el contrato a la que hacía alusión el antiguo 116.1 TRLGDC (salvo prueba en contrario se entenderá que los productos son conformes con el contrato) y, siguiendo lo dispuesto en el Art. 5 de la Directiva 2019/771, pasa a establecer que el bien vendido será conforme con el contrato cuando cumpla los requisitos subjetivos y objetivos, recogidos en los nuevos arts. 115 bis y ter TRLGDCU, que le sean de aplicación, incluida la instalación. Esto es, para que el bien sea conforme con el contrato no es conditio sine qua non que se cumplan todos y cada uno de los requisitos recogidos en los arts. 115 bis y ter TRLGDCU, sino que únicamente deberá cumplir aquellos que le resulten de aplicación. Procederemos ahora a analizar los requisitos objetivos y subjetivos, así como la especialidad de la instalación incorrecta del bien.

Los requisitos subjetivos de la falta de conformidad

El Art. 115 bis TRLGDCU establece, siguiendo el tenor del Art. 6 de la Directiva 771/2019, que los bienes y los contenidos y servicios digitales deberán cumplir una serie de requisitos que enumera, los cuales son:

- Ajustarse a la descripción, tipo de bien, cantidad y calidad y poseer la funcionalidad, compatibilidad, interoperabilidad y demás características que se establezcan en el contrato.

- Ser aptos para los fines específicos para los que el consumidor o usuario los necesite y que este haya puesto en conocimiento del empresario como muy tarde en el momento de la celebración del contrato, y respecto de los cuales el empresario haya expresado su aceptación.

- Ser entregados o suministrados junto con todos los accesorios, instrucciones, también en materia de instalación o integración, y asistencia al consumidor o usuario en caso de contenidos digitales según disponga el contrato.

- Ser suministrados con actualizaciones, en el caso de los bienes con elementos digitales, o ser actualizados, en el caso de contenidos o servicios digitales, según se establezca en el contrato en ambos casos.

Así, como acertadamente manifiesta Marín López

el primer parámetro para decidir sobre la conformidad del bien es el programa obligacional contenido en el contrato, y a él habrá de estarse en primer lugar. Hay que estar, por tanto, a los pactos expresos entre vendedor y consumidor sobre el bien, de manera que el bien no será conforme sino reúne las características expresadas en el contrato (...). En definitiva, si el bien no presenta algunas de las características, cualidades o prestaciones pactadas o no se entregan los accesorios y las instrucciones, habrá falta de conformidad[14].

---

14. MARIN LOPEZ Manuel Jesús. Publicaciones jurídicas CESCO. *La Directiva 2019/771/UE de 20 de mayo, sobre contratos de compraventa de bienes con consumidores*, 2019. Disponible en: http://centrodeestudiosdeconsumo.com/

Los requisitos objetivos de la falta de conformidad

Por su parte, los requisitos objetivos de la falta de conformidad se regulan en el Art. 115 ter TRLGDCU, que, en este caso, copia casi literalmente los arts. 7,1 y 2 de la Directiva 771/2019, que señala que además de cumplir todos los requisitos subjetivos de la conformidad, se deberán cumplir con los siguientes:

- Ser aptos para los fines a los que normalmente se destinen bienes o contenidos o servicios digitales del mismo tipo.
- Cuando sea de aplicación, poseer la calidad y corresponder con la descripción de la muestra o modelo del bien o ser conformes con la versión de prueba o vista previa del contenido o servicio digital
- Cuando sea de aplicación, entregarse o suministrarse junto con los accesorios, en particular el embalaje, y las instrucciones que el consumidor y usuario pueda razonablemente esperar recibir
- Presentar la cantidad y poseer las cualidades y otras características, en particular respecto de la durabilidad del bien, la accesibilidad y continuidad del contenido o servicio digital y la funcionalidad, compatibilidad y seguridad que presentan normalmente los bienes y los contenidos o servicios digitales del mismo tipo y que el consumidor o usuario pueda razonablemente esperar dada la naturaleza de los mismos y teniendo en cuenta cualquier declaración pública realizada por el empresario, o en su nombre, o por otras personas en fases previas de la cadena de transacciones, incluido el productor, especialmente en la publicidad o el etiquetado.

Tal y como señala Martínez Gómez, este nuevo precepto, y a diferencia de lo que ocurre con el nuevo Art. 115 bis en cuanto a los requisitos subjetivos, introduce en realidad únicamente un nuevo requisito objetivo, el relativo a la entrega del bien junto con los accesorios, en particular el embalaje y las instrucciones que el consumidor pueda razonablemente esperar recibir, puesto que el resto de criterios ya se contemplaban en las letras a), b) y c) del antiguo Art. 116.1 TRLGDCU[15].

La instalación incorrecta del bien

Merece la pena en este caso hacer una breve referencia a la cuestión de la falta de conformidad por instalación incorrecta, regulada en el Art. 115 quater TRLGDCU, equiparando este error o incorrección de la instalación a una falta de conformidad en los siguientes supuestos:

- Cuando la instalación o integración incorrecta haya sido realizada por el empresario o bajo su responsabilidad y, en el supuesto de tratarse de una compraventa de bienes, su instalación esté incluida en el contrato.

---

index.php/2-principal/4126-la-directiva-2019-771-ue,-de-20-de-mayo,-sobre-contratos-de-compraventa-de-bienes-con-consumidores#:~:text=Resumen%3A%20La%20Directiva%202019%2F771,el%20contenido%20de%20la%20Directiva. Acceso en: 21. dic. 2022.

15. MARTÍNEZ GÓMEZ, Sheila. Publicaciones jurídicas CESCO. *Novedades (en vigor a partir del 01.01.2022) en el Régimen de la Compraventa de bienes al consumo tras la transposición de la Directiva (UE) 2019/771 mediante RD-Ley 7/2021 de 27 de Abril*, 2021. Disponible en: http://centrodeestudiosdeconsumo.com/index.php/2-principal/5295-novedades-en-vigor-a-partir-del-01-01-2022-en-el-r%C3%A9gimen-de-la-compraventa-de-bienes-al-consumo-tras-la-transposici%C3%B3n-de-la-directiva-ue-2019-771-mediante-el-rd-ley-7-2021-de-27-de-abril. Acceso en: 21. dic. 2022.

- Cuando en el contrato esté previsto que la instalación o la integración la realice el consumidor o usuario, haya sido realizada por éste y la instalación o la integración incorrecta se deba a deficiencias en las instrucciones de instalación o integración proporcionadas por el empresario o, en el caso de bienes con elementos digitales, proporcionadas por el empresario.

Cabe señalar, que la nueva redacción del Art. 115 quarter TRLGDCU, copia casi literalmente el Art. 8 de la Directiva 2019/771, y difiere del antiguo 116.2 TRLGDCU, pues, aunque en el precepto derogado ya se contemplaba el supuesto específico de la falta de conformidad por incorrecta instalación, destaca el nuevo artículo respecto de su equivalente derogado, por la claridad con la que se redactan y especifican los supuestos.

Régimen Jurídico de la puesta en conformidad

Una vez vistos los presupuestos necesarios para apreciar la falta de conformidad, nos centraremos en el régimen jurídico de la puesta en conformidad. Así, cuando el bien adolezca de falta de conformidad, el consumidor tendrá derecho a elegir entre reparación o sustitución, salvo cuando el remedio elegido resultare imposible o, en comparación con la otra medida correctora, suponga costes desproporcionados para el empresario "teniendo en cuenta todas las circunstancias, y entre ellas a) el valor que tendrían los bienes si no hubiera existido la falta de conformidad, b) la relevancia de la falta de conformidad, así como c) si la medida correctora alternativa se podría proporcionar sin mayores inconvenientes para el consumidor o usuario" (Art. 118.1 TRLGDCU). El nuevo precepto reproduce estos parámetros contemplados en el antiguo Art. 119.1, para juzgar la desproporción del remedio elegido por el consumidor, y añade, además, que tiene que tener en cuenta todas las circunstancias que concurran. Aunque el Art. 118.1 TRLGDCU establece unos parámetros para valorar la cuestión de los "costes desproporcionados" del empresario, creemos que se trata de una medida que deja indefenso al consumidor, pudiendo darse el caso de que se deje al arbitrio del empresario elegir una de las opciones o remedios ante la falta de conformidad. En el caso de que los contenidos o servicios digitales no fueran conformes, el consumidor puede exigir que sean puestos en conformidad, pero no puede elegir si han de ser reparados o sustituidos.

En cuanto al tiempo y modo de llevar a cabo la reparación y sustitución, el Art. 118.4, establece las siguientes reglas: a) serán gratuitas b) deberán llevarse a cabo en un plazo razonable y c) deberán realizarse sin mayores inconvenientes para el consumidor habida cuenta de la naturaleza de los bienes y la finalidad que tuvieran para el consumidor. Nos encontrarnos aquí con otro concepto jurídico indeterminado: "el plazo razonable" en el que el empresario deberá poner en conformidad el bien. ¿Cuál es el plazo razonable? ¿Qué puede esperar realmente el consumidor cuando ejercita sus derechos? Como decimos, es un concepto jurídico indeterminado, y habrá que atender a las circunstancias concretas de cada producto cuando se ejerciten los derechos. Lo cierto es que el legislador podría haber aprovechado para concretar más ese plazo evitando la inseguridad jurídica que la redacción actual genera[16].

---

16. En este sentido: FERRER GUARDIOLA, Joan Andreu. Algunos aspectos no resueltos tras la modificación del TRLGDCU con ocasión de la transposición de las Directivas (UE) 2019/770 y 2019/771. *Revista de Derecho Civil*, Madrid, v. 8, n. 4, p. 161-226, 2021. p. 220.

Una vez determinado el remedio que el empresario deberá aplicar a la falta de conformidad, el Art.118.5 declara que el consumidor pondrá el bien a disposición del empresario para su reparación y, en caso de solicitarse la sustitución, el empresario recuperará los bienes sustituidos a sus expensas de la forma que menos inconvenientes genere para el consumidor dependiendo del tipo de bien de que se trate.

Respecto de la reparación o sustitución de bienes ya instalados, el Art. 118.6 recoge la regla específica: cuando la reparación requiera la retirada de bienes que hayan sido instalados de forma coherente con su naturaleza y finalidad antes de manifestarse la falta de conformidad o, cuando se sustituyan, la obligación de repararlos o sustituirlos incluirá la retirada de los no conformes y la instalación de los bienes sustituidos o reparadas, o la asunción de los costes de dicha retirada e instalaciones del empresario.

Pero el consumidor o usuario no tiene libertad para elegir el remedio a utilizar frente a la falta de conformidad, sino que necesariamente debe exigir al empresario la puesta en conformidad salvo en los casos excepcionales en que el TRLGDCU permite recurrir directamente a la reducción del precio o la resolución del contrato. La propia Exposición de Motivos del RD L 7/2021 se refiere al carácter subsidiario de la reducción del precio y a la resolución del contrato, es decir, únicamente pueden utilizarse cuando no se ha conseguido la puesta en conformidad.

En efecto, el artículo 119 TRLGDCU enumera los casos en que procede la resolución del contrato o la reducción del precio y la mayoría de ellos contemplan supuestos en que el empresario no ha puesto o no va a poner en conformidad los bienes, contenidos o servicios digitales:

> a) En relación con bienes y los contenidos o servicios digitales, cuando la medida correctora consistente en ponerlos en conformidad resulte imposible desproporcionada en el sentido del apartado 3 del artículo 118.
>
> b) El empresario no haya llevado a cabo la reparación o la sustitución de los bienes o no lo haya realizado de acuerdo con lo dispuesto en los apartados 5 y 6 del artículo 118 o no lo haya hecho en un plazo razonable siempre que el consumidor o usuariohubiese solicitado la reducción del precio o la resolución del contrato.
>
> c) El empresario no haya puesto los contenidos o servicios digitales en conformidad de acuerdo con las reglas recogidas en el apartado 4 del artículo 118
>
> (...)
>
> f) El empresario haya declarado, o así se desprenda claramente de las circunstancias, que no pondrá los bienes o los contenidos o servicios digitales en conformidad en un plazo razonable o sin mayores inconvenientes para el consumidor o usuario.

Los demás casos que permiten resolver el contrato o rebajar el precio del mismo, según el Art. 119 TRLGDCU, son la aparición de una falta de conformidad con posterioridad al intento del empresario de poner los bienes o los contenidos o servicios digitales en conformidad y que la falta de conformidad sea de tal gravedad que justifique la reducción inmediata del precio o la resolución del contrato.

En relación a este último supuesto, Las Directivas 2019/770 y 2019/771 concretan que hay que entender por gravedad, considerando que la falta de conformidad será grave cuando afecta gravemente a la capacidad del consumidor de hacer un uso normal de los bines y, además, no quepa esperar que el consumidor confíe en que la reparación o sustitución realizadas por el vendedor vaya a resolver el problema. En definitiva, puede recurrirse a la resolución o reducción del precio cuando el consumidor no confíe en que la puesta en conformidad sea posible.

Plazos de ejercicio

El RDL 7/2021 ha modificado los plazos de que disponía el consumidor para poder hacer valer el remedio de la puesta en conformidad y los demás remedios previstos en el TRLGDCU, distinguiendo según se trate de compraventa de bienes o de compraventa o suministro de contenidos o servicios digitales.

En la compraventa de bienes: El plazo para que se manifieste la falta de conformidad se amplía a tres años desde la entrega del bien (antes era de dos años) y la presunción de la preexistencia de la falta de conformidad del bien se amplía a los dos años siguientes a la entrega del bien (antes era de seis meses) (Art. 120 TRLGDCU).

En la compraventa o suministro de contenidos o servicios digitales o bienes con elementos digitales se establece una especialidad cuando el contrato prevea suministro continuo de los mismos durante un período de tiempo determinado, pues el empresario será responsable de cualquier falta de conformidad que se manifieste dentro del plazo durante el cual deben suministrarse. Sin embargo, si el contrato de compraventa de bienes con elementos digitales establece el suministro continuo de contenidos o servicios digitales durante un período inferior a tres años, el plazo de responsabilidad será de tres años a partir del momento de la entrega (Art. 120 TRLGDCU).

Por lo que respecta a la presunción de la preexistencia de la falta de conformidad en estos casos de suministro continuo, se atribuye al empresario la carga de la prueba de la conformidad durante el período de tiempo en que han de suministrarse o, cuando se trate de un contrato de compraventa de bienes digitales con suministro continuo de contenidos o servicios digitales durante un período inferior a tres años, durante tres años (Art. 121 TRLGDCU).

El plazo de prescripción de la acción que tiene el consumidor para exigirle al empresario responsabilidad por falta de conformidad se ha ampliado a cinco años, pues antes eran tres (Art. 124 TRLGDCU).

CONCLUSIONES: PLAZO ADICIONAL Y PUESTA EN CONFORMIDAD ¿VENTAJA PARA EL CONSUMIDOR U OPORTUNIDAD PARA EL EMPRESARIO?

Trataremos, en estas conclusiones, de resolver la pregunta que se ha incluido en el título de este trabajo ¿Realmente el plazo adicional y la puesta en conformidad, tal como vienen reguladas en el TRLGDCU son una ventaja para el consumidor? ¿o estamos, por el contrario, ante oportunidades que se le ofrecen al empresario?

La proliferación del uso de las nuevas tecnologías nos lleva a una nueva realidad, en la que el consumidor, habitualmente, realiza un gran porcentaje de compras por vía internet. Compras de cualquier tipo de producto, contenido o servicio digital en las que el consumidor valora la rapidez en la entrega o en la posibilidad de disponer del servicio digital que se adquiere, por lo que puede tener especial importancia que la entrega o el suministro se realice correctamente, de forma que al consumidor ni le interese concederle al empresario un plazo adicional, ni tampoco esperar a que éste ponga en conformidad un bien, contenido o servicio digital no conforme.

Por lo que respecta al plazo adicional, para el caso de falta de entrega de bienes (ya hemos visto que el suministro de contenidos y servicios digitales tiene un tratamiento distinto), tal y como hemos expuesto anteriormente el consumidor está obligado a conceder al empresario un plazo mayor para el cumplimiento de su obligación El plazo debe ser adecuado a las circunstancias, pero no se concreta más en el Art. 66 bis, lo que genera gran inseguridad para el consumidor, que podría ver como el plazo que inicialmente concedió pretende ser ampliado por el empresario al considerarlo inadecuado a las circunstancias. Además, como se ha visto, la concesión del plazo adicional ante el incumplimiento de la obligación de entrega de bienes por el empresario, es condición necesaria para poder instar posteriormente la resolución del contrato por incumplimiento. Lo cierto es que el consumidor se encuentra totalmente desprotegido en este aspecto, dejando al arbitrio del empresario la fijación del plazo adicional. Como se ha dicho, si el plazo adicional que concede el consumidor no es "adecuado a las circunstancias" pone en las manos del vendedor nuevos argumentos o excusas para que el comprador no pueda desasirse del contrato. "El Art. 66 bis engancha al consumidor a un contrato, por demás ya incumplido"[17].

Pero, además, debemos tener presente que, para poder resolver el contrato, el Art. 66 bis TRLGDCU le exige al consumidor un requisito que no exige el Código Civil cuando no se cumple la obligación de entrega por una de las partes, pues el comprador no consumidor puede resolver el contrato directamente, ya que la concesión del plazo adicional al vendedor incumplidor únicamente puede hacerse por el juez cuando haya causas justificadas para dictar un plazo (Art. 1124.3 CC). Parece pues, que en la compraventa de bienes el comprador consumidor se encuentra en una posición de desventaja frente al comprador no consumidor.

En cuanto al remedio de la puesta en conformidad, observamos también otros problemas importantes para el consumidor. Hemos visto que la falta de conformidad del bien manifestada por el consumidor da lugar a la obligación de reparación o sustitución del bien no conforme. Sin embargo, a pesar de que el TRLGDCU permite al consumidor elegir si la puesta en conformidad ha de realizarse mediante la reparación o la sustitución del bien, esa elección no es posible cuando el medio elegido por el consumidor tiene unos costes desproporcionados, y ello puede provocar que el empresario, alegando esa

---

17. CARRASCO PERERA, Ángel. Plazo suplementario para la entrega por parte del empresario vendedor (art. 66 bis TR LGDCU). *Revista CESCO de Derecho del Consumo*, Ciudad Real, n. 14, p. 165-179, 2015. p. 176.

desproporción en los costes acabe eligiendo el sistema de puesta en conformidad. En el caso de que los contenidos o servicios digitales no fueran conformes, el consumidor puede exigir que sean puestos en conformidad, pero no puede elegir si han de ser reparados o sustituidos, es el propio empresario el que decide que remedio aplica para poner en conformidad el contenido o servicio.

Además, igual que ocurre con el plazo adicional, es imprescindible para que el consumidor pueda instar la resolución del contrato, que se hayan puesto en conformidad los bienes, la resolución es, pues, un remedio subsidiario, salvo en algunos casos a los que nos hemos referido anteriormente. Y de nuevo comprobamos que se le exigen al consumidor que se encuentra ante una falta de conformidad, mayores requisitos que al comprador no consumidor, pues mientras que el primero se ve forzado a exigirle al empresario la puesta en conformidad del bien, el segundo puede pedir la resolución del contrato o la rebaja del precio directamente.

Concluyendo, tanto el plazo adicional como la puesta en conformidad pueden dejar al arbitrio del empresario decisiones como cuando entregar el bien o, en algunos casos, si repararlo o sustituirlo, dejando al consumidor como un mero espectador ante estas decisiones. Además, cómo decíamos al principio, la rapidez en la entrega de un bien o en el suministro del contenido o servicio digital, puede ser muy importante para el consumidor y puede preferir resolver el contrato y recurrir a otro vendedor o suministrador en lugar de conceder un plazo adicional o esperar a la reparación o sustitución del objeto del contrato y, sin embargo, se ve obligado a ofrecerle al empresario incumplidor esta nueva oportunidad. En este sentido creo que la imposición que de estas figuras hace el TRLGDCU supone más que una ventaja para el consumidor una verdadera oportunidad para el empresario, esto no ocurriría si tanto el plazo adicional como la puesta en conformidad fueran una opción para el consumidor.

REFERENCIAS

ARROYO AMAYUELAS, Esther. Entra en vigor el Real Decreto Ley 7/2021 (compraventa de bienes de consumo y suministro de contenidos digitales al consumidor. *Revista CESCO de Derecho de Consumo,* Ciudad Real, n. 41, p. 1-32, 2022.

CARRASCO PERERA, Ángel. Entrega de los bienes vendidos, resolución y traslado de los riesgos en la compraventa de consumo. *Revista CESCO de Derecho de Consumo,* Ciudad Real, n. 9, p. 33-48, 2014.

CARRASCO PERERA, Ángel. Plazo suplementario para la entrega por parte del empresario vendedor (art. 66 bis TRLGDCU). *Revista CESCO de Derecho del Consumo,* Ciudad Real, n. 14, p. 165-179, 2015.

ESPAÑA. *STS de 18.10.2004.*

FENOY PICÓN, Nieves. La compraventa del Texto Refundido de consumidores de 2007 tras la Directiva 2011/83/UE sobre los derechos de los consumidores. *Anuario de Derecho Civil,* Madrid, v. 66, n. 2, p. 717-836, 2013.

FERRER GUARDIOLA, Joan Andreu. Algunos aspectos no resueltos tras la modificación del TRLGDCU con ocasión de la transposición de las Directivas (UE) 2019/770 y 2019/771. *Revista de Derecho Civil,* Madrid, v. 8, n. 4, p. 161-226, 2021.

GONZÁLEZ CARRASCO, Carmen. Plazo adicional e incumplimiento definitivo: un atisbo de modernización del Derecho de Obligaciones en la Directiva 2011/83/UE, sobre los derechos de los consumidores. En CÁMARA AGUILA, María del Pilar et al (Dir.). *Tratado de la compraventa*. Homenaje al prof. Rodrigo Bercovitz. Cizur Menor: Aranzadi, 2013.

GONZÁLEZ CARRASCO, Carmen., *Tratado de contratos*. Valencia: Tirant lo Blanch, 2009, t. I. p. 1172.

GONZÁLEZ PACANOWSCA, Isabel, *Comentarios al Código Civil*. Valencia: Tirant lo Blanch, 2013, t. 6.

MARIN LOPEZ Manuel Jesús. Publicaciones jurídicas CESCO. *La Directiva 2019/771/UE de 20 de mayo, sobre contratos de compraventa de bienes con consumidores*, 2019. Disponible en: http://centrodeestudiosdeconsumo.com/index.php/2-principal/4126-la-directiva-2019-771-ue,-de-20-de-mayo,-sobre-contratos-de-compraventa-de-bienes-con-consumidores#:~:text=Resumen%3A%20 La%20Directiva%202019%2F771,el%20contenido%20de%20la%20Directiva. Acceso en: 21. dic. 2022.

MARTINEZ GÓMEZ, Sheila. Publicaciones jurídicas CESCO. *Novedades (en vigor a partir del 01.01.2022) en el Régimen de la Compraventa de bienes al consumo tras la transposición de la Directiva (UE) 2019/771 mediante RD-Ley 7/2021 de 27 de Abril*, 2021. Disponible en: http://centrodeestudiosdeconsumo.com/index.php/2-principal/5295-novedades-en-vigor-a-partir-del-01-01-2022-en-el-r%C3%A9gimen-de-la-compraventa-de-bienes-al-consumo-tras-la-transposici%C3%B3n-de-la-directiva-ue-2019-771-mediante-el-rd-ley-7-2021-de-27-de-abril. Acceso en: 21. dic. 2022.

TUR FAÚNDEZ, María Nélida. La obligación de entrega de los bienes y la transmisión del riesgo en la compraventa de consumo (arts. 66 bis y 66 ter TRLGDCU). *La Ley Mercantil,* Madrid, n. 10, p. 34-35. enero 2015.

PARTE V
CONSUMIDORES NA CONTEMPORANEIDADE IBERO-AMERICANA E NO TURISMO

PART V
CONSUMIDORES NA
CONTEMPORANEIDADE:
IBERO-AMERICANA E DO TURISMO

DIREITOS DO CONSUMIDOR NA CONTEMPORANEIDADE IBERO-AMERICANA: CONSUMIDORES DE SEGURO SAÚDE NA SOCIEDADE TECNOLÓGICA E DE INFORMAÇÃO

Angélica Carlini

Pós-Doutora em Direito Constitucional. Doutora em Direito Político e Econômico. Doutora em Educação. Mestre em Direito Civil. Mestre em História Contemporânea. Pós-Graduada em Direito Digital. Pós-Graduanda em Análise Econômica do Direito. Graduada em Direito. Docente convidada do Programa de Mestrado e Doutorado da Universidade Paulista – UNIP. Professora do projeto de Programa de Mestrado em Direito da Universidade Metropolitana de Santos – UNIMES. Coordenadora e professora na área de Direito da Escola de Negócios e Seguros – ENS. Diretora do Núcleo de Seguro e Resseguro da Escola Superior da Advocacia- ESA.

INTRODUÇÃO

O acesso a meios de cuidado, proteção e preservação da saúde ocuparam as principais preocupações e debates sociais nos últimos dois anos. A pandemia da SARS-Covid-19 mostrou de forma clara e didática as vulnerabilidades do acesso à saúde em muitos países do mundo e, no Brasil, desnudou de forma impactante os grandes desníveis de qualidade em prevenção e cuidados aos quais a população está exposta.

A população brasileira viveu momentos de grande aflição com a realidade da saúde pública e da saúde suplementar em vários pontos do país nos quais os recursos essenciais para o tratamento da contaminação não chegaram em tempo, como ocorreu com oxigênio em Manaus ou com vagas para internação em unidades de terapia intensiva em diferentes lugares.

Esse quadro serviu para trazer para o centro do debate técnico e jurídico aspectos que possam contribuir para o aprimoramento da saúde pública e privada no Brasil. Este trabalho tem por objetivo analisar algumas perspectivas de aprimoramento no contexto da atual situação da saúde suplementar, em especial no tocante à regulação e judicialização, dois aspectos que precisam ser bastante melhorados para que a eficiência do atendimento aos beneficiários seja maior.

Estas reflexões são construídas a partir de aspectos técnicos sobre a saúde suplementar no país, tendo como fonte os dados primários divulgados pela Agência Nacional de Saúde Suplementar – ANS e pelo Instituto de Estudos de Saúde Suplementar – IESS. A premissa que orienta este trabalho é a necessidade de que o Direito contemporâneo fundamente sua interpretação e aplicação em dados da realidade para que possa corrigir desigualdades e aprimorar relações sociais, sempre com análise prévia e segura das consequências das decisões, das normas e da regulação adotadas.

O principal objetivo é contribuir para o debate com propostas de aprimoramento do setor, sem ouvir o *canto da sereia*[1] daqueles que compreendem as atividades econômicas em saúde como uma afronta ao Sistema Único de Saúde – SUS, ou, em uma perspectiva infundada, como práticas que visam apenas o prejuízo dos beneficiários. Para além das críticas aleatórias e empobrecidas pela ideologia é preciso utilizar os aportes teóricos e metodológicos do Direito para construir soluções, para ampliar o acesso e equilibrar os custos, de forma a permitir que o as coberturas de saúde sejam acessíveis para os cidadãos brasileiros.

SAÚDE PÚBLICA E SAÚDE SUPLEMENTAR NO BRASIL

A saúde suplementar no Brasil foi criada muito antes da saúde pública.

A saúde efetivamente pública passou a existir em 1990 com a criação do Sistema Único de Saúde – SUS, enquanto o custeio da saúde por trabalhadores e empregadores havia sido a regra até então, principalmente nos tempos das associações de assistência e previdência por categorias profissionais muito comuns no início do século XX e que se existiram até meados do mesmo século.

Somente os trabalhadores com carteira de trabalho tinham acesso à saúde que era custeada por eles, pelos empregadores e pelo Estado. Os trabalhadores rurais e aqueles que trabalhavam por conta própria no comércio, na indústria ou na prestação de serviços, tinham como opção os serviços de saúde filantrópicos ou, o pagamento direto aos prestadores, ou seja, hospitais, ambulatórios ou médicos.

A medicina do século XX era prioritariamente fundada na experiência médica, no exame físico e não dispunha de muitos recursos tecnológicos como aqueles que conhecemos na atualidade.

Em meados da década de 1950, em São Paulo, se desenvolveram as empresas de medicina de grupo[2]; na década de 1960, as cooperativas médica surgiram como reação ao assalariamento da categoria, em especial por parte das empresas de medicina de grupo que se tornavam cada vez abundantes; e, na mesma década de 1960, especificamente no ano de 1966 por meio do Decreto-Lei n. 73, as empresas de seguro foram autorizadas a atuar na área da saúde oferecendo produtos com estrutura técnica e atuarial, garantia de solvência e outros aspectos semelhantes aos seguros de danos, de pessoas e responsabilidade civil.

Menicucci destaca que a opção do setor público naquele momento histórico foi contratar serviços do setor privado em vez de investir em equipamentos próprios de saúde como hospitais, clínicas, postos de atendimento e outros. Com isso, criou o efeito

---

1. Na Mitologia Grega sereias são seres com corpo metade de mulher e metade peixe. Viviam em uma ilha e seu canto atraia os marinheiros que, encantados com a beleza do que ouviam, se descuidavam dos perigos da aproximação e naufragavam. Um canto sublime que levava à destruição.
2. CZAPSKI, Silvia; MEDICI, André. *Dr. Julian Czapski. O cavaleiro da saúde*. A trajetória do criador da medicina de grupo e dos planos de saúde no Brasil. São Paulo: Novo Século, 2011.

que ela denomina *lock-in*, ou seja, *a definição de comportamentos difíceis de serem revertidos*[3]. Destaca a autora que a conduta do Estado brasileiro de comprar serviços de saúde do setor privado e incentivar que as empresas cuidassem da saúde se seus empregados, inclusive com subsídios do próprio setor público, viabilizaram

> (...) a constituição de uma rede complexa formada por prestadores de serviços de saúde (profissionais de saúde e hospitais), empresas médicas (medicina de grupo, cooperativas), seguradoras do ramo de saúde, empresas empregadoras com sistemas de saúde para empregados, usuários e burocracia pública. (...) A rede densa que se constituiu em torno da assistência médica em razão das decisões e da regulação governamental, que se traduziu em práticas ou formas diferenciadas de prestação de assistência à saúde, além de modelar atores, interesses e identidades, teve o efeito de dificultar o abandono de certa trajetória, tornando quase inacessíveis alternativas que alterassem radicalmente o padrão de comportamento vigente[4].

Assim, quando a Constituição Federal de 1988 disciplinou o acesso à saúde no Brasil, a opção por saúde exclusivamente pública sem a participação da saúde privada não era opção viável. Isso fez com que o poder constituinte pelo artigo 199 determinasse que a assistência à saúde é livre à iniciativa privada. De forma indireta, o referido artigo constitucional reconhece que o setor de saúde privada já existia, atuava de diferentes formas, gerava empregos, recolhia tributos e extingui-lo não era uma opção sustentável, até porque em 1988 o Sistema Único de Saúde – SUS ainda não estava operante.

Em 1990, a Lei n. 8.080 organizou o Sistema Único de Saúde – SUS, definiu seus objetivos, princípios e diretrizes e, determinou que a iniciativa privada pode participar do sistema em caráter suplementar.

Somente em 1998 a Lei n. 9.656, mais conhecida como Lei de Planos de Saúde, fixaria as regras para a atuação do setor de saúde suplementar e igualaria as condições entre as diferentes operadoras de saúde. Até aquele momento apenas as seguradoras de saúde tinham que obedecer a regras regulatórias emanadas da Superintendência de Seguros Privados – SUSEP e do Conselho Nacional de Seguros Privados – CNSP, as demais operadoras não eram reguladas e atuavam livremente no setor.

A Lei n. 9.656, de 1998, tornou as regras iguais para as diferentes modalidades de operadoras de saúde: medicina de grupo, seguradoras, cooperativas, autogestão e filantrópicas. E determinou a obrigatoriedade da constituição de fundos garantidores para todas elas, de forma a resguardar recursos como garantia de solvência.

No ano 2000 foi criada a Agência Nacional de Saúde Suplementar – ANS pela Lei n. 9.961, e daquele momento até os dias atuais, algumas centenas de normas regulatórias foram implementadas pela agência para fixar regramento para a atuação das operadoras de saúde suplementar no país.

---

3. MENICUCCI, Telma Maria Gonçalves. *Público e privado na política de assistência à saúde no Brasil*. Atores, processos e trajetória. Rio de Janeiro: Fiocruz, 2007. p. 29.
4. Id. p. 31.

O setor público e o setor privado não têm atuação conjunta ou articulada. Dois momentos de aproximação entre os dois setores, no entanto, podem ser analisados.

O primeiro é a determinação de que as operadoras de saúde deverão ressarcir o SUS pela utilização que seus beneficiários fizerem de serviços públicos. Essa determinação contida na Lei n. 9.656, de 1998, no artigo 32. O debate sobre a constitucionalidade do artigo foi dirimido por decisão do Recurso Extraordinário n. 597064, do Rio de Janeiro, que teve como relator o Ministro Gilmar Mendes, julgado em 7/2/2018 no plenário do Supremo Tribunal Federal – STF, e que decidiu que o artigo 32 é constitucional e aplicável aos procedimentos médicos, hospitalares ou ambulatoriais custeados pelo SUS, assegurados o direito ao contraditório e a ampla defesa, no âmbito administrativo, em todos os marcos jurídicos.

A medida contida no artigo 32 da Lei dos Planos de Saúde tem por objetivo evitar que os planos de saúde forneçam atendimento somente para os casos mais simples e direcionem os mais complexos para o atendimento público. O ressarcimento evitaria essa prática embora, a rigor, todo cidadão brasileiro tenha o direito de utilizar o SUS sem nenhuma contrapartida pecuniária porque é contribuinte de tributos. O ressarcimento ao SUS não é feito pela operadora de saúde a partir de seus próprios recursos, mas sim dos recursos do fundo mutual para o qual contribuíram todos os beneficiários contratantes. Em outras palavras, quem faz o ressarcimento ao SUS é o próprio beneficiário do plano de saúde que, então, paga três vezes pelo mesmo serviço: recolhe tributos, paga mensalidades e paga o ressarcimento com os recursos do fundo mutual quando utiliza o sistema público.

O segundo fator de proximidade entre o SUS e a saúde suplementar é a necessidade que ambos os setores têm de analisar cientificamente as tecnologias de saúde a serem incorporadas aos serviços oferecidos. Tanto o setor público como o suplementar precisam utilizar avaliação de tecnologia em saúde com alto grau de confiabilidade para garantir a segurança dos beneficiários e, a sustentabilidade de cada setor.

No setor público a Lei n. 12.401, de 28 de abril de 2011, criou a Comissão Nacional de Incorporação de Tecnologias no Sistema Único de Saúde – CONITEC, com objetivo de assessorar o Ministério da Saúde nos estudos e análises para incorporação, exclusão de tecnologias em saúde no Sistema Único de Saúde – SUS, bem como no trabalho de alteração de protocolo clínico ou diretriz clínica.

A elaboração de protocolos e diretrizes clínicas têm por objetivo garantir as melhores práticas de diagnóstico, tratamento e monitoramento de pacientes e, para isso, definem recomendações de condutas clínicas, medicamentos, produtos e procedimentos para diferentes doenças. A definição de protocolos e diretrizes em saúde está ancorado em evidências.

No documento Diretrizes Metodológicas – Elaboração de Diretrizes Clínicas do Ministério da Saúde consta:

> Nas últimas duas décadas tem ocorrido uma migração progressiva do modelo tradicional de publicação de rotinas e protocolos de serviços de saúde de referência e de consenso de especialistas para o modelo de diretrizes baseadas em evidências. As diretrizes clínicas baseadas em evidências devem indicar as intervenções que ofereçam maior benefício e menor probabilidade de danos à saúde, podendo gerar, também, maior eficiência na alocação de recursos. A abordagem sistemática e

> transparente para fazer julgamentos sobre qualidade das evidências e força de recomendações ajuda a evitar erros, facilita a avaliação crítica dessas diretrizes e melhora a comunicação dessas informações para profissionais de saúde, população e gestores. Diretrizes clínicas devem ser a base para melhorar a qualidade e a segurança do serviço de saúde[5].

A referência ao fato de que as diretrizes clínicas têm por objetivo melhorar a qualidade e a segurança do serviço de saúde e, consequentemente, do desfecho clínico para o próprio paciente é o ponto de maior relevância dessa metodologia. Galvão, Sawada e Mendes[6] destacam que o movimento da saúde baseada em evidências teve início na década de 1990 no Canadá, Reino Unido e Estados Unidos, para promover a melhoria da assistência à saúde e, ainda, no ensino nessa área. No Reino Unido, em especial, a adoção de práticas de saúde baseada em evidências teve por objetivo aumentar a eficiência e qualidade dos serviços e, ao mesmo tempo, diminuir os custos que naquele momento já eram fonte de preocupação com sustentabilidade dos cuidados de saúde na área pública.

A saúde baseada em evidências adota como método as etapas de (i) definição do problema para o qual se pretende um desfecho clínico mais positivo e menos custoso; (ii) a pesquisa e análise crítica das evidências existentes para o problema; (iii) a adoção prática das evidências pesquisadas; e, (iv) a avaliação dos resultados obtidos. O método não descarta a experiência clínica dos profissionais de saúde e nem as escolhas e consentimento do paciente, porém parte das evidências coletadas porque isso diminui a possibilidade de equívocos e, aumenta a segurança do paciente.

No setor público da saúde brasileira a Comissão Nacional de Incorporação de Tecnologias – CONITEC é responsável pelo desenvolvimento de protocolos e diretrizes clínicas; e, pela incorporação de novas tecnologias em saúde. A Agência Nacional de Saúde Suplementar – ANS, tem assento no plenário da CONITEC, que é o órgão responsável pela emissão de recomendação sobre incorporação, exclusão ou alteração das tecnologias no âmbito do SUS, assim como pela constituição ou alteração de protocolos clínicos e diretrizes terapêuticas e pela atualização da Relação Nacional de Medicamentos Essenciais – RENAME. O processo de análise e aprovação inclui, ainda, consulta pública e, se necessário, conforme determina o artigo 21 do Decreto 7.646, de 2011, a realização de audiência pública.

No setor privado a Resolução Normativa n. 470, de 2021, e a Lei 14.307, de 2022, tratam da atualização do rol de procedimentos e eventos em saúde aplicável à saúde suplementar, ou em outras palavras, que obrigatoriamente deverão ser fornecidos por todas as operadoras de saúde para os beneficiários contratantes.

---

5. BRASIL. Ministério da Saúde. Secretaria de Ciência, Tecnologia e Insumos Estratégicos. Departamento de Gestão e Incorporação de Tecnologias em Saúde. *Diretrizes metodológicas: elaboração de diretrizes clínicas*, 2016. Disponível em: http://conitec.gov.br/images/Relatorios/2016/Diretrizes_Metodologicas_WEB.pdf. Acesso em: 30 jul. 2022.
6. GALVÃO, Cristina Maria; SAWADA, Namie Okino; MENDES, Isabel Amélia Costa. A busca das melhores evidências. *Revista da Escola de Enfermagem*, São Paulo, v. 37, n. 4, p. 43-50, 2003.

As duas normas determinam que as propostas de atualização do rol serão recebidas e analisadas de forma contínua, com análise realizada por meio de processo administrativo com prazo de conclusão de 180 dias, prorrogável por mais 90 dias quando as circunstâncias o exigirem. Para os medicamentos antineoplásicos o prazo será menor, 120 dias contados do protocolo do pedido e prorrogáveis por mais 60 se necessário.

E as diretrizes do processo de atualização do rol de procedimentos e eventos em saúde da ANS serão, entre outras: a defesa do interesse público na assistência suplementar à saúde, de modo a contribuir para o desenvolvimento das ações de saúde no país; ações de promoção à saúde e de prevenção de doenças; alinhamento com as políticas nacionais de saúde; utilização dos princípios da avaliação de tecnologias em saúde – ATS; observância aos princípios da saúde baseada em evidências – SBE; manutenção do equilíbrio econômico-financeiro do setor; e, transparência dos atos administrativos.

A Resolução 470, de 2021, define saúde baseada em evidências como o uso consciente e minucioso das melhores práticas e da literatura científica disponíveis nas decisões sobre assistência à saúde. Igualmente define avaliação de tecnologias em saúde como o processo contínuo e abrangente de avaliação dos impactos clínicos, sociais e econômicos das tecnologias em saúde, que leva em consideração aspectos como eficácia, efetividade, segurança, custos e outros, sempre com o objetivo principal de auxiliar os gestores em saúde na tomada de decisões quanto à incorporação, alteração de uso ou retirada de tecnologias em saúde.

É inequívoco que existe um ecossistema de proteção do consumidor de saúde no âmbito público e privado, tanto para que seja garantido o acesso como para garantir que exista segurança nos protocolos e diretrizes, sempre com fundamento nas melhores evidências científicas existentes.

Nesse sentido, a Comissão Nacional de Incorporação de Tecnologias – CONITEC e a Agência Nacional de Saúde Suplementar – ANS, trabalham juntas e com normas objetivas e bem definidas para permitir que a incorporação de novas tecnologias ocorra, que os beneficiários do sistema público e privado tenham acesso às inovações e, que essas inovações sejam benéficas e seguras.

Além de identificar as melhores evidências científicas para garantir que a incorporação seja feita com segurança, compete a CONITEC e a ANS enfrentar a grande capacidade econômica que a indústria de medicamentos, produtos de saúde, equipamentos, materiais especiais e outros insumos da cadeia de fornecimento da saúde exerce sobre todos os envolvidos, sejam eles médicos, equipes de saúde, mídia, estudantes de áreas da saúde e, principalmente, entre os pacientes. A pressão pela incorporação de novas tecnologias é gigantesca e ocorre em muitos países do mundo[7].

---

7. SANVITO. Wilson Luiz. Indústria farmacêutica: uma abordagem crítica. *Revista Brasileira de Clínica Médica*, São Paulo, v. 10, n. 4, p. 346-350, jul.-ago. 2021.

JUDICIALIZAÇÃO DO ACESSO

A Constituição Federal brasileira de 1988 tem um completo rol de direitos sociais não cumpridos. Saúde, educação, moradia, lazer, assistência social e pleno emprego são alguns desses direitos que para extensa parcela da população ainda não estão concretizados.

Dados do governo federal em 2021 apontam que há um déficit de 5,8 milhões de moradias[8]; em 2022 são 11,3 milhões de desempregados[9]; e, na saúde pública, segundo dados do Conselho Nacional de Saúde, desde a entrada em vigor da Emenda Constitucional 95 de 2016 o orçamento da saúde tem diminuído expressivamente e, somente em 2019 a perda de investimentos representou 20 bilhões, o que caracteriza a desvinculação do gasto mínimo de 15% da receita da União com a área de saúde[10]. Os dados nas demais áreas como educação e assistência social, entre outras, evidenciam que os direitos sociais previstos na Constituição Federal não se concretizaram com eficiência de 1988 a 2022.

No campo da saúde pública a busca por vagas em hospitais, pela realização de exames de imagem, por medicamentos de alto custo e outros meios necessários para a prevenção e cuidados em saúde, ocupou o espaço do poder judiciário que nesses últimos trinta e quatro anos viu aumentar exponencialmente o número de demandas judiciais em que pessoas naturais, individualmente, reclamam a assistência à saúde que o sistema público não lhes oferta com regularidade.

O Conselho Nacional de Justiça – CNJ criou em 2009 um grupo de trabalho para a judicialização da saúde e em 2010, um fórum nacional para monitoramento e resolução das demandas de assistência à saúde, principalmente com a atribuição de elaborar estudos e propor medidas para a aperfeiçoamento de procedimentos, reforço à efetividade e à prevenção de novos conflitos[11].

Na saúde suplementar o fenômeno da judicialização também se tornou mais agudo nos últimos vinte anos, apesar desse período ter sido o de concretização da Lei n. 9.656, de 1998, que regulamentou a atividade de todas as operadoras de planos de saúde no país, o que antes não ocorria porque somente o setor de seguros privados era regulado pelo Decreto-Lei 73/66 e, fiscalizado pela Superintendência de Seguros Privados – SUSEP;

---

8. BRASIL. Ministério do Desenvolvimento Regional. *Dados revisados do déficit habitacional e inadequação de moradias nortearão políticas públicas*, 2021. Disponível em: https://www.gov.br/mdr/pt-br/noticias/dados-revisados-do-deficit-habitacional-e-inadequacao-de-moradias-nortearao-politicas-publicas. Acesso em: 06 jun. 2022.

9. BRASIL. Ministério do Trabalho e Previdência. *Taxa de desemprego recua para 10,5% no trimestre encerrado em abril*, 2022. Disponível em: https://www.gov.br/pt-br/noticias/trabalho-e-previdencia/2022/06/taxa-de-desemprego-recua-para-10-5-no-trimestre-encerrado-em-abril. Acesso em: 06 jun. 2022.

10. BRASIL. Conselho Nacional de Saúde. *Saúde perdeu R$ 20 bilhões em 2019 por causa da EC 95/2016*, 2020. Disponível em: http://www.conselho.saude.gov.br/ultimas-noticias-cns/1044-saude-perdeu-r-20-bilhoes-em-2019-por-causa-da-ec-95-2016. Acesso em: 06 jun. 2022.

11. BRASIL. Conselho Nacional de Justiça. *Resolução n. 107 de 06/04/2010*. Institui o Fórum Nacional do Judiciário para monitoramento e resolução das demandas de assistência à saúde. Disponível em: https://atos.cnj.jus.br/atos/detalhar/173. Acesso em: 06 jun. 2022.

e, a criação da Agência Nacional de Saúde Suplementar – ANS, que ocorreu em 2000 a partir da entrada em vigor da Lei n. 9.961.

Em conformidade com dados apresentados pelo Conselho Nacional de Justiça em parceira com a Agência Nacional de Saúde Suplementar – ANS, no seminário Judicialização da Saúde Suplementar, realizado em abril de 2022, no período compreendido entre 2015 e 2021 foi registrada uma média de 400 mil novos processos ligados à temática de saúde no Brasil. Em 2020, 149.047 das demandas judiciais propostas eram contra planos e seguros saúde. Nesse mesmo evento, o conselheiro do CNJ, Desembargador Mauro Martins declarou em relação aos conflitos na saúde suplementar que "(...) aquilo que foi estabelecido entre as partes deve ser cumprido. E não há como conceder benefícios que não estão acordados porque, se fizermos de outra forma, podemos comprometer a segurança jurídica e provocar repercussões que podem afetar a coletividade"[12].

O argumento do conselheiro e desembargador se alicerçou na base atuarial dos planos e seguros saúde e no desequilíbrio que pode decorrer das decisões individualizadas proferidas pela magistratura.

No universo de 49.395.520 milhões de contratantes de saúde suplementar[13], 130 mil novas ações judiciais podem não representar um percentual tão expressivo, algo em torno de 0,27%, porém é preciso que o olhar se volte para outra dimensão do problema: o que pedem os consumidores nessas demandas judiciais?

Artigo publicado em 2020[14] identificou que em 96 ações judiciais analisadas contra uma operadora de saúde os pedidos eram: 37% procedimentos médicos; 25% tratamentos; 14% exames; 9% medicamentos; 6% *home care*; e, 5% outros tipos de internações.

Nesse estudo os pedidos em sua maioria estavam agrupados em procedimentos médicos e tratamentos que, certamente, não são cobertos pelos contratos ou pelo rol de procedimentos e eventos em saúde da ANS. Se fossem cobertos teriam sido fornecidos pela operadora de saúde sob pena de sanção de multa aplicada pelo regulador.

De fato, existem procedimentos e tratamentos que não são cobertos pelos planos de saúde quase sempre aqueles para os quais ainda não existem robustas evidências científicas ou, que não tenham demonstrado custo-eficiência superior aos procedimentos e tratamentos existentes. A lógica que norteia a formação de fundos mutuais de operadoras de saúde não está estruturada a partir da premissa "se é mais novo é melhor", porque ela não é científica, ao contrário, é apenas um dogma da sociedade hiperconsumista que se instalou no planeta após o final da Guerra Fria, com o capitalismo hegemônico e globalizado.

---

12. REVISTA ELETRÔNICA CONJUR. *Saúde Suplementar Responde por 130 mil demandas anualmente*. de 30 de abril de 2022. Disponível em: https://www.conjur.com.br/2022-abr-30/saude-suplementar-responde-130-mil--acoes-judiciais-anualmente. Acesso em: 07 jun. 2022.

13. BRASIL. Agência Nacional de Saúde Suplementar. *Sala de situação*, [s.d.]. Disponível em: https://www.ans.gov.br/images/stories/Materiais_para_pesquisa/Perfil_setor/sala-de-situacao.html. Acesso em: 07 jun. 2022.

14. PEREZ AFONSO, Ana Beatriz et al. Private health insurance coverage-related lawsuits. *Revista Brasileira de Enfermagem*, Brasília, v. 73, n. 3, [s.p.], 2020.

Na discussão do estudo as autoras afirmam:

As decisões judiciais, ao mesmo tempo que requerem máxima urgência, necessitam, também, de uma criteriosa avaliação para seu julgamento. No entanto, essa decisão fica a cargo de quem tem o dever de decidir, mas que, na realidade, não tem, necessariamente, conhecimento específico sobre o assunto. Estudos internacionais também apontam decisões judiciais controversas para novas intervenções feitas sob incerteza, que podem trazer prejuízos aos pacientes, e que, além de serem ineficazes, podem impactar o aumento desnecessário dos custos da assistência. A introdução de sistemas avaliativos de novas tecnologias, com vistas a oferecer informações àqueles responsáveis pela tomada de decisão, é premente. Uma discussão mínima da Medicina Baseada em Evidências ou de seus pressupostos deve ser realizada. Nessa direção, estabelecer formas de atuação que sejam tecnicamente corretas e pré-elaborar diretrizes assistenciais podem oferecer às operadoras uma das poucas estratégias sustentáveis para questionar a demanda desenfreada e nem sempre crítica[15].

O ponto central da reflexão parece estar centrado no dilema: é melhor para o beneficiário da saúde suplementar aquilo que ele e seu médico desejam ou, é melhor para o beneficiário aquilo que a ciência comprovou ser mais eficiente e a economia comprovou ter melhor custo-benefício?

POSSIBILIDADES DE APRIMORAMENTO DA SAÚDE SUPLEMENTAR EM BENEFÍCIO DOS CONSUMIDORES

A Lei n. 8.078, de 1990, Código de Defesa do Consumidor, foi aprovada e entrou em vigor em momento de especial relevância para a vida política, social e econômica do país: a democracia estava sendo reconstruída e os cidadãos se tornaram sujeitos de direitos. E o próprio CDC determina que também se tornaram sujeitos de deveres quando os menciona diretamente no artigo 4º, inciso IV; e, o dever de boa-fé previsto no inciso III do mesmo artigo.

A saúde conforme a Constituição Federal é um direito fundamental, porém a livre iniciativa também é, ainda que bem menos prestigiado do que os que se encontram elencados no artigo 5º da carta magna. Vários estudos e autores têm colocado o tema em pauta como Luciano Timm[16], Ingo Sarlet[17] e Antônio Augusto de Souza Coelho[18].

Na saúde suplementar o risco do negócio da operadora é a organização do fundo mutual e sua administração, para que existam recursos para o pagamento de todas as despesas assistenciais. Caso organize ou administre de forma irregular, ilegal ou sem garantia de sustentabilidade do fundo, a operadora poderá sofrer sanções administra-

---

15. Id. p. 4.
16. TIMM, Luciano Benetti. O direito fundamental à livre iniciativa (ou à liberdade econômica). Coluna da ABDE, 22 maio 2019 Disponível em: https://www.jota.info/opiniao-e-analise/colunas/coluna-da-abde/o-direito-fundamental-a-livre-iniciativa-ou-a-liberdade-economica-22052019. Acesso em: 08 jun. 2022.
17. SARLET, Ingo Wolfgang. *Notas sobre a liberdade econômica como direito fundamental na Constituição Federal.* Direitos fundamentais, 28 mar. 2021. Disponível em: https://www.conjur.com.br/2021-mar-28/direitos-fundamentais-notas-aliberdade-economica-direito-fundamental. Acesso em: 08 jun. 2022.
18. COELHO, Antônio Augusto de Souza. *A livre-iniciativa também é direito fundamental.* Estúdio Conjur, 20 abr. 2022. Disponível em: https://www.conjur.com.br/2022-abr-20/souza-coelho-livre-iniciativa-tambem-direito-fundamental. Acesso em: 08 jun. 2022.

tivas e civis como determina a estrutura legal existente. Os resultados do investimento realizado – lucro – decorrem da eficiência na organização e administração do fundo mutual; sem eficiência será necessário precificar em valor maior do que aquele praticado em média pelo mercado, o que pode resultar em menores vendas e redução dos resultados positivos. Administrar com eficiência é a principal obrigação da operadora de saúde para poder garantir que o beneficiário tenha acesso a todos os procedimentos e eventos que estão previstos no contrato e/ou no rol da ANS.

Mas a grande quantidade de demandas judiciais existentes no setor de saúde suplementar sugere que existem aprimoramentos a serem construídos, do contrário não seria necessário que tema tão delicado como o acesso a tratamento de saúde fosse levado aos tribunais para ser solucionado de forma adequada.

Duas propostas de aprimoramento merecem análise: (i) a educação do consumidor para a compreensão da coletividade sobre a qual se assenta o contrato de saúde suplementar; e, (ii) a adoção de junta médica como medida preliminar ao processo judicial.

A defesa do consumidor deve ser política pública de Estado e, nessa medida, estar ancorada na concretização do interesse público e não no individual. Nos contratos de saúde suplementar, especificamente, o interesse público está presente no próprio objeto – acesso a tratamentos e eventos para prevenção e cuidados de saúde – e, na forma como o custeio das despesas é realizado, ou seja, com a contribuição de todos os membros da mutualidade para que alguns utilizem ao longo do período de tempo do contrato. Nem todos utilizarão e nem todos dispenderão os mesmos valores. Alguns utilizarão pouco ou nada, outros muito, mas todos estarão amparados pelos valores do fundo mutual calculado previamente a partir do elenco de procedimentos e eventos cobertos pelo contrato e/ou pelo rol da ANS.

Como política pública que é a defesa do consumidor deve ficar focada no bem-estar de todos, na proteção da coletividade e não apenas nos interesses individuais que, muitas vezes, criam condições para práticas irresponsáveis, pouco éticas ou, até mesmo, fraudulentas. Episódios recentes da história do país como da *máfia das próteses*[19] ou, da concessão judicial de acesso a *pílula do câncer*[20], mostram como é importante a defesa do interesse público nas relações de consumo, até para que possam ser evitados os efeitos negativos daqueles que em nome da proteção do consumidor pretendem apenas garantir seus próprios interesses ou, que não têm condições técnicas para amparar escolhas que efetivamente sejam benéficas.

O consumidor precisa se compreender como parte da sociedade, do interesse público que motiva o Estado a sua defesa e, no âmbito dos planos e seguros saúde, precisa ser capacitado para a compreensão de que a boa-fé e a função social são princípios que

---

19. BRASIL. Senado Federal. *Relatório final CPI da máfia das próteses*. Disponível em: https://www.gov.br/anvisa/pt-br/assuntos/produtosparasaude/temas-em-destaque/arquivos/7277json-file-1. Acesso em: 08 jun. 2022.

20. PANDOLFO, Ana Cristina. LINO Jaisson Teixeira. CARVALHO, Miguel Mundstock Xavier de. O escândalo da pílula: "o caso que envergonhou a ciência brasileira". *Revista Brasileira de História da Ciência*, Rio de Janeiro, v. 13, n. 2, p. 238-249, jul./dez. 2020.

devem ser praticados em primeiro lugar, em relação a toda a mutualidade. O consumidor identificado individualmente que ingressa em juízo para pleitear o que não está no contrato e nem tão pouco no rol de procedimentos e eventos em saúde, pretende um resultado que pode ser benéfico para sua situação, porém prejudicial a mutualidade que estará obrigada a despender recursos que não haviam sido calculados e coletados para isso.

A mutualidade é o *consumidor oculto,* o conjunto de consumidores individuais que contribuíram para que as despesas assistenciais pudessem ser custeadas para todos os que necessitassem ao longo do período de vigência. A proteção desse *consumidor oculto* é feita com os aspectos de segurança que as evidências científicas proporcionam e, com a administração das operadoras de saúde que custeiam o que está expresso em contrato e/ou no rol de procedimentos e eventos em saúde da ANS.

O segundo aspecto do aprimoramento proposta por esta reflexão é que as juntas médicas já reguladas pela ANS, sejam obrigatoriamente realizadas em todos os casos em que for constatada a divergência entre o médico assistente do beneficiário e o médico auditor da operadora de saúde. Um terceiro profissional deverá ser escolhido de comum acordo entre as partes e analisará o caso concreto para emitir opinião.

A Resolução Normativa n. 424, de 2017, dispõe sobre os critérios para a realização da junta médica ou odontológica no âmbito da saúde suplementar, e determina que o objetivo é dirimir divergência técnico-assistencial sobre procedimento ou evento em saúde a ser coberto pelo plano de saúde. Trata-se de um mecanismo capaz de construir segurança para o consumidor e cuja aplicação deverá ser prestigiada em todos os casos concretos de dúvida entre a prescrição do profissional assistente do paciente, médico ou odontólogo, e a auditoria da operadora. E, claro, sempre que houver tempo disponível para essa prática o que nem sempre ocorre quando se trata de atenção à saúde.

CONCLUSÃO

Os últimos trinta e um anos foram bastante relevantes para a defesa do consumidor brasileiro, porém paradoxalmente também contribuíram para um processo de judicialização que é prejudicial para toda a sociedade. De fato, uma sociedade incapaz de solucionar seus problemas pelo diálogo e por grupos de pressão, que depende da decisão judicial para resolver dos mais simples aos mais complexos conflitos, não pode ser considerada satisfatoriamente amadurecida.

No âmbito da defesa do consumidor há forte impulso para a aplicação de soluções individuais resultantes de decisões proferidas em processos judiciais em que o consumidor pretende a solução de sua controvérsia, mesmo quando ela depende da participação de centenas ou milhares de outras pessoas, como acontece na saúde suplementar. E se dá o mesmo no âmbito da saúde pública em que a maioria exponencial das demandas judiciais são para a obtenção de acesso individualizado a serviços de saúde.

Tanto na esfera pública como na esfera privada há mutualidade para sustentar as despesas assistenciais e, em ambas as esferas a proteção à segurança do desfecho clínico para o paciente é sempre o resultado a ser perseguido.

As escolhas em saúde não podem ser individuais como regra porque precisam se fundamentar em evidências científicas, produzidas por grupos de pesquisadores de diferentes instituições, que publiquem resultados de forma transparente e ética, atentos a responsabilidade moral que deve sustentar a pesquisa em todas as partes do planeta.

A decisão de um único profissional de saúde sobre o melhor encaminhamento a ser dado a seu paciente pode não ser a mais eficiente e, colocar essa decisão sob a luz das evidências científicas ou da opinião de outros profissionais não é uma perda para o consumidor, mas um ganho em segurança.

O individualismo exacerbado na saúde suplementar tem colocado em risco a própria segurança dos consumidores, o que com toda certeza, passa muito longe dos objetivos do ecossistema jurídico de proteção e defesa do consumidor construído no Brasil.

Avaliação de tecnologia em saúde e organização de juntas médicas sempre que seja possível, são aspectos que podem contribuir para a proteção do consumidor nos desfechos clínicos, assim como para o aprimoramento das relações na saúde pública e suplementar. Com isso, certamente, estaremos mais próximos de proteção do consumidor como política pública e não apenas como manifestação individualizada daqueles que podem ter acesso ao judiciário.

REFERÊNCIAS

BRASIL. Agência Nacional de Saúde Suplementar. *Sala de situação*, [s.d.]. Disponível em: https://www.ans.gov.br/images/stories/Materiais_para_pesquisa/Perfil_setor/sala-de-situacao.html. Acesso em: 07 jun. 2022.

BRASIL. Conselho Nacional de Justiça. *Resolução n. 107 de 06/04/2010*. Institui o Fórum Nacional do Judiciário para monitoramento e resolução das demandas de assistência à saúde. Disponível em: https://atos.cnj.jus.br/atos/detalhar/173. Acesso em: 06 jun. 2022.

BRASIL. Conselho Nacional de Saúde. *Saúde perdeu R$ 20 bilhões em 2019 por causa da EC 95/2016*, 2020. Disponível em: http://www.conselho.saude.gov.br/ultimas-noticias-cns/1044-saude-perdeu-r-20-bilhoes-em-2019-por-causa-da-ec-95-2016. Acesso em: 06 jun. 2022.

BRASIL. Ministério da Saúde. Secretaria de Ciência, Tecnologia e Insumos Estratégicos. Departamento de Gestão e Incorporação de Tecnologias em Saúde. *Diretrizes metodológicas*: elaboração de diretrizes clínicas, 2016. Disponível em: http://conitec.gov.br/images/Relatorios/2016/Diretrizes_Metodologicas_WEB.pdf. Acesso em: 30 jul. 2022.

BRASIL. Ministério do Desenvolvimento Regional. *Dados revisados do déficit habitacional e inadequação de moradias nortearão políticas públicas*, 2021. Disponível em: https://www.gov.br/mdr/pt-br/noticias/dados-revisados-do-deficit-habitacional-e-inadequacao-de-moradias-nortearao-politicas-publicas. Acesso em: 06 jun. 2022.

BRASIL. Ministério do Trabalho e Previdência. *Taxa de desemprego recua para 10,5% no trimestre encerrado em abril*, 2022. Disponível em: https://www.gov.br/pt-br/noticias/trabalho-e-previdencia/2022/06/taxa-de-desemprego-recua-para-10-5-no-trimestre-encerrado-em-abril. Acesso em: 06 jun. 2022.

BRASIL. Senado Federal. *Relatório final CPI da máfia das próteses*. Disponível em: https://www.gov.br/anvisa/pt-br/assuntos/produtosparasaude/temas-em-destaque/arquivos/7277json-file-1. Acesso em: 08 jun. 2022.

COELHO, Antônio Augusto de Souza. *A livre iniciativa também é direito fundamental*. Estúdio Conjur, 20 abr. 2022. Disponível em: https://www.conjur.com.br/2022-abr-20/souza-coelho-livre-iniciativa-tambem-direito-fundamental. Acesso em: 08 jun. 2022.

CZAPSKI, Silvia; MEDICI, André. *Dr. Juljan Czapski. O cavaleiro da saúde*. A trajetória do criador da medicina de grupo e dos planos de saúde no Brasil. São Paulo: Novo Século, 2011.

GALVÃO, Cristina Maria; SAWADA, Namie Okino; MENDES, Isabel Amélia Costa. A busca das melhores evidências. *Revista da Escola de Enfermagem*, São Paulo, v. 37, n. 4, p. 43-50, 2003.

MENICUCCI, Telma Maria Gonçalves. *Público e privado na política de assistência à saúde no Brasil*. Atores, processos e trajetória. Rio de Janeiro: Fiocruz, 2007.

PANDOLFO, Ana Cristina. LINO Jaisson Teixeira. CARVALHO, Miguel Mundstock Xavier de. O escândalo da pílula: "o caso que envergonhou a ciência brasileira". *Revista Brasileira de História da Ciência*, Rio de Janeiro, v. 13, n. 2, p. 238-249, jul./dez. 2020.

PEREZ AFONSO, Ana Beatriz et al. Private health insurance coverage-related lawsuits. *Revista Brasileira de Enfermagem*, Brasília, v. 73, n. 3, [s.p.], 2020.

REVISTA ELETRÔNICA CONJUR. *Saúde Suplementar Responde por 130 mil demandas anualmente. de 30 de abril de 2022*. Disponível em: https://www.conjur.com.br/2022-abr-30/saude-suplementar-responde-130-mil-acoes-judiciais-anualmente. Acesso em: 07 jun. 2022.

SANVITO. Wilson Luiz. Indústria farmacêutica: uma abordagem crítica. *Revista Brasileira de Clínica Médica*, São Paulo, v. 10, n. 4, p. 346-350, jul.-ago. 2021.

SARLET, Ingo Wolfgang. *Notas sobre a liberdade econômica como direito fundamental na Constituição Federal*. Direitos fundamentais, 28 mar. 2021. Disponível em: https://www.conjur.com.br/2021-mar-28/direitos-fundamentais-notas-aliberdade-economica-direito-fundamental. Acesso em: 08 jun. 2022.

TIMM, Luciano Benetti. *O direito fundamental à livre iniciativa (ou à liberdade econômica)*. Coluna da ABDE, 22 maio 2019 Disponível em: https://www.jota.info/opiniao-e-analise/colunas/coluna-da-abde/o-direito-fundamental-a-livre-iniciativa-ou-a-liberdade-economica-22052019. Acesso em: 08 jun. 2022.

EL DERECHO DE LOS CONSUMIDORES EN EL PARAGUAY Y LA EXPERIENCIA LOCAL EN EL ÁMBITO DE VIAJES DE TURISMO

Alberto Manuel Poletti Adorno

Abogado egresado de la Universidad Nacional de Asunción. Egresado de la Escuela Judicial Paraguaya. Doctor en Derecho en la Universidad París 1 Panthéon-Sorbonne. Fue funcionario judicial y luego trabajó como Abogado fiscal en el Ministerio de Hacienda desempeñándose actualmente como Abogado y profesor universitario de derecho en la Universidad Iberoamericana del Paraguay.

INTRODUCCIÓN

La protección de los derechos del consumidor tiene en el Paraguay rango constitucional. Las dos referencias al consumidor en la Constitución de 1992 se dan en el Capítulo III de la parte dogmática que se refiere a las libertades.

El artículo 27 que regula el empleo de los medios de comunicación masiva hace referencia a una delegación legislativa para regular la publicidad a los efectos de proteger eficazmente los derechos del joven, del analfabeto, del consumidor y de la mujer.

El artículo 38 sobre la defensa de los derechos difusos menciona que toda persona tiene derecho individual o colectivamente a reclamar a las autoridades medidas para la defensa de estos derechos entre los que se incluyen al del consumidor junto con otros como el ambiente, la integridad del hábitat, la salud pública, el acervo cultural nacional cntre otros.

La ley paraguaya del consumidor 1334 del 27 de octubre de 1998 es posterior a la Constitución y hace referencia a la protección contra la publicidad y los intereses difusos caracterizándolos en el Art. 44 como "aquellos supraindividuales, de naturaleza indivisible, de los que sean titulares personas indeterminadas y ligadas al hecho"[1].

LA IMPORTANCIA DEL TURISMO Y LA RELEVANCIA INTERESES DIFUSOS/ COLECTIVOS

Sin duda alguna el turismo es un sector de la economía importante para diferentes países. En el Paraguay existen numerosas leyes sobre la materia y muchas establecen garantías para sus usuarios. Tanto es así que el artículo 3º de la ley 28282/005 "Del Turismo" menciona que las actividades dirigidas a la protección y control del turismo son consideradas de interés general y de utilidad pública.

---

1. PARAGUAY. *Ley n. 1334 de defensa del consumidor y del usuario*. Establece la Ley de defensa del consumidor y usuario.

Aun así, es difícil considerar a la defensa del turismo y de los turistas como un derecho difuso. Por ende, pensamos que tratándose de un grupo determinado podríamos incluir su defensa dentro de los intereses colectivos que a la luz de la ley del consumidor (Art. 4 inc. i) son "aquellos intereses supraindividuales, de naturaleza indivisible de los que sean titulares un grupo, categoría o clase de personas, ligadas entre sí o con la parte contraria por una relación jurídica, cuyo resguardo interesa a toda la colectividad, por afectar a una pluralidad de sujetos que se encuentren en una misma situación".

Los intereses colectivos más allá de que puedan ser reclamados por varias personas se enfrentan al igual que los intereses difusos al problema del acceso a la justicia. Y esto adquiere particular relevancia cuando se ven afectados sistemas de varios países debido a movimientos más allá de las fronteras de un Estado por viajes internacionales. Y este hecho adquiere relevancia cuando un viaje no sale como estaba planeado y surgen problemas vinculados a reclamos de consumidores (parte I) y la reparación del daño y el órgano competente para hacerlo (parte II).

LOS RECLAMOS DE CONSUMIDORES TRAMITADOS ANTE LA AUTORIDAD ADMINISTRATIVA

En el Paraguay la Secretaría de Defensa del Consumidor (en adelante SEDECO) fue colocada inicialmente dentro del ámbito del Ministerio de Industria y Comercio (Art. 40 Ley 1334/98). Posteriormente se le dio autarquía y se la descentralizó por ley 4974/2013 otorgándole competencia en el ámbito nacional. A nivel departamental o municipal reconocidas por la institución pueden actuar como autoridad de aplicación a nivel regional.

Debido a las facilidades existentes en el ámbito del turismo se han generalizado los viajes antes y después de la pandemia. Y es así que resulta interesante analizar los problemas vinculados a la falta de cumplimiento de un contrato de transporte internacional.

La Secretaría de Defensa del Consumidor ha tenido que analizar y resolver sendos reclamos presentados por usuarios contra compañías aéreas[2]. Los reclamos más frecuentes hacen referencia a retrasos y pérdidas de conexiones. Pero también se dan por cambios en las condiciones de prestación del servicio.

En la Resolución 337 del 3 de junio de 2020 se hizo referencia a una queja por maltratos y abuso de autoridad en un vuelo proveniente de Santiago de Chile hacia Asunción. El reclamo se presentó en diciembre de 2018. Se solicitó una copia de la grabación de la cabina de mando desde el momento del despegue hasta el aterrizaje y la empresa demandada informó que no era posible proveer tal información ya que el mismo se registra solo por dos horas. La empresa indicó que algunos miembros de la tripulación, al momento de la contestación que se llevó adelante en julio de 2019, ya no

---

2. PARAGUAY. SEDECO. *Infractores 2020*, [s.d.]. Disponible en: http://www.sedeco.gov.py/index.php/multas-2020. Acceso en: 22 dic. 2022.

formaban parte del plantel de funcionarios y que los demás agregarían un informe por escrito, lo que no se produjo en la audiencia señalada en agosto de 2019. Recién en enero de 2020 se dispuso a elevar el juicio a la etapa de conclusiones y la decisión de multa se aprobó en junio de 2020.

En este caso se reclamó el cambio de orden de asientos sin comunicación previa. La empresa reconoció el hecho e indicó que pudo haber existido una descoordinación de sistemas pudiendo verse en el boleto que el asiento inicialmente atribuido fue luego modificado y tachado con bolígrafo por un empleado. Se indica que los pasajeros solicitaron viajar juntos por razones de salud de uno de ellos y si se hubiera proveído la información sobre que iban a viajar separados, no se habrían adquirido los pasajes para viajar con la aerolínea.

La autoridad administrativa consideró que el proveedor tiene la obligación legal de informar en forma correcta y efectiva las modificaciones que puede realizar al momento de la prestación efectiva del servicio y consideró que la falta de comunicación del hecho generó infracciones previstas en el artículo 6º de la ley 1334/98.

Se sancionó a la empresa al pago de 500 jornales mínimos y se dispuso la publicación por un día de lo resuelto en un diario de gran circulación. Igualmente se advirtió a la empresa que el incumplimiento de lo resuelto constituiría una nueva infracción en los términos del artículo 33 del Decreto 21004/2003 que reglamenta la ley de defensa del consumidor.

El derecho a la información es catalogado generalmente como una obligación de resultado y no de medios. Es así que la posición de SEDECO en base a la forma en que se materializó el cambio y las circunstancias del caso en que no se arrimaron pruebas de descargo sumadas a las condiciones de salud que fueron mencionadas ameritaban sin duda una sanción. Puede notarse que el monto de la multa corresponderá a la institución y no al pasajero quien no recibió ninguna indemnización pese a lo largo del proceso y tuvo que cargar con los gastos que ello generó.

El siguiente caso se refiere a la falta de puntualidad de la aerolínea y la pérdida de tramos del viaje.

En la Resolución 741 del 25 de setiembre de 2020 se da cuenta que el recurrente debía viajar desde Asunción hasta Recife pasando por Sao Paulo y había luego adquirido un vuelo desde esa ciudad hasta Salvador de Bahía. El pasaje fue adquirido en junio de 2017 y el viaje debía realizarse el 1º de enero de 2018. Sin embargo, el vuelo de Sao Paulo a Recife fue demorado y cuando se llegó, el otro vuelo adquirido con otra compañía ya había salido.

También se criticó a la empresa su falta de empatía y en particular, se hizo referencia a otro supuesto ocurrido en el aeropuerto de Asunción donde debido al retraso no se proveyó ningún tipo de atención a los pasajeros.

La empresa denunciada mencionó que cumplió con la provisión del servicio de traslado y reconoció el retraso de 2 horas y cuatro minutos, pero destacó que informó al pasajero por correo electrónico. Mencionó que el retraso era menor a ocho horas y que era frecuente en diferentes aeropuertos por diversas razones y señala que la empresa no puede hacerse responsable de la pérdida de la conexión adquirida con otra compañía.

Es importante destacar lo expuesto por la SEDECO que la relación de consumo no se agota con la celebración del contrato sino que se extiende a los diversos actos jurídicos que derivan de la relación de consumo y que la empresa no se expidió con relación a los tipos de atenciones brindados a los pasajeros para mitigar la espera por el vuelo atrasado.

Aunque el asesor jurídico recomendó el reembolso de la porción de vuelo, la SEDECO consideró que dicha medida debía ser reclamada en el ámbito civil y que, debido a la posición dominante de la empresa y la existencia de una sanción anterior, la misma fue condenada al pago de una multa de seiscientos jornales mínimos y la publicación de la sanción en un diario de gran circulación.

No son pocas las enseñanzas que pueden surgir del análisis de las resoluciones mencionadas. El derecho del consumidor resulta aplicable en los viajes internacionales y los pasajeros se encuentran protegidos ante diversos contratiempos que pueden surgir. Pero la falta de pronunciamiento sobre la ejecución del contrato resulta llamativa sobre todo considerando el tiempo de duración del procedimiento (más de dos años, período dentro del cual se produce la perención del derecho a reclamar por daños y perjuicios conforme al código civil paraguayo).

La posición de falta de reconocimiento del daño causado se contrapone con una posición anterior. En la Resolución N. 360 de fecha 26 de agosto de 2014 se resolvió declarar que una empresa de viajes incurrió en infracciones a la Ley N. 1334/98 en su Art. 6 inc. f) y se ordenó el pago de la suma de treinta y siete millones novecientos sesenta y un mil seiscientos guaraníes que era el equivalente al pago del billete aéreo Asunción-París comprado para viajar en el momento. También se le impuso a la empresa de viajes el pago de las costas del sumario conforme a al Art. 6º del Decreto Reglamentario n. 21.005/2003.

En este caso, la pasajera había adquirido de una empresa un viaje ida y vuelta desde París hasta Asunción. El viaje de ida se desarrolló sin inconvenientes pero para la vuelta, la empleada informó a la pasajera que el vuelo supuestamente había sido cancelado. Cuando se descubrió que se produjo una estafa y se realizaron varias denuncias de pasajeros afectados, la empresa indicó que el acto había sido exclusivamente realizado por una empleada a quien posteriormente desvinculó.

Independientemente del ámbito judicial, a nivel administrativo la SEDECO consideró el accionar de la empresa y estableció su responsabilidad. La pasajera tuvo que comprar un pasaje a un costo sumamente elevado pues debía volver a su ciudad de residencia porque se le habían acabado las vacaciones.

Sin embargo la empresa no cumplió con lo dispuesto hasta la fecha y el caso sigue pendiente de resolución judicial donde se reclamaron además otros daños y perjuicios.

Lamentablemente en Paraguay tanto los jueces como la administración consideran que el precedente no es obligatorio. Así, se señala que lo que fue considerado válido para resolver un caso puede ser modificado por variar las circunstancias. Y como prueba del cambio (y retorno) puede verse la Resolución 148 del 5 de febrero de 2021 donde se demostró que se abonó 12.540 dólares americanos para el pago de un viaje a Jerusalén y que la empresa contratada nunca ha brindado el servicio contratado, habiéndose llegado a un acuerdo de que se iba a devolver lo abonado[3].

Se consideró que en las relaciones de consumo el proveedor está obligado a honrar no solamente los ofrecimientos determinados sino también las precisiones publicitarias y en ese sentido, la relación de consumo incluye todas las circunstancias que la rodean, constituyen un antecedente o son una consecuencia de la actividad encaminada a satisfacer la demanda de bienes y servicios para el destino final de consumidores y usuarios.

LA REPARACIÓN DEL DAÑO Y LA COMPETENCIA NACIONAL E INTERNACIONAL

Los servicios en el ámbito del turismo no incluyen únicamente el viaje. Muchas veces se adquiere un seguro para cubrir imprevistos derivados de cambios de fecha. En otras ocasiones, se contrata también un seguro médico mientras la persona está en el extranjero.

En el expediente 352/2021 un ciudadano brasileño residente en Paraguay contrató un seguro de asistencia médica para un viaje a Brasil. Ante un problema de salud (infarto) se solicitó a la compañía aseguradora la cobertura del servicio y recibió como respuesta que debía realizar el pago y recibiría el reembolso a su retorno.

Posteriormente la empresa aseguradora le denegó el pago indicando que el daño cubierto (enfermedad) era preexistente y por ende, no estaba cubierto el riesgo alegando que ello no estaba previsto en las condiciones generales del contrato.

La autoridad administrativa sostuvo que la referencia a una parte del contrato en forma general e insuficiente sirva para exonerarse de la obligación. Se consideró que la obligación del deber de informar se mide por la utilidad y esta a su vez está vinculada necesariamente a la oportunidad ya que para que la información pueda ser utilizada debe ser comunicada en tiempo oportuno. Se sostuvo también que es inadmisible sostener el argumento de que al suscribir el contrato el consumidor ya está en conocimiento total y pleno del alcance jurídico de cada cláusula dada la situación de desventaja propia de la adhesión a un formulario y que el deber de información rige en todo el *íter* contractual.

Pese a todo lo expuesto se sostuvo que el reclamo para el reembolso de lo gastado debía requerirse en el ámbito civil y se dispuso la aplicación de una multa a la empresa y la publicación de la sanción en un diario de gran circulación.

A diferencia de los convenios internacionales de transporte internacional, el contrato de seguro se rige por normas del código civil y leyes especiales de un país. Pero

---

3. PARAGUAY. SEDECO. *Resoluciones 2021*. Disponible en: https://www.sedeco.gov.py/index.php/registro-2/sumarios-administrativos-2021. Acceso en: 22 dic. 2022.

ello no obsta a que se le apliquen normas de defensa del consumidor y que en la propia entidad administrativa se adopten medidas para reparar el daño.

Si el consumidor, conforme al artículo 6º tiene derecho a la adecuada y eficaz prestación de servicios y a recibir el producto en tiempo, cantidad, calidad y precios prometidos (incisos "h" e "i") no se comprende porque se debería recurrir a otra instancia para obtener reparación.

¿Debería entonces considerarse que las sanciones previstas en el artículo 51 de la ley son limitativas? La norma mencionada hace referencia a facultades de los jueces pero no limita las facultades de la autoridad administrativa. Por ende, nos remitimos al artículo 53 que dispone que el Poder Ejecutivo debe reglamentar la ley. Y así cabe remitirnos al artículo 30 del Decreto 21004/2003 que establece las sanciones de amonestación, multa, decomiso de mercaderías, clausura del establecimiento, inhabilitación y en todos los casos, la publicación de la resolución condenatoria.

Podrá discutirse en base al principio de legalidad que las autoridades administrativas solo pueden realizar aquellas acciones o ejercer las facultades para las que cuentan con una autorización expresa.

Sin embargo, la protección del derecho del consumidor debe contener una eventual reparación en caso de decretarse un daño. Si otorgó competencia a una autoridad administrativa a tal fin, no cabe duda de que la misma se encuentra facultada a ordenar medidas de reparación del daño como lo hizo en ciertos casos.

En el ámbito del Mercosur puede mencionarse que los Estados han considerado oportuno el impulso de la armonización de legislaciones en el área de defensa del consumidor.

Podemos la Decisión CMC 36/17 sobre el derecho aplicable en materia de contratos internacionales de consumo con el objetivo de contribuir al desarrollo del comercio internacional en la región y dar protección al consumidor entre otros objetivos.

Se prevé que el contrato internacional de consumo existe cuando el consumidor tiene su domicilio al momento de la celebración del contrato en un Estado parte diferente del domicilio o sede del proveedor internacional que intervino en la transacción o contrato (Art. 2º).

Luego de excluirse ciertos contratos especializados como aquellos realizados por profesionales queda establecido que los contratos se rigen por el derecho elegido por las partes (autonomía de la voluntad) pudiendo optarse por el derecho del domicilio o por la sede del proveedor de los productos o servicios. Se menciona en el artículo 4º que el derecho elegido será aplicable siempre que sea más beneficiosa al consumidor.

Por ende, deberíamos considerar si la jurisdicción paraguaya no permite efectivamente la reparación del daño y si podríamos pensar que si otros Estados de la región prevén la reparación por la instancia administrativa, ello sería más favorable y permitiría la aplicación de dicha norma por una autoridad paraguaya. Creemos que el sistema paraguayo prevé que la SEDECO otorgue indemnizaciones por daños causados.

En cuanto a la segunda pregunta, la respuesta surge del análisis de las normas en la materia.

Lo expuesto sobre la competencia de la autoridad administrativa se funda en que sin duda resulta más adecuado que la misma decida sobre el daño y no tener que recurrir ante la jurisdicción civil con un nuevo juicio, evitándose costos y los contratiempos derivados de un proceso.

Se considera por parte de la jurisprudencia que la presentación de una denuncia no constituye una actividad riesgosa[4] y no puede ser equiparada a ella a los efectos de la reparación del daño. Sin embargo, no cabe duda de que si se establece el incumplimiento, la autoridad administrativa está habilitada a establecer al menos el reembolso de lo pagado por el administrador.

La ley reconoce como un derecho del consumidor la reparación de daños patrimoniales o morales (Art. 6 inc. f de la ley 1334/98) y que la SEDECO es la autoridad de aplicación de la ley de defensa del consumidor y demás leyes que rigen la materia (Art. 2º de la ley 4974/2013).

Podrá mencionarse que en otros ámbitos administrativos (por ejemplo los derivados de sumarios a conductores de vehículos por accidente de tránsito) el juez de instrucción se limita a establecer la responsabilidad del conductor involucrado y que las partes deben recurrir al ámbito civil para reparar el daño. Sin embargo ello no puede ser aplicable al ámbito de la defensa del consumidor y del usuario considerando que la ley de defensa del consumidor contiene una serie de normas que tutelan al mismo y deben prever una rápida reparación so pena de incumplir con normas constitucionales e internacionales sin considerar las legales.

Podemos citar también la Resolución GMC 36/19 que establece los principios fundamentales para la defensa del consumidor. El artículo 1º reconoce la vulnerabilidad de los consumidores en el mercado e integra el sistema de protección con las normas internacionales y nacionales para tutelar al consumidor estableciendo una serie de principios.

Entre ellos figuran los principios de protección especial para consumidores en situación vulnerable[5] y el respeto a la dignidad humana (principios 6 y 7). Sin duda alguna los turistas se encuentran en estos grupos ya que el estado actual de la integración regional no permite que cuenten con coberturas de salud y protección ante diferentes riesgos como los nacionales o residentes del país donde se encuentran temporalmente.

---

4. PARAGUAY. Tribunal de Apelación en lo Civil y Commercial de Asunción. Sala 3. *Acuerdo y Sentencia 133 del 12 de diciembre de 2011*. Juicio: Carlos Rojas Miñarro c/ Banco Central del Paraguay s/ Indemnización de daños y perjuicios. "A menos que se considere como actividad riesgosa – posición que no suscribimos – la denuncia no se inscribe en ninguno de los supuestos de la norma civil y por tanto es inaplicable".

5. La doctrina especializada menciona que el derecho del consumidor se funda en el diagnóstico de la existencia de una situación de desequilibro entre las partes. *V.* WAJNTRAUB, Javier. El estatuto del consumidor paraguayo, *Revista la Ley Paraguaya*, Asunción, a. 34, n. 10, p. 1533-1537, nov. 2011.

También se reconocen los principios de no discriminación (9), buena fe (10), información (11) y armonización (12).

Surgen entonces diferentes interrogantes. La primera es si el sistema regional podría permitir una discriminación por nacionalidad o domicilio siendo la respuesta negativa.

También está claro que la información debe proveerse más allá de las fronteras de un país y ello en forma clara, veraz y suficiente. Los medios de comunicación permiten hacerlo hoy en día sin problemas. Pero a la luz del principio de armonización y considerando los diferentes grados de protección, surge la duda de si habiéndose pactado la aplicación de un derecho en un contrato, podría esgrimirse la aplicación de otro que resulte más favorable.

Creemos en base a las normas citadas que en el MERCOSUR una parte que se encuentre en una situación de aplicación de normas regionales por haberse encontrado en una situación privada descrita en otro país fuera de su lugar de residencia podría pedir la aplicación de normas más favorables de otro país si ello le permite obtener un mejor nivel de protección. El principio de reparación integral (13) hace referencia a que debe asegurarse la protección del consumidor a ese nivel.

CONCLUSIÓN

La protección a los turistas por parte de la autoridad administrativa paraguaya deja sabores dulces y amargos. Si bien existe, en la práctica los mismos no pueden obtener en todos los casos el reembolso de lo pagado y la efectiva reparación del daño.

En el ámbito del MERCOSUR a tenor de las reglas existentes a la fecha, no cabe duda de que puede aplicarse la norma de un país que contenga disposiciones más favorables para la protección del consumidor en base al compromiso de lograr una reparación integral.

REFERENCIAS

PARAGUAY. *Ley n+ 1334 de defensa del consumidor y del usuario*. Establece la Ley de defensa del consumidor y usuario.

PARAGUAY. SEDECO. *Infractores 2020*, [s.d.]. Disponible en: http://www.sedeco.gov.py/index.php/multas-2020. Acceso en: 22 dic. 2022.

PARAGUAY. SEDECO. *Resoluciones 2021*. Disponible en: https://www.sedeco.gov.py/index.php/registro-2/sumarios-administrativos-2021. Acceso en: 22 dic. 2022.

PARAGUAY. Tribunal de Apelación en lo Civil y Commercial de Asunción. Sala 3. *Acuerdo y Sentencia 133 del 12 de diciembre de 2011*. Juicio: Carlos Rojas Miñarro c/ Banco Central del Paraguay s/ Indemnización de daños y perjuicios.

WAJNTRAUB, Javier. El estatuto del consumidor paraguayo, *Revista la Ley Paraguaya*, Asunción, a. 34, n. 10, p. 1533-1537, nov. 2011.

PARTE VI
INTELIGÊNCIA ARTIFICIAL
E DIREITO DE DANOS

UN RÉGIMEN EUROPEO DE RESPONSABILIDAD CIVIL PARA EL USUARIO DE INTELIGENCIA ARTIFICIAL[1]

Cristina Gil Membrado

Catedrática de Derecho Civil, Universidad de las Islas Baleares.

Las tres leyes de la robótica[2]

"1. Un robot no debe dañar a un ser humano o, por su inacción, dejar que un ser humano sufra daño.

2. Un robot debe obedecer las órdenes que le son dadas por un ser humano, excepto cuando estas órdenes se oponen a la primera ley.

3. Un robot debe proteger su propia existencia, hasta donde esta protección no entre en conflicto con la primera o segunda leyes".

UNA INTELIGENCIA NO HUMANA

La Inteligencia Artificial (IA) no es más que un programa informático, que, a base de datos, conforma un algoritmo que resuelve un problema. La IA tiene como una de sus primeras manifestaciones el programa de juego de damas de Arthur Samuel en 1955[3]. En este caso un ordenador de IBM mejoraba sus habilidades en este juego aprendiendo de su propia experiencia. Es en 1959 cuando el término de "Inteligencia Artificial" se oficializa. A partir de aquí la evolución se produce en la resolución de problemas cada vez más complejos utilizando una ingente cantidad de datos para el aprendizaje de la máquina. A comienzos del siglo XXI con el nuevo desarrollo en materia de computación – tanto en el almacenamiento como en la velocidad – y con la revolución de los macrodatos se produjo un avance significativo de las técnicas de aprendizaje estadístico informatizado[4].

Dado el interés de estas tecnologías disruptivas, el Parlamento Europeo, a través de la Resolución de 16 de febrero de 2017, con Recomendaciones destinadas a la Comisión

---

1. Proyecto Derecho Y Medicina: Desafios Tecnologicos y Cientificos (DEMETYC) PID2019104868RA-I00 financiado por MCIN/ AEI /10.13039/501100011033.
2. ASIMOV, Isaac. *Yo robot*. New York: Gnome, 1950.
3. Arthur L. Samuel (1901-1990) fue un pionero en el campo de los juegos informáticos y la inteligencia artificial y el creador de uno de los primeros juegos didácticos como demostración muy temprana del concepto de la inteligencia artificial (AI). https://darthmouthconference.wordpress.com/participantes-en-la-conferencia/arthur-samuel/.
4. BENAVENT NÚÑEZ, Diego et al. *Inteligencia artificial y decisiones clínicas: cómo está cambiando el comportamiento médico*. Madrid: Fundación Gaspar Casal, 2020. p. 23.

sobre normas de Derecho Civil sobre robótica[5] ya incidió en la necesidad de "crear una definición generalmente aceptada de robot y de inteligencia artificial que sea flexible y no lastre la innovación".

Así, el citado texto, que constituye un hito en la materia, realiza las siguientes consideraciones que constituyen el germen de la preocupación por regular jurídicamente la IA: "Considerando que, desde el monstruo de Frankenstein creado por Mary Shelley al mito clásico de Pigmalión, pasando por el Golem de Praga o el robot de Karel Čapek – que fue quien acuñó el término –, los seres humanos han fantaseado siempre con la posibilidad de construir máquinas inteligentes, sobre todo androides con características humanas[6].

Considerando que, ahora que la humanidad se encuentra a las puertas de una era en la que robots, bots, androides y otras formas de inteligencia artificial cada vez más sofisticadas parecen dispuestas a desencadenar una nueva revolución industrial – que probablemente afecte a todos los estratos de la sociedad –, resulta de vital importancia que el legislador pondere las consecuencias jurídicas y éticas, sin obstaculizar con ello la innovación"[7].

LA IMPRESCINDIBLE REGULACIÓN EUROPEA DE LA IA

Los beneficios que potencialmente nos puede proporcionar la IA son ilimitados y ante el vertiginoso desarrollo de estas tecnologías, la Unión Europea debe actuar, ya que, si bien, la mayoría de los sistemas de IA presentarán bajo riesgo, conviviremos con otros que entrañan peligros. Para responder a este reto es imprescindible una actuación legislativa armonizadora que pondere adecuadamente los riesgos y los beneficios de la IA.

Si bien el Derecho ha tomado la determinación de regular la IA, por lo que por vez primera podríamos afirmar que no irá por detrás de la Ciencia, todavía no podemos hablar de una IA autónoma que sea semejante a la mente humana. Sin embargo, la IA cada vez procesa mejor el lenguaje natural y, en algunas tareas supera ya al hombre en precisión y en resultados[8].

---

5. PARLAMENTO EUROPEO. *Resolución del Parlamento Europeo, de 16 de febrero de 2017, con recomendaciones destinadas a la Comisión sobre normas de Derecho civil sobre robótica*, 2017. Disponible en: https://www.europarl. europa.eu/doceo/document/TA-8-2017-0051_ES.html. Acceso en: 23 dic. 2022.
6. V. LLEDÓ YAGÜE, Francisco. *Los nuevos esclavos digitales del siglo XXI y la superación del hombre óptimo ¿Hacia un nuevo derecho robótico?*. Madrid: Dykinson, 2022.
7. Id.
8. INTUITIVE. *Da Vinci by Intuitive*. Enabling surgical care to get patients back to what matters. Disponible en: https://www.intuitive.com/en-us/products-and-services/da-vinci. Acceso en: 23 dic. 2022. El robot quirúrgico por excelencia es el robot Da Vinci. Se trata de un sistema quirúrgico basado en una plataforma robótica. Su valor radica en que mejora la precisión del cirujano a la vez que es mínimamente invasivo en cirugías de gran complejidad. Consta de una consola ergonómica donde se sitúa el cirujano, un carro con cuatro brazos robóticos, un sistema para que el campo quirúrgico pueda verse con gran precisión y unos instrumentos quirúrgicos adaptados manejados por el cirujano, que opera teniendo a su disposición una imagen tridimensional y ampliada del cuerpo del paciente. El robot recibe las órdenes del cirujano reproduciendo los movimientos realizados por este, por lo que carece de autonomía y necesita una orden para proceder. Sus puntos fuertes son la precisión, la seguridad y la mínima invasión, lo que se traduce en una más rápida recuperación y un menor

Recientemente, estamos siendo testigos de propuestas europeas ambiciosas, con el objeto de constituir la primera regulación de la IA y de hacer frente a los riesgos que plantea el uso de estas tecnologías, a la vez que promover su utilización[9].

Una de las principales es la Propuesta de Reglamento por el que se establecen normas armonizadoras en materia de inteligencia artificial[10] (Propuesta de Reglamento de IA) y sus anexos[11]. La elección del Reglamento como instrumento es un acierto en todo lo que se refiere a la regulación de estas tecnologías ya que se pretende que con una norma de aplicación directa haya menos margen de discrecionalidad para los Estados miembros, sin perjuicio de que se deje alguna posibilidad de complementar la regulación por parte de estos como ya sucede con el Reglamento Europeo de Protección de Datos[12] y con las normas nacionales que lo complementan[13].

Esta propuesta de Reglamento de IA sostiene en su Considerando 53 la conveniencia de que una persona física o jurídica concreta, definida como proveedor asuma la responsabilidad de la introducción en el mercado o puesta en servicio de un sistema de IA de alto riesgo, independientemente de si dicha persona física o jurídica fue o no el que diseñó o desarrolló el sistema. Es el proveedor quien, por lo general, debe llevar a cabo la evaluación de la conformidad bajo su responsabilidad[14].

---

plazo de hospitalización. La intervención resulta menos traumática, al ser las incisiones más reducidas, el sangrado mínimo y la recuperación menos dolorosa y más rápida. En cuanto al cirujano, mejora su precisión, su destreza y adquiere una visión más completa. Aprobado en el año 2000 por la Administración de Alimentos y Medicamentos (FDA) de los Estados Unidos.

9. COMISIÓN EUROPEA. *Comunicación de la Comisión al Parlamento Europeo, al Consejo, al Comité Económico y Social Europeo y al Comité de las Regiones*. Fomentar un planteamiento europeo en materia de inteligencia artificial, 2021). Disponible en: https://eur-lex.europa.eu/resource.html?uri=cellar:01ff45fa-a375-11eb-9585-01aa75de71a1.0014.02/DOC_1&format=PDF. Acceso en: 23 dic. 2022.

Esta acción continúa la estrategia marcada en: COMISSÃO EUROPEIA. *Comunicación de la Comisión al Parlamento Europeo, al Consejo Europeo, al Consejo, al Comité Económico y Social Europeo y al Comité de las Regiones*. Inteligencia Artificial para Europa, 2018. Disponible en: https://eur-lex.europa.eu/legal-content/ES/TXT/PDF/?uri=CELEX:52018DC0237&from=ES. Acceso en: 23 dic. 2022.

También, como antecedente: COMISIÓN EUROPEA. *Libro blanco sobre la inteligencia artificial*. Un enfoque europeo orientado a la excelencia y la confianza, 2020. Disponible en: https://ec.europa.eu/info/sites/default/files/commission-white-paper-artificial-intelligence-feb2020_es.pdf. Acceso en: 23 dic. 2022.

10. PARLAMENTO EUROPEO. *Propuesta de Reglamento del Parlamento Europeo y del Consejo por el que se establecen normas armonizadas en materia de inteligencia artificial (ley de inteligencia artificial) y se modifican determinados actos legislativos de la unión*, 2021. Disponible en: https://eur-lex.europa.eu/resource.html?uri=cellar:e0649735-a372-11eb-95851aa75ed71a1.0008.02/DOC_2&format=PDF. Acceso en: 23 dic. 2022.

11. PARLAMENTO EUROPEO. *Anexos de la Propuesta de Reglamento del Parlamento Europeo y del Consejo por el que se establecen normas armonizadas en materia de Inteligencia Artificial (Ley de Inteligencia Artificial) y se modifican determinados actos legislativos de la unión*, 2021. Disponible en: https://eur-lex.europa.eu/resource.html?uri=cellar:e0649735-a372-11eb-9585-01aa75ed71a1.0008.02/DOC_2&format=PDF. Acceso en: 23 dic. 2022.

12. PARLAMENTO EUROPEO; CONSEJO DE LA UNIÓN EUROPEA. *Reglamento (UE) 2016/679 del Parlamento Europeo y del Consejo de 27 de abril de 2016 relativo a la protección de las personas físicas en lo que respecta al tratamiento de datos personales y a la libre circulación de estos datos y por el que se deroga la Directiva 95/46/CE (Reglamento General de Protección de Datos)*, 2016. Disponible en: https://www.boe.es/doue/2016/119/L00001-00088.pdf. Acceso en: 23 dic. 2022.

13. ESPAÑA. *Ley Orgánica 3/2018, de 5 de diciembre, de protección de datos personales y garantía de los derechos digitales*.

14. Considerando 64.

Así, antes de la comercialización de un sistema de IA de alto riesgo en la UE o de ponerlo en servicio de otro modo, los proveedores deberán someterlo a una evaluación de conformidad para demostrar que el sistema cumple con todos los requisitos necesarios para considerarlo digno de confianza, como, a modo de ejemplo, la calidad de los datos, la trazabilidad, la transparencia, la supervisión humana y la solidez. Además, los proveedores de sistemas de IA de alto riesgo también aplicarán sistemas de calidad y de gestión de riesgos que garanticen la conformidad con nuevos requisitos y la minimización de riesgos para los usuarios[15]. Nos recuerda este régimen a la responsabilidad proactiva del responsable del tratamiento instaurado por el Reglamento General de Protección de Datos.

Por otra parte, el artículo 24 de la Propuesta de Reglamento de IA en cuanto a las obligaciones de los fabricantes de productos establece que cuando un sistema de IA de alto riesgo asociado a los mismos se introduce en el mercado o se pone en servicio junto al producto fabricado y con el nombre de su fabricante, este será el responsable de que el sistema de IA cumpla con lo dispuesto en la Propuesta, teniendo el fabricante las mismas obligaciones en relación con la IA impuestas al proveedor.

Hace alusión, también, la Propuesta, en su Exposición de Motivos a la labor realizada por el Parlamento Europeo en el ámbito de sentar las bases de la IA, aprobando una serie de resoluciones en 2020 como, en lo que ahora nos vamos a centrar, la de 20 de octubre de 2020 relativa a la responsabilidad civil e IA[16].

IA. APROXIMACIÓN A SU CONCEPTO

En cuanto al concepto de IA, el Considerando 6 de la Propuesta de Reglamento de IA deja constancia de la necesidad de definir claramente su alcance, pero también de lograr la flexibilidad necesaria para adaptarse a los futuros avances de la tecnología. Hace referencia, igualmente, a la posibilidad de que los sistemas de IA tengan distintos niveles de autonomía y puedan ser utilizados de modo independiente o como componente de un producto, con independencia de si el sistema está integrado (forma parte física del producto) o no (tiene funcionalidad en el producto, pero no está integrado).

No contamos con un concepto claro de IA, fundamentalmente, porque todavía estamos en los albores y desconocemos cuál será su alcance y sus límites, los usos para los que se admitirá y la relación que mantendrá con el humano.

El artículo 3.1 de la Propuesta de Reglamento de IA considera "sistema de inteligencia artificial" como "el *software* que se desarrolla empleando una o varias de las técnicas y estrategias que figuran en el anexo I y que puede, para un conjunto determinado de

---

15. "«Usuario»: toda persona física o jurídica, autoridad pública, agencia u organismo de otra índole que utilice un sistema de IA bajo su propia autoridad, salvo cuando su uso se enmarque en una actividad personal de carácter no profesional". Art. 3.4 Propuesta de Reglamento de IA.

16. PARLAMENTO EUROPEO. *Propuesta de Resolución del Parlamento Europeo, de 20 de octubre de 2020, sobre un régimen de responsabilidad civil en materia de inteligencia artificial, 2020/2014*, 2020. Disponible en: https://www.europarl.europa.eu/doceo/document/TA-9-2020-0276_ES.html. Acceso en: 23 dic. 2022.

objetivos definidos por seres humanos, generar información de salida como contenidos, predicciones, recomendaciones o decisiones que influyan en los entornos con los que interactúa"[17].

Menos ambiciosa, en tanto en cuanto solo alude a "cierto grado de autonomía" se muestra la Propuesta de Reglamento sobre los principios éticos de la IA[18], que, en su artículo 4.a entiende por IA "un sistema basado en programas informáticos o incorporado en dispositivos físicos que manifiesta un comportamiento inteligente al ser capaz, entre otras cosas, de recopilar y tratar datos, analizar e interpretar su entorno y pasar a la acción, con cierto grado de autonomía, con el fin de alcanzar objetivos específicos"[19].

En el artículo 3.a de la Propuesta de Reglamento de responsabilidad civil en materia de IA se define esta como "todo sistema basado en programas informáticos o incorporado en dispositivos físicos que muestra un comportamiento que simula la inteligencia, entre otras cosas, mediante la recopilación y el tratamiento de datos, el análisis y la interpretación de su entorno y la adopción de medidas, con cierto grado de autonomía, para lograr objetivos específicos". Adopta este concepto ya un nivel de IA autónomo que además simula la inteligencia humana, por lo que se trataría de tecnología avanzada que abarcaría tanto el aprendizaje automático como las redes neuronales, a lo que nos referiremos en lo sucesivo.

TIPOS DE IA

La IA, en sus orígenes, implicaba una mera programación a partir de reglas preestablecidas – así sucedía en el programa antes aludido de juego de damas –. Únicamente era capaz, la máquina, de hacer – de modo mecánico – aquello para lo que se le había preparado.

Un paso más implica que el sistema de IA adquiera su propio lenguaje y extraiga patrones a través de datos, que es el origen del aprendizaje automático – *Machine Learning* (ML) –. Este proceso supone clasificar características relevantes mediante las que el sistema entrena, sean datos o imágenes.

---

17. Art. 3.1.
18. PARLAMENTO EUROPEO. *Propuesta de Reglamento del Parlamento Europeo y del Consejo sobre los principios éticos para el desarrollo, el despliegue y el uso de la inteligencia artificial, la robótica y las tecnologías conexas.* Disponible en: https://www.europarl.europa.eu/doceo/document/TA-9-2020-0275_ES.html. Acceso en: 23 dic. 2022. PARLAMENTO EUROPEO. *Resolución del Parlamento Europeo, de 20 de octubre de 2020, con recomendaciones destinadas a la Comisión sobre un marco de los aspectos éticos de la inteligencia artificial, la robótica y las tecnologías. Conexas,* 2020. Disponible en: https://www.europarl.europa.eu/doceo/document/TA-9-2020-0275_ES.html. Acceso en: 23 dic. 2022.
19. Adaptación de la definición que figura en la Comunicación de la Comisión Europea de 25.4.2018. COMISIÓN EUROPEA. *Comunicación de la Comisión al Parlamento Europeo, al Consejo Europeo, al Consejo, al Comité Económico y Social Europeo y al Comité de las Regiones Inteligencia artificial para Europa,* 2018. Disponible en: https://eur-lex.europa.eu/legal-content/ES/TXT/PDF/?uri=CELEX:52018DC0237&from=ES. Acceso en: 23 dic. 2022.

En primera instancia, el aprendizaje en estos casos viene definido por el humano, pero una evolución se produce cuando ya son los algoritmos los que aprenden a extraer los caracteres relevantes a partir de la información suministrada.

Posteriormente, la máquina ya es capaz de aprender o inducir el conocimiento a partir de la generalización de comportamientos. El aprendizaje automático diseña modelos predictivos desde un conjunto inicial de datos, identificando patrones y estableciendo criterios de clasificación. Una vez se han fijado los citados criterios, cuando se introduce un nuevo conjunto de datos, el sistema de IA realiza una inferencia.

ML puede ser de varios tipos. Por un lado, el supervisado, implica el conocimiento de datos previos y el tipo de resultado que se pretende alcanzar. El algoritmo, en estos casos, se entrena con un conjunto de datos que están "etiquetados"[20], de modo que en función de las variables de entrada, asigna una "etiqueta" de salida adecuada. Responde esta modalidad a las predicciones que se realizan sobre las operaciones de fraude con tarjetas de crédito o a las decisiones automatizadas[21] con vistas a otorgar créditos preconcedidos con fundamento en el perfilado de clientes[22]. En este caso se proporciona al algoritmo datos generados a partir de casos fraudulentos para que los pueda identificar. En definitiva, proporcionamos a la máquina ejemplos de problemas y las soluciones esperadas.

Por otro lado, el ML no supervisado, que, al contrario del supervisado, parte de datos no etiquetados[23] de modo que el algoritmo intenta encontrar la estructura interna de los datos. El aprendizaje no supervisado implica un proceso similar al de un niño que toca una taza caliente y se quema, por lo que aprende que no debe volver a hacerlo. De este mismo modo, la máquina puede aprender sin información previa ni supervisión. También existen modelos que combinan ambos tipos como el aprendizaje semi-supervisado[24].

---

20. Así sucedería con un modelo de predicción de compras de clientes cuando conocemos su histórico de compras. CORDÓN MEDRANO, Iván. Big Data e inteligencia artificial. En VALPUESTA GASTAMINZA, Eduardo; HERNÁNDEZ PEÑA, Juan Carlos. *Tratado de derecho digital*. Madrid: La Ley Wolters Kluwer, 2021. p. 281.

21. PARLAMENTO EUROPEO. *Informe del Parlamento Europeo con recomendaciones destinadas a la Comisión sobre un régimen de responsabilidad civil en materia de inteligencia artificial*, 2020. Disponible en: https://www.europarl.europa.eu/doceo/document/A-9-2020-0178_ES.html. Acceso en: 23 dic. 2022. "Implica que un usuario delegue inicialmente una decisión, en su totalidad o en parte, en una entidad mediante la utilización de un programa informático o de un servicio; que dicha entidad, a su vez, utiliza modelos de toma de decisiones ejecutados automáticamente para llevar a cabo una acción en nombre de un usuario o para informar las decisiones del usuario a la hora de realizar una acción".

22. AEPD. *Procedimiento n: PS/00500/2020*, 2020. https://www.aepd.es/es/documento/ps-00500-2020.pdf. Acceso en 23 dic. 2022.

23. En este caso se busca identificar patrones o grupos de características similares en datos no etiquetados. Esta técnica se utiliza para categorizar clientes de alto, medio o bajo nivel. CORDÓN MEDRANO, Iván. Big Data e inteligencia artificial. En VALPUESTA GASTAMINZA, Eduardo; HERNÁNDEZ PEÑA, Juan Carlos. *Tratado de derecho digital*. Madrid: La Ley Wolters Kluwer, 2021. p. 281.

24. BUSTINCE SOLA, Humberto. Caminos hacia la superinteligencia. En LLEDÓ YAGÜE, Francisco; BENÍTEZ ORTÚZAR, Ignacio; MONJE BALMASEDA, Óscar (Dir.). *La robótica y la inteligencia artificial en la nueva era de la revolución industrial 4.0*. Madrid: Dykinson, 2021. p. 560.

Finalmente – sin perjuicio de que existen variables entre estos grandes tipos de aprendizaje automático – el aprendizaje de refuerzo implica que la intervención humana durante el proceso de aprendizaje premia o penaliza las decisiones parciales de la máquina[25].

La evolución de estos sistemas de ML supone ir hacia modelos que funcionan mediante técnicas de aprendizaje profundo – *Deep Learning* (DL) – mediante redes neuronales, donde el aprendizaje se realiza a partir de características compuestas o jerárquicas en varios niveles, desde el más simple al más complejo. Estaríamos ante lo que se ha dado en llamar IA fuerte – frente a la débil o incipiente – que, si bien es la que presenta una mayor potencialidad, también adolece de mayores riesgos, entre otros, su escasa o nula explicabilidad o, lo que es lo mismo, el fundamento de la lógica decisional que utiliza. Al ser la relación entre sus capas desconocida, impide entender los criterios que utiliza para adoptar una decisión. Se incurre, de este modo, en una IA que, si bien puede brindarnos más beneficio, es la que más puede lesionar, dada su opacidad, motivo por el que a sus algoritmos se les denomina como "de caja negra".

¿En qué momento de la evolución de la IA nos encontramos en la actualidad? Hoy no disponemos todavía de una IA autónoma[26]. Convivimos con una IA a la que proporcionamos ingentes cantidades de datos y es capaz de realizar una tarea concreta o específica, limitándose a ella. En estas condiciones, contamos con instrumentos normativos como para hacer frente a la reparación de los daños a consecuencia de la actuación de la IA. Sin embargo, todo parece apuntar a que el futuro nos deparará una IA similar a la inteligencia humana – incluso superior –. Esta IA ya podrá realizar tareas variadas, no previstas, pensar, razonar y crear – de modo similar a la mente humana –. Todavía está lejano el momento en que la IA alcance esta capacidad, pero para aquel entonces no disponemos de instrumentos normativos adecuados para hacer frente a los daños que pueda causar fruto de su actividad en cada vez más escenarios.

No falta doctrina que considera que esta IA futurible es fruto de ensoñaciones y de ciencia ficción, así Lacruz Mantecón considera que "Si tratamos a los robots como personas es porque al exhibir resultados que nosotros alcanzamos pensando, creemos que también ellos piensan, y que, por lo tanto, son, como nosotros, personas. Esto es un

---

25. AEPD. *Adecuación al RGPD de tratamientos que incorporan inteligencia artificial*. Una introducción. Febrero 2020, p. 6. Disponible en: https://www.aepd.es/sites/default/files/2020-02/adecuacion-rgpd-ia.pdf. Acceso en: 23 dic. 2022. Busca determinar qué acciones debe escoger un *software* en un entorno dado para maximizar la recompensa. Para ello se define un conjunto de acciones a elegir, un conjunto de posibles estados de la naturaleza que se podrían producir y unas reglas que determinan la relación entre las acciones y los diferentes estados para que se produzca la recompensa. Un ejemplo es *AlphaGo*, el programa informático, que desarrollado por *GoogleDeepMind*, venció al campeón del mundo del juego *Go*.
CORDÓN MEDRANO, Iván. Big Data e inteligencia artificial. En VALPUESTA GASTAMINZA, Eduardo; HERNÁNDEZ PEÑA, Juan Carlos. *Tratado de derecho digital*. Madrid: La Ley Wolters Kluwer, 2021. p. 281.
26. Conforme a lo dispuesto en el artículo 3.b de la Propuesta de Reglamento de responsabilidad civil en materia de IA es autónomo el "sistema de inteligencia artificial que funciona interpretando determinados datos de entrada y utilizando un conjunto de instrucciones predeterminadas, sin limitarse a ellas, a pesar de que el comportamiento del sistema esté limitado y orientado a cumplir el objetivo que se le haya asignado y otras decisiones pertinentes de diseño tomadas por su desarrollador".

error, el robot no piensa, computa, su inteligencia no pasa de ser lo que se conoce como IA débil. Lo que ocurre es que los resultados de su actividad pasan por pensamientos que fingen ser una comunicación intencional. Y cuando se finge bien, el resultado puede pasar por el original, pero no lo es"[27].

Lledó Yagüe considera que, si la máquina súper inteligente pudiera superar intelectualmente a la persona, esto no dejaría de ser más que un aprendizaje artificial, siendo que la creatividad es y será solo de la persona[28].

IA Y RESPONSABILIDAD CIVIL

Ya hemos avanzado que los sistemas de IA conllevan una serie de riesgos potenciales, mayores cuanto mayor sea su autonomía, como la opacidad en la toma de decisiones, la discriminación, la intromisión en la privacidad o un uso con fines delictivos[29].

El Parlamento Europeo en su Propuesta de Reglamento de responsabilidad civil en materia de IA señala que las ventajas de la implementación de la IA compensarán con creces sus desventajas, pero para aprovechar sus oportunidades e impulsar la confianza de los ciudadanos, además de evitar situaciones perjudiciales, es necesario contar con unas normas éticas firmes y con un procedimiento indemnizatorio justo y sólido.

Apunta la importancia de que el marco jurídico que se diseñe en materia de responsabilidad civil conlleve confianza con el objetivo de lograr el equilibrio entre la protección de las potenciales víctimas de daños o perjuicios, y, a su vez, posibilite que las empresas puedan desarrollar nuevas tecnologías, productos o servicios de modo que se infunda la necesaria seguridad jurídica.

Por este motivo, además, la Propuesta de Reglamento tiene carácter de norma imperativa, a tenor de lo dispuesto en su artículo 2.2, en cuanto que se considerará nulo el acuerdo establecido entre el operador de un sistema de IA y la persona que sufra un daño, en el caso de que lo acordado eluda o limite los derechos y obligaciones recogidos en la norma.

¿PARTIMOS DE CERO O REVISAMOS NUESTRO RÉGIMEN DE RESPONSABILIDAD CIVIL?

El Parlamento Europeo en la Resolución de 16 de febrero de 2017, con Recomendaciones destinadas a la Comisión sobre normas de Derecho Civil sobre robótica parte de los avances tecnológicos y de la irrupción de las máquinas con capacidad

---

27. LACRUZ MANTECÓN, Miguel Luis. *Robots y personas*: una aproximación jurídica a la subjetividad cibernética. Madrid: Reus, 2020. p. 98.
28. LLEDÓ YAGÜE, Francisco. Realidades y disrupciones en torno al robot inteligente (el futuro del hombre quebradizo). En LLEDÓ YAGÜE, Francisco; BENÍTEZ ORTÚZAR, Ignacio; MONJE BALMASEDA, Óscar (Dir.). *La robótica y la inteligencia artificial en la nueva era de la revolución industrial 4.0.* Madrid: Dykinson, 2021.
29. COMISIÓN EUROPEA. *Libro blanco sobre la inteligencia artificial.* Un enfoque europeo orientado a la excelencia y la confianza, 2020. Disponible en: https://ec.europa.eu/info/sites/default/files/commission-white-paper-artificial-intelligence-feb2020_es.pdf. Acceso en: 23 dic. 2022.

de aprender de la experiencia y de tomar decisiones cuasi-independientes, que actúan con el entorno y lo modifican, por lo que en este contexto resulta crucial la responsabilidad jurídica por los daños que puedan causar.

Teniendo en cuenta que las máquinas van a tender a una mayor autonomía, cada vez será más difícil considerarlas meros instrumentos en manos de fabricantes, operadores, propietarios, usuarios, entre otros, por lo que se suscita la cuestión de si la normativa general sobre responsabilidad es suficiente o si se requieren normas y principios específicos.

El Parlamento Europeo considera que en el actual escenario jurídico las máquinas no pueden ser consideradas responsables ni sus comportamientos encuentran encaje en el marco jurídico vigente. A modo de ejemplo, las posibilidades ofrecidas por la Directiva 85/374/CEE[30] solo cubren los daños ocasionados por los defectos de fabricación cuando el perjudicado pueda demostrar el daño real, el defecto del producto y la relación de causalidad entre el defecto y el daño. Esto resulta insuficiente para cubrir la responsabilidad de máquinas autónomas e imprevisibles.

El Informe del Parlamento Europeo se inclina, no obstante, por la no revisión completa de los regímenes de responsabilidad civil, si bien, deja constancia de que estas tecnologías presentan aspectos particulares como la complejidad, la conectividad, la opacidad – a la que antes nos hemos referido –, la vulnerabilidad, la capacidad de autoaprendizaje y la potencial autonomía. Todo ello constituye un reto regulatorio y motiva la necesidad de realizar ajustes específicos y coordinados en la responsabilidad civil para evitar que, las personas que, a consecuencia de la IA sufran un daño o menoscabo, no sean resarcidas.

Sobre esta necesidad, también se pronunció el Informe[31] adjunto al "Libro blanco sobre la inteligencia artificial – un enfoque europeo orientado a la excelencia y a la confianza –"[32].

A la hora de diseñar estos ajustes, traslada el Parlamento Europeo que, un sistema de IA que actúe de modo autónomo y que además conlleve un alto riesgo inherente es capaz de poner en peligro en mayor medida que otro que no tenga estas características,

---

30. CONSEJO DE LAS COMUNIDADES EUROPEAS. *Directiva del Consejo, de 25 de julio de 1985, relativa a la aproximación de las disposiciones legales, reglamentarias y administrativas de los Estados miembros en materia de responsabilidad por los daños causados por productos defectuosos*, 1985. Disponible en: https://www.boe.es/doue/1985/210/L00029-00033.pdf. Acceso en: 24 dic. 2022.

31. COMISIÓN EUROPEA. *Informe de la Comisión al Parlamento Europeo, al Consejo y al Comité Económico y Social Europeo sobre las repercusiones en materia de seguridad y responsabilidad civil de la inteligencia artificial, el internet de las cosas y la robótica*, 2020. Disponible en: https://eur-lex.europa.eu/legal-content/ES/TXT/PDF/?uri=CELEX:52020DC0064&from=ES. Acceso em: 24 dic. 2022.

32. COMISIÓN EUROPEA. *Libro Blanco sobre inteligencia artificial*: un enfoque europeo de la excelencia y la confianza. Explicita un enfoque europeo sobre la materia, orientado a la excelencia y la confianza. Se relaciona a la reciente Resolución del Parlamento Europeo, del 3 de mayo de 2022, sobre la inteligencia artificial en la era digital. Disponible en: https://ec.europa.eu/info/sites/default/files/commission-white-paper-artificial-intelligence-feb2020_es.pdf. Acceso en: 24 dic. 2022.

por lo que apuesta por un sistema de responsabilidad objetiva para la IA autónoma de alto riesgo.

¿UNA PERSONALIDAD JURÍDICA PARA LA MÁQUINA?

En la Resolución del Parlamento Europeo de 16 de febrero de 2017 con recomendaciones destinadas a la Comisión sobre normas de Derecho civil sobre robótica se recomienda "crear a largo plazo una personalidad jurídica específica para los robots, de forma que como mínimo los robots autónomos más complejos puedan ser considerados personas electrónicas responsables de reparar los daños que puedan causar, y posiblemente aplicar la personalidad electrónica a aquellos supuestos en los que los robots tomen decisiones autónomas inteligentes o interactúen con terceros de forma independiente".

Esta previsión se da en respuesta a la necesidad de encontrar una solución a la cada vez mayor autonomía de las máquinas, por lo que se plantea si sería posible y conveniente que el daño le sea imputado a la máquina respondiendo esta mediante una personificación artificial[33].

Monje Balmaseda sostiene que, si bien ha sido la propuesta más arriesgada en esta materia hasta la fecha, su recorrido ha sido escaso[34], probablemente porque se trata de una solución forzada, únicamente creada para resolver el problema de los daños causados por máquinas autónomas, de modo que la responsabilidad robótica y la laguna generada por esta no paralizase la investigación, especialmente en cuanto al desarrollo de vehículos autónomos[35].

El Parlamento Europeo, en el Informe con recomendaciones a la Comisión sobre un régimen de responsabilidad civil en materia de IA repara en que, si bien todas las actividades, dispositivos o procesos gobernados por IA pueden causar, directa o indirectamente, daños, estos son el resultado de que alguien ha intervenido en el sistema, por lo que habrá que buscar ahí la responsabilidad, sin necesidad de otorgar al sistema de IA una personalidad jurídica propia. Parte para ello de que la IA no tiene conciencia humana y de que su tarea es servir a la humanidad.

Además, precisamente al encontrarnos ante una tecnología, como la IA, y a consecuencia de su opacidad, su conectividad y su autonomía resultaría complicada la trazabilidad necesaria para imputar al sistema responsabilidad en el caso de que se reconociera personalidad a la máquina.

---

33. Sobre la consideración de robot inteligente *versus* persona v. LLEDÓ YAGÜE, Francisco. Realidades y disrupciones en torno al robot inteligente (el futuro del hombre quebradizo). En LLEDÓ YAGÜE, Francisco; BENÍTEZ ORTÚZAR, Ignacio; MONJE BALMASEDA, Óscar (Dir.). *La robótica y la inteligencia artificial en la nueva era de la revolución industrial 4.0*. Madrid: Dykinson, 2021.
34. MONJE BALMASEDA, Óscar. Robótica y responsabilidad civil en el ámbito sanitario. En GIL MEMBRADO, Cristina (Dir.). *Bioderecho y retos. E-health, genética, IA, robótica y criogenización*. Madrid: Dykinson (en prensa).
35. LACRUZ MANTECÓN, Miguel Luis. *Robots y personas*: una aproximación jurídica a la subjetividad cibernética. Madrid: Reus, 2020. p. 177.

Díaz Alabart da en el clavo cuando afirma que más que pensar en asignar una personalidad jurídica a la máquina, lo prioritario es "no crear robots que puedan quedar fuera del control humano de tal forma"[36].

EL RESPONSABLE

El Parlamento Europeo, en su informe sobre un régimen de responsabilidad civil es consciente de los obstáculos que pueden dificultar dar con el responsable, teniendo en cuenta que nos encontramos ante sistemas opacos, conectados y autónomos, que podrían dificultar, e incluso, imposibilitar, como apuntábamos anteriormente, la trazabilidad de las acciones realizadas. Para evitar o minimizar estas trabas se considera posible recurrir a la responsabilidad de las distintas personas de la cadena de valor que crean, mantienen o controlan el riesgo asociado al sistema.

La noción de "control" resulta básica para llegar al operador –que va a ser la figura responsable – y la Propuesta de Reglamento en materia de responsabilidad civil por el funcionamiento de la IA lo define en su artículo 3.g como "cualquier acción de un operador que influya en el funcionamiento de un sistema de IA y, por consiguiente, en la medida en que el operador expone a terceros a los potenciales riesgos asociados a la operación y al funcionamiento del sistema de IA; estas medidas pueden afectar al funcionamiento en cualquier fase al fin al determinar la entrada, la salida o resultados o pueden cambiar funciones o procesos específicos en el seno del sistema de IA; el grado en que estos aspectos del funcionamiento del sistema de IA están determinados por la acción depende del nivel de influencia del operador sobre el riesgo relacionado con la operación y el funcionamiento del sistema de IA".

El operador

La figura clave, como ya hemos adelantado, va a ser el operador, en cuanto que controla el riesgo asociado a un sistema de IA – se compara, de este modo, con el propietario de un automóvil –, de modo que también tiene como ventaja que debido a la complejidad y conectividad de los sistemas de IA, el operador, será, a menudo, el agente visible para el afectado[37]. No en vano, el artículo 1 de la Propuesta de Reglamento señala que su objeto es el establecimiento de normas en relación con las reclamaciones por responsabilidad civil contra los operadores de sistemas de IA.

El operador va a ser identificado en su modalidad más amplia posible, por lo que abarcará tanto al inicial, como al final – siempre que este no esté ya cubierto por la Directiva 85/374/CEE de responsabilidad por daños a consecuencia de productos defectuosos –. Por operador inicial se entenderá "la persona física o jurídica que ejerce un grado de control sobre un riesgo asociado a la operación y el funcionamiento del

---

36. DÍAZ ALABART, Silvia. *Robots y responsabilidad civil*. Madrid: Reus, 2018. p. 79-80.
37. El afectado, conforme a lo dispuesto por el artículo 3.h de la Propuesta de Reglamento es "toda persona que sufre daños o perjuicios por una actividad física o virtual, un dispositivo o un proceso gobernado por un sistema de IA, y que no sea su operador".

sistema de IA y se beneficia de su funcionamiento". Sería operador inicial, o el usuario o poseedor del sistema, o el desarrollador que se sirve de los datos que obtiene[38]. A diferencia de este, el operador final será "la persona física o jurídica que define, de forma continuada, las características de la tecnología, proporciona datos y un servicio de apoyo final de base esencial y, por tanto, ejerce también un grado de control sobre un riesgo asociado a la operación y el funcionamiento del sistema de IA". Sería operador final, así, el programador que ofrece su sistema como un servicio y se mantiene a él vinculado para realizar trabajos continuados sobre el mismo[39], como podría ser el suministro de programas informáticos, datos de tráfico en un sistema de navegación o programas de entrenamiento[40].

La cuestión de la determinación de quién sea el operador, con todo, no es sencilla – y pensemos que precisamente en la Propuesta esta es la figura que se considera idónea para que el perjudicado pueda identificar al responsable –. Si nos centramos en sistemas autónomos, el algoritmo influirá en gran medida y el "controlador", aun siendo remoto, también sería operador responsable[41].

La intención de incluir a cualquier posible responsable deriva, para el Parlamento Europeo, conforme expone en la Propuesta de Reglamento de responsabilidad civil en materia de IA, de que, a consecuencia de la opacidad de estos sistemas, un operador podría argumentar que una actividad, un dispositivo o un proceso se encontraba fuera de su control en tanto en cuanto fue causado por un funcionamiento autónomo del propio sistema. Es necesario que la mera autonomía del sistema, por sí sola, no pueda servir para eludir la responsabilidad.

Por lo tanto, respecto a los sistemas de IA de alto riesgo – que conllevan una mayor autonomía – la persona que crea el sistema, lo mantiene, lo control o interviene en el mismo, será responsable del daño o perjuicio que ocasione, estando obligado a minimizar el daño *ex ante*, o a indemnizarlo *ex post*.

La diligencia debida del operador

Conforme se pronuncia el Parlamento en la Propuesta de Reglamento de responsabilidad civil en materia de IA, la diligencia debida de un operador debe ser acorde, en primer lugar, con la naturaleza del sistema de IA. En segundo lugar, debe relacionarse con el derecho potencialmente afectado. En tercer lugar, con el daño o perjuicio potencial que podría causar el sistema de IA y por último con la probabilidad de dicho perjuicio.

---

38. ZORNOZA SOMOLINOS, Alejandro. Breves apuntes a la Propuesta de Reglamento del Parlamento Europeo sobre responsabilidad civil en materia de inteligencia artificial. *REDS*, Madrid, n. 17, p. 95-101, jul./dic. 2020. p. 100.
39. Id.
40. ÁLVAREZ OLALLA, Pilar. Propuesta de reglamento en materia de responsabilidad civil por el uso de la inteligencia artificial del Parlamento Europeo, de 20 de octubre de 2020, *Revista CESCO*, Ciudad Real, n. 38, p. 1-10, 2021. p. 4.
41. Id.

Es comprensible, y debemos partir de la premisa de que el operador no tiene por qué tener un conocimiento experto de algoritmos y de IA, por lo que cumpliría razonablemente con lo esperable si selecciona un sistema de IA que goza de las garantías de certificación de validación correspondientes como el voluntario previsto por la Comisión[42].

También se va a esperar del operador la demostración de que ha supervisado de modo real y con una periodicidad adecuada el funcionamiento de la IA, de modo que ha informado al fabricante de cualquier irregularidad encontrada. Igualmente se espera de él que haya instalado todas las actualizaciones disponibles proporcionadas por el productor del sistema de IA.

Con todo, el nivel de diligencia deberá ser adaptado a la figura del operador teniendo en cuenta que este podrá ser, en ocasiones, un consumidor, y, en otras, un profesional.

EL RIESGO

En cuanto a los ajustes que el Parlamento Europeo recomienda, ya hemos apuntado que, el riesgo va a ser fundamental para asignar un modelo u otro de responsabilidad. La propuesta de Reglamento se centrará en la IA de alto riesgo considerando que tanto esta norma cuando sea efectiva como la Directiva sobre responsabilidad por los daños causados por productos defectuosos van a ser dos pilares fundamentales en el escenario de responsabilidad civil por IA.

El Parlamento Europeo considera, en el artículo 3.c de su Propuesta que un sistema de IA presenta un alto riesgo cuando su funcionamiento autónomo implica un potencial significativo de causar daño a una o más personas más allá de lo que cabe esperar razonablemente. Para cuantificar este riesgo hay que atender al sector donde la IA funcione y la naturaleza de las acciones realizadas – podemos imaginar el riesgo que entraña un robot cirujano –.

El potencial de un sistema de IA de alto riesgo para causar daños o perjuicios dependerá de la interacción entre la finalidad del uso para el que se comercializa, la forma en que se usa, la gravedad del daño o perjuicio potencial, el grado de autonomía en la toma de decisiones y la probabilidad del que el riesgo se materialice. La gravedad del daño se determinará en base a factores relevantes como la magnitud del daño potencial a consecuencia del funcionamiento en las personas afectadas, incluidos los efectos sobre los derechos fundamentales, el número de afectados, el valor total del posible perjuicio y el daño a la sociedad. Por su parte, la probabilidad del daño o perjuicio se determinará sobre factores como el papel de los cálculos algorítmicos en la toma de decisión, la complejidad de esta y la reversibilidad de los efectos.

---

42. COMISIÓN EUROPEA. *Libro blanco sobre la inteligencia artificial*. Un enfoque europeo orientado a la excelencia y la confianza, 2020. Disponible em: https://ec.europa.eu/info/sites/default/files/commission-white-paper-artificial-intelligence-feb2020_es.pdf. Acceso en: 23 dic. 2022. p. 24.

UN NUEVO ENFOQUE DE LA RC EN FUNCIÓN DEL RIESGO

El informe del Parlamento Europeo con Recomendaciones destinadas a la Comisión sobre un régimen de responsabilidad civil en materia de IA avanza que la responsabilidad civil desempeña un importante papel en nuestra vida cotidiana, ya que garantiza que la persona que haya sufrido un daño o un perjuicio tenga derecho a reclamar y a recibir una indemnización por parte de quien sea responsable, a la vez que proporciona incentivos para que las personas físicas o jurídicas eviten causar daños o perjuicios.

En el artículo 4.1 de la Propuesta de Reglamento, se establece que el operador de un sistema de IA de alto riesgo "será objetivamente responsable de cualquier daño o perjuicio causado por una actividad física o virtual, un dispositivo o un proceso gobernado por dicho sistema de IA".

Con relación a los sistemas que sean de alto riesgo, el Parlamento Europeo recomienda que se enumeren en forma de Anexo del Reglamento propuesto, pero que dado el vertiginoso avance tecnológico debería ser revisado este listado, a lo más tardar, cada seis meses y modificarlo en caso de que proceda. De hecho, se prevé que el listado pueda ser objeto de modificación por la Comisión, mediante actos delegados, lo cual proporciona la necesaria y dinámica de actualización constante que los avances tecnológicos requieren.

El Parlamento, en estos casos, pretende modular el régimen de responsabilidad civil para actividades concretas y le asigna responsabilidad objetiva, por lo que es posible establecer responsabilidad, aun en ausencia de culpa. Reserva este sistema para aquellos casos en que la IA implique un alto riesgo generando un peligro mayor que el inherente a un sistema que no sea de alto riesgo.

Nos encontramos, en el caso de IA de alto riesgo, ante la modalidad objetiva de responsabilidad, por lo que no cabe, conforme se determina en el apartado 4 del citado artículo, eludir dicha responsabilidad alegando actuación con la diligencia debida o que el daño o perjuicio se causó por actividad, dispositivo o proceso autónomo gobernados por el sistema de IA. No obstante, el operador no será responsable si el daño o perjuicio fue causado por fuerza mayor, como circunstancia imprevisible o inevitable.

El operador de un sistema de IA de alto riesgo que sea responsable de daños o de perjuicios conforme a la Propuesta de Reglamento indemnizará, según lo previsto en el artículo 5.1.a hasta un importe máximo de dos millones de euros en caso de fallecimiento o de daños causados a la salud o a la integridad física del afectado a consecuencia de una única utilización de un único sistema de alto riesgo de IA.

Dentro de estos límites, tal y como prevé el artículo 6.1 de la Propuesta de Reglamento, la indemnización a abonar por el operador responsable, en caso de daños físicos seguidos de la muerte de la persona, el cálculo se realizará sobre la base de los costes del tratamiento médico seguido por el afectado con anterioridad a su muerte, así como con relación al perjuicio económico sufrido antes del fallecimiento como consecuencia de la interrupción o de la reducción de la capacidad de generar ingresos o por el aumento de sus necesidades mientras durase el daño previamente a su fallecimiento. El operador, además, deberá sufragar o reembolsar los gastos funerarios.

Si en el momento del incidente que causó el daño que condujo al fallecimiento el afectado mantenía una relación con un tercero y tenía la obligación legal de apoyarle, el operador responsable deberá indemnizar al tercero mediante el pago de una pensión de alimentos proporcional a la que persona afectada se hubiera visto obligada a pagar, durante un periodo equivalente a la esperanza de vida media de una persona de su edad y con su estado general. Se incluye también la indemnización a tercero si en el momento del incidente este había sido concebido, pero todavía no había nacido.

El límite se fija en un millón de euros – artículo 5.1.b – en el caso de daños morales significativos que resulten en una pérdida económica verificable o en daños a la propiedad. Los importes fijados como límite ser reducirán proporcionalmente en el caso en que la indemnización combinada deba abonarse a varias personas que sufran daños o perjuicios ocasionados por la misma utilización de un mismo sistema de IA de alto riesgo, si los importes a abonar a cada persona superan los límites previstos. La indemnización para daños morales y materiales se fija con el límite conjunto apuntado y se incluye el caso en que distintos bienes propiedad del afectado resulten dañados a consecuencia de una única utilización de un único sistema de IA de alto riesgo.

Dentro de estos límites, y conforme se establece en el artículo 6.2, la indemnización a cargo del operador que sea considerado responsable de daños a la salud o a la integridad física de la persona afectada, deberá incluir el reembolso de los gastos del tratamiento médico, así como el pago del perjuicio económico sufrido por el afectado a consecuencia de la suspensión temporal, la reducción o la interrupción definitiva de su capacidad para generar ingresos, o del aumento de sus necesidades acreditadas mediante certificado médico.

IA no de alto riesgo

El informe del Parlamento Europeo considera que la Directiva sobre responsabilidad por los daños causados por productos defectuosos ha sido un medio eficaz en estos casos, pero con la irrupción de estas tecnologías disruptivas debe ser adaptada al mundo digital y a los retos que plantea. Este sistema se plantea mantener como un modo de reclamar contra el productor de un sistema de IA defectuoso. Por otro lado, los sistemas de responsabilidad subjetiva también son válidos para reclamar frente a daños y perjuicios causados por terceros intervinientes.

La Propuesta de Reglamento regula, no obstante, en su artículo 8 la responsabilidad subjetiva para los sistemas de IA que no sean de alto riesgo, ya que el operador, en este caso, podrá eludir la responsabilidad si puede demostrar que no tuvo culpa en el daño o perjuicio causado, bien porque el sistema se activó sin su conocimiento, a la vez que adoptó todas las medidas razonables y necesarias para evitarlo, o bien, porque observó la diligencia debida –a la que antes hemos hecho mención –. Se consideraría, en estos casos, que ha observado la diligencia debida si seleccionó un sistema apropiado para la tarea en concreto y con capacidad adecuada, si puso en funcionamiento el sistema de modo correcto y si controló la actividad y el mantenimiento de la fiabilidad operativa mediante la instalación de las actualizaciones disponibles periódicamente. El operador tampoco será responsable si el daño o perjuicio ha sido provocado por fuerza mayor.

No obstante, no podrá eludir su responsabilidad alegando que el daño o perjuicio fue causado por una actividad, dispositivo o un proceso autónomo gobernado por el sistema de IA.

Si el daño o perjuicio hubiese sido ocasionado por un tercero que haya intervenido en el sistema de IA, modificando su funcionamiento o sus efectos, el operador seguirá siendo responsable del pago de la indemnización en caso de que el tercero no sea localizado o sea insolvente.

Aspectos comunes

Con carácter general y a destacar entre las disposiciones aplicables tanto si se trata de sistemas de IA de alto riesgo como si no, el artículo 10 de la Propuesta de Reglamento señala que, si el daño o perjuicio es causado por una actividad física o virtual, un dispositivo o un proceso gobernado por un sistema de IA, o por la actuación de un afectado o de una persona de la que la persona afectada sea responsable, el alcance de la responsabilidad civil que recaiga sobre el operador, se reducirá en consecuencia. Incluso en el caso de que la persona afectada o la persona de la que es responsable la persona afectada haya causado el daño o perjuicio, el operador no será responsable

Por otro lado, el artículo 11 hace referencia a la responsabilidad conjunta y solidaria en el caso de que haya más de un operador de IA, quedando a salvo la posibilidad de recurrir unos contra otros de modo proporcional en función del nivel de control que ostentara cada uno de ellos. Además, si un operador inicial es también productor[43] del sistema de IA, el Reglamento sobre responsabilidad civil en materia de IA prevalecería sobre la Directiva sobre responsabilidad por los daños causados por productos defectuosos. Por su parte, si el operador final también se puede definir como productor, en el sentido expuesto por el artículo 3 de la Directiva, se le aplicará la Directiva. En el caso de que solo haya un operador y el operador sea también productor del sistema de IA, se aplicará de modo prevalente el Reglamento sobre responsabilidad civil en materia de IA.

---

43. PARLAMENTO EUROPEO. *Propuesta de Reglamento del Parlamento Europeo y del Consejo sobre los principios éticos para el desarrollo, el despliegue y el uso de la inteligencia artificial, la robótica y las tecnologías conexas.* Disponible en: https://www.europarl.europa.eu/doceo/document/TA-9-2020-0275_ES.html. Acceso en: 23 dic. 2022. "Se entiende por «productor» la persona que fabrica un producto acabado, que produce una materia prima o que fabrica una parte integrante, y toda aquella persona que se presente como productor poniendo su nombre, marca o cualquier otro signo distintivo en el producto".

EL SEGURO DE RESPONSABILIDAD CIVIL

En relación con los sistemas de IA de alto riesgo, el artículo 4.4 de la Propuesta de Reglamento atribuye al operador inicial la obligación de que las operaciones del sistema de IA se encuentren cubiertas por un seguro de responsabilidad civil adecuado a los importes antes señalados. El operador final, por su parte velará porque sus servicios estén asegurados del mismo modo

El Parlamento Europeo en la Propuesta de Reglamento de responsabilidad civil en materia de IA pone de relieve los inconvenientes de asegurar la IA. Expone que uno de los factores en los que las compañías de seguros basan su oferta de productos y de servicios es la evaluación de riesgos conforme a los datos históricos.

En este caso, tratándose de tecnologías novedosas y cambiantes la información de la que disponen es deficiente, en cuanto a su calidad, y su cantidad es insuficiente. Con estos mimbres resulta harto complicado crear productos adecuados al impacto de estas tecnologías.

Además, actualmente existe una propensión creciente a la reclamación y todo hace presagiar que la irrupción de estas técnicas va a incrementarla. Si a ello unimos una progresiva objetivación en el ámbito de la responsabilidad civil, que en este caso es más que justificada si atendemos a las características intrínsecas de la IA, la responsabilidad de los operadores se disparará exponencialmente, ya que la IA puede fallar y generar cuantiosos daños[44].

Todo hace presagiar que, además, al no ser posible para estos casos el diseño de "talla única", el mercado de los seguros necesitará tiempo para adaptarse. El propio Parlamento Europeo avisa de que las primas no deben ser tan elevadas que supongan unos umbrales que lastren la investigación y la innovación, por lo que recomienda apostar por modelos que creen pólizas de seguro adecuadas a precios asequibles[45].

Se persigue, en definitiva, conciliar los intereses del afectado, los de la investigación e innovación y los de las aseguradoras, de modo que se fomente el desarrollo tecnológico, pero también se proteja al asegurado[46] y el aseguramiento de estas tecnologías no se convierta en misión imposible para el asegurador.

Por ello, el Parlamento alienta a los Estados miembros para que, en casos excepcionales, como en el supuesto en el que produzcan daños colectivos, en los que la

---

44. GIL MEMBRADO, Cristina. *Una nueva era: hacia el robot sanitario "autónomo" y su encaje en el Derecho*. En GIL MEMBRADO, Cristina (Dir.). *Bioderecho y retos. E-Health, genética, IA, robótica y criogenización*. Madrid: Dykinson (en prensa).
45. PARLAMENTO EUROPEO. *Propuesta de Reglamento del Parlamento Europeo y del Consejo sobre los principios éticos para el desarrollo, el despliegue y el uso de la inteligencia artificial, la robótica y las tecnologías conexas.* Disponible en: https://www.europarl.europa.eu/doceo/document/TA-9-2020-0275_ES.html. Acceso en: 24 dic. 2022. Introducción 23ss Propuesta de Resolución del Parlamento Europeo con recomendaciones destinadas a la Comisión sobre un régimen de responsabilidad civil en materia de inteligencia artificial.
46. GÓRRIZ LÓPEZ, Carlos. *Inteligencia Artificial y seguros*. En NAVAS NAVARRO, Susana (Dir.), *Salud e inteligencia artificial desde el derecho privado*. Granada: Comares, 2021. p. 201-302.

indemnización exceda de los límites previstos en la Propuesta de Reglamento se creen fondos especiales de indemnización. Igualmente señala la conveniencia de crear estos fondos para los casos en los que un sistema de IA todavía no esté calificado como de alto riesgo y, al no estar asegurado, cause daños y perjuicios. No obstante, el Parlamento no considera que la fórmula adecuada sea un mecanismo de indemnización por daños causados por la IA sufragado por fondos públicos[47], de ahí la previsión de un seguro obligatorio.

REFERENCIAS

AEPD. *Adecuación al RGPD de tratamientos que incorporan inteligencia artificial*. Una introducción. Febrero 2020, p. 6. Disponible en: https://www.aepd.es/sites/default/files/2020-02/adecuacion-rgpd-ia.pdf. Acceso en: 23 dic. 2022.

AEPD. *Procedimiento n. PS/00500/2020*, 2020. Disponible en: https://www.aepd.es/es/documento/ps-00500-2020.pdf. Acceso en: 23 dic. 2022.

ÁLVAREZ OLALLA, Pilar. Propuesta de reglamento en materia de responsabilidad civil por el uso de la inteligencia artificial del Parlamento Europeo, de 20 de octubre de 2020, *Revista CESCO*, Ciudad Real, n. 38, p. 1-10, 2021.

ASIMOV, Isaac. *Yo robot*. New York: Gnome, 1950.

BENAVENT NÚÑEZ, Diego et al. *Inteligencia artificial y decisiones clínicas: cómo está cambiando el comportamiento médico*. Madrid: Fundación Gaspar Casal, 2020.

BUSTINCE SOLA, Humberto. Caminos hacia la superinteligencia. En LLEDÓ YAGÜE, Francisco; BENÍTEZ ORTÚZAR, Ignacio; MONJE BALMASEDA, Óscar (Dir.). *La robótica y la inteligencia artificial en la nueva era de la revolución industrial 4.0*. Madrid: Dykinson, 2021.

COMISIÓN EUROPEA. *Comunicación de la Comisión al Parlamento Europeo, al Consejo Europeo, al Consejo, al Comité Económico y Social Europeo y al Comité de las Regiones Inteligencia artificial para Europa*, 2018. Disponible en: https://eur-lex.europa.eu/legal-content/ES/TXT/PDF/?uri=CELEX:52018DC0237&from=ES. Acceso en: 23 dic. 2022.

COMISIÓN EUROPEA. *Comunicación de la Comisión al Parlamento Europeo, al Consejo, al Comité Económico y Social Europeo y al Comité de las Regiones*. Fomentar un planteamiento europeo en materia de inteligencia artificial, 2021). Disponible en: https://eur-lex.europa.eu/resource.html?uri=cellar:01ff45fa-a375-11eb-9585-01aa75ed71a1.0014.02/DOC_1&format=PDF. Acceso en: 23 dic. 2022.

COMISIÓN EUROPEA. *Comunicación de la Comisión al Parlamento Europeo, al Consejo Europeo, al Consejo, al Comité Económico y Social Europeo y al Comité de las Regiones*. Inteligencia Artificial para Europa, 2018. Disponible en: https://eur-lex.europa.eu/legal-content/ES/TXT/PDF/?uri=CELEX:52018DC0237&from=ES. Acceso en: 23 dic. 2022.

COMISIÓN EUROPEA. *Informe de la Comisión al Parlamento Europeo, al Consejo y al Comité Económico y Social Europeo sobre las repercusiones en materia de seguridad y responsabilidad civil de la inteligencia artificial, el internet de las cosas y la robótica*, 2020. Disponible en: https://eur-lex.europa.eu/legal-content/ES/TXT/PDF/?uri=CELEX:52020DC0064&from=ES. Acceso em: 24 dic. 2022.

---

47. PARLAMENTO EUROPEO. *Propuesta de Reglamento del Parlamento Europeo y del Consejo sobre los principios éticos para el desarrollo, el despliegue y el uso de la inteligencia artificial, la robótica y las tecnologías conexas*. Disponible en: https://www.europarl.europa.eu/doceo/document/TA-9-2020-0275_ES.html. Acceso en 24 dic. 2022. Introducción 25 Propuesta de Resolución del Parlamento Europeo con recomendaciones destinadas a la Comisión sobre un régimen de responsabilidad civil en materia de inteligencia artificial.

COMISIÓN EUROPEA. *Libro blanco sobre la inteligencia artificial*. Un enfoque europeo orientado a la excelencia y la confianza, 2020. Disponible em: https://ec.europa.eu/info/sites/default/files/commission-white-paper-artificial-intelligence-feb2020_es.pdf. Acceso en: 23 dic. 2022.

COMISIÓN EUROPEA. *Libro Blanco sobre inteligencia artificial*: un enfoque europeo de la excelencia y la confianza. Explicita un enfoque europeo sobre la materia, orientado a la excelencia y la confianza. Se relaciona a la reciente Resolución del Parlamento Europeo, del 3 de mayo de 2022, sobre la inteligencia artificial en la era digital. Disponible en: https://ec.europa.eu/info/sites/default/files/commission-white-paper-artificial-intelligence-feb2020_es.pdf. Acceso en: 24 dic. 2022.

CONSEJO DE LAS COMUNIDADES EUROPEAS. *Directiva del Consejo, de 25 de julio de 1985, relativa a la aproximación de las disposiciones legales, reglamentarias y administrativas de los Estados miembros en materia de responsabilidad por los daños causados por productos defectuosos*, 1985. Disponible en: https://www.boe.es/doue/1985/210/L00029-00033.pdf. Acceso en: 24 dic. 2022.

CORDÓN MEDRANO, Iván. Big Data e inteligencia artificial. En VALPUESTA GASTAMINZA, Eduardo; HERNÁNDEZ PEÑA, Juan Carlos. *Tratado de derecho digital*. Madrid: La Ley Wolters Kluwer, 2021.

DÍAZ ALABART, Silvia. *Robots y responsabilidad civil*. Madrid: Reus, 2018.

ESPAÑA. *Ley Orgánica 3/2018, de 5 de diciembre, de protección de datos personales y garantía de los derechos digitales*.

GIL MEMBRADO, Cristina. Una nueva era: hacia el robot sanitario "autónomo" y su encaje en el Derecho. En GIL MEMBRADO, Cristina (Dir.). *Bioderecho y retos. E-Health, genética, IA, robótica y criogenización*. Madrid: Dykinson (en prensa).

GÓRRIZ LÓPEZ, Carlos. Inteligencia Artificial y seguros. En NAVAS NAVARRO, Susana (Dir.), *Salud e inteligencia artificial desde el derecho privado*. Granada: Comares, 2021.

INTUITIVE. *Da Vinci by Intuitive*. Enabling surgical care to get patients back to what matters. Disponible en: https://www.intuitive.com/en-us/products-and-services/da-vinci. Acceso en: 23 dic. 2022.

LACRUZ MANTECÓN, Miguel Luis. *Robots y personas*: una aproximación jurídica a la subjetividad cibernética. Madrid: Reus, 2020.

LLEDÓ YAGÜE, Francisco. *Los nuevos esclavos digitales del siglo XXI y la superación del hombre óptimo ¿Hacia un nuevo derecho robótico?*. Madrid: Dykinson, 2022.

LLEDÓ YAGÜE, Francisco. Realidades y disrupciones en torno al robot inteligente (el futuro del hombre quebradizo). En LLEDÓ YAGÜE, Francisco; BENÍTEZ ORTÚZAR, Ignacio; MONJE BALMASEDA, Óscar (Dir.). *La robótica y la inteligencia artificial en la nueva era de la revolución industrial 4.0*. Madrid: Dykinson, 2021.

MONJE BALMASEDA, Óscar. Robótica y responsabilidad civil en el ámbito sanitario. En GIL MEMBRADO, Cristina (Dir.). *Bioderecho y retos. E-health, genética, IA, robótica y criogenización*. Madrid: Dykinson (en prensa).

PARLAMENTO EUROPEO. *Anexos de la Propuesta de Reglamento del Parlamento Europeo y del Consejo por el que se establecen normas armonizadas en materia de Inteligencia Artificial (Ley de Inteligencia Artificial) y se modifican determinados actos legislativos de la unión*, 2021. Disponible en: https://eur-lex.europa.eu/resource.html?uri=cellar:e0649735-a372-11eb-9585-01aa75ed71a1.0008.02/DOC_2&format=PDF. Acceso en: 23 dic. 2022.

PARLAMENTO EUROPEO. *Informe del Parlamento Europeo con recomendaciones destinadas a la Comisión sobre un régimen de responsabilidad civil en materia de inteligencia artificial*, 2020. Disponible en: https://www.europarl.europa.eu/doceo/document/A-9-2020-0178_ES.html. Acceso en: 23 dic. 2022.

PARLAMENTO EUROPEO. *Propuesta de Reglamento del Parlamento Europeo y del Consejo por el que se establecen normas armonizadas en materia de inteligencia artificial (ley de inteligencia artificial) y se modifican determinados actos legislativos de la unión*, 2021. Disponible en: https://eur-lex.europa.eu/

resource.html?uri=cellar:e0649735-a372-11eb-95851aa75ed71a1.0008.02/DOC_2&format=PDF. Acceso en: 23 dic. 2022.

PARLAMENTO EUROPEO. *Propuesta de Reglamento del Parlamento Europeo y del Consejo sobre los principios éticos para el desarrollo, el despliegue y el uso de la inteligencia artificial, la robótica y las tecnologías conexas.* Disponible en: https://www.europarl.europa.eu/doceo/document/TA-9-2020-0275_ES.html. Acceso en: 23 dic. 2022.

PARLAMENTO EUROPEO. *Propuesta de Reglamento del Parlamento Europeo y del Consejo sobre los principios éticos para el desarrollo, el despliegue y el uso de la inteligencia artificial, la robótica y las tecnologías conexas.* Disponible en: https://www.europarl.europa.eu/doceo/document/TA-9-2020-0275_ES.html. Acceso en: 23 dic. 2022.

PARLAMENTO EUROPEO. *Propuesta de Reglamento del Parlamento Europeo y del Consejo sobre los principios éticos para el desarrollo, el despliegue y el uso de la inteligencia artificial, la robótica y las tecnologías conexas.* Disponible en: https://www.europarl.europa.eu/doceo/document/TA-9-2020-0275_ES.html. Acceso en: 24 dic. 2022.

PARLAMENTO EUROPEO. *Propuesta de Resolución del Parlamento Europeo, de 20 de octubre de 2020, sobre un régimen de responsabilidad civil en materia de inteligencia artificial, 2020/2014*, 2020. Disponible en: https://www.europarl.europa.eu/doceo/document/TA-9-2020-0276_ES.html. Acceso en: 23 dic. 2022.

PARLAMENTO EUROPEO. *Resolución del Parlamento Europeo, de 16 de febrero de 2017, con recomendaciones destinadas a la Comisión sobre normas de Derecho civil sobre robótica*, 2017. Disponible en: https://www.europarl.europa.eu/doceo/document/TA-8-2017-0051_ES.html. Acceso en: 23 dic. 2022.

PARLAMENTO EUROPEO. *Resolución del Parlamento Europeo, de 20 de octubre de 2020, con recomendaciones destinadas a la Comisión sobre un marco de los aspectos éticos de la inteligencia artificial, la robótica y las tecnologías. Conexas*, 2020. Disponible en: https://www.europarl.europa.eu/doceo/document/TA-9-2020-0275_ES.html. Acceso en: 23 dic. 2022.

PARLAMENTO EUROPEO; CONSEJO DE LA UNIÓN EUROPEA. *Reglamento (UE) 2016/679 del Parlamento Europeo y del Consejo de 27 de abril de 2016 relativo a la protección de las personas físicas en lo que respecta al tratamiento de datos personales y a la libre circulación de estos datos y por el que se deroga la Directiva 95/46/CE (Reglamento General de Protección de Datos)*, 2016. Disponible en: https://www.boe.es/doue/2016/119/L00001-00088.pdf. Acceso en 23 dic. 2022.

ZORNOZA SOMOLINOS, Alejandro. Breves apuntes a la Propuesta de Reglamento del Parlamento Europeo sobre responsabilidad civil en materia de inteligencia artificial. *REDS*, Madrid, n. 17, p. 95-101, jul./dic. 2020

EL ABSOLUTO RECHAZO DE LA SALA PRIMERA, DE LO CIVIL, DEL TRIBUNAL SUPREMO, A LAS INDEMNIZACIONES SIMBÓLICAS CIVILES POR INCLUSIÓN INDEBIDA EN FICHEROS DE SOLVENCIA PATRIMONIAL

Pedro Ródenas Cortés

Profesor de Derecho Civil. Facultad de Derecho, Universidad de Extremadura.

LA PROTECCIÓN DE DATOS DE CARÁCTER PERSONAL

La Carta de los Derechos Fundamentales de la Unión Europea, en su artículo 8, apartado 1, y el artículo 16, apartado 1, del Tratado de Funcionamiento de la Unión Europea establecen que toda persona tiene derecho a la protección de datos de carácter personal que le conciernan.

Por su parte, el Reglamento 2016/679 del Parlamento europeo y del Consejo[1] considera que es un derecho fundamental la protección de las personas físicas en relación con el tratamiento de datos personales.

El propio preámbulo del Reglamento 201 nos indica que el tratamiento de datos personales debe estar concebido para servir a la humanidad. El derecho a la protección de los datos personales no es un derecho absoluto si no que debe considerarse en relación con su función en la sociedad y mantener el equilibrio con otros derechos fundamentales, con arreglo al principio de proporcionalidad.

La definición de datos personales queda recogida, con cierta precisión, en su artículo 4, al indicar que se entiende por:

Datos personales: toda información sobre una persona física identificada o identificable (el interesado); se considerará persona física identificable toda persona cuya identidad pueda determinarse, directa o indirectamente, en particular mediante un identificador, como por ejemplo un nombre, un número de identificación, datos de localización, un identificador de línea o uno o varios elementos propios de la identidad física, fisiológica, genética, psíquica, económica, cultural o social de dicha persona.

Así, dicho reglamento está concebido para proteger todos los derechos fundamentales y observa los principios y libertades reconocidos en la Carta[2] conforme se consagran en

---

1. UNIÓN EUROPEA. *Reglamento 2016/679, del parlamento europeo y del consejo, de 27 de abril de 2016, relativo a la protección de las personas físicas en lo que respecta al tratamiento de datos personales y a la libre circulación de estos datos y por el que se deroga la Directiva 95/46/CE (reglamento general de protección de datos).*
2. UNIÓN EUROPEA. *Carta de los Derechos Fundamentales, promulgada en Estrasburgo el día 12-12-2007, vigente desde el día 1 de diciembre de 2009.*

los Tratados, en particular el respeto de la vida privada y familiar, del domicilio y de las comunicaciones, la protección de datos de carácter personal, la libertad de pensamiento, de conciencia y de religión, la libertad de expresión y de información, la libertad de empresa, el derecho a la tutela judicial efectiva y a un juicio justo, y a la diversidad cultural, religiosa y lingüística.

Por su parte, la Carta de los Derechos Fundamentales de la Unión Europea, en su artículo 8, contempla la protección de datos de carácter personal indicando que toda persona tiene derecho a la protección de datos de carácter personal que le conciernan. Dichos datos deberán ser tratados de modo leal, para fines concretos y sobre la base del consentimiento de la persona afectada o, en virtud, de otro fundamento legítimo previsto por la ley.

No puede obviarse que, además, todas las personas tendrán derecho a acceder a los datos recogidos que le atañen y, de igual forma, a obtener su rectificación en el caso de ser dichos datos inexactos, falsos o inveraces.

En tal sentido, no puede obviarse que los principios y normas dentro del ámbito de la Unión Europea, relativos a la protección de datos de las personas físicas, en lo que respecta al tratamiento de sus datos de carácter personal deben, cualquiera que sea su nacionalidad o residencia, respetar sus libertades y derechos fundamentales, en particular, el derecho a la protección de datos de carácter personal.

El tratamiento de datos personales, según ya antes se adelantó, debe estar concebido para servir a la humanidad. El derecho a la protección de los datos personales no es un derecho absoluto sino que debe considerarse en relación con su función en la sociedad y mantener el equilibrio con otros derechos fundamentales, con arreglo al principio de proporcionalidad.

En el ámbito de la Unión Europea, los principios de la protección de datos deben aplicarse a toda la información relativa a una persona física, identificada o identificable. Así, los datos personales seudonimizados, que cabría atribuir a una persona física mediante la utilización de información adicional, deben considerarse información sobre una persona física identificable. Para determinar si una persona física es identificable, deben tenerse en cuenta todos los medios, como la singularización, que razonablemente pueda utilizar el responsable del tratamiento o cualquier otra persona para identificar directa o indirectamente a la persona física.

Todo tratamiento de datos personales debe ser lícito y leal. No debe de quedar ninguna duda al respecto para las personas físicas se están recogiendo, utilizando, consultando o, en definitiva, tratando datos personales concernientes a ellos mismos, así como la medida en que dichos datos son o serán tratados.

El principio de trasparencia[3] impone que toda información y comunicación relacionada con el tratamiento de datos personales sea fácilmente accesible y de entender, siendo necesario para esto la utilización de un lenguaje sencillo y claro.

---

3. Dicho principio se refiere en particular a la información de los interesados sobre la identidad del responsable del tratamiento y los fines del mismo y a la información añadida para garantizar un tratamiento leal y transparente

Para que el tratamiento sea lícito, los datos personales deben ser tratados con el consentimiento del interesado o sobre alguna otra base legítima establecida conforme a Derecho, incluida la necesidad de cumplir la obligación legal aplicable al responsable del tratamiento o la necesidad de ejecutar un contrato en el que sea parte el interesado o con objeto de tomar medidas a instancia del interesado con anterioridad a la conclusión de un contrato.

Una autoridad con carácter independiente será la encargada del control y respeto de dichas normas.

En la legislación española, la protección de datos personales encuentra su consagración más importante dentro de su Norma Suprema[4], en el artículo 18.4, determinando que la ley limitará el uso de la informática para garantizar el honor y la intimidad personal y familiar de los ciudadanos y el pleno ejercicio de sus derechos, otorgándole una importancia principal al situarlo dentro del Título primero, Capítulo segundo, Sección primera[5], donde se regulan los derechos fundamentales y libertades públicas.

FICHEROS DE SOLVENCIA PATRIMONIAL

No toda incorporación a un fichero de los denominados de insolvencia patrimonial tiene carácter legítimo. Su inclusión, en este tipo de registro, si se realiza de forma indebida supone una flagrante intromisión ilegítima en el derecho al honor del perjudicado.

La finalidad de estos ficheros de "morosos" es la de informar sobre el estado de solvencia (mejor conceptualizado sobre la "insolvencia") económica de una persona al insertar sus datos personales ofreciendo, a las entidades financieras, un conocimiento del riesgo de impago o morosidad del futuro cliente ante la formalización de operaciones crediticias-financieras.

Se podría definir a los ficheros de solvencia patrimonial como aquellos:

---

con respecto a las personas físicas afectadas y a su derecho a obtener confirmación y comunicación de los datos personales que les conciernan que sean objeto de tratamiento. Las personas físicas deben tener conocimiento de los riesgos, las normas, las salvaguardias y los derechos relativos al tratamiento de datos personales así como del modo de hacer valer sus derechos en relación con el tratamiento. En particular, los fines específicos del tratamiento de los datos personales deben ser explícitos y legítimos, y deben determinarse en el momento de su recogida. Los datos personales deben ser adecuados, pertinentes y limitados a lo necesario para los fines para los que sean tratados. Ello requiere, en particular, garantizar que se limite a un mínimo estricto su plazo de conservación. Los datos personales solo deben tratarse si la finalidad del tratamiento no pudiera lograrse razonablemente por otros medios. Para garantizar que los datos personales no se conservan más tiempo del necesario, el responsable del tratamiento ha de establecer plazos para su supresión o revisión periódica. Deben tomarse todas las medidas razonables para garantizar que se rectifiquen o supriman los datos personales que sean inexactos. Los datos personales deben tratarse de un modo que garantice una seguridad y confidencialidad adecuadas de los datos personales, inclusive para impedir el acceso o uso no autorizados de dichos datos y del equipo utilizado en el tratamiento.

4. ESPAÑA. *Constitución Española*, publicada en Boletín Oficial del Estado número 311, de 29 de Diciembre de 1978.
5. Id.

Ficheros automatizados informáticos de datos de carácter personal sobre incumplimiento de obligaciones dinerarias, destinados a informar a los operadores económicos (no sólo a las entidades financieras, también a otro tipo de empresas que conceden crédito a su clientes o cuyas prestaciones son objeto de pagos periódicos) sobre qué clientes, efectivos o potenciales, han incumplido obligaciones dinerarias anteriormente, para que puedan adoptar fundadamente sus decisiones sobre las relaciones comerciales[6].

También el propio Reglamento (UE) 2016/679 del Parlamento Europeo y del Consejo, de 27 de abril de 2016, relativo a la protección de las personas físicas en lo que respecta al tratamiento de datos personales y a la libre circulación de estos datos y por el que se deroga la Directiva 95/46/CE (Reglamento general de protección de datos) nos proporciona una definición de fichero al definirlo como "todo conjunto estructurado de datos personales, accesibles con arreglo a criterios determinados, ya sea centralizado, descentralizado o repartido de forma funcional o geográfica"[7].

Sobre la innecesariedad de solicitar al afectado su consentimiento, excepción a lo dispuesto con carácter genérico en el Art. 6 de la LO 15/1999 (derogada), es una realidad no cuestionable y unánime desarrollada por la jurisprudencia. Cítese a título ilustrativo la SAP de Madrid, sección 12ª, de fecha 18-7-2009, sosteniendo que:

Debe tenerse en cuenta que, si bien el artículo 6 de la referida ley establece la necesidad del consentimiento del interesado para la inclusión de datos, no obstante, se exceptúa, entre otros supuestos: cuando se refieran a las partes de un contrato o precontrato de una relación negóciala, laboral o administrativa y sean necesarios para su mantenimiento o cumplimiento. Por otro lado, resulta acorde a la lógica y a la finalidad perseguida por los registros que tienen por objeto recoger datos relativos a personas o entidades que hayan incurrido en incumplimiento de sus obligaciones (Art. 3.1 del Código civil), que la inclusión de tales datos en dichos registros se realice sin contar con el previo consentimiento del interesado, ya que de lo contrario su finalidad se vería lógica y notablemente mermada, toda vez que obviamente su hubiera de contarse con el consentimiento de quien pueda verse perjudicado por la inclusión en dicho registro, y más aún si hubiera de contarse con el consentimiento de quien se supone ha incumplido la correspondiente obligación contractual, las inscripciones en dicho tipo de registros se reducirían al máximo, debiendo recordarse que la propia ley reconoce su existencia y la Sentencia del Tribunal Supremo parcialmente transcrita anteriormente señala no solo su licitud, sino la utilidad que dicho tipo de registros puede tener el efecto de constatar la solvencia de los posibles clientes.

Quinto: La no necesidad de contar con el consentimiento del afectado para la inclusión en los denominados registros de moroso viene recogida expresamente por la instrucción de la Agencia de Protección de Datos 1/1995, la cual al referirse al tratamiento de datos relativos al incumplimiento de las obligaciones, señala que estos presentan un conjunto de especialidades -excepción del principio del consentimiento tanto en la recogida del dato como en su tratamiento-, que hacen necesario efectuar una serie de precisiones.

Cierto es que tal instrucción se refiere al Art. 28 de la Ley Orgánica 5/1992 de 29 de octubre, la cual ha sido derogada por la Ley Orgánica 15/1999, no obstante, la sustancial identidad, en la materia que es objeto de este proceso, entre la Ley Orgánica 5/1992 y la Ley Orgánica 15/1999 (ver fundamentalmente la equivalencia sustancial entre el Art. 6 de ambas leyes y Art. 28 de la Ley 5/1992 y Art. 29 Ley 15/1999),

---

6. ESPAÑA. *Sentencia de la Audiencia Provincial de La Coruña*, 23-3-2018.
7. UNIÓN EUROPEA. *Reglamento 2016/679*. Definición recogida en el artículo 4 del citado reglamento.

permite considerar aplicable actualmente la referida instrucción, la cual, por otro lado, continúa siendo aplicada en numerosas sentencias dictadas por las Audiencias Provinciales en cuestiones como la que es objeto de autos (SAP Álava, Sección 5ª, de 22-2-2007; SAP Baleares, Sección 4ª, de 30-6-2006; SAP Zaragoza, Sección 5ª, de 12-6-2006; SAP Valencia, Sección 7ª, 19-11-2003, entre otras).

Por tanto, no se puede entender que sea precisa la existencia de pacto contractual para que los datos relativos a la deuda por el deudor contraída se incorporen al correspondiente registro de impagados"[8].

Para la profesora Mas Badia[9], un sistema de información crediticia: "agrupa, de forma organizada, una serie de elementos subjetivos, materiales y funcionales, orientados al tratamiento de datos relativos a la solvencia de las personas, entendida como la probabilidad de que cumplan sus deudas en el futuro. Su finalidad principal es el intercambio de esta información entre los operadores del mercado de crédito, a quienes facilita la labor de evaluar, de forma ágil y certera, la solvencia del cliente o potencial cliente y adoptar la decisión de conceder o no financiación a la relativa a las condiciones en las que esta se ofrece. También puede tener utilidad para los supervisores del mercado financiero en el ejercicio de sus funciones de control o para los fines estadísticos; así como para otros sectores económicos como el de seguros, arrendamiento de inmuebles o empleo".

DERECHO A LA INDEMNIZACIÓN Y RESPONSABILIDAD CIVIL

En el ámbito de la Unión Europea, se prevé el derecho a percibir una indemnización como consecuencia de la infracción de las disposiciones previstas en el Reglamento 2016/679.

Dicha indemnización correrá a cargo del responsable o encargado del tratamiento de los datos por los daños y perjuicios materiales o inmaterial como consecuencia de la conducta infractora[10].

Esta responsabilidad puede derivarse en dos categorías: la que atañe al responsable y la del encargado. En cuanto a la primera, si el responsable participa en la operación de tratamiento responderá por los daños y perjuicios causados en caso de no cumplir con el Reglamento 2016/679. Para el caso del encargado del tratamiento, sólo será responsable de los daños y perjuicios causados cuando por el tratamiento de los datos no haya cumplido las previsiones de la citada disposición legal conforme a las obligaciones específicas o haya actuado al margen o en contra de las instrucciones legales del responsable.

---

8. ESPAÑA. SAP de Madrid, Sección 12ª, *S. 18 jul 2009*. Como complemento a la Sentencia citada, en defensa de los derechos del consumidor o usuario ver el Auto del Juzgado Central de instrucción, núm. 5, de fecha 5-2-2009, donde se acuerda la prohibición de inclusión en este tipo de ficheros de solvencia patrimonial, a los afectados -consumidores y usuarios- directos que financiaron sus tratamientos odontológicos a través de contratos de crédito con las clínicas de un grupo implantado en el territorio nacional.

9. MAS BADÍA, María Dolores. *Sistemas privados de información crediticia*. Nueva regulación entre la protección de datos y el crédito responsable. Valencia: Tiran lo Blanch. 2021.

10. UNIÓN EUROPEA. *Reglamento 2016/679*. Artículo 82: derecho a indemnización y responsabilidad. 1.-Toda persona que haya sufrido daños y perjuicios materiales o inmateriales como consecuencia de una infracción del presente Reglamento tendrá derecho a recibir del responsable o el encargado del tratamiento una indemnización por los daños y perjuicios sufridos.

Las responsabilidad de estos dos intervinientes es ilimitada por cuanto se configuran como los responsables de todos los daños y perjuicios causados, con la finalidad de garantizar la indemnización efectiva de la persona lesionada.

Sin embargo, sí existe el derecho de repetición entre ambos para el caso de haber abonado uno de ellos la totalidad de la indemnización fijada. Es decir, dicho responsable o encargado tendrá derecho a reclamar a los demás responsables o encargados que hayan participado en esa misma operación de tratamiento la parte de la indemnización correspondiente a su parte de responsabilidad por los daños y perjuicios causados, según se dispone en el apartado 2, del artículo 82[11].

Cuando, de conformidad con el apartado 4, un responsable o encargado del tratamiento haya pagado una indemnización total por el perjuicio ocasionado, dicho responsable o encargado tendrá derecho a reclamar a los demás responsables o encargados que hayan participado en esa misma operación de tratamiento la parte de la indemnización correspondiente a su parte de responsabilidad por los daños y perjuicios causados, de conformidad con las condiciones fijadas en el apartado 2.

Las acciones judiciales en ejercicio del derecho a indemnización se presentarán ante los tribunales competentes con arreglo al Derecho del Estado miembro que se indica en el artículo 79, apartado 2.

En el ordenamiento jurídico español, la Ley orgánica 1/1982, de 5 de mayo, de protección civil del derecho al honor, a la intimidad personal y familiar y a la propia imagen, prevé la indemnización de daños y perjuicios como medida reparadora de las intromisiones ilegítimas.

La tutela judicial comprenderá la adopción de todas las medidas necesarias para poner fin a la intromisión ilegítima de que se trate y, en particular, las necesarias para el restablecimiento del perjudicado en el pleno disfrute de sus derechos, con la declaración de la intromisión sufrida, el cese inmediato de la misma y la reposición del estado anterior. En caso de intromisión en el derecho al honor, el restablecimiento del derecho violado incluirá, sin perjuicio del derecho de réplica por el procedimiento legalmente previsto, la publicación total o parcial de la sentencia condenatoria a costa del condenado con al menos la misma difusión pública que tuvo la intromisión sufrida; prevenir intromisiones inminentes o ulteriores; la indemnización de los daños y perjuicios causados y, por último, la apropiación por el perjudicado del lucro obtenido con la intromisión ilegítima en sus derechos. Además, el propio Juzgador tendrá margen de discrecionalidad para, en la adopción de las medidas cautelares que considere oportunas, asegurar la eficacia de esas medidas.

---

11. Cualquier responsable que participe en la operación de tratamiento responderá de los daños y perjuicios causados en caso de que dicha operación no cumpla lo dispuesto por el presente Reglamento. Un encargado únicamente responderá de los daños y perjuicios causados por el tratamiento cuando no haya cumplido con las obligaciones del presente Reglamento dirigidas específicamente a los encargados o haya actuado al margen o en contra de las instrucciones legales del responsable.

El cauce legal para la defensa frente a las injerencias o intromisiones ilegítimas, así como las pretensiones que pudiera deducir el perjudicado se fijan en el artículo noveno de dicha ley orgánica[12].

Respecto de los perjuicios indemnizables, se presumirá que éstos existen en todo caso de injerencias o intromisiones acreditadas, y comprenderán no sólo la de los perjuicios materiales, sin también la de los morales, de especial relevancia en este tipo de actos ilícitos determinando el artículo 9.3 de la citada ley orgánica:

"La existencia de perjuicio se presumirá siempre que se acredite la intromisión ilegítima. La indemnización se extenderá al daño moral, que se valorará atendiendo a las circunstancias del caso y a la gravedad de la lesión efectivamente producida, para lo que se tendrá en cuenta, en su caso, la difusión o audiencia del medio a través del que se haya producido".

La STS, Sala 1ª, de fecha 12-5-2014, sostiene sobre la reparación del daño:

La indemnización del incluir el daño patrimonial y, dentro de él, tanto los daños patrimoniales concretos, fácilmente verificables y cuantificables, por ejemplo, el derivado de que el afectado hubiera tenido que pagar un mayor interés por conseguir financiación al estar incluidos sus datos personales en uno de estos registros, como los daños patrimoniales más difusos, pero también reales e indemnizarles, como son los derivados de la imposibilidad o dificultad para obtener el crédito o contratar servicios (puesto que este tipo de registros está destinado justamente a advertir a los operadores económicos de los incumplimientos de obligaciones dinerarias por las personas cuyos datos han sido incluidos en ellos)[13].

Cómo señala el profesor A. Acedo Penco sobre los criterios legales indemnizatorios para fijar el importe de la responsabilidad civil que incluirá, en todo caso, el daño moral, para cuya valoración se tendrán en cuenta: "a) las circunstancias del caso; b) la gravedad de la lesión efectivamente producida; c) la difusión o audiencia del medio a través del cual se haya producido, cuando la ofensa fuere a través del mismo; d) el beneficio que haya obtenido el causante de la lesión"[14].

En este sentido, citar como esclarecedora, la Sentencia del Tribunal Supremo de 18 de febrero de 2015, al establecer lo siguiente.

Este perjuicio indemnizable ha de incluir el daño patrimonial, y en él, tanto los daños patrimoniales concretos, fácilmente verificables y cuantificables (por ejemplo, el derivado de que el afectado hubiera tenido que pagar un mayor interés por conseguir financiación al estar incluidos sus datos personales en uno de estos registros), como los daños patrimoniales más difusos pero también reales e indemnizables, como son los derivados de la imposibilidad o dificultad para obtener crédito o contratar servicios (puesto que este tipo de registros está destinado justamente a advertir a los operadores

---

12. ESPAÑA. Ley Orgánica 1/1982, de 5 de mayo, artículo 9, apartado 1.- La tutela judicial frente a las intromisiones ilegítimas en los derechos a que se refiere la presente Ley podrá recabarse por las vías procesales ordinarias o por el procedimiento previsto en el artículo 53.2 de la Constitución. También podrá acudirse, cuando proceda, al recurso de amparo ante el Tribunal Constitucional.
13. ESPAÑA. STS, Sala 1ª, 12 mayo 2014.
14. ACEDO PENCO, Ángel. *Introducción al derecho privado y derecho de la persona*. 3. ed. Madrid: Dykinson, 2019. p. 115.

económicos de los incumplimientos de obligaciones dinerarias de las personas cuyos datos han sido incluidos en ellos) y también los daños derivados del desprestigio y deterioro de la imagen de solvencia personal y profesional causados por dicha inclusión en el registro, cuya cuantificación ha de ser necesariamente estimativa. Así, la indemnización también ha de resarcir el daño moral, entendido como aquel que no afecta a los bienes materiales sino, en este caso, a la reputación del mandante como persona jurídica y a su buen nombre. La mera inclusión en el fichero de morosos de manera indebida origina un daño moral al suponer un menoscabo de la integridad y dignidad de la persona en sí misma y de los bienes ligados a la personalidad. Se tiene en cuenta para la fijación económica la difusión o audiencia del medio a través del que se haya producido. Deberán valorarse el tiempo o duración de la inclusión. Así como el desazón o angustia generada como consecuencia de las gestiones realizadas para evidenciar la disconformidad de la deuda o para la rectificación o cancelación de los datos tratados incorrectamente. Este daño, se entiende producido y generado con independencia de que exista o no consultas por terceras empresas que pretendan conocer tu solvencia económica[15].

Si bien, el daño patrimonial no es otro que aquel que deriva de la pérdida de oportunidad o suponga un mayor perjuicio económico en la imposibilidad o dificultad para obtener crédito o contratar servicios. También los daños derivados del desprestigio y deterioro de la imagen de solvencia personal y profesional causados por dicha inclusión en el registro.

PROCEDIMIENTO PARA RECLAMAR EN EL ORDEN JURISDICCIONAL CIVIL

En aras a la brevedad, por ser una cuestión de estrictamente de derecho procesal y necesaria para entablar el pedimento de las indemnizaciones correspondientes, sólo se menciona de soslayo el procedimiento establecido en el orden jurisdiccional civil[16], cuyo punto de partida obligatorio será el Art. 9.3 de la reiterada Ley orgánica 1/1982, de 5 de mayo, cuyo tenor plasma que la existencia de perjuicio se presumirá siempre que se acredite la intromisión ilegítima.

El Art. 9.5 de la citada Ley orgánica fija el plazo de 4 años para declarar la caducidad de la acción desde que el interesado-perjudicado pudo haberla ejercitado y, en tal sentido, el "dies a quo" para su ejercicio lo determina el Art. 1969 del Código Civil[17]. Este criterio

---

15. ESPAÑA. *STS 81/2015*, 18 feb. 2015. "El perjuicio indemnizable ha de incluir el daño patrimonial, y en él, tanto los daños patrimoniales concretos, fácilmente verificables y cuantificables (por ejemplo, el derivado de que el afectado hubiera tenido que pagar un mayor interés por conseguir financiación al estar incluidos sus datos personales en uno de estos registros), como los daños patrimoniales más difusos pero también reales e indemnizables, como son los derivados de la imposibilidad o dificultad para obtener crédito o contratar servicios (puesto que este tipo de registros está destinado justamente a advertir a los operadores económicos de los incumplimientos de obligaciones dinerarias de las personas cuyos datos han sido incluidos en ellos) y también los daños derivados del desprestigio y deterioro de la imagen de solvencia personal y profesional causados por dicha inclusión en el registro, cuya cuantificación ha de ser necesariamente estimativa".

16. ESPAÑA. Ley 1/2000, de 7 de enero. Los arts. 248.2.1° y 249.1.2° de la de enjuiciamiento civil determinan que se tramitará por los cauces del juicio ordinario con independencia de cuál sea la cuantía reclamada.

17. ESPAÑA. *STS de 04 jun. 2014*. Determina, a efectos del cómputo para el ejercicio de la acción, que: "en tanto el afectado no conozca que sis datos han sido dados de baja en el registro de morosos, el cómputo del plazo de cuatro años que comporta la extinción por caducidad de la acción no puede iniciarse porque ese es el momento desde el cual el legitimado puede ejercitar la acción, al conocer la gravedad y las consecuencias que ha tenido la intromisión en su derecho al honor producida por la inclusión indebida de sus datos en el registro de morosos".

establecido por ambos preceptos, tiene su relevancia jurisprudencial en la STS de 4 de junio de 2014:

> La expresión que utiliza el Art. 9.5 de la ley orgánica 1/1982, para fijar el momento inicial del cómputo del plazo para el ejercicio de las acciones para la protección de su derecho al honor -desde que el legitimado pudo ejercitarlas-, es muy similar a la utilizada en el Art. 1969 del Código Civil para fijar el momento inicial del cómputo del plazo general de ejercicio de las acciones, a salvo de disposición especial, que es desde el día en que pudieron ejercitarse. La distinta naturaleza de uno y otro plazo (caducidad, el primero, y prescripción, el segundo) es irrelevante a este respecto[18].

El fundamento de la indemnización, estrictamente resarcitoria en vía civil, también deberá tener sustento en el Art. 1902 del Código Civil estableciendo: "el que por acción u omisión causa daño a otro, interviniendo culpa o negligencia, está obligado a reparar el daño causado".

Sentado lo anterior, el cauce procedimental para entablar este tipo de acciones se establece en el Art. 249 de la Ley 1/2000, de 7 de enero, de enjuiciamiento civil, cuyo contenido nos indica que es el procedimiento ordinario como el preceptivo para dilucidar las demandas relativas a la intromisión ilegítima en el derecho al honor del perjudicado: "Se decidirán en el juicio ordinario, cualquiera que sea su cuantía: las demandas relativas a derechos honoríficos de la persona".

Como alternativa a la vía jurisdiccional civil, el perjudicado siempre tendrá abierta la opción de reclamar ante la Agencia Española de Protección de Datos (AEPD).

El plazo para el ejercicio de tales derechos se establece en treinta días a contar desde el día siguiente a la notificación de la inclusión de la deuda en el fichero. Es importante destacar que durante este plazo los datos relacionados con el perjudicado se mantendrán bloqueados. Es decir, sin posibilidad de ser consultados. Excepto cuando se ejercite el derecho a la limitación del tratamiento en cuyo caso los datos no se encontrarán bloqueados.

EXCLUSIÓN DE INDEMNIZACIONES SIMBÓLICAS POR EL TS

Para el Tribunal Supremo español no son admisibles las indemnizaciones simbólicas en los casos donde se ha acreditado la intromisión ilegítima en los derechos al honor, la intimidad personal y familiar y la propia imagen, aludiendo a la STS, de su Sala 1ª, de fecha 12 de diciembre de 2011 (por todas).

Los efectos de la imposición de una indemnización simbólica puede provocar un "efecto disuasorio inverso", según argumenta el propio Tribunal porque prevé la posibilidad de engendrar una desmotivación de las empresas que tienen intención de utilizar esta inclusión ilegítima en este tipo de ficheros. Pero, sin duda alguna, a quién disuadirá será a los propios perjudicados/afectados al no ver incentivo alguno en las reparaciones simbólicas contra su honor y el coste amplío (moral, económico y

---

18. ESPAÑA. *STS de 4 de junio de 2014.*

prolongado) que puede conllevar un proceso judicial contra las empresas demandadas, tanto la suministradora de los datos como la entidad encargada del fichero.

Su reiterada jurisprudencia estima inadmisibles las indemnizaciones que contengan una cantidad simbólica al vulnerarse derechos con carácter de fundamentales, ubicados en la Norma Suprema dentro de los derechos de máxima protección, considerándolos con el mayor rango de eficacia y realidad.

A tales efectos, establecer una cuantía indemnizatoria simbólica o sistematizada devendría en una flagrante contradicción con el contenido de los artículos 9 y 53.2 de la Constitución Española y la correlación de los intereses jurídicos protegidos de la persona afectada.

En este sentido, la jurisprudencia es unánime al establecer que un resarcimiento económico simbólico pudiera tener unos efectos disuasorios contrarios a los pretendidos al accionar judicialmente por el perjudicado.

Así, son numerosas las sentencias que pudieran citarse, entre ellas, la STS, de la Sala de lo Civil, de fechas 12-5-2015, 21-9-2017, 21-6-2018 y 27-2-2020, al exponer que:

> No disuade de persistir en sus prácticas ilícitas a las empresas que incluyen indebidamente datos personales de sus clientes en registros de morosos, pero sí disuade de entablar una demanda a los afectados que ven vulnerado su derecho al honor puesto que, con toda probabilidad, la indemnización no solo les compensará el daño moral sufrido sino que es posible que no alcance siquiera a cubrir los gastos procesales si la estimación de su demanda no es completa[19].

No debe olvidarse el argumento principal, para este tipo de controversias, sostenido por la doctrina más cualificada del derecho de daños cuya defensa sólida mantiene enérgicamente que "una indemnización simbólica no es, en sentido genuino, una indemnización y si no hay indemnización propiamente dicha es porque no hay daño, en sentido jurídico, del que deba responderse"[20].

Como indica la profesora Atienza Navarro[21], la indemnización simbólica, por tanto, nada repara. Su razón de ser parece más bien la del reconocimiento de que ha habido una agresión del derecho y, sin embargo, está función no es propio de la responsabilidad civil. Por ello, no es de extrañar que las indemnizaciones simbólicas hayan sido rechazadas y criticadas por la jurisprudencia mayoritaria.

---

19. ESPAÑA. La jurisprudencia del Tribunal Supremo, en Sentencias de 26 de abril de 2017, 21 de septiembre de 2017 y de 12 de diciembre de 2011, estima que es improcedente establecer indemnizaciones simbólicas por la intromisión ilegítima al derecho al honor como consecuencia de una indebida inclusión en un registro de morosos: "Según la jurisprudencia de esta Sala (SSTS de 18 de noviembre de 2002 y 28 de abril de 2003) no es admisible que se fijen indemnizaciones de carácter simbólico, pues al tratarse de derechos protegidos por la CE como derechos reales y efectivos, con la indemnización solicitada se convierte la garantía jurisdiccional en un acto meramente ritual o simbólico incompatible con el contenido de los artículos 9.1, 1.1. y 53.2 CE y la correlativa exigencia de una reparación acorde con el relieve de los valores e intereses en juego (STC 186/2001, FJ 8)" (STS 4 de diciembre.

20. MAS BADÍA, María Dolores. *Sistemas privados de información crediticia*. Nueva regulación entre la protección de datos y el crédito responsable. Valencia: Tiran lo Blanch. 2021. p. 336.

21. ATIENZA NAVARRO, María Luisa. Indemnizaciones de daños y perjuicios e intromisiones ilegítimas en el derecho al honor, a la intimidad y a la propia imagen, *Iuris Tantum*, Santa Cruz de la Sierra, 2013, n. 15, p. 216-233, 2013. p. 226.

Tampoco puede perderse de vista que las indemnizaciones por resarcimiento de daños morales, en los tipos de procedimientos civiles analizados, corresponde a los Tribunales de instancia, siendo reiterado el argumento de la Sala de lo Civil del Tribunal Supremo donde indica que la única viabilidad para el análisis de dicha materia es que no se hubieran respetado los criterios establecidos en el Art. 9.3 de la Ley orgánica 1/1982, de 5 de mayo, de protección civil del derecho al honor, a la intimidad personal y familiar y a la propia imagen, porque la decisión de los Juzgadores de Instancia deberá ser respetada en casación.

Como ya se anticipó, el Art. 9.3 de la Ley orgánica 1/1982, de 5 de mayo, de protección civil del derecho al honor, a la intimidad personal y familiar y a la propia imagen establece que la indemnización abarcará el daño moral teniendo en cuenta las circunstancias del caso y a la gravedad de la lesión efectivamente producida, siendo elementos relevantes para su determinación, entre otros, la difusión o audiencia del medio a través del que se haya producido. Podemos concreta, por lo tanto, que las valoraciones estimativas indemnizatorias han de fijarse conforme a la incidencia y circunstancias relevantes para el caso concreto y utilizando el criterio de prudente arbitrio discrecional del Juzgador.

Entre el análisis del repertorio jurisprudencial, el Tribunal Supremo, en su sentencia de fecha 27-4-2016, contempla la vulneración del derecho fundamental al honor con motivo de la inclusión en sendos ficheros de insolvencia patrimonial y, trayéndolo al caso estudiado, procede al análisis de la cuantía resarcitoria civil al haberse incluido en esos registros. La demanda rectora de la actora-consumidora solicitó, como reparación civil en la intromisión ilegítima de su honor, una indemnización de 7.000,00 € por los respectivos daños morales padecidos y, además, instó lo necesario para la cancelación de sus datos en los registros incluidos.

La estimación de la demanda y la condena a la entidad demandada al montante solicitado fue establecido por el órgano juzgador de la Primera Instancia, atendiendo a criterios como la incerteza de la deuda incluida, la permanencia en el registro y la difusión del dato erróneo. Sin embargo, la SAP Oviedo, de fecha 17-6-2016[22], estimó en parte el recurso de apelación interpuesto por la entidad condenando y fijó la cuantía indemnizatoria en 2.000,00 €.

Sin embargo, el Tribunal Supremo finalmente indicó que no es admisible que se fijen indemnizaciones de carácter simbólico, pues al tratarse de derechos protegidos por la CE como derechos reales y efectivos, con la indemnización solicitada se convierte la garantía jurisdiccional en un acto meramente ritual o simbólico incompatible con la CE y la exigencia de una reparación acorde con el relieve de los valores e intereses en juego:

La inclusión de los datos de una persona en un registro de morosos sin cumplirse los requisitos establecidos por la LOPD, sería indemnizable: a) por la afectación a la dignidad en su aspecto interno o subjetivo, y b)

---

22. ESPAÑA. Audiencia Provincial de Oviedo, estimó parcialmente el recurso de Orange, en el sentido de modificar la cuantía de la indemnización, que fijó en 2.000 euros. Para ello tuvo en cuenta un supuesto similar dictado por la misma Sala el 1 de junio de 2016. Indicó que la cantidad que fija no era simbólica.

por la afectación en el aspecto externo u objetivo relativo a la consideración de las demás personas. No es lo mismo, indica, que sólo hayan tenido conocimiento los empleados de la empresa acreedora y los de las empresas responsables de los registros de morosos que manejan los correspondientes ficheros, a que el dato haya sido comunicado a un número mayor o menor de asociados al sistema.

Salvo el razonamiento de la Sala de apelación sobre que la indemnización que había fijado no era simbólica, no se encuentra más dato para llegar a la conclusión de que era necesario minorar la indemnización.

No es argumento para su disminución el que la inclusión de datos sobre una deuda de pequeña entidad en un registro de morosos no supone una intromisión ilegítima en el derecho al honor de una trascendencia considerable. No se trata de un problema de solvencia sino una actuación incorrecta del acreedor.

La inclusión en registros de morosos por deudas de pequeña cuantía es correcta y congruente con la finalidad de informar sobre la insolvencia del deudor; por tanto, cuando tal inclusión se ha realizado, quienes consultan el registro pueden suponer legítimamente que el acreedor ha cumplido con las exigencias del principio de calidad de los datos, y no lo contrario, que es lo que hace la Audiencia, y que por tanto es cierto que el afectado ha dejado de cumplir sus obligaciones dinerarias.

Por tanto -sigue razonando la Sala-, la escasa cuantía de la deuda no disminuye la importancia del daño moral que le causó a la demandante la inclusión en los registros de morosos. Tampoco cabe tener en cuenta que no conste que la citada inclusión le haya impedido a la recurrente acceder a créditos o servicios.

Precisamente la información sobre incumplimiento de obligaciones dinerarias que se incluye en estos registros va destinada justamente a las empresas asociadas a dichos ficheros, que no solo les comunican los datos de sus clientes morosos, sino que también los consultan cuando alguien solicita sus servicios para evitar contratar y conceder crédito a quienes no cumplen sus obligaciones dinerarias.

Las empresas que consultaron el fichero de la consumidora eran empresas que facilitan crédito o servicios y suministros, por lo que para ellas es importante que se trate de un cliente solvente y cumplidor de sus obligaciones dinerarias. Por ello, estos registros de morosos son consultados por las empresas asociadas para denegar financiación, o para denegar la facilitación de suministros u otras prestaciones periódicas o continuadas, a quien no merezca confianza por haber incumplido sus obligaciones dinerarias.

Así, la cuantía establecida como indemnización por el Juzgado de Primera Instancia se considera más adecuada que la fijada por la Audiencia Provincial; la reducción fue tan notoria que debe calificarse como indemnización simbólica disuasoria para solicitar la tutela de derechos fundamentales para la persona[23].

Como ya ha sido expuesto y a modo de corolario, la reiterada jurisprudencia no contempla las indemnizaciones simbólicas[24], al no ser admisibles que se fijen indemnizaciones de carácter simbólico, pues al tratarse de derechos protegidos por la Constitución Española, como derechos reales y efectivos, con la indemnización solicitada se convierte la garantía jurisdiccional en un acto meramente ritual o simbólico incompatible con el contenido de los arts. 9.1, 1.1 y 53.2 CE y la correlativa exigencia de una reparación acorde con el relieve de los valores e intereses en juego[25].

---

23. ESPAÑA. *STS de 27 abr. 2016.*
24. ESPAÑA. *STS de 23 abr. 2019*; ESPAÑA. *STS de 6 nov. 2018.* ESPAÑA. *STS de 26 abr. 2017*, reiteran que no son admisibles las indemnizaciones de carácter meramente simbólico.
25. ESPAÑA. *STS de 18 nov. 2002*; ESPAÑA. *STS de 28 abr. 2003*; ESPAÑA. *STS de 4 dic 2014.*

REFERENCIAS

ACEDO PENCO, Ángel. *Introducción al derecho privado y derecho de la persona.* 3. ed. Madrid: Dykinson, 2019.

ATIENZA NAVARRO, María Luisa. Indemnizaciones de daños y perjuicios e intromisiones ilegítimas en el derecho al honor, a la intimidad y a la propia imagen, *Iuris Tantum*, Santa Cruz de la Sierra, 2013, n. 15, p. 216-233, 2013.

ESPAÑA. *Constitución Española*, publicada en Boletín Oficial del Estado número 311, de 29 de Diciembre de 1978.

ESPAÑA. *Ley 1/2000*, de 7 de enero.

ESPAÑA. *Ley Orgánica 1/1982*.

ESPAÑA. SAP de Madrid, Sección 12ª, *S. 18 jul 2009*.

ESPAÑA. *Sentencia de la Audiencia Provincial de La Coruña*, 23-3-2018.

ESPAÑA. *STS 81/2015*.

ESPAÑA. *STS de 18 nov. 2002*.

ESPAÑA. *STS de 23 abr 2019*.

ESPAÑA. *STS de 26 abr. 2017*.

ESPAÑA. *STS de 27 abr. 2016*.

ESPAÑA. *STS de 28 abr. 2003*.

ESPAÑA. *STS de 4 de junio de 2014*.

ESPAÑA. *STS de 4 dic 2014*.

ESPAÑA. *STS de 6 nov. 2018*.

ESPAÑA. *STS de 04 jun. 2014*.

ESPAÑA. STS, Sala 1ª, 12 mayo 2014.

MAS BADÍA, María Dolores. *Sistemas privados de información crediticia*. Nueva regulación entre la protección de datos y el crédito responsable. Valencia: Tiran lo Blanch. 2021.

UNIÓN EUROPEA. *Carta de los Derechos Fundamentales, promulgada en Estrasburgo el día 12-12-2007, vigente desde el día 1 de diciembre de 2009.*

UNIÓN EUROPEA. *Reglamento 2016/679, del parlamento europeo y del consejo, de 27 de abril de 2016, relativo a la protección de las personas físicas en lo que respecta al tratamiento de datos personales y a la libre circulación de estos datos y por el que se deroga la Directiva 95/46/CE (reglamento general de protección de datos).*

EPÍLOGO

Dennis Verbicaro

Doutor em Direito do Consumidor pela Universidade de Salamanca (Espanha). Mestre em Direito do Consumidor pela Universidade Federal do Pará. Professor da Graduação e dos Programas de Pós-Graduação *Stricto Sensu* da Universidade Federal do Pará-UFPA e do Centro Universitário do Pará-CESUPA. Procurador do Estado do Pará, Advogado. Líder dos grupos de pesquisa (CNPQ): Consumo e Cidadania e Consumo Responsável e Globalização Econômica. E-mail: dennis@verbicaro.adv.br.

Nos últimos anos, a sociedade tem experimentado transformações estruturais em todas as áreas, sendo notável o modo como a globalização relativizou os limites territoriais do mercado de consumo e como as novas tecnologias passaram a interferir de forma decisiva em nossa liberdade de escolha, forjando um projeto individual de felicidade comum a todos nós.

Esse projeto perpassa pela ressignificação das necessidades de consumo, com um maior protagonismo daquelas construídas artificialmente pela indústria cultural, em detrimento das existenciais, o que deixou muitas sequelas, como o superendividamento, a espetacularização da vida privada, a insegurança comportamental e, principalmente, o agravamento da vulnerabilidade do consumidor sob diferentes perspectivas, o que a torna estrutural no contexto digital.

Ao mesmo tempo que esse admirável mundo novo da tecnologia nos proporciona experiências incríveis, reduzindo distâncias, favorecendo encontros, novas habilidades profissionais, economizando nosso cada vez mais escasso tempo, ou seja, melhorando nossa qualidade de vida em muitos aspectos; traz consigo muitos efeitos colaterais.

Nesse sentido, a funcionalização da capacidade decisória do consumidor merece nossa atenção. Isso porque, a pretexto de simplificar nossas escolhas, o mercado vem aprimorando sua capacidade de corromper nossa individualidade, se apropriando de nossos dados pessoais sensíveis, para a criação de perfis mercadológicos e direcionamento publicitário, tornando-nos seres genéricos, indolentes e acríticos.

Em outras palavras, vive-se numa realidade em que o assédio de consumo, enquanto técnica de convencimento subliminar, "seduz" os homens, deixando-os confusos em suas decisões e sem tempo para as relações pessoais autênticas, forjando momentos artificiais de uma felicidade ilusória, pautada na premissa de que o consumo é o termômetro do poder social. Quanto mais se consome, maior o status alcançado na sociedade pós-moderna.

Todavia, apesar do prestígio social, este consumidor está só e infeliz, mas sua alienação é tão grande, que muito dificilmente alcança a percepção de que vive num mundo sombrio, impessoal e que resume a relevância do sujeito à sua capacidade econômica, apenas.

Numa rotina de vida caracterizada pela urgência, em que o supérfluo se sobrepõe ao essencial, práticas abusivas como o assédio de consumo e a discriminação algorítmica, fomentadas pela assimetria informacional e apropriação ilícita de dados pessoais desafiam o Direito a buscar mecanismos de controle e prevenção, mas que também exigem mudanças comportamentais do consumidor, assim como o resgate dos compromissos do Estado no âmbito da Política Nacional das Relações de Consumo.

O livro revela uma sensível preocupação com o fenômeno consumerista no mundo globalizado, pois ao trazer um olhar transnacional de vários professores e estudiosos da América Latina e da Europa nos permite construir uma percepção comparativa própria, sem deixar de atentar para discussões atuais e de grande relevância prática e acadêmica numa área em constante transformação.

A obra está dividida em seções importantes, com abordagens relacionadas à tutela contratual; vulnerabilidade, conceito esse tão caro ao Direito do Consumidor, sobretudo sob a perspectiva comportamental e com especial atenção aos hipervulneráveis; proteção de dados pessoais e consumo digital; análise da publicidade em diversos contextos; consumidores na contemporaneidade Ibero-Americana e no turismo; novas perspectivas da responsabilidade civil, modulação algorítmica no âmbito da Inteligência Artificial, além de aspectos relacionados ao direito de danos.

No primeiro artigo, denominado de "Derecho de los contratos y derecho del consumidor: expresiones de un diálogo virtuoso", do professor Dr. Carlos Alfredo Hernández, tem-se a análise entre o Direito Contratual e o Direito do Consumidor, reconhecendo-se este último como disciplina autónoma e como ponto de convergência entre as esferas pública e privada. Há um necessário diálogo com a teoria geral dos contratos para observar a aplicação da função social e ambiental do contrato de consumo e, consequentemente, estudar seu impacto na era digital, sobretudo nos contratos de viés coletivo.

Já no segundo artigo, elaborado pela professora Dra. Maria Nélida Tur Faúndez, ainda na dimensão contratualista, nos brinda com estudo sobre "Abusividad y transparencia en la contratación con consumidores: el estado de la cuestión en el ordenamiento jurídico español", com foco basilar no estabelecimento da transparencia, sob duas perspectivas: a) a sua incorporação no controle documental e gramatical para todos os tipos de cláusula – eixo formal; b) no controle material em si, para discutir a validade e o reconhecimento da abusividade de cláusulas.

No terceiro artigo "Algunas consideraciones sobre los mecanismos esenciales jurídico-privados para la protección de los consumidores y usuarios en los contratos celebrados con profesionales y empresarios contemplados en el ordenamiento español", de autoría do profesor Dr. Ángel Acedo Penco, atenta para a necessidade de uma maior proteção jurídica contratual do consumidor, o que ensejou profunda alteração nos códigos civilista do século XIX, na análise da relativização da vontade do consumidor nos contratos redigidos sob a técnica de adesão. O autor apresenta mecanismos que constituem um núcleo fortalecido de proteção jurídica do consumidor na União Europeia, sobretudo na Espanha, especialmente quanto à informação pré-contratual, à integração publicitária do contrato, assim como no tocante às condições gerais de contratação e rescisão.

No quarto artigo, do professor Dr. Manuel de Peralta Carrasco, sobre "Las desprotección de los consumidores ante el mercado financiero: las OPS – ante la Directiva 2014/59/UE", é realizado um estudo sobre a Diretiva 2014/59/UE, na interpretação recente estabelecida pelo TJUE, em maio de 2022, sobre a a impossibilidade das ações de responsabilidade e anulação dos acionistas do antigo Banco Popular contra o Banco Santander; tudo isso, em comparação com a Diretiva 2003/71/CE, sobre responsabilidade civil. Dada a complexidade da situação, o autor análisou o contexto em discussão em observância aos direitos dos consumidores relativamente às Ofertas Públicas de Subscrição, enquanto produto financeiro.

Assim, os quatro primeiros artigos sinalizam para proteção consumerista em sentido contratual, em várias dimensões: coletiva e individual, alimentando um rico diálogo entre o direito civil e o empresarial.

Na segunda seção, passa-se para o estudo da vulnerabilidade do consumidor. O professor Dr. Marcos Catalan inaugura a temática no artigo intitulado "Novíssimas notas sobre a propedêutica das vulnerabilidades no direito do consumidor brasileiro", na identificação introdutória acerca dos contornos da vulnerabilidade, inclusive na dimensão digital. Ato contínuo, a professora Dra. Irene Girão, em "Assimetria, vulnerabilidade e conceito de consumidor" apresenta a relação entre as concepções de assimetria, o estabelecimento da vulnerabilidade e a relação de tais conceitos na identificação do consumidor.

No sétimo artigo, intitulado "Vulnerabilidade comportamental e os desafios para a garantia dos interesses econômicos dos consumidores", do professor Dr. Felipe Comarela Milanez, são destacados os aspectos comportamentais relacionados ao ato de consumo, de modo apontá-los como fatos geradores da vulnerabilidade. Já no oitavo artigo, o professor Dr. Jesús Daniel Ayllón García, em "El consumidor vulnerable: especial referencia a los menores de edad y a las personas con discapacidad", o autor desenvolve sobre o conceito de pessoa consumidora vulnerável, com um olhar especial para os menores de idade e pessoas com deficiência, em atenção ao Decreto Real Lei 1/2021, de 19 de janeiro – Lei Geral de Defesa dos Consumidores e Usuários (TRLGDCU), no contexto espanhol.

A seção três dá continuidade as discussões relacionadas à vulnerabilidade do consumidor. No entanto, em contexto específico: mercado digital e proteção de dados pessoais. Assim, inicia-se com o artigo da professora Dra. Victoria Suáres, em "Los datos personales en la relación de consumo". Neste estudo, a autora realiza a desconstrução da percepção da proteção originalmente criada no estabelecimento de informações sobre o produto ou serviço, para um novo olhar protetivo vinculado a obtenção e gestão de informações pelo provedor em relação ao próprio consumidor.

O artigo décimo "Un mercado único de servicios digitales desde la Directiva 2000/31 EU hasta la actual propuesta de reglamento europeo", da Professora Dra. Belén Ferrer

Tapia, realiza análise, como termo inicial, da Directiva 2000/31, como essencial para estabelecimento de princípios e linhas relacionados a proteção no contexto de sociedade informacional até os tempos atuais, em consonancia com Proposta de Regulamentação de 15 de dezembro de 2020. A autora ressalta que, até 20 de janeiro de 2022, o Parlamento Europeu aprovou 456 alterações à Proposta de Regulamento do mercado único de serviços digitais, de 15 de dezembro de 2020.

O artigo décimo primeiro aborda "A tutela jurídica dos consumidores portugueses na compra e venda de bens, conteúdos e serviços digitais. Âmbito de aplicação do Decreto-Lei n. 84/2021, de 18 de outubro com vigência a partir de 1º de janeiro de 2022", de autoria do professor Dr. Marinêz de Oliveira Xavier, no qual trata da proteção consumerista na compra e venda de bens, conteúdos e serviços digitais por meio de uma leitura pormenorizada do Decreto-Lei n. 84/2021, de 18 e agosto com vigência no corrente ano de 2022.

O artigo décimo segundo, de autoria do Professor Dr. Andrés Mariño López, sobre "Relaciones de consumo digitales, financiamiento al consumo, usura y sobreendeudamiento", o foco é o desenvolvimento tecnológico (publicidade e comercialização de produtos e serviços na Internet e redes sociais, tratamento de dados pessoais e publicidade direcionada), como fator influenciador do excesso ao consumo e endividamento, ensejando, neste sentido, a situação de hipervulnerabilidade.

Ainda no estudo da caracterização da hipervulnerabilidade, a professora Dra. Susana Almeida desenvolve o décimo terceiro artigo sob o título: "O fim da suspensão dos contratos de comunicações eletrônicas dos consumidores hipervulneráveis: uma exigência da qualificação do direito de acesso à internet como direito humano na era digital".

Encerrando a seção e não menos importante, o professor Dr. Alejandro Platero Alcón, em "Aspectos civiles de la situación de los datos personales del consumidor digital tras su fallecimiento" atenta pelo regime jurídico contido na Lei Orgânica de Proteção de Dados sobre a chamada herança digital das contas de consumidores que faleceram nas principais redes sociais: Facebook, Instagram , TikTok , Twitter , Linkedin e, claro, em dois serviços massivamente utilizados, como WhatsApp e Google .

Na quarta seção, dividida em quatro artigos, será apresentado contornos sobre a publicidade. No décimo quinto artigo, da presente obra, a professora Dra. Maria Cristina Cintora Egea, desenvolve sobre publicidade enganosa dirigida ao consumidor, contemplando a sua regulamentação vigente a nível nacional bem como as regulamentações comunitárias, em "La publicidad engañosa en los contratos celebrados con consumidores". Ato continuo, em "Utilização de alegações nutricionais e de saúde na publicidade", pela professora Dra. Rute Couto, reflete sobre a publicidade como fonte de informação dos consumidores em matéria de escolhas alimentares, traçando o enquadramento jurídico aplicável, em Portugal, quanto publicidades que ensejam a indição a erro do consumidor, apontando considerações autónomas a propósito dos "influenciadores digitais" de saúde e bem-estar e de que forma a credibilidade junto dos consumidores pode ser prejudicial a escolhas alimentares informadas e seguras.

No artigo décimo sétimo, em "Acerca de la publicidad falsa o engañosa de productos cosméticos: comentarios desde la autorregulación, con una especial referencia a la experiencia chilena", escrito pela Professora Dra. Erika Isler Soto, discute-se acerca da funcionalidade da publicidade dos cosméticos e sua autorregulação.

No último artigo desta seção, em "Plazo adicional y puesta en conformidad ¿ventaja para el consumidor u oportunidad para el empresario?", escrito pela professora Dra. Teresa Lópes Tur, são tratadas duas figuras regulamentadas na legislação espanhola de proteção ao consumidor em matéria de entrega de bens e fornecimento de conteúdos e serviços digitais: o prazo adicional e o cumprimento.

Na seção seguinte, no artigo décimo nono, intitulado "Direitos do consumidor na contemporaneidade Ibero-Americana: consumidores de seguro saúde na sociedade tecnológica e de informação", de autoria da professora Dra. Angélica Carlini, há importante debate sobre as propostas de aprimoramento do setor de saúde, no sentido de construir soluções, ampliar o acesso e equilibrar os custos, de forma a permitir que o as coberturas de saúde sejam acessíveis aos consumidores brasileiros.

O artigo vigésimo, intitulado "El derecho de los consumidores en el Paraguay y la experiencia local en el ámbito de viajes de turismo", pelo professor Dr. Alberto Manuel Poletti Adorno, aborda a proteção do consumidor turista, em sentido difuso e coletivo, tomando por base a legislação paraguaia.

Por fim, na última seção, o artigo vigésimo primeiro, "Un régimen europeo de responsabilidad civil para el usuario de inteligencia artificial", pela profesora Dra. Cristina Gil Membrado, enfrenta a discussão acerca do regime jurídico aplicável para responsabilização em danos causados a usuários de inteligência artificial. No artigo vigésimo segundo, em "El absoluto rechazo de la Sala Primera, de lo Civil, del Tribunal Supremo, a las indemnizaciones simbólicas civiles por inclusión indebida en ficheros de solvencia patrimonial", pelo professor Dr. Pedro Ródenas Cortés, incide sobre incide sobre a proteção do direito fundamental à honra, reconhecido no Art. 18 da Constituição Espanhola , em razão da inclusão indevida nos autos de solvência e da inadmissibilidade, pelo Supremo Tribunal Federal, no sentido de ser estabelecida uma indenização simbólica.

Em conclusão, não poderia de deixar de agradecer o gentil convite do Professor Marcos Catalan e demais organizadores desta obra, revelando minha grande alegria de posfaciar uma obra coletiva que muito tem a contribuir com e debate qualificado no Direito do Consumidor, seja porque os textos superam a mera dogmática jurídica tradicional, num apreciável esforço interdisciplinar com outras áreas do conhecimento, seja porque correlaciona temas atuais, em aspectos práticos e académicos, fruto de uma importante rede Europa-América Latina de pesquisadores.

Por fim, fica evidente que a liberdade de escolha do consumidor precisa ser exercida como ferramenta de insurgência legítima diante de práticas abusivas e sofisticadas de um mercado, cada vez mais arriscado para o consumidor, sobretudo em sua vertente digital, o que torna a leitura da obra mais do que necessária.

ANOTAÇÕES